Willkommenskulturen?

LWL-INSTITUT FÜR WESTFÄLISCHE
REGIONALGESCHICHTE
LANDSCHAFTSVERBAND WESTFALEN-LIPPE
MÜNSTER

FORSCHUNGEN ZUR REGIONALGESCHICHTE

Band 86

Herausgegeben von

Malte Thießen und Thomas Küster

Wissenschaftlicher Beirat

Stefan Brakensiek
Thomas Großbölting
Sabine Mecking
Dietmar von Reeken
Martina Steber

Für die Menschen.
Für Westfalen-Lippe.

Willkommenskulturen?

Re-Aktionen auf Flucht und Vertreibung in der Aufnahmegesellschaft der Bundesrepublik

herausgegeben von

Matthias Frese und Julia Paulus

BRILL | Ferdinand Schöningh

Herausgeberin und Herausgeber, Autorinnen und Autoren weisen darauf hin, dass im Text enthaltene externe Links nur bis zum Zeitpunkt der Buchveröffentlichung eingesehen werden konnten. Auf spätere Veränderungen haben sie keinerlei Einfluss. Eine Haftung des Verlags, des LWL-Instituts für westfälische Regionalgeschichte oder der Autorinnen und Autoren ist daher ausgeschlossen.

Abbildung auf dem Umschlag:
Flüchtlinge in einer Notunterkunft in Nordhausen 1946, nachträglich koloriert
(Foto: Stadtmuseum Oldenburg, Inv.-Nr. BA 28763)

Bibliografische Information der Deutschen Bibliothek

Die Deutsche Nationalbibliothek verzeichnet diese Publikation in der Deutschen Nationalbibliografie; detaillierte bibliografische Daten sind im Internet über http://dnb.d-nb.de abrufbar.

Alle Rechte vorbehalten. Dieses Werk sowie einzelne Teile desselben sind urheberrechtlich geschützt. Jede Verwertung in anderen als den gesetzlich zugelassenen Fällen ist ohne vorherige schriftliche Zustimmung des Verlags nicht zulässig.

© 2020 Ferdinand Schöningh, ein Imprint der Brill-Gruppe
(Koninklijke Brill NV, Leiden, Niederlande; Brill USA Inc., Boston MA, USA; Brill Asia Pte Ltd, Singapore; Brill Deutschland GmbH, Paderborn, Deutschland)

www.schoeningh.de

Einbandgestaltung: Nora Krull, Hamburg
Herstellung: Brill Deutschland GmbH, Paderborn

ISSN 2629-7221
ISBN 978-3-506-70517-4 (hardback)
ISBN 978-3-657-70517-7 (e-book)

Inhaltsverzeichnis

Einführung

1 Vorläufer oder Perspektiven einer ‚Willkommensgesellschaft'? Aufnahmegesellschaften zwischen Integrationsanstrengung und Zugehörigkeitsgefühl 3
Matthias Frese/Julia Paulus

(Re-)Aktionen auf Flucht und Vertreibung in den Aufnahmegesellschaften

2 Die Aufnahme ostdeutscher Heimatvertriebener im Landkreis Münster 27
Harald Dierig

3 Zwischen Konflikt und Bereicherung – Flüchtlinge und Vertriebene zwischen 1945 und 1955 in den Kleinstädten und Dörfern Westfalens 54
Jürgen Gojny

4 Antipathie – Empathie – Sympathie? Die Haltung von Einheimischen in der Begegnung mit Ostvertriebenen am Beispiel des Münsterlandes 87
Ingeborg Höting

5 (K)Ein herzliches Willkommen? Diskurse um Krankheit und Gesundheit im Kontext der Aufnahme von Heimatvertriebenen in Westfalen 128
Jens Gründler

6 Eindringlinge ins Idyll? Die Aufnahme von Flüchtlingen und Vertriebenen in der Stadt Oldenburg nach 1944 149
Andreas von Seggern

LagerLeben

7 „Haus der tausend Ängste" – Das Bild von Flüchtlingslagern in der Nachkriegszeit am Beispiel des Regierungsdurchgangslagers Gießen 171
Jeannette van Laak

8 Unwillkommene Fremde: Displaced Persons in Identitätsräumen der einheimischen Bevölkerung. Vier südhessische Beispiele 193
Holger Köhn

9 Aus dem entlegenen Massenlager eine Eigenheimsiedlung geschaffen: Integration durch Selbsthilfe der Vertriebenen 216
Bernhard Parisius

(Des-)Integrationsagenturen: Religion – Kirchen – Konfessionalismus

10 Einheimische und Vertriebene in Augsburg – Die Kirche in der Nachkriegszeit zwischen Ablehnung und Bündnisschluss 263
Markus Stadtrecher

11 Willkommen in der Kirche? Die Aufnahme von evangelischen Vertriebenen im kirchlichen Raum: Differenzerfahrungen, Assimilationserwartungen und Integrationspraktiken 278
Felix Teuchert

Introspektion und Außenwahrnehmung

12 Die Haltung des Westfälischen Heimatbundes zu den Flüchtlingen aus den deutschen Ostgebieten 1945-1965 301
Karl Ditt

13 Beelendende Berichte? Eine Mediengeschichte von ‚Flucht und Vertreibung' 1945-2015 334
Stephan Scholz

14 ‚Hat man in Ostpreußen deutsch gesprochen?'
    Zur Integration von Deutschen in Deutschland 376
    Dagmar Kift

(Ein-)Blicke: zurück nach vorn

15 Beheimatet-Sein zwischen Vergangenheit und Zukunft.
    Zum Zusammenhang von Erinnerungskulturen, Integration
    und der Haltung zur Flüchtlingsfrage 405
    Uta Rüchel

Autorinnen und Autoren 428

Einführung

Vorläufer oder Perspektiven einer ‚Willkommensgesellschaft'? Aufnahmegesellschaften zwischen Integrationsanstrengung und Zugehörigkeitsgefühl

Matthias Frese/Julia Paulus

1 **Aktuelle Problemlagen und gegenwärtige Debatten**[1]

Die Flüchtlings- und allgemeinen Migrationsbewegungen der letzten Jahre und der Umgang der jeweiligen Aufnahmegesellschaften mit diesen Herausforderungen haben wiederholt Debatten zwischen einer „Willkommenskultur" und einer „Das Boot ist voll"-Rhetorik aufleben lassen. Die Argumentationen und Reaktionen in Gesellschaft und Politik unterscheiden sich hierbei kaum von älteren sogenannten „Flüchtlingskrisen"-Szenarien, die bereits im Kontext der Verschärfung des Asylrechts oder während der Bürgerkriege im zerfallenden ehemaligen Jugoslawien in den 1990er und 2000er Jahren geführt wurden.[2]

In der Wissenschaft und in der Politik wird aktuell davon gesprochen, dass Deutschland nicht nur empirisch, sondern auch in der öffentlichen Wahrnehmung zu einem Einwanderungsland geworden ist. Die Bezeichnung, die hierfür gewählt wird, lautet: „postmigrantisch", was einen Gesellschaftszustand

---

1 Unser Dank gilt den KollegInnen am LWL-Institut für Regionalgeschichte, die uns bei der Erstellung des Bandes geholfen haben. Insbesondere möchten wir den studentischen VolontärInnen danken: Niklas Kirstein, Patricia Kestermann, Jonathan Schlunck, David Schmalenstroer und Lena Roark, die uns durch ihre umsichtige Lektüre bei der Druckvorbereitung der Manuskripte unterstützt haben.
2 Vgl. hierzu z.B. Bernhard Parisius, Vom Neubürger zum Mitbürger. Probleme bei der Aufnahme von Vertriebenen in Wiesbaden und Hessen nach 1945, in: Nassauische Annalen 101 (1990), S. 200-216; zahlreiche Beiträge in: Marita Krauss (Hg.), Integrationen. Vertriebene in den deutschen Ländern nach 1945, Göttingen 2008 und Agnes Bresselau von Bressensdorf (Hg.), Über Grenzen. Migration und Flucht in globaler Perspektive seit 1945, Göttingen 2019. Vgl. auch Zygmunt Baumann, Die Angst vor den anderen. Ein Essay über Migration und Panikmache, Berlin 2016; Philipp Ther, Die Außenseiter. Flucht, Flüchtlinge und Integration im modernen Europa, Berlin 2017; Joachim Häberlen, Demokratische Erzählungen. Zur Verortung von „Willkommenskultur" und „Flüchtlingskrise" in der bundesrepublikanischen Geschichte, in: WerkstattGeschichte, H. 80 (2018), S. 93-104, sowie in diesem Band den Beitrag von Stephan Scholz.

meint, der nachverhandelt und neu justiert wird – nachdem die Migration erfolgt und nun von Politik, Wissenschaft und Öffentlichkeit als unumgänglich anerkannt worden ist (und ungeachtet der Tatsache, ob diese Transformation positiv oder negativ bewertet wird). Das Präfix „post" steht hierbei also nicht für das Ende der Migration, sondern beschreibt notwendige gesamtgesellschaftliche Aushandlungsprozesse.[3]

Demgegenüber wird mit dem Begriff ‚Migration' in weiten Teilen der Gesellschaft und der Politik vornehmlich eine Form von ‚Integration' verbunden, die ausschließlich „AusländerInnen", „MigrantInnen" oder „Menschen mit Migrationshintergrund" und deren Einbindung in die deutsche Gesellschaft betrifft, wobei der Verlauf vor allem als einseitige Bewegung, als Auftrag und als Handlungsanforderung an diese Gruppen beschrieben wird. Nach dieser Vorstellung setzt integrationspolitisches Handeln ein defizitäres Anderes voraus, auf welches sich die Integrationspolitik und die Integrationsangebote ausrichten. Entsprechend werden nicht auch die auf Seiten der Mehrheitsgesellschaft vorhandenen Barrieren und Schließungsprozesse gegenüber diesen Maßnahmen thematisiert, sondern ausschließlich etwaige religiöse oder kulturelle Andersartigkeiten auf Seiten der EinwanderInnen. Auf diese Weise wird eine vermeintlich fehlende Integration vor allem als persönliches und/ oder kulturelles Problem der MigrantInnen deklariert. Zugleich wird Integration zu einem Handlungsauftrag des Staates und der Mehrheitsgesellschaft erklärt, statt vielfältige strukturelle Barrieren und unterschiedliche ‚Zugehörigkeiten' zu berücksichtigen. Diese jedoch können um ein Vielfaches besser die multiplen Formen der Anpassung (wie der „Assimilation" oder „Akkulturation") beschreiben und somit Gruppen nicht als homogene Entitäten in den Blick nehmen, sondern stattdessen das Nebeneinander, die Verflechtung und die Veränderungen von Sesshaftigkeit, Mobilität und Migration herausstellen.[4]

In welcher Weise aber hätte eine wertschätzende ‚Integration', die die Bereitschaft miteinschloss, die jeweiligen Erfahrungen und kulturellen Eigenarten der jeweils anderen verstehen, prüfen und gemeinsam aushandeln zu wollen,

---

3 Vgl. vor allem Naika Foroutan/Juliane Karakayali/Riem Spielhaus (Hg.), Postmigrantische Perspektiven. Ordnungssysteme, Repräsentationen, Kritik, Frankfurt a.M. 2018. Zu der öffentlichen Einschätzung vgl. auch das Themenheft Integrationspolitik, in: Aus Politik und Zeitgeschichte H. 27-29/2017.

4 Vgl. Anne Friedrichs, Placing migration in Perspective. Neue Wege einer relationalen Geschichtsschreibung, in: Geschichte und Gesellschaft 44 (2018), H. 2, S. 170 und 174; Maren Möhring, Jenseits des Integrationsparadigmas? Aktuelle Konzepte und Ansätze in der Migrationsforschung, in: Archiv für Sozialgeschichte 58 (2018), S. 305-330; Aladin El-Mafaalani, Das Integrationsparadox. Warum gelungene Inegration zu mehr Konflikten führt, Köln 2018, S. 73ff.

in einer explizit als „Zusammenbruchgesellschaft" beschriebenen Formation überhaupt funktionieren können? Eine deutsche Nachkriegsgesellschaft, in der die bisherigen politischen und moralischen Leitvorstellungen vieler Menschen (der „Einheimischen" wie der „Aufzunehmenden") delegitimiert und durch neue Werte, durch das „Präsenzregime" der Besatzungsmächte und der neu entstehenden politischen Institutionen vorgegeben wurden.[5]

Ein gelingender Integrationsverlauf, so Philipp Ther, beinhaltet in der Regel vier Dimensionen: Erstens die rechtliche Anerkennung, zweitens ein der Qualifikation möglichst entsprechender Arbeitsplatz und die Chance zu sozialem Aufstieg, drittens räumliche Mobilität und eine Wohnsituation mit der Einbindung in die Mehrheitsgesellschaft sowie viertens ein ‚vergemeinschaftendes' Heiratsverhalten sowie ganz allgemein ‚kulturelle' Teilhabe. Die Einlösung dieser Prozesse lasse sich allerdings kaum mit exakten Daten messen, da beispielsweise die Erfahrungen von Flucht und Vertreibung nur schwer einbezogen werden können und die einzelnen Flüchtlings- und MigrantInnengruppen je eigene Voraussetzungen mitbringen. Offenkundig sei also, dass auch eine als „Erfolgsgeschichte" apostrophierte Integration „keineswegs glatt" verlaufe und stets „im Wechsel der Generationen" betrachtet werden müsse.[6]

Was sich hingegen bei all diesen Modellen – entgegen aller Rhetorik – sehr wohl als eine gemeinsame ‚Integrationserfahrung' ausmachen lässt, ist die Erfahrung der Überwindung der unmittelbaren materiellen Notlage, was vor allem die Ermöglichung von Wohnraum und Arbeitsplatz beinhaltete und schließlich eine stabile Familienbildung und einen akzeptierten Lebensstandardzuwachs bedeutete. Was jedoch meist trennend zwischen Einheimischen und Neuankömmlingen wirkte, waren die grundlegende Erfahrung von Fremdheit und die Erinnerung an den Verlust von Vertrautem.

---

5 Das „Präsenzregime" rahmt die Integration und umfasst die „Normen und Praktiken der Einbeziehung bzw. des Ausschlusses von ZuwanderInnen in gesellschaftlichen Funktionsbereichen". Vgl. Jochen Oltmer, Migration im Prozess gesellschaftlichen Aushandelns: Eine geschichtswissenschaftliche Verortung, in: Bresselau von Bressensdorf (Hg.), Über Grenzen, S. 31-47, hier S. 43.

6 Vgl. Ther, Außenseiter, S. 30-32. Zu den „Dimensionen" vgl. mit weiteren Angaben den konzisen Überblick bei Hans-Ulrich Thamer, Neue Heimat – neue Zeiten. Die Integration von Vertriebenen und Flüchtlingen als gesellschaftliches und kulturelles Problem, in: Paul Leidinger (Hg.), Deutsche Ostflüchtlinge und Ostvertriebene in Westfalen und Lippe nach 1945, Münster 2011, S. 127-140. Zum „Mythos" der schnellen Integration vgl. schon Paul Lüttinger, Integration der Vertriebenen. Eine empirische Analyse, Frankfurt a.M. 1989, sowie als differenzierte Fallstudie Rolf Messerschmidt, Erinnerungskultur und gelungene Eingliederung – ein unlösbares Spannungsverhältnis? Regionalhistorische Integrationsbilanzen für Hessen und Rheinland-Pfalz, in: Krauss (Hg.), Integrationen, S. 48-69, hier S. 63, der politisch erzwungene, unterschiedliche Aufnahme- und Integrationsverläufe hervorhebt.

Wenn Integrationsverläufe in diesem Sinne als unterschiedliche Formen eines ‚Zusammentreffens' zwischen Einheimischen und Ankommenden gedeutet werden können, kennzeichnet die daraus hervorgehende Transformationsgesellschaft, dass sie weder einen Anfang noch ein Ende besitzt, sich ständig verändern kann, aber auch vergewissern muss.[7] Ihre Parameter sind allerdings ungleichgewichtig, zumindest zunächst: Auf der einen Seite findet sich die relative Konstanz der Aufnehmenden, auf der anderen Seite dominieren die Mobilitäten der Flüchtlinge und Vertriebenen, die späterhin allerdings ihrerseits zu Aufnehmenden werden und auf neue Flüchtlingsgruppen blicken, z.B. auf Flüchtlinge aus der DDR, spätere AussiedlerInnen und ausländische Arbeitskräfte. Nebeneinander existiert auf diese Weise bis heute eine breite Spanne von Aufnahme- und Integrationsabläufen, die in der Summe die generelle Vielfalt der Transformationserfahrungen abbilden.

2 Aufnahmegesellschaften in der Nachkriegszeit und frühen Bundesrepublik

Nicht selten wird in den Medien bei der gegenwärtigen Suche nach einer Haltung zur Aufnahme von politisch Verfolgten, Bürgerkriegs- oder Globalisierungsopfern auf die sogenannte „Erfolgsgeschichte" der Integration von Flüchtlingen und Vertriebenen aus den ehemaligen deutschen Ostgebieten nach 1945 – und vorzugsweise – in den westlichen Besatzungszonen und der alten Bundesrepublik verwiesen.[8] Diese Thematik wurde bereits in der historischen Forschung breit diskutiert und untersucht, allerdings in der

---

7   Vgl. hierzu anregend – am Beispiel des Übergangs der Bevölkerung der DDR zur Bundesrepublik – die dichten Beschreibungen von Steffen Mau, Lütten Klein. Leben in der ostdeutschen Transformationsgesellschaft, Berlin 2019, hier S. 12f., S. 205ff. und S. 244ff.
8   Vgl. für die mediale Repräsentation sowie die populären Darstellungen: Maren Röger, Flucht, Vertreibung und Umsiedlung. Mediale Erinnerungen und Debatten in Deutschland und Polen seit 1989, Marburg 2011; Stephan Scholz/Maren Röger/Bill Niven (Hg.), Die Erinnerung an Flucht und Vertreibung. Ein Handbuch der Medien und Praktiken, Paderborn 2015, sowie die Abbildungen im Beitrag von Stephan Scholz in diesem Band. Zur zeitgenössischen Begrifflichkeit und der Problematik der Abgrenzung zwischen Flüchtlingen und Vertriebenen – und in der SBZ/DDR später als Umsiedler titulierten Personen – vgl. etwa Thomas Grosser, Die Integration der Heimatvertriebenen in Württemberg-Baden (1945-1961), Stuttgart 2006, S. 8. Zu den Umsiedlern vgl. grundlegend Michael Schwartz, Vertriebene im doppelten Deutschland, Integrations- und Erinnerungspolitik in der DDR und in der Bundesrepublik, in: Vierteljahrshefte für Zeitgeschichte 56 (2008), S. 101-151; Arnd Bauerkämper, Assimilationspolitik und Integrationsdynamik. Vertriebene in der Sowjetischen Besatzungszone/DDR in vergleichender Perspektive, in: Kraus, Integrationen, S. 22-47, hier S. 37f.

VORLÄUFER ODER PERSPEKTIVEN EINER ‚WILLKOMMENSGESELLSCHAFT'? 7

Regel mit deutlichem Akzent auf den Aktivitäten und aus der Perspektive der ankommenden Menschen.[9] Erst seit den späten 1980er Jahren rückte auch das damalige Verhalten und die Aufnahmebereitschaft der sogenannten

---

9 Vgl. etwa die grundlegenden Studien von Franz J. Bauer, Flüchtlinge und Flüchtlingspolitik in Bayern 1945-1990, Stuttgart 1982; Paul Erker, Vom Heimatvertriebenen zum Neubürger. Sozialgeschichte der Flüchtlinge in einer agrarischen Region Mittelfrankens 1945-1955, Wiesbaden 1988; Marion Franzioch, Die Vertriebenen. Hemmnisse, Antriebskräfte und Wege ihrer Integration in der Bundesrepublik Deutschland, Berlin 1987; Rainer Schulze/ Doris von der Brie-Lewien/Helga Grebing (Hg.), Flüchtlinge und Vertriebene in der westdeutschen Nachkriegsgeschichte, Hildesheim 1987; Uwe Kleinert, Flüchtlinge und Wirtschaft in Nordrhein-Westfalen 1945-1961. Arbeitsmarkt – Gewerbe – Staat, Düsseldorf 1988; Everhard Holtmann, Flüchtlinge in den 50er Jahren: Aspekte ihrer gesellschaftlichen und politischen Integration, in: Axel Schildt/ Arnold Sywottek (Hg.), Modernisierung im Wiederaufbau. Die westdeutsche Gesellschaft der 50er Jahre, Bonn 1993, S. 349-361; Helge Heidemeyer, Flucht und Zuwanderung aus der SBZ/DDR 1945/1949-1961. Die Flüchtlingspolitik der Bundesrepublik bis zum Bau der Berliner Mauer, Düsseldorf 1994; Michael Sommer, Flüchtlinge und Vertriebene in Rheinland-Pfalz. Aufnahme, Unterbringung, Eingliederung, Mainz 1994; Volker Ackermann, Der „echte" Flüchtling. Deutsche Vertriebene und Flüchtlinge aus der DDR 1945-1961, Osnabrück 1995; Rolf Messerschmidt, Aufnahme und Integration der Vertriebenen und Flüchtlinge in Hessen 1945-1950, Wiesbaden 1994; ders., Hessen und die Vertriebenen. Eine Bilanz von 1945 bis in die Gegenwart, Bonn 2010; Sylvia Schraut, Flüchtlingsaufnahme in Württemberg-Baden 1945-1949. Amerikanische Besatzungsziele und demokratischer Wiederaufbau im Konflikt, München 1995; Thomas Grosser/Sylvia Schraut (Hg.), Die Flüchtlingsfrage in der Nachkriegszeit, Mannheim 1996; dies. (Hg.), Flüchtlinge und Heimatvertriebene in Württemberg-Baden nach dem 2. Weltkrieg. Dokumente und Materialien, 3 Bde., Mannheim 1998-2001; Karl Heinrich Pohl (Hg.), Regionalgeschichte heute. Das Flüchtlingsproblem in Schleswig-Holstein nach 1945, Bielefeld 1997; Hermann Heidrich/Ilka Hillenstedt (Hg.), Fremdes Zuhause. Flüchtlinge und Vertriebene in Schleswig-Holstein nach 1945, Neumünster 2009; Dierk Hoffmann/Michael Schwartz (Hg.), Geglückte Integration? Spezifika und Vergleichbarkeiten der Vertriebenen-Eingliederung in der SBZ/ DDR, München 1999; Dierk Hoffmann/Marita Krauss/Michael Schwartz (Hg.), Vertriebene in Deutschland. Interdisziplinäre Ergebnisse und Forschungsperspektiven, München 2000; Rainer Schulze (Hg.), Zwischen Heimat und Zuhause. Deutsche Flüchtlinge und Vertriebene in (West-)Deutschland 1945-2000, Osnabrück 2001; Dagmar Kift, Flüchtlinge und Vertriebene in Westfalen – auch ein Sonderfall, in: Westfälische Forschungen 59 (2009), S. 187-216; Michael Schwartz, Vertriebene und „Umsiedlerpolitik". Integrationskonflikte in den deutschen Nachkriegsgesellschaften und die Assimilationsstrategien in der SBZ/DDR 1945-1961, München 2004; Michael Schwartz, Vertriebene im doppelten Deutschland; Mirjam Seils, Die fremde Hälfte. Aufnahme und Integration der Flüchtlinge und Vertriebenen in Mecklenburg nach 1945, Schwerin 2012, S. 129-136; sowie allgemein Wolfgang Benz (Hg.), Die Vertreibung der Deutschen aus dem Osten. Ursachen, Ergebnisse, Folgen, Frankfurt a.M. 1985/95; Andreas Kossert, Kalte Heimat. Die Geschichte der deutschen Vertriebenen nach 1945, München 2008; Mathias Beer, Flucht und Vertreibung der Deutschen. Voraussetzungen, Verlauf, Folgen, München 2011; Krauss (Hg.), Integrationen; Bresselau von Bressensdorf (Hg.), Über Grenzen; zusammenfassend etwa Klaus J. Bade, Neue Heimat im Westen. Vertriebene, Flüchtlinge, Aussiedler, Münster 1990; ders., Europa in Bewegung. Migration vom späten 18. Jahrhundert bis zur Gegenwart, München 2000; Jochen Oltmer, Handbuch Staat und Migration

,Einheimischen' in den Fokus. Insbesondere durch die auf Oral History basierenden Forschungen, durch erinnerungsgeschichtliche Studien und lokale Untersuchungen wurde diese – oftmals zum Gründungsmythos der Bundesrepublik erhobene – ‚Erfolgsgeschichte' zwar nicht grundsätzlich bestritten, nun aber sehr viel differenzierter und als ein vielschichtiger und längerfristiger Prozess über zwei bis drei Generationen beschrieben.[10]

Schaut man hingegen auf die damaligen zeitgenössischen Debatten,[11] so meinten der Wunsch und die Hoffnung nach – wie aber auch die Aufforderung zur – ‚Integration' oftmals eine deutliche und alleinige „Anpassung" und „Eingliederung" der Flüchtlinge und Vertriebenen. Diese Anpassungsleistung sollte – so zumindest die Rhetorik – zwar durch „gemeinsame Anstrengungen" von Einheimischen und Ankommenden erreicht werden, letzteren aber wurde ein deutlich größerer Anteil zugewiesen. Vor allem jüngere lokal- und regionalhistorische Forschungen konnten herausstellen, dass dabei Vorstellungen von einheitlichen Gruppen mit gleichgerichteten Interessenlagen sowohl auf Seiten der Ankommenden wie auch auf Seiten der Aufnahmegesellschaft trügen.[12] Auf beiden Seiten unterschieden sich die Menschen in vielfältiger

---

in Deutschland seit dem 17. Jahrhundert, Berlin 2016; Harald Jähner, Wolfszeit. Deutschland und die Deutschen 1945-1955, Berlin 2019, S. 90ff.

10 Vgl. beispielhaft und mit weiteren Angaben für das Ruhrgebiet und Nordrhein-Westfalen die Studien von Alexander von Plato, Fremde Heimat. Zur Integration von Flüchtlingen und Vertriebenen in die neue Zeit, in: Lutz Niethammer (Hg.), „Wir kriegen jetzt andere Zeiten". Auf der Suche nach der Erfahrung des Volkes in nachfaschistischen Ländern. Lebensgeschichte und Sozialkultur im Ruhrgebiet 1930-1960, Bd. 3, Bonn 1985, S. 172-219; ders., Integration und „Modernisierung", in: Dagmar Kift (Hg.) Aufbau West. Neubeginn zwischen Vertreibung und Wirtschaftswunder, Essen 2005, S. 26-33; Andreas Lüttig, Fremde im Dorf, Flüchtlingsintegration im westfälischen Wewelsburg, Essen 1993; für Niedersachsen von Bernhard Parisius, Viele suchten sich ihre neue Heimat selbst. Flüchtlinge und Vertriebene im westlichen Niedersachsen, Aurich 2004; Albrecht Lehmann, Im Fremden ungewollt zuhaus. Flüchtlinge und Vertriebene in Westdeutschland 1945-1990, München 1991; Henning Burk/Erika Fehse/Marita Krauss/Susanne Spröer/Gudrun Wolter, Fremde Heimat. Das Schicksal der Vertriebenen nach 1945, Berlin 2011; für das Verhältnis der „Umsiedler" und „Alteingesessenen", der „Neubauern" und „Altbauern" in Sachsen vgl. auf der Basis von Interviews Ira Spieker, Lebenslinien. Neuanfänge in einem fremden Land, in: dies./Sönke Friedreich (Hg.), Fremde-Heimat-Sachsen. Neubauernfamilien in der Nachkriegszeit, Dresden 2014, S. 29-156.

11 Vgl. neben der in Anm. 9 genannten Literatur beispielhaft etwa die Zitate aus Presse und Politik in Jan Plamper, Das neue Wir. Warum Migration dazugehört, Frankfurt a.M. 2019, S. 77f.

12 Vgl. z.B. Bernhard Parisius, Viele suchten; Dagmar Kift, Von der Zwangs- zur Erwerbsmigration. Flüchtlinge und Vertriebene im westdeutschen Wiederaufbau 1945-1961, in: Dittmar Dahlmann/Margit Schulte Beerbühl (Hg.), Perspektiven in der Fremde? Arbeitsmarkt und Migration von der frühen Neuzeit bis in die Gegenwart, Essen 2011, S. 311-334;

Hinsicht: nach regionaler Herkunft, nach urbaner, kleinstädtischer oder ländlicher Prägung oder nach ihren Vorerfahrungen während der NS-Zeit. Es spielten Alter und Geschlecht, ein an- oder abwesender Familien- und Bekanntenkreis, die Konfessionszugehörigkeit, der Beruf und der eventuell vorhandene Besitz eine wichtige Rolle für Aufgeschlossenheit, Hilfsbereitschaft oder Ablehnung gegenüber dem ‚neuen' Umfeld und den Zumutungen und Erwartungen an die jeweiligen ‚Anderen'. Auch die Vorerfahrungen sowohl der Flüchtlinge wie der Einheimischen während der Kriegsjahre und des Flucht- und Vertreibungsablaufes und -zeitpunktes unterschieden sich teilweise erheblich. Flüchtlinge hatten mitunter mehrfache ungeordnete, organisierte oder erzwungene Fluchtabläufe und Gewaltexzesse erlebt und durchliefen nach ihrer Ankunft mehrere Lager und improvisierte Unterkünfte, in denen sie teilweise für Monate und Jahre untergebracht wurden, ehe sie reguläre, eigene Unterkünfte erhielten.[13] Einheimische lebten teilweise schon längere

---

Paul Leidinger (Hg.), Deutsche Ostflüchtlinge und Ostvertriebene in Westfalen und Lippe nach 1945, Münster 2011; Harald Dierig, Der leidvolle Weg zu einem neuen Zuhause. Ostdeutsche Heimatvertriebene im Landkreis Münster nach 1945, Münster 2013; Andreas von Seggern, „Großstadt wider Willen". Zur Geschichte der Aufnahme und Integration von Flüchtlingen und Vertriebenen in der Stadt Oldenburg nach 1944, Münster 1997; Peter Exner, Ländliche Gesellschaft und Landwirtschaft in Westfalen 1919-1969, Paderborn 1997; ders., Integration oder Assimilation? Vertriebeneneingliederung und ländliche Gesellschaft – eine sozialgeschichtliche Mikrostudie am Beispiel westfälischer Landgemeinden, in: Hoffmann/Schwartz, Geglückte Integration?, S. 57-88; Paul Erker, Revolution des Dorfes? Ländliche Bevölkerung zwischen Flüchtlingszustrom und landwirtschaftlichem Strukturwandel, in: Martin Broszat/Klaus-Dietmar Henke/Hans Woller (Hg.), Von Stalingrad zur Währungsreform. Zur Sozialgeschichte des Umbruchs in Deutschland, München 1988, S. 377-386; ausführlich auch Thomas Grosser, Die Integration der Heimatvertriebenen in Württemberg-Baden (1945-1961), Stuttgart 2006; Steven Zahlaus, Gelungene oder missglückte Zuwanderung? Flüchtlinge und Heimatvertriebene, „Gastarbeiterinnen" und „Gastarbeiter" in Nürnberg 1945-1980, in: Hans-Joachim Hecker/Andreas Heusler/Michael Stephan (Hg.), Stadt, Region, Migration. Zum Wandel urbaner und regionaler Räume, Stuttgart 2017, S. 101-144.

13 Zu den „Lagern" und teilweise späteren Stadtteilen und deren Wahrnehmung durch Einheimische vgl. Mathias Beer, Lager als Lebensform in der deutschen Nachkriegsgesellschaft. Zur Neubewertung der Funktion der Flüchtlingswohnlager im Eingliederungsprozess, in: Jan Motte/Rainer Ohliger/Anne von Oswald (Hg.), 50 Jahre Bundesrepublik – 50 Jahre Einwanderung. Nachkriegsgeschichte als Migrationsgeschichte, Frankfurt a.M. 1999, S. 56-75; Holger Köhn, Die Lage der Lager. Displaced Persons-Lager in der amerikanischen Besatzungszone Deutschlands, Essen 2012; Sascha Schießl, „Das Tor zur Freiheit". Kriegsfolgen, Erinnerungspolitik und humanitärer Anspruch im Lager Friedland (1945-1970), Göttingen 2016; Jeannette van Laak, Einrichten im Übergang. Das Aufnahmelager Gießen (1946-1990), Frankfurt a.M. 2017; sowie mit weiteren Hinweisen die Beiträge von Jeannette van Laak, Holger Köhn und Bernhard Parisius in diesem Band. Davon unabhängig entstanden einzelne eigene Flüchtlingsstädte wie z.B. Espelkamp in

Zeit zusammen mit den auf das Land verschickten Stadtkindern wie auch später mit deren „ausgebombten" oder in die Dörfer und Kleinstädte geflüchteten Müttern und Großeltern. Auch die Anwesenheit von ZwangsarbeiterInnen und Kriegsgefangenen auf den Bauernhöfen und in den Städten, der Grad der dortigen Kriegszerstörungen und die Abläufe während der Kriegsendphase und der Besetzung durch die Alliierten prägen die Einstellungen auf Seiten der aufnehmenden Bevölkerung.[14]

Der Blick auf diese unterschiedlichen Wahrnehmungswelten macht deutlich, dass keinesfalls von homogenen Erfahrungen und somit mitnichten von einheitlichen Gruppenkonstellationen oder -interessen ausgegangen werden kann. Vor diesem Hintergrund stellt sich zudem die Frage, inwiefern Integration überhaupt als linearer, einseitiger und ausschließlich „aufgezwungener Anpassungsprozess" an eine „funktionierende Wirtsgesellschaft" betrachtet oder als – so der schon von den Alliierten verwendete Ausdruck – „Assimilation" verstanden werden kann.[15] Stellt sie sich nicht vielmehr als ein zweiseitiger Prozess dar, der sowohl von Ankommenden als auch von den jeweiligen Einheimischen Anpassungen und Veränderungen einforderte, auch wenn vornehmlich staatliche Behörden sowie die Mehrheitsgesellschaft Vorgaben formulierten, die gesellschaftlichen Veränderungen im Kontext von Aufnahme und Integration jedoch von Migrierten wie von eben dieser Mehrheitsgesellschaft befürwortet und ‚mitgetragen' werden mussten?[16]

In den zeitgenössischen Quellen lässt sich hierzu häufig im Zeitverlauf die ganze Bandbreite menschlichen Verhaltens beobachten: Neben Hilfeleistungen und Unterstützung bei Ankunft und im weiteren Alltag finden sich vielfach auch Zeugnisse von Desinteresse und Distanz, herabwürdigende und

---

Nordrhein-Westfalen und vor allem in Bayern. Vgl. mit weiteren Hinweisen Walter Ziegler, Integration oder Nichtintegration. Die „Flüchtlingsstädte" in Bayern 1945-1990, in: Hecker u.a., Stadt, Region, Migration, S. 165-188.

14   Diese unterschiedlichen Vorerfahrungen werden besonders deutlich bei lebensgeschichtlichen Interviews und Erinnerungsberichten. Vgl. z.B. von Plato, Integration, S. 33; Lehmann, Im Fremden, insbes. S. 187ff.

15   Vgl. Alexander von Plato. Integration und Modernisierung, in: Aufbau West. Vertreibung und Wirtschaftswunder, https://www.lwl.org/aufbau-west/LWL/Kultur/Aufbau_West/Migration/integration/plato/index.html (2.2.2020).

16   Vgl. Ther, Außenseiter, S. 304f.; von Plato, Integration, S. 31-33; Möhring, Jenseits des Integrationsparadigmas, S. 317ff.; Krauss, Integrationen. Fragen, Thesen, Perspektiven zu einer vergleichenden Vertriebenenforschung, in: dies., Integrationen, S. 9-21, hier S. 10-13, die deutliche Kritik am „Container"-Begriff übt, der unterschiedlichste Vorstellungen von Assimilation bis Multikulturalismus beinhalten kann, und die stattdessen das Nebeneinander betont bei einer gleichzeitig vorhandenen „festen Kultur", in die integriert wird. Vgl. dagegen das sehr vereinfachte und unhistorische Modell der „Salatschüssel" bei Plamper, Das neue Wir, S. 15.

diskriminierende Einstellungen der Aufnehmenden gegenüber den Aufzunehmenden bis hin zu Gewaltakten wie Brandanschläge auf Flüchtlingsunterkünfte z.B. 1950 in Wadersloh, einem kleinen Ort im südlichen Münsterland.[17] Und statt einer wie auch immer gearteten ‚Willkommenskultur' prangten an den Bahnhöfen nicht selten Schilder, mit denen Flüchtlinge abgeschreckt werden sollten: Flüchtlinge und Vertriebene galten danach als „Plage und Zumutung" oder als „Strafe", und es dauerte nicht selten Jahrzehnte, bis die zahlreichen kulturellen Missverständnisse aufgeklärt werden sollten.

Darüber hinaus beruhten viele Konflikte auf traditionell konfessionellen Spannungen: Verheiratungen zwischen Katholiken und Protestanten wurden abwertend als „Mischehen" bezeichnet und waren vor allem auf dem Land und in Kleinstädten gesellschaftlich verpönt. Es gab offenen Rassismus von Deutschen gegen Deutsche.[18] „Die" Flüchtlinge wurden wahlweise entweder zu „Untermenschen" aus dem Osten konstruiert, die beweisen sollten, dass sie z.B. keine „Polen" waren, oder zu „den" Nationalsozialisten, die ihre Lage selbst verschuldet hatten. Einheimische griffen ihrerseits auf regionale Selbstbilder zurück, um sich beispielsweise über Traditionen, Lebensformen, Sprache oder religiöse Bräuche abzugrenzen, sowohl in den westlichen Zonen bzw. der Bundesrepublik wie in der SBZ bzw. der DDR.[19] Folgt man der Perspektive vieler

17 Zu Wadersloh vgl. die Chroniken mit ausführlichen Erinnerungs- und Zeitungsberichten, u.a. zum „Barackenbrand" 1950, in: Siegfried Schmieder, Wadersloh. Geschichte einer Gemeinde im Münsterland, Bd. 3: Geschichte der politischen Gemeinde, Wadersloh 1982, S. 299ff., insbes. 383-392. Zu positiven und gemischten zeitgenössischen Berichten nebeneinander vgl. etwa Hanna Betz, Flüchtlingsschicksal auf dem Lande. Untersuchung über die Situation der Heimatvertriebenen in der Gemeinde Holzhausen am Starnberger See, Frankfurt a.M.1949, S. 18-20; Elisabeth Pfeil, Fünf Jahre später. Die Eingliederung der Heimatvertriebenen in Bayern bis 1950, Frankfurt a.M. 1951, S. 63f. und 87f. sowie die späteren Quellensammlungen mit zeitgenössischen Berichten. Vgl. etwa Rolf Messerschmidt, „Wenn wir nur nicht lästig fallen …". Aufnahme und Eingliederung der Flüchtlinge und Vertriebenen in Hessen (1945-1955), Frankfurt a.M. 1991; Rainer Schultze (Hg.), Erlebnisberichte aus dem Landkreis Celle 1945-1949, München 1990.

18 Vgl. die zahlreichen Beispiele in Frauke Dettmer, Konflikte zwischen Flüchtlingen und Einheimischen nach Ende des Zweiten Weltkrieges, in: Jahrbuch für ostdeutsche Volkskunde 26 (1983), S. 311-324; Manfred Jessen-Klingenberg, „In allem widerstrebt uns dieses Volk". Rassistische und fremdenfeindliche Urteile über die Heimatvertriebenen und Flüchtlinge in Schleswig-Holstein 1945-1946, in: Pohl, Regionalgeschichte, S. 85f.; ferner in der in den Anm. 9 und 10 genannten Literatur, beispielhaft Lehmann, Im Fremden, S. 35 und 236; Erker, Revolution, S. 400-403; Grosser, Integration, S. 398-408 und S. 417-439; Kossert, Kalte Heimat, S. 94-100; Beer, Flucht und Vertreibung, S. 107-112 oder zuletzt bei Plamper, Das neue Wir, S. 77f., sowie eingehend verschiedene Beiträge dieses Sammelbandes.

19 Zu den „regionalistisch verbrämten", oft völkisch konnotierten Vorurteilen vgl. Lehmann, Im Fremden, S. 171; Marita Krauss, Fremde Heimat. Ankunft und erste Jahre, in:

Vertriebener, besaßen diese Formen der ‚Integration' einen äußerst bitteren Beigeschmack. Im besten Fall wurde in solchen Situationen eine Anpassung an die vorgefundenen Verhältnisse verlangt, oftmals um den Preis der eigenen kulturellen Selbstaufgabe. Bereits in der unmittelbaren Nachkriegszeit herrschte daher vielfach Unsicherheit, ob die Integration der vielen verschiedenen Gruppen von geflüchteten, vertriebenen und durch Kriegseinwirkungen mobilisierten Menschen ‚erfolgreich' verlaufen würde. Wenngleich die Flüchtlinge und Vertriebenen den Einheimischen nach 1945 von Anfang an – ähnlich wie die sogenannten SpätaussiedlerInnen seit den 1970er Jahren aus Osteuropa – (mit Ausnahme des anfänglichen Verbots zur Bildung eigener politischer Organisationen) grundsätzlich rechtlich gleichgestellt waren, so blieben sie doch in der Wahrnehmung der ZeitgenossInnen für lange Zeit ‚Hergelaufene' ohne Besitz, die nicht freiwillig gekommen, aber auch nicht gerufen worden waren.[20]

In der historischen und sozialwissenschaftlichen Forschung wird zur Einordnung dieser Beobachtungen und zur Strukturierung der weiteren Entwicklungen mit einem schon in den späten 1940er Jahren entwickelten Drei- bzw. – heute eher differenzierten – Vier-Phasen-Modell der Integration argumentiert: Danach schließe sich an eine meist nur kurze, von emotionaler Hilfswilligkeit gekennzeichnete Phase eine Zeit des „emotionalen sich Versagens und Versperrens" an, auf die eine Phase folge, „in der durch Hinweis,

---

Burk u.a., Fremde Heimat, S. 32ff.; dies., Das „Wir" und das „Ihr". Ausgrenzung, Abgrenzung, Identitätsstiftung bei Einheimischen und Flüchtlingen nach 1945, in: Hoffmann u.a., Vertriebene, S. 9-25; dies., Die Integration von Flüchtlingen und Vertriebenen in Bayern in vergleichender Perspektive, in: dies. (Hg.), Integrationen, S. 71f.; Bauerkämper, Assimilationspolitik, in: ebd., S. 31f.; Andreas Thüsing, „Umsiedler" in Sachsen und in Mecklenburg-Vorpommern. Unterschiede und Gemeinsamkeiten bei der Aufnahme und Unterbringung in industriell und in agrarisch-geprägten Gebieten 1945-1950, in: ebd., S. 156-161.

20 Vgl. z.B. Pfeil, Fünf Jahre später, S. 94-98; die häufig von Heimat- und Geschichtsvereinen im Kontext von Jahrestagen gesammelten Erinnerungsberichte mit Bezug auf Westfalen und das Rheinland z.B. bei Gerhard Hell, Die ehemalige „Muna-Siedlung" in Siddinghausen. Zur Geschichte einer dörflichen Kleinsiedlung, in: Alexander Kessler im Auftrag der Dorfgemeinschaft Siddinghausen (Hg.), Siddinghausen. Geschichte eines westfälischen Dorfes, Paderborn 2000, S. 503-506; Dietmar Sauermann, „Fern doch treu!". Lebenserinnerungen als Quellen zur Vertreibung und ihrer kulturellen Bewältigung am Beispiel der Grafschaft Glatz, Marburg 2004, S. 223-296; Bergischer Geschichtsverein, Abteilung Burscheid (Hg.), In Burscheid angekommen. Evakuierte, Flüchtlinge und Vertriebene in Burscheid, Burscheid 2008; Ute Happe, Flüchtlinge in Gehrden. Ein Beitrag zur Sozialgeschichte einer westfälischen Landgemeinde von 1945-1950, in: Die Warte 143 (2009), S. 5-10; Walter Lehrig, Vertreibung aus Schlesien und ein neuer Anfang in Westfalen, in: Unser Kreis 2010. Jahrbuch für den Kreis Steinfurt, S. 137-143.

eigene Einsicht und Selbsterziehung eine nicht mehr von primitiven Reaktionen bestimmte Einstellung gewonnen wird".[21] Thomas Grosser verwies in den 1990er Jahren am Beispiel der Entwicklungen in Nordbaden zudem sowohl auf die Bedeutung sozialstaatlicher Einrichtungen wie auf die „Privatisierung der Bewältigung". Nicht zuletzt machte er auf die Perspektive der Einheimischen aufmerksam, die Zuwanderer als „Entwicklungschance" im Kontext des ohnehin in Gang befindlichen Wandels der ländlichen Gesellschaften durch Arbeitskräfteabwanderung und technologische Veränderungen zu begreifen.[22]

Für die Aufnehmenden und die Hinzukommenden gleichermaßen repräsentierte sich Integration durch die Überwindung der unmittelbaren Notlagen, durch Wohnung, Arbeitsplatz und Einkommen, Familienbildung und den akzeptierten Lebensstandardzuwachs. Außerdem zeigte sich gerade in Kleinstädten und Dörfern die große Bedeutung zivilgesellschaftlicher und kultureller Zusammenschlüsse. Während sich aber beispielsweise Sportvereine für jugendliche Vertriebene relativ schnell öffneten, setzten sich sogenannte Traditionsvereine gegen Mitglieder aus den Reihen der Zugezogenen eher ‚zur Wehr'. Ihre Isolationspolitik gaben sie nicht selten erst dann auf, wenn Aufnahmewillige durch sichtbare Erfolge und „Leistungsfähigkeit" nachweisen konnten, den deklassierenden ‚Flüchtlingsstatus' abgelegt zu haben.[23]

Und schließlich ermöglichten nicht zuletzt die Einbindung und Selbststilisierung auch der Einheimischen als Opfer des Krieges eine gemeinsame nationale Geschichte und erlaubten den Flüchtlingen und Vertriebenen, an eine gemeinsame „nationale Solidarität" zu appellieren.[24] Dennoch blieben bei

---

21 Vgl. Elisabeth Pfeil, Der Flüchtling. Gestalt einer Zeitenwende, Hamburg 1948, S. 123; sowie den differenzierten Ausblick aus dem Jahre 1950 von dies., Fünf Jahre später, S. 95-98. Vgl. auch darauf aufbauend Herbert Schwedt, Arbeit und soziale Integration, in: Gerhard Heilfurth/Ingeborg Weber-Kellermann (Hg.), Arbeit und Volksleben. Deutscher Volkskundekongress 1965 in Marburg, Göttingen 1967, S. 378-388, wie auch die differenzierte begriffliche Analyse bei Volker Ackermann, Integration: Begriff, Leitbilder, Probleme, in: Bade, Neue Heimat, S. 14-36.

22 Vgl. Thomas Grosser, Ankunft, Aufnahme und Integration aus der Sicht der Einheimischen, in: Haus der Heimat des Landes Baden-Württemberg (Hg.), Angekommen! – Angenommen? Flucht und Vertreibung 1945 bis 1995, Filderstadt 1996, S. 49-67, hier S. 61; sowie in Anlehnung an die Wanderungssoziologie ders., Integration, S. 7.

23 Vgl. z.B. die detaillierten Untersuchungen zu Westfalen von Peter Exner, Integration oder Assimilation, S. 63ff. und 81-84; ders., Ländliche Gesellschaft, S. 134-139 und 421f. und an bayerischen Beispielen: Astrid Pellengahr/Helge Gerndt, Vereinswesen als Integrationsfaktor. Eine Fallstudie zur Integration der Vertriebenen und Flüchtlinge in Bayern nach 1945, München 2005; Krauss, Die Integration von Flüchtlingen und Vertriebenen in Bayern, in: dies. (Hg.), Integrationen, S. 72f., 85f.

24 Zur Dynamik der Wiederaufbaugesellschaft als Motor für Aufnahme und Integration trotz „Schattenseiten" und „Entbehrungen" vgl. Ther, Außenseiter, S. 121-126. Zur (Selbst-)

Aufnehmenden und Hinzukommenden die Erfahrung und die Erinnerung eines unterschiedlichen Lebenswegs häufig prägend, wobei dies in den Erinnerungsberichten und Zeitzeugeninterviews der Aufnehmenden selten, dagegen stets bei den Flüchtlingen artikuliert wurde.

Vor diesem Hintergrund ist es umso fragwürdiger, warum sich diese Integrationserfahrungen als „Erfolgsgeschichte(n)" durchsetzen konnten, waren doch entgegen offiziösen Verlautbarungen die sozialen „Kosten" nicht abzustreiten. Viele ältere Flüchtlinge und Vertriebene, insbesondere Bauern mit größerem Landbesitz, erlebten eine soziale Deklassierung. Zudem hielten sich unter den Einheimischen – teilweise rassistisch begründete – Vorbehalte und Stereotype wie Polacken, Rucksackdeutsche, Felddiebe usw. gegenüber den „Ankommenden", denen darüber hinaus unterstellt wurde, beim Lastenausgleich betrogen zu haben. Letztlich existierten Ressentiments gegen das Fremde, Unbekannte und Ungewohnte noch völlig ungebrochen aus der untergegangenen NS-Diktatur fort. Daher verwundert es nicht, dass im September 1947 nicht weniger als 45 Prozent der Vertriebenen mit der Behandlung, die ihnen seitens der Einheimischen widerfuhr, unzufrieden waren.[25] In Interviews lassen Flüchtlinge und Vertriebene häufig lange nachwirkende Verletzungen erkennen. Bis in die Gegenwart transportieren diese ‚Markierungen', so zeigen aktuelle Erinnerungsgespräche mit ehemaligen Vertriebenen und deren Nachkommen, bei aller Empathie für das Erfahren von Flucht und Heimatverlust von MigrantInnen gleichwohl auch selbst wieder ambivalente Einstellungen gegenüber Neuankömmlingen.[26]

Beschreibung als Opfer vgl. Constantin Goschler, „Versöhnung" und „Viktimisierung". Die Vertriebenen und der deutsche Opferdiskurs, in: Zeitschrift für Geschichtswissenschaft 53 (2005), S. 873-884.

25 Vgl. Ray M. Douglas, „Ordnungsgemäße Überführung". Die Vertreibung der Deutschen nach dem Zweiten Weltkrieg, München 2013, S. 387f.

26 Zu solchen „Markierungen" und Verletzungen vgl. Lehmann, Im Fremden, S. 179, 183, 190-193, für die Perspektive der Flüchtlinge und Vertriebenen vgl. Marita Krauss, Fremde Heimat: Bundesrepublik, in: Burk u.a., Fremde Heimat, S. 109-121; dies., Fremde Heimat: DDR, in: ebd., S. 197-208; dies., Integrationen. Fragen, Thesen, Perspektiven, S. 14f.; Volker Ackermann, Das Schweigen der Flüchtlingskinder. Psychische Folgen von Krieg, Flucht und Vertreibung bei den Deutschen nach 1945, in: Geschichte und Gesellschaft 30 (2004), S. 434-464, sowie die zahlreichen Erinnerungsberichte und Zeitzeugeninterviews im Kontext von Jahrestagen u.a. in Anm. 20.

Lehmann, Im Fremden, S. 33 und S. 177, sah 1991 keinen Automatismus für Empathie, zumal ehemalige Flüchtlinge ungeachtet ihrer Erinnerungen längst Teil von Dorfgemeinschaften geworden seien; optimistisch dagegen im Jahr 2017: Ther, Außenseiter, S. 313 und 361ff. Vgl. hierzu auch den Beitrag von Uta Rüchel in diesem Band. Zur Tradierung über Erzählungen vgl. ferner Elisabeth Fendl, Heimatgeschichten. Illustrationen des Angekommenseins, in: Marita Krauss/Sarah Scholl-Schneider/Peter Fassl (Hg.), Erinnerungskultur

Demgegenüber verblassten auf Seiten der Einheimischen im Zuge der weiteren wirtschaftlichen und gesellschaftlichen Entwicklungen der 1950er bis 1970er Jahre die früheren Abwehrreaktionen. Dorf- und Stadtgeschichten erinnern an konfliktbesetzte Anfänge und betonen – wenngleich nur eher knapp – die gleichermaßen auf beiden Seiten mühevollen und aufopferungsvollen Aufbaujahre, die meist mit neuen Häusern und Wohngebieten illustriert werden.[27] So scheint es nicht zuletzt, als hätten diese Geschichten als quasi ‚rekonstruierte Konstruktion' sogar erst zu einer Integrationsbereitschaft auf beiden Seiten beigetragen.[28]

3 Blickwechsel

Waren die Vertriebenen und Flüchtlinge aus dieser Perspektive vor allem ein soziales und kulturelles Problem und der Umgang mit ihnen lediglich ein grundsätzlich politisches? Wie einschlägige Studien gezeigt haben, war der Integrationsprozess der ‚NeubürgerInnen' von einer Vielzahl von Faktoren abhängig. Neben der Politik der jeweiligen Besatzungsmacht und der Frage, wie die Zwangsmigranten selbst mit ihrer schwierigen Situation umgingen, hing der Erfolg vor allem auch von der Haltung der Einheimischen gegenüber den Neuankömmlingen ab. Um deren Bedeutung für den Integrationsprozess zu untersuchen, möchten wir mit diesem Sammelband dezidert einen ‚Blickwechsel' vornehmen, indem wir vor allem die Rahmenbedingungen und Erfahrungen, die Verhaltensweisen und die Aktivitäten der „Aufnehmenden" in den Vordergrund stellen, wobei wir bewusst von einer Vielzahl unterschiedlicher „Aufnahmegesellschaften" ausgehen.

Bislang wurde darauf hingewiesen, dass zu all diesen Erfahrungen kaum (Selbst-)Zeugnisse oder gar Erinnerungsinterviews vorliegen. Wenn überhaupt wurde das Thema ‚Kontakt zu Vertriebenen' in Rückblicken nur dann thematisiert, wenn die eigene Situation (wie z.B. im Zusammenhang mit

---

und Lebensläufe. Vertriebene zwischen Bayern und Böhmen im 20. Jahrhundert – grenzüberschreitende Perspektiven, München 2013, S. 83-95.

27 Vgl. die stets ähnlichen Darstellungen in Dorf- und Stadtgeschichten, wie u.a. bei Otto Friedrich, Die Eingliederung der Vertriebenen im Bereich der Stadt Salzkotten, in: Detlef Grothmann und Stadt Salzkotten (Hg.), 750 Jahre Stadt Salzkotten. Geschichte einer westfälischen Stadt, Bd. 2, Paderborn 1996, S. 1093-1116; Heimatverein Rhede (Hg.), Geschichte der Stadt Rhede, Rhede 2000, S. 648-650, 826, 863f.; Wilhelm Grabe/Norbert Schulte (Hg.), Upsprunge (1216-2016), Salzkotten-Upsprunge 2015, S. 425f., 428f., 432f., 437-439. Vgl. hingegen sehr viel differenzierter bei Hans-Werner Schmuhl, Bevölkerung, Wirtschaft und Verkehr, in: Norbert Damberg (Hg.), Coesfeld 1197-1997, Bd. 3, Coesfeld 2004, S. 2018-2022.

28 Vgl. Ther, Außenseiter, S. 312f.; auch schon Lehmann, Im Fremden, S. 38.

Einquartierungen) verschlechtert wurde. Aus diesem Grund war es umso interessanter, bereits bekannte Quellen gegen den Strich zu lesen. Dazu haben wir WissenschaftlerInnen einschlägiger Studien zu den Themen ‚Nachkriegsgesellschaften' und ‚Integration von Flüchtlingen und Vertriebenen' gebeten, ihre erhobenen Quellenfunde und bisherigen Forschungen auf unsere Fragen hin zu untersuchen. Herausgekommen ist ein breites Spektrum an Zugängen und Perspektiven auf das Thema „Willkommenskulturen? Re-Aktionen der Aufnahmegesellschaften auf Flucht und Vertreibung im Vergleich". Deutlich wurde dabei einmal mehr, dass insbesondere der Zugang über konkrete lokale und regionale Beispiele den gewünschten ‚Blickwechsel' möglich machen kann. Vor allem auf dieser Ebene, so zeigen alle 14 Beiträge, lassen sich die Problemlagen des Aufeinandertreffens oftmals überhaupt nur thematisieren und gängige Narrative zur Integration von Flüchtlingen und Vertriebenen (über-) prüfen.

Hierzu gehen zunächst fünf Detailstudien, größtenteils zu Westfalen, der unmittelbaren Aufnahmesituation in der Ankunftsgesellschaft nach. So interessiert sich *Harald Dierig* am Beispiel des Landkreises Münster für die dortige Zusammenarbeit der vor Ort tätigen kommunalen und regionalen Verwaltungsstellen,[29] der Kirchenvertreter und caritativen Verbände sowie der Vertreter der Besatzungsmacht. Vor dem Hintergrund der generell großen sozialpolitischen Herausforderungen fragt Dierig zum einen nach den Vorannahmen und Handlungs(spiel)räumen der verantwortlichen Entscheider, zum anderen danach, auf welche Weise sich konkret die verordneten Direktiven und Verhaltensmaßregeln sowohl auf die Neuankömmlinge wie auf die Einheimischen auswirkten. Abschließend wirft Dierig einen Blick auf Zeugnisse konkreter lokaler Erinnerungspolitik und fragt nach den eigentlichen Trägern dieser vermeintlich ‚gemeinsamen' Geschichte.

Weniger aus der Perspektive der Administration als vielmehr aus der Sichtweise der Einstellungen, Haltungen und dem daraus resultierenden Verhalten der Einheimischen gegenüber den Vertriebenen und Flüchtlingen fragt *Jürgen Gojny* am Beispiel der Gemeinden des heutigen Kreises Warendorf nach der konkreten Aufnahmesituation.[30] Kontakte zwischen Einheimischen und Vertriebenen ergaben sich, so Gojny, vor allem in Situationen des Dissenses. Insofern interessieren ihn insbesondere die Anlässe solcher konflikthaften Begegnungen, wie Wohnraumrequirierungen oder das unmittelbare

---

29 Vgl. den Beitrag von Harald Dierig: „Die Aufnahme ostdeutscher Heimatvertriebener im Landkreis Münster".
30 Vgl. den Beitrag von Jürgen Gojny: „Zwischen Konflikt und Bereicherung. Flüchtlinge und Vertriebene zwischen 1945 und 1955 in den Kleinstädten und Dörfern Westfalens".

Zusammenleben, in dessen Folge sich aber auch erste anfängliche Versuche der beruflichen, kulturellen und politischen Integration der Vertriebenen in eine weitgehend von Landwirtschaft und ihren Erfordernissen geprägte Region ergaben.

Ingeborg Hötings spezifischer Zugang zum Thema ergab sich aus einem Interviewprojekt zu dem im Raum Coesfeld gelegenen Barackenlager Lette, das in der Nachkriegszeit für die Aufnahme von Vertriebenen eingerichtet worden war. Neben Erzählungen zum Alltag in diesem Lager berichteten die Interviewten auch über Haltungen und Umgangsweisen der Einheimischen gegenüber den Ankömmlingen.[31] Besonders eingeprägt habe sich bei allen Befragten – sowohl den Vertriebenen wie den Einheimischen –, so Höting, das grundsätzliche Misstrauen der Ortsansässigen gegenüber den als ‚fremd' empfundenen Ankömmlingen. Oftmals habe dies seinen Ausdruck gefunden in herabsetzendem Verhalten, aber auch im Neid auf die den Vertriebenen zugestandenen Versorgungsleistungen. Neben kulturellen Verhaltensunterschieden war es vor allem die andere Konfessionszugehörigkeit, die zu räumlichen wie sozialen Distanzierungen führte. Demgegenüber konnten sich die Befragten nur selten an Momente emphatischen Verständnisses, gegenseitiger Unterstützung oder gar Sympathie füreinander erinnern.

Antipathie und Misstrauen gegenüber ‚den Fremden', so kann *Jens Gründler* in seinem Beitrag zeigen, konnte insbesondere dann am ehesten geschürt werden, wenn Ängste vor einer wie auch immer gearteten ‚Ansteckung' im Raum standen.[32] Dies war auch dann der Fall, wenn nachgewiesenermaßen viele der körperlichen Beschwerden, mit denen die Flüchtlinge und Vertriebenen zu kämpfen hatten, weniger auf eine bakterielle oder virale Erkrankung zurückzuführen waren, sondern vor allem auf – im Vergleich zu den Einheimischen deutlich höhere – Mangelerscheinungen. Vor dem Hintergrund administrativer wie auch lebensgeschichtlicher Überlieferungen fragt Gründler nach dem Einfluss des Gesundheitszustandes von Flüchtlingen und Vertriebenen auf restriktive Praktiken des Verwaltungshandelns wie ‚Entseuchungen' und auf die grundsätzlich pathologisierenden Wahrnehmungen der Neuankömmlinge durch die Einheimischen.

Wenngleich der reale Verlust jeglicher Form von Beheimatung das Schicksal der Vertriebenen und Flüchtlinge einzigartig machte, teilten sie doch häufig

---

31 Vgl. den Beitrag von Ingeborg Höting: „Antipathie – Empathie – Sympathie? Die Haltung von Einheimischen in der Begegnung mit Ostvertriebenen am Beispiel des Münsterlandes".
32 Vgl. den Beitrag von Jens Gründler: „(K)Ein herzliches Willkommen? Diskurse um Krankheit und Gesundheit im Kontext der Aufnahme von Heimatvertriebenen in Westfalen".

mit ihren GastgeberInnen und späteren NachbarInnen die anfänglich in weiten Teilen der deutschen Nachkriegsgesellschaft vorhandene physische wie materielle Not. Wie gestaltete sich jedoch ihr Ankommen in einer bis dato im hohen Maße von Kriegsbeeinträchtigungen verschont gebliebenen Umgebung? Am Beispiel der „beschaulichen Residenzstadt" Oldenburg lotet *Andreas von Seggern* die „Untiefen" einer vermeintlich linearen Erfolgsgeschichte der Integration von Flüchtlingen und Vertriebenen aus den ehemaligen Ostgebieten aus.[33] In seinem Perspektivenwechsel folgt er dabei weniger den vielfältig dokumentierten Appellen einer um Solidarität bemühten Nachkriegs- und Aufbaugesellschaft als den vielen kleinen Zeichen des ‚Widerstands' der Ortsansässigen gegenüber diesen und weiteren Maßnahmen der Integration einer großen Anzahl von Flüchtlingen und Vertriebenen.

Ressentiments gegenüber den Neuankömmlingen in der Bevölkerung wurden in Oldenburg wie an anderen Orten auch insbesondere durch die Einrichtung von in sich geschlossenen Lagern oder Flüchtlingssiedlungen befördert. Nicht selten spielte gerade diese Unterbringungsform in der Be- und Verurteilung der Vertriebenen und Flüchtlinge durch Einheimische eine entscheidende Rolle, insbesondere dann, wenn die Unterbringung zunächst nur in Baracken oder in Lagern möglich war, die bis Kriegsende von ZwangsarbeiterInnen und Kriegsgefangenen bewohnt wurden. Reaktionen der Aufnahmegesellschaften zeigen dabei, dass ‚Anderssein' von Seiten der Einheimischen vor allem aufgrund bestimmter Lebensumstände konstruiert wurde. Zur Zuschreibung von negativen Eigenschaften oder Schuld war es dann nur noch ein kleiner Schritt.[34] Welche besondere soziale aber auch politische Bedeutung diesen Formen der Behausung für Menschen in Not zugeschrieben wurde, welche Außenwirkungen sie verursachten, aber auch wie sich das alltägliche Erleben in und mit den Lagern seitens der BewohnerInnen gestaltete, steht im Mittelpunkt von drei Beiträgen.

In Gießen wurde das Durchgangslager medial für eine gezielte Wahrnehmung durch die alteingesessene Bevölkerung benutzt. Schließlich fungierte es als das zentrale hessische Aufnahmelager für – vor allem aus der SBZ/ DDR – Geflüchtete. Wie *Jeanette van Laak* in ihrem Beitrag zeigen kann, waren es weniger die BewohnerInnen des Lagers, deren Verhalten oder Notlagen, die das ‚Bild' vom und die Einstellung der Öffentlichkeit zum Lager bestimmten. Vielmehr waren es seine mediale Darstellung und die Funktionalisierung als

---

33 Vgl. den Beitrag von Andreas von Seggern: „Eindringlinge ins Idyll? Die Aufnahme von Flüchtlingen und Vertriebenen in der Stadt Oldenburg nach 1944".
34 Vgl. hierzu die Beiträge in diesem Band von van Laak, Köhn und Parisius mit Hinweisen auf weitere Beispiele.

Einrichtung, die gezielt die Aufnahme von NeubürgerInnen steuern sollte.[35] Vor diesem Hintergrund wurden die LagerinsassInnen wahlweise entweder zu Opfern der Verhältnisse oder zu exkludierenden ‚Tätern' instrumentalisiert.

Mit gänzlich schwerwiegenderen Vorhaltungen und Vorbehalten hatten die sogenannten Displaced Persons (DPs) zu kämpfen. Hier war es allerdings weniger das Leben in Barackenlagern, das diese Menschen als fremde Eindringlinge markierte, als vielmehr der ihnen von den Aliierten zugewiesene private Wohnraum, der dazu führte, dass ihnen sogar offene Feindschaft entgegenschlug. Den Fragen, welche eminent hohe soziale Bedeutung dabei der räumlichen Anordnung der DP-Lager zukam und ab wann diese ‚Verortung' als Einbruch in den ‚Identitätsraum' wahrgenommen wurde, geht der vergleichend angelegte Beitrag von *Holger Köhn* zu vier unterschiedlichen DP-Lagern in Südhessen nach.[36] Die vielfachen Vorurteile gegenüber dem sogenannten ‚homo barackensis', die neben räumlichen Grenzziehungen auch diffamierende Stereotypisierungen erzeugten, bargen nicht zuletzt Ängste vor unbekannten Parallelgesellschaften, in denen Menschen – wenngleich unfreiwillig – in ihrer ganz eigenen Welt lebten und im schlimmsten Fall die traditionelle ‚Ordnung' vor Ort zu stören imstande waren. Als „Gegentypus zum bürgerlichen Individuum" sahen sich viele der zunächst in Lagern untergebrachten Vertriebenen und Flüchtlinge oftmals im wahrsten Sinne des Wortes ‚an den Rand' der jeweiligen dörflichen oder städtischen Gesellschaft verwiesen.[37]

Es gab jedoch auch gänzlich andere Erzählungen dieses Lager-Erlebens wie *Bernhard Parisius* anhand von lebensgeschichtlichen Interviews in seinem Beitrag über das im Norden Ostfrieslands gelegene Lager Tidofeld zeigen kann.[38] Im Gegensatz zu dem Narrativ der grundsätzlich apathischen und glücklosen LagerbewohnerInnen zeichnet Parisius das Bild einer Gemeinschaft der Gleichen, die in gegenseitiger Unterstützung den Schwierigkeiten und Hindernissen trotzten. Letztlich konnten auf diese Weise sogar kulturelle oder berufliche Exklusionserfahrungen durch Eigeninitiative – bis hin zum Bau einer gemeinsamen Eigenheimsiedlung – kompensiert werden.

---

35 Vgl. den Beitrag von Jeannette van Laak: „Haus der tausend Ängste'. Das Bild von Flüchtlingslagern in der Nachkriegszeit am Beispiel des Regierungsdurchgangslagers Gießen".
36 Vgl. den Beitrag von Holger Köhn: „Unwillkommene Fremde: Displaced Persons in Identitätsräumen der einheimischen Bevölkerung. Vier südhessische Beispiele", Zitat S. 200.
37 Volker Ackermann, Homo Barackensis – Westdeutsche Flüchtlingslager in den 1950er Jahren, in: ders./Bernd-A. Rusinek/Falk Wiesemann (Hg.), Anknüpfungen. Gedenkschrift für Peter Hüttenberger, Essen 1995, S. 339.
38 Vgl. den Beitrag von Bernhard Parisius: „Aus dem entlegenen Massenlager eine Eigenheimsiedlung geschaffen: Integration durch Selbsthilfe der Vertriebenen".

Grundsätzlichen Zusammenhalt und Unterstützung boten in den Zusammenbruchgesellschaften der Nachkriegszeit – so ein weiteres, viel beschworenes Narrativ – die christlichen Religionsgemeinschaften an. Und da sie meist auch über den Kreis der unmittelbar betroffenen Vertriebenen hinaus versuchten, Gemeinschaft zu stiften, wurde ihnen nicht selten das Prädikat zugeschrieben, die eigentlichen Integrationsagenturen (gewesen) zu sein. Gleichzeitig wurde immer wieder darauf aufmerksam gemacht, dass diese Formen kirchlicher Zuwendung und Vergemeinschaftung im hohen Maße davon abhingen, in welcher Situation sich die Neuankömmlinge befanden, zumal die Alliierten nur selten Rücksicht nahmen auf die in Deutschland traditionell hoch differenzierte und streng getrennte Konfessionslandschaft. In eher homogen – entweder vornehmlich katholisch oder protestantisch – geprägten Regionen ging man jedoch davon aus, dass die Zuflucht suchenden Glaubensschwestern und -brüder aus dem ‚Osten' bereitwillig von den einheimischen Gemeinden aufgenommen wurden. Dies galt jedoch im Binnenbereich des Katholizismus, so die These von *Markus Stadtrecher*,[39] wenn überhaupt nur für die kirchliche Hierarchie, die sich von den Neuankömmlingen einen zusätzlichen Beistand im Rahmen ihrer Rechristianisierungs- bzw. Rekatholisierungsbestrebungen erhoffte, während die einheimischen Laien die neuen Mitglieder häufig entweder als Konkurrenten wahrnahmen oder sie zur Projektionsfläche bereits lang schwelender Konflikte in den Gemeinden machten.

Auch in den protestantischen Kirchen war es keinesfalls ausgemacht, so *Felix Teuchert* in seinem Beitrag,[40] dass die neuen Gemeindemitglieder mit offenen Armen empfangen wurden. Ähnlich wie in der katholischen Kirche gab es immer wieder Probleme beim Umgang mit unterschiedlichen Frömmigkeitspraxen. Die Hauptschwierigkeiten mit der Eingliederung der Vertriebenen ergaben sich im Protestantismus jedoch aus der deutlichen Bekenntnisverschiedenheit. Da es den westdeutschen, vornehmlich reformierten Landeskirchen vor allem darum ging, die einheitliche konfessionelle Identität zu wahren, kam es zu teilweise unüberbrückbaren Konflikten mit den vornehmlich unierten und lutherischen Landeskirchen aus den ehemaligen deutschen Ostgebieten.

Neben den beiden großen christlichen Kirchen als Garanten der seelsorglichen Betreuung der Gläubigen aus zum Teil gänzlich anderen religiösen

---

39 Vgl. den Beitrag von Markus Stadtrecher zum Katholizismus: „Einheimische und Vertriebene in Augsburg. Die Kirche in der Nachkriegszeit zwischen Ablehnung und Bündnisschluss".
40 Vgl. den Beitrag von Felix Teuchert: „Willkommen in der Kirche? Die Aufnahme von evangelischen Vertriebenen im kirchlichen Raum: Differenzerfahrungen, Assimilationserwartungen und Integrationspraktiken".

Kulturkreisen sah sich auch der Westfälische Heimatbund (WHB) angesichts der nachkriegsbedingten ‚Unordnung' aufgerufen, nicht nur den Einheimischen, sondern auch den Neuankömmlingen Orientierung zu geben. Unterstützung bot hierbei ein Erlass des im Sozialministerium angesiedelten nordrhein-westfälischen Landesflüchtlingsamtes vom November 1950. Dieser Erlass sah vor, die Kulturarbeit der Vertriebenen systematisch auszubauen, wobei das Ministerium besondere Hoffnungen auf „die integrierende Kraft des Heimatgedankens" setzte.[41] Was dieser ‚Heimatgedanke' beinhaltete, an welche ‚Raum'-, – und damit verbunden – an welche Vorstellungen von ‚Kultur' der WHB dabei anknüpfte und inwiefern diese Überlegungen eine neue regionale (Doppel-)Identität zu fördern bereit und schließlich imstande waren, sind Fragen, denen *Karl Ditt* in seinem Beitrag nachgeht.[42]

Auch die Medien wurden in die Appelle der Politik um die als notwendig erachtete Solidarität mit den aus ihren Heimaten Vertriebenen miteinbezogen. Um für Empathie mit den neuen MitbürgerInnen zu werben, nahmen sich die Presse und der Rundfunk vor allem den persönlichen Schicksalen der Vertriebenen an. Dabei wurde in den Anfangsjahren der Bundesrepublik stets darauf geachtet, ein dezidiert ‚deutsches' Gemeinschaftsgefühl anzusprechen, nicht zuletzt um über eine vermeintlich weiterhin bestehende territoriale Einheit nationale Ansprüche gegenüber den ehemaligen deutschen Ostgebieten zu manifestieren. Auf welche Weise die Berichterstattungen in den folgenden Jahrzehnten rückblickend das Bild der Bundesrepublik als erfolgreiche Integrationsgesellschaft formten, steht im Mittelpunkt des Beitrags von *Stephan Scholz*,[43] der über den Zeitraum von siebzig Jahren den mitunter auch selbstreflexiv kritischen Umgang der Medien mit ihrer eigenen Rolle untersucht.

Was sich dabei zuweilen als (zunächst scheinbar unüberwindbares) Hindernis einer gegenseitigen Annäherung darstellte, wurde in den Sprachregelungen der Medien wie aber auch im Alltagsbewusstsein der Einheimischen in der Regel als unzureichende Integrationsleistung seitens der MigrantInnen bemängelt. Dass Integration jedoch mehr bedeutet als ein nur einseitiger und dazu noch passiver Prozess, verdeutlicht *Dagmar Kift* in ihrem Beitrag über die 1945 aus Breslau vertriebene Familie Völkel, deren Aufnahmegeschichten sie aus Tagebüchern und einer Autobiografie rekonstruieren konnte.[44] Durch

---

41 Vgl. Karl Ditt: „Die Haltung des Westfälischen Heimatbundes zu den Flüchtlingen aus den deutschen Ostgebieten 1945-1965", Zitat S. 303.
42 Vgl. ebd.
43 Vgl. den Beitrag von Stephan Scholz: „Beelendende Berichte? Eine Mediengeschichte von ‚Flucht und Vertreibung' 1945-2015".
44 Vgl. den Beitrag von Dagmar Kift: „‚Hat man in Ostpreußen deutsch gesprochen?'. Zur Integration von Deutschen in Deutschland".

die dichte Überlieferungslage – insbesondere der Berufsbiografien der männlichen Familienmitglieder – ist es ihr dabei möglich, vorschnelle Zuschreibungen zu vermeiden, notwendige Arrangements nicht nur als Barrieren, sondern auch als Chancen oder Hinweise auf flexibles Agieren zu lesen, die sich andernorts rückblickend mitunter als verklärende Schuldzuweisungen oder Entschuldigungen finden.

Abschließend untersucht die Soziologin *Uta Rüchel* die von uns im Titel unseres Sammelbandes durch den Begriff „Willkommenskulturen" indirekt aufgeworfene Frage,[45] ob es einen Zusammenhang gibt zwischen dem Umgang einer Gesellschaft mit ihrer eigenen Migrationserfahrung – so diese überhaupt konstitutiver Teil des kollektiven Gedächtnisses ist – und der Fähigkeit, generell Empathie mit Menschen auf ihrer Flucht nach Deutschland zu zeigen. Dazu wertete Rüchel vor dem Hintergrund der verschiedenen Erinnerungskulturen in Ost- und Westdeutschland zwanzig lebensgeschichtliche Interviews aus, die sie im Anschluss an die Öffnung der Grenzen für Flüchtlinge aus Syrien im Jahr 2016 mit BewohnerInnen aus Mecklenburg-Vorpommern und Schleswig-Holstein führte. Deutlich wird, so Rüchel in ihrem Fazit, dass „[d]ie persönliche Bewertung der aktuellen Flüchtlingspolitik ... maßgeblich durch familiär geprägte Haltungen, eigene Erfahrungen von Integration und dem Gefühl, gut beheimatet zu sein, bestimmt" wird. Insofern, so Rüchel weiter, „ist zu vermuten, dass eine ausgeprägte Kritik an der aktuellen Flüchtlingspolitik nicht unbedingt auf tiefsitzenden Ressentiments gründen muss, sondern unter Umständen auch durch ... unverarbeitete [eigene Migrations- bzw. Beheimatungs-] Erfahrungen bedingt sein kann."[46]

Diese ‚Sprachlosigkeit', so zeigen nicht zuletzt auch Studien zu Opfer-, Mittäter- und Täterschaften während des Nationalsozialismus, lassen bis heute nur selten einen ‚wertneutralen' Zu- und Umgang mit Erinnerungen an Kriegs- und Nachkriegserfahrungen zu. Hinzu kommt, dass – wie in allen Beiträgen deutlich wird – in den Zusammenbruchgesellschaften der Nachkriegszeit eine große Umstellung eingefordert wurde: Städter, die aufgrund von Bombenschäden ihrer Wohnungen auf das Land verbracht worden waren, hatten sich nun mit den dortigen, für sie fremden Verhältnissen abzufinden; großbäuerliche Familien mussten lernen, sich aufgrund von Einquartierungen räumlich einzuschränken, und katholische wie evangelische ChristInnen begegneten sich mit all ihren Vorurteilen in vielen Fällen zum ersten Mal auf engstem Raum.

---

45 Vgl. den Beitrag von Uta Rüchel: „Beheimatet-Sein zwischen Vergangenheit und Zukunft. Zum Zusammenhang von Erinnerungskulturen, Integration und der Haltung zur Flüchtlingsfrage".
46 Ebd., S. 424.

Hinzu kamen vielfach die Trennung von Angehörigen, das Fehlen des gewohnten sozialen Milieus, der vertrauten Nachbarschaft und besonders drängend: berufliche Sorgen, Ängste um das eigene und das Auskommen der Familie. In den meisten Fällen, so zeigt sich, verlief die Integration der Vertriebenen und Flüchtlinge in die westdeutsche Gesellschaft nicht konfliktfrei. Statt Solidaritätsbekundungen zwischen den Ankömmlingen und den Eingesessenen beherrschten sehr viel häufiger gegenseitige Ressentiments und Abgrenzungen das Miteinander, was nicht selten dazu führte, dass die Vertriebenen aufgrund ihre Herkunft aus anderen sozialen Milieus und Konfessionen für die Einheimischen das Fremde per se repräsentierten. Besonders in den Dörfern fehlte oft jegliche Erfahrung mit Zugewanderten wie generell mit der Annahme der ‚Anderen' und des ‚Anderen', sei es der Religion, der Sprache, der Ernährung oder der Lebensführung. Aber auch die oft behauptete „homogene Kultur der Einheimischen" sorgte nicht unbedingt für eine Stabilität im Binnenraum. Auch hier legten der Krieg und die anschließende Notsituation eher fragile Verunsicherungen frei, die häufig allerdings – paradox verstärkend – dazu genutzt wurden, mithilfe eines „Wir-Ihr-Arguments" eine vermeintliche Einheit über neue Aus- und Abgrenzungen (wieder-)herzustellen. Nicht zuletzt aus diesem Grund gestalteten sich die Integrationsverläufe der Flüchtlinge und Vertriebenen im hohen Maße individuell. Je nach ‚Raum' waren entweder der Ort, das jeweilige Milieu aber auch der Zeitpunkt ihrer Ankunft in den Städten und Dörfern, im Beruf, den Freizeitstätten oder Bildungseinrichtungen entscheidend.

***

Während der Drucklegung verstarb unerwartet Dagmar Kift, die mit vielen wissenschaftlichen Beiträgen zum Ruhrgebiet und insbesondere zum Thema Flüchtlinge und Vertriebene in Nordrhein-Westfalen hervorgetreten ist. Ihrem Andenken möchten wir diesen Band widmen.

(Re-)Aktionen auf Flucht und Vertreibung in den Aufnahmegesellschaften

Die Aufnahme ostdeutscher Heimatvertriebener im Landkreis Münster

Harald Dierig

Am 15. Oktober 1945 erreichten die ersten Züge mit annähernd 1.000 Vertriebenen aus den ehemaligen deutschen Ostgebieten im Rahmen der von der britischen Besatzungsmacht organisierten ‚Aktion Honigbiene' den Landkreis Münster; ab März 1946 startete die groß angelegte ‚Aktion Schwalbe', mit der die ersten Heimatvertriebenen aus Schlesien hier eintrafen. Innerhalb nur weniger Monate kamen auf diese Weise im Herbst und Frühjahr 1945/46 im Landkreis Münster 8.500 Ostflüchtlinge an.

Angesichts der Not der Vertriebenen appellierte der damalige Regierungspräsident Franz Hackethal vor dem ersten wieder frei gewählten Kreistag des Landkreises Münster in Gegenwart des Kreis-Resident Offiziers, Major B.T. Booth, sich „all der Menschen im Kreis Münsterland anzunehmen".[1] Auch andere Prominente aus dem Raum Münster hatten zur Hilfe aufgerufen, so der Bischof von Münster, Clemens August von Galen, in seinem Hirtenbrief bereits im Dezember 1945.[2]

In dieser Studie soll am Beispiel des Landkreises Münster danach gefragt werden, wie sich Gemeindevertreter und kommunale und regionale Verwaltungsstellen, Kirchenvertreter und caritative Verbände sowie die Vertreter der Besatzungsmacht gegenüber den Ausgewiesenen verhalten haben.[3]

---

1 Regierungspräsident Hackethal am 6.11.1946 vor dem ersten (wieder) frei gewählten Kreistag des Landkreises Münster – Protokoll über die Kreistagssitzung. Anlage 4, Stadtarchiv Münster (StdAM), Kreis E, 244.
2 Vgl. dazu weiter unten: Bischöfliche Adventsermahnung vom 8.12.1945, in: Amtsblatt der Diözese Münster Nr. 8 vom 15.12.1945, S. 33-35.
3 Die Quellenbasis dieses Beitrags bilden Unterlagen einer Reihe von staatlichen, kommunalen und kirchlichen Archiven. Zusätzlich konnte die Protokollsammlung des früheren Ortsverbandes des Bundes der Vertriebenen Nienberge genutzt werden sowie Zeitzeugenberichte von Vertrieben und Einheimischen. Vgl. hierzu auch verschiedene Beiträge von Harald und Barbara Dierig in dem Sammelband: Barbara Dierig/Harald Dierig, Neuanfang in Münster. Eingliederung von Flüchtlingen und Vertrieben in Münster von 1945 bis heute, Münster 1997; sowie die Monografie: Harald Dierig, Der leidvolle Weg zu einem neuen Zuhause. Ostdeutsche Heimatvertriebene im Landkreis Münster nach 1945, Münster 2013.

1 Appelle und Beurteilungen zur Aufnahme von Vertriebenen und Flüchtlingen im Münsterland in der Ausnahmesituation der Jahre 1945/46

Durch eine kurze Pressemeldung der *Neuen Westfälischen Zeitung*, eines damals unter der Kontrolle der britischen Besatzungsmacht stehenden und nur unregelmäßig erscheinenden Presseorgans, war die Öffentlichkeit im Münsterland bereits am 6. Oktober 1945 über den „Zustrom von Flüchtlingen" informiert worden:

> Der Zustrom von Flüchtlingen aus der russischen Zone nimmt in steigendem Maße zu und erschwert immer mehr das ernste Problem der Unterbringung und Ernährung von insgesamt 20 Millionen Deutschen in der britischen Zone. Viele dieser Flüchtlinge sind Evakuierte aus den Kriegsjahren, die das Ruhrgebiet und andere Industriegebiete Nordwestdeutschlands verließen, um den Bombenangriffen zu entgehen. Andere fluten zurück aus Gebieten, die auf Grund der Potsdamer Beschlüsse anderen Mächten unterstellt werden. Die Gesamtzahl der Flüchtlinge ist noch gar nicht abzusehen. Die Flüchtlinge werden in Auffanglagern gesammelt und registriert.[4]

Aus dem Wortlaut dieser Pressemitteilung war nicht zu erkennen, dass es sich bei diesen Menschen neben der Rückführung von Evakuierten aus Mitteldeutschland in erster Linie um den als „Flucht" bezeichneten Abtransport der von der polnischen Miliz vertriebenen SchlesierInnen aus ihrer Heimat handelte und somit um die in Vorverhandlungen zwischen der britischen und polnischen Regierung verabredete Deportation von Hunderttausenden. Damit wurde nicht zuletzt der ansässigen Bevölkerung suggeriert, dass Flüchtlinge – und nicht Vertriebene ohne Rückkehrmöglichkeiten in ihre Heimat – in der Hoffnung auf nur zeitweises Unterkommen um Unterstützung baten. Nur zehn Tage nach dieser Meldung rollten bereits die ersten Züge mit deutschen Heimatvertriebenen im Rahmen der von den Briten organisierten Aktion „Honigbiene" in den Raum Münster ein.

Aufgrund der mangelnden Informationspolitik der Alliierten, die über den eigentlichen Vertreibungsvorgang und die zwangsläufigen Folgen für die Westdeutschen nicht detailliert berichteten, wussten nur wenige Einheimische über das eigentliche Schicksal der Ankommenden oder gar deren Herkunftsgebiete Bescheid. Dementsprechend regte sich rasch lautstarker Protest mehrerer westfälischer Bürgermeister gegen die in ihren Augen unzumutbare Einweisungspolitik der britischen Besatzungsverwaltung. Insbesondere wandten sie

---

4 Neue Westfälische Zeitung (NWZ) vom 6.10.1945.

Abb. 2.1　Landkreis Münster vor und nach der kommunalen Gebietsreform, 1975
(Foto: Harald Dierig/Hubert Mischke)

sich gegen Massenzuweisungen von Menschen, die im letzten Quartal 1945 zusammen mit Bombenevakuierten aus der damaligen SBZ zunächst in die östlichen Randbereiche der britischen Zone gelangt und von dort aus u.a. in den Landkreis Münster verteilt worden waren.[5] Schließlich konnten die Amts- und Gemeindedirektoren immer häufiger nur unter Androhung von Wohnraumrequirierung Druck auf mögliche Quartiergeber ausüben, was wiederum abwehrende Reaktionen von Einheimischen zur Folge hatte.[6]

In dieser Situation machte sich der münstersche Bischof Clemens August von Galen zum Anwalt der Flüchtlinge und Vertriebenen. Aufgrund der weiterhin nur unklaren Ankündigungen in der Presse über herannahende Flüchtlingsbewegungen aus Ost- und Mitteldeutschland wandte sich der Bischof in einem Hirtenbrief am 8. Dezember 1945 mit einer ermahnenden wie werbenden Botschaft an alle Diözesanen:

> ‚Kein Platz in der Herberge!' Dieses Wort presst mit Zentnerlast mein Herz, wenn ich an jene denke, die gezwungen wurden, […] ihre Heimat im Osten unseres Vaterlandes zu verlassen. […] Sie mussten, meist in kürzester Frist, Haus und Hof verlassen, unter Preisgabe ihrer Habe, mit geringem Gepäck, vielfach dann noch aller Wertsachen beraubt. Nicht wenige dieser armen Verjagten sind den Misshandlungen und den Strapazen erlegen. Manche sind bereits bei uns aufgenommen. Aber der größte Teil dieser armen, aus ihrer Heimat vertriebenen Menschen, ist noch unterwegs. […] Nehmt jene obdachlosen Menschen willig auf: nicht nur dem Befehl der Obrigkeit gehorchend und heimlich bedacht, sich diesem zu entziehen, sondern in christlicher Liebe ihnen Herberge bietend, soweit das möglich ist. […] Jenen aber, die die Grenzen des Bistums als heimatloser Flüchtling überschreiten, rufe ich ein herzliches Willkommen zu![7]

Allerdings bewirkte selbst die bischöfliche Adventsermahnung bei den ansonsten durchaus streng gläubigen KatholikInnen im Münsterland keinen Sinneswandel. Stattdessen blieb es – wie in der Sitzung des Kreisflüchtlingsausschusses am 25. Januar 1946 deutlich wurde – bei der mehr oder minder übereinstimmenden Ablehnung durch die Gemeindevertreter im Landkreis:

---

5 Vgl. Verfügung der Militärregierung vom 14.12.1945, zur Unterbringung von Flüchtlingen und Evakuierten, Landesarchiv Nordrhein-Westfalen, Abteilung Rheinland (LAV NRW R), NW 7, 28.
6 Vgl. hierzu auch die Beiträge von Höting und Gojny in diesem Band.
7 Amtsblatt Diözese MS, Nr. 9 vom 15.12.1945, S. 33-35. Der Hirtenbrief vom 8.12.1945 trägt den Schlussvermerk: „Vorstehendes Hirtenwort ist am 4. Adventssonntag, dem 23. Dezember des Jahres, in allen Kirchen zu verlesen". Peter Löffler (Hg.), Bischof Clemens August von Galen. Akten, Predigten und Briefe. 1933-1946, Paderborn 1996, S. 1251.

In der Aussprache stellte sich heraus, dass die Tätigkeit der überörtlichen Kommissionen [zur Wohnraumermittlung] zwecklos und sie deshalb eingestellt worden sei. Die Einwohner, insbesondere die Bauern, wollen keine Ostflüchtlinge aufnehmen. Sobald die überörtliche Kommission da gewesen ist und den Leuten gesagt hat, welche Räume für Ostflüchtlinge beschlagnahmt werden müssen, vermieten diese die Räume möglichst bald an Evakuierte aus der Stadt und würden gerade zu darum betteln, dass diese Leute bei ihnen wohnen bleiben sollen, selbst wenn sie Inzwischen ein Unterkommen finden würden.[8]

Auch die britische Militärverwaltung schien sich Schritt für Schritt aus der Verantwortung für sich abzeichnende Missstände in der Versorgung herauszuziehen, ohne der deutschen Verwaltung vorhandene Ressourcen auf dem Wohnraumsektor (wie z.B. Kasernen) oder im Lebensmittelsektor gehortete Heeresbestände zu überlassen. Deutliche Worte hierfür fand am 3. Januar 1946 der britische Gouverneur für Westfalen, Brigadier Cecil A.H. Chadwick, als die ‚Aktion Honigbiene' noch lief und die viel umfangreicheren ‚Schwalbe'-Transporte sich ab März 1946 bereits abzeichneten:

Es muss allen bewußt werden, dass diese Flüchtlingszüge sich noch mehrere Monate bewegen werden, und dass das deutsche Volk für seine eigenen Leute sorgen muss.[9]

2 Erste Begegnungen mit den Angekommenen und Reaktionen im Aufnahmegebiet

Als ab März 1946 die ersten Züge der ‚Aktion Schwalbe' im Warendorfer Bahnhof einrollten und anschließend die für den Landkreis Münster bestimmten Personen vom dortigen Bezirksdurchgangslager aus im Durchgangslager des Kreises in den Klatenbergen bei Telgte eintrafen, wurden sie betont freundlich empfangen – wie sich das münsterische Ehepaar Maria und Otto Meyer im Abstand von mehr als 60 Jahren erinnerte, die beide beruflich in Ostpreußen tätig gewesen und nun mit der Lagerleitung beauftragt waren:

Ich sagte Ihnen ein ‚Willkommen' in Westfalen, dass wir Rat und Hilfe geben möchten. [...] Es ist mir noch heute unbegreiflich, dass nicht einmal der Probst ins Lager kam, auch niemand von der Stadtverwaltung Telgte. [...] Kam die Order zum Abtransport [der Vertriebenen] aus dem Lager in die jeweiligen Dörfer, veranstalteten wir einen Abschiedsabend. Liebliche Genüsse hatten wir nicht zu

---

8 NWZ vom 14.11.1945.
9 Landesarchiv Nordrhein-Westfalen, Abteilung Westfalen (LAV NRW W), Oberpräsidium 120, Bd. 1, Nr. 7653.

Abb. 2.2
Kaplan August Pricking, Vertriebenenbeauftragter des Bistums Münster von 1946-1949. Hier bei der Einweihung eines Bildstocks in Nottuln im Jahre 1950 anlässlich der Grundsteinlegung für vier neue Siedlungsbauten am Niederstockumer Weg (Foto: Gemeindearchiv Nottuln)

bieten. Aber wir sangen die Heimatlieder und manche Träne floss. [...] Manchen Abend fanden sich Mitglieder des englischen Militärkommandos bei uns ein. Sie standen im Hintergrund des Saales und beobachteten uns. Dann gingen sie ohne ein Wort! Am nächsten Tag ging es nach dem Mittagsessen in eine weitere Etappe der Einreise in die neue Heimat. Mein Mann brachte seine Schutzbefohlenen wieder auf dem offenen Rollwagen zum Bestimmungsort. [...] Am Bestimmungsort war der Marktplatz der Treffpunkt. Manchmal habe ich meinen Mann vertreten. An einen Empfang kann ich mich gerne erinnern. In Nottuln wurden wir ausnahmsweise beinahe liebevoll empfangen. Dort gab es sogar Kaffee und Kuchen. Ein Kaplan Pricklig [Pricking] begrüßte uns sehr freundlich mit viel Anteilnahme. Die Verteilung ging dann fast gemütlich über die Bühne. In der Regel war es aber so, dass die Ankommenden wie Sklaven von den wartenden Bauern auf ihre Leistungsfähigkeit taxiert wurden, ob sie sie gebrauchen konnten.[10]

Damit war allerdings das Problem der Unterbringung der Hunderten von Menschen nicht gelöst, die von ihren Herbergsleuten oftmals in Lagerräumen oder Scheunen statt in Wohnhäusern untergebracht wurden. Militärregierung und Leiter der ihr unterstehenden deutschen Behörden erließen daraufhin eine Reihe von Verfügungen, die solche Handlungen unterbinden sollten,[11] aber in der Regel erfolglos blieben. Stattdessen mussten wie schon bei der Ankunft der ersten Vertriebenenzüge auch die später Ankommenden oft primitivste

---

10 Bericht von Maria Meyer vom 13.1.2012, in: Dierig, Der leidvolle Weg, S. 326f.
11 Vgl. Schreiben des Kreis-Resident-Offiziers an die Amtsdirektoren vom 8. Mai 1946, Verfügung des RP Hackethal vom 6.6.1946, Stadtarchiv Telgte (StdA Telgte), C 3109.

Unterkünfte hinnehmen, wie die Unterlagen der landesweiten „Flüchtlingszählung" im Mai 1947 – hier am Beispiel der Wohnraumsituation in Nienberge – belegen: „Speicher" (9 qm für Mutter und 15-jährigen Sohn), „Schlafraum für Pferdeburschen" (6 qm für zwei Frauen), „Küche" (15 qm für eine 5-köpfige Familie), wobei durchweg das Fehlen von Betten, Möbeln und Kochherden registriert wurde.[12]

In den Zusammenbruchgesellschaften der Nachkriegszeit wurde von fast allen Menschen eine große Umstellung eingefordert: Städter, die aufgrund von Bombenschäden ihrer Wohnungen auf das Land verbracht worden waren, hatten sich nun mit den dortigen, für sie fremden Verhältnissen abzufinden; großbäuerliche Familien mussten lernen, sich aufgrund von Einquartierungen räumlich einzuschränken und katholische wie evangelische ChristInnen begegneten sich mit all ihren Vorurteilen zum ersten Mal auf engstem Raum. Hinzu kam vielfach die Trennung von Angehörigen, das Fehlen des gewohnten sozialen Milieus, der vertrauten Nachbarschaft und besonders drängend: berufliche Sorgen, Ängste um das eigene und das Auskommen der Familie. Unter all diesen Notleidenden lebten die Vertriebenen mit der hoffnungslosen Gewissheit, nicht nur Wohnung, Haus oder Hof entschädigungslos zurücklassen zu müssen, sondern auch jegliche Form von Erspartem.

Grassierten in den Städten mitunter Seuchen und Hunger, so konnte im Münsterland zumindest die Ernährung der in der Mehrheit auf Bauernhöfen lebenden Einheimischen und eingewiesenen Vertriebenen sichergestellt werden. Als jedoch auch hier die Zuteilung im Frühjahr 1947 für sogenannte ‚Normal-Verbraucher' auf unter 1.000 Kalorien pro Tag sank, wuchsen vor allem bei den NeubürgerInnen die Versorgungsprobleme. Unter Hinweis auf eine im Kreis Lübbecke angelaufene Aktion, Kindern von Vertriebenen und Evakuierten bei eingesessenen Familien einen Mittagstisch anzubieten, fragten – wenngleich erfolglos – die *Westfälischen Nachrichten*:

> Wer bringt im Kreis Münster die Initiative auf, eine solche Hilfsaktion in die Wege zu leiten? Wer speist ein Normalverbraucherkind?[13]

---

12   Vgl. NRW Soz. Min., 1947, StdAM, Roxel II, 588. Nienberge war zu dieser Zeit noch eine eigenständige Gemeinde im Landkreis Münster. Erst mit der Gebietsreform und der Auflösung des Landkreises Münster wurde es ein Stadtteil von Münster.
13   WN vom 6.8.1947.

Abb. 2.3　Eingewiesene Städterinnen aus Schlesien in Rinkerode. Quartier fanden sie in einer Unterkunft mit separatem Eingang im Speicher eines Bauernhofs, o.D. (Foto: Wolfgang Tischler)

Stattdessen konnte jedoch häufig nur die fehlende Versorgung mit Sachgütern jeglicher Art festgestellt werden:

> Flüchtlinge haben keine Mäntel, keine Strümpfe, keine Schlafgelegenheiten. Was kann von Seiten des Kreises getan werden, um möglichst schnell wirkungsvoll diesem Zustand zu begegnen?[14]

Insgesamt – so wurde anlässlich einer Flüchtlingszählung im Mai 1947 erhoben – fehlten im Regierungsbezirk Münster 43.000 Betten. Noch im Februar 1948 klagte das Evangelische Hilfswerk für Westfalen:

14　Kaplan August Pricklig aus Nottuln, Vorsitzender des Kreisflüchtlingsausschusses, auf dessen erster Sitzung am 26. Januar 1946, LAV NRW W, Kreis E 398, Kreisfl. Ausschuss. Vgl. auch Vorlage des Oberpräsidenten von Westfalen zu einer Provinzialkonferenz mit Vertretern der Militärregierung in Münster vom 8. März 1946, LAV NRW W, Oberpräsidium, Bd. 120, Nr. 7013, Bl. 148.

Hier findet man außerdem noch manches ungenützte oder wenig benutzte Stück Möbel, während das Schlafen zu Zweien und Dreien in einem Bett bei Flüchtlingen die Regel ist.[15]

Selbst Ofenrohre, die nur auf Bezugsschein erworben werden konnten, waren Mangelware. Besonders schlimm wirkte sich der Mangel an Kochherden aus. Die dadurch unumgängliche Mitbenutzung des Herdes der Quartierwirte durch die Einquartierten führte vielfach ernsthaft zu Konflikten, wie z.B. im Frühjahr 1948 in einem Quartier des Vorsitzenden des Flüchtlingsausschusses in Albachten. Dort wurde den „Ortsfremden" nur der Randbereich des Herdes zugestanden.[16] Auch der Mangel an Bekleidung war ein ständiges Thema,[17] nicht zuletzt, da die QuartiergeberInnen die Mitbenutzung von Nähmaschinen für Ausbesserungsarbeiten durch die „Flüchtlingsfrauen" oftmals ablehnten.[18]

3 Zwischen Handlungsdruck und Handlungsbeschränkungen: Deutsche Behörden und die Regulierung des Mangels

1946 beklagte eine Delegation des im Münsterland aktiven „Vorbereitenden Ausschusses der niederschlesischen Ausgewiesenen" mit Sitz in Burgsteinfurt die zahlreichen Mängel im Hinblick auf die Wohnraumversorgung und Hausratbeschaffung mit den Worten:

> Während die leitenden Stellen erklären, dass der Befehlsgang ‚unten' ins Stocken gerate, behaupten die örtlichen Behörden, dass von ‚oben' keine klaren und erschöpfenden Anweisungen erfolgen.[19]

Mit dem Eintreffen der Massentransporte aus den Ostgebieten ab Herbst 1945 hatten die Wohlfahrtsämter der kleineren Amtsverwaltungen einen Andrang von Hilfsbedürftigen erlebt wie nie zuvor. Nicht nur das Ausmaß, auch die

---

15 Tätigkeitsbericht der Synodaldienststelle MS des Evangelischen Hilfswerkes für Januar 1948 vom 23.2.1948, Archiv des Diakonischen Werkes der Westfälischen Kirche (ADWW), 38/3.
16 Vgl. StdAM, Roxel II, 41.
17 Bereits Anfang Oktober 1945 hatte der Kreis-Resident-Offizier Booth „Kleiderabgaben" zugunsten der angekündigten Ankunft von „Ostflüchtlingen" angeordnet. Das Ergebnis der dann folgenden Sammlung fiel nur äußerst mager aus. Wohlfahrtsausschuss für die britische Zone, 12.3.1946, Archiv des Landschaftsverbandes Westfalen Lippe (Archiv LWL), 911/2.
18 Vgl. Bericht des Evangelischen Hilfswerkes Münster vom Juli 1946 an den Landesfürsorgeverband Westfalen: Eingabe des Evangelischen Hilfswerkes vom 11.7.1946, ADWW 81.
19 Ebd., S. 183.

Notlagen der in ihren Augen ‚Bittsteller' waren für die Dienstkräfte in den Amtsverwaltungen ungewohnt, waren im bäuerlich strukturierten Amtsbereich des Landkreises Münster doch bislang nur wenige Menschen der Wohlfahrt zur Last gefallen. Entsprechend niedrig fielen die Haushaltsansätze früherer Jahre für die öffentliche Fürsorge aus. In der Gemeinde Nienberge waren im Jahr 1946 bei Gesamteinnahmen von 58.516,- RM nur 13.000,- RM für Fürsorgeaufwendungen veranschlagt. Allein der Ansatz für die öffentliche Fürsorge musste aufgrund der dramatischen Entwicklung auf 34.000,- RM im Laufe des Jahres 1946 aufgestockt werden, von denen allerdings 85 Prozent von übergeordneten Körperschaften erstattet wurden.[20]

Den Sachbearbeitern in der Amtsverwaltung fiel es schwer, sich in das Schicksal der Vertriebenen hineinzuversetzen. So mussten im Amt Roxel die AntragstellerInnen zunächst anhand eines aus den 1920er Jahren stammenden Formulars des Wohlfahrtsamtes eine Reihe von Auskünften beantworten. Eine besonders provozierende Frage für Heimatvertriebene lautete darin: „Beabsichtigt der Antragsteller sich dauernd im Ort niederzulassen? Oder ist der Aufenthalt nur vorübergehend (Durchreise, Besuch) oder welche anderen Absichten liegen vor?"

Auch quantitativ war die Roxeler Amtsverwaltung im Sommer 1946 mit den zusätzlichen Aufgaben überfordert. Für fast 2.000 Hilfsbedürftige aus dem Osten und die hinzukommenden Flüchtlinge aus Mitteldeutschland war anfangs nur ein Angestellter im Wohlfahrtsamt zuständig. Das Flüchtlingsamt war mit nur einer Verwaltungskraft besetzt, die gleichzeitig sämtliche Wohnungsangelegenheiten aller fünf amtsangehörigen Gemeinden zu bearbeiten hatte. Speziell geschultes Personal stand den größtenteils traumatisierten AntragstellerInnen weder hier noch bei der Kreisverwaltung zur Seite. Als die Vorprüfung von Anträgen an die Kreisverwaltung beispielsweise wegen der Genehmigung von Familienzusammenführungen oder von Anträgen auf Lastenausgleich und zur Bewilligung von Baugeldern im Vordergrund stand, waren die Mitarbeiter wohl oft auch fachlich überfordert. Vom Oberkreisdirektor gesetzte Termine konnten jedenfalls wiederholt nicht eingehalten werden,[21] obgleich bereits im März und April 1946 der Regierungspräsident gefordert hatte, dass die Flüchtlingsämter bei den Landkreisen und den kreisfreien Städten

> quantitativ und qualitativ so zu besetzen sind, dass eine schlagfertige Verwaltung der Flüchtlingsangelegenheiten zuverlässig verbürgt ist. Ich bitte zu veranlassen, dass die Leitung des Flüchtlingsamtes in einer Hand vereint bleibt und

---

20 Entnommen aus: Haushaltsplänen Nienberge 1945 und 1946, StdAM, D 91602-12.
21 Vgl. Antwortschreiben des Amtsdirektors an den Oberkreisdirektor vom 9.7.1948, StdAM, Roxel II, Nr. 769.

dass der Leiter und das Personal [...] von allen anderen Dienstgeschäften freigestellt werden.²²

Für die meisten Vertriebenen, vor allem ältere Menschen und alleinstehende Mütter mit Kindern, war allerdings aufgrund der nur unzureichenden Fürsorgesätze das Wohlfahrtsamt zuständig. Die damit zusammenhängenden Zumutungen wurden von der Behörde schnell erkannt. So notierte u.a. im Sommer 1946 der Flüchtlingsausschuss des Provinzialrates in Westfalen:

> Die Flüchtlingsfürsorge hat es überwiegend mit Menschen zu tun, die nie daran gedacht haben, jemals von der Fürsorge abhängig zu werden. Es gilt daher, viele Schwierigkeiten zu überwinden, den Hilfsbedürftigen aufgrund der entsprechenden Gesetze zu helfen.²³

Abb. 2.4   Sitzung des Provinzialrates für die Provinz Westfalen am 30. April 1946 in Münster. Beamte der britischen Militärregierung nahmen in den ersten Nachkriegsjahren regelmäßig an Gremiensitzungen teil (Foto: Landesarchiv Nordrhein-Westfalen, Abteilung Rheinland)

---

22   Ebd.
23   Erklärung der Abteilungsleiterin im Generalreferat Wohlfahrt im Oberpräsidium, Frau Dr. Laarmann. Niederschrift Sitzung Flüchtlingsausschuss Provinzialrat, Juni 1946 (o.D.), LAV NRW R, RWN 133, Nr. 17.

Die Schwierigkeiten wurden dadurch verschärft, dass die Provinzial-Militärbehörde in einem Erlass neben Einsparungsvorgaben allgemeiner Art (Streichung aller Sonderzahlungen) die Unterstützungssätze für die eintreffenden Vertriebenen äußerst niedrig festgelegt hatte. Danach sollten sie in der Regel nur die untersten Sätze der ‚Allgemeinen Fürsorge' erhalten,[24] die im Behördenalltag auch als „Allgemeine Armenfürsorge" bezeichnet wurde, die sonst nur noch – nach dem ehemaligen und weiterhin wirksamen NS-Behördendeutsch – an sogenannte „Asoziale" gezahlt wurde in der Annahme, dass diese ihre Hilfsbedürftigkeit selbst verschuldet hätten. Solche Gleichsetzungen führten zu zahlreichen Protesten.[25] Selbst die örtliche Presse sprach im Juli 1946 von einer den „Flüchtlingen" zugemuteten Wohlfahrtsunterstützung, „die kaum zum nackten Leben langt."[26] Schließlich genehmigte die britische Militärregierung den Behörden ab Oktober 1946, auch den Vertriebenen die etwa zwölf Prozent höheren Sätze der ‚gehobenen Fürsorge' zu gewähren.[27]

Doch auch diese Fürsorgeleistungen reichten kaum aus, die Notlage vieler Vertriebener zu lindern, zumal sie bei der Festsetzung der Unterstützung nun einer „strengen Überprüfung der Vermögenslage" unterzogen wurden.[28] Viele Gemeinden im Landkreis Münster nahmen dies zum Anlass, die fürsorgerechtlichen Bestimmungen aus den Jahren 1924 und 1931 besonders eng auszulegen,[29] um ihre Gemeindehaushalte möglichst wenig zu belasten. Zuvor hatten bereits der Oberpräsident und der Landesflüchtlingsausschuss im Einvernehmen mit der Militärregierung einen ungewöhnlichen Schritt unternommen: Am 13. Mai 1946 – kurz nach Eintreffen der ersten Züge im Münsterland im Rahmen der ‚Aktion Schwalbe'– hatte Oberpräsident Amelunxen für den 3. und 4. August 1946 in ganz Westfalen eine öffentliche, großangelegte Sammlung von Geld- und Sachspenden unter dem Leitwort „Wir helfen den Flüchtlingen" angeordnet.[30] Dazu wurde die Öffentlichkeit über die Presse Ende Juni 1946 aufgefordert, „Sachspenden und Geldmittel auf[zu]bringen, um die erste Not der völlig mittellosen Flüchtlinge und Ausgewiesenen zu lindern".[31]

24 Vgl. Erlass des Oberpräsidenten vom 8.2.1046, LAV NRW R, NW 42, 779.
25 Zitiert aus: Verfügung des Regierungspräsidenten von Münster vom 27.9.1946, StdAM, Roxel II, 769.
26 NWZ vom 16.7.1946.
27 Vgl. die Verfügung des münsterischen Regierungspräsidenten vom 8. Oktober 1946 an die Amtsdirektoren: Verfügung an den Amtsdirektor von Roxel, StdAM, Ro II, 769.
28 Vgl. Anweisung der Militärregierung vom 25.4.1946, Bekanntgabe durch Erlass des Oberpräsidiums vom 2.5.1946, StdAM, Roxel II, 769.
29 Entsprechende Vorgänge über die Betreuung der Flüchtlinge befinden sich in den Akten des StdAM, Roxel II, 868.
30 Vgl. NWZ vom 25.6.1946.
31 Vgl. ebd.

Die Organisation der dann für Anfang August 1946 angesetzten ersten Haus- und Straßensammlung wurde im Kreisflüchtlingsausschuss abgesprochen, indem man sich auf das Motto einigte: „Wir selbst sind arm. Die Flüchtlinge sind ärmer. Sie wurden heimatlos". Letztlich kamen bei der Sammlungsaktion im Kreisgebiet insgesamt 104.000,- RM zusammen, von denen jedoch 40 Prozent für überregionale Zwecke abgeführt werden mussten; im Bereich des Amtes Roxel betrugen die Spenden 10.700,- RM, wovon letztlich 4.300,- RM den Gemeinden zugunsten Hilfsbedürftiger zur Verfügung gestellt wurden.

Gemessen an der großen Zahl Hilfsbedürftiger unter den 2.000 Vertriebenen allerdings ein zu geringer Betrag, um nachhaltig Unterstützung leisten zu können.[32] Erst im Mai 1947 sah sich die neugeschaffene Landesregierung von Nordrhein-Westfalen in der Lage, bestimmten Flüchtlingsgruppen angesichts deren vielfältiger Not eine ‚Sonderbeihilfe' des Landes in Höhe von 100,- RM durch die Gemeindeverwaltungen zukommen zu lassen. Allerdings erreichte auch diese Unterstützung wieder nur wenige: Wegen der äußerst eng gefassten Landesrichtlinien – die Beihilfe stand nur Frauen über 55 Jahren und Männern über 65 Jahren zu – konnte sie z.B. im Amt Roxel nur 164 Familien, also nur einem Drittel aller dort bedürftigen 600 Haushalte gewährt werden.[33]

Ebenso wie die Wohlfahrtsämter waren auch die speziell für die Vertriebenen eingerichteten Flüchtlingsämter personell nur unzureichend ausgestattet. So bestand das 1947 beim Landkreis Münster eingerichtete Flüchtlingsamt aus dem Leiter und einer Schreibkraft, die anfangs etwa 9.000 Vertriebene zu betreuen hatten. Die Betreuung der Vertriebenen innerhalb der oft ratlosen Amtsverwaltungen konnte unter den geschilderten Bedingungen daher kaum zur Zufriedenheit der Betroffenen ausfallen. Etliche Beschwerden an die Amtsdirektoren waren die Folge, wie der Regierungspräsident bereits im Juli 1946 gegenüber den Kommunalverwaltungen hervorhob:

> Niemand hilft den Flüchtlingen, die Notwendigkeiten des täglichen Bedarfs zu befriedigen, am wenigsten in den meisten Fällen die Quartiergeber selbst, die sich – von der unwillkommenen Einquartierung meist wenig erbaut – zunächst

---

32 Vgl. ebd. Die Entscheidung über die Vergabe von Beträgen aus dem Spendenfonds trafen in der Praxis die Vorsitzenden der örtlichen Flüchtlingsausschüsse im Einvernehmen mit dem zuständigen Amtsdirektor, der zuvor nicht selten noch den Ortsbürgermeister einschaltete.

33 Vgl. Verwaltungsbericht des Kreiswohlfahrtsamtes für 1948/49, StdAM, Kreis E, C 1007. Nachdem anfänglich bis zu 30 Prozent der entwurzelten Menschen im Landkreis Münster öffentliche Unterstützungsleistungen erhielten, verminderte sich dieser Anteil schnell, da die Arbeitsfähigen in Erwerbsarbeit gelangten. In der zweiten Hälfte des Jahres 1948 betrug der Anteil der Empfänger von „laufenden Barleistungen" nur noch 9,5 Prozent der etwa 11.000 Heimatvertriebenen.

abwartend und schweigsam verhalten. So sich selbst überlassen, sehen sich daher die Flüchtlinge genötigt, mit allen ihren Sorgen und Fragen zu den Gemeinde-, Amts- und Kreisbehörden zu kommen, die alle überlastet, in den meisten Fällen nicht in der Lage sind, die erwünschte Auskunft zu geben oder deshalb die meist schon durch den weiten Hinweg Ermüdeten wieder an andere Dienststellen verweisen müssen. Dabei hängt für den Flüchtling regelmäßig alles davon ab, dass er seine Fragen schnell und richtig beantwortet bekommt. Geschieht das, wie meistens, nicht, so ist ein Gefühl völliger Verlassenheit und bald weiteres Anwachsen der Unzufriedenheit und der Erbitterung die natürliche Folge.[34]

In einer ähnlich misslichen Lage befand sich auch die Roxeler Amtsverwaltung. Unter dem Zwang der Ereignisse versuchte man hier lang eingefahrene Verwaltungswege an die ungewohnten Hausforderungen anzupassen, wie z.B. eine unbürokratische Neuregelung der Bezugsscheinausgabe für Hausrat, Schuhe, Textilien usw.[35] So brauchten diese ab Anfang 1947 nicht mehr im Roxeler Amtsgebäude persönlich abgeholt zu werden, sondern wurden einmal im Monat mit den Lebensmittelkarten in Gaststätten der einzelnen Ortschaften ausgeteilt. Darüber hinaus gab die Roxeler Verwaltung angesichts der veränderten Konfessionsstruktur ab November 1948 das bisher praktizierte Verfahren auf, die amtlichen Bekanntmachungen außer durch Aushang am Amtsgebäude nur in den katholischen Pfarrkirchen ankündigen zu lassen, wodurch Nienberge als erste Gemeinde im Amt Roxel zwei Bekanntmachungstafeln erhielt. Erst 1949 wurde die personelle Ausstattung in der Vertriebenenarbeit des Kreises etwas verbessert und die Kreisverwaltung konnte – mithilfe extra bereitgestellter Landesmittel – erstmals eine Betreuerin für Flüchtlingsangelegenheiten einstellen.

Dennoch gab es auch weiterhin Kommunikationsprobleme zwischen der Amtsverwaltung und den Betroffenen: So wurden manche eingehenden behördlichen Erlasse und Verfügungen zu Hilfsangeboten vom Roxeler Amtshaus als nicht verbreitungsbedürftig bzw. nicht für eine Weitergabe geeignet eingestuft. Beispielsweise ließ der Amtsdirektor im Juli 1946 eine Mitteilung des münsterschen Regierungspräsidenten, in der für „begabte Flüchtlingskinder" eine zentrale höhere Schule mit Internatseinrichtung angekündigt wurde, kurzerhand zu den Akten nehmen.[36] Als das Land Ende 1948 als Vorleistung auf eine im geplanten Lastenausgleich (Soforthilfegesetz) für besonders Bedürftige eine Überbrückungshilfe zu Weihnachten bereitstellte und die Kommunen

---

34 Verfügung des Regierungspräsidenten von Münster vom 10.7.1946, StdA Telgte, C 3109, DS, 13.2.4.
35 Vgl. Anordnung AD Roxel vom 13.12.1946 bzw. 10.11.1948, StdAM, Roxel II, Nr. 41.
36 Mitteilung des Regierungspräsidenten Münster vom 26. Juni 1946, Verfügung des Amtsdirektors vom 26.6.1946, StdAM, Roxel II, 769.

ausdrücklich bat, diese Unterstützung (z.B. für ältere Ehepaare einmalig 50,- DM) noch vor Weihnachten auszuzahlen, wurde die Bekanntgabe wie die Auszahlung häufig wegen bürokratischer Hemmnisse verzögert. Anstatt den Kreis der Berechtigten direkt mit einer Postkarte zu informieren und den formellen Antrag vorzubereiten, wurden die vorgesehenen Hilfen und die Frist zur Antragstellung (31. Dezember) von der Amtsverwaltung Roxel erst wenige Tage vorher ausschließlich von den Kanzeln der katholischen Pfarrkirchen bekannt, so dass die Hilfen längst nicht alle Geschädigten erreichten.[37]

Evakuierte, ostdeutsche Heimatvertriebene und Flüchtlinge aus der SBZ in den Ämtern und der Gemeinde Saerbeck im Landkreis Münster 1949 (Anteil an der Bevölkerung in Prozent)

Körperschaft	Bevölkerung ohne „Ausländer" (Displaced Persons) am 1.9.1949	Anteil der Evakuierten, Heimatvertriebenen und Flüchtlinge bzw. Zugewanderten	
		absolut	in Prozent
Amt Roxel	13.658	4.624	33,86
Amt St. Mauritz	20.402	5.397	26,45
Amt Wolbeck	12.238	3.738	30,54
Amt Nottuln	8.136	2.073	25,48
Amt Telgte	13.685	4.045	29,56
Amt Greven*	19.134	2.698	14,10
Gemeinde Saerbeck	3.316	849	25,60
Landkreis Münster	90.569	23.424	25,86

* Das Amt Greven wurde zunächst wegen der dort untergebrachten Displaced Persons (1949: 5.927 Personen) von der Einweisung einer höheren Quote ostdeutscher Heimatvertriebener ausgenommen.
Quelle: Übersicht des Landkreises Münster vom 1.9.1949, StdAM, Amt Roxel II, 695

4 Zur Rolle der Kirchen und ihrer Wohlfahrtsverbände

Während die eingangs erwähnte Adventspredigt des münsterschen Bischofs Clemens August von Galen vom Dezember 1945 unter den einheimischen Gläubigen seines Bistums kaum Resonanz hervorgerufen hatte, löste sie unter

---

37 Vgl. Bekanntmachung vom 23.12.1948, StdAM, Roxel II, 506.

den vertriebenen SchlesierInnen eine Lawine zustimmender Reaktionen aus. In mehreren Eingaben baten sie den Bischof, an „die Bauern zu appellieren", sich in ihrem Wohlstand einer christlichen Haltung zu besinnen und dementsprechend freigiebig zu sein.[38] Ein Teil der Brieflut, die während der Romreise des Bischofs noch im Februar 1946 einging, gelangte allerdings nicht mehr in die Hand des plötzlich verstorbenen Kardinals. Stattdessen gab es nun von anderen Seiten der Bistumsleitung Aufrufe zur solidarischen Hilfeleistung für die Ankommenden. So wurde in einem Kollektenaufruf des bischöflichen Kapitularvikars vom April 1946 nochmals unter deutlichem Hinweis auf das Schicksal und die Not der Vertriebenen an die Hilfsbereitschaft der DiözesanInnen appelliert und die Ortspfarrer verpflichtet, entsprechende Lageberichte vorzulegen.[39] Auch die Leitung des Diözesan-Caritasverbandes sah sich nun verpflichtet, den Ankommenden aus dem Osten zu helfen:

> Der 1. Flüchtlingstransport für Nottuln, 106 Personen, kam in der vorigen Woche [um den 20. Juni 1946] in einem solchen Zustand an, dass sehr vielen das Notwendigste fehlte. Durch den Opfergang der Jugend am Dreifaltigkeitssonntag ist soviel Kleidung und Wäsche eingekommen, dass alle Personen aus diesem Transport mit Kleidung und Wäsche versorgt werden konnten. [...] Wärmehallen müssen im Winter zur Verfügung stehen, da viele Räume nicht heizbar sind. Die Aufnahmefamilien müssen seelsorglich beeinflußt werden, dass sie mit den Flüchtlingen im Winter ihre warme Stube teilen.[40]

Zum Anwalt der Flüchtlinge und Vertriebenen wurde vor allem Caritassekretär und Flüchtlingsvertrauensmann der Kreisverwaltung Kaplan Pricking:

> Er [Kaplan Pricking] hält Besprechungen über das Flüchtlingsproblem auf Priesterkonferenzen der einzelnen Dekanate [ab]. Er sorgt für die Gründung von Laiengruppen bestehend aus Einheimischen und Flüchtlingen, um einerseits jedem die entsprechende Hilfe zuteil werden zu lassen, um andererseits Conflikte in der Bevölkerung zu beheben [...] . An 66 Orten wurde bisher [...] über das Flüchtlingsproblem vom Einheimischen und vom Flüchtling aus gesehen gepredigt. Gelegentlich werden auch grössere religiöse Veranstaltungen für die Ostvertriebenen gehalten (Marienwallfahrten-Hedwigstage).[41]

Schließlich überließ der Kreis Münster dem Caritasverband, dem traditionell größten Fürsorgeträger in Westfalen, das aufgelöste „Kreis-Flüchtlingslager

---

38   Bistumsarchiv Münster (BAM), GV-NA-101-414, Eingaben 1946/47.
39   Vgl. Amtsblatt Diözese MS, Nr. 15/4.5.1946. Vgl. zu den Eingaben betr. die Zustände in Albersloh und Herbern 1948 die entsprechenden Lageberichte: BAM, GV-NA-101-414.
40   Bericht Prickings vom 27.6.1946, BAM, GV-NA-100,140, S. 4.
41   Bericht an das nordrhein-westfälische Sozialministerium vom 2.2.1948 zum Flüchtlingsproblem, BAM, GV-NA-100-140 (Fragebogen B – Kirchen).

Telgte Klatenberge" in den ehemaligen RAD-Baracken als Flüchtlingsaltersheim. Der Caritasverband seinerseits übertrug die Leitung des Heimes den aus Schweidnitz (Niederschlesien) vertriebenen Ursulinen-Schwestern. Wie bei anderen Wohlfahrtsmaßnahmen konnte auch hier die Einrichtung von Heimplätzen nur durch Spendenaufkommen aus Sammlungen ermöglicht werden, da weder öffentliche Finanzmittel noch Baustoffe für solche Maßnahmen der Daseinsfürsorge in den ersten Nachkriegsjahren zur Verfügung standen. Immerhin ergaben die durch die Caritas durchgeführten Sammlungen in der Gemeinde Roxel, die ab Sommer 1946 durchgeführt wurden, allein im Jahr 1947 eine Summe von über 8.000,- RM.[42] Dieses Geld kam besonders Kindern zugute, die auf der Flucht ihre Eltern verloren hatten, wie auch den mehr als 200 dauernd anstalts- und pflegebedürftigen alten Menschen, die mit den ‚Schwalbe'-Transporten ins Münsterland gekommen waren.[43]

Abb. 2.5   Elternlose Kinder bei ihrer Ankunft in Westfalen, 1948 (Foto: Bruno Schmidt)

---

42   Nach dem Publikandum der kath. Kirchengemeinde St. Pantaleon Roxel für 1947.
43   Bericht Pastor Pawlowskis, Leiter des Evangelischen Hilfswerkes Westfalen, 14.7.1946, über die Stationen von Elternlosen aus den Ostgebieten in: Unsere Kirche 29 vom 14.7.1946. Hinweise auf Verschleppung und Tod der Eltern aufgenommener elternloser Kinder infolge der Kriegsereignisse in den Ostprovinzen finden sich in Kirchenbüchern der Evangelischen Kirchengemeinde Münster zu Konfirmationen in den Nachkriegsjahren, so im Register der Evangelischen Gemeinde Roxel-Havixbeck.

Während von der Caritas im Oktober 1946 zumindest für 35 greise katholische Vertriebene im Barackenlager Klatenberge bei Telgte eine entsprechende Pflegeunterkunft eingerichtet werden konnte, herrschten in den gerade erst neu gebildeten, kleinen evangelischen Diasporagemeinden lange Jahre trostlose Zustände. Erst im September 1948 verbesserten sich die Situation, als die ‚Ev. Diasporaanstalten des Münsterlandes' für den Kirchenkreis Münster, der sämtliche Landkreise des Münsterlandes umfasste, in einem stark beschädigten Gebäude auf dem Handorfer Flugplatz ein Altenheim bescheidenster Art für 49 pflegebedürftige Menschen einrichteten.[44] Um die elternlosen Kinder sorgte sich ein Hilferuf des Caritasverbandes Hildesheim, der am 7. Oktober 1945 den Diözesan-Caritasverband des Bistums Münster erreichte. Der Hannoveraner Verband übernahm kurzfristig zusammen mit der Inneren Mission in Niedersachsen und auf Befehl der britischen Besatzungsmacht federführend die Unterbringung von 60.000 „kriegsvertriebenen" und elternlosen Kindern in der britischen Zone.[45] Die betroffenen Kinder waren von der sowjetischen Besatzungsmacht in Lagern zusammengefasst worden und sollten in die britische Zone „herübergeschoben" werden. In einem Rundschreiben an die katholischen Pfarrämter vom 11. Oktober 1945 mit dem Titel „Soforthilfe für 60.000 Ostwaisen" wies Domkapitular Theodor Helling auf die Not der Kinder hin:

> Die ungewöhnliche Not erfordert eine ungewöhnliche und rasche Form der Hilfe. Es ist anzunehmen, dass ein Teil der Kinder durch den Suchdienst wieder seine echten Eltern finden wird. Doch werden viele vergeblich suchen, weil ihre Eltern unbekannt und ungenannt irgendwo zugrunde gingen [...] Die Werbung soll zuerst von der Kanzel geschehen. Doch müssen Caritashelfer sofort von Haus zu Haus gehen und dort weiter für die Aufnahme der Kinder werben. Fragen der Vormundschaft, Pflegegeld usw. sollen nachträglich geklärt werden.[46]

Mit den nachfolgenden Massentransporten gelangten weitere elternlose Kinder in den Landkreis. Dieses Mal hatte das Bezirksflüchtlingsamt die Kommunalbehörden bereits vor der Ankunft beauftragt, für Pflegestellen zu sorgen.[47] Allein im Bereich des Amtes Telgte konnten auf diese Weise 24 Kinder und Jugendliche zwischen vier und 17 Jahren von den Behörden und der Caritas

---

44 Siehe Festschriften des Diaspora-Werkes Münsterland, Festschriften, o.O., o.J.
45 Vgl. BAM, GV-NA, 101-139.
46 Ebd.
47 Vgl. Erlass des Landesflüchtlingsamtes NRW wegen Erfassung und Rückführung „abgesprengter" elternloser Kinder an den Regierungspräsidenten von Münster und die kommunalen Behörden vom 27.9.1946, StdA Telgte, C 3109.

in Pflegestellen untergebracht werden.[48] Gleichzeitig bemühten sich staatliche und kommunale Behörden um die Erfassung und Rückführung elternloser Kinder, die von ihren Familien getrennt worden waren. Nach einer Erhebung der Landesregierung vom August 1947 wurden in Westfalen allein 24.710 Kinder von Vertriebenen vermisst. Noch 1950 wies der Sozialminister die Jugendämter an zu prüfen, ob der Suchdienst des Roten Kreuzes in Hamburg alle Kinder, deren Eltern unbekannt, vermisst oder verschollen waren, registriert hatte.[49]

Sobald die Wirren der ersten Zeit es ermöglichten, organisierten katholische Heimatgeistliche der weit auseinander in Nord- und Westdeutschland untergebrachten SchlesierInnen und ErmländerInnen gemeinsam mit ihren westfälischen Glaubensschwestern und -brüdern Wallfahrten. Bereits Ende August/ Anfang September 1946 hatte der Beauftragte des Papstes für die Sorge um die Flüchtlinge, Bischof Maximilian Keller, zusammen mit dem münsterischen Diözesan-Flüchtlingsseelsorger Wilhelm Volkmann beim Bischöflichen Generalvikariat angeregt, das Fest der Hl. Hedwig, der Patronin Schlesiens, Mitte Oktober im Rahmen einer besonderen Feierstunde zu begehen.[50] Gleichzeitig wurde ab Herbst 1947 der Marienwallfahrtsort Telgte vor allem für SchlesierInnen aus der Grafschaft Glatz zu einem beliebten Versammlungsort. Hierbei boten die Wallfahrten für die TeilnehmerInnen neben dem seelsorgerischen Zuspruch auch einen Freiraum für nachbarschaftliche und landsmannschaftliche Begegnungen.

Von evangelischer Seite war im Vorgriff auf die sich ab Herbst 1945 abzeichnende Massenausweisung Deutscher aus Schlesien, Pommern und Ostpreußen von dem münsterschen evangelischen Gemeindepfarrer Georg Gründler im Oktober 1945 in Münster eine Synodaldienststelle des Evangelischen Hilfswerkes Westfalen gegründet worden, die sich der Betreuung der Ostvertriebenen widmen sollte.[51] Auf der Kreissynode Münster am 10. April 1946 warb Gründler für den „Dienst des kirchlichen Hilfswerks an den Ostflüchtlingen" mit den Worten:

---

48 Vgl. Bericht des Amtsdirektors in Telgte an das Kreisflüchtlingsamt vom 20.8.1946, StdA Telgte, C 2909.
49 Vgl. Erlass des nordrhein-westfälischen Sozialministers vom 2.6.1950, StdAM, Amt Roxel II, 76.
50 Die von Domkapitular Holling unterzeichnete Einladung zur Feierstunde in Nottuln vom 10. Oktober 1946 wurde „von der Kanzel" in den Kirchen des westfälischen Teils des Bistums verlesen. Vgl. Flüchtlingsgottesdienst 1946 in Nottuln, BAM, A 21, Predigttext.
51 Vgl. Georg Gründler, Aus der ersten Nachkriegszeit in Münster, in: Jahrbuch für Westfälische Kirchengeschichte 71 (1978), S. 223-236, hier S. 226.

Das kirchliche Hilfswerk ist nicht Selbstzweck, sondern ein Stück der Nachfolge Christi. Seine Hilfe erstrecke sich auf Leib und Seele. Dabei ist ihr Leitwort: ‚zu suchen, was des anderen ist'. Wichtig ist es, den Flüchtlingen eine Heimat hier bei uns zu schaffen, sie müssen verwurzeln, sonst verzweifeln sie. Die Flüchtlinge sowohl wie wir müssen uns darauf einstellen, dass die Überflutung endgültig ist und eine Rückkehr in die alte Heimat unmöglich. Zur Erleichterung des Anwurzelns hat es sich als praktisch erwiesen, die Flüchtlinge in eigenen Gemeinschaften zu sammeln, wie die Zuwandernden aus dem Osten das früher im Industriegebiet von sich aus auch getan haben.[52]

Abb. 2.6
Plakat des Evangelischen Hilfswerks Westfalen zugunsten der Hungernden und Heimatlosen, Juni 1946 (Foto: Archiv des Diakonischen Werkes der Evangelischen Kirche von Westfalen)

Die besondere Herausforderung für das Evangelische Hilfswerk bestand darin, in den ländlichen Gebieten des Landkreises überhaupt erst einmal eine Infrastruktur für evangelische Gläubige zu schaffen. Im Unterschied zum Hilfswerk verfügte die katholische Caritas über relativ gute Voraussetzungen zum Aufbau eines Betreuungsdienstes für die Ankommenden, nicht zuletzt da sie über zahlreiche ortsansässige HelferInnen verfügten sowie über Gebäude zum Lagern und ein Auto zum Verteilen der Hilfsgüter. Größere Hilfsgütersendungen konnten deshalb entsprechend einer Absprache im Kreisflüchtlingsausschuss allein von der Caritas ausgefahren und verteilt werden. Das Hilfswerk

---

52   Protokollsammlung der Kreissynode, Sitzung vom April 1946, S. 160. Bericht über Vortrag Gründler nach Protokoll.

hingegen vermochte erst im Herbst 1946 die ersten Flüchtlingsfürsorgerinnen einzusetzen. Ausgestattet mit einem Fahrrad betreute die Fürsorgerin Herta Hammer im Bezirk Roxel allein alle angelangten Vertriebenen evangelischer Konfession. In einem Bericht vom 12. Januar 1948 verdeutlichte sie ihre begrenzten Möglichkeiten:

> Das vollkommen Brachliegen in der Verteilung der notwendigen Wirtschaftsgüter lähmt. Die Spenden der evangelischen Christen der Welt, die wir durch das Hilfswerk verteilen dürfen, sind wohl eine Hilfe. Aber bei kritischer Betrachtung muß man sich eingestehen, dass, wenn die Sachen nicht schadhaft sind, so dann doch nicht den Bedürfnissen und Wünschen entsprechen. Wenn ich auch versucht habe, die letzte Zuteilung erst kurz vor Weihnachten auszugeben, und die Zuwendung durch aufgesparte Care-Pakete habe erweitern können, muß ich doch sagen, es war beschämend dürftig, was für den einzelnen Notfall vorhanden war [...] Mich lähmt auch fast, daß bei der Verteilung der Gaben rein äußerlich nicht einmal diese in den Zustand versetzt werden können, ihr Ansehen zu heben. Es fehlen die Schränke, es fehlen die eigenen Räume. Einen Sack auf dem Gepäckträger, einen Rucksack auf dem Rücken, 2 Taschen an der Lenkstange, muß ich bisweilen meine Sachen zur nächsten Ausgabestelle, einer Wirtschaft, bringen.[53]

Vor welchem großen Problem die im Münsterland bis dato stark unterrepräsentierte evangelische Kirche stand wird deutlich, wenn man bedenkt, dass die ab 1945/46 in den Landkreis Münster eingewiesenen deutschen Heimatvertriebenen vorwiegend aus evangelisch geprägten Gebieten der deutschen Ostprovinzen stammten: 52 Prozent der Angekommenen bekannten sich in den ersten Nachkriegsjahren zur evangelischen und 46 Prozent zur katholischen Konfession. Dieses Verhältnis bestand auch im Amt Roxel. Im Laufe der nachfolgenden Jahre stieg der evangelische Anteil mit den aus den überfüllten nördlichen Bundesländern ‚Umgesiedelten' noch weiter deutlich an. In einigen Dörfern im Amtsbereich erhöhte sich ihr Anteil im Vergleich zur Vorkriegszeit um das Zwanzigfache, was nicht selten zu erheblichen Spannungen mit den überwiegend katholischen Einheimischen führte. Hinzu kam, dass weder protestantische Pfarrhäuser oder Schwesternstationen noch evangelische Kirchen als Anlaufstellen vorhanden waren. Schließlich beauftragte im Herbst 1946 die Kirchenleitung der Evangelischen Kirche von Westfalen den aus Schlesien stammenden Pfarrer Gottfried Rohr mit der Betreuung der Angekommenen evangelischer Konfession. Auf seinen Vorschlag hin wurde im Laufe des Jahres 1947 der großräumige ländliche Diasporabezirk der Kirchengemeinde Münster aufgeteilt. Den im westlichen Umland von Münster

---

53 ADWW 41/1.

entstandenen eigenständigen Pfarrbezirk Roxel mit einer Flächenausdehnung von etwa 140 qkm übernahm danach Pfarrer Rohr. Mangels eigener kirchlicher Gebäude versammelte man sich hier meist in einfach eingerichteten Predigtstätten, in Schulräumen (wie in Havixbeck, Nienberge, Roxel und Albachten), Baracken (wie in Bösensell und Mecklenbeck) oder – bei Zusammenkünften größerer Gruppen – im bisher ungewohnten Rahmen von Gastwirtschaften.[54] Unkonventionell suchte Rohr deshalb von Anfang an Kontakt auch zu der katholischen Geistlichkeit. So gehörte die von Seiten zweier katholischer Gemeinden eingeräumte Möglichkeit der Mitbenutzung ihrer Pfarrkirche (in Nienberge und in Roxel) an Sonntagnachmittagen zur selbstverständlichen Regel. Erst 1951 entstand durch Initiative von Rohr und durch die Schenkung eines Bauplatzes durch die Gemeinde Havixbeck ein erstes eigenes kirchliches Haus im weiten Pfarrbezirk Roxel. Spenden einheimischer Landwirte, staatliche Fördermittel und die Selbsthilfe von Mitgliedern der Diasporagemeinde ermöglichten den Mehrzweckbau mit einer für damalige Verhältnisse modernen Jugendbegegnungsstätte, die damals im Zeichen äußerst knapper Finanzmittel über den Raum Münster hinaus Aufsehen erregte und sich im Laufe der folgenden Jahre zum Mittelpunkt evangelischen Lebens im Bereich Roxel entwickelte.[55]

5 Über das Zusammenleben von Einheimischen und Vertriebenen

Die von der Besatzungsmacht betriebene Zwangseinweisung tausender fremder Personen, stellte für die aufnehmenden QuartierwirtInnen eine erhebliche Belastung dar. Nach Unterlagen des Statistischen Landesamtes NRW lebten allein im Jahre 1949 noch 9.326 „Flüchtlinge" und „Evakuierte" auf 1.745 land- und forstwirtschaftlichen Betrieben, und zwar in „Werkswohnungen, Notwohnungen und sonstigen Räumlichkeiten". Von ihnen waren allein 6.357 (fast 80 Prozent) nicht auf den Höfen beschäftigt, bei denen es sich allerdings in der Regel vor allem um evakuierte Städter aus westdeutschen Großstädten handelte.[56]

Neben den beengten Wohnverhältnissen und unterschiedlichen Konfessionen schufen häufig auch die unterschiedlichen Dialekte Barrieren im versöhnlichen, zwischenmenschlichen Miteinander. Darüber hinaus hatten viele

---

54 Bericht der Flüchtlingsfürsorgerin Herta Hammer vom 12.1.1948, ADWW 41/1.
55 Vgl. Bericht Pfarrer Gottfried Rohrs im Abendkreis Albachten vom 13.5.1980, Tonbandaufzeichnung des Abendkreises.
56 Vgl. Ergebnis der landwirtschaftlichen Betriebszählung 1949, in: Statistisches Landesamt NRW (1953), S. 141.

Einheimische vielfach keine Kenntnis über die traumatischen Erfahrungen der Flüchtlinge und Vertriebenen noch über die geographische oder soziale Lage ihrer Herkunftsgebiete. Nur die Wenigsten wussten überhaupt, dass die Zugewiesenen aus den deutschen Ostprovinzen (zumeist) vertrieben worden waren. Stattdessen wurden die Neuankömmlinge als ‚Fremde' meist mit eher deklassierenden Sprüchen und abwertenden Schimpfwörter ‚begrüßt'.

Auch im kirchlichen Bereich führte diese Unkenntnis, die sich meist in Vorurteilen Ausdruck verlieh, zu Spannungen, über die z.B. Diözesan-Caritassekretär Kaplan August Pricking in seinen Lageberichten an die Bistumsleitung berichtete:

> Ein großer Teil der Katholiken [gemeint sind hier die Ostvertriebenen] geht nicht mehr zur Kirche. Sie fühlen sich in der Kirche nicht angesprochen. Wenn das Diözesan-Gesang- und Gebetbuch beschafft werden könnte, wäre viel gewonnen. Sie können sonst am gemeinsamen Beten und Singen nicht teilnehmen. Die Vertriebenen beklagen sich sehr darüber, dass sie von den Geistlichen nicht besucht würden. Sie haben vor allem das Bedürfnis, sich auszusprechen.[57]

Infolge ihrer Notlage war das Verhältnis der Vertriebenen zu den Einheimischen zunächst in vielerlei Hinsicht einseitig von Abhängigkeit und Anpassung gekennzeichnet, so bei der Versorgung mit Wohnraum und Dingen des täglichen Bedarfs oder bei der Vermittlung eines Arbeitsplatzes. Auch wenn sich die Neuankömmlinge entschieden hatten zu bleiben, näherten sich beide Seiten meist erst im Laufe von Jahren allmählich an. Ein Indikator für die – gegenseitige – Akzeptanz stellt nicht zuletzt das gegenseitige Heiratsverhalten dar: In den ersten Jahren nach der Ankunft heirateten die ins Münsterland gelangten Vertriebenen ganz vorwiegend nur untereinander. Hierbei ist bemerkenswert, dass im Münsterland – auf das Jahr 1948 bezogen – einheimische Frauen in 9,2 Prozent aller Fälle Ehepartner aus dem Osten wählten, einheimische Männer hingegen sich nur in 5,6 Prozent der Fälle dazu entschlossen, eine Ostdeutsche zu heiraten. Neben dem (nach-)kriegsbedingten Männermangel, der einheimischen Frauen auch eher gestattete, zugezogene Männer zu heiraten, könnte ein Grund für den niedrigeren Anteil einheiratender ostdeutscher Frauen darin bestanden haben, dass die im Münsterland angekommenen Vertriebenen in der Mehrzahl der evangelischen Konfession angehörten, was eine Verheiratung im vornehmlich katholischen Umfeld erschwerte. So berichtete ein Zeitzeuge über Reaktionen einheimischer Familien, dass bei interkonfessionellen Heiraten, bei denen der Mann der evangelischen Konfession

---

57 Bericht Kaplan Prickings an das Generalvikariat (GV) vom 24.11.1947, BAM, GV-NA, 101-40.

angehörte, strikt darauf bestanden wurde, die Kinder katholisch zu taufen. War es umgekehrt, wurde zunächst versucht, die Schwiegertochter zur Übernahme des katholischen Glauben zu bewegen.[58] Nach den Worten einer Zeitzeugin katholischer Konfession war es aber in jedem Fall während der ersten Nachkriegsjahre „eine Schande" für bäuerliche Familien im Münsterland, wenn ein Andersgläubiger einheiratete.[59] Schließlich hatte sich der münstersche Bischof Michael Keller in mehreren Hirtenworten ausdrücklich gegen sogenannte ‚Mischehen' ausgesprochen.[60] Die kirchlichen Verlautbarungen betrafen in besonderer Weise heiratswillige evangelische Ostvertriebene in der ländlichen Diaspora, wenngleich auch einheimische KatholikInnen beim Eingehen einer ‚Mischehe' mit Sanktionen zu rechnen hatten. Ihnen drohten Ausschluss von der Teilnahme an der Eucharistie während der Trauung bis hin zur Exkommunikation, wenn ihre Kinder nicht katholisch getauft und erzogen wurden. Dadurch wurde der erwünschte gesellschaftliche Eingliederungsprozess zusätzlich vielfach erschwert, wenngleich auf Dauer nicht aufgehalten.[61]

6 Die Aufnahme von Vertrieben im ländlichen Raum: Besondere Bedingungen, ungleiche Möglichkeiten. Ein Fazit

Welche Besonderheiten lassen sich bei der Betrachtung ländlicher Aufnahmesituationen feststellen? Von vornherein, so wurde deutlich, wirkten sich – sowohl für die aufnehmende Landbevölkerung wie auch für die Ankommenden gleichermaßen – die Einquartierungen der Anfang des Jahres 1946 mit den sogenannten ‚Schwalbe'-Transporten fast über Nacht in Telgte eingetroffenen geflüchteten und vertriebenen Ostdeutschen belastend aus. Während im ländlichen Raum vorwiegend Mütter mit Kindern und ältere Leute untergebracht wurden, trafen in den für Massentransporten meist gesperrten Städten wie Münster anfangs vor allem jüngere, leistungsfähige Männer ein, die als Bauhandwerker Arbeit fanden und auf diese Weise auch ihre Familien versorgen konnten.[62] Diese Personengruppe wurde – statt nur missbilligend

---

58 Nach: Bericht Walter Mielke, Sprakel, 6.10.1993. Zahlenmaterial zum Ausmaß konfessionsverschiedener Ehen zu dieser Zeit war dem Verfasser nicht zugänglich.
59 Martha E., Mitteilung an den Verfasser.
60 Vgl. Laurenz Böggering, Hirtenworte des Bischofs von Münster Dr. Michael Keller, Münster 1961, S. 212ff. und 216ff.
61 Vgl. briefliche Mitteilung des evangelischen Pfarrers Theodor Schmidt an den Verfasser vom 28.9.1998.
62 Vgl. hierzu ausführlich die Beiträge von Dierig/Dierig, in: Neuanfang in Münster.

geduldet – oft sogar angeworben und allein schon aus diesem Grund willkommen geheißen.

Auf dem Land hingegen setzte der aufgrund der hohen Zahl von Zugewiesenen auch hier notwendig gewordene Ausbau von Wohnungen nur schleppend ein, nicht zuletzt aufgrund der reservierten Haltung der Altansässigen, wenn es um die Bereitstellung von Bauland für die NeubürgerInnen ging. Der dort erst später einsetzende Mietwohnungsbau und die nur schleppend einsetzenden Hilfen aus dem Lastenausgleich verbesserten erst nach und nach im ländlichen Bereich die Eingliederung. Hinzu kam, dass der Mangel an dauerhaft geeigneten Arbeitsplätzen im damals vorwiegend landwirtschaftlich geprägten westfälischen Umland nach der Währungsreform zu einem wirtschaftlichen Abstieg mancher Familien führte. Erst 20 Jahre nach der Ankunft der Heimatvertrieben konnte der Verwaltungsbericht des Landkreises Münster feststellen, dass nun „die wirtschaftliche Notlage, [...] allgemein weitgehend gelindert werden" konnte.[63] 1970 schließlich erklärten die Verantwortlichen im Landkreis den Integrationsprozess der etwa 14 Prozent ehemaligen Heimatvertriebenen und Flüchtlinge als abgeschlossen.[64]

Epilog: Pflege des ‚Heimatgedankens' – Formen der Erinnerungs- und institutionellen Anerkennungskultur

1960 erließ die Landesregierung neue Richtlinien für die kulturelle Betreuung der Vertriebenen, in denen darauf hingewiesen wurde, dass das „soziale, geistige, kulturelle und künstlerische Erbe des deutschen Ostens und Mitteldeutschlands gepflegt, erhalten und weiterentwickelt" werden sollte und „daher in die ost- und mitteldeutsche Kulturarbeit die weitesten Kreise der Bevölkerung mit einzubeziehen sind".[65] Gleichzeitig wurde bestimmt, dass „Einzelbeihilfen" nur für eine gezielte Arbeit innerhalb des Regierungsbezirkes verwendet werden durften. Für kleine Ortsvereinigungen des Bundes der Vertriebenen (BdV) wirkte sich diese Neuregelung nachteilig aus, da ältere Ostdeutsche die weit entfernt liegenden repräsentativen Veranstaltungen auf der Ebene der Regierungsbezirke ohne Unterstützung nicht besuchen konnten.[66] Auch wurde keine ostdeutsche Heimatstube im Landkreis Münster errichtet, wie dies

---

63 Vgl. Verwaltungsbericht des Kreises Münster 1945-1965, S. 41.
64 Verwaltungsbericht des Kreises Münster 1966-1970, S. 128.
65 § 96 Gesetz über die Angelegenheiten der Vertriebenen und Flüchtlinge (BVFG).
66 Vgl. Bericht der OV Nienberge vom 20.7.1963 an die Amtsverwaltung Roxel, StdAM, Amt Roxel II, 787.

der Kreisbeirat für Vertriebenen- und Flüchtlingsfragen seit der zweiten Hälfte der 1950er-Jahre wiederholt beantragt hatte.[67] Ebenso ergebnislos verliefen die Verhandlungen zum Bau eines Heimathauses, so dass keine zentrale Einrichtung zur Sammlung und Ausstellung des von den für die 17.000 Heimatvertriebenen eingebrachten Kulturgutes geschaffen wurde.[68]

Demgegenüber wurden bereits 1956 in Gronau und 1967 in Borken sowie im Kreis Warendorf in den Jahren 1982 und 1986 Kulturhäuser eingerichtet.[69] Dies mag damit zusammenhängen, dass der Landkreis Münster im Gegensatz zu anderen Kreisen im Münsterland, keine Patenschaft über einen ostdeutschen Landkreis übernahm, obgleich die kommunalen Spitzenverbände schon 1953 eine solche Empfehlung ausgesprochen hatten.[70] Auch mehrere Anfragen im Kreisbeirat für Vertriebenen- und Flüchtlingsfragen auf Übernahme einer Patenschaft für die Grafschaft Glatz/Schlesien wurde nicht entsprochen.[71]

Als schließlich im Rahmen der kommunalen Neugliederung 1975 der alte Landkreis mit seinen ihm angehörenden Umlandgemeinden in die Stadt Münster eingemeindet wurde, änderte sich die Erinnerungskultur der Stadt auf kulturellem Gebiet.[72] Seinen sichtbarsten vorläufigen Ausdruck fand dieses Gedenken – nach langwierigen Gesprächen – schließlich im Jahr 2003, als für die nach Münster gelangten ostdeutschen Heimatvertriebenen ein Gedenkstein als erinnerungskulturelles Symbol aufgestellt wurde.[73]

---

67 Vgl. Diskussion im Kreisbeirat für Vertriebenen- und Flüchtlingsfragen am 23.1.1964, StdAM, Kreis D Nr. 4/5010, S. 2-4.
68 Vgl. ebd.
69 Vgl. Jahrbuch des Kreises Warendorf 1996, S. 26-33 und 59-63.
70 Wie Warendorf (1951) und Beckum (1958) und Städte wie Warendorf (1951), Münster (1954) und Beckum (1958).
71 Vgl. Beratung im Kreisbeirat für Vertriebenen und Flüchtlingsfragen am 23.1.1964, StdAM, Kreis D, Nr. 4/5010, S. 2.
72 Vgl. Münstersche Zeitung vom 2.10.1993 und 5.10.1993; Westfälische Nachrichten vom 5.10.1993 und 23.10.1993.
73 Der Text dazu lautet: „Die Stadt Münster erinnert durch dieses Denkmal an das Schicksal der Flüchtlinge, Vertriebenen und Deportierten aus Schlesien, Ostbrandenburg, Pommern, Danzig, Westpreußen, Ostpreußen, dem Sudetenland und den Siedlungsgebieten von Deutschen in Ost-, Mittel- und Südosteuropa, die nach 1945 hierher kamen. Sie würdigt ihren für unsere Stadt geleisteten Beitrag zum Wiederaufbau und zur Errichtung eines demokratischen Gemeinwesens."

Abb. 2.7   Gedenkstein am Servatiiplatz (Foto: Barbara Dierig)

Zwischen Konflikt und Bereicherung – Flüchtlinge und Vertriebene zwischen 1945 und 1955 in den Kleinstädten und Dörfern Westfalens

Jürgen Gojny

Nach dem Ende des Zweiten Weltkriegs „hatte das Münsterland mit den Problemen zu kämpfen, die fast sämtliche Regionen im kriegszerstörten Europa betrafen: Die zerbombten Städte mussten wieder aufgebaut, die hungernden Menschen ernährt und die zahlreichen Heimatvertriebenen in die alteingesessene Bevölkerung integriert werden."[1] In seinem „Kleinen Westfalenbuch" schreibt Johannes Wilkes u.a. über die Nachkriegszeit: „Hunderttausende von Flüchtlingen kamen aus den Ostgebieten und entwickelten sich schnell zu echten Westfalen."[2] Wenn es so einfach gewesen wäre… .

Der Frage nach den Sichtweisen, Einstellungen, Haltungen und dem daraus resultierenden Verhalten der Einheimischen gegenüber den Vertriebenen und Flüchtlingen soll in diesem Beitrag nachgegangen werden.[3] Die westfälische Region zwischen Ems und Lippe steht dabei im Mittelpunkt der Betrachtung. Sie umfasst im Wesentlichen den heutigen Kreis Warendorf, der im Rahmen der kommunalen Neuordnung 1975 aus den damaligen Landkreisen Beckum, Münster, Lüdinghausen und Warendorf entstand.

Es werden Auseinandersetzungen und Konfliktfelder skizziert und den Vorteilen gegenübergestellt, die sich aufgrund der Zwangsmigration zwar nicht sofort, aber im weiteren Verlauf der Integration für Einheimische und Betroffene einstellten. Dazu werden ausgewählte Schwerpunkte, insbesondere die Aufnahmesituation und die sich daraus ergebenden Konflikte, die Wohnraumproblematik und die daraus resultierenden Lösungen sowie die Entwicklungen der Infrastruktur, die Situation der Betroffenen in einer weitgehend von

---

1 Ralf Springer, Das Münsterland, Vier Filmporträts aus den 1950er Jahren, Begleitheft zur DVD, hg. im Auftrag des LWL-Medienzentrums für Westfalen, Münster 2007, S. 7.
2 Johannes Wilkes, Das kleine Westfalenbuch, Facetten einer Region, Cadolzburg 2016, S. 16.
3 Um die Begriffe „Vertriebene" und „Flüchtlinge" trennscharf zu halten, werden im Folgenden alle Menschen, die aus den Gebieten östlich von Oder und Neiße sowie aus Ost- und Südosteuropa 1944/45 vor den sowjetischen Truppen nach Westen flohen bzw. nach dem Zweiten Weltkrieg aus diesen Gebieten zwangsweise ausgesiedelt wurden als Vertriebene angesprochen. Als Flüchtlinge werden diejenigen Menschen bezeichnet, welche seit 1945 aus der SBZ bzw. ab 1949 aus der DDR – materiell oder politisch motiviert – in die Westzonen bzw. die Bundesrepublik flohen.

Landwirtschaft und ihren Erfordernissen geprägten Region sowie die Integration der Vertriebenen und Flüchtlinge in den Bereichen der Ökonomie, Kultur und Politik näher beleuchtet. Der ambivalente Umgang mit der NS-Vergangenheit durch die Einheimischen vor dem Hintergrund der Zwangsmigration der Landsleute aus dem Osten wird in einem gesonderten Kapitel erörtert.

Bei der Abfassung dieses Beitrags wurden unterschiedliche Quellen verwendet. Die Primärquellen – in erster Linie aus dem Kreisarchiv in Warendorf – bieten aus der Sicht der lokalen und regionalen Behörden einen indirekten Einblick auf die Haltung der Einheimischen bezüglich der Betroffenen. Um eine umfassende Sicht auf das breite Spektrum der Verhaltensweisen der Einheimischen zu gewinnen, war es erforderlich, Zeitzeugen zu befragen. Außerdem wurden Zeitungsberichte und die lokale wie überregionale Sekundärliteratur herangezogen. Die Beschäftigung mit der Erinnerungsliteratur von Betroffenen und deren Nachfahren, die ihre Erfahrungen aus heutiger Perspektive darstellen und meist andere Regionen in den Focus nehmen, diente nicht zuletzt dazu aufzuzeigen, dass Verhaltensweisen von Einheimischen zwischen Ems und Lippe kein singuläres Phänomen darstellten, sondern ihre Entsprechungen auch in den anderen Teilen Westfalens sowie dem übrigen Nachkriegsdeutschland fanden.

1 Anfangsprobleme bei der Aufnahme von Vertriebenen und Flüchtlingen

Wie in den übrigen Gebieten Westdeutschlands wurden in Westfalen die Vertriebenen und Flüchtlinge vornehmlich in Kleinstädten und Landgemeinden untergebracht, was strukturschwache Gebiete wie das Münsterland zusätzlich belastete. Allein 1946 durchliefen das Bezirksdurchgangslager in Ahlen rund 95.000 Personen;[4] im Durchgangslager Warendorf im Westfälischen Landgestüt und in einer Kaserne sowie im Auffanglager in Telgte – dem ehemaligen RAD-Lager Klatenberg – waren es ca. 66.000 bzw. ungefähr 37.000 Personen.[5] Erste Aufnahmelager, ähnlich wie in den Kreisen Beckum, Warendorf und Münster,

---

4 Vgl. Alfred Smieszchala, Fast 100.000 Flüchtlinge in 19 Monaten, Das Auffang- und Durchgangslager Ahlen, in: Münsterland. Jahrbuch des Kreises Warendorf 1996. Heimatvertriebene und Flüchtlinge im Kreis Warendorf 1945/46, Warendorf 1995, S. 90; Hermann Kriegel, Es begann vor über fünfzig Jahren. Zur Geschichte der Siedlung der Ostvertriebenen im Ahlener Süden, in: Der beflügelte Aal, Heimatliches aus Ahlen – Vorhelm – Dolberg 20 (2001), S. 37.
5 Eine genaue Zahl liegt für das Auffanglager Telgte nicht vor. Die angegebene Ziffer bezieht sich auf diejenigen Vertriebenen, die sich 1946 im Landkreis Münster aufhielten. Vgl. Simone

wurden auch im Kreis Lüdinghausen, in der gleichnamigen Kreisstadt und in Werne eingerichtet. Da es im Flüchtlingsaufnahmelager Telgte-Klatenberg an „Alltagsgegenständen fehlte, half die Bevölkerung bei der Lagereinrichtung bereitwillig durch Lebensmittel-, Kleidungs- und Möbelspenden."[6]

Abb. 3.1
Die Kreise Münster, Wiedenbrück, Lüdinghausen, Warendorf und Beckum, vor 1972/75

Simone Müller stuft unter den Durchgangslagern für Ostvertriebene in Westfalen das Landgestüt in Warendorf als das negativste Beispiel ein, denn hier „fehlten nicht nur die technischen Voraussetzungen, um die Vertriebenen zu versorgen, die Menschen mußten darüber hinaus in den ehemaligen Pferdeboxen auf Strohlagern untergebracht werden."[7] Landwirte aus Velsen und Gröblingen mussten Lagerstroh für das Durchgangslager Landgestüt liefern. Unter Leitung von Elisabeth Schwerbrock organisierte die Caritas mit Freiwilligen, u.a. vom katholischen Frauenbund,[8] eine erste Versorgung der Ostver-

---

Müller, Die Durchgangslager für deutsche Ostflüchtlinge und Ostvertriebene in Westfalen (1945-1950), Münster 2001, S. 124.

6 Emil Schoppmann, Telgtes RAD-Lager im Klatenberg. Ein Stück vergessener Lagergeschichte, in: Münsterland. Jahrbuch des Kreises Warendorf 2018, S. 130. Zur Bereitwilligkeit vgl. hierzu die Quelle im Stadtarchiv Telgte, C 2741.

7 Müller, Die Durchgangslager, S. 149.

8 Vgl. Ralf Jüttemeyer, Evakuierte, Flüchtlinge und Heimatvertriebene nach dem Zweiten Weltkrieg, in: Paul Leidinger (Hg.), Geschichte der Stadt Warendorf, Bd. 2: Die Stadt Warendorf im 19. und 20. Jahrhundert. Politik, Wirtschaft, Kirchen, Warendorf 2000, S. 314.

triebenen bei ihrer Ankunft im Warendorfer Durchgangslager. Die Hilfskräfte mussten Acht geben,

> dass nicht Schwächere und Mütter mit Kindern immer wieder zurückgedrückt wurden. Jeder kämpfte nur ums eigene Überleben. Besonders Jungen von 14-16 Jahren versuchten immer wieder, 2-3 Portionen zu ergattern.[9]

Wie hier geschildert, übernahmen auch im übrigen Münsterland caritative und kirchliche Organisationen zentrale Aufgaben bei der Betreuung der Vertriebenen, da die Landkreise und Gemeinden mit der „Soforthilfe hic et nunc" zu diesem Zeitpunkt angesichts der dramatisch zunehmenden Not schlicht überfordert waren.[10]

Auf Dauer blieben letztlich ca. 50.000 NeubürgerInnen in der Region des heutigen Kreises Warendorf, was einer durchschnittlichen Bevölkerungszunahme von 20 bis 25 Prozent im Jahre 1950 im Vergleich zu 1939 entsprach. 1946 hatte der Landkreis Lüdinghausen 20.000 Vertriebene aufzunehmen. In diesem Kreis, zu dem seiner Zeit die heute ebenfalls zum Kreis Warendorf gehörigen Gemeinden Rinkerode, Walstedde und Drensteinfurt zählten, war folgende schematische Quote für die Aufnahme von Flüchtlingen und Evakuierten festgelegt worden: 50 Prozent für die Stadt, 25 Prozent für die Landgemeinden und 25 Prozent für Seppenrade.[11] Die Kreisstadt Lüdinghausen hatte danach 3.022 Vertriebene und Flüchtlinge aufzunehmen.[12]

2 Verschiedene Konfliktfelder und die Bilder vom ‚Anderen'

Recht schnell zeigte sich, dass die Vertriebenen und Flüchtlinge nicht konfliktfrei in die westdeutsche Gesellschaft zu integrieren waren, wo sie nun eine neue Heimat finden sollten. Vor allem in den Landgemeinden kam es nur selten zu Solidaritätsbekundungen zwischen den zwangsweise Emigrierten und den Eingesessenen nach dem Motto: ‚in der Not müssen alle zusammenhalten'. Oft

---

9   Elisabeth Ketteler-Zuhorn, Warendorf zum Kriegsende 1945 und die ersten Flüchtlingszüge. Ein Augenzeugenbericht, in: Warendorfer Schriften, Bd. 33-35, Warendorf 2005, S. 189.
10 Franz J. Bauer, Aufnahme und Eingliederung der Flüchtlinge und Vertriebenen. Das Beispiel Bayern 1945-1950, in: Wolfgang Benz (Hg.), Die Vertreibung der Deutschen aus dem Osten. Ursachen, Ereignisse, Folgen, Frankfurt a.M. 2000, S. 203.
11 Vgl. Liane Schmitz, Zur Geschichte von Lüdinghausen und Seppenrade, Lüdinghausen 2000, S. 398.
12 Vgl. Vorstand des Ortsvereins Lüdinghausen der SPD (Hg.), Der Freiheit wegen ... – Der Gerechtigkeit wegen ... – Des Friedens wegen... . 7 Jahrzehnte Sozialdemokraten in Lüdinghausen, Lüdinghausen 1986, S. 27.

"bestanden Ressentiments gegenüber den Fremden, die meist aus anderen sozialen Milieus stammten und einer anderen Konfession angehörten. Vor allem in traditionalen ländlichen und monokonfessionellen Gebieten",[13] wie sie in vielen Regionen Westfalens und Lippes bestanden, wurde die Integration der Ostdeutschen aufgrund einer latenten Fremdenfeindlichkeit zum Problem. Traditionell verlief das Leben zwischen den christlichen Konfessionen nicht ohne Spannungen. Hinzu kamen religiös motivierte Feindbilder. In manchen Dörfern mit geschlossenem katholischen Milieu stießen evangelische Vertriebene auf Ablehnung nach dem Motto: „Wieder ein Ketzer".[14]

Vor allem in den Schulen litten die Kinder von Vertriebenen und Flüchtlingen nicht selten unter Demütigungen ihrer einheimischen MitschülerInnen. Entweder wurden sie gehänselt, weil sie in einer anderen Sprache (Dialekt) redeten, einer anderen Konfession angehörten oder aufgrund der besonderen Notlage nur wenig Auswahl an Kleidung besaßen.[15] Ein Zeitzeuge evangelischer Konfession erinnerte sich an seinen Schulalltag im Jahre 1950 im Münsterland: Seine Eltern waren von Hamm in einen kleinen Ort bei Münster gezogen. Da es dort noch keine evangelische Volksschule gab, wurde er in eine katholische eingeschult, in der er beim morgendlichen Schulgebet von seiner Lehrerin eine Ohrfeige erhielt, weil er sich nicht bekreuzte. Nach Einführung des konfessionell getrennten zweiteiligen Unterrichts – im Wechsel katholische Schüler vormittags, evangelische nachmittags – war er einer der wenigen (evangelischen) Einheimischen, der eine Klasse zusammen mit Kindern von Vertriebenen und Flüchtlingen teilte. Von diesen wurde er wiederum oft gehänselt und als ‚Polack' beschimpft. Dies, so betonte der Zeitzeuge, sei nicht nur seine singuläre Erfahrungen gewesen, sondern typisch sowohl für das Münsterland wie für ganz Westfalen.[16]

Dort, wo Kinder von Vertriebenen und Flüchtlingen zahlenmäßig dominierten, konnte es vice versa auch einheimischen Kindern passieren, ihrerseits Ressentiments ausgesetzt zu sein. Schließlich zeigten sich auch Abgrenzungstendenzen bei Teilen der Vertriebenen und Flüchtlinge. So wie sie sich,

---

13 Vgl. Volker Pieper/Michael Siedenhans, Die Vergessenen von Stukenbrock. Die Geschichte des Lagers in Stukenbrock-Senne von 1941 bis zur Gegenwart, Bielefeld 1988, S. 81.
14 Erika Richter, Stunde der Frauen? Zur Situation der vertriebenen Frauen in Westfalen, in: Paul Leidinger (Hg.), Deutsche Ostflüchtlinge und Ostvertriebene in Westfalen und Lippe nach 1945. Beiträge zu ihrer Geschichte und zur deutsch-polnischen Verständigung, Münster 2011, S. 272.
15 Vgl. hierzu u.a. Jenny Schon, Ein komisches Kind, in: Roswitha Schieb/Rosemarie Zens (Hg.), Zugezogen. Flucht und Vertreibung – Erinnerungen der zweiten Generation, Paderborn 2016, S. 67-68.
16 Diese Angaben machte als Zeitzeuge Herr Alfred Smieszchala aus Münster.

solange sie noch in ihren Herkunftsregionen gelebt hatten, von Polen, Ungarn, Slowaken, Tschechen oder Serben abgegrenzt hatten, um ihr Deutschtum zu bewahren, distanzierten sie sich jetzt gegenüber den Westdeutschen, nicht zuletzt um auch in der Fremde ihre überlieferten kulturellen Eigenarten zu bewahren.[17] Auf diese Weise gab es mitunter eine gegenseitige Fremdheitsabgrenzung auch aus Angst vor eigenem Identitätsverlust.

Hinzu kam bei den Einheimischen, dass man in keiner Weise auf eine solche (zwangsweise) Massenzuwanderung vorbereitet war. Besonders in den Dörfern fehlte es oft an Erfahrung mit Menschen, die aus anderen Gegenden oder gar Ländern hinzugekommen waren. Den wenigen Arbeitsmigranten in kleineren Städten mit Industrie, wie in Ahlen, war man bislang nicht unbedingt positiv begegnet.[18] Dementsprechend stießen die NeubürgerInnen aus dem Osten vor allem „auf dem Lande auf Ablehnung, da die vertraute Ordnung aus den Fugen zu geraten drohte. Auch die Art und Weise, wie die Menschen nach Flucht und Vertreibung ankamen, wirkte nicht sehr einladend. Sie erregten Befremden, wenn sie mit ihren Eigenheiten in Ernährung und Lebenshaltung von den dörflichen Gewohnheiten abwichen."[19] Insofern waren die Vertriebenen und Flüchtlinge vor allem ein soziales und kulturelles Problem der ländlichen Regionen, der Dörfer und Kleinstädte. Dabei äußerte sich die Ablehnung der Einheimischen nach Aussagen von betroffenen ZeitzeugInnen nicht selten in offenen Herabwürdigungen wie „Pack" und „Leute mit Schnee in der Tasche" oder „Wasserpolen",[20] „Rucksackdeutsche", „40-kg-Zigeuner",[21] „Polacken", „Kaschubenpack" oder „zusätzliche Esser".[22] Gleichzeitig mischten sich in diese Zuschreibungen ein offensichtlich nationalsozialistisches

---

17 Vgl. Rosemarie Bovier, Heimat ist das, wovon die anderen reden. Kindheitserinnerungen einer Vertriebenen der zweiten Generation, Göttingen 2014, S. 17.
18 Vgl. hierzu u.a. Uwe Rennspieß, „Jenseits der Bahn". Geschichte der Ahlener Bergarbeiterkolonie und der Zeche Westfalen, Essen 1989, S. 28ff.
19 Marion Frantzioch, Die Vertriebenen. Hemmnisse, Antriebskräfte und Wege ihrer Integration in der Bundesrepublik Deutschland, Berlin 1987, S. 263.
20 Ursprünglich eine Bezeichnung für die Bevölkerungsgruppen in Oberschlesien und der angrenzenden Gebiete, die das sogenannte ‚Wasserpolnische' sprachen, dass einen stark mit deutschen Sprachelementen durchsetzten polnischen Dialekt darstellte, der oft, je nach Perspektive und Nationalität des Betrachters als ‚verwässertes' Polnisch oder schlechtes Deutsch abqualifiziert wurde. Die Bezeichnung ‚Wasserpolen' wurde neutral als Bezeichnung für eine nationale Minderheit innerhalb des ehemaligen Deutschen Reiches gebraucht, jedoch sehr häufig als Diffamierung, meist verstärkt durch das Schimpfwort ‚Wasserpolacken', gegen die Betroffenen verwandt.
21 Vgl. hierzu u.a. Harald Dierig, Der leidvolle Weg zu einem neuen Zuhause. Ostdeutsche Heimatvertriebene im Landkreis Münster nach 1945, Münster 2013, S. 121 und 326.
22 Vgl. hierzu u.a. Wilhelm Grabe, Zweite Heimat Liesborn. Zur Eingliederung der Flüchtlinge und Vertriebenen nach 1945, in: Münsterland. Jahrbuch des Kreises Warendorf 1996,

Vokabular mit Umschreibungen wie „artfremdes Element"[23] und Diffamierungen, die die Vertriebenen verdächtigten, eine sittliche Gefahr darzustellen:

> Die ostpreußischen Mädchen üben auf unsere Burschen den Reiz des Fremdländischen aus. Sie sind von der lockeren Art, nicht besonders streng in ihrer Moralauffassung, so dass sich unsere Burschen leicht von ihnen einfangen lassen.[24]

Im Oktober 1945 glaubte der Warendorfer Bürgermeister Zurbonsen mahnen zu müssen,

> daß aus den Ostflüchtlingen keine Zigeuner werden dürfen, die die öffentliche Sicherheit bedrohen.[25]

Außerdem gediehen Neid und Spott, die sich etwa in der hämischen Frage äußerten, wie „Auch ein Rittergut besessen?"[26] In Füchtorf wurden die Vertriebenen gefragt: „Warum habt Ihr denn Eure Möbel und Sachen nicht mitgebracht?",[27] oder man hielt Ihnen entgegen: „Warum kommt Ihr in Lumpen, wenn Ihr so viel besessen habt?"[28] Landwirte im Kirchspiel Oelde stellten erstaunt über die Ostvertriebenen fest: „Die sprechen ja deutsch!"[29]

Tatsächlich waren bei einem Teil der Betroffenen, besonders denen aus Südosteuropa, die Unterrichtsinhalte während ihrer Schulzeit nationalen Egoismen unterworfen gewesen. So wechselte die offizielle Unterrichtssprache für die Kinder der Donauschwaben zwischen 1918 und 1944 je nach Grenzziehung vom Ungarischen ins Serbische und umgekehrt. Die Muttersprache trat dahinter zurück.[30] Die BewohnerInnen der ostpreußischen Landschaft Masuren diffamierte man „Wo aufhört die Kultur, beginnt zu leben der Masur."[31] Solche Äußerungen brannten sich tief bei den Vertriebenen ein. Eine Betroffene berichtete:

S. 118; Gisela Schwarze, Eine Region im demokratischen Aufbau. Der Regierungsbezirk Münster 1945/46, Düsseldorf 1984, S. 222.

23 Julius Posener, Heimliche Erinnerungen. In Deutschland 1903 bis 1933. Mit einem Anhang: In Germany Again (1948), München 2004, S. 439.
24 Ebd., S. 439-440.
25 Mitteilung von Bürgermeister Zurbonsen an den Amtsbürgermeister in Beelen vom 12.10.1945. Kreisarchiv Warendorf (KAW), Kreisausschuss Warendorf, B 351.
26 Dierig, Der leidvolle Weg, S. 121.
27 Bernhard Riese, Füchtorf. Ein Volks- und Heimatbuch, Füchtorf 1988, S. 99.
28 Ebd.
29 Siegfried Schmieder (Hg.), Oelde, die Stadt, in der wir leben. Beiträge zur Stadtgeschichte, Oelde 1987, S. 385.
30 Vgl. Rosemarie Bovier, Heimat ist das, wovon die anderen reden, S. 98.
31 Volker Kutscher, Die Akte Vaterland. Gereon Raths vierter Fall, 2. Aufl., Köln 2014, S. 190.

> Wir waren ein zerlumptes Volk, das plötzlich eintraf. Wir wurden teilweise als ...
> ‚Russkis' beschimpft. ‚Was wollen Sie hier!' fragten einige wütend. Man solle uns
> mit dem Besen dorthin kehren, wo wir hergekommen sind [...]. Und einmal hat
> ein Mann zu meiner Mutter gesagt, nachdem er gehört hatte, dass wir aus Ost-
> preußen kommen: ‚Sagen sie mal, sind denn diese Gräuelmärchen, die da über
> den Osten erzählt werden [...], ist denn da was Wahres dran?' Gräuelmärchen!
> Meine Mutter war tief getroffen, die hat diesen Mann nie wieder angeguckt.[32]

Der Sozialhistoriker Hans-Ulrich Wehler prägte für diese Ignoranz der Umwelt gegen das Leid der Ausgestoßenen und Vertriebenen die Metapher von der „Hornhaut bei den Besitzenden, eine große Bereitschaft, Dinge, die unangenehm sind, einfach zu ignorieren. [...] Man will die Wahrheit nicht wissen."[33] Allerdings betonte die eben zitierte Zeitzeugin:

> Aber es waren nicht alle so: Wir bekamen zum Beispiel von der Kirche Care-
> Pakete, weil sie wussten, was für ein schweres Schicksal wir hatten, dass wir arm
> waren und nichts besaßen.[34]

Die aus der untergegangenen NS-Diktatur überkommenen Ressentiments gegen das Fremde, Unbekannte und Ungewohnte existierten zum Teil ungebrochen weiter. Daher verwundert es nicht, dass im September 1947 nicht weniger als 45 Prozent aller Vertriebenen mit der Behandlung, die ihnen seitens der Einheimischen widerfuhr, unzufrieden waren.[35] Oft wurden die Vertriebenen und Flüchtlinge „als lästige Zugabe zum verlorenen Krieg" angesehen.[36] Im Münsterland erklärte die eingesessene Bevölkerung die Vertriebenen zu einer der drei großen Gefahren der Nachkriegszeit, die da waren: „die Wildschweine, die Kartoffelkäfer und die Flüchtlinge."[37]

Fast schien es so, als hätten die Aversionen, die sich bisher gegen Juden, ausländische Zwangsarbeiter oder Kriegsgefangene u.a. gerichtet hatten, in den Vertriebenen und Flüchtlingen ein neues Ziel gefunden. Anstelle der von

---

32 Volker Ilgen, „Ein Geschenk von einem Freund". Die Nahrungsmittelhilfe aus den USA, die erstmals im Mai 1946 erreichte, wurde zum Synonym für Wohltätigkeit, in: DAMALS. Das Magazin für Geschichte 5/2016, S. 10-11.

33 Arno Luik, „Wir waren vier Jungs. Wir wollten die Panzer stoppen". Großer Historiker, Streitbarer Geist. Ein letztes Gespräch mit Hans-Ulrich Wehler, einem Intellektuellen, der Deutschland nach dem Krieg mitprägte und noch lange weiterprägen wollte – ein Vermächtnis, in: Stern, Nr. 29, 10.7.2014, S. 72.

34 Volker Ilgen, „Ein Geschenk von einem Freund", S. 11.

35 Vgl. R. M. Douglas, „Ordnungsgemäße Überführung". Die Vertreibung der Deutschen nach dem Zweiten Weltkrieg, München 2013, S. 387 und 388.

36 Mathias Beer, Flucht und Vertreibung der Deutschen. Voraussetzungen, Verlauf, Folgen, München 2011, S. 114.

37 Ebd.

den Nationalsozialisten bis 1945 gebetsmühlenhaft beschworenen ‚Volksgemeinschaft' hatte sich in der unmittelbaren Nachkriegszeit eine informelle Empathie-Skala gebildet, auf der das eigene und das Leid der Familienangehörigen ganz oben rangierten, dann folgten Freunde, Studien- und Arbeitskollegen, Nachbarn, und erst weit dahinter dachte man an die „Landsleute aus dem Osten",[38] die man allenfalls als gering entlohnte HelferInnen in der Landwirtschaft begrüßte. Ganz unten auf der Rangliste des Mitleids befanden sich (weiterhin) die überlebenden Opfer des NS-Regimes: ehemalige Gefangene der Konzentrationslager und Zuchthäuser sowie ehemalige ZwangsarbeiterInnen, die nun als Displaced Persons (DPs) auf ihre Repatriierung warteten. Hinzu trat „eine regelrechte Opferkonkurrenz: Den einen, die ‚alles verloren' hatten, wurde von den anderen prompt vorgerechnet, dass man, evakuiert und ‚ausgebombt', außer der Heimat doch schließlich auch ‚alles verloren' habe."[39] Dieses Phänomen setzte sich später fort. Eine Mehrheit der eingesessenen BundesbürgerInnen „sahen, wie eine Meinungsumfrage von 1951 belegt, in erster Linie die Kriegerwitwen, Invaliden und Bombengeschädigten als hilfsbedürftig an; die Vertriebenen rangierten ziemlich am Ende der Opferskala – und erst ganz zuletzt kamen die damals kaum beachteten jüdischen NS-Verfolgten."[40]

3   Das Wohnraumproblem und dessen Abhilfe

Bei meinen Gemeindebesuchen traf ich Unterkünfte an, die noch nicht einmal Obdach genannt werden konnten. Einmal kam ich zu einer alten Großmutter, die mit ihren beiden kleinen Enkeln in einem Speicher hauste. Der Raum diente früher dem Bauern als Reparaturwerkstatt. Eine alte mürbe Hobelbank stand vor dem einzigen Fenster, das man nicht öffnen konnte. Alte unbrauchbare Geräte füllten den Raum. Einige Dielenbretter fehlten, so daß die Gefahr bestand, in den darunter liegenden Rübenkeller abzustürzen. Die Decke war zum Teil vom Regen zerstört. Einen Kamin gab es nicht. Den provisorischen Ofen konnte man nur anzünden, wenn der Wind günstig stand. [...] In einem Bauernhaus hat der Besitzer in seinem Wohnhaus ein Fenster zur Tür erweitern lassen und so den Vertriebenen mit wenig Mitteln eine abgeschlossene Wohnung bereitgestellt.[41]

---

38   Axel Schildt, Aufbruch in den Frieden, in: DAMALS. Das Magazin für Geschichte 1/2010, S. 32.
39   Helga Hirsch, Schweres Gepäck. Flucht und Vertreibung als Lebensthema, Hamburg 2004, S. 237.
40   Norbert F. Pötzl, Hitlers letzte Opfer. Die Vertriebenen nach 1945 – von Landsleuten im Westen oftmals ausgegrenzt, von Politikern lange in der illusionären Hoffnung auf Rückkehr bestärkt, in: Annette Großbongardt u.a. (Hg.), Die Deutschen im Osten Europas. Eroberer, Siedler, Vertriebene, München 2011, S. 241.
41   So der Bericht eines Gemeindepfarrers aus Lüdinghausen: Schmitz, Zur Geschichte von Lüdinghausen und Seppenrade, S. 398.

Wegen fehlender Kapazitäten mussten Flüchtlinge und Vertriebene meist in Notquartieren untergebracht werden. Nicht selten waren es, wie das Zitat deutlich macht, nur baufällige Baracken, in denen die Vertriebenen untergebracht wurden oder Verhältnisse, wie die in Warendorf: Dort wurde ein von Vertriebenen aus verschiedenen ostdeutschen Provinzen und Einheimischen bewohntes Haus in der Erinnerung eines Zeitgenossen ‚Eispalast' genannt, was sich nicht nur auf die schlechte Heizbarkeit des Gebäudes bezogen haben soll.[42] Der Einweisungsbescheid, mit dem vier Personen in ein Zimmer einer Wohnung einquartiert wurden, deren Küche sie mitbenutzen durften, lässt die Spannungen zwischen Einheimischen und Neuankömmlingen erahnen.

In Oelde konnten die einweisenden Beamten des Wohnungsamtes das Seufzen vernehmen: „Du lieber Himmel, jetzt kommen Flüchtlinge!"[43] Dort kam es zu heftigem Widerstand der einheimischen Haus- und Wohnungsinhaber und die Beamten sahen sich wüsten Beschimpfungen ausgesetzt.[44] Verschiedene Wohnungsinhaber weigerten sich, wie z.B. in Ostbevern, Wohnraum zur Verfügung zu stellen. Ein gerade verheiratetes Paar, er Einheimischer, sie eine vertriebene Schlesierin, erhielt von der Gemeinde eine Wohnung zugewiesen. Die Eigentümerin der Wohnung lehnte jedoch den Einzug der jungen Familie ab.[45]

In Everswinkel schließlich wurde Wohnraum von den ansässigen Bauern beschlagnahmt. So wie hier und in den erwähnten Beispielfällen kam es oft zu Konflikten, da viele Bauern keine Fremden in ihrem Haus aufnehmen wollten. Manche Bauern versuchten, Wohnraum zu verbergen, andere brachten die Betroffenen unter menschenunwürdigen Verhältnissen unter.[46] Aus dem Sitzungsprotokoll des Kreisflüchtlingsausschusses für den Landkreis Münster am 25. Januar 1946 geht hervor:

> Die Einwohner, insbesondere die Bauern, wollen keine Ostflüchtlinge aufnehmen. Sobald die überörtliche Kommission da gewesen ist und den Leuten gesagt hat, welche Räume für Ostflüchtlinge beschlagnahmt werden müssen, vermieten diese die Räume möglichst an Evakuierte aus der Stadt Münster und würden geradezu darum betteln, dass diese Leute bei ihnen wohnen bleiben sollen, selbst wenn sie inzwischen in Münster ein Unterkommen finden würden.[47]

---

42 Vgl. Westfälische Nachrichten vom 7.3.2007.
43 Schmieder (Hg.), Oelde. Die Stadt, in der wir leben, S. 385.
44 Vgl. Bernhard Lütkemöller, Notaufnahme in Schulen und Baracken. Vertriebene und Evakuierte in Oelde, in: Münsterland. Jahrbuch des Kreises Warendorf 1996, S. 128.
45 Vgl. die Weisung des Wohnungsamts Ostbevern an Anna Hüttemann vom 20.10.1949, KAW, Amt Ostbevern, B 109.
46 Vgl. Helena Fonfara, Die Integration der Ostvertriebenen in der Gemeinde Everswinkel, in: Münsterland. Jahrbuch des Kreises Warendorf 2018, S. 105.
47 Dierig, Der leidvolle Weg, S. 47.

In Ahlen beklagte der dortige Flüchtlingsausschuss:

> Die Widerstände würden von Tag zu Tag größer. Wenn die Prüfer des Wohnungsamtes in die Wohnungen kämen, würden die Leute rebellisch, bekämen Schreikrämpfe usw. Würden Zimmer zur Verfügung gestellt, so wären sie meistens leer. Käme man auf die Dachböden, fände man Möbel, Matratzen usw.[48]

Angesichts der Entgleisungen einiger Bauern und Bewohner Neuwarendorfs gegenüber Ostvertriebenen nahm der britische Kreiskommandant in Warendorf, Major Strang-Steel, bereits im April 1946 im Beisein der Bürgermeister Stellung mit den Worten: „in den Fällen, wo eine konträre Einstellung des Bauern oder Einwohners besteht, [...] [sollte] die ganze Schärfe des Gesetzes angewandt" werden.[49] Trotzdem gestaltete sich im Sommer 1946 die Unterbringung von Vertriebenen und Flüchtlingen in einzelnen Fällen weiterhin als unwürdig. Das mögliche Einschreiten der Militärregierung bei der Wohnraumbeschaffung schwebte oftmals wie ein Damoklesschwert über allen Beteiligten. Denn es war

> aus anderen Bezirken bekannt geworden, dass auf Anordnung der Militärregierung ganze Straßenzüge von der einheimischen Bevölkerung geräumt werden mussten unter Zurücklassen der Einrichtungsgegenstände, worin die Ostflüchtlinge dann untergebracht wurden.[50]

Aus diesem Grund hielt es der Münsteraner Regierungspräsident Franz Hackethal für nicht mehr vertretbar, „dass einzelne Wohnungsinhaber noch ihre sogenannte ‚gute Stube' und ein Fremdenzimmer von Flüchtlingen freihalten konnten."[51] Schließlich war immer wieder zu beobachten, dass die Hausbesitzer eine zum Teil zerstörerische Kreativität entwickelten, „um die Einquartierung von Vertriebenen zu verhindern oder sie wieder rückgängig zu machen,"[52] indem „sie Wände einrissen oder sonstige Eingriffe in die Bausubstanz

---

48 Protokoll über die Ratssitzung am 12.7.1946, zit. nach: Rolf Schorfheide, Fast unzerstörtes Ahlen: „Ticket" in die Geschichte der Flüchtlingsbewegung. Über Ahlen als Stadt der Evakuierten, Flüchtlinge und Vertriebenen, in: Der beflügelte Aal. Heimatliches aus Ahlen – Dolberg – Vorhelm 9 (1990), S. 66.

49 Aus dem Protokoll der Bürgermeisterkonferenz vom 23.4.1946, KAW, Kreisausschuss Warendorf, B 13a.

50 Aus der Verfügung des Oberkreisdirektors des Landkreises Münster, Max Stiff, vom 12.7.1946, Stadtarchiv Telgte, C 3109.

51 Weisung des Münsteraner Regierungspräsidenten in Warendorf an die Landräte vom 16.7.1946, KAW, Amt Vorhelm, B 425.

52 Willi Feld, Eingliederung Vertriebener in Borghorst und Burgsteinfurt, in: Unser Kreis 1996. Jahrbuch für den Kreis Steinfurt. Jahresthema: Über Leben nach dem Krieg, S. 112.

vornahmen."⁵³ Andererseits konnten ökonomischer Einfluss und gute persönliche Beziehungen zwischen Vertretern der Wirtschaft und der lokalen Verwaltung die Notlage von Vertriebenen in kurzer Frist beseitigen. So musste sogar die in Ostbevern gesellschaftlich und politisch dominante Gruppe der Landwirte zurückstecken und die vorher entfernten Fußböden in die für die Familie eines Facharbeiters aus Schlesien vorgesehenen Räume wieder herstellen.⁵⁴

Die Vertriebenen und Flüchtlinge störten – so die spätere Erinnerung der Präsidentin des Bundes der Vertriebenen – die Beschaulichkeit der Bauern, die unter dem Krieg bis dahin nicht übermäßig gelitten hatten. Auch im Zeichen strenger Lebensmittelrationierungen war unter den Einheimischen Solidarität ein rares Gut.⁵⁵ Wenn es galt, mit den Flüchtlingen und Vertriebenen „nicht nur den knappen Wohnraum einschließlich der Küche zu teilen" war nicht selten „von einem ‚Kochlöffelkrieg' die Rede".⁵⁶

Doch nicht allein mangelnde Solidarität mit den notleidenden Vertriebenen und Flüchtlingen war ein Grund für die ausbleibende Hilfe der Bevölkerung. In den ländlichen Regionen Westfalens hatte bereits unter normalen Verhältnissen ein durch den Rückgang der Bautätigkeit während des Ersten Weltkriegs und der nachfolgenden Inflation bedingter Wohnungsmangel geherrscht, der sich durch den Baustopp während des Zweiten Weltkriegs und die Aufnahme von Evakuierten verschärft hatte. Hinzu kamen Quartierforderungen seitens der britischen Militärregierung für die Besatzungstruppen. Zudem waren in den Dörfern die bäuerlichen Anwesen zumeist für die Aufnahme mehrerer, getrennter Haushaltungen nicht geeignet.⁵⁷ So war es kein Einzelfall, dass die Betroffenen in Abstellräumen über den Stallungen, wie etwa in Herzfeld, eine Unterkunft bekamen.

Abhilfe konnte hier nur der Wohnungsbau schaffen. Die in Ahlen auf Initiative des aus Schlesien vertriebenen katholischen Pfarrers Rudolf Kurnoth ab 1948 zum großen Teil in Eigenhilfe errichtete Siedlung stieß daher auf

---

53 Jürgen Gojny, Ankunft und Eingliederung von Flüchtlingen und Vertriebenen nach 1945 – Ahlen als Beispiel, in: Der beflügelte Aal. Heimatliches aus Ahlen – Vorhelm – Dolberg 35 (2016), S. 70.
54 Vgl. die Mitteilung des Warendorfer Unternehmers Benno Hagedorn an den Ostbeverner Amtsdirektor Dr. Ludwig Kölling vom 8.9.1948 und die Mitteilung von Amtsdirektor Kölling an Benno Hagedorn vom 22.10.1948, KAW, Amt Ostbevern, B 105.
55 Vgl. Mathias Beer, Die Vertreibung der Deutschen. Ursachen, Ablauf, Folgen, in: Flucht und Vertreibung, Europa zwischen 1939 und 1948. Mit einer Einleitung von Arno Surminski, Hamburg 2012, S. 24.
56 Beer, Flucht und Vertreibung der Deutschen, S. 111 und 112.
57 Vgl. die Mitteilung des Amtsdirektors Fasse in Wadersloh an den britischen Kreisresidenzoffizier in Beckum vom 8.10.1948 und den Tätigkeitsbericht des Wohnungs- und Flüchtlingsamtes in Beckum für das Jahr 1947/48, KAW, Amt Liesborn-Wadersloh, A 131 und A 5.

Unterstützung des Beckumer Landrats Luster-Haggeney. Mit jeweils 2.000 Arbeitsstunden der katholischen wie evangelischen Bauwilligen wurden 49 Eigenheime errichtet, gemäß dem Leitspruch des Geistlichen Kurnoth:

> Ich kann den Leuten nicht das Evangelium predigen, wenn die nichts zu essen und keine Wohnung haben.[58]

Das Ahlener Beispiel machte Schule, wie z.B. in Roxel, wo Vertriebene ebenfalls in Eigenleistung mit bescheidensten technischen Hilfsmitteln Häuser errichteten oder in Beckum. Im münsterländischen Nordwalde wurde die Barkhofsiedlung ähnlich dem Ahlener Konzept – Neben- und Miteinander von Vertriebenen und Einheimischen – zwischen 1948 und 1952 errichtet.[59] In Ostbevern und in Vorhelm wurden 1953/54 Siedlungen für Ostvertriebene nach dem schlesischen Dichter Eichendorff benannt.[60] Allerdings wurde die Ostbeverner Siedlung einige Kilometer entfernt von der traditionellen Dorflage gebaut. Es handelte sich gewissermaßen hier um eine Integration auf Distanz.

4   Neue Knechte?

Vertriebene und Flüchtlinge sollten ab 1945 die großen personellen Lücken füllen, die während des Krieges und nach dessen Ende in der Landwirtschaft entstanden waren. Die Unterbringung bei Landwirten ergab für die Betroffenen ein grundsätzliches Problem, wie das Evangelische Hilfswerk für Westfalen gegenüber dem Landesflüchtlingsamt in Münster beklagte:

> Die Flüchtlinge stehen [...] vielfach unter dem Eindruck, dass sie von den Bauern nur als Ersatz für die bei diesen bisher beschäftigt gewesenen Zwangsarbeitern und Kriegsgefangenen angesehen werden. Das kommt von Seiten der Bauern dadurch zum Ausdruck, dass diese häufig die Zuweisung von alten Flüchtlingen und Kindern ablehnen mit dem Bemerken, sie können nur arbeitsfähige Leute gebrauchen und aufnehmen.[61]

---

58   Dietmar Sauermann, „Aus allen Bindungen der Heimat herausgerissen". Sonderbewusstsein der Vertriebenen, in: Michael Hirschfeld/Markus Trautmann (Hg.), Gelebter Glaube. Hoffen auf Heimat. Katholische Vertriebene im Bistum Münster, Münster 1999, S. 204.

59   Vgl. Aufbau West. Neubeginn zwischen Vertreibung und Wirtschaftswunder, DVD, hg. im Auftrag des Westfälischen Medienzentrums und des Westfälischen Industriemuseums Landesmuseum für Industriekultur von Markus Köster und Dirk Zache, Münster 2006.

60   Vgl. Heimatverein Vorhelm (Hg.), Vorhelm in Bild und Wort, Oelde 1975, S. 20.

61   Dierig, Der leidvolle Weg, S. 73.

Erster Spatenstich zur Ostvertriebenen-Siedlung

An der Lippborger Straße werden die ersten 16 Siedlungshäuser angelegt. — Insgesamt ist der Bau von 45 Häusern geplant — Ein großer Schritt zur Beseitigung der Wohnungsnot in Beckum

WN Beckum. Am Samstagnachmittag wurde in Beckum in feierlicher Weise der erste Spatenstich zum ersten großen Siedlungskomplex für Vertriebene durchgeführt, wodurch an der Lippborger Straße in Höhe des Umspannwerkes der Auftakt zum Bau von 16 Siedlungshäusern gegeben ist, die in kürzester Zeit fertiggestellt werden sollen. Weitere Siedlungshäuser sind in Kürze geplant.

Eine große Anzahl Vertriebener und Einheimischer hatte sich zum ersten Spatenstich beim neuen Siedlungsgelände eingefunden. Der Geschäftsführer des Beckumer Ortsverbandes der IGO, Meisel betonte in seiner Ansprache die Dringlichkeit des Häuserbaues für Ostvertriebene und gab einen eingehenden Bericht über die Verhandlungen, die jetzt mit der Genehmigung des ersten Bauabschnittes ihren ersten Höhepunkt gefunden hätten. Er fand herzliche Worte des Dankes für die Behörden, die den Ostvertriebenen großes Entgegenkommen gezeigt hätten, und sprach die Hoffnung aus, daß hier wie überall die Ostvertriebenen und Einheimischen friedlich zusammenwohnen mögen. Insgesamt seien 45 Siedlungshäuser geplant. Neben den an dieser Stelle erstehenden Häusern hoffe man in Kürze an der Neubeckumer Straße im Bereich der Amtsverwaltung Beckum den 2. Siedlungskomplex mit 12 Häusern in Angriff nehmen zu können.

Pastor Heuchkel als Vertreter des Flüchtlingsbeirates der Stadt Beckum führte sodann den ersten Spatenstich durch und sprach die Hoffnung aus, daß das große Werk mit Gottes Segen gelingen möge. Kreisbaumeister Hoffmann der den zweiten Spatenstich tat, wünschte den Siedlern, daß sie hier nicht nur Häuser, sondern eine wirkliche Heimat bauten. Dr. Ruhr als Vertreter der beteiligten Arbeitgeber führte den dritten Spatenstich durch. „Ich wünsche, daß die Erde die ich aus dem Boden hebe, Ihnen allen einen Teil des Glückes zurückbringen möge, das Sie verloren haben."

Architekt Steffen führte aus, daß dieser erste Siedlungsabschnitt nach seiner Berechnung in einem Vierteljahr beendet sei, wenn nicht unvorhergesehene Schwierigkeiten einträten. Weiter sprach er den Besitzern der hiesigen Zement- und Kalkwerke seinen Dank aus, die für das große Projekt Material im Werte von 3500 DM kostenlos zur Verfügung gestellt hätten. Die verantwortlichen Stellen würden alles nur Denkbare tun, um das Baumaterial so billig wie möglich zu beschaffen. Bereits am heutigen Montag geht es frisch ans Werk, gab Meisel am Schluß bekannt. Er richtete an alle Beteiligten die Bitte, mutig und entschlossen ans Werk zu gehen, dann sei die Grundlage gegeben, daß das große Werk gelinge.

Abb. 3.2   Artikel „Erster Spatenstich zur Ostvertriebenen-Siedlung" in den *Westfälischen Nachrichten* vom 12.6.1950

An eine solche Situation konnte sich eine betroffene Zeitzeugin erinnern, als sie in Westfalen im Juli 1946 angekommen war:

> Die Männer, die uns im Lager Telgte musterten – so stellte es sich nachher heraus – waren Landwirte von Gemeinden, die Flüchtlinge aufzunehmen hatten. Kräftig wirkende Personen, möglichst ledig, wurden schnell einem Ort zugewiesen. Wir fühlten uns wie auf einem Sklavenmarkt.[62]

Als LandarbeiterInnen erhielten die Betroffenen zunächst oft statt einer Barentlohnung nur Lebensmittel, die der Hof erwirtschaftete.[63] In ihrer Untersuchung über die Eingliederung der Flüchtlinge berichtete die Sozialforschungsstelle in Dortmund über einen solchen Fall, der im Kreis Beckum noch im Jahre 1953 beobachtet wurde, „wo ein evangelischer Flüchtling, der selbstständiger Bauer war, nun allein auf einem Hof als Knecht ohne Bezahlung, nur für Wohnung und Nahrung arbeiten"[64] musste. Und noch im Dezember 1949 wandte sich eine Vertriebene an ihr zuständiges Wohnungsamt in Ostbevern:

> Seit April 46 wohne ich bei dem Bauern Bernhard K. Dort bewohne ich ein Zimmer. [...] Flüchtlingsobmann Eisenblätter versprach mir [...] ein zweites Zimmer für meine 16jährige Tochter. Dieses Zimmer habe ich bis zum heutigen Tage noch nicht erhalten. [...] Lohn wurde mir bisher noch nicht bezahlt. Außerdem wurden von den Bauern weder Beiträge zur Krankenkasse noch Arbeitslosenversicherung für mich entrichtet. Von Frau K. und Tochter wurde ich andauernd aufgefordert, daß ich doch gehen solle. Da mein Mann in Russland gefallen ist und ich allein dastehe, sind diese Zustände für mich untragbar.[65]

Generell entwickelte sich die Bereitschaft, die NeubürgerInnen in das bestehende Sozialgefüge einzubeziehen, nur langsam.[66] Im Sommer 1947 musste sich beispielsweise das Kreisflüchtlingsamt in Warendorf mit der Beschwerde eines Ostvertriebenen gegen einen Ostbeverner Bauern beschäftigen, der Klage führte „über die fortwährend schlechte Behandlung seiner Familie, obwohl er auf dem Hof als Knecht arbeitete." U.a. wurde ihm keine angemessene

---

62   Ebd., S. 304.
63   Ebd., S. 60.
64   Aus der Untersuchung der Sozialforschungsstelle an der Universität Münster in Dortmund aus dem Jahre 1953, KAW, Kreis Beckum, Hauptamt, Nr. 277.
65   Mitteilung von Meta L. an das Wohnungsamt in Ostbevern vom 9.12.1949, KAW, Amt Ostbevern, B 111.
66   Vgl. Lothar Slon, Im Zeitalter der Weltkriege – Ostbevern in der ersten Hälfte des 20. Jahrhunderts, in: Gemeinde Ostbevern in Verbindung mit dem Heimatverein Ostbevern e.V. (Hg.), Geschichte der Gemeinde Ostbevern, Bd. 1: Von den Anfängen bis zur Mitte des 20. Jahrhunderts, Ostbevern 2000, S. 377.

Kochgelegenheit zugestanden und der Zugang zur Wohnung erschwert.[67] Darüber hinaus wurden die ‚Fremden' nicht selten kriminalisiert, indem ihnen grundsätzlich vorgeworfen wurde, „arbeitsscheu" zu sein und sich an Schwarzmarktgeschäften zu beteiligen.[68] So geriet eine in Everswinkel untergebrachte Ostvertriebene mit einem Landwirt um Feuerholz in Streit und eine Bäuerin im gleichen Ort beklagte sich über Frechheiten und Beschimpfungen, über abgeschöpften Rahm bei frisch gemolkener Milch und über das Ausnehmen von Hühnernestern seitens der Ostvertriebenen.[69]

5 ‚Gefahrenabwehr' und der Vorrang der ökonomischen Integration von Vertriebenen und Flüchtlingen

Wenn es darum ging, die Integrationsfähigkeit unter Beweis zu stellen, waren es nicht allein die Landwirte, die die Vertriebenen und Flüchtlinge unter dem Gesichtspunkt der wirtschaftlichen Einsetzbarkeit bewerteten. Auch das nordrhein-westfälische Sozialministerium nutzte diese Logik und teilte die Neuankömmlinge in zwei Kategorien ein. In die erste wurden alle Arbeitsfähigen eingruppiert, die sich ohne größere Probleme in das Wirtschaftsleben eingliedern ließen; die zweite umfasste die sogenannte asoziale Einwanderung, unter der – nach Definition des Sozialministeriums – neben Körperbehinderten, Kriegsversehrten und Kranken auch sogenannte „angebliche Vertriebene" fielen, die „an sich schon mit unreellen Absichten hier her kommen".[70] In diesem Zusammenhang und unter dem Gesichtspunkt der Verhinderung unerwünschter Zuwanderung empfahl der zuständige Referent des Sozialministeriums, sich gegenüber den Flüchtlingen aus der SBZ abzuschotten, da die hohe Flüchtlingsquote von den westdeutschen Behörden noch nicht als Ausweis einer Abkehr vom kommunistischen System und damit als Aufwertung der eigenen politischen und ökonomischen Verfasstheit verstanden wurde. Anzuraten sei deshalb „ein verstärkter Einsatz von Polizei und wahrscheinlich auch eine Absperrung von unübersichtlichen Strecken", damit ein „kontrollierte[r] Übergang an der russischen Zonengrenze" gewährleistet werden konnte.[71] Entgegen dem von kommunistischer Seite aus durchsichtigen politischen Interessen genährten Mythos, der ‚Westen' habe zahlreiche

---

67   KAW, Amt Ostbevern, B 128.
68   Ewald Stumpe, Everswinkel 1800-2000, Dorfgeschichten, Oelde 1998, S. 305.
69   Vgl. ebd.
70   Falk Wiesemann, Flüchtlingspolitik in Nordrhein-Westfalen, in: Benz (Hg.) Die Vertreibung, S. 226.
71   Ebd.

Menschen aus der SBZ und späteren DDR gezielt abgeworben, entspann sich zwischen der britischen Militärregierung und den politischen Gremien sowie den Verwaltungsbehörden in Nordrhein-Westfalen eine kontroverse Diskussion um die Flüchtlinge aus Mitteldeutschland, die sich nach westdeutscher Auffassung „zum großen Teil aus unzuverlässigen, ja sogar kriminellen Elementen" zusammensetzten, „die das durch die englische Besatzungsmacht gewährte Asylrecht mißbrauchen."[72] Zwar wollte man seitens der deutschen Stellen politische Flüchtlinge umstandslos aufnehmen, verwahrte sich aber gegen unerwünschte illegale Grenzgänger.[73]

Im Sommer 1948 zeichnete sich allerdings die Abkehr von dieser Haltung ab. Der Anlass war der Selbstmord eines ‚Illegalen' in Sendenhorst. Ein ehemaliger Wehrmachtssoldat kehrte nach drei Jahren sowjetischer Gefangenschaft in seine Heimatstadt Leipzig zurück, kam von dort Ende 1947 nach Nordrhein-Westfalen und fand in Sendenhorst bei einem Bauern Arbeit und Unterkunft. Da er nicht der amtlichen Aufforderung gefolgt war, sich im Durchgangslager Siegen registrieren zu lassen und eine Zuzugsgenehmigung zu beantragen, entzogen ihm die lokalen Behörden in Sendenhorst die Lebensmittelkarten. Nach weiteren erfolglosen Versuchen, seinen Aufenthalt im damaligen Kreis Beckum zu legalisieren, wählte der Betroffene am 24. Juni 1948 den Freitod, möglicherweise auch durch die Tatsache bedingt, dass er als Nichtregistrierter keinen Anspruch auf die Kopfquote der neuen Währung DM hatte. Der Vorfall erregte in der Öffentlichkeit großes Aufsehen und die Presse stellte den Selbstmord so dar, „als habe ein Sachbearbeiter ohne jedes Mitgefühl ein wirtschaftliches Todesurteil über einen bedauernswerten Menschen gefällt."[74] Ministerpräsident Karl Arnold sah sich genötigt, das bürokratische Aufnahmeverfahren nach außen hin transparenter zu machen und forderte den Regierungspräsidenten in Münster auf, „klare und durchführbare Bestimmungen über die Behandlung ‚illegaler Flüchtlinge' zu erlassen."[75]

Probleme bereiteten den Vertriebenen und Flüchtlingen auch die hohen Auflagen, wenn es darum ging, einen qualifizierten Ausbildungsplatz aufzunehmen. Hier bezogen sich die Ablehnungsgründe der einheimischen Ausbilder gegenüber den Jugendlichen zumeist auf fehlende Zeugnisse und

---

72 Stellungnahme des Regierungspräsidenten in Köln vom 24.1.1948, zit. bei Volker Ackermann, Missbrauch des Asylrechts? Die Diskussion und die Aufnahme von Flüchtlingen und Zuwanderern aus der Sowjetischen Besatzungszone Deutschlands in Nordrhein-Westfalen 1947-1949, in: Deutsche Ostflüchtlinge und Ostvertriebene in Westfalen und Lippe, S. 117.
73 Vgl. ebd., S. 122.
74 Ebd., S. 123.
75 Ebd.

Legitimationen sowie auf die durch die Fluchtumstände bedingte Beeinträchtigung der Schulbildung. Außerdem scheiterten Vermittlungsversuche an der Befürchtung, die Jugendlichen würden bei einem Wohnortwechsel der Eltern die Lehrstelle wieder aufgeben.[76] Auf der anderen Seite sahen sich einheimische Händler und Gewerbetreibende durch die neue Konkurrenz ökonomisch bedrängt, wenn „neben dem eingesessenen Kaufmann ein zweiter Laden aufmachte", wenn „schlesische oder sudetendeutsche Handwerker billigere Angebote als die Alteingesessenen unterbreiteten" oder wenn „sich auf dem Arbeitsmarkt Menschen bewarben, die weit mehr Kompromisse einzugehen bereit waren"[77] als die Einheimischen.

Gab es demgegenüber Arbeitsstätten, die auf neue Fachkräfte angewiesen waren, konnten die Vertriebenen und Flüchtlinge zu einem unverzichtbaren Moment der Beschäftigung werden. So lässt sich zeigen, dass der Anteil der Vertriebenen in kleineren Industriebetrieben im ländlichen Raum Warendorfs annähernd 30 Prozent erreichte. So stieg zwischen 1947 und 1950 z.B. der Anteil der Ostvertriebenen, die zuvor in der schlesischen Textilindustrie beschäftigt gewesen waren, innerhalb der Belegschaft der Warendorfer Weberei Brinkhaus von 2,7 auf 48,1 Prozent.[78] Nicht zuletzt war es auch den Vertriebenen, die im Münsterland auf den Zechen Westfalen in Ahlen und Sachsen in Hamm-Heessen oder auf der Schachtanlage in Werne im Kreis Lüdinghausen arbeiteten, zu verdanken, dass der Kohlenengpass bis 1948 überwunden werden konnte. Sie trugen wesentlich dazu bei, Lücken in diesem Schlüsselbereich der Wirtschaft, die durch den Raubbau während der NS-Zeit und den hohen Zwangsarbeiteranteil in den Kriegsjahren entstanden waren, zu schließen.[79]

Geeignetes Personal gab es nicht nur in der Arbeitnehmerschaft der Vertriebenen und Flüchtlinge; auch unternehmerische Substanz war vorhanden, besonders im mittelständischen Bereich. Die Initiativen der Vertriebenen brachten durch neue Betriebsgründungen und neue Produktionsmethoden positive Impulse. Ihr Kreditbedarf trug überdies erheblich zur Ankurbelung der Finanzwirtschaft bei. So florierte der neue Gewerbebetrieb eines Ostvertriebenen in Beckum, wie der dortige Amtsdirektor Mitte 1955 in seinem Bericht an die Oberfinanzdirektion in Münster schilderte:

---

76 Vgl. Adolf M. Birke, Nation ohne Haus. Deutschland 1945-1961, Berlin 1998, S. 121.
77 Hirsch, Schweres Gepäck, S. 238.
78 Vgl. Paul Leidinger, Gewerbe und Industrie in der Stadt Warendorf. Grundaspekte der Entwicklung 800-1975, in: Geschichte der Stadt Warendorf, Bd. 2, S. 399.
79 Vgl. Dagmar Kift, Sonntagsbilder. Laienkunst aus dem Ruhrbergbau. Ausstellungskatalog, Westfälisches Industriemuseum Zeche Hannover 4.5.-22.6.2003, Essen 2003, S. 12.

> Dr. Beck hat unmittelbar nach Kriegsende auf dem Gelände der früheren deutschen Wehrmacht auf dem Mackenberg in Sünninghausen mit der Produktion von Brillengestellen begonnen. [...] Ein Großteil seiner Produktion wird ins Ausland geliefert. Zur Zeit beschäftigt Dr. Beck 30 Arbeitskräfte, von denen 60 Prozent Ostvertriebene sind. Dr. Beck beabsichtigt, nun seinen 2. Betrieb, den er in Sprenglingen bei Frankfurt erworben hat, nach Sünninghausen zu verlegen. [...] Ich bitte im Namen der Gemeinde Sünninghausen, die sehr stark an dem Unternehmen des Dr. Beck interessiert ist, diesem die Möglichkeit zu geben, durch Ausbau der vorhandenen Gebäude seinen Betrieb zu erweitern. Dr. Beck kann bei der Produktionsart seines Betriebes in der Hauptsache die Arbeitskräfte einsetzen, die ansonsten kaum untergebracht werden können. Vorwiegend handelt es sich um Schwerbeschädigte und alleinstehende Frauen.[80]

In Ahlen bereicherten Vertriebene durch Betriebsgründungen die Branchenvielfalt der Stadt, vornehmlich als Zulieferfirmen für die traditionelle Emailleindustrie, in der Baustoffherstellung sowie vorübergehend auch im lederverarbeitenden Gewerbe.[81] Auch im Handwerk wagten Vertriebene und Flüchtlinge den Sprung in die Selbstständigkeit. So verzeichneten die Gemeinden rund um Warendorf im Jahre 1950 16 Neugründungen von Vertriebenen im Einzelhandel und 55 im Handwerk.[82]

Es ergaben sich allerdings auch immer wieder retardierende Momente bei der wirtschaftlichen Integration. Beispielsweise in Ostbevern wandte sich der Ostvertriebene Harry Piehler im Sommer 1948 an das dortige Wohnungsamt. Er befasste sich mit der Herstellung von Spielwaren und hatte bis 1945 eine Bau- und Fabrikklempnerei sowie Schildermalerei in Lodz, die auf das Jahr 1878 zurückging, betrieben. Piehler bat „um Zuweisung eines entsprechenden Arbeitsraumes im Dorf zur Herstellung von Spielwaren sowie für Klempnerarbeiten."[83] Nachdem sich in der Angelegenheit nichts tat, schrieb er Ende November 1948 erneut an das Wohnungsamt und teilte mit,

> daß wir in absehbarer Zeit Exportaufträge ausführen werden. Sollten wir ablehnenden Bescheid erhalten, sind wir gezwungen, unsere Angelegenheit [...] [dem] Resident-Officer in Warendorf zu unterbreiten.[84]

---

80 Bericht des Beckumer Amtsdirektors an die Oberfinanzdirektion in Münster vom 27.5.1955, KAW, Amt Beckum, C 19.
81 Vgl. Alois Mayr, Ahlen – eine Stadt im Umbruch, Ahlen 1994, S. 10.
82 Vgl. KAW, Kreisausschuss Warendorf, B 31.
83 Gesuch von Harry Piehler an das Wohnungsamt Ostbevern vom 9.8.1948, KAW, Amt Ostbevern, B 109.
84 Gesuch von Harry Piehler an das Wohnungsamt Ostbevern vom 25.11.1948, KAW, Amt Ostbevern, B 109.

Offenbar um dies zu verhindern, bequemte sich bereits zwei Tage später das Ostbeverner Wohnungsamt, den gewünschten Raum der Fa. Piehler zur Verfügung zu stellen. Allerdings weigerte sich nun der Eigentümer und riskierte damit eine Geldstrafe.[85] Über den weiteren Gang der Angelegenheit schweigen die Quellen. Da in den Adressbüchern ab 1949 weder der Name des Unternehmers noch die seiner Firma genannt wird, liegt die Vermutung nahe, dass das Projekt am Widerstand der Einheimischen und dem Desinteresse der lokalen Behörden scheiterte.

Im Gegensatz zu der Erzählung, dass die Währungsreform 1948 das westdeutsche ‚Wirtschaftswunder' befördert habe, hatten die Vertriebenen und Flüchtlinge eher mit daraus entstandenen Benachteiligungen zu kämpfen. Zwar erhielten sie wie jede erwachsene Person 40 Mark ‚Kopfgeld', verfügten aber anders als die Einheimischen über keinerlei Sachwerte. Hier kam ein Ausgleich erst durch das entsprechende ‚Lastenausgleichsgesetz' von 1952 zustande und löste damit eine sozialpolitische Förderung der Vertriebenen und Flüchtlinge ein, die im Nachgang allerdings auf Seiten der Einheimischen Neid und Missgunst weckte. Hartnäckig hielten sich Gerüchte, die Entschädigung sei bei Weitem zu großzügig und beruhe in vielen Fällen auf fiktiven Angaben über den verlorenen Besitz.[86] In der eingesessenen Bevölkerung breiteten sich seit 1948 Redensarten aus, „denen zufolge Deutschland vor dem Kriege bis zum Ural gereicht hätte, wenn alle Angaben der Flüchtlinge über ihren Verlust an Boden zutreffend gewesen wären."[87] Tatsächlich jedoch glichen die Zahlungen nach Schätzungen durchschnittlich nur 22 Prozent der ohnehin unterbewerteten, gründlich geprüften Vermögensverluste aus. Dennoch linderten die Entschädigungen zumindest die schlimmste Not und waren eine willkommene Starthilfe.[88] Gleichzeitig erwies sich der Lastenausgleich gesamtgesellschaftlich als ein hochwillkommener Konjunkturanstoß für alle Beteiligten.[89]

---

85   Vgl. u.a. die Mitteilung des Ostbeverner Wohnungsamts an Heinrich Schmittkamp vom 29.1.1949, KAW, Amt Ostbevern, B 109.
86   Vgl. Hirsch, Schweres Gepäck, S. 239.
87   Albrecht Lehmann, Im Fremden ungewollt zuhaus. Flüchtlinge und Vertriebene in Westdeutschland 1945-1990, München 1991, S. 39. Diese Redensart wird auch nachgewiesen bei George Turner, Die Heimat nehmen wir mit. Ein Beitrag zur Auswanderung Salzburger Protestanten im Jahre 1732, ihrer Ansiedlung in Preußen und der Flucht 1944/45, 5. Aufl., Berlin 2017.
88   Vgl. Pötzl, Hitlers letzte Opfer, S. 242-243.
89   Vgl. Dierig, Der leidvolle Weg, S. 207.

Abb. 3.3   Josefsschule in Warendorf, 1951 (alle Fotos: Kreisarchiv Warendorf)

6   Problemlagen schufen Innovationsschübe

Von den Kindern der Vertriebenen und Flüchtlinge ging in den ländlichen Gebieten eine neue Bildungsmotivation aus, nicht zuletzt aufgrund der bitteren Erfahrung ihrer Eltern, dass Ausbildung und eine bestmögliche berufliche Qualifikation im Gegensatz zu Haus und Hof unverlierbare Werte darstellten und die Möglichkeit zum sozialen Wiederaufstieg boten. Der Bau neuer Schulen in ländlichen Gebieten zu Beginn der 1950er Jahre u.a. in Harsewinkel, Marienfeld, Greffen, Sendenhorst und Warendorf aufgrund der gestiegenen Schülerzahlen und der Ausbau des beruflichen Schulsystems können daher als unmittelbare Folgen der Aufnahme von Vertriebenen und Flüchtlingen gelten.

Auch die Notwendigkeit, eine erhöhte Anzahl älterer und kranker Menschen zu versorgen, führte nach einer anfänglichen Furcht vor einem daraus erwachsenden sozialen Dauerproblem, zu einem Innovationsschub. Als Reaktion auf diese Herausforderung entstanden Altersheime als neue, bisher unbekannte Einrichtungen im Münsterland[90] und das Kreiskrankenhaus St. Hedwig in Warendorf, das auf einem Kasernengelände eingerichtet und zur ersten Klinik in öffentlicher Trägerschaft wurde.[91]

90   Vgl. KAW, Kreis Beckum, Hauptamt, Nr. 12.
91   Vgl. Jürgen Gojny, Vom Hilfskrankenhaus zum Kreiskrankenhaus St. Hedwig. Die erste Klinik in kommunaler Trägerschaft im Kreis Warendorf, in: Warendorfer Schriften, Bd. 43-44, Warendorf 2014, S. 158.

Abb. 3.4   Richtfestfeier der Laurentiusschule in Warendorf, 1952

Auch leisteten Vertriebene schon früh einen gewichtigen kulturellen Beitrag. Bereits 1945 erhielt die von dem Danziger Schauspieler Karl Heinz Kruse eröffnete ‚Junge Bühne Warendorf' als eines der ersten Theater eine Lizenz der britischen Militärregierung. Kruse standen meist vertriebene Schauspieler, u.a. aus seiner Heimatstadt Danzig, und junge interessierte Einheimische zur Seite. Aufführungen fanden nicht nur in Warendorf statt, sondern die ‚Junge Bühne' gastierte bis 1948 in weiten Teilen Westfalens, wie in Hamm, Burgsteinfurt, Emsdetten, Soest, Lippstadt und Münster. Im Herbst 1945 stieß der spätere gefeierte Schauspieler und weitbekannte Fernsehregisseur Imo Moszkowicz zu der Bühne und sammelte dort seine ersten Erfahrungen auf dem Gebiet der Schauspielkunst. Imo Moszkowicz, jüdischer Bürger aus Ahlen und von dort von den Nationalsozialisten 1939 vertrieben, hatte fast seine gesamte Familie durch den NS-Genozid verloren und selbst zwei Jahre in Auschwitz-Monowitz mit knapper Not überlebt. Nach seiner Warendorfer Zeit besuchte Imo Moszkowicz ab 1948 die Schauspielschule in Düsseldorf und wurde aufgrund seiner überragenden Fähigkeiten von dem legendären Gustav Gründgens entdeckt, der ihn als Regieassistent bei seinen Inszenierungen am Düsseldorfer Schauspielhaus einsetzte.[92]

---

92   Vgl. Paul Leidinger, Ein Leben für das Judentum. Wilhelm-Zuhorn-Plakette für Dr. h.c. Paul Spiegel. Präsident des Zentralrates der Juden in Deutschland. Laudatio anlässlich der

Abb. 3.5   Kreiskrankenhaus St. Hedwig in Warendorf, 1950er Jahre

Proaktiv wurde der Westfälische Heimatbund, der seine ihm angeschlossenen Mitgliedsverbände dazu aufrief, die Kluft zwischen Einheimischen und Vertriebenen abzubauen. Heimatabende sollten das Verständnis für die NeubürgerInnen fördern.[93] Neben ‚schlesischen Abenden',[94] unterstützten die Vereine Vertriebene, sich in der neuen Heimat zurechtzufinden.[95] Auch gemeinsame Weihnachtsfeiern auf lokaler Ebene wurden zur Verständigung zwischen Einheimischen und Vertriebenen genutzt.[96] Für die soziale Eingliederung der Vertriebenen in ihre neue Heimat erlangten zudem die seit 1950 geschlossenen Patenschaften zwischen westdeutschen Städten, Kreisen und Ländern und ehemaligen ostdeutschen Orten und Gebieten große Bedeutung. Frühe Vorläufer stellten die schon 1947 in Telgte abgehaltenen Treffen von Vertriebenen aus Langenöls in Schlesien und die in Ennigerloh veranstalteten Zusammenkünfte

---

Verleihung am 25. Oktober 2004 im Rathaus seiner Geburtsstadt Warendorf, in: Warendorfer Schriften, Bd. 33-35, Warendorf 2005, S. 221.

[93] Vgl. Ralf Jüttemeyer, Untersuchungen zum Flüchtlings- und Vertriebenenwesen im Altkreis Warendorf, unveröff. Magisterarbeit, Münster 1996, S. 93. Ein Belegexemplar befindet sich im Kreisarchiv in Warendorf.

[94] Vgl. KAW, Amt Ostbevern, B 130.

[95] Vgl. Rengering, 50 Jahre Schützenverein Rengering. Klostergeschichte Rengering. Geschichtliche Einzelbilder aus dem Leben des ehemaligen Frauenklosters Rengering an der Bever in Ostbevern und aus seinem näheren Umfeld über den Zeitraum von einigen Jahrhunderten bis zur Gegenwart sowie eine Chronik über das Vereinsleben des Schützenvereins Rengering von 1954 bis 2004, erarb. von Heinrich Eickholt, Franz Brokhage und Rudolf Brinkrode, Ostbevern 2004, S. 23.

[96] Vgl. Gerd Oeding, Lippetal – Damals 1933-1948, Lippetal 2000, S. 451.

derer aus Branitz, Kreis Leobschütz/Oberschlesien dar.[97] Anlässlich ihrer 750-Jahrfeier übernahm schließlich die Stadt Warendorf am 28. April 1951 die Patenschaft für die Vertriebenen aus der schlesischen Stadt Reichenbach im Eulengebirge.[98] Dabei verpflichtete sich die Kreisstadt an der Ems,

> [die] deutschen Brüdern und Schwestern, die durch die Folgen des letzten Krieges zu uns gekommen sind, [...] als gleichberechtigte Mitbürger zu achten und ihnen bei uns eine neue Heimat zu schaffen. Die Stadt Warendorf wird alle Maßnahmen fördern, die geeignet sind, zwischen den Bürgern der beiden Städte das Gefühl einer wahren menschlichen und freundschaftlichen Verbundenheit zu fördern.[99]

Die Kreisstadt an der Ems gehörte nach Goslar (Brieg) und Köln (Breslau) zu den ersten westdeutschen Städten, die sich zu einer solchen Patenschaft entschlossen. In Westfalen stellte Warendorf überhaupt die erste Stadt mit einer Patenschaft dar. Seit 1952 fanden aus diesem Grund in Warendorf im zweijährigen Turnus die ‚Reichenbacher Treffen' statt, an denen während der 1950er Jahre regelmäßig 10.000 und mehr Personen teilnahmen, wovon im hohen Maße die vor Ort tätige Gastronomie und der Einzelhandel profitierten.[100] Diesem Vorbild folgend, schlossen am 2. August 1952 bzw. 1955/56 die Kreise Warendorf und Beckum Patenschaften mit den schlesischen Kreisen Reichenbach und Grottkau, schließlich gab es nicht nur in der Stadt Warendorf, „sondern namentlich auch im Kreise Warendorf [...] zahlreiche Vertriebene aus Stadt und Kreis Reichenbach, insgesamt etwa 3.500".[101]

Diese Patenschaften gaben den aus ihrer Heimat Geflüchteten und Vertriebenen das Gefühl eines neuen Heimatrechts in der neuen Umgebung. Darüber hinaus ermöglichte es den in alle Richtungen zerstreuten Bewohnern ostdeutscher Städte und Kreise, einen neuen Zentralort zu schaffen, der neben der Kontaktaufnahme auch die Pflege des heimatlichen Brauchtums ermöglichte.

---

97 Vgl. Dierig, Der leidvolle Weg, S. 106; Gerhard Wilczek, Beckums Patenkreis Grottkau, in: Heimatkalender für den Kreis Beckum 1967, S. 28.
98 Vgl. die Mitteilung des Warendorfer Rechtsanwalts Neumann an die Kreisverwaltung vom 19.6.1951, KAW, Kreisausschuss Warendorf, B 320.
99 Johannes Hoffmann, Von Patenschaften zu Partnerschaften. Ostdeutsche kommunale Partnerschaften nach 1945 in Westfalen und ihre Wandlung zu deutsch-polnischen Städte- und Gemeindepartnerschaften in der Gegenwart, in: Deutsche Ostflüchtinge und Ostvertriebene in Westfalen und Lippe, S. 319.
100 Vgl. Paul Leidinger, Veränderte Grundlagen der Geschichte: Warendorf in der Nachkriegszeit (1945-1975), in: Geschichte der Stadt Warendorf, Bd. 2, S. 279.
101 Mitteilung des Rechtsanwalts Kurt Neumann in Warendorf an die Kreisverwaltung vom 19.6.1951, KAW, Kreisausschuss Warendorf, B 320.

Abb. 3.6   Reichenbacher Treffen in Warendorf, 1952

So fand bereits im August 1951 unter dem Motto „Tag der Heimat" eine Gedenkfeier auf dem Warendorfer Marktplatz statt;[102] offiziell wurde „Der Tag der Heimat" in Nordrhein-Westfalen erst seit Mitte der 1950er Jahre als jährlich wiederkehrende Feier am ersten oder zweiten Sonntag im Monat September begangen.[103] Aus diesem Anlass luden der Landrat Höchst, der Bürgermeister Heinermann, der örtliche Vertreter des ‚Bundes vertriebener Deutscher' (BvD) Solf und der Kreisheimatpfleger Dilla 1955 zu einer Gedenk- und Mahnstunde in Warendorf ein, unter dem Motto: ‚Gewalt vergeht – Recht besteht'.[104]

7 Vergangenheitsbewältigung?!

Waren es vornehmlich ökonomische Motive sowie die diffuse Angst vor dem ‚Fremden', die in der unmittelbaren Nachkriegszeit zu Ressentiments von Einheimischen gegenüber Vertriebenen und Flüchtlingen führten, gab es dennoch auch andere, tiefliegende Gründe. Die Ausgrenzung, welche den Ostvertriebenen zunächst zuteilwurde, resultierte nicht zuletzt aus Verdrängungsbemühungen der Nachkriegsgesellschaft, die durch die Anwesenheit der Betroffenen konterkariert wurden, da sie zu sehr an Krieg und Schuld, an Not und Elend mahnten. Waren viele Einheimische nicht zur Aufarbeitung der NS-Vergangenheit bereit, so wurde den Vertriebenen mit offenkundiger Häme umso größere Nähe zum untergegangenen Regime unterstellt.[105] In diesem Zusammenhang löste im Frühjahr 1946 die Neue Westfälische Zeitung in ihrer Ausgabe im damaligen Kreis Beckum eine erbitterte Leserbriefschlacht zum Thema „Gab es im Osten keine Parteigenossen?" aus.[106] Ein Zeitgenosse verhöhnte die Vertriebenen in umgekehrter Weise als naiv und politisch völlig unwissend:

> Wenn's hart auf hart kommt, kann ich immer noch Hitler-Postkarten an die Ostpreußen verkaufen. Die kaufen immer, weil sie ja noch nie ein Bild vom Führer gesehen haben.[107]

---

102 Vgl. KAW, Stadt Warendorf, C 1385.
103 Vgl. die Weisung der Regierung Münster an die Oberkreisdirektoren in Beckum, Lüdinghausen, Münster und Warendorf vom 9.9.1955, KAW, Kreisausschuss Warendorf, B 1.
104 Vgl. die vorgedruckte Einladungskarte vom 8.9.1955, KAW, Kreisausschuss Warendorf, B 1.
105 Posener, Heimliche Erinnerungen, S. 440.
106 Neue Westfälische Zeitung vom 31.5.1946; KAW, Stadt Beckum, C 153.
107 Posener, Heimliche Erinnerungen, S. 440.

Zur eigenen Entlastung und sicherlich aus Enttäuschung über den verlorenen Krieg, mussten nicht selten die Vertriebenen und Flüchtlinge herhalten, wenn es darum ging, Schuldige zu finden.[108]

Wenige Jahre später hatten sich diese Ansichten unter dem Einfluss der geänderten politischen Großwetterlage, insbesondere des Ost-Westgegensatzes und des Kalten Krieges, einer integrativen Besatzungspolitik der Westalliierten und einem beginnenden stabilen Wirtschaftswachstum, nahezu diametral geändert. Nun wurde in Warendorf von den Einheimischen die ostpreußische Dichterin Agnes Miegel unhinterfragt als Bereicherung verklärt. Miegel gehörte zu den Literaturschaffenden, die die Nationalsozialisten als konservative Repräsentanten der Heimatliteratur mit nationalistischer Betonung nach 1933 besonders gefördert und in die gleichgeschaltete Preußische Akademie der Künste berufen hatten. Sowohl ihre historische wie auch ihre zeitbezogene Lyrik verband sie mit nationalsozialistischem Gedankengut, schrieb glühende Elogen an Hitler und befürwortete den Krieg.[109] Nach 1945 vermied Agnes Miegel jede Art der selbstkritischen Reflexion im Hinblick auf ihre Rolle während der NS-Diktatur.[110] Sie präsentierte sich als unpolitische Dichterin und vertrat als „Mutter Ostpreußens" die Anliegen der Vertriebenen,[111] zu denen sie auch zählte. Seit Ende 1949, als das Publikationsverbot gegen sie aufgehoben worden war und sie im Rahmen einer Vortragsreise zum ersten Mal im Münsterland weilte, entstanden zwischen der Dichterin und der Stadt Warendorf intensive Beziehungen. Nach ihrem 1952/53 entstandenen Gedicht komponierte der dortige Musikdirektor Kuno Stierlin die „Hymne an Warendorf",[112] welche im Rahmen eines Musikfestes am 25. Mai 1954 im Bürgerhof der Kreisstadt

---

108 Vgl. KAW, Stadt Beckum, C 153.
109 Vgl. Eva-Maria Gehler, Weibliche NS-Affinitäten. Grade der Systemaffinität von Schriftstellerinnen im „Dritten Reich", Würzburg 2010, S. 121-123 und 131-133.
110 Vgl. Arne Gammelgard, Treibholz. Deutsche Flüchtlinge in Dänemark 1945-1949, Varel 1993, S. 38, 106 und 139.
111 Steffen Stadthaus, Agnes Miegel – Fragwürdige Ehrung einer nationalsozialistischen Dichterin. Eine Rekonstruktion ihres Wirkens im Dritten Reich und in der Nachkriegszeit, in: Matthias Frese (Hg.), Fragwürdige Ehrungen!? Straßennamen als Instrument von Geschichtspolitik und Erinnerungskultur, Münster 2012, S. 177.
112 Vgl. zu seiner Person: Paul Leidinger, Kuno Stierlin (1886-1967) und Warendorf, in: ders. (Hg.), Geschichte der Stadt Warendorf, im Auftrag der Stadt, Bd. 3: Bildung, Kultur, Gesellschaft, Medizinalwesen, Militär und Sport, Entwicklungen und Institutionen, Warendorf 2000, S. 231ff.

uraufgeführt wurde.[113] 1955 wurde am Warendorfer Rathaus eine Bronzetafel mit den Verszeilen aus Agnes Miegels Ballade „Die Fähre" angebracht.[114]

Erhielt hier eine nationalsozialistisch belastete vertriebene Dichterin öffentliche Wertschätzung durch die Einheimischen, war gleichzeitig auch das umgekehrte Phänomen zu beobachten. Im November 1952 hielt die westfälische Schriftstellerin Maria Kahle in Ostbevern auf einem vom BvD veranstalteten Heimatabend einen mit großem Beifall bedachten Vortrag zum Thema „Westfalen und der deutsche Osten":

> Zum Abschluß rief die Dichterin den Vertriebenen zu: ‚Ihr, die ihr alles verloren habt, haltet fest an eurem Brauchtum, an eurem Volksgut, an euren schönen Liedern, an der geliebten Heimat!'[115]

Maria Kahle hatte als regionale Autorin innerhalb der völkisch-nationalen Bewegung die Weimarer Republik bekämpft, vertrat Antisemitismus sowie ein rassistisches Gesellschaftsbild und unterstützte den Nationalsozialismus bis 1945 bedingungslos.[116]

---

113 Vgl. Klaus Döhring, Musik und musikalisches Leben in Warendorf vom 15. Jahrhundert bis zur Gegenwart, in: Geschichte der Stadt Warendorf, Bd. 3, S. 222 und 223.

114 Vgl. Stephan Scholz, Vertriebenendenkmäler, Topographie einer deutschen Erinnerungslandschaft, Paderborn 2015, S. 147.

115 Bernhard Frye, „Haltet fest an eurem Volksgut". Integration der Vertriebenen in die Heimatvereine: Beispiel Ostbevern, in: Münsterland. Jahrbuch des Kreises Warendorf 1996, S. 133.

116 Vgl. hierzu u.a: Peter Bürger, Der völkische Flügel der sauerländischen Heimatbewegung. Über Josefa Berens-Totenohl, Georg Nellius, Lorenz Pieper und Maria Kahle – zugleich ein Beitrag zur Straßennamen-Debatte, Eslohe 2013, S. 63-71.
Maria Kahle, geb. am 3.8.1891 in Wesel, aufgewachsen in Wulfen und Olsberg, nach Volks- und Handelsschule, privaten Musik- und Sprachstudien bis 1912 als Bürokraft in Münster beschäftigt, 1913 private Reise nach Brasilien, 1914-1920 dort Ausbildung zur Journalistin anschließend Tätigkeit als Redakteurin für deutschsprachige Zeitungen und Auslandskorrespondentin, 1920 Rückkehr nach Deutschland, aktiv im antisemitischen und antidemokratischen Jungdeutschen Orden u.a. 1924-1926 als Redakteurin für dessen Tageszeitung ‚Der Jungdeutsche', 1928 vorübergehend zu persönlichen Studien als Fabrikarbeiterin tätig, Ende der 1920er Jahre Mitglied des völkischen Sauerländischen Künstlerkreises, 1933-1945 umfangreiche Propagandatätigkeit für verschiedene NS-Organisationen (u.a. Deutsches Frauenwerk, Volksbund für das Deutschtum im Ausland, Nationalsozialistische Gemeinschaft Kraft durch Freunde), 1940 Eintritt in die NSDAP, nach 1945 wurden zahlreiche ihrer Publikationen in der SBZ bzw. DDR auf die Liste der auszusondernden Literatur gesetzt, in der britischen Zone gelang es ihr 1949 durch Lügen und Entlastungserklärungen von Personen, die selbst NS-belastet waren, in die Kategorie V als unbelastet eingereiht zu werden, sie verlegte sich auf unpolitische Jugend- und Heimatliteratur, 1957 Auszeichnung mit dem Bundesverdienstkreuz, † 15.8.1975.

8   Vertriebene in der Politik

Im Jahr 1951 sorgte der kuriose bis politisch bedenkliche Versuch einer Parteineugründung in Ahlen nicht nur für einiges Aufsehen, sondern auch für deutliche Abwehr. Der aus Westpreußen vertriebene frühere Behördenangestellte Hans Schimankowitz warb mit Postkarten für seine von ihm initiierte politische Bewegung mit dem geheimnisvollen Namen „Padin", „das vorwärts gelesen die Abkürzung für ‚Partei aller Deutschen in Not' bedeutet und rückwärts gedeutet den eigentlichen Namen dieser Partei ergab als ‚Nationalidealistische Deutsche Arbeiterpartei'",[117] wie in einem Lagebericht des Ordnungsamtes in Ahlen an den Oberkreisdirektor in Beckum erläutert wurde. Obwohl der Parteigründer keine nennenswerte Resonanz für seine versponnenen, oft religiösmystischen anmutenden politischen Ideen erzielte, beschäftigte sich sogar der Nordwestdeutsche Rundfunk (NWDR) in Köln mit ihm, da der eigens von Schimankowitz kreierte Parteiwimpel „alle bisherigen Nationalfarben und Symbole, einschließlich des Hakenkreuzes, enthielt",[118] was seitens der Lokalpresse zum Anlass genommen wurde, den Initiator der Lächerlichkeit preiszugeben: „‚Padin'. Jetzt ha'm wir wieder eine Partei ...! ‚Deutschland steh auf!'".[119] Doch es stand niemand in Ahlen auf und niemand setzte sich. Zu einer Veranstaltung des Parteigründers im Kettelerhaus, wo er 1.000 Plätze hatte reservieren lassen, kamen ganze 43 Personen.[120] Selbst bei den Vertriebenen konnte Hans Schimankowitz nicht reüssieren.

Im Münsterland waren es oft Vertriebene und Flüchtlinge, die Ortsvereine der Sozialdemokraten aus der Taufe hoben, womit eine politische Partei in der Region Fuß fassen konnte, die dort bisher kaum oder gar nicht vertreten war. In Stromberg konnte sich auf diese Weise 1952 ein Ortsverein der SPD formieren. Auch im Kreis Lüdinghausen erhielten die relativ wenigen alteingesessenen Sozialdemokraten Verstärkung durch Vertriebene, vornehmlich aus Schlesien, wie z.B. durch Heinrich Reiker-Dorgeist und Hermann Pilz in der Kreisstadt sowie durch Kurt Frömbsdorff, der in Senden den SPD-Ortsverein

---

117   Jürgen Gojny, Eine neue Partei? Der gescheiterte Versuch eines Vertriebenen in Ahlen zu Beginn der 1950er Jahre eine politische Bewegung aus der Taufe zu heben, in: Münsterland, Jahrbuch des Kreises Warendorf 2013, Warendorf 2012, S. 10.
118   Die Glocke vom 18./.19.8.1951.
119   Ebd.
120   Vgl. Jürgen Gojny, Padin. Versuch der Gründung einer politischen Partei durch einen vertriebenen Westpreußen in Ahlen/Westfalen zu Beginn der 1950er Jahre, in: Hans-Jürgen Kämpfert (Hg.), Westpreußen-Jahrbuch. Aus dem Land an der unteren Weichsel, Bd. 62, Münster 2012, S. 137.

Abb. 3.7   Heinrich Windelen (links) in einer Warendorfer Stadtratssitzung, 1950

ab 1946 aufbaute.[121] Zwar erscholl bei einer Kandidatenkür der CDU für eine Wahl noch 1961 der Ruf eines Jungbauern: „Wir brauchen keine Flüchtlinge!",[122] doch konnte sich der Schlesier Heinrich Windelen in der gleichen Partei in Warendorf seine ersten politischen Sporen verdienen und die Grundlage für seinen späteren Weg nach Bonn und zu Ministerwürden legen.

9   Fazit

Bereits im Herbst 1944 wurde zur Empörung der Nationalsozialisten und der Wehrmacht deutlich, dass große Teile der Bevölkerung in den deutschen Westgebieten eine rasche Besetzung durch die westlichen Alliierten und damit ein Ende des Krieges wünschten, auch wenn Teile Ostpreußens zur gleichen Zeit den Einmarsch und die Grausamkeiten der sowjetischen Truppen erlebten. Trotz aller NS-Propaganda waren für die westdeutsche Bevölkerung

---

121 Vgl. Vorstand des Ortsvereins Lüdinghausen der SPD (Hg.), Der Freiheit wegen ..., S. 21 und 22; Westfälische Rundschau vom 20.1.1966; Lüdinghauser Zeitung vom 4.12.1972.
122 Dierig, Der leidvolle Weg, S. 171.

Ostpreußen und seine Menschen „sehr weit weg".[123] Schlögel und Kossert vertreten daher die Ansicht, „dass der Verlust des Ostens außer den Vertriebenen selbst die Deutschen wenig berührt habe".[124] Diese Indifferenz lässt sich auch in den Quellen der lokalen Verwaltung zwischen Ems und Lippe ablesen, wenn 1946 die ehemaligen deutschen Ostgebiete durchweg als Neu-Polen angesprochen werden.[125] Die „Westdeutschen wollten mit dem Leid der Vertriebenen nicht behelligt werden",[126] denn deren Ankunft hatte „wie ein physischer Beweis" gewirkt, „dass der Krieg verloren war".[127] Daran erinnerten die Vertriebenen und die Flüchtlinge noch lange nach 1945 die Einheimischen, gerade auch in solchen Regionen, wie zwischen Ems und Lippe, die rein äußerlich betrachtet, von Zerstörungen und Verwüstungen des vorausgegangenen Krieges weitgehend verschont geblieben waren.

Der Politikwissenschaftler Claus Leggewie versteht die Vertriebenen daher als grundlegende gesellschaftliche Herausforderung für die Westdeutschen, denn immerhin „waren rund 12 Millionen Heimatvertriebene aus dem untergegangenen Welt-Reich gekommen; Deutsche gewiß, aber gleichwohl Einwanderer eines besonderen Typs".[128] Die Aufnahme von so vielen Menschen in relativ kurzer Zeit hätte auch ein intaktes, nicht durch Diktatur und Krieg heimgesuchtes Staatswesen vor sehr große Probleme gestellt.

In der Begegnung zwischen Einheimischen und Vertriebenen und Flüchtlingen schwangen allerdings neben Überforderung und Indifferenz auch Verletzungen und Demütigungen mit. Die als Kind aus Ostpreußen vertriebene Zeitzeugin Marianne Knoll stellte dazu 2018 in einem Interview mit den Ruhr-Nachrichten fest:

---

123 Antony Beevor, Die Ardennen-Offensive 1944. Hitlers letzte Schlacht im Westen, München 2016, S. 49.
124 Annette Großbongardt/Norbert F. Potzl, „Randlage mit Bollwerkfunktion". Der Osteuropahistoriker Andreas Kossert über den Mythos Ostpreußen, die chauvinistische Vergangenheit und die Wiederentdeckung des kulturellen Reichtums, in: Großbongardt u.a. (Hg.), Die Deutschen im Osten Europas, S. 91.
125 Vgl. hierzu u.a. die Akten im KAW, Amt Ennigerloh-Neubeckum, B 104; Amt Vorhelm, B 425; Gemeindearchiv Everswinkel, D 331.
126 Erika Steinbach, Die Macht der Erinnerung, Wien 2010, S. 237.
127 Ebd.
128 Claus Leggewie, MULTI KULTI. Spielregeln für die Vielvölkerrepublik, Nördlingen 1990, S. 18.

> Wir waren nirgendwo gelitten – nicht im Erzgebirge, nicht in Thüringen und auch nicht in Haltern, wohin uns 1948 mein Vater holte, der aus der Kriegsgefangenschaft entlassen worden war. In Haltern hatten wir einiges auszustehen, auch weil wir evangelisch waren und die Halterner erzkatholisch. Wir waren ausgegrenzt, auch die Eltern. Da gab's das nicht, dass die Einheimischen uns mal eingeladen hätten. Wir waren die Flüchtlinge![129]

Unterschiedliche Mentalitäten, Konfessionen, Sitten, Gebräuche, Umgangsformen und Dialekte taten ihr Übriges und verursachten in einer Zeit extremer Belastungen Reibereien, Diskriminierungen und schürten (auch gegenseitige) Vorurteile.[130]

Es brauchte Zeit und zum Teil auch gänzlich neue Rahmenbedingungen, bis der Zuzug von Vertriebenen und Flüchtlingen eine Normalität, in manchen Fällen eine Bereicherung bedeuten konnte. So wenn – wie in Hamm-Heessen und im Umkreis der Kreisstadt Beckum – Lehrerinnen und Lehrer aus den ehemaligen deutschen Ostgebieten die Lücken füllten, welche der Krieg in den Reihen einheimischer Pädagogen gerissen hatte.[131] Oder durch die Wohnungsbauprogramme der Nachkriegszeit, mit Hilfe derer sich grundsätzlich eine Verbesserung einstellte, die auch den Einheimischen zum Vorteil gereichte.[132]

---

129 Ruhr-Nachrichten vom 7.9.2018.
130 Vgl. Klaus Wasmund, Politische Plakate aus dem Nachkriegsdeutschland. Zwischen Kapitulation und Staatsgründung 1945-1949, Frankfurt a.M. 1986, S. 225.
131 Vgl. KAW, Kreis Beckum, Schulamt, S 44, 47, 55 und 63.
132 Vgl. zu den Siedlungsprojekten zwischen 1948 bis 1955 in Freckenhorst, Everswinkel, Warendorf und Beckum: Die Glocke vom 6.4.1950; Jürgen Gojny, Die Eingliederung von Flüchtlingen und Vertriebenen zwischen Ems und Lippe nach 1945 – der heutige Kreis Warendorf als Beispiel, in: Leidinger, Deutsche Ostflüchtlinge und Ostvertriebene in Westfalen und Lippe, S. 441.

Der Siedlungsbau und die Behörden

Der Beckumer Kreistag lehnt Barackenbau ab

Beckum. Auf der letzten Sitzung des Beckumer Kreistags kam auch der Siedlungsbau zur Sprache. Der Abg. G e b e l (Kspl. Beckum) richtete die Frage an den Landrat, ob das Kreisbauamt befugt sei, der Gemeinde Kspl. Beckum den Bau von zwei Baracken mit 10 Kleinwohnungen zu untersagen. Hierauf antwortete Landrat L u s t e r - H a g g e n e y, daß Baracken sich fünf Jahre nach dem Kriege doch allmählich überlebt haben sollten. Wenn die Großstädte mit aller Macht daran seien, ihre Barackenwohnungen durch massive Bauten zu ersetzen, dann sollte das flache Land keine Veranlassung haben, heute noch mit Barackenbauten anzufangen. Als Vorsitzender des Kreisbauausschusses erklärte auch der Abg. O t t o f r i k e n s t e i n (Heessen), daß der Kreisbauausschuß wenig Neigung für Barackenbauten habe. Landrat L u s t e r - H a g g e n e y: „Seitdem ich im ersten Weltkrieg Soldat gewesen war, hasse ich die Baracken, und mich überkommt heute noch ein Jukken, wenn ich daran denke. Wenn wir ein Drittel an Kosten mehr anlegten, könnten wir schon einfache Bauten für das Geld errichten, was die Baracken kosten. Wenn mal ein kalter Winter kommen sollte, würde die Gemeinde Wadersloh keine Freude an den Baracken haben, die sie für viel Geld von der Stadt Paderborn erworben hat und die an der Straße nach Stromberg aufgestellt werden sollen. Zudem sollte man doch bedenken, daß wir im Kreise Beckum die Zementindustrie haben. Wenn alle Stricke reißen, würde vielleicht der Abg. Heimann vom Zementwerk Nord, Ruhr & Co. in Beckum Rat wissen. Zementpfannen, die 25 Jahre halten, sind auch genügend vorhanden. Die leisteten immer bessere Dienste als Teerpappe bei den Baracken." Abg. G e b e l: „Der Not gehorchend, nicht dem eigenen Triebe treten wir von Kspl. Beckum für den Barackenbau ein. Wenn wir so einfach feste Bauten errichten wie eine Baracke kostet, dann wird uns das ja von der Regierung nicht genehmigt. Wir überlegen jetzt schon zwei Jahre und kommen nicht weiter. Die Ostvertriebenen aber sagen: „Schafft uns eine eigene Tür!" Als Baufachmann und als Vorsitzender für die Betreuung der Altersheime des Kreises Beckum erklärte Abg. Franz P r i n z, daß man im vorigen Jahre allein für den Anstrich der Baracken der Altersheime in W a d e r s l o h und L i p p b o r g 8000 DM ausgegeben habe. Heute, nach einem Jahr, sei dieser Anstrich hin, und die 8000 DM seien buchstäblich für die Katz gewesen. So dürfe man auf keinen Fall weiter wirtschaften. Wenn man in bescheidener Weise feste Bauten anstatt der Baracken errichte, dann seien die zunächst ausgeworfenen Kosten die billigsten. Wenn die Stadt Paderborn ihre Kriegsbaracken verkauft und der Kreis Beckum sie erwirbt, dann ist das „ein r i c h t i g e r B e c k u m e r". Abg. H i s c h m a n n berichtete auf Grund seiner Erfahrungen über den Bau der Behelfsheime während der Kriegszeit in Ennigerloh. Hätte die Regierung sie damals genehmigt, wäre man mit der Steuerung der Wohnungsnot in Ennigerloh ein ganzes Stück weiter. Abg. N i e m e y e r: „Aus dieser Debatte sieht man am besten, wie die Baugelder gelenkt werden müssen, damit sie richtig verwendet werden." Landrat L u s t e r - H a g g e n e y machte den Vorschlag, dieses Thema als alleiniges auf der nächsten Bürgermeisterbesprechung zu beraten. Amtsbürgermeister S p r e n k e r (Kspl. Beckum) wies auf die prekäre Lage der Landgemeinden hin. Die Schlüsselzuweisungen würden immer kleiner und die Ausgaben immer größer. Wenn die Landgemeinden das notwendige Geld hätten, würden sie nicht an Barackenbauten denken. Abg. R a e s t r u p wies auf das neue Wohnungsbaugesetz hin, das der Bundestag einstimmig genehmigt und dem der Bundesrat nach drei Tagen zugestimmt habe. Für Häuser, die nach diesem Gesetz von Privatpersonen gebaut würden, ermäßigt sich für die Dauer von 10 Jahren die Grundvermögensteuer ganz erheblich. Abg. Raestrup stellte fest, daß man ihm von Regierungsstellen zu seinen Ausführungen zum Wohnungsbau immer Vorwürfe mache. Er wolle keinen Beamten persönlich angreifen, erkläre aber immer wieder, daß die Bürokratie den Wohnungsbau überwuchere. Er, Raestrup, habe sich bei seinen Darlegungen zum Sprecher der Allgemeinheit gemacht, und er nähme Regierungsstellen gegenüber von seinen Ausführungen auch nichts zurück. Wir sollen und müssen weiter mit dem Wohnungsbau. Dafür hat der Bundestag die Gelder an die Länder überwiesen. Es liegt nun an Ihnen, Herr Landrat, als Landtagsmitglied, daß sie verteilt werden". (Heiterkeit). Abg. G r a f v o n G a l e n sprach von geradezu „närrischen V o r s c h r i f t e n", wenn Baugelder nur beim Vorhandensein einer Trägerschaft vergeben würden. Es wäre mit seinen Siedlungsbauten auch viel weiter. Ihm würde aber seit einem halben Jahr erklärt, er sei „kein Träger".

Abb. 3.8   Artikel „Keine Baracken" in *Die Glocke* vom 6.4.1950

Antipathie – Empathie – Sympathie? Die Haltung von Einheimischen in der Begegnung mit Ostvertriebenen am Beispiel des Münsterlandes

Ingeborg Höting

Nach dem Ende des Zweiten Weltkrieges und den Beschlüssen der Potsdamer Konferenz im Sommer 1945 zur Zwangsmigration kamen mit den von britischer Seite organisierten Bahntransporten, „operation swallow" oder „Operation Schwalbe" genannt, große Gruppen von Ostvertriebenen (meist aus Schlesien) in die britische Besatzungszone. Vorwiegend wurden sie in ländliche Gebiete verbracht, da man hoffte, dort eine größere Anzahl Menschen unterbringen und mit Nahrungsmitteln versorgen zu können, als in den zumeist ausgebombten Städten.

Schnell wurde aber auch hier deutlich, dass die Aufnahme der Heimatvertriebenen die Alteingesessenen in einer schwierigen Lage traf: Desillusionierung über den Nationalsozialismus, alliierte Besatzungsmächte, Trauer über Gefallene und zivile Kriegsopfer, Traumatisierungen durch den Luftkrieg, Zerstörungen und alltäglicher Mangel kennzeichneten auch deren Alltag. Immerhin aber waren den Einheimischen auf dem Lande, neben Hab und Gut vor allem ihr Grund und Boden und damit die Grundlagen zur Fortsetzung ihres Alltags und ihrer Versorgung geblieben. Darüber hinaus konnten sie zumeist in weit höherem Maße als in den Städten auf ein intaktes Beziehungsnetz von Familie, Nachbarschaft, Freundes- und Bekanntenkreis setzen. All diese Rahmenbedingungen und Voraussetzungen zur Existenzsicherung aber waren den Vertriebenen grundsätzlich verloren gegangen.

Insofern trafen mit der Ankunft der Ostvertriebenen im Westen zwei Bevölkerungsgruppen aufeinander, die der auch im ländlichen Raum Westfalens entstandenen Notsituation mit höchst unterschiedlichen Erfahrungen und Positionierungen begegneten. Während die Einheimischen als Quartiergeber über die Zuteilung des Wohnraums, den täglichen Lebensablauf, die Speisen, die auf den Tisch kamen, bestimmten und aus der Position der Berufs-, Land- und HausbesitzerInnen agierten, traten die verarmten Neuankömmlinge häufig nur als Bittsteller auf, waren auf Versorgung angewiesen, standen vor der schwierigen Aufgabe einer vollständigen Existenzneugründung in fremder Umgebung und erlebten infolgedessen meist eine berufliche und soziale Deklassierung. Hinzu kam, dass diese Unterschiede auch räumlich markiert wurden, indem zunächst Lager meist vor den Toren der Stadt und später spezielle

Flüchtlingssiedlungen – topografisch abgebildet durch einen oft abgelegenen Standort – auf ‚Abstand' gehalten wurden.[1]

1 Das Kreisdurchgangslager Lette

Im Kreis Coesfeld befand sich das dortige Kreisdurchgangslager für Vertriebene im kleinen Ort Lette,[2] wo die dort Angekommenen zunächst registriert, desinfiziert und anschließend auf ihre Quartiere im Umland verteilt wurden. Untergebracht war das Durchgangslager in einem ehemaligen Barackenlager aus der NS-Zeit. Dieses war 1933/34 zunächst als Sportschule der SA errichtet worden und diente seit 1935 als ‚Truppführerschule' des Reichsarbeitsdienstes. Nach dem Einmarsch der Alliierten im Frühjahr 1945 wurde es kurzzeitig zur Unterbringung von befreiten Zwangsarbeitskräften vor deren Rückführung nach Polen bzw. in die Sowjetunion genutzt. Als dann 1946 die Bahntransporte mit großen Gruppen Heimatvertriebener aus dem Osten in der britischen Besatzungszone eintrafen, mussten sehr schnell Aufnahmeorte und Verteilstellen organisiert werden. Vorzugsweise wurden diese im ländlichen Bereich gesucht, da die Versorgung dort einfacher zu bewerkstelligen war als dies in

---

1 Vgl. Paul Leidinger (Hg.), Deutsche Ostflüchtlinge und Ostvertriebene in Westfalen und Lippe nach 1945. Beiträge zu ihrer Geschichte und zur deutsch-polnischen Verständigung, Münster 2011, darin u.a. Hans-Ulrich Thamer, Neue Heimat – Neue Zeiten. Die Integration von Vertriebenen und Flüchtlingen als gesellschaftliches und kulturelles Problem, S. 127-140. Vgl. auch Björn Zech, Ankunft. Ablehnung und Hilfsbereitschaft, in: Dagmar Kift (Hg.), Aufbau West. Neubeginn zwischen Vertreibung und Wirtschaftswunder. Ausstellungskatalog, Essen 2005, S. 44-81; Dagmar Kift, Flüchtlinge und Vertriebene in Westfalen – auch ein Sonderfall?, in: Westfälische Forschungen 59 (2009) S. 187-216. Eine detaillierte Studie zum Raum Münster ist: Harald Dierig, Der leidvolle Weg zu einem neuen Zuhause. Ostdeutsche Heimatvertriebene im Landkreis Münster nach 1945, Münster 2013, hier insbesondere S. 78-97, 120-127. Aufschlussreich für das Münsterland auch Dietmar Sauermann, „Fern doch treu!". Lebenserinnerungen als Quellen zur Vertreibung und ihrer kulturellen Bewältigung am Beispiel der Grafschaft Glatz, Marburg 2004; vgl. darin zum Thema dieses Aufsatzes insbesondere S. 223-296.
2 Lokalgeschichtliche Studien zu Ostvertriebenen im Raum Coesfeld: Ostdeutsches Kulturgut im Kreis Coesfeld, Coesfeld 1991; Hans-Walter Schmuhl, Bevölkerung, Wirtschaft und Verkehr, in: Norbert Damberg (Hg.), Coesfeld 1197-1997. Beiträge zu 800 Jahren städtischer Geschichte, Bd. 3, Coesfeld 2004, S. 2009-2119, hier insbesondere S. 2014-2022; Ingeborg Höting, Das denkmalgeschützte Barackenlager in Lette und seine wechselvolle Geschichte von 1933 bis 1960, in: Geschichtsblätter des Kreises Coesfeld 38 (2013) S. 95-245. Statistische Angaben zu Vertriebenen im Kreisgebiet bei Stephanie Reekers, Die Bevölkerung des Kreises Coesfeld in der Statistik 1816-1966, in: Der Landkreis Coesfeld 1816-1966. Beiträge zur Geschichte und Landeskunde. Zum 150jährigen Bestehen des Landkreises, hg. von der Kreisverwaltung, Coesfeld 1966, insbesondere S. 248-254.

den zerbombten Städten möglich war. Außer in Lette befanden sich im Münsterland Durchgangslager u.a. im Gestüt bei Warendorf und in Maria Veen zwischen Borken und Dülmen.³ Die meisten Baracken des Letter Lagers bestehen, seit 1993 denkmalgeschützt, bis heute.⁴

Abb. 4.1　Luftaufnahme des Barackenlagers in Lette, Postkarte 1937 (Foto: Sammlung Karl-Heinz Stening, Altenberge)

In der Nachkriegszeit wurden die Baracken in Lette unmittelbar nach Schließung des Kreisdurchgangslagers zum 30. September 1946 als Altersheim des

---

3　Eine Karte mit der Übersicht der Durchgangslager in Westfalen findet sich bei Simone Müller, Durchgangs- und Aufnahmelager für deutsche Ostflüchtlinge und Ostvertriebene in Westfalen und Lippe 1945-1950, in: Leidinger, Deutsche Ostflüchtlinge, S. 77-113, hier S. 78 (dort allerdings wird das Coesfelder Kreisdurchgangslager in Lette nicht erwähnt). Zum Bezirksdurchgangslager Maria Veen, über das Vertriebene auch nach Lette und Coesfeld gelangten: Ellen Bleck, Maria Veen. Durchgangslager für 90.000 Flüchtlinge und Vertriebene, in: Flucht und Vertreibung aus den deutschen Ostgebieten. Neue Heimat finden in Reken, hg. vom Arbeitskreis Heimatarchiv des Heimatvereins Reken und der Gemeinde Reken, Reken 2011, S. 18-24.

4　Vgl. zu Archivalien zu Lette und dem dortigen Ostvertriebenenpflegeheim: Kreisarchiv Coesfeld (u.a. 4 Nr. 96 und Nr. 114, 14 Nr. 200, 21 Nr. 156 und Nr. 157 und Nr. 158, 28 Nr. 148); Stadtarchiv Coesfeld (u.a. VI 101 [Rat Lette 1949-1958], VI 102 [Rat Lette 1959-1964]). Zu Gestalt, Nutzung und Historie des Barackenlagers ausführlicher: Höting, Das denkmalgeschützte Barackenlager, S. 95-245. Vgl. auch Schmuhl, Bevölkerung, S. 2019f.

Abb. 4.2   Barackenlager Lette, 1963 (Foto: Kreisarchiv Coesfeld)

Kreises Coesfeld speziell für Ostvertriebene weitergenutzt,[5] denn etliche der im Durchgangslager Eingetroffenen konnten wegen Alter oder Krankheit nicht selbständig in einem zugewiesenen Wohnquartier leben. Das Altenpflegeheim, das 1950 den Namen ‚Heidehof' erhielt, blieb bis August 1960 in den Baracken untergebracht – trotz aller Unzulänglichkeiten, die sich dort durch die primitive Ausstattung und abseitige Lage in einem Wald- und Heidegebiet in drei Kilometern Entfernung vom Ort Lette ergaben. Schließlich zogen die letzten der nunmehr rund 50 BewohnerInnen in das Heilig-Geist-Stift in Dülmen.

Die Präsenz des Kreisdurchgangslagers mit einer Kapazität von über 400 Personen bzw. des Altenpflegeheims für Heimatvertriebene mit einer Kapazität von 180 BewohnerInnen in einem so überschaubaren ländlichen Ort wie Lette – mit seinen 2.237 „normal ansässigen deutschen Einwohnern" sowie 442 „Flüchtlingen aus dem Osten" (1. Juli 1946) und 596 Vertriebenen bei 3.040 EinwohnerInnen im Jahr 1955[6] – lässt vermuten, dass die Einheimischen den

---

5   Vgl. Verwaltungsbericht der Kreisverwaltung Coesfeld vom 1.4.1945 bis 31.3.1951, zusammengestellt und bearb. von F. Tumbusch, Kreisverwaltungsdirektor, [Coesfeld 1951], S. 89f. (im Kreisarchiv Coesfeld). Schreiben des Landkreises Coesfeld an alle Ortsbehörden im Kreis vom 10.10.1946, in: Stadtarchiv Dülmen, Amt Rorup, B 549a. Weitere relevante Aktenbestände zu Belangen hinsichtlich Ostvertriebener: Stadtarchiv Dülmen, B 486, B 517, B 518, B 522, B 548, B 549b.
6   Zitat: Schreiben des Landkreises Coesfeld an alle Ortsbehörden vom 24.7.1946, Stadtarchiv Dülmen, Amt Rorup, B 486; vgl. zudem Coesfelder Allgemeine Zeitung vom Januar 1956. Die Vertriebenen werden in diesem Beitrag „Flüchtlinge" genannt. Eine Grafik zum

verhältnismäßig zahlreichen Fremden besondere Aufmerksamkeit widmeten. Dies gilt für die zeitgenössische Wahrnehmung ebenso wie für die Spuren in der heutigen Erinnerung der Einheimischen.

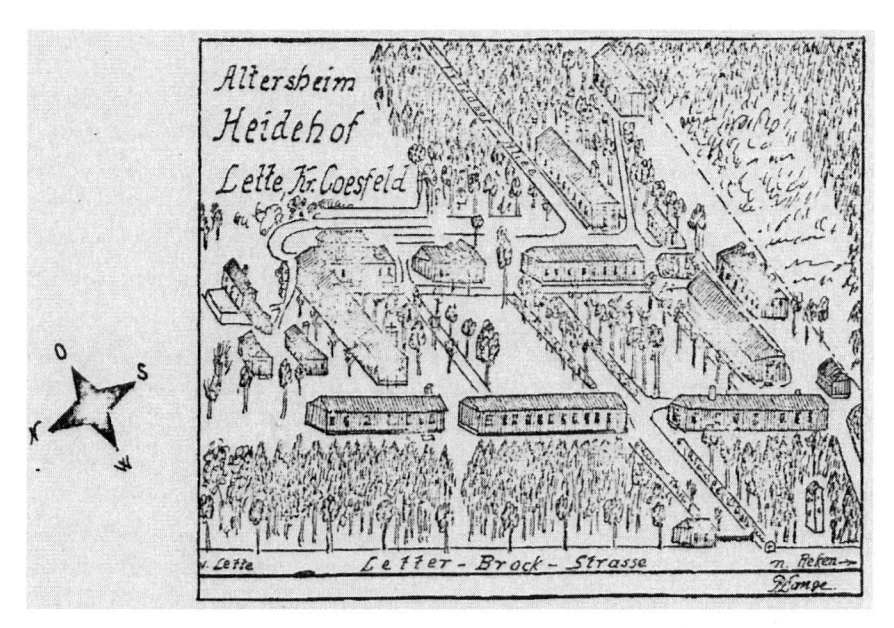

Abb. 4.3   Planungsskizze des Altersheims ‚Heidehof' von Paul Lange, 1950 (Foto: Sammlung des Heimat- und Verkehrsvereins Lette e.V., Coesfeld-Lette)

Die wechselvolle Geschichte des Lagers in Lette war Anlass für eine detaillierte Erforschung durch die Verfasserin im Auftrag des Initiativkreises „Denkmal Barackenlager Lette e.V." mit dem Ziel der Veröffentlichung und musealen Präsentation der Erkenntnisse. Dazu wurden die einschlägigen Quellen verschiedener Archive herangezogen, die relevante Literatur gesichtet und auch alle die Stadt Lette betreffenden zeitgenössischen lokalen Presseberichte ausgewertet, die vom örtlichen Heimatverein systematisch über die vergangenen Jahrzehnte vollständig erfasst und als Kopien zur Verfügung gestellt wurden.

Vertriebenenanteil in den einzelnen Orten des Kreises Coesfeld auf der Grundlage der Volkszählung 1950 ist enthalten in: Planungsgrundlagen für den Landkreis Coesfeld/Westfalen. Natur, Bevölkerung und Wirtschaft in Karten und Zahlen, bearb. von Otto Lucas, Coesfeld/Münster 1956, Karte 38 (Erläuterung S. 16). Auf derselben Karte 38 sind auch Grafiken zur Bevölkerungsdichte sowie zur Religionszugehörigkeit; die Bevölkerungsentwicklung zwischen 1933 und 1955 ist auf Karte 35 grafisch dargestellt.

Hinzu kamen mehrere ZeitzeugInnengespräche und 23 gefilmte ZeitzeugInneninterviews.[7] Aus alldem resultieren detaillierte Erkenntnisse über die Geschichte des Barackenlagers in seinen verschiedenen Nutzungsphasen und über die Erfahrungen von Menschen, die mit ihm in Kontakt waren: als BewohnerInnen, Beschäftigte, BesucherInnen oder NachbarInnen.

Erinnerungsberichte Ostvertriebener, die ihren Weg in den Westen sowie ihre Ankunft und Aufnahme im Münsterland beschreiben, sind nicht selten. Es gibt sie aufgeschrieben, gedruckt und gefilmt, aber natürlich vor allem im Familienkreis erzählt. Was jedoch weitgehend fehlt, sind dokumentierte Erinnerungen Einheimischer an den Umgang mit den eingetroffenen Ostvertriebenen. Am regionalen Beispiel des Kreises Coesfeld soll hier nun der Frage nachgegangen werden, mit welcher Haltung und mit welchen Umgangsweisen die Alteingesessenen den Ankömmlingen begegneten.

Von den im Rahmen der Recherchen zum Barackenlager Lette angefragten ZeitzeugInnen stimmten 23 Personen – 14 Frauen (alle Vertriebene) und 9 Männer (vier Einheimische und fünf Vertriebene) – einer Befragung vor der Kamera zu. Im Rahmen der Interviews gaben sie Auskunft über ihre Erinnerungen an das Barackenlager Lette in seinen verschiedenen Nutzungsphasen, ihr Erleben der Vertreibung, der Ankunft im Durchgangslager, der Verteilung auf Wohnquartiere, des Zusammenlebens mit den Einheimischen. Die Interviews erfolgten anhand eines Fragenkatalogs, wobei aber auch dem freien Erzählen Raum gegeben wurde. Die Interviews führten Christiane Cantauw und Thomas Schürmann von der Volkskundlichen Kommission beim Landschaftsverband Westfalen-Lippe sowie die Verfasserin. Die Befragungen fanden im Juni 2014 und August 2015 statt.

Auf der skizzierten Forschungsgrundlage werden die Interviews und vorhandene Schriftquellen danach befragt, wie Einheimische in der Region Coesfeld in den Nachkriegsjahren Ankömmlinge aus dem Osten wahrnahmen, sie behandelten und rückblickend den Umgang mit ihnen betrachten. Einen ersten Zugang zum Thema verschafften Verwaltungsakten, die das Behördenhandeln dokumentieren, das durch das Eintreffen der zahlreichen

---

7 Die Filmaufnahmen erfolgten durch das Filmhaus Bielefeld. Die gefilmten Interviews und Transkriptionen sind archiviert bei der Volkskundlichen Kommission für Westfalen beim LWL sowie beim Verein „Denkmal Barackenlager Lette e.V.". Aus den Forschungsergebnissen zum Barackenlager Lette und den filmisch dokumentierten 23 Zeitzeugeninterviews sind zwei Filme hervorgegangen: „Das Barackenlager in Coesfeld-Lette. Greifbare Zeitgeschichte seit 1933" (veröffentlicht vom Verein Denkmal Barackenlager Lette e.V., 2015) mit einer Länge von 68 Minuten sowie „1946 von Schlesien ins Münsterland vertrieben. Zeitzeugen berichten" (eine Edition des LWL-Medienzentrums für Westfalen und des Vereins Denkmal Barackenlager Lette e.V., 2018) mit einer Länge von 42 Minuten.

Vertriebenen nötig wurde. Weitere Einblicke ließen sich aus der Berichterstattung der Lokalpresse gewinnen, in der sich die öffentliche Wahrnehmung oder Nicht-Wahrnehmung der Vertriebenen und ihrer Belange spiegelt. Vor diesem Hintergrund wurden in einem zweiten Schritt die durch die Interviews und Selbstzeugnisse gewonnenen individuellen Eindrücke der Einheimischen analysiert wie auch die Erinnerungen von Vertriebenen, die in den Raum Coesfeld gelangten und ihre Erfahrungen mit den Einheimischen schildern.

2   Sozialstruktur und Wohnverhältnisse im Kreis Coesfeld

Im Kreis Coesfeld und vor allem in der Stadt Coesfeld war gegen Kriegsende ein Großteil der Häuser, Kirchen und Schulen beschädigt oder zerstört worden und rund die Hälfte der Bevölkerung war – soweit sie nicht umgekommen war – in die umliegenden Bauerschaften geflüchtet.[8] Dorthin waren während des Krieges zur alteingesessenen Bevölkerung auch schon Evakuierte und Flüchtlinge aus den frontnahen Gebieten einquartiert worden, so dass die Wohnsituation angespannt war.

Als 1946 die ersten Vertriebenen aus Bahntransporten eintrafen, die entweder über das Bezirksdurchgangslager in Maria Veen oder über das Kreisdurchgangslager in Lette in den Kreis Coesfeld gelangten und hier auf Wohnungen verteilt werden mussten, kam es zu weiteren großen Belastungen für die

---

[8] In der Stadt Coesfeld gab es über 400 Bombenopfer: Von den 3.400 Wohnungen waren 1.920 vollständig zerstört, 710 schwer oder mittelschwer, 620 leicht und nur 145 erhalten. Auch fast alle öffentlichen Gebäude waren schwer beschädigt oder nicht mehr vorhanden. Vgl. dazu Joseph Lammers, Zukunftsplanung und Krisenbewältigung. Stadtplanung und städtebauliche Entwicklung von 1900 bis um 1970, mit einem Ausblick ans Ende des Jahrhunderts, in: Coesfeld 1197-1997. Beiträge zu 800 Jahren städtischer Geschichte, im Auftrage der Stadt Coesfeld hg. von Norbert Damberg, Bd. 3, Coesfeld 2004, S. 1811-2008, hier S. 1830. Bilder der zerstörten Stadt zeigt der Beitrag: Das zerstörte Coesfeld, ebd., S. 1791-1809. Die Coesfelder Innenstadt war zu 78 Prozent zerstört und die Einwohnerzahl, die 1944 noch 13.271 betragen hatte, war 1945 auf 7.501 gesunken; vgl. Schmuhl, Bevölkerung, S. 2015f. und S. 2019; zur Wohnraumsituation in Coesfeld von 1939 bis 1952 vgl. Norbert Damberg, Gemeinwohl als demokratische Verpflichtung. Politik und Verwaltung zwischen 1945-1990, in: ebd., S. 2277-2426, hier S. 2314f.; zu den Luftangriffen auf Coesfeld und mit zahlreichen Fotos der weitgehend zerstörten, menschenleeren Stadt vgl. Bernd Borgert, Coesfeld. Chronik der NS-Zeit 1933 bis 1945, Dülmen 1995, S. 387-434. Einen besonders hohen Zerstörungsgrad von rund 90 Prozent des Wohnraums sowie der Infrastruktur wies die nahe gelegene Stadt Dülmen auf; vgl. dazu Stefan Sudmann, Der Wiederaufbau der Stadt Dülmen nach dem Zweiten Weltkrieg (1945-1961), in: Geschichte der Stadt Dülmen, im Auftrage der Stadt Dülmen hg. von Stefan Sudmann, Dülmen 2011, S. 345-380, zur zerstörten Bausubstanz S. 364-366, zu Flüchtlingen und Vertriebenen besonders S. 345f.

einheimische Bevölkerung. Persönliche Schwierigkeiten, die u.a. auch aus der kriegsbedingten Abwesenheit vieler Männer resultierten, verschärften die Situation. Hinzu kamen die spezifischen räumlichen Gegebenheiten in den traditionellen Bauernhäusern, die auf ein Gemeinschaftsleben der Familie mit den Arbeitskräften wie Knechte und Mägde zugeschnitten war: eine große gemeinschaftlich genutzte Küche, in der gegessen wurde und die mit ihrem Herdfeuer meist den einzigen beheizbaren Aufenthaltsraum stellte; ein ‚Vorzeigezimmer', das geschont und nur an Festtagen genutzt wurde; kleine Schlafkammern; meist außerhalb des Hauses angelegte, eher primitive Aborte sowie große Viehställe und Scheunen. Separate Zimmer oder gar Wohnungen waren unter solchen Bedingungen kaum einzurichten und entsprachen auch nicht den üblichen Lebensgewohnheiten.[9]

Am 1. April 1950 wohnten laut Verwaltungsbericht der Kreisverwaltung Coesfeld im Kreisgebiet 10.670, ein Jahr später 10.966 Vertriebene, was einem Anteil von 14,8 Prozent an der Gesamtbevölkerung entsprach.[10] Hinzu kamen die Zuwanderer aus der sowjetisch besetzten Zone (SBZ) bzw. DDR, die im Kreis Coesfeld einen Bevölkerungsanteil zunächst von 1,6 Prozent (1950), 1961 von 2,9 Prozent besaßen.

Beide neuen Bevölkerungsgruppen wohnten 1950 überwiegend in den Landgemeinden, nur 29 Prozent von ihnen in den Städten des Kreises (Coesfeld,

---

9   Vgl. Lagebericht des Amtsbürgermeisters von Rorup an den Landrat in Coesfeld vom 26.4.1946, Landesarchiv Nordrhein-Westfalen, Abteilung Westfalen (LAV NRW W), Kreis Coesfeld Nr. 936: „Selbst bei vorhandenem guten Willen ist ein gehäuftes Auftreten von Schwierigkeiten und Reibungen unvermeidbar, wobei auch der verschiedenartige Volkscharakter der aus dem Osten kommenden Landsleute mitspricht."

10 Genaue Angaben zur Zahl der Vertriebenen sowie der Evakuierten im Kreis Coesfeld vom 1.3.1946 bis zum 1.4.1951 finden sich im Verwaltungsbericht der Kreisverwaltung Coesfeld vom 1.4.1945 bis 31.3.1951, S. 96f. (im Kreisarchiv Coesfeld). 1946 sah der Vertriebenenanteil an der Gesamtbevölkerung beispielsweise in den folgenden kleinen Gemeinden des Kreises Coesfeld so aus: In Holtwick bestand die Einwohnerschaft zum Stichtag 1. Mai 1946 aus 1.757 ursprünglichen Einwohnern (= 68%), 411 Ostflüchtlingen (= 16%), 418 Evakuierten (= 16%). Im Amtsbezirk Osterwick machten die 1946 dort wohnenden 2.241 Vertriebenen 30% der Ortsbevölkerung aus. Vgl. Dorothea Roters, Osterwick. Geschichte eines Dorfes im Münsterland, Dülmen 1989, S. 638f. Hiernach wurde es dem Wohnungsbeirat, der die Belegungsmöglichkeiten im Dorf und auf den umliegenden Höfen festzustellen hatte, „nicht selten schwer gemacht; manche Osterwicker zeigten offenen Widerstand gegen die Beschlüsse des Beirates und weigerten sich, den Flüchtlingen [jeweils gemeint: Vertriebene] durch Gewährung einer Unterkunft (im Haus oder in der Scheune) zu helfen. 1947 mußte festgestellt werden, daß die Bereitschaft zur ehrenamtlichen Hilfstätigkeit für Flüchtlinge wegen der allgemeinen Anfeindungen zurückging. Die Spannungen zwischen Flüchtlingen und Quartiergebern mußten von der Verwaltung immer häufiger geschlichtet werden. Je mehr die Versorgungsprobleme anwuchsen, desto schwächer wurde der Wille zur Hilfe."

Dülmen, Billerbeck, Gescher), wo die Versorgung aufgrund von Kriegsschäden deutlich schwieriger war. Erst im Laufe der 1950er Jahre änderte sich die Situation: 1961 wohnten bereits 68 Prozent der Neuankömmlinge in den Städten des Kreisgebiets, nicht zuletzt, da sie dort bessere berufliche Chancen erwarteten.[11] Bei der letzten Volkszählung, die die Vertriebenen gesondert erfasste – am 6. Juni 1961 – betrug die Zahl der Vertriebenen im Kreis Coesfeld 17.347 bei einer Wohnbevölkerung von insgesamt 126.458 Personen, was einem Anteil von 13,7 Prozent entsprach.[12]

Insbesondere in den Städten Coesfeld, Dülmen und Billerbeck war der Vertriebenenanteil an der Bevölkerung deutlich gestiegen, da dort nach dem Wiederaufbau Verdienstmöglichkeiten außerhalb der Landwirtschaft bestanden.[13] Dementsprechend war ihr Anteil in den kleineren Gemeinden durch Wegzug und berufliche Neuorientierung zurückgegangen.

---

11 Vgl. Schmuhl, Bevölkerung, S. 2014-2029; zur Bevölkerungsentwicklung vor allem der Stadt Coesfeld vgl. besonders S. 2020 und 2022.

12 Vgl. Barbara Kellermann, Ostdeutsches Kulturgut im Kreis Coesfeld, hg. vom Kreis Coesfeld, Coesfeld 1991, S. 46f. Über die Erfahrungen der Vertriebenen bemerkt Kellermann (S. 45) außerdem: „Bei weitem nicht alle Vertriebenen, die besucht wurden, konnten von einer herzlichen Aufnahme im Kreis Coesfeld berichten und von einem harmonischen Zusammenleben mit den Alteingesessenen auf engstem Raume. Gezielten Fragen wichen die meisten Interviewten diplomatisch aus, um eventuelle Unstimmigkeiten innerhalb der Familien, die sich häufig aus Vertriebenen und Einheimischen zusammensetzten, zu vermeiden oder aus Rücksicht auf einheimische Nachbarn und Bekannte." Regelmäßig erstellte Zahlenmeldungen zum Bevölkerungsstand speziell zu Coesfeld-Lette finden sich in den Beständen des Stadtarchivs Dülmen, u.a. im Bestand: Amt Rorup B 486 (beispielsweise zum Stand in der Gemeinde Lette am 1.7.1946: „Normal ansässige deutsche Einwohner: 2.237, Evakuierte: 359, Flüchtlinge aus dem Osten: 442, Ausgewiesene aus dem Westen: –, Entlassene Wehrmachtsangehörige, die nicht in ihre Heimat zurückkönnen: 68, Heimatlose insgesamt: 510, Österreicher: –, Ansässige und zurückgekehrte Juden: –."); vgl. auch mit weiteren regelmäßigen Statistiken: B 548. Eine gemeindeweise Aufstellung für den Kreis Coesfeld mit der Zahl der aufgenommenen Ostvertriebenen zu den Stichtagen 31.3.1949 und 31.3.1951 nennt der Verwaltungsbericht der Kreisverwaltung Coesfeld vom 1.4.1945 bis 31.3.1951, S. 97 (im Kreisarchiv Coesfeld). U.a. folgende Bestände im Kreisarchiv Coesfeld enthalten relevante Informationen zu Ostvertriebenen: 4 Nr. 35 (mit Rechenschaftsberichten des Kreisflüchtlingsamtes z.B. für die Rechnungsjahre 1947 und 1949), 7 Nr. 498, 16 Nr. 53, 21 Nr. 103.

13 Vgl. Kellermann, Ostdeutsches Kulturgut, S. 60. Der Anteil der Flüchtlinge und Vertriebenen im Kreis Coesfeld betrug 1961 (die Prozentwerte wurden nach den Zahlen der Volkszählung errechnet und gemäß der kommunalen Neugliederung von 1975 zusammengestellt): Rosendahl: 12,1%, Billerbeck: 12,5%, Havixbeck: 10,9%, Nottuln: 11,6%, Coesfeld: 12,0%, Senden: 17,5%, Dülmen: 13,3%, Lüdinghausen: 18,3%, Ascheberg: 15,3%, Nordkirchen: 10,9% und Olfen: 17,1%; ebd., S. 46.

3   Administrative Regeln des Zusammenlebens

Der Kreis Coesfeld war vor allem mit dem neu eingerichteten Flüchtlingsamt (dem späteren Vertriebenenamt) und dem Ausgleichsamt für die Unterbringung und Betreuung der Vertriebenen zuständig. In allen Gemeinden und Ämtern des Kreises wurden schon im März 1946 Flüchtlingsausschüsse und ein Kreisflüchtlingsausschuss gebildet, in denen zunächst ausschließlich VertreterInnen der freien Wohlfahrtspflege saßen. Die weitere Entwicklung fasste der Verwaltungsbericht der Kreisverwaltung Coesfeld zusammen:

> Im Dezember 1947 wurden die bisherigen Ausschüsse durch gewählte Vertriebenen-Vertreter ersetzt, wobei die Vertreter der Verbände von der Behörde ernannt wurden. Am 13.11.1949 fand aufgrund des Runderlasses des Sozialministers vom 6.10.1949 betreffend Neubildung der Vertriebenenbeiräte, wie sie jetzt genannt werden, eine Neuwahl statt. Der Kreisvertriebenenbeirat besteht aus 7 gewählten Vertretern und 7 ernannten Mitgliedern. Er befaßt sich in seinen Sitzungen mit allen Fragen, die mit dem Vertriebenenproblem zusammenhängen.[14]

Über die organisatorischen Aufgaben der Grundversorgung aller Vertriebenen hinaus war die Coesfelder Kreisverwaltung auch mit der Unterstützung kultureller Veranstaltungen betraut. Als beispielsweise für den 6. September 1947 ein Treffen der Heimatvertriebenen in Coesfeld geplant war, erwies sich die Anreise aus dem Amtsbezirk Rorup – zu dem der Ort Lette mit dem Aufnahmelager gehörte – als so schwierig, dass der Oberkreisdirektor den Amtsbürgermeister um praktische Hilfeleistung bat:

> Es bleibt also nur übrig, die Flüchtlinge mit Leiterwagen nach Coesfeld und zurück zu befördern. Ich möchte Sie bitten, auf die Gemeindebürgermeister einzuwirken, damit die ihren Einfluss auf die Bauern geltend machen zur Gestellung von Leiterwagen. [...] Es würde zweifellos auf die Flüchtlinge einen guten Eindruck machen, wenn sie sähen, daß die einheimische ländliche Bevölkerung

---

14 Verwaltungsbericht der Kreisverwaltung Coesfeld vom 1.4.1945 bis 31.3.1951, S. 96-100, hier S. 98 (im Kreisarchiv Coesfeld); vgl. auch: Schmuhl, Bevölkerung, S. 2021f. Zu den Wahlen der Flüchtlingsvertreter in den beratenden Flüchtlingsausschüssen und der Amts- bzw. Gemeinde-Flüchtlingsbeiräte vgl. Amt Rorup B 517, in: Stadtarchiv Dülmen. In Coesfeld-Lette: vgl. Allgemeine Zeitung Coesfeld vom 3.5.1950 (Arbeitskräfteanwerbung), vom 13.1.1951 und vom 17.7.1957. Vgl. auch Wolfgang Jacobmeyer, Arbeit und Bedeutung der Flüchtlingsbeiräte in den Kommunen, in: Leidinger, Deutsche Ostflüchtlinge, S. 214-222.

bereit ist, ihnen bei einem Heimattreffen zu helfen. Ich bitte deshalb nochmals, für die Stellung von Leiterwagen bemüht zu sein.[15]

Die Bereitschaft zur Hilfe war in der einheimischen Bevölkerung offenbar ungewiss, wenngleich es letztlich gelang, Fahrgelegenheiten bereitzustellen. Einen Eindruck von der Einstellung der Ortsbevölkerung vermittelt auch ein Schreiben des Amtsbürgermeisters im selben Jahr 1947 zu Weihnachten, das „An alle Einwohner, Alt- und Neubürger des Amtes Rorup" gerichtet war. In seinen sowohl mahnenden wie ermunternden Worten werden die atmosphärischen Spannungen, die Erwartungen und Enttäuschungen im Zusammenleben der Einheimischen und der Hinzugekommenen erkennbar:

> Unser liebes, altes Weihnachtsfest steht vor der Türe. Weihnachten, Heilige Nacht, uns allen, Erwachsenen und Kindern, ein zauberhaftes und beseeligendes Wort! Es gibt kein ergreifenderes Bild für uns Christen als den holden, göttlichen Knaben in der armen Krippe eines Stalles – da ihm und seinen Eltern ein besseres Obdach versagt war. An dieser Krippe werden unsere Herzen weit und aufnahmebereit für alles Gute. Die Hände öffnen sich, um zu schenken, gleichwie sich uns das göttliche Kind geschenkt hat, als es geboren ward in der Heiligen Nacht. Dann lasset alle, die Ihr Ostvertriebene in Euer Haus aufgenommen habt, das Edle und Gute, das in Eurem Herzen liegt, ausströmen auf die aus ihrer Heimat Vertriebenen! Schenket ihnen eine Weihnachtsfreude! Lasset hinschmelzen in diesen heiligen Tagen Unmut und Misstrauen! Wenn Zwistigkeiten bestehen sollten, dann sprechet am Feste der Liebe ein gutes, versöhnendes Wort! Dann werden die Herzen, die sich gramvoll verhärtet haben, wieder weit offen werden. Die christliche Liebe vermag viel mehr als gesetzliche Bestimmungen und behördliche Anordnungen. Für den, der diese Liebe in sich trägt und danach handelt, bedarf es keines ‚Flüchtlingsgesetzes'. Sein Herz sagt ihm, wie er die Vertriebenen zu behandeln hat: Er findet von selbst, ohne äusseren Zwang, einen wohnlicheren Raum, wenn der bisherige unwohnlich war; die christliche Liebe duldet nicht, dass ein anderer friert; sie findet noch manchen Gebrauchsgegenstand für den Mitmenschen, der so vieles entbehren muss; sie sucht und findet bei allen Schwierigkeiten immer noch einen Ausweg, ohne dass zum Mittel eines Umquartierungsantrages gegriffen werden muss. Wie viel leichter würde doch der Behörde die Bewältigung des Flüchtlingsproblems sein, das in erster Linie ja ein Wohnungsproblem ist, wenn mehr christliche Liebe herrschen würde an Stelle egoistischer Überlegungen! – Aber auch an Euch Ostvertriebene ergeht unsere Weihnachtsbitte, Euch in allem von der christlichen Liebe leiten zu lassen und in dieser Liebe Verständnis für das Familienleben Eurer Quartiergeber und die Notwendigkeiten ihres Betriebes zu zeigen. Euer Los ist gewiss sehr hart und erfordert von Euch viel Geduld, Selbstverleugnung und

---

15   Schreiben vom 28.8.1947 sowie Schreiben des Amtsdirektors des Amts Rorup vom 1.9.1947 an den Kraftverkehr Westfalen, für zusätzliche Busfahrgelegenheit zu sorgen, Stadtarchiv Dülmen, Amt Rorup B 547.

Standhaftigkeit. Leider sind die derzeitigen Verhältnisse nicht so, dass man Euch ausreichend helfen könnte. Und nichts ist so niederdrückend und schmerzlich für uns, die wir zu Eurer Betreuung bestellt sind, als der Gedanke, nicht so helfen zu können, wie wir es heissen Herzens wünschen! Seid aber versichert, dass wir mit Euch fühlen und alle Möglichkeiten wahrnehmen werden, Euch zu helfen. Wir wissen, dass in Euch allen die Sehnsucht brennt, Eure Heimat wiederzusehen. Ohne die Hoffnung auf diesen Tag vermag kein Ostvertriebener zu leben. Möge das göttliche Kind Euch diesen Tag in nicht allzu ferner Zeit erleben lassen! Allen Einwohnern, den Alt- und Neubürgern, wünschen wir ein gnadenreiches Weihnachtsfest![16]

Amtliches Handeln und Entscheiden, das den Vorgaben von Gesetzen und Direktiven der übergeordneten Instanzen folgen musste, ließ den unteren Kommunalbehörden meist nur geringe Handlungsspielräume. Ihre Maßnahmen wurden von den Alteingesessenen eher argwöhnisch beobachtet, ob etwa eine Bevorzugung der Vertriebenen und Flüchtlinge erfolgte. So traf bei den Alteingesessenen die Anweisung auf wenig Verständnis, wonach keine einheimischen Pflegebedürftigen in das Kreisaltersheim für Ostvertriebene in Lette aufgenommen werden sollten. Erst als später Plätze in dieser kargen Einrichtung freiblieben, sollte der Zugang auch für Nicht-Vertriebene geöffnet werden.[17] Das Altenpflegeheim für Ostvertriebene, das 1946 im Barackenlager Lette eingerichtet worden war, fiel in die unmittelbare Zuständigkeit des Kreises Coesfeld.[18] Dessen Engagement ging weit über die Aufgabenbereiche Unterkunft und Versorgung hinaus. So wurden auch kulturelle Veranstaltungen wie Bildervorführungen, kleine Konzerte oder Auftritte von Humoristen und Mundart-Rezitatoren ermöglicht und finanziell unterstützt.[19] Aufmerksamkeit und Wertschätzung drückte sich ferner in der Teilnahme von Kreisvertretern

---

16   Schreiben vom 20.12.1947, Stadtarchiv Dülmen, Amt Rorup B 547 (das Schreiben war zur ortsüblichen Bekanntmachung vorgesehen und ging in Abschrift an die Vorsitzenden der Flüchtlingsausschüsse).
17   Vgl. Schreiben des Landkreises Coesfeld an die Stadt- und Amtsverwaltungen vom 6.2.1951 sowie vom 18.4.1951, Stadtarchiv Dülmen, Amt Rorup B 549a.
18   Vgl. Verwaltungsbericht der Kreisverwaltung Coesfeld vom 1.4.1945 bis 31.3.1951, S. 89f. (im Kreisarchiv Coesfeld); vgl. auch in: Kreisarchiv Coesfeld, Bestand 21 Nr. 103, 28 Nr. 149. Einzelheiten zur Belegung, Stadtarchiv Dülmen, Amt Rorup B 486; B 549a. Allgemeine Zeitung Coesfeld vom 7.6.1957 zur geplanten Auflösung des Kreisaltersheims in Lette, dazu auch Dülmener Zeitung vom 26.8.1960. Konflikte innerhalb des Altenpflegeheims, das Personal betreffend: LAV NRW W, Kreis Coesfeld Nr. 953.
19   Vgl. Meldungen in der Allgemeinen Zeitung Coesfeld beispielsweise vom 12.7.1951, 10.6.1952, 18.6.1952, 29.8.1952, 5.9.1952, 5.11.1954 und der folgenden Jahre. Das kulturelle Engagement entsprach allerdings auch den Vorgaben der höheren Behörden.

Abb. 4.4 Platzkonzert im ‚Heidehof', 1947 (Foto: Sammlung Kirchenchor St. Johannes, Coesfeld-Lette)

an Weihnachtsfeiern aus, wobei auch „kleine Geschenke und bunte Teller" an alle BewohnerInnen überbracht wurden.[20]

Die Gemeinde Lette kam ebenfalls den Wünschen der HeimbewohnerInnen und deren Angehörigen nach, als sie 1950 „dem Flüchtlingsaltersheim Lette das in der Nähe liegende gemeindeeigene Grundstück zur Gestaltung eines Friedhofes zur Verfügung" stellte.[21] Zuvor konnten die HeimbewohnerInnen für Beerdigungen oder Grabbesuche den drei Kilometer weiten Weg zum Friedhof im Ort Lette kaum zu Fuß bewältigen. Darüber hinaus erhöhte der Bezirksfürsorgeverband des Kreises 1954 das Taschengeld für die Pflegebedürftigen im ‚Heidehof' von 12,- DM auf 15,- DM als Ausgleich dafür, „dass sie weit ab von Verkehr und Gemeinden untergebracht sind und hierdurch tatsächlich gegenüber den Pfleglingen, die in Heimen innerhalb von Städten usw. wohnen, Nachteile entstehen."[22]

---

20 Vgl. z.B. Allgemeine Zeitung Coesfeld vom 24.12.1958.
21 Stadtarchiv Dülmen, Amt Rorup B 349. Der Kreis Coesfeld lehnte es ab, die Kosten der Neuanlage und der Unterhaltung des Friedhofs zu übernehmen; vgl. Schreiben vom 17.4.1950, ebd., sowie: Rat Lette 1949-1958, Stadtarchiv Coesfeld, D VI 101. Vgl. auch Allgemeine Zeitung Coesfeld vom 31.3.1950.
22 Schreiben des Kreises Coesfeld vom 30.10.1954 an das Kreisaltersheim, Stadtarchiv Dülmen, Amt Rorup B 549a.

Interviews mit ZeitzeugInnen unterstreichen noch im Rückblick viele Jahre später, welchen Stellenwert das Altersheim für Ostvertriebene und seine BewohnerInnen in den Erinnerungen der Einheimischen haben. So berichtete Josef W. (Jg. 1932), der 1953 als junger Beamter der Kreisverwaltung dienstlich mit den Vertriebenen im Barackenlager Lette, dem ‚Heidehof', in Kontakt kam, dass er neben „Regelungen, die da getroffen werden mussten oder auch wenn unter den Heimbewohnern Streit war", häufig auch mit seinem Verwaltungsdirektor Tumbusch an Beerdigungen auf dem Heidefriedhof am Altenpflegeheim teilnahm:

> Dann legte Herr Tumbusch, als Vertreter des Kreises, einen Kranz nieder. Und das war dann so irgendwie was, ja was Wichtiges. Die Kreisverwaltung war da und die Heimbewohner, man merkte richtig, die wurden, die fühlten sich alle geehrt, dass die Kreisverwaltung sowas macht.

Dem jungen Kreisbediensteten entging die schwierige Lebenssituation der HeimbewohnerInnen nicht:

> Ich hab die wohl laufen sehen und auch fahren sehen, und die waren sehr zurückhaltend in sich, gingen da sehr gebeugt, ja wehmütig liefen die da rum. Die waren nicht besonders zufrieden, das war die Nachkriegszeit oder so, die waren, die konnten ja nicht zufrieden sein, die hatten Heim und Haus verloren und saßen dann da in der Baracke, konnten nicht selber kochen, kriegten das zu essen, was geliefert wurde, wie sagt man, Vogel friss oder stirb. Also das waren wirkliche Arme, die haben mir damals als junger, als ich junger Kerl war, da haben die mir schon sehr, sehr leid getan.[23]

Eindrücke vom Letter Altenpflegeheim aus den Jahren 1958/59 und damit kurz vor dessen Verlegung nach Dülmen im Jahr 1960 schilderte der Beamte Helmut T. (Jg. 1938), der als Angehöriger der Kreisverwaltung Coesfeld regelmäßig zur Unterstützung des Heimleiters eingesetzt wurde, Büroarbeiten sowie Botendienste und Transportaufgaben mit dem Auto zu erledigen hatte und auch auf Missstände im Heim aufmerksam machen sollte. Auf der einen Seite, so Helmut T., sei die „Situation ... provisorisch ... [gewesen,] getragen von dem Willen aller zum Wohle der Alten beizutragen". Zugleich jedoch, so stellte er fest, seien:

> Die Zimmer [...] auch ordentlich, aber durch die Zeit schon angefressen, unten im Boden. Das muss man sich also jetzt doch etwas anders vorstellen als in einem soliden Haus, 'ne. Die Baracken bestehen aus Holz, aus Bohlen, Querbohlen und Längsbrettern, als Fußboden. Und was wir sehr zu beklagen hatten, war die

---

23 Josef W. (Jg. 1932) aus Coesfeld im Interview am 10.8.2015.

Rattenplage da draußen. [...] Wir erkannten, die alten Leute müssen in ein richtiges Altersheim. Und das wurde dann auch zielstrebig verfolgt.

Er selbst kannte alle BewohnerInnen, die 1958/59 noch im Letter Pflegeheim ‚Heidehof' lebten:

Das war auch eine der Aufgaben mit, wenn man im Lager unterwegs war. Dass man sich dann mit den Leuten, ja, verbunden fühlte, sagen wir mal so. Dann erkundigte, wo fehlt was, was kann man tun. Ja, das war selbstverständlich, das gehörte einfach mit dazu. Dieses Drum und Dran, dass die 'ne Versorgung spürten, 'ne.

Er erinnerte sich auch an traumatische Belastungen der HeimbewohnerInnen:

Das war im Herbst 58. Der feierte seinen 90. Geburtstag und das lief dann auch, wie gesagt, im Essensraum oder Essenssaal mit 'ner Feier ab. Und kurze Zeit später kriegte er dann die Vorstellung, die Russen kämen. Ja, das war dieses dieses Trauma, was die alten Leute alle hatten. Und machte sich also sozusagen auf, Flucht zu begehen. Wirklich, er war wieder auf der Flucht, von heute auf morgen. Eigentlich ein Mann, dem man das nicht zugetraut, dem man die 90 Jahre richtig kerngesund ansah, können wir mal sagen. Aber er kriegte von heute auf morgen 'nen Rückfall, ging also in die Botanik und versteckte sich. Keiner fand ihn, wir haben ihn gesucht, wir haben die Feuerwehr alarmiert. Und die Feuerwehr hat ihn dann letztlich auch gefunden. [...] Das war also ein Schicksal, was also sehr berührte, weil es nun auch ein Mann war, der im Lager selber überall zugegen war, den kannte jeder und jeder akzeptierte ihn und kamen alle gut mit ihm aus. Und das tat also ein bisschen weh, wenn man dann sah, was dem passiert ist. Wir haben ihm die 90 damals so gegönnt.[24]

Deutlich wird in diesen Zeugnissen, dass sich das Engagement der Verwaltungsbeamten nicht allein auf die pflichtgemäße administrative Aufgabenerfüllung beschränkte, sondern sich auch in einem fürsorglichen und wertschätzenden Handeln zeigte.

4   Die Berichterstattung der Lokalpresse

Auch die Lokalzeitung für Coesfeld-Lette, die *Allgemeine Zeitung Coesfeld*,[25] widmete sich nicht nur den Belangen der Einheimischen, sondern berichtete

---

24   Helmut T. (Jg. 1938) aus Coesfeld im Interview am 11.8.2015.
25   Laut Auskunft des Coesfelder Stadtarchivars Norbert Damberg vom 19.2.2019 erschien neben der Allgemeinen Zeitung Coesfeld vom Anfang der 1950er bis in die 1980er Jahre noch das Coesfelder Volksblatt, das jedoch nicht komplett erhalten ist und in dem

auch über die Vertriebenen und deren Aktivitäten.[26] Die Berücksichtigung der Vertriebenen kann in erster Linie als Indiz für ein Interesse der Einheimischen an den NeubürgerInnen gewertet werden.[27]

Dennoch finden sich in der Zeitung – gleichermaßen wie bei den Einheimischen – anlässlich von Standesamtsnachrichten wie aber auch bei kleineren Meldungen über Alters- und Hochzeitsjubiläen auch bei den Vertriebenen einige Sätze zu den biografischen Hintergründen der Geehrten, wie z.B. über das ursprüngliche Herkunftsgebiet der Vertriebenen. Wiederholt war vom „Verlust der Heimat" die Rede, vom „langen Lebensweg, der durch die Ausweisung aus ihrer schlesischen Heimat leider überschattet ist", zugleich aber auch von der mittlerweile gefundenen „neuen Heimat".[28] Neben den zumeist recht stereotyp wirkenden Glückwünschen gab es auch Ausnahmen, etwa wenn es 1959 zum 80. Geburtstag von Wilhelm Vinz, der in der Vertriebenensiedlung lebte, einfühlsam hieß: „Die Vertreibung lastet noch schwer auf dem Gemüt dieses stillen, freundlichen alten Herrn."[29] Nicht zuletzt, so scheint es, warben solche Zeitungsbeiträge bei den Einheimischen um Verständnis für das schwere Schicksal der neuen Nachbarn.

Darüber hinaus wurde regelmäßig über kulturelle und gesellige Veranstaltungen für Heimatvertriebene in Lette – insbesondere im VertriebenenAltersheim – berichtet, über Lichtbildervorträge,[30] Kaffeetafeln und Feste des örtlichen Deutschen Roten Kreuzes (DRK),[31] über Aufführungen örtlicher Spielscharen,[32] kleine Konzerte,[33] das jährliche Heidefest[34] und über Weihnachtsfeiern.[35] Ein Bericht über die Errichtung des Kriegerehrenmals in Lette

---

Meldungen zu Vertriebenen in Lette oder zum dortigen Barackenlager nicht gefunden werden konnten.

26 Die Auswertung wurde maßgeblich dadurch erleichtert, dass der Heimat- und Verkehrsverein Lette e.V. alle Lette betreffenden Zeitungsberichte in kopierter Form umfassend gesammelt hat und dankenswerterweise für die Forschungen zur Verfügung stellte.
27 Auch versorgte die Allgemeine Zeitung die BewohnerInnen des Altersheims mit unentgeltlichen Abonnements. Vgl. Allgemeine Zeitung Coesfeld vom 31.5.1947.
28 Vgl. beispielsweise Allgemeine Zeitung Coesfeld vom 8.1.1949, 18.6.1949, 2.3.1950, 6.3.1950, 29.3.1950, 5.4.1950 (auch über Konfirmationen), 22.4.1950, 29.4.1950, 9.5.1950, 12.5.1950, 20.5.1950, 25.7.1950, 15.8.1950, 2.9.1950, 6.9.1950, 17.10.1950, 27.10.1950, 2.11.1950, 16.11.1950, 24.11.1950, 12.12.1950, um nur die Meldungen bis zum Jahresende 1950 zu nennen. Die entsprechenden Artikel wurden in den Folgejahren fortgeführt.
29 Allgemeine Zeitung Coesfeld vom 21.4.1959.
30 Vgl. Allgemeine Zeitung Coesfeld vom 3.6.1946, 3.5.1947.
31 Vgl. Allgemeine Zeitung Coesfeld vom 22.1.1947, 31.12.1951.
32 Vgl. Allgemeine Zeitung Coesfeld vom 21.6.1947, Dezember 1949, 21.9.1950 sowie in der Folgezeit, z.B. auch Meldungen vom 30.10.1957, 5.2.1958.
33 Vgl. Allgemeine Zeitung Coesfeld vom 21.9.1950.
34 Vgl. Allgemeine Zeitung Coesfeld vom 10.8.1950, 6.9.1952, September 1955 beispielsweise.
35 Vgl. Allgemeine Zeitung Coesfeld vom 10.1.1951, 15.12.1951.

im Jahr 1951 sollte die enge Verbundenheit von Vertriebenen und Einheimischen verdeutlichen:

> Auf dem Kriegerehrenmal in der Mitte des Dorfes sind neben den Namen der Gefallenen von 1870/71 und 1914/18 die Namen der Kriegsopfer des letzten Krieges in Stein gehauen: die der Katholischen und der Evangelischen, die der Einheimischen wie der Vertriebenen. [...] Diese gemeinsame Gefallenenehrung ist vorbildlich und entspricht der selbstverständlichen Tatsache, daß Evangelische und Katholiken, Vertriebene und Einheimische für das Vaterland geblutet und ihr Leben gegeben haben.[36]

Abb. 4.5 Kaffeetafel im ‚Heidehof', vermutlich Mitte der 1950er Jahre (Foto: Sammlung Edith Glasmeyer, Coesfeld)

Zahlreiche Artikel der Lokalzeitung beschäftigten sich auch mit dem Engagement des Kreises für die Vertriebenen, insbesondere für die BewohnerInnen des Kreis-Altenpflegeheims, mit der Zuwendung zum neuen Bevölkerungsteil und dem administrativen wie persönlichen Bemühen um Integration. Dazu gehörte, dass die Lokalzeitung Anteil nahm am Schicksal einzelner Heimatvertriebener, so etwa im Dezember 1957, als nach zwölfjährigen Bemühungen eine Familie aus Schlesien in Lette wieder zusammenfand.[37] Auch der engagierte

---

36 Allgemeine Zeitung Coesfeld vom 24.11.1951. Vgl. auch Rat Lette 1949-1958, Stadtarchiv Coesfeld, Bestand VI 101. Zum Gedenken an die Toten von Flucht und Vertreibung siehe Andreas Kossert, Kalte Heimat. Die Geschichte der deutschen Vertriebenen nach 1945, München 2008, S. 138.

37 Vgl. Allgemeine Zeitung Coesfeld vom 20.11. und 7.12.1957.

Einsatz einzelner Einheimischer z.B. bei der Bereitstellung von Wohnraum wurde hervorgehoben.[38]

Immer wieder wurde in der Lokalzeitung sowohl vom einvernehmlichen Zusammenwirken der Alteingesessenen und der Vertriebenen berichtet wie auch vom Engagement der Einheimischen zugunsten der Vertriebenen, das sich bei verschiedenen Gelegenheiten zeigte, etwa anlässlich des Kreistreffens der Ostvertriebenen 1947 in Coesfeld, an dem rund 6.000 BesucherInnen teilnahmen.[39] Als 1950 eine Glocke an der Altersheimkapelle in Lette eingeweiht wurde, die nur mit Hilfe des Kreises Coesfeld hatte angeschafft werden können, berichtete die Coesfelder Zeitung:

> Zu dieser erhebenden Feierstunde waren nicht nur die Vertreter der beiden christlichen Konfessionen, sondern auch die der Behörden erschienen. Wohl jeder Gläubige des Altersheimes [für Ostvertriebene] war anwesend, und auch mancher Letteraner hatte sich eingefunden, um diese Feier mitzuerleben.[40]

Offenbar näherten sich Einheimische und Vertriebene mit der Zeit an, obgleich die ausdrückliche Erwähnung der Anwesenheit von Einheimischen auch als Hinweis verstanden werden kann, wie wenig selbstverständlich dies (noch) war. Ab Mitte der 1950er Jahre berichtete die Lokalzeitung schließlich immer häufiger über Auftritte von traditionsreichen Musik- und Laientheatergruppen der Einheimischen im Altenpflegeheim für Ostvertriebene. Spielfreude und Auftrittsgelegenheit der einen trafen bei diesen Gelegenheiten auf die dankbare ZuschauerInnenschar der anderen Seite, was nicht zuletzt auch Gemeinsamkeiten schuf.[41] So gastierten beispielsweise 1954 zwei Chöre aus der Region im Letter Altenpflegeheim,

> als Zeichen der inneren Verbundenheit des gesamten Amtsbezirkes mit den ca. 160 Heimatvertriebenen, die im ‚Heidehof' ihren Lebensabend verbringen. [...] Wir hoffen, daß die alten Leute durch diesen Abend ihr schweres Vertriebenenlos vergessen konnten, und daß er dazu beigetragen hat, das Band zwischen der alten und neuen Heimat noch enger zu knüpfen, auf daß sich aber auch alle wohlfühlen in der neuen Heimat.[42]

---

38   Vgl. Allgemeine Zeitung Coesfeld vom 13.12.1957.
39   Vgl. Allgemeine Zeitung Coesfeld vom 6.9.1947; vgl. auch 10.9.1947.
40   Allgemeine Zeitung Coesfeld vom 8.9.1950. Zuvor schon war ein Raum als Kapelle gestaltet worden, in dem Altar und Kelch von Einheimischen gespendet worden waren. Vgl. die Allgemeine Zeitung Coesfeld vom 22.4.1950, 7.9.1950 (Glockenweihe u.a. mit Vertretern der Behörden und auch der Einheimischen).
41   Vgl. Allgemeine Zeitung Coesfeld vom Dezember 1949, 21.9.1950.
42   Allgemeine Zeitung Coesfeld vom 5.11.1954. Bei dem mit „Wir" eingeleiteten letzten Abschnitt des zitierten Beitrags lässt der Gesamtzusammenhang auf eine Kommentierung der Zeitung schließen.

Abb. 4.6 Ostdeutscher Heimatchor in den 1950er Jahren (Foto: Sammlung Helga Rohling, Billerbeck)

Neben Kulturellem interessierte sich die Lokalzeitung vor allem für die zahlreichen Vertriebenen-Organisationen und deren Aktivitäten: für die Interessengemeinschaft der Ostvertriebenen (IGO),[43] den Bund der Heimatvertriebenen und Entrechteten (BHE),[44] die Ortsvereinigung Lette der Vertriebenen,[45] den Bund vertriebener Deutscher (BvD),[46] die Deutsche Jugend des Ostens (DJO) und ihre Spiel- und Gesangsgruppen[47] sowie für den

---

43 Laut Auskunft der Amtsverwaltung Rorup vom 11.10.1949 bestanden hier je eine Interessengemeinschaft der Ostvertriebenen in Rorup mit ca. 100 Mitgliedern, in Limbergen mit ca. 54 Mitgliedern und in Lette mit ca. 240 Mitgliedern, zu Darup konnten damals keine Angaben ermittelt werden (Stadtarchiv Dülmen: Amt Rorup B 518); Rat Lette 1949-1958, Stadtarchiv Coesfeld, D VI 101. Zeitungsmeldungen zur IGO: Allgemeine Zeitung Coesfeld vom 16.11.1950 (Gründung einer eigenen Interessengemeinschaft der Ostvertriebenen im Alterspflegeheim und der nahen Vertriebenensiedlung neben der bestehenden in der Gemeinde Lette), 17.8.1951, 20.3.1952, 6.5.1952, 26.11.1952. Hier und im Folgenden werden nur die frühen Zeitungsbelege bis in die 1950er Jahre hinein nachgewiesen.

44 Vgl. Allgemeine Zeitung Coesfeld vom 19.11.1952, 3.11.1953, 28.12.1953, 28.4.1954 beispielsweise.

45 Vgl. Allgemeine Zeitung Coesfeld vom 29.4.1950, 22.7.1950, 11.7.1951, 31.7.1952.

46 Vgl. Allgemeine Zeitung Coesfeld vom 5.9.1952, 22.11.1952, 22.1.1953, 28.5.1953, 20.1.1954, 27.1.1954, 2.2.1954, 9.2.1954, 16.2.1954, 23.2.1954, 24.3.1954, 27.7.1954, 3.9.1954, 10.9.1954, 22.10.1954, 22.12.1954, sowie in den Folgejahren.

47 Vgl. Allgemeine Zeitung Coesfeld vom 31.7.1952, 19.1.1954, 27.7.1954.

Ostdeutschen Heimatchor.[48] Berichtet wurde auch darüber, dass sich mit der Zeit vermehrt auch Einheimische zu diesen Veranstaltungen einfanden, beispielsweise bei Theateraufführungen der Deutschen Jugend des Ostens, wie die folgenden Worte des Vorsitzenden des örtlichen Bundes vertriebener Deutscher verdeutlichen:

> Die Tatsache, daß ein großer Teil von Einheimischen der Einladung gefolgt sei, beweise, daß Altbürger und Vertriebene immer mehr zu einer Einheit zusammenwüchsen.[49]

Auch versäumte die Zeitung nicht zu erwähnen, wenn etwa einheimische Geschäftsleute Gegenstände für eine Verlosung und zum „Tag der Heimat" in Lette spendeten.[50] Zudem ist aus den Berichten zu entnehmen, dass es eine Zusammenarbeit von Vertriebenenorganisationen mit Traditionsvereinen der Alteingesessenen gab.

Insgesamt schenkte die Lokalberichterstattung den Belangen der Ostvertriebenen regelmäßig Aufmerksamkeit und räumte deren Angelegenheiten angemessenen Platz ein. Die häufig einfühlsamen Beiträge stellten sicher, dass Einheimische wie Vertriebene über das öffentliche Leben am Ort und die Gesamtheit der Einwohner informiert sein konnten.

---

48 Vgl. Allgemeine Zeitung Coesfeld vom 10.7.1951, 17.8.1951, 28.8.1951, 20.3.1952, 31.7.1952, 11.9.1952, 17.6.1953, 30.10.1953 beispielsweise.

49 Allgemeine Zeitung Coesfeld vom 16.2.1954; sie referiert im Konjunktiv die Aussage des Ortsvorsitzenden Wischgoll des BvD. Vgl. auch beispielsweise Allgemeine Zeitung Coesfeld vom 9.5.1959.

50 Allgemeine Zeitung Coesfeld vom 23.2.1954 und 10.9.1954. Im selben Jahr berichtet die Zeitung ausdrücklich, dass an einer Feierstunde der Deutschen Jugend des Ostens in Lette „sich die Jugend in recht großer Zahl eingefunden hatte, unter ihnen auch die heimischen Jugendlichen": Allgemeine Zeitung Coesfeld vom 27.7.1954. Allerdings lässt die Tatsache, dass die Teilnahme Einheimischer jeweils herausgestellt wird, ahnen, dass es noch keine Selbstverständlichkeit war und die wechselseitige Distanz erst allmählich abnahm. Zum „Tag der Heimat" 1956 in Lette sagte der Kreistagsabgeordnete Arthur Hauptmann gemäß der Zeitungsberichterstattung, „daß in Lette ein gutes Einvernehmen zwischen Vertriebenen und Einheimischen herrsche. Auch diese Feier sei dazu geschaffen, die Zusammengehörigkeit noch zu vertiefen.", so die Allgemeine Zeitung Coesfeld vom November 1956. „Alteingesessene und Ostdeutsche in großer Zahl" fanden sich auch 1957 in Lette zum „Tag der Heimat" zusammen. Allgemeine Zeitung Coesfeld vom 10.10.1957; vgl. auch 17.10.1957, 1.10.1958.

5   Einheimische erinnern sich

Um Näheres über die Erinnerungen der Einheimischen an das Barackenlager Lette und die dort Untergebrachten zu erfahren, wurden im Rahmen der 23 gefilmten ZeitzeugInneninterviews neben 19 Vertriebenen auch vier Einheimische befragt. Zwei von ihnen, Bedienstete des Kreises Coesfeld, sind bereits zu Wort gekommen. Zwei weitere Stimmen aus dem Kreis der Alteingesessenen werden hier nun ausführlicher wiedergegeben. Ihre Aussagen zum Verhältnis zwischen den Einheimischen und den eingetroffenen Vertriebenen dokumentieren sehr unterschiedliche individuelle Erfahrungen und subjektive Sichtweisen. Freimütig beschrieb im Jahr 2014 der über 90-jährige Heinz L. aus Lette auf die Frage, wie das Verhältnis der Letter Bevölkerung zu den Vertriebenen am Ort war: „Gerade nicht freundlich. Die sagen, wir müssen jetzt alles opfern, wir haben auch alles verloren, wir haben nichts." Nach Kontaktmöglichkeiten untereinander befragt, antwortete er:

> Kaum, kaum. Da das war irgendeine besondere Ecke da hinten [wo das Barackenlager mit den einquartierten Vertriebenen stand]. Da war nichts. Da hat man, da hat man also die Leute, die waren eingestellt, wenn ich das ganz hart sage, was wollen die hier. Die nutzen uns hier aus, die werden hier verpflegt, die werden alles, wir müssen bluten, wir selbst, wir haben auch nichts. So war die Einstellung eben. Sprach natürlich keiner drüber. Aber es war so.

Er selbst kannte die Vertriebenenunterkunft im Barackenlager jedoch nicht aus eigener Anschauung, zumal er sich damals aus beruflichen Gründen während der Woche auswärts befand. Auf die Frage, ob es denn andere EinwohnerInnen aus Lette gab, die mal da waren, antwortete er:

> Höchstens, die da gearbeitet haben. Aber sonst nicht. Kaum. Das war eine, das war irgendwie eine Welt für sich da drüben. Keine feindliche Welt, aber auch keine freundliche Welt. Das war eine Welt für sich.

Diese Einschätzung steht im Widerspruch zu dem – sicherlich auch administrativ angeordneten – Engagement der Kreisverwaltung für die Vertriebenen wie aber auch der Zeitungsberichterstattung. Sie könnte sich aus der räumlichen Entfernung von drei Kilometern zwischen seiner Wohnadresse im Ortskern Lette und dem Barackenlager erklären; der Gesamteindruck des Interviews lässt aber eher auf eine ausgeprägte individuelle innere Distanz des Interviewten zur Vertriebenenunterbringung schließen, die ihn zu seiner Aussage motiviert haben mag. Deutlich wird dies auch in seinen Erinnerungen an Vertriebene, die bei Bauern untergekommen waren:

Das war unterschiedlich. Es waren einige da, die wurden ausgenutzt bis zum letzten. Und andere, die hatten es einigermaßen gut. Die wurden menschlich behandelt. Zum Teil wurden sie beim Vieh untergebracht im Viehstall irgendwo in so'm, wo so'n Knecht mal geschlafen hat früher. Das war unterschiedlich, je nachdem, wie der Bauer eingestellt war. Und ich hab da wenig Kontakt gehabt mit diesen Leuten, das muss ich sagen.

Im Widerspruch dazu steht die Tatsache, dass seine eigenen Eltern ebenfalls Vertriebene aufgenommen hatten:

Also da war eine Familie, die haben wir aufgenommen. Eine, ich muss nachsehen, wie sie heißt. Ein altes Ehepaar. Die waren untergebracht hier. Zunächst muss ich sagen, die ersten Flüchtlinge, die gekommen sind, sind in einem Löbberding'schen Saal untergebracht [worden], das war unser Bürgerhaus hier. Da hab ich auch noch 'ne alte Aufnahme von. Den Saal hat man unterteilt in etwa 25 Parzellen, so dass sie dort so'n bisschen intim sich aufhalten konnten. Davor war ein Vorhang, ein grauer Vorhang und das war alles. Und dann sind sie später umgesiedelt worden in das Lager da. Und ein Teil wurde hier bei der Letter Bevölkerung untergebracht, zum Beispiel bei meinen Eltern waren zwei. Die beiden, die beiden älteren Leute, die waren bei einem Schmied hier untergebracht in einem Stall. Im Winter. Kein Ofen. Nichts, kaum was zu essen. Und das hat uns so leidgetan, da haben wir die übernommen, haben die bei uns – mein Elternhaus ist ebenfalls zerstört worden durch Bombenangriffe. Haben wir so'n ganz kleines Zimmer gehabt und da sind se dann untergebracht worden und sind dann nach 'nem halben Jahr ins Lager gekommen. Da waren wir froh, wir hatten das Zimmer wieder dazu. Und so waren etliche hier untergebracht. Aber nachher hat man alles zum Lager rübergeholt.

Auf die Nachfrage, ob er oder seine Eltern „diese Herrschaften nochmal besucht [haben] im Lager", antwortete er:

Nein. Sie sind bald gestorben. Ich hab auch das Datum, wann sie gestorben sind. Die sind nicht lange [dort im Altersheim gewesen], die waren sehr alt schon und klapperig, muss ich sagen, ganz niedergeschlagen und weinten auch ständig und hat sich keiner drum gekümmert. Und nein, besucht haben wir sie nicht.[51]

Die Aussagen lassen erkennen, dass es unterschiedliche Sichtweisen unter den Einheimischen auf die Neuankömmlinge gab, je nach Perspektive und Position der Berichtenden. Dass dies u.a. auch mit dem Alter der damals Lebenden zu tun haben mochte, wird deutlich, wenn man hierzu die Aussage des jüngeren, bei der Befragung 78-jährigen Heinz-Josef B. liest, der bis heute eine Verbundenheit mit den Vertriebenen in Lette empfindet, insbesondere zu den BewohnerInnen des Altenpflegeheims im Barackenlager. Sein Elternhaus lag

---

51 Heinz L. (Jg. 1920) aus Coesfeld-Lette im Interview am 23.7.2014.

ganz in der Nähe und er kam zudem auch regelmäßig sonntags und bei Beerdigungen als Messdiener dorthin; später betrieb er die elterliche Gastwirtschaft in der Nachbarschaft:

> Dann war das [Barackenlager] ein Altersheim. Altersheim und Durchgangslager, muss man so sagen. Auch für die alten Leute, sind nicht alle hier geblieben. Die Jüngeren vor allen Dingen, die noch zu gebrauchen waren bei den Bauern, ne, die waren schnell vergriffen. Dann war es nachher 'n Altersheim und da wurden wir denn eigentlich mit warm mit. Ich hab die Namen nicht alle behalten, so einige vielleicht gerade, aber sonst früher, ich war ja hier als Messdiener, nicht, da kannte man auch viele Namen. Ich hab se zum großen Teil mit beerdigt, ne, die ersten alle, ne. Ja, bis ich inne Lehre kam, ne, ich wurde dann Bäcker und Konditor, dann war ich hier eigentlich nicht mehr dabei. Da war die Zeit hier vorbei. Später aber hatten wir die kleine Gaststätte bei uns, hab ich die Leute wieder neu kennengelernt, dann als Gäste, ne. Das waren nicht die [die] das meiste Geld ausgeben konnten, aber die waren ehrlich und haben ihr Schnäpschen und ihren Plattmann [Flachmann für Schnaps], das war früher auch Mode, holte man inner Gaststätte, ne.[52]

Er gehört bis heute der Gruppe des Heimatvereins Lette an, die den Heidefriedhof am Barackenlager mit den dortigen Gräbern der Vertriebenen pflegt, wofür zuvor die Nachbarschaft gesorgt hatte. Sein wohlwollendes Interesse gegenüber den Vertriebenen, denen er im Laufe seines Lebens begegnete, ist unverkennbar im gesamten Interview.

Martha E. (Jg. 1947), deren Eltern von 1946 bis 1954 einen betagten Ostvertriebenen und seine Tochter beherbergten und am Familientisch mitversorgten, betonte, „dass die Aufnahme der Heimatvertriebenen für unsere ganze Familie, besonders für uns Kinder, eine persönliche Bereicherung war und keineswegs eine Last darstellte." Die Kinder profitierten durch mehr Zuwendung und kleine Ausflüge:

> Frau J. nahm mich mit zu Besuchen im Barackenlager [Lette, Bruchstraße], weil dort Bekannte aus Wünschelburg wohnten, oder wir besuchten auch den benachbarten Friedhof. Sie fuhr mit mir auch mal nach Coesfeld und dort gingen wir ins Café, das war etwas ganz Besonderes, oder wir machten einen Einkaufsbummel in Dortmund oder Essen. Ganz genau erinnere ich mich an eine Wallfahrt nach Telgte.[53]

---

52   Franz-Josef B. (Jg. 1936) aus Coesfeld-Lette im Interview am 23.7.2014. Zu seiner bestandenen Meisterprüfung als 23-Jähriger: Allgemeine Zeitung Coesfeld vom 15.4.1959 und 25.4.1959 zur Erweiterung seiner Gastwirtschaft an der Vertriebenensiedlung und dem Altenpflegeheim.

53   Erinnerungsbericht von Martha E. (Jg. 1947), vorgetragen am 24.11.2016 und gedruckt in der Publikation: Erinnerungsstätte Heidefriedhof in Coesfeld-Lette am historischen Barackenlager. Entwürfe – Realisierung – Einweihung, Coesfeld 2018, S. 33. Die Verbundenheit lebt bis heute fort, denn Martha E. engagiert sich aktuell für das Denkmal

Aus dem ursprünglich erzwungenen engen Zusammenleben entstand offenbar mit der Zeit eine anhaltende familienähnliche Verbundenheit. Das Beispiel eines solchen Zusammenlebens war kein Einzelfall, wie mehrere Interviews belegen.⁵⁴ Es war aber auch nicht die Regel und in die Erinnerungen der Ortsbevölkerung insgesamt hat sich oft eher das als fremd Empfundene und Konflikttträchtige eingeprägt, das die Ablehnung verstärkte.

6 Die Haltung der Einheimischen aus der Perspektive der Vertriebenen

In den Interviews der Neuankömmlinge nehmen gleichermaßen ablehnende wie wohlwollende Begegnungen mit Einheimischen großen Raum ein. Anscheinend sind sie mit intensiven Erinnerungen besetzt, wie aus den Interviews der 19 befragten Heimatvertriebenen – darunter 14 Frauen und fünf Männer – hervorgeht.

Erinnerungen an Ankunft, Verteilung, Unterkunft
Erste Eindrücke von den Grundeinstellungen der Einheimischen ihnen gegenüber gewannen die Vertriebenen zumeist bei ihrer Ankunft am zugewiesenen Wohnort. Einige berichteten von recht guten Erfahrungen:

> Es hat fast acht Tage gedauert, bis wir in Lette waren. Und in Lette standen wir dann hier am Bahnhof und wussten auch nicht wohin. Und die Verwaltung wusste auch nicht, wo sie uns unterbringen sollte. Die haben sich Mühe gegeben, das ging ja auch noch über Rorup und über Coesfeld und somit sind halt auch viele Vertriebene, wir, es sind ja fast im Kreis Coesfeld bald 15% Flüchtlinge und Vertriebene gewesen und die mussten natürlich dann auch hier so in so 'n leeres Barackenlager. Die Zwangsarbeiter, die waren dann weg. [...] Ja und dann hat man uns halt in den Letter Bruch gebracht. Also das war schon hier 'ne schlimme Zeit. Aber es gab bei den Bauern was zu essen, was wir ja da drüben [in Oberschlesien] nicht hatten. Und man hat, man hat uns gebraucht. In der Schule wurden wir auch aufgenommen. [...] Und also ich hatte nicht so Probleme mit den Kindern,

---

Barackenlager Lette, die Erinnerungsstätte Heidefriedhof und den Aufbau einer Museumsabteilung zur Vertriebenengeschichte am Ort.

54 Helga R. (Jg. 1941) aus Königshütte in Oberschlesien im Interview am 24.7.2014: Sie sprach davon, dass sie „familiär aufgenommen" wurde und noch heute Kontakt hat. Luzie H. (Jg. 1930) aus Wünschelburg/Grafschaft Glatz im Interview am 11.8.2015 gab an, dass Mutter und Großmutter „mit Liebe aufgenommen" wurden. Gute Erinnerungen schilderte auch Christa R. (Jg. 1938) aus Liebau Dittersbach nahe der tschechischen Grenze im Interview am 10.8.2015, die berichtete: „Es war eng, aber Sie glauben nicht, da war Harmonie, da, da passte alles. Familie war das."

ich weiß wohl aber, dass Kollegen, die sehr eigen waren, oder 'n bisschen traurig waren, dass die schon Schwierigkeiten hatten, Fuß zu fassen, und die Eltern [auf dem Hof], ja das kann ich nicht so sagen, aber die Töchter waren eigentlich von den Bauern immer sehr nett und haben auch die Flüchtlinge und die Vertriebenen eigentlich auch immer noch so versorgt. Noch 'n Liter Milch, noch 'n Stück Speck. Und man saß ja auch, viele haben ja auch in dieser großen Küche 'n Tisch aufgestellt und haben uns so mit in dem Raum sitzen lassen. Es gab nicht immer das dicke Ende [vom Fleisch] oder so ganz was Gutes wie die Bauernfamilien, aber man war zufrieden und man wurde versorgt.[55]

Erika B. kam mit ihrer Mutter über Maria Veen nach Lette:

Und daran erinnere ich mich sehr gut. Wir saßen wieder auf einem Pferdewagen. Es war schon fast dunkel. Es regnete. Und wir wurden zu einem Bauernhof gefahren. Das war im Pascherhook. Irgendwo, ich bin, hab die Stelle nie wieder gesucht, ich weiß nicht genau, welcher Hof das war, ob er noch existiert. Jedenfalls war es so, die Tennentür war auf, es war, warmes Licht kam da raus. Es roch nach Bratkartoffeln mit Speck, ja, und eine Bäuerin stand vor der Tür und wollte uns erstmal nicht haben. Sie hat lange verhandelt. Und dann schließlich durften wir aber unser Gepäck abladen und wurden dann auch an den Tisch gebeten. Und dann haben wir eigentlich da 'ne gute Zeit erlebt. Und ich kann mich erinnern, dass ich als Kind da einfach glücklich war. Es war Ruhe. Es war Frieden. Es war Frühling. Es gab junge Katzen. Es gab Küken. Es war also alles, was ein Kind auf'm Bauernhof auch genießen kann so. [...]

Hier ging alles seinen Gang, besonders hier auf dem Lande. Die Leute hatten zwar auch schwere Schicksale, wenn jetzt meinetwegen ein Sohn gefallen war oder so, also Verluste hatten sie in dieser Hinsicht schon auch. Aber ansonsten ging alles seinen Gang. Sie hatten zu essen, zu trinken. Sie hatten, ja sie hatten dann bloß diese Einschränkung, dass da plötzlich die anderen Leute da ankamen und sich bei ihnen breitmachten, und auch diese Bäuerin, die uns erst abwehren wollte, meine Mutter hat ihr das später gar nicht übelgenommen. Sie sagte, die hatten die ganzen Zimmer voll, voll Möbeln von Leuten, die ausgebombt waren. Also als der Bombenkrieg losging, da haben viele ja im Westen ihre Möbel auf'm Lande untergestellt bei Bauern. Also waren die Kammern voll. Ja und jetzt sollten die plötzlich die Flüchtlinge unterbringen, ja was jetzt mit diesem Kram jetzt, also das war, musste umgeräumt werden und was weiß ich, ne. Aber die haben sich dann eigentlich ganz positiv dann verhalten. Meine Mutter, die war ja auch noch jung und sie hat da gleich mit angefasst, sie hat melken gelernt und hat dort Kühe gemolken und hat alles Mögliche so mitgemacht. Sie hatte auch noch längere Zeit Kontakt da zu der Familie, besonders, da war eine Tochter, die war etwas jünger als sie und mit der sie sich auch sehr viel unterhalten hat.[56]

---

55   Dieter R. (Jg. 1931) aus Oppeln im Interview am 24.7.2014. Von guten Erfahrungen berichtete auch Christa R. (Jg. 1938) aus Liebau Dittersbach, die nach Billerbeck kam.
56   Erika B. (Jg. 1941) aus Wünschelburg im Interview am 13.8.2015.

Andere erinnerten sich an gemischte Erfahrungen, die sie nach ihrem Eintreffen im Münsterland machen mussten:

> Wir kamen nach Maria Veen. Das war, das war eigentlich ein schönes Kloster. Da waren wir gut aufgehoben, aber wir blieben ja nicht lange da. Wir kamen ja sofort weiter hier nach Lette. [...] Und wurden da verteilt, nur keiner wollte eine Frau mit zwei Kindern haben. Wir sind also zwangseingewiesen worden hier. Das war nicht sehr schön und wir haben's nicht gut gehabt. [...] Ich weiß nur, dass wir zu dritt in einem, wir hatten zu dritt ein Bett und mein Bruder sollte, mein Bruder war ein Jahr älter als ich und da wurde 'ne Straße gebaut und da sollte mein Bruder an der Straße mitbauen und da hat meine Mutter gesagt, das kommt nicht in Frage. Der war 15 Jahre, also. Und dann kriegten wir auch nichts mehr zu essen. Da haben wir von unseren Lebensmittelkarten gelebt. Ich hatte das Glück, wir konnten ja bald zur Schule gehen. [...] Und ich hatte das Glück, dass ich in der Schule ja jeden Tag meine Quäkerspeise bekam. Aber ich weiß, wir waren mal, hier gab es ein Geschäft W. in Lette. So ein Lebensmittelladen. Ich weiß wohl, dass ich mal so einen Hunger hatte, dass mir die Frau W. schon ein Butterbrot von unseren Lebensmittelkarten geschmiert hat. So sah das aus. [...] Und wir konnten auf dem Hof nicht bleiben, wo wir eingewiesen wurden, und meine Mutter ist zum Bürgermeister gegangen. Und dann sind wir zu einem anderen Hof hier gekommen in Lette und da waren wir gut aufgehoben. Und in der Zwischenzeit 1948 kam mein Vater aus amerikanischer Gefangenschaft. [...] Da war die Familie wieder fast zusammen.[57]

Dietmar S. aus Schlesien erinnerte sich, wie er als 7-Jähriger die Unterbringung seiner Familie erlebte:

> In Hiddingsel wurden wir dann vom Bürgermeister auf Wohnungen verteilt. Es waren eben diese drei Familien und der Opa. Wir haben also dann drei Zimmer und er hat auch ein Zimmer bekommen, aber in ganz unterschiedlichen Häusern. Das war so nicht irgendwo, dass wir uns jeden Tag unbedingt sehen konnten. Und der Opa wohnte bei einem Kötter, kleiner Bauer, von uns aus so vielleicht 100 Meter über einen Bach drüber. Und, da weiß ich nur, dass er gar nicht zufrieden war. Er war unglücklich, er war wohl am Bach und hat da auch mal versucht zu angeln, weil er das auch gerne machte, aber er kam mit der Umgebung nicht klar, nicht. Er kam auch mit den Leuten im Dorf nicht klar. Das war nicht so seine, nicht so seine Art mit solchen Leuten zu leben, weil wir in dem Dorf die Polacken waren.[58] Wir kamen aus Polen und was aus Polen kam, waren die Polacken, nicht. Und die Aufnahme war also nicht freundlich. Aber das hat bei uns ganz gut geklappt. Unsere Vermieter haben dann uns das Zimmer so auf

---

57 Charlotte R. (Jg. 1932) aus Oberrathen bei Wünschelburg im Interview am 13.8.2015.
58 An diese irrige, herabsetzende Bezeichnung für Ostvertriebene erinnern sich viele Zeitzeugen; dazu auch: Kossert, Kalte Heimat, dort im Abschnitt „Die Polacken kommen", insbesondere S. 48f., 71, 84. „Uns haben se ja nur als Polen bezeichnet. Aber dann kam wieder, wieso aus Polen und die können alle Deutsch?", berichtete Felix H. (Jg. 1934) im Interview am 22.7.2014.

der Halbetage [gegeben], wir mussten durch die Küche bei denen durch, Treppenhaus hoch. Haben sie nach einem halben Jahr geändert und uns einen eigenen Zugang von außen mit einer Treppe gemacht. So Fenster rausgebrochen, die Tür eingebaut und dann war das Leben wieder angenehm.[59]

Klaus L. wurde als 15-Jähriger vertrieben und kam nach Darfeld auf einen Bauernhof, er berichtete:

> Meine Großmutter und ich und der Onkel Karl, also der Großonkel, wir sind nach Darfeld gekommen. Mit LKWs von Lette, Gepäck hinten drauf, nach Darfeld. Da sind wir am Marktplatz oder Dorfmittelpunkt ausgeladen worden und da standen wir wie die Sklaven in Amerika, die Schwarzen, die dann also in Augenschein genommen wurden von den einzelnen Bauern oder Anwohnern. Die mussten ja alle Vertriebene aufnehmen, ob sie wollten oder nicht. Das war natürlich, dann kam ja diese Aussuche dabei. Und somit sind wir dann bei einem Landwirt in Darfeld, in Hennewich, das war außerhalb vom Ort Richtung Horstmar raus, sind wir gelandet. Der hat uns mit Pferdewagen abgeholt vom [Marktplatz], ja hier kommt mal mit. Die konnten sich die Leute mehr oder weniger aussuchen. Ich wie gesagt 15 Jahre alt, der hat wohl gedacht, och kannst schon 'n bisschen Hilfe haben davon. Und daraus sind dreieinhalb Jahre geworden. Ich bin also als Landbursche, so steht das in den Papieren vom Arbeitsamt Coesfeld, als Landbursche geführt worden. Ohne Lohn, ohne versichert zu sein, nur für's Essen gearbeitet. [...] Wissen Sie, was 'ne Tenne ist? Oder Diele sagt man in Norddeutschland. Von da aus war oben ein Holzverschlag, da stand eine Schrotmühle, da wurde also Schweinefutter und so was gemahlen. Da stand ein großes doppeltes altes westfälisches Bauernbett. Das war die Unterkunft für uns. Leiter von der Tenne hoch, selbstgezimmerte Leiter, wie 'ne Hühnerleiter aussieht, und sind da oben untergebracht worden. Und da bin ich auch bis zu meinem Ende 1949 gewesen.[60]

Erfahrungen vom Anderssein, Fremdsein, Nichtdazugehören

Gerda A. war mit ihrer Mutter und zwei Geschwistern, einer Tante und deren Kind sowie ihren Großeltern nach Billerbeck gelangt und erinnerte sich, wie verschieden manche Verhaltensweisen waren:

> Interessant war noch, dass sie also, die waren, für die [Einheimischen] waren wir ja auch Exoten irgendwie, ne. Dass sie zum Beispiel, in meiner Familie ist immer viel gesungen worden und wenn wir dann abends zusammensaßen, wurde zweistimmig gesungen. Und dann standen die manchmal im Garten ganz still unterm Baum oder unterm Fenster und haben sich das angehört. Das war ganz interessant. Die andere Seite war, dass meine Mutter, also es war von vornherein klar, wer kann, muss helfen, muss mitarbeiten. Und meine Mutter hatte dann

---

59 Dietmar S. (Jg. 1939) aus der Grafschaft Glatz in Schlesien im Interview am 30.7.2014.
60 Klaus L. (Jg. 1931) aus Waldenburg in Niederschlesien im Interview am 23.7.2014. 1949 endete seine Zeit in Darfeld und Klaus L. zog zu Mutter und Schwester nach Friesland.

auch, in der Ernte hatte sie sich, weil es so heiß war, getraut, einen ärmellosen bunten Arbeitskittel anzuziehen und das wurde doch als höchst obszön wurde das doch, die wurde richtig ausgeschimpft deswegen. Dass, dass sie sowas nie wieder, dann brauchte sie sich da nicht mehr sehen zu lassen.[61]

Erika B., die als 5-Jährige mit ihrer Mutter aus Schlesien ins Münsterland gelangte, beschrieb das eigene Fremdheitsgefühl in der neuen Umgebung, aber auch die Ausgrenzung, die sie als Vertriebene seitens der Alteingesessenen erlebte:

> Man ist ja auch in einer Flüchtlingsfamilie dann groß geworden. Da waren ja immer die Erzählungen. Da war die ganze Atmosphäre. Die Atmosphäre von Verlust, von Überlegungen, kommen wir wieder nach Hause oder nicht. Das war ja unklar bis in die 50er Jahre. Dieses, man spürte das Anderssein. Das wurde einem ja jeden Tag demonstriert.

Neben der Distanzierung erlebten die Vertriebenen unter den Einheimischen auch Unwissenheit:

> Meine Mutter war da sehr empfindlich. Also die hat also diese, ja, die Ablehnung oder dieses Unwissen der Einheimischen sehr, sehr übel genommen eigentlich, ne. Wenn dann gefragt wurde, ach sprechen Sie kein Polnisch oder so, ne, dann hat sie sich furchtbar aufgeregt. Oder, ach Sie kommen aus dem Osten, ja. Und dann, der Osten war für die Polen oder Russland oder sonst was. Die hatten gar keine Ahnung von Schlesien, ja.

Umgekehrt herrschte wiederum in ihrer Familie ein Selbstverständnis, das gerade darauf gründete, einen ganz anderen Erfahrungshintergrund zu haben als die Einheimischen:

> Sehnsucht. Sehnsucht nach einem anderen Ort. Sehnsucht nach einer anderen Zeit. Das war ein Grundmotiv eigentlich in unserer Familie. Und dazu kam dann vielleicht, so auch aus Widerstand, ja, so 'ne gewisse Arroganz. Dass man so 'ne eigene Identität suchte. So, so ein Trotzdem, ich bin wer, auch wenn ich nichts habe, auch wenn ich hier nicht hingehöre. Und jetzt erst recht, ja.

Ihre Mutter war sich ihrer schwachen Stellung in der Ortsgesellschaft bewusst. Als Erika B. von einem älteren Mädchen Vollgummibälle aus einem Care-Paket weggenommen wurden, hatte sie erwartet,

---

61 Gerda A. (Jg. 1936) aus Langwaltersdorf/Kr. Waldenburg in Niederschlesien im Interview am 12.8.2015.

dass meine Mutter irgendwas tut. Aber sie hat nichts getan. Sie hat mich weggezogen und hat nichts getan. Sie war die Flüchtlingsfrau. Und sie durfte keinen Ärger machen dort. Also das ist mir sehr schwer gefallen, das zu verstehen.[62]

Klaus L. wurde als 15-Jähriger vertrieben und kam nach Darfeld auf einen Bauernhof, er berichtete: „Und somit bin ich in die Familie mit hineingewachsen und habe da gearbeitet."

Auf die Frage ob er sich auch ein bisschen wie ein Kind im Haus fühlen konnte, antwortete er:

Nee, nee, nee. Überhaupt nicht. Überhaupt nicht. Wie ich, wir wurden da als mehr oder weniger als Vertriebene erst auf Abstand behandelt und nachher als Arbeitskräfte. Und die Hoffnung, dass wir mal wieder nach Schlesien kamen oder kommen sollten, war ja immer da.[63]

Umgangsweisen untereinander im Alltag und bei der Arbeit

Die Quartiersgeber machten den neuen Mitbewohnern deutlich, wer Herr im Haus war:

Ich war zehn, als wir dahin kamen, dann hab ich mir mal erlaubt, abends dann noch, so als es noch kühl [und] schön war, am Apfelbaum mir was abzuzupfen oder so. Dann hat der Bauer gesagt, also das möchte er nie wieder sehen, das wäre ja schließlich nicht mein Apfelbaum und so. Da ist man manchmal richtig erschrocken. Das war so mehr, so dieses, diese Eingewöhnungsphase.

Auch der Tagesablauf wurde streng bestimmt:

Um halb 9 mussten wir abends ins Bett, auch im Sommer. Und wehe, wir waren nicht pünktlich, dann hat die Alte die Tür zugeschlossen. Und das war, für meine Mutter war das immer so bitter, dass man so, dann so, ja so eingeschränkt wurde.[64]

Klaus L. antwortete auf die Frage nach dem gemeinsamen Essen auf dem Bauernhof, wo er als 15-Jähriger einquartiert worden war:

Das war das einzige Gute. Ich musste ja, oder wir haben alle schwer gearbeitet, nur von Hand, da gab's keinen Maschinenpark oder keinen Trecker. [...] Essen war gut, das war das einzig Gute gewesen in dreieinhalb Jahren, wo die anderen Kohldampf geschoben haben. Ich bin immer satt geworden und gutes Essen.

---

62 Erika B. (Jg. 1941) aus Wünschelburg im Interview am 13.8.2015.
63 Klaus L. (Jg. 1931) aus Waldenburg in Niederschlesien im Interview am 23.7.2014.
64 Gerda A. (Jg. 1936) aus Langwaltersdorf/Kr. Waldenburg in Niederschlesien im Interview am 12.8.2015.

War wohl einfach die Küche, aber abwechslungsreich. Gemüse, es gab also jeden Tag ein anderes Gemüse, wurde Eintopf gemacht, aber nicht in Suppenform, sondern in fester Form. Möhren, Kohl, alles Mögliche. Westfälische Richtung und immer 'n bisschen Speck oder Fleisch da drin. […] Wir haben also Familienanschluss gehabt. Wir haben alle zusammen in der Küche gegessen. Frühstück, Mittag, Abendbrot. Das war, und somit hatten wir, steht auch in meinem Zeugnis drin, dass ich als Landbursche mit Familienanschluss untergebracht worden bin. Das war natürlich für den Herrn F. 'n Vorteil, weil er ja, ich war ja nicht versichert. Ich war nicht krankenversichert, ich war nicht arbeitslosenversichert, wenn ich hier also 'nen Unfall gehabt hätte, wenn mir was passiert wäre, dann hätte ich schlecht ausgesehen. […] Er brauchte also keinen Lohn zahlen. Er brauchte mich nicht versichern. Ich habe also nur für die Verpflegung gearbeitet. Weil ich zwangsläufig da untergebracht worden bin.[65]

Theresa F. (Jg. 1928) erinnerte sich:

Also wir kamen mit dem Bauern sehr gut aus. Muss ich ganz ehrlich sagen. Wir saßen dann, so Bauern, die hatten ja dann eine große, das nannte sich 'ne Diele, weißte, da war ja ein riesiger Tisch drin, die hatten ja auch immer Helferbauern und also Mittagessen gab's dann immer. Und für uns erst dann saßen wir an einem andern Tisch. Das nannte sich zu der Zeit damals, das war der Spültisch. Da hatte man ja keine Spülmaschine, da wurde ja alles mit der Hand gespült, ne, der Spültisch. Da saßen wir dann immer. Und die hatten ja auch dann noch Helfer und da kam immer einer so aus'm Dorf, der tat dann auch da helfen und der war 'n bisschen schmächtig, und dann sagte die, sagte die Frau B., wisste Maja, wir hep för die'n Zimmer mit deckt. Ich weiß nicht, ob Sie das auf Platt verstehen. Hatten im Zimmer gedeckt, dass er da mitessen sollte. Und da hat der gesagt, Hedwig, das ist ja von dir gut gemeint. Ich esse mit denen, wo ich, mit denen ich gearbeitet habe. Und da war's Kapitel zu Ende. Da gab's dann keine zweierlei Leute mehr. Wir waren doch auch Menschen, oder? Ja, so war das. Nein, aber der Bauer war gut und da, wir hatten's ja gut, wir mussten beim Bauern, beim Bauern musste immer alles arbeiten. Da hatten die ja noch nicht alles so komplett, wie se heute alle haben.[66]

Nach zunächst schwierigem Anfang machte Familie R. später gute Erfahrungen:

Dann kam mein Vater eben nach Lette. Und wir waren froh. Nur er hatte das große Pech, er war Landwirt und bekam eine Arbeitsstelle in Coesfeld bei einer Bettenreinigungsfirma und war natürlich sehr unglücklich über den Arbeitsplatz. Und das hatte ich einer Schulkameradin erzählt, mit der ich in der Klasse in Coesfeld war, und die hat das ihren Eltern erzählt, die auch Bauern sind, und eines Tages kamen die Eltern [K.] nachmittags angefahren nach Lette und fragten, ob wir auf den Hof kämen. Und das war für uns das Beste, was uns passieren

---

65 Klaus L. (Jg. 1931) aus Waldenburg in Niederschlesien im Interview am 23.7.2014.
66 Theresa F. (Jg. 1928) aus Himmlisch Ribnei im Adlergebirge, die nach Darfeld kam, im Interview am 12.8.2015.

konnte. Mein Vater hatte wieder Erde unter den Füßen und es war sehr schön. Und da sind wir geblieben auf dem Hof, bis mein Vater 65 wurde und dann haben wir uns selbständig gemacht und haben in der Schule in Darup-Gladbeck [die benachbart zum Hof lag] die letzten Jahre verbracht.

Zur Familie K. blieb die Verbindung über die Jahrzehnte bestehen:

> Und was ich vor, das ist jetzt vielleicht drei Jahre her, da trafen wir uns alle mal wieder bei K. zusammen und es war richtig schön mit den Kindern und da sagte der der jüngste Sohn, Lotte, sagte, du glaubst ja gar nicht, was ich alles von deinem Vater gelernt habe. Und das hat mir richtig gutgetan. Ja sowas muss man ja auch mal erwähnen.[67]

Dieter R. erinnerte sich an den Argwohn der Einheimischen gegenüber den Vertriebenen, wenn es um berufliche Chancen ging:

> Also, man war schon neidisch auf uns. Wenn sich einer beworben hat, da ist schneller einer genommen worden von drüben, ob das beim Amt war oder Lehrer war oder als Geselle war, weil man einfach das Gefühl hatte, man muss fleißiger sein und man muss mehr machen als die, die hier zu Hause sind. So sind eigentlich die ‚Ostgoten' hier eigentlich ganz gut auf die Dauer zurechtgekommen. Am Anfang war es schwierig, weil ja viele [Einheimische] auch 'n bisschen 'ne Stelle [zwar] nicht verloren haben, aber es war plötzlich Konkurrenz da. [...] Es war ja so, man bekam ja nach dem Krieg Lastenausgleich. Da waren die Einheimischen sogar 'n bisschen, na ich will nicht sagen böse, aber so 'n bisschen, das konnten se nicht haben, dass auf einmal andere Geld kriegen für zum Bauen oder für'n Grundstück kaufen. Aber bei den Bauern ist es so in der Regel gewesen, dass jedes Kind abgefunden wurde und meistens hat jedes Kind auch von zu Hause aus noch 'n Grundstück bekommen, das der Vater bezahlt hat. Also es war schon nicht mehr wie recht, dass man das bekommen hat. Und, aber naja, da wo der Vater gebaut hat, haben natürlich auch vier, drei vom Finanzamt und noch einer, das waren alles Schlesier, die zusammen wieder gebaut haben.[68]

Unterschiedliche Sprachen – Verschiedene Dialekte

Im Münsterland war das Plattdeutsche die normale Umgangssprache und schon das Hochdeutsche den meisten kaum geläufig. Dementsprechend waren die Dialekte der eingetroffenen Vertriebenen den Einheimischen erst recht fremd. Ein Letteraner erinnert sich:

> Mit unser Vater hab ich noch Platt gesprochen. Mit meinen Schulkollegen zum Beispiel, auch dem Messdiener, der mit mir hier gedient hat, oder der andere Nachbar, der hat auch immer mitgedient, also, wenn ich da Hochdeutsch

---

67 Charlotte R. (Jg. 1932) aus Oberrathen bei Wünschelburg im Interview am 13.8.2015.
68 Dieter R. (Jg. 1931) aus Oppeln im Interview am 24.7.2014.

gesprochen, also dann hätte der geguckt, mein Gott was ist denn jetzt mit dem los. Als ich in die Schule gekommen bin, das war meine erste, wirklich meine erste Fremdsprache. [...] [Mit den Vertriebenen] da musste man mit Hochdeutsch sprechen oder unser Lehrer kam auch aus Schlesien, ich kann ja heute noch 'n bisschen da Schlesisch. Dann da sprachen wir dann auch 'n bisschen so ihre Sprache mit.[69]

Die Verschiedenheit der Mundarten rief leicht Missverständnisse hervor und wirkte sich dadurch trennend aus. Demgegenüber stärkte z.B. das Pauern, der schlesische Dialekt, bei den Vertriebenen wiederum die eigene Identität:

Ja, wir haben unsere Mundart, das heißt bei uns pauern, nicht wie in Westfalen das Platt, sondern das heißt pauern, die haben wir immer gepflegt. Wir haben von jeher immer unsere Sprache gesprochen zu Hause und konnten wenig Hochdeutsch. Dadurch guckten uns ja auch die Einheimischen 'n bisschen schief an. Ihr seid die Polacken haben se immer gesagt. Und dann haben wir gesagt, wir sprechen nur 'ne Mundart, pauern tun wir, weil wir aus'm Dorf kamen und da wurde eben diese Mundart gesprochen. [...] Ja, wir haben nachher zu Hause auch Hochdeutsch natürlich gesprochen und wir haben das aber auch ganz schnell gelernt.[70]

Der Schüler Dietmar S. lernte Platt, um nicht mehr aufzufallen:

Hiddingsel war für mich ein Problem, ich war extrem blond. Ich war also weißblond. Und wenn irgendwo etwas passierte, da hieß es immer, ‚denn witten, die was aug debi'. Also hab ich mir in der Zeit immer die Haare extra schmutzig gemacht, dunkel gemacht mit Dreck, damit ich nicht so auffiel. Größeres Problem war, die Flüchtlingskinder wurden nicht sehr gelitten. Die waren frech, die waren aufsässig, die konnten nicht mal richtig Platt sprechen. Deshalb war für mich das Platt Lernen [wichtig], in 'nem halben Jahr war ich perfekt in Platt, weil ich dann nicht mehr auffiel.[71]

Die Annäherung der Vertriebenen an die Einheimischen benötigte Zeit, Gelegenheiten und den Erwerb der örtlichen Umgangssprache:

Über die Vereine, sei es über den Sport, über die Kirche, über die Musik, ist man so dazwischengekommen, so dass man wieder 'n bisschen zusammengewachsen

---

69 Franz-Josef B. (Jg. 1936) aus Coesfeld-Lette im Interview am 23.7.2014.
70 Maria P. (Jg. 1941) aus Wünschelburg im Interview am 25.7.2014. Rezitatoren schlesischer Mundart traten wie schon erwähnt auch immer wieder einmal im Vertriebenenaltersheim „Heidehof" auf. Missverständnisse riefen einige plattdeutsche Speisebezeichnungen hervor: „Moos" für Grünkohl, „Worteln" für Mohrrüben, so berichtet Christa R. (Jg. 1938) aus Liebau Dittersbach im Interview am 10.8.2015.
71 Dietmar S. (Jg. 1939) aus der Grafschaft Glatz in Schlesien im Interview am 30.7.2014.

Abb. 4.7   Kinder im Barackenlager Lette, 1949 (Foto: Sammlung Sylvia Hungerhoff, Borken)

ist. Denn am Anfang war der Kontakt eigentlich sehr schwierig. Die Münsterländer sprachen damals noch alle Platt. In der Schule der Lehrer auch noch, den haben wir ja auch nicht verstanden. Aber war ein guter Lehrer, das war ein guter Pädagoge.[72]

Zudem gab es Einheimische, die davon ausgingen, dass in den Herkunftsgebieten der Ostvertriebenen nicht Deutsch, sondern Polnisch gesprochen wurde. Eine solche Fehleinschätzung unterlief offenbar auch dem katholischen Ortspfarrer von Lette. Ein Zeitungsbericht aus dem Jahr 1953 kolportierte von einem ostdeutschen Abend eine Episode mit zwei Geistlichen, von denen der katholische Westfale offenbar allen aus dem Osten Stammenden – darunter auch dem evangelischen Pastor – den hauptsächlichen Gebrauch der polnischen Sprache unterstellte.[73]

Konfessionsverschiedenheit
Besonders trennend wirkte sich die Konfessionsverschiedenheit zwischen katholischen MünsterländerInnen und protestantischen Neuankömmlingen aus. Katholische Vertriebene hatten es hier hingegen ein wenig leichter, wie Klaus L. zu berichten wusste:

> Also ich war ja, das wurd' natürlich für mich ein Plus hier, weil das Münsterland erzkatholisch ist, und somit bin ich also als Katholik auch sonntags mit in die Kirche gegangen.[74]

Ilse E. hingegen erfuhr als Protestantin vor allem bei ihren QuartiersgeberInnen eine sehr ablehnende Haltung, die das Alltagsleben belastete:

> Wir haben's eigentlich gut getroffen [bei der Bauernfamilie in Darfeld]. Nur die Oma muss ich jetzt auch mal sagen, die hatte echt ein Problem damit, dass ich evangelisch war. Und das kam gleich am ersten Abend raus, das war so spät nach Mittag, wie ich da angekommen bin und abends wurde denn ja Abendbrot gegessen und gebetet und da hab ich halt meine Hände gefaltet und wie das Gebet zu Ende war, da sagt die Oma, warum machst du denn das Kreuzzeichen nicht? Und ich habe gesagt, das brauch ich nicht, ich bin evangelisch. Und dann hat ich

---

72 Dieter R. (Jg. 1931) aus Oppeln im Interview am 24.7.2014.
73 Allgemeine Zeitung Coesfeld vom 17.6.1953. Der katholische Geistliche Hermann K. und der evangelische Pastor Dr. Ulrich B. sollen sich persönlich nicht die Hand gegeben haben, wie damalige Messdiener aus Lette berichten (Mitteilung von Werner S., Lette, im April 2013). Die katholische Kirche in Lette wurde aber von Pastor K. für Konfirmationen zur Verfügung gestellt; vgl. Allgemeine Zeitung Coesfeld vom 2.4.1952 und vom 2.4.1953; Höting, Das denkmalgeschützte Barackenlager, S. 213f.
74 Klaus L. (Jg. 1931) aus Waldenburg in Niederschlesien im Interview am 23.7.2014. Dasselbe berichtete Dieter R. (Jg. 1931) aus Oppeln im Interview am 24.7.2014.

wohl mein Urteil gefällt. Sie hatte echt ein Problem, die jungen Leute nicht, aber die hatte echt ein Problem damit. Und sie hat mich dann auch sehr schikaniert, also das muss ich auch sagen.

Außerhalb der Bauernfamilie erlebte die Zeitzeugin auch Toleranz:

> Ja, das war [19]47, im März [19]47, da war die Konfirmation. Die war in der Schlosskapelle in Darfeld. Da muss ich ja heute immer noch sagen, da muss ich mich wundern, denn die Grafenfamilie, die waren ja auch streng katholisch, aber sie haben dann doch erlaubt, dass wir Evangelischen alle 14 Tage da einen Gottesdienst abhalten konnten. [...] Und von 2 bis 3 konnten wir dann da rein und dann kam ein Pastor aus Billerbeck, wir gehörten zur Kirchengemeinde Billerbeck, [der] evangelischen. Die kamen mit'm Fahrrad gefahren damals von Billerbeck und das war dann immer so 'n Treffen. Alle Evangelischen, und wir sind ja, alle sind ja kilometerweit gelaufen, um an diesem Gottesdienst teilzunehmen, und da hat man sich gegenseitig wieder so aufgerichtet.

Auch später erlebte sie Entgegenkommen bei ihrer Arbeitgeberin:

> Und ich hab auch gesagt, dass so wie Karfreitag, ist eigentlich unser höchster Feiertag. Hat man akzeptiert. Ich habe morgens noch mit gemolken und dann hatte ich Feiertag und das lief gut.[75]

Helga R., obwohl katholisch, erinnert sich deutlich an die Ausgrenzung der evangelischen Gläubigen, insbesondere in der Schule:

> Ja, das war in Nottuln, äh, etwas problematisch. Ich habe das direkt nie zu spüren gekriegt, wir waren nun katholisch. Die Evangelischen waren eine Diasporagemeinde und ich weiß aber, dass z.B. an der Hauptschule in Nottuln, äh, dass da ein Band gespannt wurde, in der Pause und während der Pause. Es war, das Band war wohl anscheinend immer da. Die waren getrennt in der Pause. Die durften nicht zusammen sprechen. [...] Dieser damalige Dechant, ja, kann man ja ruhig sagen, Dechant B., war wohl ein Mensch, der wirklich auf die Evangelischen gehetzt hat, so dass die Kinder nachher, wenn die aus der Schule gingen, sich berufen fühlten, die Evangelischen zu vertrümmen da. [...] Nur, ich weiß, dass z.B. die Gegenseite, die Evangelischen, die ja in der Minderheit waren, da war ein Pastor H., der veranstaltete auch Ausflüge. Es war ja sonst nichts. Er fuhr z.B. zum Zoo, er fuhr zum Dahlienpastor nach Lüdinghausen, das weiß ich noch. Da sind wir auch mitgewesen, meine Mutter, meine Tante und ich. Und der nahm auch die Katholischen mit.[76]

---

75   Ilse E. (Jg. 1932) aus Waldenburg-Altwasser in Schlesien im Interview am 24.7.2014.
76   Helga R. (Jg. 1941) aus Königshütte in Oberschlesien im Interview am 24.7.2014.

Die evangelische Schülerin Rosemarie B. hatte im Schulalltag nicht nur unter den katholischen MitschülerInnen zu leiden, sondern auch unter den Lehrpersonen, die ProtestantInnen während der katholischen Religionsstunde aus dem Klassenzimmer schickten:

> Also wie ich hier in die Schule kam und Flüchtling war und evangelisch war, das war ganz schlimm. Das war ganz schlimm. [...] Ja, also gerade weil ich halt evangelisch bin, wir waren circa 40 Kinder in der Schule, in der Klasse. Und davon waren vielleicht fünf, sechs Kinder evangelisch, und davon drei Flüchtlinge eventuell. Und das war ein Spießrutenlaufen, das war's also wirklich. Während dann die Katholischen den Unterricht hatten, musste ich oder wir Evangelischen draußen eine Stunde im, auf'm Flur warten, bis das vorbei war.[77]

Für die Lehrkräfte gab es jedoch durchaus Handlungsspielraum im Umgang mit den Kindern evangelischen Glaubens. Gerda A. erzählte:

> Und dann waren wir auch nicht katholisch, das war ja auch schon schlecht. [Sie erinnerte sich jedoch auch an einen Lehrer, der Toleranz bewies:] Und interessant war auch, dass wir ja in der Bauerschaftsschule, wir mussten da 20 Minuten laufen, bis wir da waren, und dass der Lehrer uns auch immer in der Klasse gelassen hat, auch wenn Religionsunterricht war, auch wenn wir nicht katholisch waren, wir blieben immer drin, weil sonst hätten wir nur im Flur gestanden zu bibbern oder so.[78]

Der Einheimische Franz-Josef B. bemerkte als Schüler aber einen Vorteil der evangelischen Schulkameraden:

> Ich hab das ja in Lette, oft hat man se auch gehört so evangelisch und katholisch, ich hab das in Lette eigentlich nie so empfunden. Also ich persönlich hab Freunde gehabt, die waren evangelisch, ohne dass ich das so gesteuert hatte. Das, das war einfach, ich hab also auch gar nicht [da]nach gefragt. Die brauchten morgens nicht so früh aufstehen. Wir mussten ja morgens erst inne Kirche. Tja und dann zwei Kilometer zu Fuß gehen natürlich. Winter wie Sommer. Und da hatten se 'nen kleinen Vorteil, die Evangelischen. Konnten 'ne Stunde später anfangen.[79]

---

77 Rosemarie B. (Jg. 1940) aus Breslau im Interview am 11.8.2015. Von negativen Erfahrungen berichtete auch Christa R. (Jg. 1938) aus Liebau Dittersbach im Interview am 10.8.2015.
78 Gerda A. (Jg. 1936) aus Langwaltersdorf/Kr. Waldenburg in Niederschlesien im Interview am 12.8.2015.
79 Franz-Josef B. (Jg. 1936) aus Coesfeld-Lette im Interview am 23.7.2014.

Gleichzeitig gab es auch Erinnerungen an eine bereitwillige Aufnahme in die Klassengemeinschaft und Hilfeleistungen Einheimischer, wie die Erinnerung von Christa R. erkennen lässt:

> Prima. Ich war sofort drin. Gar keine Probleme. Und dann war's ja noch so, da hatte mir man ja den Mantel gestohlen, ne. Und der Nachbarjunge fuhr nach Hause und hat gesagt, da ist ein ganz armes Mädchen, die hat nicht mal 'nen Mantel. Er hat, ich weiß nicht, ob er zweie hatte oder seinen abgegeben hat, da kam er mit 'nem Mantel rein. Groß war ich ja nun nicht, da wurd so 10 oder 20 Zentimeter umgenäht und dann trug ich den etliche Jahre. Und das war eben, da können Sie ja schon sehen, dass man mit sehr viel Liebe aufgenommen wurde, ne.[80]

Kontakte zwischen Einheimischen und Vertriebenen

Da persönliche Kontakte der Einheimischen zu den Vertriebenen selten waren, wurden sie umso mehr von den Neuankömmlingen geschätzt und dankbar aufgenommen. In den Interviews gibt es sehr unterschiedliche Aussagen über die Bereitschaft der Alteingesessenen zu Kontakten mit den Vertriebenen. Rosemarie B. (Jg. 1940) fühlte sich isoliert und vermisste den Kontakt zu Einheimischen: „Der war gar nicht. Der war gar nicht."[81]

Auch die zehn Jahre ältere Luzie H. hatte es im kleinen Ort Lette schwer, als Jugendliche unter den Einheimischen Anschluss an Gleichaltrige zu finden und neue Freundschaften zu schließen:

> Ich hab hier auch nie 'ne Freundin gehabt. Das ist das, was ich als Kind sehr vermisst habe. Dass ich alle meine Freundinnen [aus der alten Heimat] verloren hab. [Gefragt, ob es auf dem Hof Schulze T. in Lette, wo sie sich gut aufgehoben fühlte, auch Mädchen in ihrem Alter gab, mit denen sie sich befreunden konnte, antwortete sie:] Nein, gab's nicht. Die hatten viel, ja damals gab's ja Knechte und Mägde. Schulze T. ist ja ein riesiger Hof und die brauchten, damals gab's ja all diese Landmaschinen noch nicht, die sie heute haben, und die hatten halt dann mehrere Mägde, aber nein, mit denen hatte ich, nicht dass ich das nicht gewollt hätte, aber ich glaube, die wollten auch mit mir nichts zu tun haben. Das einzigste, wo ich denen begegnete, wir kriegten von den Mägden immer das Essen auf unser Zimmer gebracht, wo wir dann, wir drei [Großmutter, Mutter und sie selbst], zusammen aßen. Ich brachte hinterher das Geschirr wieder zurück und half mit spülen und abtrocknen. Dann begegnete ich den Mägden. Den Mädchen.[82]

---

80 Christa R. (Jg. 1938) aus Liebau Dittersbach im Interview am 10.8.2015.
81 Rosemarie B. (Jg. 1940) aus Breslau im Interview am 11.8.2015.
82 Luzie H. (Jg. 1930) aus Wünschelburg im Interview am 11.8.2015.

Luzie H. gelang es aber, in der nahe Lette gelegenen Kreisstadt Coesfeld eine einheimische Freundin zu gewinnen. Diese hatte selbst erlebt, wie schwer das Verlassen der Heimat fällt, und zeigte Einfühlungsvermögen:

> Dann fuhr ich halt mit'm Fahrrad nach Coesfeld. Und ging in Coesfeld zur Kirche und in Coesfeld zur Kirmes, um Leute kennenzulernen. Und da hab ich dann 'ne sehr nette Freundin kennengelernt. 'Ne Coesfelderin war das, und die nahm mich dann immer mit, wenn sie tanzen ging. [...] Sie ist ursprünglich in Coesfeld geboren, aber als sie dann größer war, ist sie im Ruhrgebiet tätig gewesen, kam dann aber, weil sie Heimweh hatte, wieder nach Coesfeld zurück. [...] Und ich denke, ihr Heimweh, was sie in Duisburg erfahren hatte, das konnte sie auf mich irgendwie umsetzen oder dadurch Verständnis für mich aufbringen. Die war hier dann auch verheiratet, die hatten ein eigenes Haus und ihre Eltern lebten hier in Coesfeld. Ja, ich bin dann oft ganz gerne zu ihr nach Hause gegangen. Das war für mich dann ja auch wieder, ja ein bisschen zuhause.[83]

Verständnis füreinander im zunächst unfreiwilligen Zusammenleben konnte zu einer fortdauernden Freundschaft zwischen Einheimischen und Vertriebenen, sogar über den Generationenwechsel hinaus, führen. So berichtete die Ostvertriebene Theresa F. über das Verhältnis zu ihren Quartiersgebern:

> Gut. Also wo, bei dem Bauern, wo wir waren, das war ein sehr guter Bauer. Wir mussten halt zwar arbeiten beim Bauern, da musstest du, musstest du mit zum Melken fahren, die hatten doch Kühe, hatten Pferde, war ja ein Bauer. [...] Also ich kann nur sagen, der Bauer B. war ein sehr guter Bauer. Da haben wir jetzt noch zu seinen Söhnen, haben wir da immer noch Kontakt dazu.[84]

Heiraten zwischen Einheimischen und Vertriebenen

Doch es gab durchaus unter den Vertriebenen nicht nur Bestrebungen sich einzugliedern, „dazuzugehören", sondern auch den Gedanken, für sich zu bleiben. So blieben Eheschließungen meist auf den inneren Kreis der Vertriebenen beschränkt, wofür allerdings nicht zuletzt auch der gesellschaftliche Druck katholischer Einheimischer auf (nicht nur konfessions-) „gemischte" heiratswillige Paare wirkte. Zu den wenigen Frauen, die einen Einheimischen heirateten, gehört Luzie H., die auf die Frage nach dem Kennenlernen antwortete:

> Ja sicher, ja das war, ja das war eigentlich ganz wichtig, es musste doch für uns irgendwie weitergehen. Wenn ich also in den Ferien hier war, fuhr ich – ich war,

---

83 Luzie H. (Jg. 1930) aus Wünschelburg im Interview am 11.8.2015. Auch Helga R. (Jg. 1941) aus Königshütte in Oberschlesien berichtete im Interview am 24.7.2014 davon, in Nottuln näheren Kontakt zu einer einheimischen Familie gefunden zu haben.
84 Theresa F. (Jg. 1928) aus Himmlisch Ribnei im Adlergebirge, die nach Darfeld kam, im Interview am 12.8.2015.

wollte nicht in Lette, ich wollte keinen Bauern heiraten, hatte ich ja gar keine Vorkenntnisse für sowas. Dann fuhr ich halt mit'm Fahrrad nach Coesfeld. Und ging in Coesfeld zur Kirche und in Coesfeld zur Kirmes, um Leute kennenzulernen.[85]

Auch die Schlesierin Gerda A. heiratete später einen Billerbecker:

> Ja mein Mann war Einheimischer, aber inzwischen also war ich ja auch, ich konnte besser Plattdeutsch sprechen als er, weil es hat uns als Kindern Spaß gemacht, mit den Bauerschaftskindern Platt zu sprechen. Und ich kann es heute noch gut. [...] Dann hatte ich inzwischen auch Freundinnen, ja auch teilweise Vertriebene, aber teilweise auch Hiesige, das hat sich dann so ein bisschen vermischt.[86]

Demgegenüber wusste der einheimische Franz-Josef B. zu berichten:

> Die Alteingesessenen, da waren es einfach jetzt Flüchtlinge. Das waren einfach die, die gehörten nicht dabei. Das waren keine Letteraner. Nicht unbedingt alle, aber so einige, die haben, wollten diesen Abstand. Nee, da waren nur einige, die dann die Flüchtlingsmädchen oder eins von den Flüchtlingsmädchen nachher geheiratet haben. Sind nicht viele gewesen.

Heiratsverbindungen zwischen Alteingesessenen und Neuankömmlingen blieben die Ausnahme – nicht nur in Lette.[87] Insbesondere, wenn es um einheimische Mädchen ging, die einen ostvertriebenen Mann heiraten wollten. Auf die Frage, ob er jemanden kenne, antwortete Franz-Josef B. (Jg. 1936): „Da fällt mir im Moment so schnell keiner ein."[88]

Die Lage der Vertriebenensiedlungen

Eine deutliche Verbesserung der Wohnsituation für Vertriebene stellte sich erst allmählich ein, vor allem als neue Kleinsiedlungen entstanden. In Lette entstand die Siedlung ‚Im Sanden' durch die Kreissiedlungsgenossenschaft unter Eigenleistung der Vertriebenen selbst.[89] Allerdings bedeutete die Lage vieler derartiger Siedlungen – meist weit abseits der Ortskerne – eine weiterhin

---

85 Luzie H. (Jg. 1930) aus Wünschelburg im Interview am 11.8.2015.
86 Gerda A. (Jg. 1936) aus Langwaltersdorf/Kr. Waldenburg in Niederschlesien im Interview am 12.8.2015.
87 Vgl. zum Heiratsverhalten Einheimischer und Vertriebener ausführlich: Peter Exner, Ländliche Gesellschaft und Landwirtschaft in Westfalen 1919-1969, Paderborn 1997, S. 303-385.
88 Franz-Josef B. (Jg. 1936) aus Coesfeld-Lette im Interview am 23.7.2014.
89 Allgemeine Zeitung Coesfeld vom 22.6.1950, 9.12.1950, 23.1.1954. Der Anschluss an das Elektrizitätsnetz erfolgte 1955 (vgl. Zeitungsbericht vom 10.1.1956), Straßenbeleuchtung 1956 (vgl. Bericht vom August 1956). Stadtarchiv Coesfeld: Bestand VI 101 (Rat Lette 1949-1958). Zu Flüchtlingssiedlungen vgl. auch Kossert, Kalte Heimat, S. 110-121.

nicht nur räumliche Distanz zwischen Alteingesessenen und Vertriebenen, wie Eva S. (Jg. 1929) zu berichten weiß:

> Nur ich will mal sagen, wir haben ja nachher 'ne Siedlung gebaut und denn war das ja 'n bisschen, damals, jetzt ist ja alles zugebaut, aber damals war das ja 'n bisschen außerhalb auch, und dann haben die gesagt, da die wohnen, die, ach ja, die wohnen in Klein-Moskau, ja also das war aber bis heut.[90]

Auch Helmut N. (Jg. 1931) machte ähnliche Erfahrungen:

> Dann nachher, dann konnten wir uns melden, wenn wir da die, diese Papiere hatten und sonst was, dass wir eine Nebenerwerbssiedlung bekamen. Nun war das hier in Lette, wo wir jetzt wohnen da, ne, hier, Unland, richtig Unland, aber das machte ja nichts.[91]

7 Resümee

Für das Gelingen des Zusammenlebens von Alteingesessenen und Vertriebenen war die Aufnahmebereitschaft der Einheimischen entscheidend. Nicht zuletzt aus diesem Grund versuchten die Kommunalbehörden auch unter ökonomisch bescheidensten Bedingungen, ein einvernehmliches Miteinander herzustellen bis dahin, dass sich Behördenvertreter oftmals über ihre engeren Dienstverpflichtungen hinaus engagierten. Das Zusammenwachsen der alten mit der neuen Bevölkerungsgruppe durch größeres Wissen voneinander wurde durch die Berichterstattung der Lokalzeitung gefördert, die die Belange sowohl der Einheimischen wie der Vertriebenen im Blick hatte. Die Lokalpresse ermöglichte es, sich über mündliche Mitteilungen hinaus beispielsweise zu Kultur- und Festveranstaltungen, Jubiläen, Vereinsaktivitäten beider Bevölkerungsteile zu informieren.

Die meisten Einheimischen nahmen den Neuankömmlingen gegenüber jedoch lange Zeit eine eher misstrauische Grundhaltung ein, empfanden sie gar als fremd. Dies zeigte sich in herabsetzendem Verhalten und sogar Neid etwa auf Versorgungsleistungen, die notleidenden Vertriebenen zugestanden wurden. Tief eingeprägt haben sich vor allem Begegnungen zwischen Einheimischen und Ostvertriebenen in speziellen Situationen wie dem Eintreffen am Aufnahmeort, der Quartierszuweisung, dem – manchmal sogar zunächst verweigerten – Betreten der neuen Unterkunft. Hier zeigten die Einheimischen

---

90 Eva S. (Jg. 1929) aus Bisellen/Ostpreußen im Interview am 12.8.2015.
91 Helmut N. (Jg. 1931) aus dem Kreis Reichenbach in Niederschlesien im Interview am 25.7.2014.

oft deutlich ihre widerstrebende Haltung. Für eine bewusste Distanzierung von den Ostvertriebenen war nicht selten auch eine unterschiedliche Konfessionszugehörigkeit maßgeblich, die sich im privaten Umgang und – für die Kinder und Jugendlichen – im Schulalltag auswirkte. Mancherorts markierte sogar ein Seil oder eine Kreidelinie auf dem Schulhof getrennte (Spiel-)Räume für die katholischen und die evangelischen Kinder. Auch aus der Verschiedenheit der Dialekte, Essensgewohnheiten und Alltagsbräuche konnte ein starkes wechselseitiges Fremdheitsgefühl entstehen.

Dennoch traf die anfängliche Antipathie vieler Einheimischer gegenüber den eingetroffenen Vertriebenen keineswegs auf die gesamte Bevölkerung zu. Manche zeigten Empathie, konnten sich in die schwierige Lage der traumatisierten Ankömmlinge einfühlen. In einigen Fällen begegneten sich Alteingesessene und Ostvertriebene sogar mit gegenseitiger Sympathie, blieben über Jahrzehnte in freundschaftlicher Verbindung. Nicht zuletzt persönliche Umgangsweisen prägten maßgeblich die Einstellungen zueinander, erleichterten oder erschwerten die Alltagsbewältigung im ungewohnten Zusammenleben.

Antipathie, Empathie oder Sympathie waren auf beiden Seiten vorhanden. In dieser Einschätzung stimmen die Erinnerungen sowohl der einheimischen wie der vertriebenen Interviewten überein. In beiden Gruppen wurde über die ganze Bandbreite von gelebten und erlebten Verhaltensweisen – ob ablehnend, desinteressiert oder zugewandt bis einfühlsam und sympathisierend – berichtet.

Zieht man in Betracht, dass eine verweigerte Unterstützung seitens der Einheimischen kaum gern erinnert wird, erstaunen die Offenheit und deutlichen Worte, mit der die einheimischen InterviewpartnerInnen dieses Thema auch von sich aus ansprachen. Es handelte sich offenbar um eine verbreitete Haltung. Auch die besondere Betonung von persönlich empfangener Hilfe und Fürsorglichkeit oder sogar Förderung, von der einzelne Vertriebene berichteten, kann als Indiz dafür gelten, dass eine unterstützende Haltung unter den Einheimischen eher die Ausnahme denn die Regel war. Ausgrenzung und Herabwürdigung aber fügten neue seelische Verletzungen zu; Entgegenkommen der Einheimischen und ihre praktische Hilfe hingegen erleichterten es den Vertriebenen entscheidend, ihr fortdauernd belastendes Schicksal zu tragen, und ermutigten zum Neuanfang.

(K)Ein herzliches Willkommen? Diskurse um Krankheit und Gesundheit im Kontext der Aufnahme von Heimatvertriebenen in Westfalen

Jens Gründler

Die Aufnahme von Flüchtlingen und Vertriebenen nach 1945 war für die ländliche Gesellschaft Westfalens eine besondere Herausforderung. Zwar waren viele Kreise und Gemeinden von größeren Kampfhandlungen und großflächigen Zerstörungen verschont geblieben. Allerdings war die Zahl der Ankommenden, die Wohnung, Nahrung und Arbeit benötigten, so hoch, dass die Angebote, die die Infrastruktur bereitstellte, schnell an ihre Kapazitätsgrenze gelangten. In der Zusammenbruchgesellschaft waren die Millionen von Flüchtlingen und Vertriebenen, von denen im Rahmen der ‚Aktion Schwalbe' ca. 200.000 nach Westfalen kamen, nicht nur hinsichtlich der Wohnverhältnisse kaum zu versorgen. Auch die Betreuung mit Nahrung, Wohnungseinrichtungen und Kleidung war äußerst schwierig, so dass noch Anfang der 1950er Jahre im Vergleich mit den Einheimischen deutlich höhere Mangelerscheinungen bei Vertriebenen festgestellt wurden.[1]

1 Das Ankommen in der Fremde: Die Aufnahme der Vertriebenen

Nach ihrer Ankunft wurden die Vertriebenen meist zuerst in Durchgangslagern und lagerähnlichen Unterkünften untergebracht, die für einige zu Dauereinrichtungen wurden. Andere wurden aus den Lagern in private Unterkünfte – kleine Wohnungen, Häuser, Gehöfte und Kotten – einquartiert. Die damit verbundenen ‚Zeremonien', bei denen die einheimischen Bauern die stärksten und gesundesten unter den Vertriebenen auswählten,[2] machten

---

[1] Vgl. zur Ernährung und Ernährungsmangeln von Vertriebenen u.a. Andrea Riecken, Migration und Gesundheitspolitik: Flüchtlinge und Vertriebene in Niedersachsen 1945-1953, Göttingen 2006, S. 66-71; Izabela Mittwollen-Stefaniak, „Zuhause ist wo man Wurzeln schlägt" – Integration von Zwangsausgesiedelten am Beispiel der emsländischen Gemeinde Sögel, Haselünne 2013, hier S. 98; Jens Gründler, Gesundheit im Nachkrieg. Flüchtlinge und Vertriebene im Integrationsprozess, in: Medizin, Gesellschaft und Geschichte. Jahrbuch des Instituts für Geschichte der Medizin der Robert Bosch Stiftung 36 (2018), S. 85-115.

[2] Vgl. z.B. Dietmar Sauermann, Fern doch treu! Lebenserinnerungen als Quellen zur Vertreibung und ihrer kulturellen Bewältigung, am Beispiel der Grafschaft Glatz, Marburg 2004, S. 227-229.

den Ankommenden deutlich, wie wenig existent die zuvor von den Nationalsozialisten postulierte ‚Volksgemeinschaft' in der Realität war.[3] Rückblickend beschrieben die Vertriebenen diese Szenen auf Marktplätzen und vor Bahnhofsgebäuden als Sklaven- oder Viehmärkte, als furchtbar und entmenschlichend. Sie hatte nichts mit der oft beschworenen ‚Notgemeinschaft' und mit der wohlwollenden Aufnahmegesellschaft zu tun.[4] Stattdessen erlauben diese Tradierungen einen vertieften Einblick in die Omnipräsenz von Vorurteilen gegenüber dem Fremden und den als fremd wahrgenommenen und markierten Heimatvertriebenen.

Große Bedeutung bei der Bewertung von Vertriebenen kam hierbei – insbesondere in administrativen Diskussionen über deren Integration – dem Thema ‚Krankheit(en)' zu. Anhand von lebensgeschichtlichen Quellen – Interviews, autobiographischen Berichten, Tagebüchern – und Verwaltungsschriftgut lässt sich fragen, welchen Einfluss der Gesundheitszustand von Flüchtlingen und Vertriebenen auf die administrativen Praktiken und die Wahrnehmungen der Einheimischen ausübte. Hierzu werden zunächst die Ankunftsprozeduren und die damit verbundenen Stereotype und Befürchtungen der Einheimischen in den Blick genommen, wobei das Instrumentarium des Gesundheitsscreenings und die ‚Entseuchung' im Zentrum der Analyse stehen. In einem zweiten Schritt wird nach dem Umgang mit „Geschlechtskrankheiten" und den damit verbundenen Diskussionen gefragt. Beide Themen werden sowohl in den administrativen Quellen breit diskutiert als auch in den Ego-Dokumenten der Vertriebenen erinnert. Ob und inwieweit das auch für die autochthone Bevölkerung galt soll abschließend untersucht werden.

---

3 Vgl. u.a. Michael Schwartz, Vertreibung und Vergangenheitspolitik. Ein Versuch über geteilte deutsche Nachkriegsidentitäten, in: Deutschland Archiv. Zeitschrift für das vereinigte Deutschland 30 (1997), S. 177-195. Zur Volksgemeinschaft allgemein vgl. besonders Michael Wildt, Volksgemeinschaft als Selbstermächtigung. Gewalt gegen Juden in der deutschen Provinz 1919 bis 1939, Hamburg 2007; Detlef Schmiechen-Ackermann (Hg.), „Volksgemeinschaft": Mythos, wirkungsmächtige soziale Verheißung oder soziale Realität im „Dritten Reich"? Zwischenbilanz einer kontroversen Debatte, Paderborn 2012; Dietmar von Reeken/Malte Thießen (Hg.), „Volksgemeinschaft" als soziale Praxis. Neue Forschungen zur NS-Gesellschaft vor Ort, Paderborn 2013.

4 Auch wenn der Landeshauptmann Bernhard Salzmann nur wenige Jahre später die Erfolge bei der Integration in seinem Verwaltungsbericht an die Landschaftsversammlung Westfalen-Lippe herausstellte: „Der Westfälische Heimatbund im Besonderen hat hier große Verdienste und Erfolge zu verzeichnen, wenn er gerade auch im Hinblick auf unsere neuen, aus der Heimat im deutschen Osten vertriebenen Mitbürger gegenseitiges Verständnis zwischen Einheimischen und Vertriebenen nahezubringen verstand"; Verhandlungen der 1. Landschaftsversammlung Westfalen-Lippe im Landeshaus zu Münster, Dritte Tagung am 29. und 30. März 1954, o.J., Münster, S. 50.

Die Analyse vor allem dieses zeitgenössischen Problemfeldes ermöglicht eine Sonde, mit der die ansässige Gesellschaft Westfalens hinsichtlich ihrer Bereitschaft, ihre neuen Nachbarn willkommen zu heißen und ihnen beizustehen, untersucht werden kann. Neuere, insbesondere populärwissenschaftliche Vertreibungshistoriografien verweisen entgegen älteren Darstellungen auf eine Aufnahmegesellschaft, die statt einladend kalt und abweisend gewesen sei. Die NeubürgerInnen waren für die Einheimischen häufig unerwünschte Konkurrenten um knappe Ressourcen. So bilanzierte Andreas Kossert: „In Wirklichkeit bestimmten kulturelle Ausgrenzung und soziale Verteilungskonflikte das Verhältnis zwischen Einheimischen und Vertriebenen nach dem Krieg."[5]

Bereits die nationalsozialistische Führung hatte den Flüchtlingen aus dem Osten während der Endphase des Zweiten Weltkrieges mit Vorbehalten gegenübergestanden.[6] Nach dem Krieg machten sich die zahlreichen rassistisch aufgeladenen Vorurteile der Einheimischen gegenüber den Ost-Vertriebenen Luft in Stigmatisierungen wie ‚Zigeuner', ‚Pollacken' und ‚Slawen'.[7] Aus den Berichten von und Interviews mit ZeitzeugInnen sind diese Phänomene bekannt.[8] Der Blick auf das Themenfeld ‚Gesundheit und Krankheit(en)' kann diese Narrative um eine Perspektive bereichern, die auf die Ambivalenz und Vielschichtigkeit der vermeintlichen ‚Willkommenskulturen' aufmerksam macht. Zudem eröffnet der thematische Zugriff eine bisher wenig beachtete Sichtweise der

---

5 Vgl. besonders populär Andreas Kossert, Kalte Heimat. Die Geschichte der deutschen Vertriebenen nach 1945, München 2008, S. 350. Zahlreiche Hinweise finden sich aber z.B. auch in Hansjörg Zimmermann, Flüchtlinge und Vertriebene im Landkreis Friesland, in: Hans-Ulrich Minke/Joachim Kuropka/Horst Milde (Hg.), „Fern vom Paradies – aber voll der Hoffnung". Vertriebene werden neue Bürger im Oldenburger Land, Oldenburg 2009, S. 95-118; Andreas von Seggern, „... da haben sie gedacht, wir sind alle ‚Pollacken'". Zur Aufnahme und Integration von Vertriebenen und Flüchtlingen in der Stadt Oldenburg, in: Hans-Ulrich Minke/Joachim Kuropka/Horst Milde (Hg.), „Fern vom Paradies – aber voll der Hoffnung". Vertriebene werden neue Bürger im Oldenburger Land, Oldenburg 2009, S. 119-128; Geschichtswerkstatt Französische Kapelle e.V. (Hg.), Das O-Lager 1946-1951. Ostvertriebene in Soest. Eine Dokumentation zur Nachkriegszeit, Soest 2004.
6 Vgl. z.B. den Tagebucheintrag bei Joseph Goebbels, zit. bei Schwartz, Vertreibung und Vergangenheitspolitik, S. 187; auch bei Kossert, Kalte Heimat, S. 71.
7 Ganz ähnliche Erfahrungen machten in den Jahrzehnten um die Jahrhundertwende auch die sogenannten ‚Ruhrpolen'. Diese waren, entgegen der gesellschaftlichen Stigmatisierung als katholische PolInnen, in der Mehrheit evangelische Masuren. In der Wahrnehmung vieler Einheimischer galten allerdings auch sie als „Pollacken". Vgl. z.B. Ralf Karl Oenning, „Du Da Mitti Polnischen Farben ...". Sozialisationserfahrungen von Polen im Ruhrgebiet 1918 bis 1939. Münster 1991 oder Richard C. Murphy, Gastarbeiter im Deutschen Reich. Polen in Bottrop 1891-1933 Wuppertal 1982.
8 Vgl. z.B. Kossert, Kalte Heimat, S. 71-73; Aljets, Flüchtlinge, S. 190; vgl. auch die Hinweise in Sauermann, Fern doch treu, S. 238.

Vertriebenen auf diese Zumutungen: Viele von ihnen beschrieben die angeordneten gesundheitspolizeilichen Maßnahmen der Alliierten und deutschen Behörden während der und im direkten Anschluss an die Flucht in ihren Tagebüchern weitaus weniger entwürdigend als in den oft Jahrzehnte später verfassten Erinnerungen.

2   Forschungsstand und Quellen

Die Themen ‚Flucht' und ‚Vertreibung' waren seit Gründung der Bundesrepublik fester Bestandteil öffentlicher und politischer Diskurse. Sie wurden verhandelt in zeitgenössischen Filmen, Publikationen oder – wie in den Sozialwissenschaften – in Untersuchungen zu Integration und Zukunftsperspektiven von Kindern und Jugendlichen sowie deren schulische Leistungen.[9] Schon kurze Zeit nach der Gründung der Bundesrepublik wurde durch das Bundesministerium für Vertriebene, Flüchtlinge und Kriegsgeschädigte ein Großprojekt zur Dokumentation des Vertreibungsgeschehens ins Leben gerufen.[10] Auch in der historischen Forschung war das Thema kontinuierlich präsent, wenngleich die Quantität der Forschung von politischen Konjunkturen beeinflusst war.[11] Zudem entstanden seit den 1980er und 1990er Jahren

---

9   Vgl. z.B. Karl Kurz, Lebensverhältnisse der Nachkriegsjugend. Eine soziologische Studie, Bremen 1949; Elisabeth Pfeil, Flüchtlingskinder in neuer Heimat, Stuttgart 1951 oder Carl Coerper/Wilhelm Hagen/Hans Thomae (Hg.), Deutsche Nachkriegskinder: Methoden und erste Ergebnisse der deutschen Längsschnittuntersuchungen über die körperliche und seelische Entwicklung im Schulkindalter, Stuttgart 1954. Vgl. auch Volker Ackermann, Das Schweigen der Flüchtlingskinder – Psychische Folgen von Krieg, Flucht und Vertreibung bei den Deutschen nach 1945, in: Geschichte und Gesellschaft 30 (2004), S. 434-464, hier S. 438-439.

10 Vgl. dazu Bundesministerium für Vertriebene, Flüchtlinge und Kriegsgeschädigte (1953-1962); Mathias Beer, Flüchtlinge und Vertriebene im deutschen Südwesten nach 1945. Eine Übersicht der Archivalien in den staatlichen und kommunalen Archiven des Landes Baden-Württemberg, Sigmaringen 1994; ders., Flucht und Vertreibung der Deutschen. Voraussetzungen, Verlauf, Folgen, München 2011.

11 Ein Nachlassen in der Quantität der Bearbeitung und in der ‚Popularität' des Themas ist seit Mitte der 1960er Jahre zu bemerken. Mit der Entspannungspolitik der sozial-liberalen Koalition unter Willy Brandt nahm diese Tendenz zu. Nach dem Regierungsantritt von Helmut Kohl und der damit verbundenen „geistig-moralischen Wende" wurde das Thema jedoch erneut populär. Folgt man Stephan Scholz, dann sind Flucht und Vertreibung seit der Wiedervereinigung in historischer Wissenschaft und Politik nahezu ubiquitär: Stephan Scholz, „Ein neuer Blick auf das Drama im Osten?" Fotografien in der medialen Erinnerung an Flucht und Vertreibung, in: Zeithistorische Forschungen 11 (2014), S. 120-133. Vgl. auch Beer, Flüchtlinge und Vertriebene, S. 14-16; ders., Fachbücher, wissenschaftliche, in: Stephan Scholz/Maren Röger/Bill Niven (Hg.), Die Erinnerung an Flucht und

durch das wachsende Interesse gerade auch an alltagsgeschichtlichen Themen und der Oral History zahlreiche Veröffentlichungen, die sich erneut mit dem Vertreibungs- und Integrationsgeschehen, diesmal aus der Perspektive der ‚einfachen Menschen' befassten.[12]

Trotz des Interesses an Flucht und Vertreibung blieben geschichtswissenschaftliche Analysen, die sich mit dem Themenkomplex ‚Krankheit und Gesundheit' aus mikrogeschichtlicher Perspektive auseinandersetzen, rar. So untersuchte Hans-Ulrich Sons in den 1980er Jahren die Gesundheitspolitik der britischen Besatzungsmacht zwischen 1945 und 1949 in den Regionen des heutigen Nordrhein-Westfalen.[13] Andrea Riecken analysierte zwei Jahrzehnte später für Niedersachsen in den Jahren 1945 bis 1953 das Zusammenspiel von britischer Besatzungsmacht und deutscher Gesundheitsverwaltung bei der gesundheitlichen Betreuung der Flüchtlinge in den Aufnahmegemeinden.[14] Sie konnte nachweisen, dass die Medizinalbeamten und Militärs die Vertriebenen als potentielle Seuchenträger wahrnahmen und entsprechende Maßnahmen in den Lagern forderten und auch durchsetzten.[15] Die Perspektive der Heimatvertriebenen wurde von Riecken jedoch nicht systematisch einbezogen, sondern allenfalls zur Illustration verwendet.[16] Einen anderen Fokus auf das

---

   Vertreibung. Ein Handbuch der Medien und Praktiken, Paderborn 2015, S. 100-115; Riecken, Migration und Gesundheitspolitik, S. 16-20.

12 Ein typisches Beispiel ist Dietmar Sauermanns Geschichte der Schlesier aus Glatz, in der er die Geschichte von Flucht, Vertreibung und Integration aus den Lebenserinnerungen der Vertriebenen schreibt. Vgl. Sauermann, Fern doch treu.

13 Hans-Ulrich Sons, Gesundheitspolitik während der Besatzungszeit. Das öffentliche Gesundheitswesen in Nordrhein-Westfalen 1945-1949, Wuppertal 1983.

14 Riecken, Migration und Gesundheitspolitik. Die Autorin weist zudem ausdrücklich auf das – noch immer – existente Forschungsdesiderat hin, dass die Folgen von Flucht und Vertreibung für die Gesundheit der Betroffenen bisher kaum von der Wissenschaft bearbeitet worden sind. Vgl. ebd., S. 20.

15 Ebd., S. 277-279.

16 Den Wert einer detaillierten Analyse von Gesundheitsvorstellungen und -praktiken in Selbstzeugnissen haben Susanne Hoffmann und Nicole Schweig nachgewiesen. Susanne Hoffmann, Gesunder Alltag im 20. Jahrhundert? Geschlechterspezifische Diskurse und gesundheitsrelevante Verhaltensstile in deutschsprachigen Ländern, Stuttgart 2010; Nicole Schweig, Gesundheitsverhalten von Männern. Gesundheit und Krankheit in Briefen 1800-1950, Stuttgart 2009. Vgl. auch Jens Gründler, Männlichkeit und Gesundheit im Kontext von Migration. Praktiken der Gesundheitsfürsorge und Krankheitsbewältigung deutscher Migranten in den USA im 19. Jahrhundert und frühen 20. Jahrhundert, in: Medizinhistorisches Journal 50 (2015), S. 96-122; Martin Dinges, Soldatenkörper in der Frühen Neuzeit – Erfahrungen mit einem unzureichend geschützten, formierten und verletzten Körper in Selbstzeugnissen, in: Richard van Dülmen (Hg.), Körpergeschichten, Frankfurt a.M. 1996, S. 71-98; ders., Bettine von Arnim und die Gesundheit. Medizin, Krankheit und Familie im 19. Jahrhundert, Stuttgart 2018.

Thema legte Thomas Titgemeyer in seiner medizinhistorischen Dissertation zum Wiederaufbau des Gesundheitswesens und der medizinischen Versorgungslandschaft während der Nachkriegszeit am Beispiel des Kreises Wiedenbrück.[17] Er machte deutlich, dass nicht nur die große Zahl der Vertriebenen, deren Gesundheitszustand durchschnittlich schlechter war als der der Einheimischen, die existierenden Strukturen vor große Herausforderungen stellte. Auch gab es ‚Integrationsprobleme' mit den zahlreichen Ärzten, die als Vertriebene neu in den Kreis gekommen waren, da Kassensitze und -zulassungen in der Regel belegt waren. Allerdings wurde auch in dieser Studie die Perspektive der von den Gesundheitsmaßnahmen Betroffenen sowie die der einheimischen Bevölkerung nicht in den Blick genommen.

Demgegenüber wird in diesem Beitrag der Sicht der Aufnahmegesellschaft wie der Flüchtlinge und Vertriebenen eine zentrale Bedeutung zugewiesen.[18] Im Mittelpunkt der Analyse steht die Frage, welche Relevanz die Aspekte Gesundheit und Krankheit der Vertriebenen in der Perspektive der Verwaltungen und der Einheimischen besaßen, welche Bewertungen damit verknüpft waren und welche Maßnahmen daraus resultierten. Dieser Blick kann zwei Phänomene erhellen: Erstens kann geklärt werden, ob und gegebenenfalls welchen Einfluss der Gesundheitszustand der Vertriebenen auf die ‚Willkommenskultur' in Westfalen hatte. Zweitens macht diese Perspektive die Ambivalenzen und Gleichzeitigkeiten von Ablehnung und Willkommen-Heißen in der Verwaltung und in der Bevölkerung sichtbar. Neben Dokumenten aus den Gesundheitsverwaltungen und anderer Behörden sowie Zeitungsberichten und zeitgenössischen sozialwissenschaftlichen Untersuchungen, werden eine Reihe autobiographischer Texte, darunter verschriftlichte Erzählungen von, aber auch transkribierte Interviews mit Flüchtlingen und Vertriebenen sowie mit Einheimischen für diesen Beitrag ausgewertet.[19] Diese autobiographischen

---

17   Thomas Titgemeyer, Das Gesundheitswesen der Nachkriegszeit am Beispiel des Landkreises Wiedenbrück 1945-1955, Med. Diss. Heidelberg 2000.

18   Vgl. zuletzt Gründler, Gesundheit im Nachkrieg; ders., Untersuchen und Entlausen. Gesundheitsmaßnahmen bei Vertreibung und Ankunft in der Erinnerung, in: Medizin, Gesellschaft und Geschichte. Jahrbuch des Instituts für Geschichte der Medizin der Robert Bosch Stiftung 37 (2019) [im Druck].

19   Ein Großteil der genutzten Quellen stammen aus dem Tagebucharchiv Emmendingen und den Beständen der Volkskundlichen Kommission für Westfalen beim Landschaftsverband Westfalen. Da die Quellen nicht systematisch im Rahmen eines Forschungsprojektes erhoben wurden, sind die Ergebnisse nicht repräsentativ. Vielmehr sind die Ausführungen als Explorationen des Themas und Einblick in den Zusammenhang von Willkommensgesellschaften, Heimatvertriebene und Gesundheit zu verstehen. Für weitere konzeptionelle Skizzen zum Thema vgl. Gründler, Gesundheit im Nachkrieg; ders., Untersuchen und Entlausen.

Berichte, die im Tagebucharchiv Emmendingen archiviert sind,[20] und Interviews mit Vertriebenen und Einheimischen, die von MitarbeiterInnen der Volkskundlichen Kommission für Westfalen durchgeführt wurden und dort als Transkripte vorliegen, bilden das Ausgangsmaterial der vorliegenden Untersuchung.[21] Darüber hinaus wurden auch gedruckte Interviews und Erinnerungen in die Untersuchung einbezogen.

3   Seuchen und Geschlechtskrankheiten – Verschränkung von rassistischen und sexistischen Stereotypen

Die meisten Ego-Dokumente, die das Thema ‚Gesundheit und Krankheit' verhandeln, stammen von Vertriebenen, da diese Personengruppe weit häufiger zum ‚Objekt' verwaltungsstaatlicher Gesundheitspolitiken und -praktiken wurde. Während der Aussiedlung, bei der Ankunft und der anschließenden Einquartierung sowie bei der Unterbringung in Lagern oder Kasernen standen neben der Ernährung und Bekleidung vor allem medizinisch-hygienische Überlegungen für die vor Ort tätigen Verwaltungen im Vordergrund. Das galt besonders für Maßnahmen der Seuchenprävention und Behandlung von Geschlechtskrankheiten, wofür die Vertriebenen bei ihrer Ankunft obligatorisch als Gruppe erfasst und behandelt wurden. Dabei galt es, sie als potentielle SeuchenträgerInnen auszuschließen bzw. medizinisch zu versorgen.

Während lokale, regionale und alliierte Verwaltungsbehörden sich dieser Fragen annahmen, finden sich nur sporadisch Berichte von Einheimischen zu den skizzierten Maßnahmen. Das mag u.a. daran liegen, dass es generell kaum Interviews mit Einheimischen zur Frage der Aufnahme und Versorgung von Heimatvertriebenen gab und gibt. Zudem finden sich in den Zeitzeugenberichten von Einheimischen vorwiegend Probleme, mit denen sie selbst zu kämpfen hatten. Vertriebene wurden – wenn überhaupt – nur dann thematisiert, wenn

---

20   Eine Liste der intensiv ausgewerteten autobiographischen Texte aus dem Deutschen Tagebucharchiv Emmendingen findet sich im Quellenverzeichnis dieses Beitrags.

21   Die Interviews sind im Rahmen dieser Initiative, angestoßen von Harald Dierig und Ingeborg Höting, von Christiane Cantauw und Thomas Schürmann – Volkskundliche Kommission für Westfalen beim Landschaftsverband Westfalen-Lippe – in den Jahren 2014 und 2015 geführt worden. Ein anderer Bestand im Archiv der Volkskundlichen Kommission für Westfalen in Münster konnte aus archivrechtlichen Gründen nicht eingesehen werden. Die von Dietmar Sauermann für seine Dokumentation ‚Fern doch treu!' geführten Interviews und gesammelten Berichte sind noch nicht frei zugänglich, allerdings teilveröffentlicht. Vgl. Sauermann, Lebenserinnerungen.

sie die eigene Situation – z.B. im Zusammenhang mit Einquartierungen – zusätzlich verschärften.

Geschlechtskrankheiten und deren Behandlung wurden allerdings weder in den von mir untersuchten autobiografischen Berichten Einheimischer noch in denen der Vertriebenen zum Thema gemacht. Folgt man den zeitgenössischen Erklärungen der Medizinalbürokratie, waren in der Nachkriegszeit nur wenige Menschen an Geschlechtskrankheiten erkrankt. Das würde zwar erklären, warum nur in wenigen Erzählungen derartige Erkrankungen und Behandlungen thematisiert wurden, aber nicht, warum auch staatliche Verdächtigungen und die Reihenuntersuchungen keinerlei Thema darstellen. Wesentlicher hingegen erscheint die Beobachtung, dass das Thema ‚Sexualität' – und mehr noch das Thema ‚Geschlechtskrankheiten' – in der bundesrepublikanischen Gesellschaft lange tabuisiert waren. Das kann erklären, warum weder die Einheimischen noch die Flüchtlinge das Thema in ihren Erinnerungen ansprachen, obgleich vor allem die Flüchtlingsfrauen im Fokus der entsprechenden gesundheitspolitischen Maßnahmen der Besatzungsbehörden und deutschen Gesundheitsverwaltungen standen. Ihnen – wie nicht selten generell ledigen, verwitweten oder alleinstehenden Frauen – wurde unterstellt, dass sie Trägerinnen von sexuell übertragbaren Krankheiten seien, vertriebene Frauen diese gar ‚einschleppten', und unter den alliierten Soldaten und der (männlichen) einheimischen Bevölkerung verbreiten würden.

Als im Jahr 1946 die Operation ‚Schwalbe' begann, installierte die britische Besatzungsverwaltung gemeinsam mit den deutschen Gesundheitsverwaltungen in den (Durchgangs-)Lagern ein Präventionsregime, dass sich an der traditionellen Seuchenbekämpfung zur Abwehr von Krankheits-‚Gefahren' orientierte. Die zentrale Praktik dieser „hygienegeleiteten Prävention" bestand – und besteht auch heute noch – in der engmaschigen und permanenten Kontrolle individueller und sozialer Körper, um entweder die Krankheitserreger zu tilgen oder deren TrägerInnen durch Quarantäne zu isolieren. Auf diese Weise sollte die Verbreitung der Viren gestoppt werden.[22] Solche präventiven Praktiken verschränkten seit dem späten 19. Jahrhundert die Medizin mit der Xenophobie. So richtete sich das US-amerikanische medikale Einwanderungsregime auf Ellis Island gegen die EinwandererInnen aus dem östlichen und südöstlichen Europa sowie dem Nahen Osten. Aus Gründen der Effizienz hatte die USA dieses Präventionsregime seit Mitte des 19. Jahrhunderts auch auf dem europäischen Kontinent installiert, u.a. indem sie die Reedereien, die

---

22 Ulrich Bröckling, Dispositive der Vorbeugung: Gefahrenabwehr, Resilienz, Precaution, in: Christopher Daase/Philipp Offermann/Valentin Rauer (Hg.), Sicherheitskultur. Soziale und politische Praktiken der Gefahrenabwehr, Frankfurt a.M. 2012, S. 93-108, hier S. 97.

für den Transport der ImmigrantInnen verantwortlich waren, in dieses System einbanden.[23] Auch die Gesundheitsverwaltung des Deutschen Reiches stellte zur gleichen Zeit ähnliche Überlegungen an, die durch die Konfrontation mit der Cholera-Pandemie – die „asiatische Cholera" – verschärft worden waren.[24] Entsprechend installierte man Seuchenkontrollen an der preußischen Grenze nach Osten, wodurch pejorative Vorstellungen von Menschen verstärkt wurden, die aus dem ‚Osten' stammten. Ein Vorurteil, das man in den folgenden Jahrzehnten immer wieder aktivieren konnte.

Vor diesem Hintergrund waren auch die Heimatvertriebenen in der Nachkriegszeit einem besonderen Präventionsregime der Alliierten wie auch der deutschen Gesundheitsverwaltungen unterworfen. Aus Sorge vor Typhus, Ruhr und anderen, durch Hunger ausgelösten oder verschärften Krankheiten sowie vor durch Läuse übertragenem Fleckfieber und sexuell übertragbaren Erkrankungen hatten die Leitungen der britischen und amerikanischen Streitkräfte das Gesundheitsscreening und die Behandlung aller ankommenden Vertriebenen verlangt.[25] Befürchtet wurde ein Übergreifen von Seuchen und Krankheiten auf die (eigenen) Soldaten der alliierten Streitkräfte, aber auch auf die autochthone Bevölkerung.[26] Dementsprechend wurde durch die Briten verfügt, dass alle aufgenommenen Flüchtlinge zunächst ordnungsgemäß

23   Vgl. Barbare Lüthi, Invading Bodies. Medizin und Immigration in den USA 1880-1920, Frankfurt a.M. 2009; Elizabeth Yew, Medical Inspection of Immigrants at Ellis Island, 1891-1924, in: Bulletin of the New York Academy of Medicine 56 (1980), S. 488-510; Jörg Vögele/Hideharu Umehara (Hg.), Gateways of Disease. Public Health in European and Asian Port Cities at the Birth of the Modern world in the late 19th and early 20th century, Göttingen 2015; Christiane Reinecke, Grenzen der Freizügigkeit. Migrationskontrolle in Großbritannien und Deutschland, 1880-1930, München 2010; Tobias Brinkmann (Hg.), Points of Passage. Jewish Transmigrants from Eastern Europe in Scandinavia, Germany and Britain 1880-1914, New York 2013; David Dorado Romo, Ringside Seat to a Revolution: An Underground Cultural History of El Paso and Juarez, 1893-1923, El Paso 2005.
24   Vgl. Richard J. Evans, Death in Hamburg. Society and Politics in the Cholera Years, 1830-1910. New York 1987. Die Verbreitung der Cholera in Hamburg wurde von der Gesundheitsverwaltung Amerika-Auswanderern zugeschrieben, die aus Russland kamen.
25   Die Wahrnehmung von Flüchtlingen und MigrantInnen als potentielle Krankheits- und SeuchenträgerInnen steht in einer langen Tradition. Schon im ausgehenden Mittelalter und verstärkt im 19. und 20. Jahrhundert unterzog man ‚Fremde' an Grenzen zahlreichen Untersuchungen, um deren Gesundheitszustand festzustellen und griff dabei auch auf seuchenpräventive Maßnahmen zurück. Immer wieder kam es bei diesen Grenzregimen zu einer Verbindung rassischer/ethnischer Vorurteile mit administrativen Maßnahmen, wie z.B. in den Behandlungen mexikanischer oder osteuropäischer EinwandererInnen in die USA zu beobachten ist. Vgl. die Literatur in Anm. 23.
26   Die britische Administration scheint viel weniger als die Amerikaner daran interessiert gewesen zu sein, die Gesellschaft als solche zu ‚heilen'. Vgl. zu den Strategien und Zielen der US-Administration u.a. Dagmar Ellerbrock, „Healing Democracy" – Demokratie

zu entlausen und zu untersuchen waren.[27] Das geschah zuerst im Grenzdurchgangslager Friedland. Hier wurden die Vertriebenen – einschließlich ihrer Kleidung – nach einer ersten Versorgung mit Nahrung zunächst mit DDT-Pulver zur Entlausung eingesprüht, bevor eine medizinische Untersuchung erfolgte, bei der der allgemeine Gesundheitszustand festgestellt und – vornehmlich bei Frauen – zusätzlich auch nach Geschlechtskrankheiten ‚gefahndet' wurde. Auf diese Weise hoffte man die meisten Krankheiten eruieren und wenigstens ansatzweise therapieren zu können. Gleichzeitig wurden die Untersuchungsroutinen als Maßnahmen der vorbeugenden Seuchenbekämpfung genutzt.

Solche Maßnahmen wie das Entlausen waren ein seit Jahrzehnten gängiges Verfahren, das von deutschen Behörden bereits während des Zweiten Weltkriegs an Evakuierten und den ersten Flüchtlingen durchgeführt worden war.[28] Bereits hier hatten sich auch rassistische Vorstellungen über den ‚Osten' gezeigt. Menschen, die unter sowjetischer, polnischer oder tschechischer Herrschaft gelebt hatten, galten bei deutschen Ärzten und der einheimischen Bevölkerung weithin als ‚verseucht'. Auf diese Weise wurden neben der gesundheitlichen Präventionsarbeit der britischen Besatzungsverwaltung Ängste einer an traditionellen Vorurteilen ‚geschulten' Medizinerschaft (wieder) wirksam, die nicht zuletzt in Kontinuität zur nationalsozialistischen ‚Erb- und Rassenpflege' standen.[29] Für die deutschen Gesundheitsbehörden, deren Ärzte vielfach in das nationalsozialistische Gesundheitssystem eingebunden waren, waren die Erfahrungen aus dem Krieg in Osteuropa und der UdSSR sowie mit den Ghettos, Zwangsarbeiter- und Vernichtungslagern ausschlaggebend. Die britische Militärverwaltung hingegen speiste ihre Furcht vor Seuchen, allen voran vor Fleckfieberepidemien, aus den Erfahrungen, die sie bei der Befreiung von nationalsozialistischen Konzentrationslagern wie Bergen-Belsen gemacht hatte.[30]

Gleichzeitig wurden Sprachbilder reaktiviert, mit denen sowjetische Soldaten während des Krieges kontinuierlich entmenschlicht und als ‚mongolische

---

als Heilmittel. Gesundheit, Krankheit und Politik in der amerikanischen Besatzungszone 1945-1949, Bonn 2004.

27 Gleichwohl hielt sich unter den Einheimischen hartnäckig das Vorurteil, dass die Heimatvertriebenen Ungeziefer einschleppen würden. Vgl. u.a. Sauermann, Lebenserinnerungen, S. 231.

28 Zu diesen Maßnahmen gehört auch das ‚Immunisieren' der Flüchtlinge und Vertriebenen durch Impfungen gegen Typhus und andere Krankheiten. Vgl. dazu Malte Thießen, Immunisierte Gesellschaft. Impfen in Deutschland im 19. und 20. Jahrhundert, Göttingen 2017, S. 174-177.

29 Vgl. Riecken, Migration und Gesundheitspolitik.

30 Ebd., S. 93-97.

Horden' oder ‚slawisch-asiatische Untermenschen' markiert wurden. Auch diese Darstellungen konnten auf traditionelle Wissensbestände zurückgreifen. Schon im Ersten Weltkrieg wurden russische Soldaten als ‚verlauste' und ‚abgerissene' Gestalten dargestellt.[31] Im Zweiten Weltkrieg verschärfte die nationalsozialistische Propaganda den Ton. Bereits während des Rückzugs der Wehrmacht wurde über die sowjetischen Soldaten berichtet, dass sie deutsche Frauen zu Tausenden vergewaltigt hätten.[32] In den deutschen Gesundheitsverwaltungen war man deshalb überzeugt, dass nicht nur die Angehörigen der sowjetischen Armee allesamt mit Syphilis und anderen Geschlechtskrankheiten infiziert waren, sondern auch ein Großteil der aus den ehemaligen deutschen Ostgebieten vertriebenen Frauen zumindest ein Gesundheitsrisiko darstellte.[33] Allerdings basierten diese Einschätzungen für die Nachkriegszeit auf keinerlei Tatsachen. Im Gegenteil: Erhebungen machten deutlich, dass kaum erhöhte Ansteckungsraten unter den Vertriebenen in den Lagern und darüber hinaus festzustellen waren. Auch bei Untersuchungen an den neuen

---

31 Vgl. z.B. Eberhard Demm, Ostpolitik und Propaganda im Ersten Weltkrieg, Frankfurt a.M. 2002.

32 Besonders die Massenvergewaltigungen speisten sich in das kollektive deutsche Gedächtnis ein, auch wenn in der Nachkriegsgesellschaft auf individueller Ebene kaum darüber geschrieben oder gesprochen wurde. Bislang wurde in der historischen Forschung und in den Medien allgemein nur einseitig auf sowjetische Soldaten als Vergewaltiger Bezug genommen. Eine erste Korrektur dieser Perspektive findet sich bei Mirjam Gebhardt, die sexuelle Gewalt durch Besatzungssoldaten in der amerikanischen Zone untersucht. Vgl. Mirjam Gebhardt, Als die Soldaten kamen. Die Vergewaltigung deutscher Frauen am Ende des Zweiten Weltkriegs, München 2015. Ganz anders stellt sich die Ebene des kollektiven Besprechens und Beschreibens von Massenvergewaltigungen durch sowjetische Soldaten dar. Schon in der Dokumentation der Vertreibung durch das Bundesvertriebenenministerium wurden zahlreiche Berichte von Übergriffen festgehalten. Vgl. Bundesministerium für Vertriebene, Flüchtlinge und Kriegsgeschädigte (Hg.), Dokumentation der Vertreibung der Deutschen aus Ost-Mitteleuropa, bearb. von Theodor Schieder u.a., 5 Bde. und 3 Beihefte, Bonn 1953-1962. Auch in der historischen Forschung ist das Thema wiederholt aufgegriffen und bearbeitet worden. Vgl. z.B. Silke Satjukow/Rainer Gries, „Bankerte!" Besatzungskinder in Deutschland nach 1945, Frankfurt a.M. 2015; Ute Schmidt, Flucht – Vertreibung – Deportation – Internierung. Erfahrungsberichte von Frauen in der Bundesrepublik und in der früheren DDR, Berlin 2007; Sonya Winterberg, Besatzungskinder. Die vergessene Generation nach 1945, Berlin 2014.

33 Diese Grundannahme galt im Übrigen nicht für männliche Heimatvertriebene und deutsche Soldaten. Die Gesundheitsadministrationen hatten seit dem 19. Jahrhundert vor allem Frauen als ‚verseucht' identifiziert. Zwar waren in den meisten Verordnungen und Gesetzen keine Unterschiede in Erfassung und Behandlung entlang des Geschlechts festgehalten, gleichwohl blieben Frauen die Hauptbetroffenen administrativer Zwangsbehandlungen. Vgl. Lutz Sauerteig, Krankheit, Sexualität, Gesellschaft. Geschlechtskrankheiten und Gesundheitspolitik in Deutschland im 19. und frühen 20. Jahrhundert, Stuttgart 1999, besonders 442-443.

Wohnorten stellten die Ärzte kaum Unterschiede bei den Infektionsraten zwischen autochthonen und vertriebenen Frauen fest.[34] Dennoch beharrten die Gesundheitsverwaltungen auf ihren – in diesem Fall – sexistisch motivierten Verdächtigungen, so dass an der geforderten engmaschigen Überwachung der als ‚potentiell' infiziert bzw. gefährdet eingestuften Frauen durch lokale Ärzte, Fürsorgerinnen und Gemeindeschwestern – wenngleich oftmals nur auf dem Papier – festgehalten wurde.[35]

Die Überzeugung, dass die Vertriebenen besonders bei der Übertragung von Geschlechtskrankheiten eine Gefahr für die Allgemeinheit darstellten, war auch außerhalb der Gesundheitsadministration in lokalen und regionalen Verwaltungen vorhanden. So schrieb der Arnsberger Regierungspräsident im Juli 1947 an den Sozialminister über die Zustände im Hauptdurchgangslager Siegen:

> Das Hauptdurchgangslager Siegen entwickelt sich in seiner derzeitigen Belegung als Landplage für die Stadt Siegen und die weitere Umgebung. Mindestens 40% der Insassen des Lagers sind als Asoziale oder Kriminelle anzusehen. [...] Die Zahl der Krankeninsassen ist erheblich, insbesondere treten im verstärkten Maße Geschlechtskrankheiten auf, die bei den derzeitigen Verhältnissen im Lager und dem Verhalten eines großen Teils seiner Insassen neue Verbreitungsherde bilden. Die asozialen Elemente verheimlichen diese Krankheiten und legen keinen Wert auf eine Behandlung.[36]

Die Rhetorik des Berichts macht das grundsätzliche Misstrauen der deutschen Behörde gegenüber den Vertriebenen deutlich: Zwar ist es vor dem Hintergrund zeitgenössischer Diskurse nicht verwunderlich, dass der Regierungspräsident Geschlechtskrankheiten und ‚Asozialität' zusammendachte. Schließlich waren derartige Denkfiguren schon im 19. Jahrhundert in eugenischen Hygiene- und Sexualitätsdiskursen entwickelt worden und breiteten sich nach und nach in globalem Maßstab aus. Diese Diskurse fielen selbst in den reformorientierten Jahren der Weimarer Zeit auf fruchtbaren Boden – sowohl milieuübergreifend als auch über das gesamte politische Spektrum hinweg.[37] Was demgegenüber

---

34 Vgl. Riecken, Migration und Gesundheitspolitik, S. 91-134, besonders 129-134.
35 Vgl. ebd. wie auch Sons, Gesundheitspolitik oder Titgemeyer, Gesundheitswesen; Vgl. auch Bericht eines Amtsarztes des Kreis Wiedenbrück vom 29.6.1946, zit. nach Titgemeyer, Gesundheitswesen, S. 162.
36 Zit. nach Simone Müller, Durchgangslager für deutsche Ostflüchtlinge und Ostvertriebene in Westfalen 1945-1950, S. 49.
37 Vgl. z.B. Michael Schwartz, Konfessionelle Milieus und Weimarer Eugenik, in: Historische Zeitschrift 261 (1995), H. 2, S. 403-448; ders., „Proletarier" und „Lumpen". Sozialistische Ursprünge eugenischen Denkens, in: Vierteljahreshefte für Zeitgeschichte 42(1994), S. 537-570.

überrascht, ist die selbstverständlich vorgenommene Verbindung der heimatvertriebenen Lagerinsassen mit einer angenommenen ‚Asozialität'. Ob hier die Furcht vor einer epidemischen Ausbreitung von Geschlechtskrankheiten der Auslöser für diese Entgleisung war oder ob der Autor die Vorbehalte und Vorurteile der einheimischen Bevölkerung gegenüber – in diesem Fall vornehmlich weiblichen – Vertriebenen zum Ausdruck bringen wollte, ist unerheblich.[38] Seine Einschätzung widersprach jedenfalls den offiziell verbreiteten Narrativen von den hilfsbedürftigen und von der Niederlage besonders betroffenen Heimatvertriebenen.

Während die Zahlen der mit Syphilis Infizierten in den Durchgangslagern und auch an den Ankunftsorten insgesamt eher gering blieb,[39] wuchsen im Verlauf der nächsten Jahre die Infektionsraten in manchen Kreisen und Kleinstädten deutlich an: Im Landkreis Wiedenbrück stieg die Zahl der an Gonorrhoe Erkrankten von 41 erfassten Fällen im Jahr 1939 auf 333 im Jahr 1946; bei an Syphilis Erkrankten von neun Fällen im Jahr 1939 auf 132 im Jahr 1946.[40] Dennoch empfanden die Gesundheitsämter dies scheinbar als nicht gravierend – ganz im Gegensatz zur Sorge der übergeordneten Gesundheitsverwaltungen. Einer der zuständigen Ärzte im Landkreis Wiedenbrück berichtete für das Jahr 1949:

> Was die Anzahl der Neuerkrankungen betrifft, so ist dieselbe im Kreise sehr gering; im 3. Quartal trafen auf 10.000 Einwohner nur 6,91 Geschlechtskranke, im 4. Quartal 4,91. Die Ortsgebundenheit der ansässigen Bevölkerung, das Fehlen von Vergnügungszentren größerer Städte, und von übervölkerten Lagern mögen sich günstig dafür auswirken, daß die Geschlechtskrankheiten sich nicht übermäßig ausbreiten. Im ganzen Kreise gibt es nur 1 Polenflüchtlingslager von etwa 1.100-1.200 Insassen.[41]

Es ist offensichtlich, dass für diesen Arzt vor allem die ländliche Lage entscheidenden Einfluss auf die nur geringe Zahl der Ansteckungen hatte. Zum anderen erklärte der Arzt die geringe Zahl an Neuinfizierten mit dem Fehlen von Durchgangslagern für Vertriebene. Lager waren demnach für ihn ein wesentlicher Hort der Ausbreitung von Geschlechtskrankheiten. Somit bildete

---

38   Vgl. Müller, Durchgangslager, S. 40.
39   Vgl. z.B. für den Kreis Wiedenbrück die Zahlen bei Titgemeyer, Gesundheitswesen, S. 182, 184-186.
40   Beide Zahlen sind aus amtlichen Berichten an die britische Militärregierung entnommen: ebd., S. 182.
41   Bericht über die Geschlechtskrankenversorgung des Kreises Wiedenbrück an den Regierungspräsidenten in Detmold vom 24.2.1949, zit. nach ebd., S. 243.

vor allem der ‚Raum' der möglichen Ansteckung und nicht – wie sonst bei den (Gesundheits-)Verwaltungen üblich – die soziale Gruppe der Vertriebenen in toto eine Gefahrenquelle.[42] Anscheinend ging es dem Arzt hier um soziale Fremdheit, die sich in den Lagerinsassen am ehesten offenbarte, weniger um ‚ethnische' Fremdheit, wie sie sich in der Gruppe der Vertriebenen kristallisierte. Offensichtlich war er im Einklang mit vielen Ärzten und Gesundheitsbehörden überzeugt, dass Lager mit schlechten hygienischen Bedingungen Infektionsinkubatoren waren.[43]

Demgegenüber finden sich nur selten Berichte, in denen Ärzte oder die Gesundheitsverwaltung ihr Klientel nach deren sozialer Stellung unterscheiden, wie dies beispielsweise in Brackwede geschah: Hier hatte ein Amtsarzt in seiner Aufstellung Syphilis- und Gonorrhoe-Erkrankte in der Stadt Bielefeld, in Bielefeld-Land, dem Kreis Wiedenbrück und dem Kreis Halle nach deren Berufszugehörigkeit und Geschlecht unterschieden.[44] Ob der Arzt in seiner Argumentation einfach ältere Wahrnehmungsmuster übernahm und Geschlechtskrankheiten als Unterschichtsphänomen markierte und dabei insbesondere – nach sexistischen Stereotypen – Frauen einen sogenannten ‚unsteten Lebenswandel' zuschrieb, kann aufgrund der Quellen nicht belegt werden, wenngleich diese Muster in der Ärzteschaft weit verbreitet waren.[45]

Häufig wurde durch Besatzungsbehörden und deutsche Gesundheitsverwaltungen auch die räumliche Nähe zu den Besatzungstruppen als Faktor für die Erkrankungen angenommen. Die Kasernen und Quartiere zogen risikobehaftete Personen wie z.B. Prostituierte besonders an, so die Annahme der Behörden. Die britische Militärregierung war in diesen Fällen mit Nachdruck an der ‚Ausschaltung' der Ansteckungsquellen interessiert. Sie erließ daher schon

---

42 Ob er damit auch auf Erfahrungen in Konzentrationslagern, NS-Arbeitslagern, Zivilarbeiterlagern oder DP-Lagern zurückgriff, bleibt unklar. Das wäre durchaus denkbar, waren doch viele ehemalige Lager des Reichsarbeitsdienstes und Kriegsgefangenenlager nach dem Krieg zunächst als DP-Lager und dann als Unterbringungsmöglichkeit für deutsche Vertriebene genutzt worden. Vgl. zu dieser Frage z.B. Riecken, Migration und Gesundheitspolitik, S. 242-244. Die Autorin macht an dieser Stelle auch deutlich, dass die Amtsärzte schon im Nationalsozialismus für die medizinische Kontrolle und Überwachung der zahlreichen lokalen Lager zuständig waren. Es ist also nicht unwahrscheinlich, dass der Verfasser des o.g. Zitats oder einer seiner Kollegen Erfahrungen in den Lagern gesammelt hatte.

43 Ebd., S. 227-233. Riecken weist darauf hin, dass eine der Hauptaufgaben der Amtsärzte in der Nachkriegszeit die Kontrolle der Flüchtlingslager war.

44 Vgl. Titgemeyer, Gesundheitswesen, S. 245-246.

45 Vgl. Sauerteig, Geschlechtskrankheiten; Sons, Gesundheitspolitik; Riecken, Migration und Gesundheitspolitik.

im Frühjahr 1946 Verordnungen zum Umgang mit und zur Meldung von Geschlechtskranken, die das weiterhin gültige Weimarer Gesetz zur Bekämpfung der Geschlechtskrankheiten ergänzen sollten.[46]

Bereits 1927 waren die Gesundheitsbehörden aufgefordert worden, Zwangsmaßnahmen wie Krankenhauseinweisungen gegen uneinsichtige oder renitente Kranke einzusetzen, die die Behandlung verweigerten bzw. sich dieser entzogen. In der Nachkriegszeit führten die Gesundheitsämter zusammen mit der Polizei kontinuierlich Razzien durch, um deutsche Geschlechtskranke festzunehmen. Die britischen Soldaten, die sich infiziert hatten bzw. sich einer potentiellen Infektion ausgesetzt hatten, wurden von der britischen Militärverwaltung erfasst und einer Behandlung zugeführt. In der Regel trafen die deutschen Behörden mit ihren Maßnahmen vor allem Frauen, die sich prostituierten, wobei sich in den bereits genannten Berichten der Gesundheitsverwaltungen und Ärzte keine Rückschlüsse auf die Herkunft der Betroffenen ziehen lassen, da dies anscheinend keine Bedeutung für die Erfassung und Behandlung spielte. Schließlich war aus epidemiologischer Sicht diese Frage auch tatsächlich uninteressant. Ob die infizierten Personen Einheimische, Vertriebene oder AusländerInnen waren, spielte keine Rolle. Viel wichtiger für die Bekämpfung der Geschlechtskrankheiten erschienen den Ärzten Informationen über die aktuellen Lebensverhältnisse der Erkrankten – die selbstverständlich durch den Grad der ‚Fremdheit' bedingt sein konnten –, um diese besser erfassen zu können. Damit sollten die Betroffenen zur Änderung ihres ‚liederlichen' Lebenswandels gezwungen werden.[47] Die Infektionen der geflüchteten und vertriebenen Frauen, die durch Vergewaltigungen entstanden waren, bildeten in dieser Hinsicht für die Mediziner eher eine Ausnahme. Bei ihnen ging man davon aus, dass nach einer erfolgreichen Behandlung mit Penicillin keine Neuansteckung auftreten würde. Schließlich waren diese Frauen nicht aufgrund ihres amoralischen Lebenswandels erkrankt, sondern durch Verbrechen von – in der Regel als ‚sowjetisch' identifizierten – Soldaten.

---

46 Vgl. Gesetz zur Bekämpfung der Geschlechtskrankheiten, 18.2.1927, in Kraft getreten am 1.10.1927, http://www.zaoerv.de/01_1929/1_1929_2_b_536_2_541.pdf (25.4.2019).

47 Ob die Ärzte sich auch für eine Änderung der sozialen Verhältnisse der Kranken einsetzten, ist aus den Quellen nicht zu eruieren.

4 Die Macht der Erinnerung – Krankheit im Spiegel der Berichte Vertriebener und Einheimischer

In den Erinnerungen der Vertriebenen blieb als präventive Gesundheitskontrolle vor allem die Entlausung mit DDT, dem „weißen Pulver", haften. Von zentraler Bedeutung für die Erinnerungen war, dass solche Entlausungen regelmäßig an allen Zwischen- und Ankunftsstationen wiederholt wurden. Auffällig ist dabei, dass die Maßnahmen in der Rückschau aufgrund des DDT-Einsatzes zwar von einigen Personen durchaus kritisch betrachtet,[48] ihre grundsätzliche Notwendigkeit aber nicht in Frage gestellt wurde. Demgegenüber wurde das Thema ‚Geschlechtskrankheiten' nur äußerst selten erinnert. Vermutlich lag dies einerseits an der starken Tabuisierung solcher Erkrankungen; die Verbindung mit ‚liederlichem' Lebenswandel und Prostitution machte das Erinnern an und – mehr noch – das Erzählen über derartige Erkrankungen womöglich besonders schwierig und problematisch. Andererseits bedeutete der Umstand, dass die heimatvertriebenen Frauen in der Regel durch Vergewaltigungen infiziert worden waren, eine zusätzliche Belastung. Zwar ist das Thema ‚Vergewaltigung' in den meisten Berichten der Zeitzeuginnen präsent – erzählt wurde jedoch, wenn überhaupt, nur von den ‚anderen'; nur äußerst selten sprachen die Zeitzeuginnen von eigenen Erfahrungen.[49]

Wie erinnerten Einheimische diese Krankheiten? Waren ‚Krankheit' und ‚Gesundheit' überhaupt ein Thema, wenn über Vertriebene gesprochen wurde? In offiziellen Berichten, aber auch in Erinnerungen und Tagebüchern von Einheimischen, finden sich häufig Beschreibungen über den als ‚desolat' wahrgenommenen Allgemeinzustand der Flüchtlinge und Vertriebenen bei deren Ankunft in den neuen Wohnorten. ‚Ausgehungert' und ‚ausgezehrt' von den Entbehrungen lauteten typische Charakterisierungen. Diese Einschätzungen korrespondierten auch mit Fotos, die von den Vertriebenen in den Medien veröffentlicht wurden. Nach Beobachtungen der Gesundheitsbehörden im Kreis Wiedenbrück waren die Vertriebenen „sehr strapaziert und durchweg sehr abgerissen in der Kleidung" gewesen, auch wenn der „Gesundheitszustand [...] im allgemeinen zufriedenstellend" war.[50] Zudem wurde regelmäßig die deutlich höhere Quote von Unterernährung bei Heimatvertriebenen hervorgehoben, wie überhaupt ‚Gesundheitsschäden', so der Tenor der Berichte, bei Erwachsenen und Kindern aus dem Osten signifikant häufiger beobachtet wurden als

---

48 Vgl. dazu: Gründler, Gesundheit im Nachkrieg; ders., Untersuchen und Entlausen.
49 Vgl. ebd.
50 Bericht des Amtsarztes Dr. Rohden vom 10.11.1945, zit. nach Titgemeyer, Gesundheitswesen, S. 161.

bei Einheimischen.[51] Auch die kirchlichen Hilfswerke weisen in ihren Mitteilungen auf den schlechten Ernährungszustand der Neuankömmlinge hin und in diesem Zusammenhang insbesondere auf die besorgniserregende Zunahme der Tuberkulose.[52] So registrierte die städtische Verwaltung Münsters die deutliche Zunahme von Infektionskrankheiten, obwohl es offenbar nicht zu Epidemien kam.[53] Die Ursachen dieser Erkrankungen sahen die Behörden allerdings weniger bei den Vertriebenen, sondern im Zerstörungsgrad ihrer Stadt und in der katastrophalen Lage der Nahrungsmittel- und Gesundheitsversorgung. Besonders diejenigen, die wie die Heimatvertriebenen oder die ‚Ausgebombten' kein eigenes Land zur Bewirtschaftung und kaum Tauschwaren besaßen, litten unter dieser Situation.

Gestützt werden diese Berichte durch autobiographische Zeugnisse von Vertriebenen. In ihnen finden sich vor allem Hinweise auf die schlechte Versorgung mit Nahrung während ihres Transportes auf zugigen oder stickigen Waggons. Nicht zuletzt vor dem Hintergrund dieser Erfahrungen wurde die Ankunft in den Lagern und Privatunterkünften und insbesondere die Versorgung mit Essen oft als Rettung und Neuanfang erinnert. Demgegenüber gab es von Seiten der Behörden Versuche, den gesundheitlichen Zustand der Vertriebenen zu relativieren:

> Besonders einige Transporte aus Breslau und anderen Städten waren in sehr schlechtem Ernährungszustand. Am schlimmsten war der Zustand eines Transports im Mai ds. Js., der ca. 300 in polnischen Bergwerken und Gefängnissen gewesene Deutsche enthielt. Diese Menschen kamen hier in geradezu desolatem Zustande an. Im Durchschnitt muß aber wohl gesagt werden, daß der Ernährungszustand der Ostflüchtlinge nicht wesentlich schlechter war als der der Einheimischen.[54]

Die Erinnerungen der einheimischen Bevölkerung weisen den infektiösen Erkrankungen der Vertriebenen dagegen nur selten explizit Raum ein. In diesen Erzählungen und Berichten waren die Geflüchteten KonkurrentInnen um knappe Ressourcen, man musste mit ihnen Wohnung und Nahrung teilen. Die den Vertriebenen von den Gesundheitsbehörden zugeschriebenen

---

51   Vgl. z.B. Riecken, Migration und Gesundheitspolitik, S. 276-277.
52   Zit. nach Harald Dierig, Der Leidvolle Weg zu einem neuen Zuhause. Ostdeutsche Heimatvertriebene im Landkreis Münster nach 1945, Münster 2013, S. 100.
53   Vgl. Franz-Josef Jakobi/Roswitha Link (Hg.), Geschichte im Gespräch: Kriegsende 1945 und Nachkriegszeit in Münster. Berichte von Zeitzeuginnen und Zeitzeugen, bearb. von Sabine Heise, Münster 1997, S. 105.
54   Bericht an das Landesflüchtlingsamt Münster, 10.10.1946, zit. nach Tietgemeyer, Gesundheitswesen, S. 214.

Krankheiten stellten jedoch keine große Bedrohung in den Augen der Einheimischen dar. Eine der wenigen Erzählungen über das Thema ‚Krankheit' findet sich im Bericht einer Frau, die 1947 in Borgholzhausen lebte:

> Ich kam bei einem Postboten unter, für den mein Großvater mal ein Haus errichtet hatte; daher hat der mich aus Dankbarkeit aufgenommen. Aber dann wurden in dieses gleiche Haus Flüchtlinge aus dem Osten einquartiert, die mit Papierdecken ankamen. Die Frau war tuberkulosekrank. Wir wohnten dicht nebeneinander und hatten nur eine Toilette. Inzwischen war mein Mann zurückgekommen, und ich erwartete ein Kind. So war ich also in ganz fürchterlichen Umständen und musste sehen, woanders unterzukommen, um mich nicht zu infizieren.[55]

Die Tuberkulosekrankheit der heimatvertriebenen Frau war für die Erzählerin nur in einer Hinsicht bedeutsam: Durch die Einquartierung waren sie selbst und ihr ungeborenes Kind gefährdet. Durch die beengten Verhältnisse war eine Infektion nicht auszuschließen, so dass eine Veränderung herbeigeführt werden musste. Das ist auch ein Hinweis darauf, warum das Thema ‚Krankheit' von Vertriebenen in den Erinnerungen der Einheimischen so wenig Raum einnimmt, schließlich wogen die eigenen Sorgen genauso schwer: Die besondere Situation der Vertriebenen als Gruppe wurde von den eigenen, individuellen Belastungen überlagert. Viel stärker präsent waren dementsprechend in den autobiographischen Berichten der Einheimischen die eigenen Lebensverhältnisse, die ebenso als krisenhaft wahrgenommen wurden. Für Krankenhausbetten mussten längere Wege in Kauf genommen werden, Medikamente waren Mangelware, ärztliche Praxen waren überlaufen, FachärztInnen kaum aufzutreiben. Andere Einheimische waren den Vertriebenen grundsätzlich gewogen, hatten Mitleid und verhielten sich solidarisch. So berichtete eine Frau Mitte der 1990er Jahre rückblickend auf ihre Zeit im Landgestüt Warendorf, in dem sie bei der Versorgung der ankommenden Heimatvertriebenen geholfen hatte:

> Im Gestüt wurde die große Reithalle freigemacht, in den hinteren Räumen eine Küche eingerichtet, in der Suppe gekocht und Brote gestrichen werden konnten. In den Stallboxen wurde Stroh als Schlaflager gestreut. Frau Schwerbrock und Fräulein Carle von der Caritas bzw. dem Frauenbund gingen zu den Familien mit Töchtern und suchten eine freiwillige Hilfstruppe für die erste Versorgung zusammenzustellen. Da wir alle irgendwo dienstverpflichtet waren, konnten sie nur freiwillige Helferinnen bitten. Zudem musste der Schutz der Frauen vor dem angrenzenden Russen- und Polenlager gesichert werden. [...] Im September/Oktober 1945 kamen etwa jede zweite Nacht rund 1.000 Menschen in Güterwagen

---

55 Zit. nach Jakobi/Link, Kriegsende 1945, S. 107.

nach Warendorf. Wir wunderten uns über diese Art des Transports nicht, denn Truppenverschiebungen und andere Menschentransporte waren auch in solchen Wagen vorgenommen worden. Da wir im Gestüt mit dem Essen auf die Ankommenden warteten, weiß ich nicht, wer sie am Bahnhof abholte und zu uns brachte. Wir standen an langen Tischen am oberen Ende der Halle, jeweils zu zweit, eine zum Austeilen der Suppe, die andere zur Brotausgabe. Die Brote waren mit Fett und Aufschnitt belegt, die Suppe war gehaltvoll. Leider waren die Vorräte begrenzt. Wenn wir versuchen wollten, jedem etwas zu geben, mussten wir aufpassen, dass nicht Schwächere und Mütter mit Kindern immer wieder zurückgedrückt wurden. Jeder kämpfte nur ums eigene Überleben. Sehr bald organisierte Frau Schwerbrock, die unsere Ansprechpartnerin blieb, für uns männliche Hilfe, ältere Leute, die die Schlange vor unseren Tischen überwachten. Die Ankommenden standen noch unter Schock. Sehr lange hatte der Krieg diese Menschen aus den abgelegenen Gegenden verschont, und von den Zuständen im Westen, den brennenden Städten, hatten sie keine Vorstellung. Sie waren aus unzerstörten Wohnungen geflohen oder vertrieben worden. [...] Der Schock, unter dem sie standen, machte sie entweder apathisch oder aggressiv. Viele waren für die Hilfe dankbar, manche allerdings versuchten uns lautstark einzuschüchtern, stellten Forderungen, die völlig unrealistisch waren.[56]

Die Autorin war selbst in Düsseldorf ausgebombt worden und mit Teilen ihrer Familie nach Warendorf gezogen. Obgleich in ihrem Bericht Empathie für das Leid der Vertriebenen sichtbar wird, so steht hier doch nicht deren Los im Mittelpunkt, sondern die Hilfsbereitschaft und das Engagement der Einheimischen. Schließlich, so die Helferin, waren sie trotz ihrer eigenen Dienstverpflichtungen und der Angst vor Vergeltungsmaßnahmen durch ehemalige ZwangsarbeiterInnen und KZ-InsassenInnen bereit, zu helfen. Demgegenüber seien nicht wenige Heimatvertriebene ihrer Meinung nach ignorant gewesen, hätten keinerlei Rücksicht auf Schwächere genommen und vor allem hätten sie kein Verständnis für die ebenso traumatischen Erfahrungen der Westdeutschen im (Bomben-)Krieg gezeigt. Stattdessen hätten sie unverschämte Forderungen nach noch mehr Unterstützung geäußert.[57] Zum Thema (Geschlechts-)Krankheiten jedoch finden sich in den mir vorliegenden Quellen keinerlei Hinweise darauf, dass ‚einfache' Menschen die Heimatvertriebenen als potentiell gefährlich oder als besonders gefährliche ‚Seuchenträger' betrachtet hätten.

---

56 Elisabeth Ketteler-Zuhorn, Notquartier Landgestüt Warendorf, http://www.helmut-dinter.de/schlesien/Warendorf.htm (9.4.2019).
57 Vgl. u.a. Kossert, Kalte Heimat; von Seggern, Aufnahme und Integration.

5 Zusammenfassung

In den Berichten der örtlichen und der alliierten Militärverwaltungen über die Herausforderungen, die sich im Umgang mit den Vertriebenen ergaben, wurden immer wieder Fragen von Gesundheit und Krankheit – insbesondere in ihrer Dimension als Gefahrenpotential – thematisiert und problematisiert. In den Erinnerungen der Einheimischen hingegen wurden diese Themen nur als eine unter vielen Krisen der Nachkriegszeit verhandelt, wobei jeweils die eigenen persönlichen Erfahrungen von Mangelversorgung und Krankheit viel bedeutsamer waren als die Probleme der Neuankömmlinge. Zur Frage nach dem Zusammenhang von Gesundheitswahrnehmungen und Aufnahmebereitschaft von Einheimischen gegenüber den Vertriebenen lassen sich vor diesem Hintergrund zwei Phänomene feststellen:

- Erstens waren in den höheren Gesundheitsbehörden und bei der britischen Besatzungsadministration – mit unterschiedlichen Argumentationsmustern – Risikoeinschätzungen über das ‚Seuchenpotential' der Heimatvertriebenen verbreitet, die strenge Kontroll- und Behandlungsmaßnahmen nötig erscheinen ließen. Dementsprechend mussten die Vertriebenen und Flüchtlinge unzählige Entlausungen im Prozess ihres Ankommens über sich ergehen lassen, die zu einem festen Bestandteil ihrer Ankommensgeschichten und -erinnerungen wurden. Demgegenüber finden sich in den Berichten der lokalen Gesundheitsämter nur selten Hinweise, dass die Vertriebenen in der Nachkriegsgesellschaft generell als Gesundheitsrisiko und stärker als die Einheimischen durch Geschlechtskrankheiten belastet wahrgenommen wurden. Zwar betrachtete man die Lager als Orte, die die Ausbreitung von Seuchen und sexuell übertragbaren Krankheiten beförderten. Viel eher aber wurden großstädtische Vergnügungen und die Kasernen der Alliierten als bedeutende Faktoren der Ansteckungsgefahr in der Wahrnehmung der deutschen gesundheitspolitischen Akteure identifiziert. Gleichwohl versuchten die Gesundheitsbehörden eine engmaschige Kontrolle vor allem der weiblichen Vertriebenen durchzusetzen. Die damalige Einschätzung, Frauen seien eine besondere Risikogruppe, stand in einer langen Tradition medizinisch-disziplinierender Diskussionen, die Frauen als Infektionsträger für Geschlechtskrankheiten identifiziert hatten.
- Zweitens wird deutlich, dass sich die Wahrnehmungen der höheren Gesundheits- und der Besatzungsverwaltungen nur selten in Äußerungen der Bevölkerung widergespiegelten. Wenn sich Bemerkungen über den Gesundheitszustand finden lassen, dann handelten sie in der Regel vom schlechten körperlichen Allgemeinzustand aller in der Nachkriegszeit von Hunger und Not Betroffenen. Sexuell übertragbare Krankheiten spielten in

der Wahrnehmung der Autochthonen gegenüber den Vertriebenen ebenso wenig eine Rolle wie in den Erinnerungen der Vertriebenen selbst. Vermutlich lässt sich dieses Schweigen auf die generelle Tabuisierung von Sexualität und erst Recht sexualisierter Gewalt zurückführen, hätte deren Thematisierung die gesellschaftlichen Grenzen der Sagbarkeit verletzt.

Die potentiellen Risiken, die von den Vertriebenen angeblich ausgingen, wurden also auf verschiedenen Ebenen unterschiedlich bewertet und behandelt. Die Sonde ‚Gesundheit in der Willkommenskultur' zeigt demnach, dass das Thema ‚Seuchen' zu allererst ein behördliches und viel weniger ein Problem des alltäglichen Zusammenlebens darstellte. Die Praktiken gegenüber den Vertriebenen und die Diskussionen um die als ‚verseucht' apostrophierten Vertriebenen standen in einer langen Tradition, die nicht als ein genuines Phänomen der Zusammenbruchgesellschaft gelten können. Sie waren Ausdruck einer behördlichen Sichtweise, in der Fremdheit und Seuchen miteinander verzahnt wurden, nicht zuletzt um angebliche Bedrohungen durch ethnisch und als ‚minderrassisch' diffamierte ‚Fremde' abzuwehren.

Eindringlinge ins Idyll? Die Aufnahme von Flüchtlingen und Vertriebenen in der Stadt Oldenburg nach 1944

Andreas von Seggern

Die Stadt Oldenburg gehört zu den wenigen Städten, die nahezu unzerstört den Zweiten Weltkrieg überstanden hat. Während die der Stadt Oldenburg am nächsten gelegenen nordwestdeutschen Zentren Bremen, Osnabrück, Emden und Wilhelmshaven in einzelnen Stadtgebieten bis zu 85 Prozent Wohnraumverlust zu beklagen hatten, waren im administrativen Mittelpunkt des Weser-Ems-Raumes lediglich rund ein Prozent aller Wohngebäude irreparabel zerstört worden.[1] Nicht zuletzt aus diesem Grund waren sie prädestiniert, die Notlage all der anderen zu mildern. Deshalb befanden sich am 3. Mai 1945, als kanadische und britische Truppen die Stadt besetzten, etwa 5.000 Bombenevakuierte sowie eine vergleichbare Anzahl von Flüchtlingen im Stadtgebiet.[2] Der sich schließlich nach dem Ende der Kriegshandlungen dramatisch verschärfende Zustrom von Flüchtlingen und seit Sommer 1945 von Vertriebenen aus Schlesien, Pommern, Ostpreußen und dem Sudetenland stellte die Stadt schließlich vor die härteste Belastungsprobe ihrer bis dato 600jährigen Geschichte.

In den vergangenen Jahrzehnten sind eine Fülle historischer Studien erschienen, die sich mit dem Zustrom von Millionen von Menschen in die Länder, Städte und Gemeinden der vier Besatzungszonen beschäftigt haben.[3]

---

1 Aufstellung über Zerstörungsgrade in den Kreisen und Städten des Landes Oldenburg, o.D., Niedersächsisches Landesarchiv (NLA) Oldenburg, Best. 136 Nr. 7206, S. 254.
2 Vgl. dazu Andreas von Seggern, ‚Großstadt wider Willen'. Zur Geschichte der Aufnahme und Integration von Flüchtlingen und Vertriebenen in der Stadt Oldenburg nach 1944, Münster 1997, S. 28.
3 Allein aus der Perspektive der Region Weser-Ems vgl. u.a. Norbert Baha, Wiederaufbau und Integration. Die Stadt Delmenhorst nach 1945, Delmenhorst 1983; Uwe Weiher, Die Eingliederung von Flüchtlingen und Vertriebenen in Bremerhaven 1945-1960, Bremerhaven 1992; Andreas Eiynck (Hg.), Alte Heimat – Neue Heimat. Flüchtlinge und Vertriebene im Raum Lingen nach 1945, Lingen 1997; von Seggern, ‚Großstadt wider Willen'; Klaus J. Bade/Hans-Bernd Meier/Bernhard Parisius (Hg.), Zeitzeugen im Interview: Flüchtlinge und Vertriebene im Raum Osnabrück nach 1945, Osnabrück 1997; Jürgen Jansen, Die soziale und berufliche Integration von Flüchtlingen und Vertriebenen im Landkreis Emsland, Lingen 2000; Bernhard Parisius, Viele suchten sich ihre neue Heimat selbst: Flüchtlinge und Vertriebene im westlichen Niedersachsen, Aurich 2004. Zusammenfassend: Hans-Ulrich Minke/Joachim

Im Kern bestätigen alle Fallstudien die These, wonach „kein Integrationsprozess [...] selbstverständlich und konfliktlos" verläuft.[4] „[N]eben kulturell-mentalen Konfliktlinien, an denen um symbolische Anerkennung gerungen wurde", so Michael Schwartz, waren es vor allem „materielle Verteilungskonflikte [,die] das Verhältnis von Einheimischen und Vertriebenen wesentlich bestimmten."[5] Eine rasche, auf Solidarität gründende, bis in die 1980er Jahre mythisch beschworene „schnelle Integration" hat es demgegenüber nach heutigem Forschungsstand weder in den drei westlichen noch in der östlichen Besatzungszone gegeben. Ganz im Gegenteil erlebten viele Vertriebene ihre Ankunft in den Aufnahmegebieten eher als eine „Entsolidarisierung unter Deutschen in der Not".[6] Neben das Trauma der Vertreibung trat nun die „bittere Erfahrung von Ausgrenzung und Ablehnung als unerwünschte Fremde".[7]

Lange Zeit wurde eine solch negative lebensgeschichtliche Episode vielfach durch den ökonomischen Erfolg der Bundesrepublik im Allgemeinen und der spezifischen Leistungsbereitschaft und dem Aufstiegswillen der Vertriebenen und Flüchtlinge im Besonderen verdeckt, wohingegen sie seit einiger Zeit in vielen biographischen Interviews der Erlebnisgeneration umso deutlicher als Überhang der Erinnerung (erneut) zu Tage treten.[8] Am Beispiel der Stadt Oldenburg möchte dieser Beitrag den ‚Untiefen' einer solchen, vermeintlich linearen Erfolgsgeschichte der Integration von Flüchtlingen und Vertriebenen aus den ehemaligen Ostgebieten nachgehen, die vor dem Hintergrund der aktuellen Migrationsbewegungen im Rückblick gelegentlich zu leichtfertig als eine in allen Teilen gelungene Geschichte erzählt wird.

Kuropka/Horst Milde (Hg.), Fern vom Paradies – aber voller Hoffnung. Vertriebene werden neue Bürger im Oldenburger Land, Oldenburg 2009.

4 So der damalige Bundespräsident Johannes Rau auf einer Veranstaltung zum Thema im Haus der Kulturen der Welt in Berlin am 12. Mai 2000, zit. nach Michael Schwartz, Vertriebene und „Umsiedlerpolitik". Integrationskonflikte in den deutschen Nachkriegs-Gesellschaften und die Assimilationsstrategien in der SBZ/DDR 1945-1961, München 1961, S. 16.

5 Michael Schwartz, Vertriebene und „Umsiedlerpolitik". Integrationskonflikte in den deutschen Nachkriegs-Gesellschaften und die Assimilationsstrategien in der SBZ/DDR 1945-1961, München 2004, S. 12.

6 Andreas Kossert, Kalte Heimat. Die Geschichte der Vertriebenen nach 1945, München 2008, S. 12.

7 Ebd.

8 Dazu zählen für den vorliegenden Fall rund 50 Interviews mit Vertriebenen und Flüchtlingen in der Stadt Oldenburg, die in den Jahren 1988/89 auf Initiative des dortigen Stadtmuseums geführt worden sind und zu einem großen Teil transkribiert vorliegen.

1 Frühe Konflikte

Am 13. September 1950 wurden in der Stadt Oldenburg unter den insgesamt 122.809 EinwohnerInnen knapp 43.000 aus ihrer Heimat geflohene oder vertriebene Deutsche statistisch erfasst.[9] Ein bis zu jenem Zeitpunkt vergleichsweise gemächlich gewachsenes Residenzstädtchen ohne nennenswerte Migrationserfahrung hatte sich binnen kurzer Zeit – zumindest rein zahlenmäßig – zur Großstadt entwickelt. Diese Situation stellte eine grundlegend andere Ausgangslage dar als etwa im 30 Kilometer entfernten oldenburgischen Industriestädtchen Delmenhorst, das bei insgesamt gut 58.000 EinwohnerInnen im Jahr 1950 knapp 18.000 – und damit ein Drittel – Vertriebene und Flüchtlinge zählte, wobei Delmenhorst bereits Zuwanderungserfahrungen besaß, hatte es doch in den Jahrzehnten zuvor bereits teils dramatische Bevölkerungszuwächse erfahren.[10] Die entscheidende Frage für die Stadt Oldenburg war mithin, ob sie soziokulturell, infrastrukturell und vor allem mental mit diesem folgenschweren Wachstum Schritt halten konnte.

Die von Marion Frantzioch konstatierte Beobachtung, dass „die ersten Kontakte zwischen Vertriebenen und Einheimischen überwiegend mitfühlender und wohlwollender Art waren",[11] kann für die Stadt Oldenburg aus Mangel an Überlieferung aus der Frühzeit der Zuwanderung weder gestützt noch vollständig negiert werden. Sicher ist, dass sich von Beginn des Flüchtlingszustroms an zahlreiche Einheimische auf vielfältige Weise ehrenamtlich in der Flüchtlingsbetreuung engagierten. Sei es als freiwillige HelferInnen beim Deutschen Roten Kreuz, dem Evangelischen Hilfswerk oder der Caritas, sei es als SpenderInnen bei den städtischen Sammlungen zugunsten der Flüchtlinge oder als TeilnehmerInnen und ZuschauerInnen bei sportlichen oder kulturellen Wohltätigkeitsveranstaltungen. In vielfältiger Weise bemühten sich OldenburgerInnen, „den oft ausgesprochenen Gedanken der Hilfe für unsere notleidenden Flüchtlinge", so das Oldenburger Tageblatt im Dezember 1945, „in die Tat umzusetzen."[12]

Ebenso unbestreitbar sind jedoch auch die anlässlich der sogenannten „Expeller"-Aktion seit Oktober 1945 einsetzenden Widerstände von

---

9   Angabe lt. Statistischem Jahrbuch der Stadt Oldenburg 1950. Die Zahlen der Volks- und Wohnungszählung vom 13. September 1950 weichen davon ab. Danach wird die „Flüchtlingszahl absolut" mit 39.098 angegeben, was im landesweiten Vergleich der kreisfreien Städte den 7. Rang bedeutete.
10 Vgl. Norbert Baha, Wiederaufbau, S. 216f.
11 Marion Frantzioch, Die Vertriebenen als Fremde, in: Jahrbuch für ostdeutsche Volkskunde 32 (1989), S. 171-184, hier S. 171.
12 Neues Oldenburger Tageblatt vom 19.12.1945 („Im Dienste fürsorglicher Hilfe").

Abb. 6.1　　Flüchtlinge erreichen die Nadorsterstraße in Oldenburg mit Blick auf Kupferschmiede Magnus/Blickslager, 1945 (alle Fotos: Stadtmuseum Oldenburg)

Abb. 6.2　　Luftaufnahme der Notunterkunft ‚Barackenlager Dobben', um 1946

Ortsansässigen gegen den Flüchtlingszugang, die zunächst vor allem bei Zwangseinweisungen von Flüchtlingen in privaten Wohnraum deutlich wurden. Da der Bau von neuen Wohnungen bis 1948 angesichts knapper finanzieller und materieller Ressourcen nicht möglich war, behalfen sich die Kommunen zunächst mit Notunterkünften. So besaß etwa der Umbau der Hindenburg-Kaserne in Kreyenbrück zur fast autarken Flüchtlingssiedlung mit eigener Geschäftswelt, Handwerks- und Industriebetrieben Vorbildfunktion,[13] barg jedoch gleichzeitig die latente Gefahr, dass eine Parallelgesellschaft entstand, deren Austausch mit dem umgebenden Gemeinwesen sich bisweilen auf einen rein administrativen Verkehr zu beschränken drohte. Die Lagerexistenz prägte das anfängliche Leben Hunderttausender Flüchtlinge in der westdeutschen Aufnahmegesellschaft, gleichwohl blieb sie lange, wie Albrecht Lehmann bereits 1993 konstatierte, ein „tabuisiertes Thema":

> Wer in den Lagern leben mußte, blieb von der einheimischen Bevölkerung weitgehend isoliert. Die Insassen lebten vielfach als Diskriminierte, wie Lagerbewohner überall. Dazu trug nicht zuletzt die Tatsache bei, dass die Lager meistens keine neuen Anlagen waren, sondern schon längere Zeit als Aufbewahrungsort für diskriminierte Minderheiten [in der Regel Zwangsarbeiter] gedient hatten.[14]

Der unfreiwillig in Lagern lebende „homo barackensis als Gegentypus zum bürgerlichen Individuum",[15] sah sich immer weiter an den Rand der Gesellschaft gedrückt. Die Teilhabe am sozialen und ökonomischen Aufstieg der Bundesrepublik blieb ihm für die Zeit seiner Lagerexistenz weitgehend verwehrt.

Gleichzeitig kam es bei der Einweisung von Flüchtlingen in privaten Wohnraum in vielen Fällen zu offenen Konflikten zwischen Hausbesitzern und Eingewiesenen. Die Phantasie einheimischer Wohnungsbesitzer, Flüchtlingen das Einleben zu erschweren, wenn schon nicht ihre Einweisung verhindert werden konnte, kannte in den ersten Nachkriegsjahren kaum Grenzen. So wurden mitunter überzählige Wohnräume frühzeitig mit Einzelpersonen belegt, um

---

13 Dazu noch immer maßgebend: Sabine Brendel, „Das war die neue Heimat". Die Integration der Vertriebenen in der Stadt Oldenburg am Beispiel der Städtischen Siedlung Kreyenbrück, Magisterarbeit Oldenburg 1995. Erlebnisgeschichtlich: Joachim Engelmann, Lebensstation Kreyenbrück. Aus der Geschichte der Oldenburger Hindenburg-Kaserne, Oldenburg 1995.

14 Albrecht Lehmann, Im Fremden ungewollt zuhaus. Flüchtlinge und Vertriebene in Westdeutschland 1945-1990, 2. Aufl., München 1993, S. 46.

15 Volker Ackermann, Homo Barackensis – Westdeutsche Flüchtlingslager in den 1950er Jahren, in: ders./Bernd-A. Rusinek/Falk Wiesemann (Hg.), Anknüpfungen. Gedenkschrift für Peter Hüttenberger, Essen 1995, S. 339.

Abb. 6.3   Flüchtlingsbaracke in Oldenburg, 1947

Zuweisungen von Familien vermeiden zu können.¹⁶ Nicht unbedingt benötigte Räume wurden komplett leergeräumt, Hausrat und Möbel auf dem Dachboden oder im Keller gelagert. Waren Flüchtlinge eingewiesen, fanden sie nicht selten eilig leer geräumte Zimmer vor, der Zugang durch den Haupteingang wurde ihnen verwehrt, manchem schlicht die Heizung abgedreht oder die Nutzung der Haustoilette unmöglich gemacht.

Vereinzelte Appelle des Stadtrates, die Oldenburger mögen doch endlich erkennen, dass die Flüchtlinge den Krieg nicht allein verloren hätten und dass man in dieser Notlage zusammenrücken müsse, stießen nicht bei allen Angesprochenen auf die gewünschte Resonanz.¹⁷ Wie sehr sich diese frühen Konflikte um Wohnraum verschärft hatten, zeigte auch der bereits im Dezember 1945 in der Verwaltung angesichts massiv auftretender Widerstände seitens der OldenburgerInnen gegen Flüchtlingszuweisungen kurzzeitig kursierende Vorschlag, widerspenstige WohnungsbesitzerInnen zur Strafe selbst in ein Flüchtlingslager einzuweisen.¹⁸

Dennoch standen große Teile der Oldenburger Bevölkerung jeglichen Forderungen von Flüchtlingen nach Verbesserung der örtlichen Unterbringungsverhältnisse misstrauisch gegenüber. So klagte die Militärregierung für das Land Oldenburg zu Beginn des Jahres 1946 gegenüber dem Ministerpräsidenten Tantzen angesichts einer Vielzahl eingegangener Beschwerden von Flüchtlingen über ihre mangelhafte Versorgung, dass sie nicht davon überzeugt sei, dass dem Wohlergehen der Flüchtlinge genügende Aufmerksamkeit geschenkt werde. Tantzen versuchte diesen Vorwurf in seiner Antwort zu entkräften und verwies auf die ihm zugetragene

> Kehrseite der Flüchtlingsfrage, wie nämlich die Flüchtlinge sich selbst benehmen im Lande. Es sind leider viele Elemente darunter, die nicht nur in keiner Weise gegenüber den Gastgebern die richtige Tonart anschlagen, sondern die direkt mit großen Ansprüchen bis zur Frechheit auftreten. Ja, es sind kriminelle

---

16 NLA Oldenburg Best. 262-1 Nr. 3-528 (Vermerk Dr. Möller vom 21.1.1946).
17 Vgl. dazu von Seggern, ‚Großstadt wider Willen', S. 130f. Aussagekräftig sind in diesem Zusammenhang insbesondere die in unregelmäßigen Abständen verfassten Berichte des Wohnungsamtes vom Oktober 1945 bis zum September 1947: NLA Oldenburg, Best. 262-1 Nr. 3-515.
18 Niederschrift über die Besprechung der Dezernenten vom 10.12.1945, Dezernent Simstedt. NLA Oldenburg Best. 262-1 Nr. 0-424. In Bayern wurden als Strafmaßnahme bei Widerstand gegen Wohnraumbeschlagnahme von der Militärregierung dreimonatige Gefängnisstrafen bzw. sechsmonatige Zwangsaufenthalte in Flüchtlingslagern verhängt; vgl. Paul Erker, Vom Heimatvertriebenen zum Neubürger. Sozialgeschichte der Flüchtlinge in einer agrarischen Region Mittelfrankens 1945-1955, Wiesbaden 1988, S. 22ff.

Elemente darunter, denen die Eigentumsbegriffe völlig verlorengegangen sind. Aus der Bevölkerung kommen darüber viele Klagen.[19]

Die negative Grundhaltung vieler OldenburgerInnen gegenüber den MigrantenInnen verschärfte sich in der Folgezeit weiter. Die Erhöhung des Zuwanderungsdrucks durch die Aktion „Swallow",[20] die knapper werdenden Ressourcen an Nahrungsmitteln, Brennstoffen, Hausrat und vor allem Wohnraum und die wachsende Erkenntnis, dass eine Rückkehr der Flüchtlinge in ihre Herkunftsregionen nicht mehr möglich sein würde, steigerten im Laufe des Jahres 1946 die Aversionen innerhalb der Oldenburger Bevölkerung gegenüber denjenigen, die allzu leicht für die massiven Einschränkungen des Lebensstandards verantwortlich gemacht werden konnten. Insbesondere die Transporte aus dem niedersächsischen Flüchtlings-Durchgangslager Uelzen-Bohldamm in der ersten Hälfte des Jahres 1947 wirkten aufgrund ihres problematischen sozialen Gefüges wie ein „psychologischer Schock" für die Bewohner innen der Stadt.[21] Über die Zusammensetzung dieser Transporte berichtete Ernst Wirmer, Leiter des Bezirksflüchtlingsamtes Oldenburg:

> Die in letzter Zeit aus Ülzen kommenden Transporte (Schwarzgänger) weisen im Gegensatz zu den früheren Transporten, die sich zum grössten Teil aus Frauen, Kindern und alten Leuten zusammensetzten, nunmehr durchweg junge Leute auf, die angeblich aus der russ[ischen] Zone kommen. Diese jungen Menschen sind grösstenteils arbeitsscheue und asoziale Elemente, die sich dem Arbeitseinsatz entziehen wollen. Ihre Aufnahme ist eine Gefahr für jede Gemeinde, ihre Unterbringung eine solche für den Wohnungsinhaber.[22]

---

19   Schreiben von Tantzen an Oberst Dillon (ohne Betreff) vom 9.1.1946, NLA Oldenburg, Best. 136 Nr. 7206, S. 135.
20   Vgl. dazu und zu anderen Transportaktionen: Matthias Beer, Flucht und Vertreibung der Deutschen. Voraussetzungen, Verlauf, Folgen, München 2011, S. 67ff. Mit den Zügen der Operation „Swallow" trafen zwischen dem 20.4. und dem 28.12.1946 insgesamt 17.408 Vertriebene in der Stadt Oldenburg ein: NLA Oldenburg, Best. 136 Nr. 7227 („Züge mit Ausgewiesenen der „Aktion Schwalbe" aus den polnisch verwalteten deutschen Gebieten, den Stadtkreis Oldenburg betreffend").
21   Alfred Karasek-Langer verwendet diesen Begriff für die Reaktion der eingesessenen Bevölkerung auf den Massenzustrom von Flüchtlingen, der mit den Transportaktionen seit Oktober 1945 eingeleitet wurde. Alfred Karasek-Langer, Volkstum im Umbruch, in: Eugen Lemberg/Friedrich Edding (Hg.), Die Vertriebenen in Westdeutschland. Ihre Eingliederung und ihr Einfluss auf Gesellschaft, Wirtschaft, Politik und Geistesleben, 3 Bde., Kiel 1959, hier Bd. 1, S. 681.
22   Akten-Notiz von E. Wirmer betr. Fragen über das Flüchtlingswesen anläßlich des Besuches der Staatskommissarin für das Flüchtlingswesen in Oldenburg am 2.4.1947, NLA Oldenburg, Best. 136 Nr. 7210, S. 571ff.

Der aus der Wesermarsch stammende niedersächsische Verkehrsminister Ernst Martens nutzte die Frage der Uelzen-Flüchtlinge im Mai 1947 wiederum zu einer durch Vorurteile vollkommen verzerrten Generalabrechnung mit allen Flüchtlingen:

> [Die Flüchtlinge] zeigen zu weitaus überwiegender Mehrzahl nicht das geringste Interesse an der Ausübung ihres früheren Berufes. Sie finden sehr bald Geschmack an der leichteren Art des Broterwerbs auf dem Schwarzen Markt, über dessen Charakter sie meistens von ihrer alten Heimat genaue Kenntnisse mitbringen. Sie bilden deshalb eine ständige Gefahr für die ordnungsmäßige Wirtschaft und die Moral. Sie sind zu einem erheblichen Teile die Schrittmacher für amoralische und asoziale Bestrebungen. [...] Es gibt nur eine Lösung, nämlich die Rückkehr in die alte Heimat. Wozu also der Wahnsinn der Entvölkerung ganzer Provinzen des Osten Deutschlands, wenn man die Flüchtlinge später dahin wieder zurückschicken muß.[23]

Die Äußerungen von Wirmer und Martens standen dabei keineswegs für eine spezifisch oldenburgische Haltung, sondern waren Teil eines vor allem in Niedersachsen virulenten negativen Diskurses im Zusammenhang mit dem Lager Uelzen-Bohldamm im Frühjahr 1947. Der spätere niedersächsische Flüchtlingsminister Heinrich Albertz sprach vom Lager als „Institut zur Aufnahme asozialer und krimineller Elemente."[24] Bei den öffentlichen Institutionen sowie unter EinwohnerInnen der Stadt Oldenburg lassen sich weitere vergleichbare Diskriminierungen allerdings nicht konkret nachweisen. Zwar diskutierte die Oldenburger Presse Mitte des Jahres 1947 ausführlich über das Problem sogenannter „Schwarzgänger"[25] aus der Sowjetischen Besatzungszone und auch die Stadtverwaltung schlug Alarm in Anbetracht der „Kriminalität angeblicher Ostflüchtlinge."[26] Man hütete sich in den Behörden und Parteien jedoch wohl bewusst vor oberflächlicher Generalisierung, um das ohnehin strapazierte Verhältnis zwischen einheimischer und zugewanderter Bevölkerung nicht weiter zu belasten.

---

23   Zit. nach Helga Grebing, Flüchtlinge und Parteien in Niedersachsen, Hannover 1990, S. 57f. Vgl. auch Dieter Brosius, Zur Lage der Flüchtlinge in Niedersachsen nach 1945, in: Niedersächsisches Jahrbuch für Landesgeschichte 55 (1983), S. 99–113, hier S. 112f.

24   Zit. nach Sascha Schießl, „Das Tor zur Freiheit". Kriegsfolgen, Erinnerungspolitik und humanitärer Anspruch im Lager Friedland (1945–1970), Göttingen 2016, S. 98.

25   Vgl. etwa Nordwestdeutsche Rundschau vom 18.7.1947 („Arbeitslager für Umerziehung"), Nordwestdeutsche Rundschau vom 25.4.1947 („Sind das Vertriebene aus dem Osten?"), Nordwest-Zeitung vom 1.8.1947 („Ein neuer Stand: Berufsflüchtlinge").

26   Vgl. Schreiben des Oberstaatsanwalts beim Landgericht Oldenburg an den Präsidenten des Verwaltungsbezirks Oldenburg betr. Kriminalität angeblicher Ostflüchtlinge vom 4.6.1947, NLA Oldenburg, Best. 136 Nr. 7212, S. 261ff.

2   Der Wandel des städtischen Selbstbildes

Die Uelzen-Transporte markierten im Bewusstsein vieler OldenburgerInnen aber auch in ganz anderer Hinsicht eine Wende in der Behandlung der Flüchtlingsfrage und der damit zusammenhängenden Zukunftsplanung der Stadt. Der soziale Zündstoff, der mit den „Schwarzgängern" des Jahres 1947 nach Oldenburg importiert wurde, machte endgültig deutlich, dass man vom lange schon trügerischen Selbstbild der beschaulichen Residenzstadt Abschied nehmen musste. Oberstadtdirektor Oltmanns sah bereits Ende April 1947 den Charakter der Stadt durch den bereits evidenten Bevölkerungszuwachs durch Vertriebene und Flüchtlinge völlig gewandelt.[27] Die Entwicklung, die die Stadt längst „verproletarisiert" habe, hielt er für unumkehrbar. Nicht ohne Wehmut wurde bisweilen der Zeiten gedacht, da Oldenburg als beschauliche Mittelstadt ihr Dasein „in der glücklichen Mitte zwischen Armut und Üppigkeit" geführt habe.[28] Exemplarisch für diesen zunächst melancholisch gestimmten Bewusstseinswandel steht die einleitende Betrachtung zu einer kommunalpolitischen Artikelreihe der *Nordwestdeutschen Rundschau* aus dem Oktober 1948. Sie widmete sich unter der bezeichnenden Überschrift „Großstadt wider Willen" der Zukunft Oldenburgs vor dem Hintergrund des Bevölkerungswachstums der ersten Nachkriegsjahre. Der Wandel von der „feine[n] Stadt am Wasser Hunte" mit ihren überschaubaren,[29] dabei freilich etwas erstarrten sozialen, ökonomischen und gesellschaftlichen Strukturen zur lebendigen, nunmehr auch den Einheimischen vorerst ‚fremden' Großstadt wird in diesem Bericht prägnant illustriert.[30] Im Vergleich zur Vorkriegszeit sei nun das „vergilbte residenzlerische Blütenkleid" der Stadt „zu eng" geworden:

> Es bedurfte kaum des Hinweises, daß mit der Ankunft des 100.000[ten] Einwohners Oldenburg Großstadt geworden, um ihn mit einer Mischung aus Wehmut und Stolz wahrnehmen zu lassen, wie emsig es dabei ist, sich ein neues, weniger buntes Kleid zuzulegen. Oldenburg muß es aus dem ersten besten Garn selber spinnen und weben und schlüpft mit leiser Resignation in das Werktagsgewand. […] Wie im Organismus eines Menschen muß eine Bevölkerungszunahme um 66 2/3 von Hundert in neun Jahren […] im Stadtkörper zunächst Störungen hervorrufen. Die zweifelhafte Würde, zuwachsmäßig an der Spitze aller Städte der

---

27   NLA Oldenburg, Best. 136 Nr. 7210, S. 684 (Akten-Notiz der Kommunal- und Fürsorgeabteilung des Verwaltungsbezirks Oldenburg vom 22.4.1947).
28   Zit. in Staatliche Kreditanstalt Oldenburg-Bremen, 75 Jahre, S. 10.
29   Zitat aus ‚Zedlers Großem Universal-Lexicon aller Wissenschaften und Künste' von 1732, zit. nach Hermann Lübbing, Oldenburg. Eine feine Stadt am Wasser Hunte. Eine Dokumentation, Oldenburg 1995.
30   Nordwestdeutsche Rundschau vom 21.10.1948.

drei Westzonen zu stehen, bürdet der Stadt 50.000fache Adoptivmutterschaft auf.

Wie umzugehen sei mit der neuen Geschäftigkeit und mit der durch den Flüchtlingszustrom zwangsläufig die städtische Wirklichkeit erfassenden Dynamik, war die meistgestellte und öffentlich diskutierte Frage in Oldenburg nur wenige Jahre nach Ende des Krieges. Weitgehende Einigkeit herrschte in Politik und Verwaltung der Stadt über die Auswirkungen der Zuwanderung auf die zukünftige Gestaltung des sozialen und ökonomischen Lebens der „Großstadt Oldenburg": Die Ansiedlung neuer Industrien und die Schaffung neuen Wohnraums war prioritär zu sichern, nicht zuletzt, um die Integration der Flüchtlinge zu befördern. Heftig umstritten waren jedoch lange Zeit die Folgen für das kulturelle Gepräge der Stadt. Oldenburgische Traditionalisten versuchten unverdrossen, das überkommene kulturelle Leben auch in die neue Zeit hinüberzuretten. Anlässlich der Eröffnung einer Oldenburger Kulturwoche im Januar 1947 erhoben sie Klage gegen eine zunehmende Entwertung oldenburgischer Kultur, die sie vornehmlich auf den Verlust der Selbständigkeit, aber auch auf das Eindringen des Fremden zurückführten. Das Nachrichtenmagazin *Der Spiegel* kommentierte am 11. Januar 1947 süffisant:[31]

> Der zweite Redner des Eröffnungstages, Oldenburgs Oberschulrat Stuppenberg, las dem greisen Auditorium ein Kapitel altoldenburgischer Kunstgeschichte. ‚So war es', rief er, ‚und wie ist es heute, fragen wir? Im Theater keine einzige Premiere, kein Vortrag von einem einheimischen Künstler. Fremde Gäste, von weit hergeholt, entfalten die Kunst ihrer eigenen Sphäre.' Flüchtlinge, deren Oldenburg ja auch eine ganze Menge hat, meinen allerdings, der Staat sei hin, nun möchte man zeigen, was in diesem Staat gewohnt hat. Aber heute sei damit leider nicht mehr so viel Staat zu machen, um wieder einen eigenen Staat zu errichten.

Dass sich in der nunmehr zur Großstadt gewordenen Stadt zwangsläufig auch die Kulturöffentlichkeit wandeln musste, wurde keineswegs ohne Widerstand hingenommen. So klagten die alten ‚Recken' der Oldenburger Kulturszene, die Heimatmaler der Kreyenbrücker Schule Wilhelm Kempin und Bernhard Winter, unermüdlich gegen die nach 1945 rührigen Bemühungen des Oldenburger Kunstvereins, das interessierte Publikum endlich mit den lange unterdrückten Strömungen der Moderne vertraut zu machen.[32] In einem solchen Spannungsverhältnis zwischen Oldenburger Traditionalisten und Modernisten musste es Flüchtlingen schwerfallen, eigenständige kulturelle Traditionen und

---

31 „Kein Staat zu machen", Der Spiegel vom 11.11.1947, S. 4.
32 Vgl. José Kostler, Heimatmalerei – Das Beispiel Oldenburg, Oldenburg 1988, S. 199ff.

neue Impulse außerhalb ihrer landsmannschaftlichen Traditionspflege in das städtische Kulturleben einfließen zu lassen.

3 Die Rolle von Stadtpolitik, Kirchen und Tagespresse

Trotz oder wegen zahlreicher sozialpolitischer Verwerfungen, die weiterhin zu Konflikten zwischen Einheimischen und NeubügerInnen führten, bemühten sich seit Beginn des Flüchtlingszuzugs in Oldenburg verschiedene städtische Institutionen das gegenseitige Verstehen in der Stadt zu verbessern. Im Vordergrund stand dabei das Engagement der politischen und administrativen Funktionsträger, der Kirchen und der Oldenburger Tagespresse.

Politik und Verwaltung

Die regionalen und kommunalen Oldenburger Politik- und Verwaltungsorgane agierten bis 1949 vornehmlich mit Appellen an die Gesamtbevölkerung, mit dem Ziel, die Distanz zwischen den noch ‚Heimatlosen' und den ‚Beheimateten' zu verringern.[33] Dabei sahen sie die Ursachen der wachsenden Konflikte nicht nur in der mangelnden Bereitschaft der Einheimischen, Verzicht zugunsten der Flüchtlinge zu üben, sondern auch in vielfach überzogenen Erwartungshaltungen vieler ZuwanderInnen. Bereits im Oktober 1945, noch vor dem Eintreffen der ersten größeren Vertriebenentransporte im Rahmen der Aktion ‚Expeller', hatte das Oldenburger Staatsministerium darauf aufmerksam gemacht, dass sich bei der Unterbringung der Flüchtlinge oft dadurch große Schwierigkeiten ergäben, dass einerseits die Flüchtlinge zu große Ansprüche stellten, andererseits aber die Einheimischen zu wenig Verständnis für ihre Not zeigen würden.[34] Bestärkt wurde es in seiner Auffassung auch durch die Rhetorik der britischen Besatzungsmacht, die im April 1946 über das Verhalten von Flüchtlingen in den Aufnahmegebieten Niedersachsens zu berichten wusste, dass diese in einigen Ortschaften arbeitsunwillig seien, „und meinen, es sollte ihnen alles zufließen, weil sie so viel durchgemacht haben. Dass entzieht ihnen natürlich die Sympathie des Dorfes."[35] Der gleiche Tenor findet sich auch in einer Rede des Oldenburger Oberbürgermeister Diekmann anlässlich der Ratssitzung am 24. Februar 1947, auf der er sowohl an die Flüchtlinge

---

33 Vgl. Andreas von Seggern, ‚Großstadt wider Willen', S. 185ff.
34 Protokoll betr. Besprechung über Flüchtlingsbetreuung im Staatsministerium Oldenburg am 9.10.1945, NLA Oldenburg, Best. 136 Nr. 7204, S. 495.
35 Anlage zum Schreiben von Col. Lingham an den Vorsitzenden des Gebietsrates Niedersachsen betr. Ansiedlung von Flüchtlingen und Vertriebenen vom 30.4.1946, NLA Oldenburg, Best. 136 Nr. 7201, S. 465.

als auch an die Einheimischen appellierte, sich gegenseitig mit mehr Toleranz zu begegnen, um die weitreichenden kommunalen Aufgaben, die sich aus dem harten Winter 1946/47 für die Stadt ergaben, besser bewältigen zu können:

> Eine Vielzahl von Einsprüchen von Eingesessenen [beim Wohnungsamt] zeigt die Tendenz, unter allen möglichen Vorwänden sich der Flüchtlingsaufnahme zu entziehen oder aufgenommene Flüchtlinge wieder abzusetzen. Es gilt für den alteingesessenen Teil der Bevölkerung zu erkennen, daß es sich bei den Ausgewiesenen nicht um ‚Zugvögel' handelt, deren Anwesenheit hier jahreszeitlich bedingt ist, sondern um Leute, die einstweilen Einwohner unserer Stadt bleiben. Empfehlenswert würde es darum sein, aus dieser Erkenntnis zu folgern, daß alte und neue Einwohner zu einem ‚modus vivendi' kommen müssen, daß sie einen Weg des Zusammenlebens innerhalb des ihnen zugewiesenen Wohnraums finden. Es ist bei gutem Willen auf beiden Seiten möglich, und der alteingesessene Teil muß endlich verstehen, daß die Ausgewiesenen den Krieg nicht allein verloren haben. Einem Teil unserer neuen Einwohner aber möchte ich mit allem Nachdruck sagen, daß es nicht möglich ist, in Oldenburg anspruchsvoller wohnen zu können, als es zuhause der Fall war. Mit ihrer Aufnahme übernehmen sie die moralische Verpflichtung, sich einzufügen, maßvoll zu sein und ihren Teil zu einem guten Einvernehmen innerhalb der Haus- und Wohngemeinschaft beizutragen.[36]

Die grundlegende Voraussetzung für ein zukünftig einträchtiges Gemeinschaftsleben in Oldenburg sah Diekmann allerdings primär im fundamentalen Umdenken der einheimischen Bevölkerung. Die in manchen Köpfen zu lange aufrechterhaltene Illusion, dass die Fremden nach kurzem Gastaufenthalt wieder in ihre Heimat zurückkehren könnten, musste seiner Meinung nach endlich einem realistischen Denken weichen, das von einem dauerhaften Zusammenleben auszugehen hatte. Eine solche Einsicht sollte schließlich die Bereitschaft zur Einschränkung und eine stärkere gegenseitige Aufgeschlossenheit aller Bewohner intensivieren. Ähnlich argumentierte auch Bezirkspräsident August Wegmann, der in seiner Neujahrsbotschaft für das Jahr 1948 betonte, dass die Not der Flüchtlinge nicht durch detaillierte Flüchtlingsgesetze, sondern lediglich durch die Bereitwilligkeit zum gegenseitigen Verstehen und zum Helfen vollständig beseitigt werden könne, was allerdings sowohl bei Einheimischen wie auch bei Flüchtlingen häufig fehle:[37]

> Die Schuld liegt auf beiden Seiten. Wer denunziert, nicht arbeiten will oder sich sonst nicht [sic] asozial verhält, darf sich nicht über mangelndes Entgegenkommen seiner Quartiergeber beklagen und wer nur an seine eigenen Vorteile und

---

36 Anlage 1 zur Niederschrift über die öffentliche Sitzung des Rates der Stadt vom 24.2.1947, NLA, Best. 262-1 Ab Nr. 54.
37 Nordwestdeutsche Rundschau vom 30.12.1947.

seine Bequemlichkeit denkt und seinem [sic] Genuß lebt, während die Flüchtlinge unter einem Dach darben; wer sie in eine Rumpelkammer oder gar in eine Ecke des Stalls verweist, der darf sich nicht wundern, wenn dieses schlechte Folgen hat.

Die Fingerzeige führender Oldenburger Politiker lösten jedoch kaum unmittelbare Reaktionen aus im Sinne einer grundlegenden Verbesserung des Verhältnisses zwischen aufnehmender und aufzunehmender Bevölkerung. Die Diskussionen um einen Lastenausgleich, die unmittelbar nach der Währungsreform in den drei Westzonen an Intensität gewannen,[38] bargen zusätzlich die Gefahr einer weiteren Verhärtung der bestehenden Differenzen zwischen den überwiegend einheimischen, besitzenden und den durch die Kriegsereignisse pauperisierten Bevölkerungsteilen, zu denen insbesondere Vertriebene und Flüchtlinge zu rechnen waren. Mit bescheidenen materiellen Hilfeleistungen und sporadischen öffentlichen Appellen konnte dieser Entwicklung kaum entgegengesteuert werden. Stadtverwaltung und Stadtrat versuchten daher in Zusammenarbeit mit dem Verwaltungsbezirk durch kulturelle Großveranstaltungen eine drohende langfristige Zementierung der Barrieren zwischen Alt- und NeubürgerInnen zu verhindern,[39] wobei den Flüchtlingen und Vertriebenen zum Teil erheblicher Einfluss auf die Programmgestaltung zugestanden wurde.

Die Bemühungen der Stadt, bei der einheimischen Bevölkerung Interesse für die Traditionen, Herkunft und kulturellen Kontexte der neuen MitbürgerInnen zu wecken, kulminierten in der Wanderausstellung „Deutsche Heimat im Osten", die vom 28. März bis zum 28. April 1953 im Oldenburger Schloss gezeigt wurde. In ihrem Duktus reihte sie sich in die zeittypisch moralisierenden, dem „Pathos einer heroisch-abendländisch-christlichen Weltanschauung" verpflichteten historischen Ausstellungen der frühen Bundesrepublik

---

38 Zum Lastenausgleich vgl. Paul Erker (Hg.), Rechnung für Hitlers Krieg. Aspekte und Probleme des Lastenausgleichs, Heidelberg 2004. In der sowjetischen Besatzungszone waren vergleichbare Maßnahmen unterblieben; vgl. dazu Arnd Bauerkämper, Assimilationspolitik und Integrationsdynamik. Vertriebene in der SBZ/DDR in vergleichender Perspektive, in: Marita Krauss (Hg.), Integrationen. Vertriebene in den deutschen Ländern nach 1945, Göttingen 2011, S. 22-47, hier S. 30.

39 Dazu zählte etwa die ausdrücklich auf die Verständigung zwischen Vertriebenen, Flüchtlingen und Einheimischen zielende „Oldenburger Heimatwoche" vom 2. bis 9. September 1951, die ein „engeres Band der Gemeinschaft [um alle] schlingen" sollte, „die heute in den Grenzen des ehemaligen Landes Oldenburg heimatlich fühlen" (Oberstadtdirektor Jan Eilers; Nordwest-Zeitung vom 1.9.1951 („Oldenburger Heimatwoche").

ein.[40] Dementsprechend erklärte Oberbürgermeister Lienemann in seiner Eröffnungsrede, dass die Ausstellung

> besonders uns Einheimischen, [...] in allen Teilen in ihren geschichtlichen, kulturellen und wirtschaftlichen Darlegungen den Nachweis [erbringe], daß es sich bei dem uns vorläufig entrissenen ostdeutschen Gebiet um ein kerndeutsches Land handelt, von deutschem Geist und deutschen Händen geschaffen und gestaltet.[41]

Kirchen

Beide christliche Kirchen sahen, neben der vorwiegend durch die Caritas und dem Evangelischen Hilfswerk ausgeübten Wohlfahrtstätigkeit, frühzeitig eine wichtige Aufgabe in der seelsorgerischen Betreuung der Flüchtlinge sowie in deren rascher Integration innerhalb ihrer Kirchengemeinden. Nach Ansicht des Oldenburger Oberkirchenrates Dr. Hermann Ehlers waren vor allem die Kirchen für eine Stärkung der Aufnahme- und Hilfsbereitschaft auf Seiten der Einheimischen prädestiniert. Er war der Meinung, dass sie erhebliche Kreise der Bevölkerung

> auf Grund von inneren Verbindungen ansprechen könnten, die die Städte nicht haben und nicht haben können. Sie rufen Menschen zu Opfern auf, die aus anderen Antrieben gebracht werden, als es etwa das Bürgerrecht einer Stadt ist [...] Diese Motivation zum Opfern leitete die Evangelische Kirche vornehmlich aus dem Bewußtsein ihrer Mitglieder ab, daß all die Heimatlosen, Obdachlosen, Ausgeraubten auch nur mit Gottes Wissen und Willen vor unserer Tür stehen, daß Gott dabei seine Hand im Spiele hat, daß er sie hat herkommen lassen! [...] Die Heilige Schrift und unsere Glaubenserfahrung lehrt uns sagen: Sie sind da, die Gott gesendet.[42]

Die geistliche Betreuung der Flüchtlinge sollte insbesondere durch die Einrichtung von Hilfspredigerstellen, wenig später durch die Schaffung von neuen Pfarrstellen, gewährleistet werden. Bereits im Januar 1947 stammten von 147 im Bereich der oldenburgischen Landeskirche tätigen Pfarrern nur noch

---

40 Gottfried Korff, Zielpunkt: Neue Prächtigkeit? Notizen zur Geschichte kulturhistorischer Ausstellungen in der „alten" Bundesrepublik, in: ders. u.a. (Hg.), Museumsdinge. Exponieren – Deponieren, 2. Aufl., Köln 2007, S. 24-48, hier S. 28. Nach Eva und Hans-Henning Hahn trug diese vom Bundesministerium für gesamtdeutsche Fragen organisierte Präsentation gar signifikant „völkisch-revisionistische" Züge; zit. nach Elisabeth Fendl (Hg.), Zur Ästhetik des Verlusts. Bilder von Heimat, Flucht und Vertreibung, Münster 2010, S. 101.
41 Nordwest-Zeitung vom 28.3.1953 („Überzeugende Schau").
42 Oldenburger Sonntagszeitung vom 1.9.1946 („Willkommen ihr Heimatlosen").

44 Prozent aus Oldenburg.[43] In der Stadt Oldenburg waren im Dezember 1946 allein neun sogenannte „Ostpfarrer" eingestellt worden.[44] Dass die Arbeit dieser neuen geistlichen Kräfte in den städtischen Kirchengemeinden nicht immer reibungslos verlief, belegt u.a. die Äußerung des städtischen Kreispfarrers vom Mai 1946, in der er darauf verwies, dass ein „Ostpfarrer" „wiederholt in weiten Kreisen Anstoß durch seine liturgische Haltung" erregt habe.[45]

Anders als die im Oldenburger Land traditionell dominierende Evangelische Kirche, wurde die Tätigkeit der Katholischen Kirche erheblich durch den Umstand beeinträchtigt, dass sich die katholische Diaspora-Gemeinde in der Stadt Oldenburg innerhalb nur kurzer Zeit um nahezu 300 Prozent vergrößert hatte und sich infolgedessen kaum in der Lage sah, die unterschiedlichen seelsorglichen Bedürfnisse und religiösen Traditionen miteinander in Einklang zu bringen.[46] Die organisatorischen Defizite, die sich aufgrund des enormen Zuwachses an Gemeindemitgliedern durch katholische Flüchtlinge ergeben hatten, hoffte man zunächst durch eine Umquartierung von Flüchtlingen nach konfessionellen Gesichtspunkten beseitigen zu können, wodurch man sich auch eine Erleichterung der Integrationsbemühungen in der neuen Heimat erhoffte.[47] Dieses 1946 erstmals in die Diskussion gebrachte Konzept, das nicht nur auf freiwilliger Basis, sondern auch unter Einbeziehung von Zwangsmaßnahmen durchgeführt werden sollte und auch von der Militärregierung grundsätzlich begrüßt wurde, musste in Anbetracht der schwierigen Umstände des Jahres 1947 ergebnislos bleiben. Dazu trug sicherlich auch bei, dass die Evangelische Kirche gegen den Austausch opponierte, da u.a. bei vielen Flüchtlingen bereits das Gefühl eines Zu-Hause-Seins in ihrer neuen Heimat entstanden war, wie Oberkirchenrat Dr. Ehlers im Februar 1947 hervorhob.[48] Einstweilen

---

43   Oldenburger Sonntagszeitung vom 5.1.1947 (ohne Titel).
44   Archiv des Oberkirchenrates Oldenburg B, XXVIII-31 I (Anschriften aus dem Osten stammender Pfarrer, die in der Kirche in Oldenburg tätig sind, Dezember 1946).
45   Archiv des Oberkirchenrates Oldenburg B, XXVIII-31 I (Schreiben des Kreispfarrers Oldenburg an den Oberkirchenrat betr. Tätigkeit der Ostpfarrer vom 14.5.1946).
46   So hieß es in einem Bericht des Katholischen Pfarramtes St. Peter 1959, dass die „bunt zusammengewürfelte Schar der Gläubigen an eine straffe Gottesdienstordnung zu gewöhnen" sei, um sie „zu einer lebendigen Gemeinschaft wachsen" zu lassen; Kath. Pfarramt St. Peter (Hg.), Die Pfarrei St. Peter und ihre Tochtergemeinden in der nordoldenburgischen Diaspora, Oldenburg 1959, S. 33.
47   Vgl. W. Baumann/P. Sieve (Hg.), Die katholische Kirche im Oldenburger Land, Vechta 1995, S. 50.
48   NLA Oldenburg Best. 136 Nr. 7210, S. 1055 (Schreiben des Oberkirchenrates an den Leiter des Hauptarbeitsamtes Oldenburg (ohne Betreff) vom 22.2.1947). Der Oberkirchenrat wandte sich auch entschieden gegen eine Anwendung von Zwang bei einer eventuellen Durchführung der Umquartierung: NLA Oldenburg Best. 136 Nr. 7210, S. 1050

musste die Katholische Kirche zunächst mit bescheidensten Mitteln ihre neuen Gemeindemitglieder seelsorgerisch betreuen. Schließlich ermöglichte der Bau von fünf Kirchen in den fünfziger und sechziger Jahren der Katholischen Kirche in der Stadt Oldenburg eine effektivere Arbeit in der Begegnung zwischen zugewanderten und einheimischen KatholikInnen.[49]

Lokalpresse
In der Berichterstattung der Oldenburger Presse genoss die Flüchtlingsproblematik von Beginn an einen beträchtlichen Stellenwert. Reportagen aus der Städtischen Siedlung Kreyenbrück, Vorankündigungen und Berichte über kulturelle Veranstaltungen von Vereinigungen der Vertriebenen und Flüchtlinge sowie Diskussionen über politische, soziale und ökonomische Dimensionen des Flüchtlingszustroms für die künftige Entwicklung der Stadt Oldenburg fanden vor allem in den Nordwest-Nachrichten und ihrem Nachfolger, der Nordwest-Zeitung, reichlich Platz. Dabei lassen sich bis Mitte der fünfziger Jahre zwei Grundlinien in der Pressearbeit unterscheiden: Vom Jahr 1945 bis in die erste Hälfte des Jahres 1949 stand zunächst die Kritik der OldenburgerInnen gegenüber Flüchtlingszuweisungen im Vordergrund sowie das generelle Unbehagen der einheimischen Bevölkerung gegenüber dem (nach-)kriegsbedingten Bevölkerungszuwachs. Unter Überschriften wie „Mensch oder Möbelbesitzer?" oder „Der bürokratische Bauer" wandte man sich in Kommentar- oder Glossarform z.B. gegen die verbreitete Angewohnheit Einheimischer, mit Flüchtlingen zwangsbelegte Wohnräume vorher auszuräumen, oder leerstehende Wohnräume als Büros zu deklarieren, um Einweisungen von Flüchtlingen zu entgehen. Die Neigung vieler OldenburgerInnen, im Angesicht der Flüchtlingsnot über eine Verschlechterung ihrer Lebensverhältnisse zu klagen, wurde unverblümt, bisweilen polemisch kritisiert:

> Die Steigerung arm, ärmer, am ärmsten läßt sich heute noch anders ausdrücken: Evakuiert, bombengeschädigt, Flüchtling. Ein bombengeschädigter evakuierter Flüchtling ist demnach das Höchsterreichbare an Armseligkeit, Elend und Not. So dachten wir wenigstens. Der Chronist ist dieser Tage eines Besseren belehrt worden oder eines Schlechteren, wenn man so will. Jedenfalls weiß er nun, daß ein evakuierter bombengeschädigter Flüchtling den Rekord an Verelendung bei weitem noch nicht erreicht hat. Denn siehe, er hat dieser Tage eine erwachsene Frau, Verzeihung eine Dame, helle Tränen vergießen sehen, weil es kein

---

(Niederschrift über die Sitzung des Ausschusses zur Untersuchung der Möglichkeiten eines Austausches von Flüchtlingen nach konfessionellen Gesichtspunkten am 18.2.1947).
49 Vgl. Heike Düselder, Oldenburg nach 1945 – Beständigkeit und Traditionen, Wachstum und Dynamik, in: Stadt Oldenburg (Hg.), Geschichte der Stadt Oldenburg 1830-1995, Bd. 2, S. 487-682, hier S. 523f.

> Bohnerwachs mehr gibt für die Fußböden. Wer Tränen um Bohnerwachs vergießt, während die armen Flüchtlinge aus dem Osten alles verloren haben, dem muss es wirklich schlecht gehen. [...] Sie meinen, so etwas gäbe es nicht mehr? So etwas gibt es, und zwar bei uns! Und es scheint, dass diese Leute wirklich die Ärmsten der Armen sind, nämlich an Einsicht, Vernunft und Herz.[50]

Auch in der Auseinandersetzung um die Flüchtlings-Transporte aus Uelzen im April 1947 warnte die Nordwest-Zeitung vor Verallgemeinerungen, wie sie etwa Verkehrsminister Martens geäußert hatte:

> Mit Entschiedenheit weisen wir all die hämischen Rechthaber zurück, die auf diese Ausnahmefälle weisen, und die, um sich ihrer Pflicht zu entziehen, die Ehre der Neubürger bekritteln und ihre Not bagatellisieren. Die Vertriebenen sind im Augenblick noch die Ärmsten des Volkes und deshalb unserem Herzen am nächsten. Ihr guter Name und ihr Recht auf unsere Häuser aber verlangt, daß wir sie genau so [sic] gegen Hartherzigkeit schützen, wie dagegen, daß sich Menschen unter sie einschleichen, die ihre menschliche Not zum Deckmantel nehmen für ihren moralischen Verfall.[51]

Mit der zunehmenden Entspannung der sozialen und ökonomischen Rahmenbedingungen nach der Währungsreform, die auch die Lebensverhältnisse vieler Flüchtlinge verbesserte, versuchten lokale Medien einen kulturellen Erfahrungsaustausch zwischen Zugewanderten und Einheimischen zu befördern. Dazu erschien im Mai 1949 erstmals eine Beilage mit dem Titel *Nordwest-Heimat*, die fortan im wöchentlichen Rhythmus historische und kulturelle Beiträge über Oldenburg und Ostfriesland vereinigte. Wesentliches Anliegen der Zeitung war es offenbar, Flüchtlinge mit Informationen über ihre neuen Wohnorte zu versorgen und eine stärkere Bindung an die Region zu erreichen.

4   Fazit

Nach der konfliktträchtigen ersten Aufnahmephase standen die Zeichen zu Beginn der 1950er Jahre in Oldenburg, begünstigt durch Bemühungen der Presse, der Kirchen und der städtischen Institutionen, zunehmend auf Ausgleich. Dennoch blieb die Situation weiter angespannt, wozu in erster Linie

---

50   „Noch ärmer?", Nordwest-Zeitung vom 16.8.1946.
51   „Noch einmal Vertriebene", Nordwest-Zeitung vom 25.4.1947. Für den Sommer 1947 lassen sich allerdings sowohl in der Nordwest-Zeitung als auch in der Nordwestdeutschen Rundschau einige wenige Artikel nachweisen, die sich kritisch mit den Flüchtlingen aus der SBZ auseinandersetzten. Generell blieb die Berichterstattung jedoch weiterhin auf Verständigung ausgerichtet.

die anhaltende Konkurrenz auf dem Oldenburger Wohnungsmarkt beitrug. Zudem hatten die Diffamierungen, denen sich Flüchtlinge in Oldenburg in den ersten Nachkriegsjahren ausgesetzt sahen, Wunden geschlagen, die zunächst verdrängt wurden, jedoch nie vollständig in Vergessenheit gerieten. Die vielfältigen Demütigungen ließen sich für die in die Stadt gekommenen Vertriebenen und Flüchtlinge zunächst produktiv in soziales Wiederaufstiegsstreben umsetzen. Umgekehrt galt, dass sich die einheimische Bevölkerung bis Ende der 1950er Jahre weitgehend mit den neuen BewohnerInnen der Stadt und dem damit verbundenen, ungewollten Status Oldenburgs als Großstadt arrangiert hatten. Die im Kollektivgedächtnis Oldenburgs fest verankerte Legende einer solidarischen Notgemeinschaft in Zeiten der lokalen Nachkriegsgesellschaft hält einer historisch-kritischen Perspektive jedoch nicht stand: Mindestens das erste Jahrzehnt der Oldenburger Geschichte nach Ende des Zweiten Weltkrieges zeigt sich bei näherer Betrachtung als eine allen Migrationsprozessen immanente Konfliktgeschichte zwischen aufgenommener und aufnehmender Bevölkerung.

LagerLeben

„Haus der tausend Ängste" – Das Bild von Flüchtlingslagern in der Nachkriegszeit am Beispiel des Regierungsdurchgangslagers Gießen

Jeannette van Laak

Bis heute bestimmen die inhumanen Umstände in den NS-Lagern die allgemeine Wahrnehmung von Lagern im 20. Jahrhundert. Diese waren zum Teil schon während des Krieges bekannt geworden, nachdem geflohene Konzentrationslagerhäftlinge über die Lebensumstände, die Verwahrlosung und den Massenmord in den Lagern berichtet hatten. Dennoch war das Entsetzen groß, als die Alliierten die Verhältnisse in den deutschen Konzentrations- und Vernichtungslagern mit eigenen Augen sahen. Im Zuge dessen veranlassten sie Fotografen und Filmemacher die Zustände zu dokumentieren, damit die Öffentlichkeit über das Ausmaß der Verbrechen aufgeklärt wurde.[1] Es sind oftmals diese Filme und Fotographien, die das Bild und die Vorstellungen über Lager insgesamt bis heute prägen.

Das Erschrecken der Alliierten über die Zustände in diesen Lagern könnte die Vermutung nahelegen, die Organisationsform des Lagers an sich hätte sich nach dem Vorfinden dieser Realitäten überlebt, nicht zuletzt da sie nun in erster Linie mit dem Nationalsozialismus konnotiert gewesen war. Stattdessen war das Gegenteil der Fall: Es gab weiterhin Internierungslager, DP-Lager, Kriegsgefangenenlager, Heimkehrerlager für entlassene Kriegsgefangene wie auch Lager für Flüchtlinge und Vertriebene. Dabei hielten die Besatzer nicht nur prinzipiell an Lagern als einer spezifischen Organisationsform und einem klar definierten Funktionsraum fest, sondern auch durchaus unmittelbar und konkret an der Weiterverwendung bestehender NS-Lager, weil sie sowohl funktionsbereit wie funktionsfähig waren, um die vielfältigen Aufgaben der Unterbringung und Versorgung von Menschen zu übernehmen, die in den Jahren 1945 bis 1949 innerhalb Europas und Deutschlands unterwegs waren. Und nicht zuletzt ließen sich Menschen in diesen provisorischen Ordnungssystemen vorübergehend oder langandauernd und je nach ihrer Zugehörigkeit und nach ihrem Rechtsstatus preiswert beherbergen. Dabei konnten Kompetenzen

---

* Art. „Haus der tausend Ängste", Abendpost vom 5./6.2.1949, Hessisches Hauptstaatsarchiv Wiesbaden (HHStAW), Abt. 503, Nr. 129b.
1 Vgl. Ulrike Weckel, Beschämende Bilder. Deutsche Reaktionen auf alliierte Dokumentarfilme über befreite Konzentrationslager, Stuttgart 2012.

gebündelt, die Nachkriegsgesellschaft „geordnet" und generell in und mithilfe der Lager Zuständigkeiten organisiert werden.[2]

Während DP-, Internierungs- und Kriegsgefangenenlager von den Besatzungstruppen selbst verwaltet wurden, waren die Flüchtlings- und Vertriebenenlager den deutschen Nachkriegsverwaltungen der Länder unterstellt. Hier waren es sogenannte ‚Flüchtlingskommissare', die die Kompetenzen der sich gerade im Aufbau befindenden Verwaltungen aller Ebenen bündelten, wobei es nicht selten zu Kompetenzstreitigkeiten zwischen den verschiedenen Ebenen aber auch zwischen den traditionellen Ämtern und dem jeweiligen Flüchtlingskommissar kam.[3]

Aus einigen dieser Aufnahmelager für Vertriebene entstanden nach der offiziellen Beendigung des Bevölkerungsaustauschs so etwas wie Zuzugsbehörden, vor allem dann, wenn die deutschen Länder die Zuzugsbeschränkungen, die zuvor die Alliierten verhängt hatten, aufrechterhielten. Um eine solche Einrichtung handelte es sich beim Regierungsdurchgangslager Gießen, das zwischen 1947 und 1949 die Anträge auf Zuzug nach Hessen bearbeitete. Als die Währungsreform in den westlichen Zonen zu einem Anstieg der Abwanderung aus der SBZ führte, hatten sich fortan deren BewohnerInnen in solchen Zuzugsbehörden zu melden. 1949 einigten sich die deutschen Landesregierungen der westlichen Zonen darauf, die ZuwandererInnen aus der Sowjetischen Besatzungszone in zwei Lagern, je einem in der britischen (Uelzen) und der amerikanischen Zone (Gießen), unter Prüfung der Übersiedlungsmotive der Ausgereisten aufzunehmen, wobei in Abgrenzung zur NS-Herrschaft nun erstmals positive Aufnahmegründe formuliert wurden.[4]

Flüchtlings- und Aufnahmelager in Deutschland sind erst in den vergangenen Jahren in den Mittelpunkt des wissenschaftlichen Interesses gerückt. Zuvor konzentrierte sich die Lagerforschung vornehmlich auf die Untersuchung von NS-Lagern und auf andere Nachfolgeeinrichtungen von Gefängnissen wie

---

2 Vgl. Jeannette van Laak, Einrichten im Übergang. Das Aufnahmelager Gießen (1946-1990), Frankfurt a.M. 2017, S. 43ff.
3 Ähnlich schwierig gestaltete sich das Verhältnis zwischen Wohnungskommissaren und den kommunalen Behörden, die ihre Verantwortung nicht abgeben bzw. erst einmal erarbeiten wollten. Vgl. ebd.; Rolf Messerschmidt, Aufnahme und Integration der Vertriebenen und Flüchtlinge in Hessen 1945-1950, Wiesbaden 1994.
4 Vgl. Helge Heidemeyer, Flucht und Zuwanderung aus der SBZ/DDR 1945/49-1961, Berlin 1994. Im weiteren Ergebnis der damaligen Diskussion wurden die Lager in Uelzen und Gießen zu sogenannten Zonen-Lagern für SBZ-ZuwandererInnen bestimmt. Vgl. Arne Hoffrichter, Heinrich Albertz und die SBZ-Flucht. Zur Rolle Niedersachsens, der Presse und des Durchgangslagers Uelzen-Bohldamm im Prozess der Notaufnahmegesetzgebung 1949/1950, in: Niedersächsisches Jahrbuch für Landesgeschichte 84 (2012), S. 401-434.

Gulags und Arbeitslager.[5] Hierbei handelte es sich vorwiegend um Exklusionslager, die bestimmte Menschengruppen aus unterschiedlichen Gründen aus der Mehrheitsgesellschaft ausgrenzten. Wollte man Flüchtlingslager den bisherigen Kategorien von Exklusions- und Inklusionslagern zuordnen, würde man sie als Inklusionslager bezeichnen: Sie sollten die Menschen, die sie aufsuchten, in die Nachkriegsgesellschaft aufnehmen bzw. sie in die Aufnahmegesellschaft ‚überführen'.

Mittlerweile liegen einige Studien über deutsche Flüchtlings- und Aufnahmelager vor, die sich mit deren Entstehung und weiteren Entwicklung beschäftigt haben.[6] Im Folgenden wird demgegenüber gefragt, wie die Aufnahmelager in ihrer Zeit und von ihren Zeitgenossen wahrgenommen wurden. Peter Paul Nahm, hessischer Landesflüchtlingsbeauftragte, betrachtete Lager als nur vorübergehende Einrichtungen, in denen die Untergebrachten nicht zu lange leben sollten, da sonst das Lagerleben, so seine Einschätzung, zu einer „Enthausung" führen würde und die in den Lagern lebenden Menschen sich selbst und ihrer Lebenssituation gegenüber gleichgültig werden würden.[7] Begünstigt wurden solche Tendenzen, die bereits in den Jahren nach 1918 beobachtet wurden,[8] durch die allgemeine Nachkriegssituation: Wohnungen waren zerstört, die Kriegswirtschaft lag danieder, bisherig verlässliche Konventionen waren brüchig geworden. Die NS-Ideologie war zwar noch in den Köpfen der Menschen, ihre Legitimation jedoch hinfällig geworden. All diese Symptome charakterisieren die Zusammenbruchgesellschaft,[9] zu der auch die in den Lagern Lebenden gehörten und von denen ein Großteil als deutsche Kriegsopfer angesehen wurden: Evakuierte und Heimatlose, Vertriebene und Flüchtlinge. Grundsätzlich wurden in Lagern all diejenigen versammelt, von denen die Gesellschaft noch nicht wusste, wie sie sich künftig einfügen, welchen juristischen Status sie erhalten, ob sie bleiben oder wo sie sich niederlassen würden.

---

5 Vgl. hierzu Bettina Greiner/Alan Kramer (Hg.), Welt der Lager. Zur „Erfolgsgeschichte" einer Institution, Hamburg 2013; Christoph Jahr/Jens Thiel (Hg.), Lager vor Auschwitz. Gewalt und Integration im 20. Jahrhundert, Berlin 2014.

6 Vgl. Arne Hoffrichter, Verwaltung, Politik, Geheimdienste. Das Notaufnahmelager Uelzen-Bohldamm im Prozess der Zuwanderung aus der SBZ und DDR (1945-1961), Göttingen 2018; Sascha Schießl, „Das Tor zur Freiheit". Kriegsfolgen, Erinnerungspolitik und humanitärer Anspruch im Lager Friedland (1945-1970), Göttingen 2016.

7 Vgl. Peter Paul Nahm, Doch das Leben ging weiter. Skizzen zur Lage, Haltung und Leistung der Vertriebenen, Flüchtlinge und Eingesessenen nach der Stunde Null, Köln 1971.

8 Vgl. hierzu u.a. Kurt Göpel, Die Flüchtlingsbewegung aus den infolge des Versailler Vertrages abgetretenen Gebiete Polens und Westpreußens und ihre Bedeutung für die deutsche Volkswirtschaft, Diss. Gießen 1922.

9 Vgl. hierzu stellvertretend: Wolfgang Brenner, Zwischen Ende und Anfang. Nachkriegsjahre in Deutschland, München 2016, S. 95ff.

Hatte die deutsche Öffentlichkeit die Vielzahl der Lager während der NS-Zeit stillschweigend hingenommen, änderte sich dies in der Besatzungszeit. Neben sachlich-informativen Medienberichten, waren die meisten Artikel zu den Lagern eher kritisch gehalten. Dabei wurden vor allem die Lebensumstände in den Internierungslagern der Alliierten angeprangert.[10] Demgegenüber konzentrierte sich die öffentliche Kritik an den DP-Lagern weniger an den problematischen Lebensumständen in ihnen als vielmehr an den BewohnerInnen: Den Überlebenden aus den Konzentrationslagern, die hier auf ihre Repatriierung warteten, und den heimatlosen Jüdinnen und Juden, die auf ihre Weiterreise harrten, wurde vorgeworfen, sie betrieben einen regen Schwarzmarkt und gefährdeten dadurch die ohnehin fragile Ordnung.[11] Auch die Vertriebenenlager und deren BewohnerInnen waren nicht wohl gelitten, vielleicht weil klar war, dass diese bleiben und beheimatet werden mussten. In ihrem Fall fand die Distanz der Einheimischen ihren Ausdruck in der zum Teil diffamierenden Bezeichnung ihrer Lager, wie „Neupolen, Neukorea, Mau-Mau, Bolschewikien", Begriffe, denen Andreas Kossert allesamt eine „kriegerische Abkunft" zuschreibt, die darauf verweisen, „wie sehr man sich bedroht fühlte."[12]

Nun kann man annehmen, dass die kritischen, zum Teil auch negativen Bilder und Zuschreibungen, die allgemeine „Enthausung" der Zusammenbruchgesellschaft in toto spiegelten und somit die Spannungen der Nachkriegsjahre verdeutlichten. Auch über Gießen und die hier existierenden Lager sind solche Zuschreibungen bekannt: Als im Februar 1949 die *Abendpost* unter dem Titel „Haus der tausend Ängste" über das Regierungsdurchgangslager Gießen berichtet hatte,[13] wurde kurz darauf der „Sklavenmarkt an der Lahn" skandalisiert und die Zeitschrift *Quick* sprach im November 1950 gar vom „Shanghai an der Lahn". Wurden mit solchen Sprachbildern tatsächliche Missstände in den

---

10 Zur Kritik an den Internierungslagern vgl. Bodo Ritscher, Das sowjetische Speziallager Nr. 2. 1945-1950. Katalog zur ständigen historischen Ausstellung, Göttingen 1999; Renate Knigge-Tesche (Hg.), Internierungspraxis in Ost- und Westdeutschland nach 1945, Erfurt 1993; Heiner Wember, Umerziehung im Lager. Internierung und Bestrafung von Nationalsozialisten in der britischen Besatzungszone Deutschlands, Essen 1991.

11 Vgl. Jan-Hinnerk Antons, Ukrainische Displaced Persons in der britischen Zone. Lagerleben zwischen nationaler Fixierung und pragmatischen Zukunftserwartungen, Essen 2014; Nazarii Gutsul/Sebastian Müller, Ukrainische Displaced Persons in Deutschland. Selbsthilfe als Mittel im Kampf um die Anerkennung als eigene Nationalität, in: Deutschland Archiv, 30.6.2014; Holger Köhn, Die Lage der Lager. Displaced-Persons-Lager in der amerikanischen Besatzungszone Deutschlands, Essen 2012.

12 Andreas Kossert, Kalte Heimat. Die Geschichte der deutschen Vertriebenen nach 1945, Bonn 2015, S. 135.

13 Art. „Haus der tausend Ängste", Abendpost vom 5./6.2.1949, HHStAW, Abt. 503, Nr. 129b.

Lagern kritisiert? Wofür standen diese anspielungsreichen Metaphern tatsächlich? Welche Auseinandersetzungen verhüllten sie, wer bediente sich ihrer, um welche Interessen durchsetzen zu können? Wie reagierten die ZuwandererInnen darauf und wann veränderten sich diese Sprachbilder?

1 Das Regierungsdurchgangslager

Zu den wichtigsten Aufgaben der Nachkriegsjahre gehörte die Normalisierung des Alltags. Bislang konzentrierte sich die Forschung dabei vor allem auf die Beschreibung von Demilitarisierung, Denazifizierung und Demokratisierung. Mit Blick auf die Bevölkerung gilt es jedoch ein weiteres ‚D' hinzuzufügen, das ihrer ‚Demobilisierung'. Zahlreiche Personengruppen waren insbesondere in den ersten Nachkriegsjahren ‚unterwegs': Zu den Evakuierten, Flüchtlingen, Ausgebombten der Kriegsjahre kamen nun noch heimkehrende Soldaten, Überlebende der Zwangsarbeiter- und Konzentrationslager (Displaced Persons/DPs) wie generell die Heimat- und Obdachlosen hinzu. Einen weiteren Impuls erhielt die mobilisierte Gesellschaft durch die Ausweisung der Deutschen aus Polen, Tschechien und Ungarn zwischen 1946 und 1947.[14] Nach Abschluss all der ‚Umsiedlungs'-Maßnahmen im Zuge von Wohnraumzerstörungen, Flucht und Vertreibung zeichnete sich ab, dass sich Teile der mobilisierten Gesellschaft insgesamt nur schwer ansiedeln ließen, obgleich sowohl die westdeutschen Verwaltungen und Landesregierungen als auch die Besatzer großes Interesse an einer solchen sozialen Befriedung besaßen. Doch der ständige Zuzug, die hohe Fluktuation bedrohte das Sicherheitsempfinden der Besatzer,[15] weshalb 1946 ein allgemeines Zuzugsverbot erlassen wurde.[16]

Auch die deutschen Verwaltungen wollten den Zuzug begrenzen, zumal dringend benötigte Güter wie Wohnraum, Arbeit und Dinge des täglichen Bedarfs nach wie vor knapp waren und in erster Linie an Bedürftige vor Ort verteilt werden sollten. Aus diesem Grund behielt die hessische Landesregierung zum Beispiel das von den Amerikanern verhängte Zuzugsverbot bis 1949 bei. Diejenigen, die dennoch in Hessen leben und arbeiten wollten, mussten in einem Regierungsdurchgangslager wie dem in Gießen den Zuzug offiziell

---

14 Vgl. R.M. Douglas, „Ordnungsgemäße Überführung". Die Vertreibung der Deutschen nach dem Zweiten Weltkrieg, München 2012.

15 Vgl. van Laak, Einrichten im Übergang, S. 43.

16 Vgl. dies., Zwischen Bewältigung der Kriegsfolgen und Einübung demokratischer Prozesse. Das Notaufnahmelager Gießen in den 1950er Jahren, in: Henrik Bispinck/Katharina Hochmut (Hg.), Flüchtlingslager in Nachkriegsdeutschland. Migration, Politik, Erinnerung, Berlin 2014, S. 142-163.

beantragen. Voraussetzung hierfür war, dass man vor 1939 in Hessen einen Wohnsitz gehabt hatte, dass der Haushaltsvorstand in Hessen lebte und arbeitete, dass man Kriegsheimkehrer war und zu den dringend benötigten Fachkräften gehörte.[17] Ab 1948 kam ein weiterer Aufnahmegrund hinzu: die politische Verfolgung in der sowjetisch besetzten Zone.[18] Hierauf hatten sich die Flüchtlingsvertreter der deutschen Länder der Westzonen in Braunschweig geeinigt. Die Folge war, dass die Zuwandernden nun vermehrt auch ‚politische Verfolgung' als Abwanderungsgrund angaben, um ihre Aufnahmechancen zu erhöhen. Infolgedessen sah sich die Verwaltung der westlichen Zonen einmal mehr herausgefordert, die ZuwanderInnen auf ihre Aufnahmegründe hin zu überprüfen.

In Hessen erhielt der Flüchtlingsbeauftragte des Landes, Peter Paul Nahm, die Oberaufsicht über das Gießener Lager. Er war es auch, der dafür eintrat, dem Lager den Titel ‚Regierungsdurchgangslager' zu verleihen, um damit die Zuständigkeit des Landes zu unterstreichen. Bis zu diesem Zeitpunkt hatte es sich um eine Einrichtung der Stadt Gießen gehandelt, die vom Land lediglich mitfinanziert wurde. Bereits 1947 waren der Einfluss und die Mitarbeit städtischer Vertreter schrittweise zurückgedrängt worden, indem zunächst der Flüchtlingskommissar des Landkreises Gießen die Aufsicht übernommen hatte und im Verlauf des Jahres 1948 der Landesflüchtlingsbeauftragte Hessens seine Verantwortlichkeit für das Lager ausbaute. So ordnete er an, die bis dahin dezentral gelegenen Gebäude des Lagers in Bahnhofsnähe aufzugeben und stattdessen Baracken für ein zentrales Lager hinter dem Bahnhof anzukaufen und das Regierungsdurchgangslager so an einem Ort zusammenzuführen.[19] Ziel der hessischen Regierungsverantwortlichen war es, sich einen Überblick über die Ankommenden zu verschaffen und zugleich die Ansiedlung der ZuwandererInnen zu steuern. Schließlich wurde deutlich, dass wenn das Lager alle Zuwanderer prüfte, die sich in der amerikanischen Zone niederlassen wollten, dann konnte die hessische Landesregierung die Kosten hierfür unter den Ländern aufteilen. Und da Hessen mit dem Gießener Lager Sonderaufgaben für den Bund übernahm, wurde es mit einer etwas niedrigeren Aufnahmequote von Zuwanderern entschädigt als etwa Nordrhein-Westfalen.

Dementsprechend verwies Nahm gegenüber den übergeordneten Verwaltungen und später der Bundesregierung bei all seinen Aktivitäten, die ein reibungsloses Funktionieren der Gießener Einrichtung sicherstellen sollten, auf die Notwendigkeit der Vereinheitlichung der Aufnahmegründe, die

---

17 Vgl. ebd., S. 41.
18 Vgl. Heidemeyer, Flucht und Zuwanderung.
19 Vgl. van Laak, Einrichten im Übergang, S. 87ff.

Verkürzung des Aufenthaltes und auf die Senkung der Kosten.[20] Die Bundestagskommission hingegen, die im Oktober 1949 die Lager Gießen, Uelzen und Friedland besuchte, teilte diese Einschätzung nicht. Vielmehr kritisierte sie die mangelhafte Finanzierung durch die hessische Landesregierung sowie die Lebensbedingungen der Lagerinsassen und erwog einen anderen Standort für eine solche Aufnahmeeinrichtung des Bundes. Daraufhin wurden Baracken renoviert, weitere angekauft und alle Aufgaben an einem Ort zusammengeführt. Erst bei ihrem zweiten Besuch im März 1950 zeigte sich die Bundestagskommission vom Erscheinungsbild des Lagers überzeugt und beauftragte Hessen mit der Verwaltung eines Bundesnotaufnahmelagers.[21] Die Bundesregierung entsandte anschließend ihre eigenen Fotografen, die vor allem „geordnete" Verhältnisse abbildeten (wie sie Abb. 7.1 stellvertretend zeigt).

Abb. 7.1   Bewohner des Gießener Lagers vor den Unterkünften, 1950 (Foto: Bundesarchiv 145/Presse- und Informationsamt der Bundesregierung)

Diese und andere Fotografien, die geordnete Verhältnisse im Lager abbilden sollten, standen danach im Gegensatz zu all den sprachlichen Bildern und Fotografien über diejenigen Lager der Nachkriegszeit, die wie kaum eine andere

---

20   Vgl. ebd., S. 76ff.
21   1950 gab es drei Notaufnahmelager des Bundes: eines in Uelzen, eines in Berlin-Marienfelde und eines in Gießen. Vgl. ebd., S. 96.

Einrichtung den verlorenen Krieg und die damit verbundenen kriegsbedingten materiellen und seelischen Zerstörungen versinnbildlichten. So führten die von Evakuierten und Vertriebenen bewohnten Baracken des Reichsarbeitsdienstes in Gießen, die nun als provisorische Unterkünfte und als Verwaltungsbüros genutzt wurden, jedermann vor Augen, dass der Krieg tatsächlich verloren, dass das Land von fremden Truppen besetzt war und viele neben ihrem Heim auch ihre bisherigen ‚Ideale' verloren hatten.

Hinzu kam, dass solche Art Lager und deren Betreiber quer zu regulären Verwaltungen arbeiteten und somit deren ‚natürliche Autorität' untergruben. Nicht zuletzt aus diesem Grund setzten die Mitarbeiter der regulären Verwaltungen, wie auch in Gießen, alles daran, die Lager zu verlegen oder aufzulösen, mehr Geld für eine bessere Ausstattung zu erhalten und/oder für eine rasche Weitervermittlung der LagerbewohnerInnen zu plädieren.[22] Ein Mittel, um den Handlungsdruck zu erhöhen, bestand darin, die Verhältnisse wirkmächtig zu skandalisieren. Im Folgenden gilt es deshalb zu fragen, um welche Formen der Skandalisierung es sich im Fall des Gießener Lagers gehandelt hatte und welche Interessen dabei von wem verfolgt wurden.

2 Sprachbilder der Presse

Im Februar 1949 erschien in der *Abendpost* ein Artikel unter der Überschrift „Haus der tausend Ängste".[23] Schon die ersten Sätze des Artikels beschrieben die Ambivalenz in der öffentlichen Wahrnehmung von Lagern:

> Von außen sieht das ‚Hotel Kobel' in Gießen wie eine billige Fremdenpension mit ‚gutbürgerlicher Küche' aus. Niemand ahnt, dass er vor dem ‚Haus der 1000 Ängste', dem Flüchtlingslager (amtlich Regierungsdurchgangslager) Gießen steht.

Ist der erste Satz in seiner Diktion herablassend, evoziert bereits der Folgesatz Angst und Misstrauen – weniger jedoch den Fremden gegenüber, als vielmehr gegenüber den Regierungsverantwortlichen. Die Metapher „Haus der tausend Ängste" bezeichnete in erster Linie somit nicht die Ängste der Aufnahmegesellschaft vor den ZuwandererInnen, sondern thematisiert die Skepsis und die

---

22 Vgl. Andrea Genest, Zur Konstruktion des Flüchtlingsbildes in den 1950-er und 1960-er Jahren, unveröfftl. Vortrag auf der Konferenz „Zwischen Abschied und Ankommen. Integration in der Erfahrung von Migrantinnen und Migranten", Berlin 6.4.2016.

23 Vgl. auch im Folgenden: Art. „Haus der tausend Ängste", Abendpost vom 5./6.2.1949, HHStAW, Abt. 503, Nr. 129b.

Zweifel am Aufnahmeverfahren und damit gegenüber bürokratischen Abläufen und deren Wirkmächtigkeit. So heißt es im Artikel weiter:

> Das Zeitalter der seelenlosen totalen Bürokratie wird nirgends deutlicher als in Gießen. [...] [Die Angestellten] haben Dienstvorschriften und Gesetze zu befolgen, die grausam sind.

Aufgrund des hohen Andrangs würden „Flüchtlinge zu Aktenstücke[n]" und aus „bewegenden Einzelschicksalen ‚Vorgänge'". Dass bürokratische Abläufe zu einer Versachlichung des Problems führten und für die Entscheider ein wichtiges Distanzierungsmittel darstellten, überzeugte die Deutschen zum damaligen Zeitpunkt wenig. Vielmehr wirkte die mit der Versachlichung einhergehende Entpersonalisierung der Aufnahme angesichts der allgemeinen Demoralisierung bedrohlich. Daraus erklärt sich auch das Mitgefühl des Verfassers für die illegalen GrenzgängerInnen: So habe ein junger Mann bereits Arbeit und Wohnung gefunden,

> aber er macht sich strafbar, wenn er arbeitet, ohne die Zuzugsgenehmigung nach Hessen zu besitzen. Daß man für ehrliche Arbeit auch noch bestraft wird, ist kaum zu fassen.

Der Zusammenhang, der hier konstruiert wurde, war zwar nicht schlüssig, verdeutlichte aber die grundsätzlichen Ängste und Zweifel jener Zeit umso eindrucksvoller. Neuere Forschungen haben gezeigt, dass bürokratische Abläufe ein wesentlicher Bestandteil von Demokratien sind. Sie unterstützen die Gewaltenteilung und garantieren Rechtssicherheit.[24] Die Kritik in der *Abendpost* zeigt, dass diese Haltung zur damaligen Zeit nicht selbstverständlich war. Vielmehr wird deutlich, wie groß die Skepsis gegenüber dem Demokratisierungsprojekt der Alliierten und den entsprechenden Demokratisierungsbemühungen der Nachkriegsverwaltungen war; beides vermochte um 1949 nur selten zu überzeugen. Die Zweifel verweisen zudem auf die insgesamt distanzierte Haltung der deutschen Nachkriegsgesellschaft gegenüber den Besatzern und den von ihnen eingesetzten Verwaltungen.[25]

Ferner thematisierte der Artikel die Folgen für die ZuwanderInnen im Falle einer Ablehnung. Dann nämlich würde das *Hotel Kobel* zu einem „Schicksalshaus" für die Hilfesuchenden. Mit einer Nichtanerkennung der Übersiedlungsmotive hing das Damoklesschwert der Rückführung über den Abgewiesenen.

---

24   Vgl. David Graeber, Bürokratie. Die Utopie der Regeln, Stuttgart 2016.
25   Vgl. van Laak, Einrichten im Übergang, S. 65f.; Thomas Medicus, Heimat. Eine Suche, Berlin 2014.

Dies wurde unter den Regierungsvertretern der deutschen Länder ausführlich diskutiert. Hauptgegenstand der Auseinandersetzung bildete dabei die Frage, in wessen Verantwortungsbereich die Rückführung fiel, in die der alliierten Besatzungsmächte oder in die der deutschen Verwaltungen.[26] Gerade im Februar 1949 war man von einer Lösung des Problems weit entfernt. Der Artikel in der *Abendpost* zeigt, wie wirkmächtig das Gerücht der drohenden Rückführung war: Sollte der junge Mann, dessen Fall geschildert wurde, abgewiesen werden, wollte er den Freitod wählen. Die damit angeprangerte Ausweglosigkeit unterstrich einmal mehr das Inhumane des bürokratischen Aufnahmeverfahrens und das grundsätzliche Dilemma solcher Verfahren.

Erfahrungsgeschichtlich bedeutete die Ablehnung, dass die Betroffenen keine staatliche Unterstützung bei der Wohnungs- und Arbeitssuche erhielten oder erhalten sollten, sondern in der Folge auf sich allein gestellt waren, womit nicht zuletzt der damals angespannte Wohnungs- und Arbeitsmarkt entlastet werden sollte. In der konkreten Situation zeigte sich jedoch, dass die Gesellschaft in dieser Frage weitaus offener und kompromissbereiter eingestellt war. So registrierten die Bürgermeister ländlicher Gemeinden und Kommunen die illegalen Zuwandernden wie auch die Abgelehnten und ermöglichten ihnen auf diese Weise den Bezug von Lebensmittelkarten.[27] Damit verhielten sie sich im Vergleich zu den Mitarbeitern des Regierungsdurchgangslagers „unbürokratisch", indem sie sich über die Weisungen der Landesregierung und über formale Aufnahmebescheide hinwegsetzten. Ähnlich reagierten Verwandte und Bekannte: Sie vermittelten den Zuwanderern bereits vor der Übersiedlung oder vor dem Abschluss des Aufnahmeverfahrens eine Arbeitsstelle und beherbergten die Familienangehörigen so lange, bis diese etwas Eigenes gefunden hatten.[28]

Aufmerken lässt, dass die Frage, wer unter welchen Voraussetzungen aufgenommen werden sollte, in dem Artikel der *Abendpost* nicht diskutiert wurde. Stattdessen wurde mit der Unterüberschrift „Nur Wohnungen lösen das Problem der illegalen Grenzgänger" für ein umfangreiches, zügiges Wohnungsbauprogramm plädiert, um auf diese Weise rasch Abhilfe zu schaffen:

---

26   Vgl. van Laak, Einrichten im Übergang, S. 49ff.
27   Regierungspräsident Darmstadt, Flüchtlingskommissar an die Landräte und Oberbürgermeister – Flüchtlingskommissare am 28.6.1948, Hauptstaatsarchiv Darmstadt (HStAD), H 1, Nr. 4199; ebd., H 1, Nr. 1620). Hessisches Staatsministerium des Innern an die Regierungspräsidenten Darmstadt, Kassel, Wiesbaden am 8.1.1949, HStAD, H 1, Nr. 8423.
28   Vgl. van Laak, Einrichten im Übergang, S. 314ff. sowie S. 363ff.

> Was kann man tun, um wenigstens einen Teil des Gros der Flüchtlinge [...], die einfach in den ‚Goldenen Westen' wollen, weil sie dort eine freiere Luft und bessere Verdienstmöglichkeiten vorzufinden hoffen, in Hessen unterzubringen? Es gibt nur eine Lösung: Wohnungen bauen, Wohnungen bauen und noch einmal Wohnungen bauen. Die Tragödie von Gießen wird so lange dauern, bis genügend Platz da ist, um die Ostzonenflüchtlinge oder -ausreißer aufzunehmen.

In der Bezeichnung „Ostausreißer" wird noch einmal die distanzierte Haltung gegenüber den Besatzungsmächten deutlich. Zudem wird das „Haus der tausend Ängste", das bereits eine Steigerung zum „Schicksalshaus" erfahren hatte, nun zur „Tragödie von Gießen" stilisiert, um so den Handlungsdruck auf die Verantwortlichen zu erhöhen.

War die *Abendpost* redaktionell im Raum Frankfurt und Offenbach beheimatet und somit eine Zeitung für Mittelhessen, wurden Beiträge in der *Quick* zu diesem Thema republikweit wahrgenommen. Im September 1950, also knapp eineinhalb Jahre später, berichtete die Zeitschrift unter der Überschrift „Deutschlands Hafen der Heimatlosen – Shanghai an der Lahn" über die Gießener Zustände.[29] In der dreiseitigen Fotostrecke mit insgesamt zwölf Bildern wurden viele Personen, von denen manche erkennbar, andere nur als Schatten wahrnehmbar waren, gezeigt, die die „ungeordneten Verhältnisse" versinnbildlichen sollten. Vergrößerungen einzelner Bildmotive wie Augen oder wringende Hände verstärkten das Unpersönliche, das Unkalkulierbare und das Ungeordnete jener Zeit. Griffige Bildunterschriften ergänzten die Darstellung. Sowohl die Schlagzeile als auch die Bildunterschriften dienten der Erregung von Aufmerksamkeit wie der Unterhaltung. Leichter Schauder war durchaus beabsichtigt bei dieser Form der Berichterstattung, schließlich wurden angesichts fremder Truppen und unzähliger Ortsfremder unkontrollierbare Zustände heraufbeschworen. Diese fanden nun ihren Ausdruck, so der Artikel, zum einen in einem angeblich florierenden Schwarzmarkt, zum anderen im Verhalten minderjähriger Mädchen, die sich amerikanischen Soldaten angeblich an den Hals warfen oder denen nur eine Existenz durch Schwarzarbeit bliebe.[30]

Erst das Zusammenspiel von Bild und Bildunterschrift „Weiße Häuser – schwarze Welt" lässt die amerikanische Besatzung als Verursacher deutlich werden. Bei den weißen Häusern im Bildhintergrund handelte es sich um Kasernen, doch weder sind GIs auf dem Bild zu sehen noch Militärfahrzeuge; lediglich im Bildvordergrund stecken junge Mädchen und Frauen die Köpfe zusammen. Auf dem Foto selbst verweist also kaum etwas auf die amerikanischen

---

29 Art. „Shanghai an der Lahn", Quick vom 23.9.1950, S. 1301-1303.
30 Vgl. ebd.

Besatzer oder auf ungeordnete Verhältnisse; erst mit der Bildunterschrift wird auf die zeitgenössischen Spannungen und Problemlagen angespielt. Dabei kommt dem Bindestrich in der Bildunterschrift eine besondere Bedeutung zu, denn beide Wortgruppen für sich können semantisch und metaphorisch zwar mit der amerikanischen Besatzung verbunden werden, zwingend war das jedoch nicht. Der Bindestrich führt die Wortgruppen und Assoziationen nicht nur zusammen, er unterstreicht sogar in stereotypisierender Weise die beabsichtigte Polarisierung der Verhältnisse. Im Weiteren wird die distanzierte Haltung der Deutschen zu ihren Besatzern und zu bürokratischen Vorgängen sichtbar. Hierfür stehen die Bildseiten aus der *Quick* (Abb. 7.2 und 7.3).

Die Fotografien verweisen zunächst in keiner Weise auf ihren Aufnahmeort. Erst ihre Einbettung in die Fotostrecke zu Gießen lässt den Rückschluss zu, dass es sich um Aufnahmen aus dem Regierungsdurchgangs- bzw. dem US-Zonenlager handelt. Doch ist das Narrativ eindeutig: Angehörige der jungen Generation fürchten die Entscheidungen, die Angehörige einer älteren Generation und nun auch eines anderen Staates über ihre Zukunft treffen.

In der weiteren Folge werden die knappen Bildunterschriften in dem Artikel nun reduziert auf die Frage: „weißer Schein" oder „blauer Schein", womit auf „Aufnahme" bzw. „Ablehnung" angespielt wird. Der Beitrag erschien einen Monat, nachdem der Bundestag mit knapper Mehrheit das Notaufnahmegesetz verabschiedet hatte, das die Abgelehnten aufforderte, in ihre Herkunftszone zurückzukehren. Entsprechende Kontrollen oder gar Abschiebungen erfolgten jedoch nicht,[31] allerdings lag die Ablehnungsquote bei mehr als 60 Prozent.[32] Somit verblieb das weitere Schicksal der Abgelehnten prekär. All dies bewertete der *Quick*-Beitrag nicht, er benennt es lediglich. Auch spricht der Artikel – wie der bereits zitierte Beitrag in der *Abendpost* – keinerlei Empfehlungen aus.

Vergleicht man die durch die Fotografien evozierten Vorstellungen über die aus der DDR geflüchteten Frauen und Männer und die durch ihre Ablehnung verursachten Probleme mit den tatsächlichen Verhältnissen in der Stadt Gießen, so wogen die erhöhten Sozial- und Gesundheitsausgaben von

---

31 Bis 1949 hatte es immer mal wieder Sammeltransporte mit Abgelehnten an die Demarkationslinie zwischen der britischen und der sowjetischen bzw. zwischen der amerikanischen und sowjetischen Zone gegeben. Die deutschen Verwaltungen nahmen davon Abstand, als bekannt wurde, dass die Abgelehnten in der SBZ strafrechtlich verfolgt wurden, weil sie in den Lagern mit Geheimdienstmitarbeitern gesprochen hatten.

32 Vgl. Ute Daniel, Unerwünschte Brüder und Schwestern: Die westdeutsche Politik gegenüber Flüchtlingen und Zuwanderern aus der SBZ/DDR (1945-1961), in: Katharina Grebe/Johannes Schädler (Hg.), Sorge und Gerechtigkeit – Werkleute auf dem sozialen Feld. Festschrift zum 60. Geburtstag von Prof. Dr. Norbert Schwarte, Frankfurt a.M. 2004, S. 329-358; Heidemeyer, Flucht und Zuwanderung.

DAS BILD VON FLÜCHTLINGSLAGERN IN DER NACHKRIEGSZEIT 183

Abb. 7.2 und 7.3 „Weiße Häuser – schwarze Welt" – „Augen, aus denen die Lebensangst einer ganzen Generation spricht ..." – „Ein Tisch – die Grenze zwischen Ost und West ...". Bildunterschriften aus dem Artikel „Shanghai an der Lahn" (aus: *Quick* vom 23. September 1950, S. 1301)

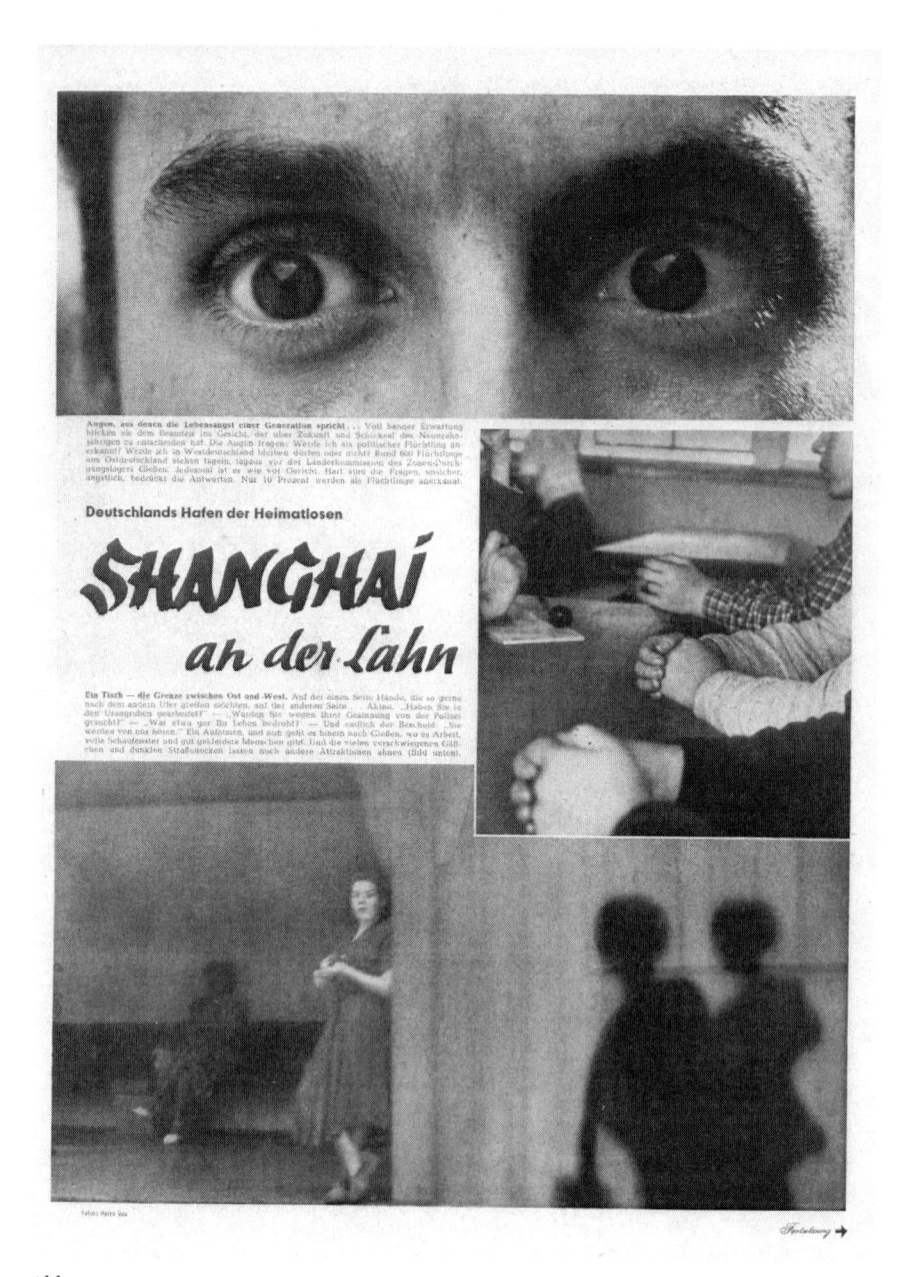

Abb. 7.3

Ortsfremden in der durch den Krieg stark zerstörten Stadt tatsächlich schwer, auch und vor allem weil noch nicht alle Evakuierten der eigenen Bevölkerung in die Stadt zurückkehren konnten.[33] Neben dem eklatanten Wohnraummangel hatte die Stadt mit der Requirierung eines Großteils der verbliebenen intakten und damit bewohnbaren Gebäude durch die amerikanische Besatzungsmacht zu kämpfen.[34]

Da sich die Argumente des *Quick*-Artikels inhaltlich in weiten Teilen mit denen des Magistrats deckten, ist es möglich, dass letzterer eine solche Berichterstattung sogar vorangetrieben hatte. Schon 1947 hatte die Stadtverwaltung gehofft, dass die Lager für die Vertriebenen aufgelöst würden und die hierfür genutzten Gebäude wieder von der Stadtverwaltung genutzt werden könnten. Stattdessen hatte die Landesregierung ohne Rücksprache mit dem Gießener Magistrat das Regierungsdurchgangslager etabliert und die Verantwortung in die Hände des Flüchtlingskommissars des Landkreises gelegt. Die Folge war, dass der Magistrat sich übergangen und als kommunaler Partner nicht ernst genommen fühlte. Seither setzte sich die Stadt verstärkt dafür ein, das Lager aufzulösen oder zu verlegen, indem entsprechende Eingaben an den hessischen Ministerpräsidenten, an die amerikanische Militärbehörde und später an den Bundesvertriebenenminister verfasst wurden. Darin wurden auf die Gefahren für die öffentliche Ordnung und Sicherheit, auf die hohen Arbeitslosenzahlen sowie auf die hohen Kosten für das kommunale Gesundheitswesen und die Jugendfürsorge hingewiesen.[35] Bei genauerer Betrachtung der lokalen Verhältnisse zeigt sich allerdings, dass die Stadt – entgegen ihrer Behauptung – kaum bis keine Nachteile durch die Existenz des Lagers auszugleichen hatte: Weder verzeichnete die Stadt übermäßig viele Arbeitslose noch belasteten die Abgelehnten die städtischen Sozialkassen, da sie zumeist rasch Arbeit fanden oder unmittelbar weiterzogen. Selbst die angeblich höheren Gesundheitskosten, die nötig geworden waren, um junge Mädchen präventiv vor Geschlechtskrankheiten zu schützen, konnte die Stadt an anderer Stelle wieder einsparen, denn bereits seit 1946 hatte das Land Hessen einen Großteil der Lager- und Personalkosten übernommen. Deshalb machte sich das Land auch gar nicht erst die Mühe, die Argumente der Kommune zu widerlegen. Vielmehr verwies es auf die bereits vor Ort getätigten Investitionen, wie etwa auf die Neuanschaffung von Baracken oder die Rückgabe bisheriger Gebäude

---

33 Vgl. van Laak, Einrichten im Übergang, S. 68ff.
34 Vgl. Doris Dedner, Die amerikanische Militärregierung in Gießen, in: Mitteilungen des Oberhessischen Geschichtsvereins Gießen 81 (1996), S. 7-47; Ludwig Brake/Eva-Maria Felschow (Hg.), 50 Jahre Kriegsende. Stadt und Universität im Wiederaufbau 1945-1960, Gießen 1996.
35 Vgl. van Laak, Einrichten im Übergang, S. 124.

an die Eigentümer. Eine grundsätzliche Veränderung der Situation lehnte sie allerdings ab.³⁶

Nachdem der für das Lager zuständige Flüchtlingskommissar im Frühjahr 1949 – u.a. auch infolge der Berichterstattung in den Medien – abgesetzt worden war, hoffte der Gießener Magistrat, die mediale Berichterstattung nun für die eigenen Interessen instrumentalisieren zu können. Entsprechend lässt sich der Artikel in der Zeitschrift *Quick* in gewisser Weise auch als ein Einverständnis zwischen Stadt und der Illustrierten lesen, hatte sich das problematische Verhältnis zwischen Kommune und Landesregierung in der Zwischenzeit doch um ein Vielfaches verschärft.

3   Sprachbilder der Verwaltungen

Nicht nur die Presse wählte griffige Schlagzeilen, auch Vertreter der hessischen Landesregierung übten bei der Wahl skandalversprechender Sprachbilder keine Zurückhaltung. Im April 1949 prangerten die Mitarbeiter des Landesarbeitsamtes mit der Formulierung „Sklavenmarkt an der Lahn" das Gebaren von Unternehmern an,³⁷ Arbeitskräfte entweder durch die Mithilfe der Lagerleitung zu rekrutieren oder indem sie versuchten, diese direkt am Gießener Lagertor anzuwerben.³⁸ Angesichts fehlender Facharbeiter hatten sich schon 1948/49 einige Firmeninhaber dafür ausgesprochen, mehr Flexibilität bei der Aufnahme von Zuwanderern aus der sowjetisch besetzten Zone zu zeigen.³⁹ Dem Landesarbeitsamt ging es jedoch weniger um die Vermittlung von Arbeitskräften, sondern darum, sich gegenüber einer Sonderverwaltung zu behaupten, deren Einfluss zurückzudrängen und zu einem geordneten Verwaltungshandeln zurückzukehren.⁴⁰

Im Gegensatz dazu allerdings war der 1947 berufene Flüchtlingskommissar und Lagerleiter Ernst Forschler vor allem wegen seines unkonventionellen Vorgehens bekannt. Daran störten sich nicht nur die Mitarbeiter des Landesarbeitsamtes, sondern zunehmend auch andere Vertreter der hessischen Landesregierung. So wollte z.B. der Landesflüchtlingsbeauftragte Nahm nicht

---

36   Vgl. ebd., S. 74, 78ff.
37   Bericht über die Überprüfung des Regierungsdurchgangslagers Gießen durch den Rechnungshof des Landes Hessen in der Zeit vom 21.3.-8.4.1949, HHStAW, Abt. 503, Nr. 371.
38   Vgl. ebd.
39   Vgl. Schriftverkehr, HHStAW, Abt. 503, Nr. 6a und Nr. 6b.
40   Vgl. Bericht über die Überprüfung des Regierungsdurchgangslagers Gießen durch den Rechnungshof des Landes Hessen in der Zeit vom 21.3.-8.4.1949, HHStAW, Abt. 503, Nr. 371.

nur die Personalie „Forschler" klären, sondern zugleich neue Organisationsstrukturen durchsetzen.[41] Deshalb entsandte er zwei seiner Vertrauten nach Gießen und bestimmte, dass diese fortan die „politische Abteilung" bilden sollten, um die Zuzugs- und Übersiedlungsgesuche aus der SBZ zu kontrollieren. Wenig später beauftragte Nahm darüber hinaus den Landesrechnungshof, die Arbeit der Lagerverwaltung der letzten Jahre zu überprüfen. Die Fähigkeiten, die in den Jahren zuvor Forschlers Berufung zum Flüchtlingskommissar und Lagerleiter gerechtfertigt hatten, wurden ihm nun zum Verhängnis. Die Mitarbeiter des Landesrechnungshofes attestierten ihm Eigenmächtigkeiten und fanden sogar eine „schwarze Kasse". Zudem beschuldigten Mitglieder der CDU den Sozialdemokraten Forschler, als Spion für die DDR tätig zu sein. Daraufhin wurde Forschler vom Dienst suspendiert, was juristisch als nicht haltbar bewertet wurde, ihm dennoch keine Rückkehr in seine frühere Position mehr ermöglichte.[42]

Die in diesem Zusammenhang öffentlich inszenierten Skandalisierungen führten im Ergebnis dazu, dass die 1946 erteilten Sondervollmachten für den Flüchtlingskommissar, respektive den Lagerleiter, eingeschränkt und Zuständigkeiten innerhalb der Einrichtung neu verteilt wurden. Die Mitarbeiter der Flüchtlingsabteilung des Gießener Landkreises waren fortan nur noch für die Registrierung, Versorgung und Unterbringung der Zuwanderer zuständig; die Mitarbeiter des hessischen Landesflüchtlingsamtes hingegen entschieden über die Aufnahmeanträge.[43] In diesem Falle diente die Skandalisierung des Lagers dazu, neue Verantwortlichkeiten innerhalb der Verwaltung durchzusetzen. Schließlich waren 1948/49 nicht nur das Landesarbeitsamt, sondern auch das hessische Landesflüchtlingsamt wieder so funktionsfähig, dass es Verantwortung übernehmen und nachgeordnete Einrichtungen, Verwaltungsstränge oder Provisorien, wie die Lager, in ihre Organisationsstrukturen einzubinden vermochte. Fortan oblag es also nicht mehr den Flüchtlingskommissaren, sich der bestehenden Strukturen zu bedienen, sondern diese mussten sich sukzessiv in die bestehenden Strukturen und behördlichen Gepflogenheiten einordnen.

---

41 Vgl. van Laak, Einrichten im Übergang, S. 77f.
42 Vgl. ebd.
43 Vgl. ebd., S. 76.

4 Die öffentliche Wahrnehmung der Zuwanderer

Nicht nur die Lager und deren Verwaltungen, sondern auch die jeweiligen BewohnerInnen wurden in diesen Auseinandersetzungen um Behördenkonkurrenzen instrumentalisiert, wobei sie wechselweise als Opfer der Verhältnisse oder als ‚Täter' inszeniert wurden. Zu ersteren gerieten sie spätestens dann, wenn sie sich, so die damalige Diktion, von den Verlockungen des westlichen Aufschwunges angezogen fühlten, zuvor aber keinen positiven Aufnahmebescheid erhalten hatten; zu ‚Tätern', wenn sie – sich den jeweiligen Aufnahmekriterien anpassend – entsprechende Lebensläufe präsentierten, um ihre Chancen auf einen positiven Bescheid zu erhöhen. Als z.B. in Hessen hauptsächlich dringend benötigte Fachkräfte aufgenommen werden sollten, legten ZuwanderInnen den Behörden entsprechende Bescheinigungen von Arbeitgebern in Hessen vor.[44] So erwarben viele männliche Zuwanderer, als sich unter ihnen herumgesprochen hatte, dass eine Arbeitsverpflichtung in den Bergbau bei Aue in der Sowjetischen Besatzungszone eine Aufnahme in die westlichen Zonen garantierte, eine solche Bescheinigung auf dem Schwarzmarkt.[45]

Auch Gerüchte prägten im hohen Maße das öffentliche Bild von ZuwanderInnen: Viele unter ihnen, so wurde erzählt, seien entweder getarnte Spione der Sowjets und der SED oder Kriminelle. Solche und andere Unterstellungen führten dazu, dass die Zuwanderinnen und Zuwanderer alsbald unter einem Generalverdacht standen.[46] Darüber hinaus verband man mit diesen Unterstellungen gegen die ZuwanderInnen eine Kritik an dem eigenmächtigen Handeln der Bürgermeister, Zuwanderinnen und Zuwanderer unkontrolliert aufzunehmen:

> Ein Bauer kommt ins Büro und sucht eine Arbeitskraft. Der zuständige Beamte verweist auf die Wartenden: ‚Da können Sie alle 400 mitnehmen, aber kaufen Sie sich erst ein paar Schlösser und machen alles zu.' [...] Der Bauer (im Fortgehen): ‚Solche sind das? Die will ich nicht haben!'[47]

---

44 Vgl. Landrat des Landkreises Gießen an den Regierungspräsidenten Darmstadt, Bezirksflüchtlingsamt am 10.6.1949, HStAD, H 1, Nr. 3830.

45 Vgl. Hessisches Staatsministerium, Der Minister des Innern an Regierungsdirektor Dr. Nahm, Staatsbeauftragter für das Flüchtlingswesen in Hessen am 17.3.1949, HHStWA, Abt. 503, Nr. 6a.

46 Vgl. Volker Ackermann, Der „echte" Flüchtling. Deutsche Vertriebene und Flüchtlinge aus der DDR 1945-1961, Osnabrück 1995; Daniel, „Unerwünschte Brüder und Schwestern", S. 329-358; Heidemeyer, Flucht und Zuwanderung.

47 HHStAW, Abt. 503, Nr. 129b, Protokoll der Tagung des Flüchtlingsbeauftragten am 16.8.1949 in Gießen, S. 4.

Solche Stereotype erfuhren ihre Verstärkung nicht selten durch Fotografien. In der *Quick* operierte man wie bereits beschrieben gerne mit Schattenaufnahmen, bei denen man die eigentlichen Personen nur erahnen konnte; ein eindeutiges Bild war hingegen kaum möglich, was wiederum – und das war im hohen Maße beabsichtigt – nicht selten Zweifel an der Integrität der Abgebildeten auslöste. Die dazugehörende Bildunterschrift, „Und die vielen verschwiegenen Gässchen und dunklen Straßenecken lassen noch weitere Attraktionen ahnen", unterstützte den Eindruck eines halböffentlichen Milieus. Das Grobkörnige der Aufnahme, die laszive Haltung der abgebildeten Frau, die Schattenwürfe – all dies sollte Raum für diffuse Vorstellungen und Phantasien eröffnen und dazu dienen, die „ungeordneten Verhältnisse" zu skandalisieren.

Die Bundesregierung reagierte auf solche Darstellungen in ganz eigener Weise: Sie inszenierte nun ihrerseits „geordnete Verhältnisse" (Abb. 7.4): Die Kinder waren herausgeputzt, die Haare gekämmt, saßen sie diszipliniert nebeneinander. Damit rückte die junge Bundesrepublik nicht nur die Zugewanderten, sondern zugleich auch sich selbst ins rechte Licht.

5 Reaktionen der Zuwanderer

Sowohl die sprachlichen Bilder wie die Fotografien von Zugewanderten hatten nur selten etwas mit ihrer Lebenswirklichkeit in den Lagern gemein. Stattdessen mussten die Zugewanderten erfahren, dass ihr Empfang in der Bundesrepublik nicht unbedingt wohlwollend ausfiel und ihre Lebensumstände in den Anfangsjahren mit großen Einschränkungen verbunden waren. Zudem hatten sie mit Zuschreibungen zu kämpfen, vor deren Hintergrund sie sich noch mehr bemühten, nicht aufzufallen, sich unauffällig zu verhalten und niemandem zur Last zu fallen, vor allem nicht den Sozialkassen.[48] Man kann auch sagen, sie versuchten „unsichtbar" zu sein oder es zu werden.

Nur vereinzelt beschweren sie sich, wenn ihnen das Verhalten von Mitgliedern der Aufnahmekommissionen suspekt erschien, wenn sie Korruption befürchteten, wenn sie sich ungerecht behandelt fühlten.[49] Jedoch hatten sie

---

48 Vgl. Vera Hollbein, „Es war alles besser, als das, was hinter uns lag", in: Jeannette van Laak/ Florentin Mück (Hg.), Sehnsuchtsort Gießen? Erinnerungen an die DDR-Ausreise und den Neubeginn in Hessen, Gießen 2016, S. 59-68; Klaus Richter, „Ich war in fünf Lagern", in: ebd., S. 70-78.

49 Vgl. diverse Schriftwechsel, HHStAW, Abt. 503, Nr. 129a, sowie Abt. 502, Nr. 913.

kaum Möglichkeiten, den Vor- und Anwürfen entgegenzutreten, schließlich waren sie die „Neuen".

Abb. 7.4   Kein seltener Anblick: Familien mit fünf oder mehr Kindern wagen den Sprung aus der Sowjetzone, August 1950 (Foto: Bundesarchiv 145/Presse- und Informationsamt der Bundesregierung)

Überhaupt finden sich nur wenige Überlieferungen über Erfahrungen von Zugewanderten aus der DDR. Für den hier untersuchten Zeitraum ist mit dem „Marsch nach Bonn" zumindest ein größeres Ereignis dokumentiert. Mit diesem Protestmarsch zur Bundeshauptstadt Bonn demonstrierten Zuwanderer aus der DDR, die in den Zonenlager Uelzen und Gießen im November 1949 keine Aufnahme erhalten hatten.[50] Ausgangspunkt der Protestaktion war das Aufnahmelager Uelzen, aber auch in Gießen fanden sich 38 Abgelehnte aus der SBZ zu diesem Marsch zusammen. Die *Gießener Freie Presse* vom 14. November 1949 stellte hierzu fest:

> Sie [die Abgelehnten] wollen die Bundesregierung dazu auffordern, die Aufnahmequote für die Westzonen zu erhöhen und für den Nachweis der Flucht aus politischen Gründen keine unerfüllbaren Forderungen zu stellen. Einige jüngere

---

50   Vgl. Hoffrichter, Heinrich Albertz und die SBZ-Flucht, S. 401-434.

Teilnehmer des Marsches wollen sich dafür einsetzen, dass die Abgewiesenen wenigstens gültige Ausweispapiere erhalten, damit sie sich zum Arbeitseinsatz nach Frankreich melden können.[51]

Der Bericht bemühte sich um eine ausgewogene Berichterstattung, indem er z.B. auf die Disziplin der Protestierenden verwies. Darüber hinaus kam der Lagerleiter zu Wort, der unterstrich, dass die Aufnahmebestimmungen und -richtlinien wegen dieses Marsches wohl kaum angepasst würden, schließlich sei man nicht erpressbar. Das Ziel der Protestierenden bestand auch weniger darin, das allgemeine Verfahren in Frage zu stellen, als vielmehr darin, eine höhere Aufnahmequote bzw. – alternativ dazu – eine Unterstützung für den Weiterzug zu fordern.

Im Rahmen des Protestmarsches wurden die Zuwanderer angehört und es wurde ihnen die Überprüfung ihrer Verfahren in Aussicht gestellt. Ansonsten zeigte sich die Bundesregierung unnachgiebig. Vielmehr instrumentalisierte sie die Protestaktion im Rahmen des aufziehenden Kalten Krieges und stellte ihn als eine von der SBZ/DDR-Führung initiierte Maßnahme dar, die darauf angelegt sei, die Bundesrepublik zu diskreditieren.[52]

6 Zusammenfassung und Ausblick

Auch noch in den frühen 1950er Jahren wurden die sozialen Zustände im Gießener Lager von Seiten der Verwaltungen bewusst dramatisiert, um – gänzlich eigene – Interessen wie den Lagerneubau durchzusetzen. Mittlerweile waren die Baracken zwanzig Jahre und älter und meist stark abgewirtschaftet. Statt der übergeordneten Dienststellen oder der Presse trieb nun allerdings der amtierende Lagerarzt die Skandalisierung voran. Der von ihm angeregte Lagerneubau sollte allerdings nicht in erster Linie den dortigen BewohnerInnen zugutekommen, sondern helfen, die Arbeitsbedingungen der dortigen Angestellten zu verbessern. Da die Lagerverwaltung der hessischen Landesregierung unterstand, handelte der Lagerarzt nicht unbedingt an den Interessen der übergeordneten Verwaltung vorbei. Vielmehr unterstützte er durch seine Kritik an den Baracken die Interessen des Landes Hessen bei ihrem Versuch, mit dem Lagerneubau ein „Schaufenster des Westens" zu schaffen,[53] das inmitten

---

51 Art. „Uelzen macht Schule. Von Gießen nach Bonn", Gießener Freie Presse vom 14.11.1949, S. 1.

52 Vgl. Art. „Protestmarsch nach Bonn in neuem Licht", Gießener Freie Presse vom 22.11.1949, S. 1.

53 Hierzu und im Folgenden vgl. van Laak, Einrichten im Übergang, S. 98ff.

der Auseinandersetzungen des Kalten Krieges, eine „Visitenkarte der Bundesrepublik" darstellen könne. Einen ähnlichen Tenor vertrat die ‚Werbung' für das Lager Friedland, das sich ab Mitte der 1950er Jahre als „Tor zur Freiheit" verstand.[54]

Bei der Realisierung und Inszenierung des Gießener Lagers als „Schaufenster des Westens" fanden sich in der Folge all diejenigen Akteure zusammen, die zuvor gegeneinander agiert hatten: der Bund, das Land Hessen und der Gießener Magistrat. Erstmals konnte man sich gemeinsam darauf einigen, eine Einrichtung zu schaffen, die Werbung für das politische System des eigenen Landes machte.[55] Nach langen Diskussionen konnte schließlich der Gießener Magistrat von einem Lagerneubau auf dem Gebiet des alten Lagers hinter dem Bahnhof überzeugt werden, auch weil die Vertreter der Landesregierung der Stadt versprachen, die Einrichtung für die Stadt zu öffnen, sobald es nicht mehr als Aufnahmelager für Flüchtlinge aus der DDR genutzt würde.

Von nun an beruhigte sich auch jedwede grundsätzliche Kritik am Lager.[56] Stattdessen wurde das Lager fortan nicht nur als „Schaufenster des Westens", sondern auch als Inbegriff der modernen Architektur gefeiert. Anlässlich der verschiedenen Bauabschlussfeiern wurden abwechselnd die moderne Großküche, die moderne Telefonanlage, die Unterbringung der Zuwanderer in Vierbett- oder in Familienzimmern oder die moderne Krankenhausabteilung gelobt. Mit dem Abschluss des Umbaus, der erst 1963 vollständig vollzogen war, fand schließlich auch die Nachkriegszeit vor Ort wie auch die negativen Zuschreibungen der Zuwandernden ihr – zumindest – offizielles Ende.

Wie gezeigt werden konnte, handelte es sich bei den hier aufgeführten Skandalisierungen der Lager in der unmittelbaren Nachkriegszeit in erster Linie um Instrumentalisierungen, die (verwaltungs-)politischen Kalkülen folgten. Zwar veränderte sich die Dramatik der Rhetorik je stabiler die politischen Verhältnisse wurden zum positiven, allerdings hielten nun – im Rahmen des Kalten Krieges – statt Diffamierungen Beschönigungen Einzug in die staatliche Propaganda, die wiederum die Lager und deren BewohnerInnen für ihre Zwecke instrumentalisierten. Auch diese Zuschreibungen hatten kaum etwas mit den ZuwandererInnen gemein, sondern verwiesen vielmehr auf das neue Selbstwertgefühl der Aufnahmegesellschaft.

---

54 Vgl. Sascha Schießl, Das Lager Friedland als ‚Tor zu Freiheit'. Vom Erinnerungsort zum Symbol bundesdeutscher Humanität, in: Niedersächsisches Jahrbuch für Landesgeschichte 84 (2012), S. 97-122.

55 Vorläufer einer solch architektonisch modernen Einrichtung ist das Aussiedlerlager in Hanau gewesen, nach dessen Vorbild auch das Aufnahmelager in Berlin Marienfelde 1952 errichtet wurde. Vgl. van Laak, Einrichten im Übergang, S. 102ff.

56 Vgl. Köhn, Die Lage der Lager.

Unwillkommene Fremde: Displaced Persons in Identitätsräumen der einheimischen Bevölkerung. Vier südhessische Beispiele

Holger Köhn

Nach dem Zweiten Weltkrieg mussten in Deutschland Millionen sogenannte Displaced Persons (DPs) untergebracht werden. Laut amerikanischer Definition vom April 1945 handelte es sich bei den DPs um „Zivilpersonen, die sich aus Kriegsgründen außerhalb ihres Staates befinden; die zwar zurückkehren oder eine neue Heimat finden wollen, dieses aber ohne Hilfestellung nicht zu leisten vermögen"[1] – um Menschen also, die während des Krieges aus unterschiedlichen Gründen ihre Heimat verlassen hatten, in der Regel verlassen mussten. Darunter befanden sich vor allem ausländische ZwangsarbeiterInnen sowie Befreite aus Konzentrationslagern.

Zuständig für die Unterbringung der DPs in den westlichen Besatzungszonen waren die westlichen Alliierten, im Falle Hessens das amerikanische Militär (Armee und Militärverwaltung). Die Mehrheit der DPs fand sich in Kasernen und anderen Sammelunterkünften untergebracht, darunter auch in ehemaligen NS-Lagern. Hintergrund für die Auswahl der Unterkünfte bildeten meist logistische Gründe, auch Sicherheitsbedenken spielten eine Rolle, so dass eine Separierung der DPs von der einheimischen Bevölkerung über die Lagerterritorien sich rasch als wünschenswert erwies. Es handelte sich bei den Unterkünften in der Regel um klassische Lager der Exklusion. Die ursprüngliche Vorgabe, die DPs nicht schlechter unterzubringen als die einheimische Bevölkerung, trat in den Hintergrund und wurde in der amerikanischen Besatzungszone nur in Ausnahmefällen umgesetzt. Es entstand vielmehr ein Netzwerk von typischen Lagern, mit Schwerpunkten in der britischen und der amerikanischen Besatzungszone. Auch in vielen kleineren Städten und Gemeinden prägten DPs die Nachkriegsgeschichte. Nirgends waren diese Menschen willkommen, in einigen Fällen schlug ihnen offene Feindschaft entgegen. Dabei hing es häufig stark von der Art der Unterbringung ab, ob und wie sich vor Ort Widerstand formierte, wobei sich die Belegung privaten

---

[1] 16.4.1945, Supreme Headquarters, Allied Expeditionary Force (SHAEF), Administration Memorandum No. 39 (Revised), National Archives and Records Administration (NARA), 165/476/818, Folder GERMANY (Displaced Persons SHAEF Admin. Memo 39), Übersetzung Holger Köhn.

Wohnraums zugunsten der DPs als besonders einschneidend erwies. Auch für positive Formen des Kontakts – die es gab, die aber schwierig zu rekonstruieren sind – war es von Bedeutung, wo vor Ort die DPs untergebracht waren.

Überraschend erscheint daher der Befund, dass die unterschiedliche räumliche Anordnung der DP-Lager bislang kaum konzeptionell einbezogen wurde in die wissenschaftliche Auseinandersetzung zum Lagerwesen. Nur selten gelangten – auch in Zeiten des ‚spatial turns' – die DP-Lagerterritorien bzw. deren Verortung in den Fokus der Geschichtsschreibung.[2]

Im Folgenden soll anhand von vier Beispielen aus südhessischen Kleinstädten aufgezeigt werden, dass es sich lohnt, die räumliche Anordnung der DP-Lager genauer zu untersuchen.[3] Unwillkommene Fremde waren die DPs allerorten, das Verhältnis zwischen einheimischer Bevölkerung und den DPs war allerdings stark davon geprägt, ob man sich gegenseitig aus dem Weg gehen konnte – oder aber nicht.

1 Aus Baracken in privaten Wohnraum: Das DP-Lager Zeilsheim

Ein gutes Beispiel für die Wirkmächtigkeit von Lagerräumen stellt das DP-Lager in Zeilsheim dar. Wie kaum ein anderes Lager kann Zeilsheim herangezogen werden für die unterschiedlichen Phasen der Geschichte des Umgangs mit DPs in der amerikanischen Besatzungszone Deutschlands. Auch lässt sich anhand dieses ersten und größten jüdischen DP-Lagers in Südhessen darstellen, in welch hohem Maße die Beziehungen zwischen den DPs auf der einen und der einheimischen Bevölkerung auf der anderen Seite abhängig waren von der Anordnung der Unterkünfte.

Von August 1945 an gelangten mehrere Tausend jüdische Staatenlose in den kleinen, etwa 15 Kilometer südwestlich vom Zentrum der Stadt Frankfurt am Main gelegenen Ort Zeilsheim, der zu dieser Zeit rund 5.000 Einwohner zählte. Ganz im Gegensatz zur Großstadt Frankfurt, welcher der Ort administrativ zugehörte, verfügte Zeilsheim über weitgehend unversehrten Wohnraum, darunter die ‚Colonie Zeilsheim', eine seit Beginn des 20. Jahrhunderts

---

2 Die Beiträge von Stefan Schröder bestätigen hier als Ausnahme die Regel: z.B. Stefan Schröder, DP-Lager in requirierten deutschen Straßenzügen, Vierteln und Ortschaften. Ein Beitrag zur Systematisierung dieser Sonderform der Unterbringung von Displaced Persons, in: Sabine Mecking/ders. (Hg.), Kontrapunkt. Vergangenheitsdiskurse und Gegenwartsverständnis, Essen 2005, S. 113-126.

3 Die folgenden Ausführungen basieren maßgeblich auf den Forschungsergebnissen meiner Dissertation: Holger Köhn, Die Lage der Lager. Displaced Persons-Lager in der amerikanischen Besatzungszone Deutschlands, Essen 2012.

entstandene Siedlung für Arbeiter der nahegelegenen Farbwerke Hoechst. Für die Unterbringung der DPs wurde jedoch ein ehemaliges Zwangsarbeiterlager ausgewählt, bestehend aus einfachen Steinbaracken, anfangs noch umgeben von Stacheldraht. Wie für die Zeit der „Befreiungskrise" typisch, gaben territoriale Erwägungen den Ausschlag für die Auswahl des Lagerterritoriums. Es handelte sich auch hier um ein klassisches Lager der Exklusion: Einfache, provisorische Unterkünfte, geeignet für die Unterbringung einer großen Anzahl von Personen, außerhalb der Wohnbebauung gelegen und räumlich erkennbar isoliert von der ortsansässigen Bevölkerung. Andere in Betracht gezogene Räumlichkeiten konnten mit diesen Eigenschaften nicht aufwarten – schon gar nicht die nahe gelegene Arbeitersiedlung. Wie in Zeilsheim gelang es deutschen Behörden auch in anderen Städten auf diese Weise wiederholt – nun mit dem Verweis auf eine Anordnung der Militärregierung, „daß diese polnischen Juden in einem Lager unterzubringen" seien –,[4] privaten Wohnraum vor der Belegung zu bewahren. Die offensichtlich erfolgreiche Einflussnahme ist insofern interessant, als den deutschen Behörden keine Mitsprache hinsichtlich der Unterbringung der DPs gestattet war – und im Zuge dessen eigentlich auch kein Vetorecht. Offiziell zeichnete zu dieser Zeit allein die amerikanische Armee für die Unterbringung der DPs verantwortlich. Laut entsprechender Direktiven durften DPs nicht schlechter untergebracht sein als die deutsche Bevölkerung, eine Unterbringung in privatem Wohnraum wäre also schon in dieser frühen Phase geboten gewesen. Vor Ort wurde die Verpflichtung zu bestmöglicher Fürsorge in der Regel jedoch nachrangig zugunsten sicherheitsrelevanter Aspekte behandelt, so auch in Zeilsheim.

Die zehn eingeschossigen Steinbaracken in Zeilsheim, 1942/43 für sogenannte ‚Fremdarbeiter' der Farbwerke Hoechst (seit 1925 Teil der I.G. Farben) errichtet, befanden sich in katastrophalem Zustand. Durch Instandsetzungsarbeiten konnte zunächst Raum für 100 Personen geschaffen werden, bis Ende August 1945 ließ sich die Kapazität des Lagers auf 600 Personen erhöhen. Die Belegung gestaltete sich indessen schwierig, da zahlreiche der mit Bussen aus Frankfurt nach Zeilsheim transportierten Jüdinnen und Juden eine Unterbringung auf dem Lagerterritorium verweigerten. Trotz der – aus Sicht der Unterzubringenden – inadäquaten räumlichen Situation entwickelte sich Zeilsheim zum Anziehungspunkt für Überlebende des Holocaust. Das Lager war rasch überbelegt; einzelne Wohnblocks, die direkt an das Steinbarackenlager angrenzten, wurden dem Lagerterritorium zugeschlagen. Die bereits Mitte September vom ‚Adviser on Jewish Affairs' eingebrachte Idee, „houses in the

---

4 11.7.1945, Aktenvermerk, Private Tulipan, Institut für Stadtgeschichte Frankfurt (IfS), Fürsorgeamt 554.

nearby village" zu beschlagnahmen, um das Lagerterritorium auszuweiten, wurde zunächst abgelehnt.⁵

LEGENDE (für die Abb. 8.1 bis 8.5)

- ▪ Wohnbebauung
- ◉ Stadt-/Ortszentrum
- ▨ Lagerterritorium (Wohnraum privat)
- 🚉 Bahnhof
- ▨ Lagerterritorium (Wohnraum nicht privat)
- ✡ Synagoge

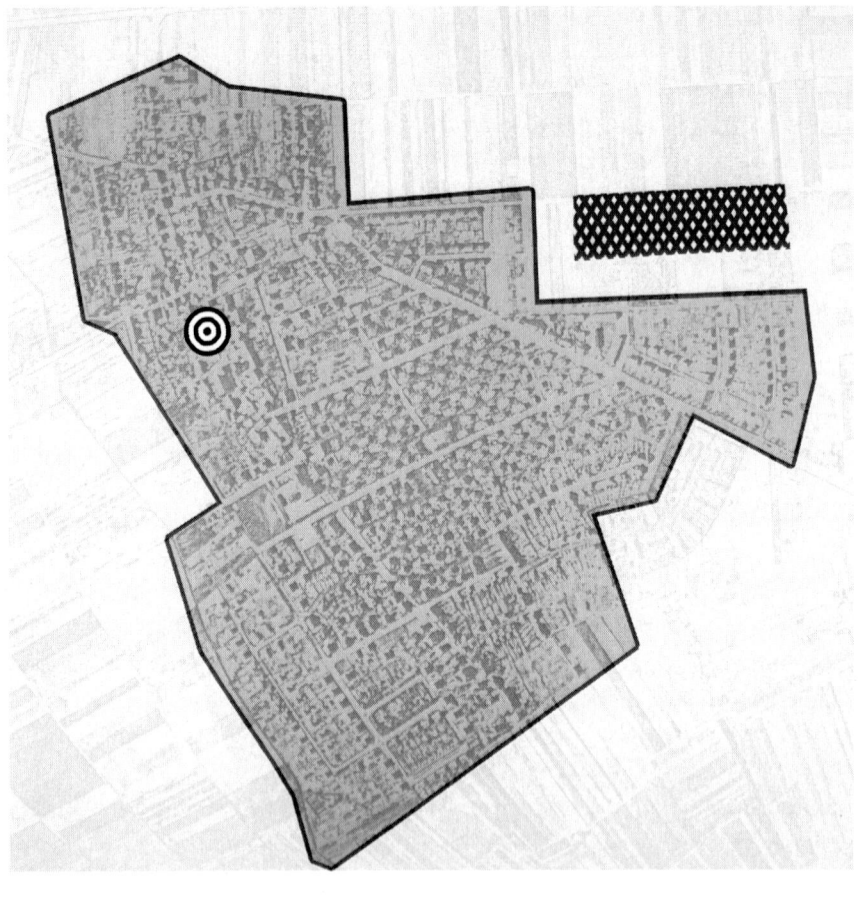

Abb. 8.1 Luftbild vom 23. März 1945. Das Steinbarackenlager, DP-Lager Zeilsheim, außerhalb der Wohnbebauung in nicht-privatem Raum (Foto: Institut für Stadtgeschichte Frankfurt, Sammlung Ortsgeschichte S3/E/6.736)

---

5   16.9.1945, Report on Conditions in Assembly Centers for Jewish Displaced Persons, Judah Nadich, Combined Displaced Persons Executive, USFET, an Chief of Staff, USFET, NARA, 260/1945-46/92, Folder AG 383.7 Displaced Persons, vol. 2.

Das sollte sich im Oktober 1945 maßgeblich ändern. Nach Veröffentlichung des sogenannten „Harrison-Reports", der die teils katastrophale Unterbringung von vor allem jüdischen DPs in den amerikanischen Besatzungszonen Deutschlands und Österreichs anprangerte, wurde in Zeilsheim großflächig privater Wohnraum für die Unterbringung der DPs beschlagnahmt. Zunächst sollte der gesamte Bereich nördlich der Hauptstraße nach Höchst geräumt werden. Etwa 125 private Häuser waren von der Beschlagnahme des Areals, in dem auch das Steinbarackenlager lag, betroffen. Es reichte von Häusern und Gärten zweier Kleinsiedlungen bis hin zu Anwesen des alten Ortskerns. Alles Mobiliar hatte auf Anweisung der Militärregierung in den Räumlichkeiten zu verbleiben.[6] Innerhalb des neuen Lagerterritoriums lagen nun einige ortsansässige Geschäfte (Bäckerei, Metzgerei, Kolonialwarenhandlung), die von der einheimischen Kundschaft weiterhin frequentiert wurden, wobei die Kunden dazu das Lagerterritorium notgedrungen betreten mussten.[7] Nur die in den Geschäftshäusern befindlichen Wohnungen waren beschlagnahmt worden, nicht aber die Ladenräume selbst. Wenngleich die Lagerkapazität so auf etwa 2.000 Personen erhöht werden konnte, entspannte sich die Lage nur kurzfristig. Steinbaracken und Privaträume waren rasch überlegt, etwa 300 Personen lebten zudem „billeted in German homes (self-arranged)",[8] also in offiziell nicht zum Lagerterritorium gehörenden Räumen. Die Personen wurden allerdings im Lager verpflegt – und in Statistiken der Lagerbelegung zugerechnet.

Neben der Überfüllung der Räumlichkeiten bestand das Problem darin, dass die Steinbaracken keine wintergerechten Unterkünfte darstellten. Daraufhin wurden etwa 100 weitere Häuser beschlagnahmt, wodurch die Lagerkapazität auf bis zu 3.000 Personen erhöht werden konnte. Die neuerlich beschlagnahmten Häuser waren Teil der ‚Colonie Zeilsheim'. Entstanden war damit ein verwinkeltes Territorium, ohne durchgängige Einfriedung. Zudem war nun schwer zu erkennen, wo der Ort Zeilsheim endete und das Lagerterritorium begann, wie die Schilderung eines auswärtigen Zeitzeugens veranschaulicht:

> [T]he brick buildings of the camp enclosure itself are used for common rooms, shops, hospital, gymnasium or synagogue; the people all live in private houses requisitioned from the Germans. Zeilsheim is somewhat peculiar in its physical make-up in that it is not a camp entity in itself. Some of the streets are half Jewish D.P. half German. They even mingle to a very small extent. But there is no

---

6 23.10.1945, Oberbürgermeister, Besatzungsamt, Bezirksstelle 5 Höchst, unterzeichnet von Verw.-Direktor Nathan, Archiv des Zeilsheimer Heimat- und Geschichtsvereins, loser Ordner.
7 25.11.1948, List of non-requisitioned stores in Frankfurt/M.-Zeilsheim, City Administration of Frankfurt/Main, Municipal Occupation Services Office, an Frankfurt Military Post, S-4, IfS, Besatzungsamt 55.
8 Ebd.

dividing line and the uninitiated observer could never tell where the German part of the village ends and where D.P. lodgings begin.[9]

Einheimische und DPs wohnten teils in der gleichen Straße. Während sich allerdings die DPs frei bewegen konnten, war der einheimischen Bevölkerung das Betreten des Lagerterritoriums prinzipiell verboten. Mitten durch das neu entstandene Sperrgebiet verlief allerdings die wichtige Verbindungsstraße nach Höchst.

In den Steinbaracken waren jetzt keine Personen mehr untergebracht, stattdessen dienten die Gebäude als zentrale Küche sowie Speisesaal und boten Raum für Werkstätten, Schulen, religiöse Einrichtungen und Geschäfte. Alle BewohnerInnen des DP-Lagers Zeilsheim lebten Ende 1945 außerhalb des ursprünglichen Territoriums in privatem Wohnraum.

Anders als von den amerikanischen Militärbehörden eigentlich gewünscht, war eine Trennung zwischen DPs und deutscher Bevölkerung aufgrund der neuen räumlichen Anordnung des Lagers – das in die Wohnbebauung der einheimischen Bevölkerung hineingewachsen war – kaum mehr möglich. Das Lager hatte seine klar definierten und im Raum erkennbar markierten territorialen Grenzen verloren. Die Folge waren alltägliche Kontakte zwischen Einheimischen und den als ‚Fremden' markierten DPs, denen weit weniger aus dem Weg gegangen werden konnte, als dies bei einer weiteren Unterbringung in den Baracken der Fall gewesen wäre. Hinzu kam der Unmut der ausquartierten ZeilsheimerInnen, die ihre Wohnungen, Häuser und Gärten zurückhaben wollten.[10] Einheimische beschwerten sich darüber, dass mit ihrem Mobiliar nicht pfleglich umgegangen würde und beklagten den Verlust hauseigener Gärten, wobei verschwiegen wurde, dass vor der Beschlagnahme ganze Wohnungseinrichtungen widerrechtlich „evakuiert" worden waren. Es gründete sich rasch eine Interessengemeinschaft der Ausquartierten, die – weitgehend erfolglos – versuchte, Druck auf die Entscheidungsträger auszuüben.

---

9   Februar 1946, General impressions of Jewish D.P. Centers in Germany, S. 3, United Nations Archives (UNA), PAG-4/3.0.11.3.0 [S-425/62/2].

10   Hierzu und zum Folgenden 21.10.1946, Protokoll über die Sitzung beim Oberbürgermeister Frankfurt/Main am 19. Oktober 1946, sowie 17.7.1946, Karl März u.a., Zeilsheim, an Ministerpräsidenten von Groß-Hessen, Wiesbaden, beide IfS, Magistratsakten 8.841; 14.8.1985, Zeilsheim – das Lager und der Schwarze Markt, Erinnerungen an die Nachkriegsjahre, Johannes Winter, Sendung Funkbilder aus Hessen, HR, Frankfurt am Main [Manuskript]; „DP-Lager Zeilsheim 1945 bis 1948", zusammengestellt von Bernd Christ im Auftrag des Zeilsheimer Heimat- und Geschichtsvereins.

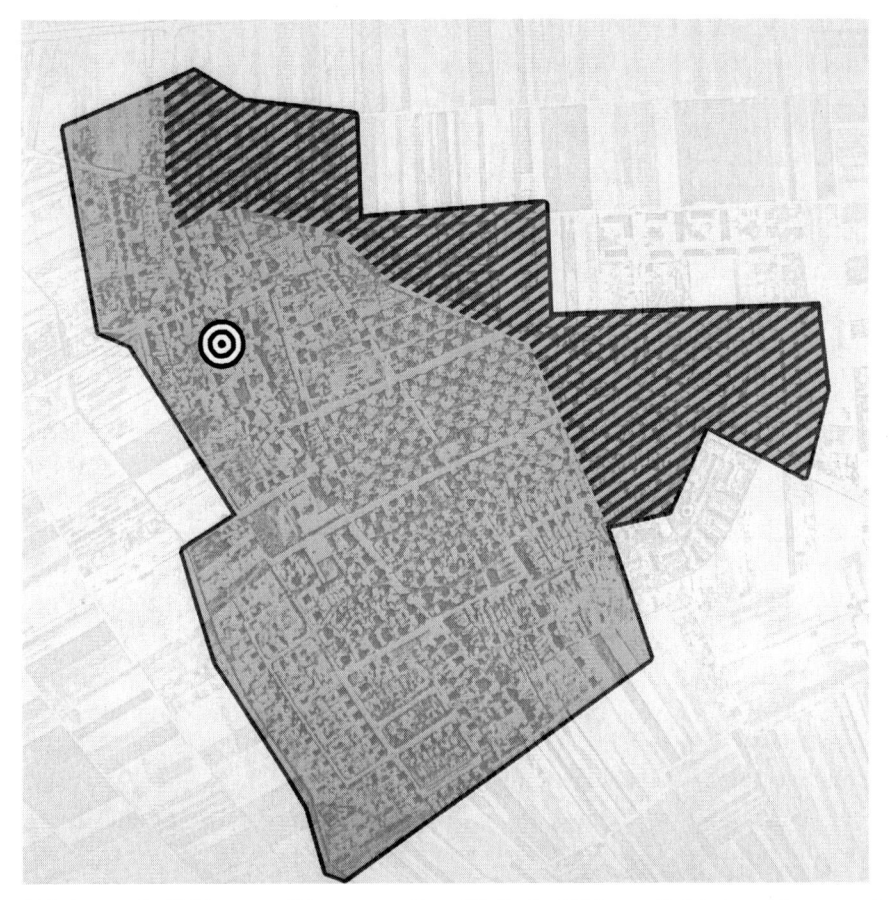

Abb. 8.2   Luftbild vom 23. Februar 1945. Unterkünfte des DP-Lagers Zeilsheim nach der Ausdehnung in den Identitätsraum der einheimischen Bevölkerung in privatem Wohnraum (Foto: Institut für Stadtgeschichte Frankfurt, Sammlung Ortsgeschichte S3/E/6.736)

Darüber hinaus entwickelte sich Zeilsheim zu einem der größten Schwarzmarktzentren innerhalb der gesamten amerikanischen Besatzungszone.[11] Auf offener Straße und innerhalb der beschlagnahmten Häuser, die zum Teil zu Läden umfunktioniert worden waren, wurde gehandelt. Bei Razzien auf dem Lagerterritorium – die sich aufgrund der Lage des Lagers schwierig gestalteten – wurden Schwarzmarktwaren in großem Umfang sichergestellt. Unter den dabei Verhafteten befand sich mit dem Bäcker, dessen Bäckerei sich

---

11   7.8.1947, Weekly Intelligence Report No. 68, OMG Hesse, NARA, 260/AG 1948/470, Folder AG 383.7 United Nations Displaced Persons, vol. 1 (1948).

auf dem Lagerterritorium befand, ein zentraler Akteur des lokalen Schwarzmarkts; auch zahlreiche Bäuerinnen und Bauern aus der Umgebung waren als LieferantInnen von Vieh, Kartoffeln, Obst und Gemüse in den Handel involviert.[12] Durch die räumliche Nähe zur Großstadt Frankfurt am Main verfügte der Zeilsheimer Schwarzmarkt über ein großes Einzugsgebiet. Zudem waren in Frankfurt stationierte Angehörige der US-Armee am illegalen Handel maßgeblich beteiligt. Seitens der einheimischen Bevölkerung wurden allerdings – wie anderenorts – allein die DPs für den Schwarzmarkt verantwortlich gemacht. Einheimische und andere deutsche AkteurInnen bezeichneten das Lagerterritorium wiederholt als Rückzugsort für Verbrecher, da der deutschen Polizei der Zugriff auf das Lagerterritorium untersagt blieb.[13]

Überhaupt zeichneten deutsche Verantwortliche insgesamt ein überaus negatives Bild des Lagers. Aufgrund der räumlichen Anordnung des Lagers und des Verhaltens der DPs sei die Lage in Zeilsheim derart gespannt, „dass es täglich zur Explosion kommen könne", berichtete etwa der Frankfurter Polizeipräsident ein Jahr nach Belegung des privaten Wohnraums. Er rechnete mit einem „Blutbad", sollte das Lager nicht schnellstens aus privatem Wohnraum in Zeilsheim verschwinden.[14] Ganz anders lesen sich Quellen, die von der Arbeit deutscher Kindermädchen und Haushaltshilfen in den beschlagnahmten Häusern zeugen. Etwa 150 „christliche Kinderfräulein", die zur Betreuung der zahlreichen Kleinkinder eingestellt worden waren, zählte der ortsansässige Pfarrer – mit unverhohlener Ablehnung.[15] Demgegenüber berichteten ZeitzeugInnen, die entweder als Haushaltshilfen angestellt waren oder selbst von deutschen Kindermädchen betreut wurden, von einem eher harmonischen Miteinander.[16]

Wiederholt stand das Lagerterritorium in Zeilsheim zur Disposition und wurde über die Auflösung des Lagers diskutiert oder aber über eine Ausweitung des Lagerterritoriums – noch weiter in den Identitätsraum der einheimischen

---

12   Exemplarisch 7.10.1946, Stadtverordneter Schaub, Vorsitzender der SPD Stadtverordnetenfraktion, an Oberbürgermeister Frankfurt/Main, IfS, Magistratsakten 8.841.
13   1.11.1946, Report on Zeilsheim Camp as of 21 October 1946, Polizeipräsident Klapproth, in Weekly Intelligence Report, L&SO SK Frankfurt, NARA, 260/1945-46/92, Folder AG 383.7 Displaced Persons, vol. 2.
14   Polizeipräsident Klapproth, 21.10.1946, Protokoll über die Sitzung beim Oberbürgermeister Frankfurt/Main am 19. Oktober 1946, IfS, Magistratsakten 8.841.
15   Vgl. „DP-Lager Zeilsheim 1945 bis 1948".
16   Exemplarisch Fay Shlimovitz, geb. Robinson, Erinnerungen an das Lager Zeilsheim, gekürzte Textfassung von Bernd Christ, Zeilsheimer Heimat- und Geschichtsverein, 12.10.2008; Erinnerungen von Frau M., in: Zeilsheim – das Lager und der Schwarze Markt.

Bevölkerung hinein unter Einschluss großer Teile der ‚Colonie Zeilsheim'.[17] Weder die Konsolidierung des Lagerterritoriums noch dessen Auflösung wurden indessen umgesetzt. Anders als noch im Herbst 1945, als infolge des „Harrison-Reports" großflächig privater Wohnraum beschlagnahmt wurde, war eine solche Maßnahme spätestens ab dem Frühjahr 1946 nicht mehr politisch gewollt. Auf der anderen Seite schien sich die Armeeleitung der zum Teil selbst inszenierten symbolischen Bedeutung des Lagers Zeilsheim bewusst. Es sollte aber noch bis Mitte November 1948 dauern, ehe das DP-Lager Zeilsheim endgültig geschlossen wurde. Die seit Ende 1945 bestehende räumliche Anordnung des Lagerterritoriums blieb bis zu diesem Zeitpunkt nahezu unverändert. Der Überbelegung wurde mit der Einrichtung des neuen DP-Lagers Lampertheim entgegengewirkt.

2   Ein Lager in privaten Wohnräumen – Das DP-Lager Lampertheim

Im Unterschied zu Zeilsheim wurde in Lampertheim von Anfang an die Unterbringung in privatem Wohnraum beschlossen. Die Gemeinde Lampertheim, im südwestlichen Zipfel Hessens gelegen, zählte vor Kriegsbeginn rund 14.000 Einwohner. Während des Kriegs fanden zahlreiche ‚Ausgebombte' aus nahegelegen Industriestandorten wie Mannheim und Ludwigshafen hier Zuflucht; in der Nachkriegszeit kamen weitere Flüchtlinge hinzu. Ein an den Bahnhof angrenzendes Areal war zudem zugunsten des amerikanischen Militärs requiriert.

Anfang Dezember 1945 wurde die Gemeinde zunächst aufgefordert, für 100 ‚Ostjuden' privaten Wohnraum zur Verfügung zu stellen. Auch stand eine dezentrale Unterbringung von jüdischen DPs in kleineren Lagern in der Umgebung zwischenzeitlich zur Diskussion, wurde aber – vermutlich aus logistischen Gründen – verworfen. Stattdessen ordnete die amerikanische Militärregierung die Etablierung eines Großlagers in Lampertheim an:

> Da auf Grund einer Anordnung der Militärregierung in Heppenheim vom 16.1.1946 die Stadt Lampertheim mit der Unterbringung von rund 1.000 solcher [jüdischer] Flüchtlinge beauftragt worden ist, wurde durch die Militärregierung

---

17   18.1.1947, Requisitioning of additional houses for consolidation of the Camp, Jacob Zylbertal, Director Zeilsheim A. C. 557, an Military Government, Frankfurt am Main, NARA, 549/20/660, Zeilsheim Camp Real Estate.

angeordnet, dass sämtliche Flüchtlinge in einem geschlossenen Ortsteil in Lampertheim unterzubringen sind.[18]

Auf diese Weise entstand ein vier Karrees umfassendes, zusammenhängendes Territorium inmitten des Ortskerns. Insgesamt waren etwa 140 Häuser in bester Lage für das DP-Lager requiriert, „und zwar durchweg [die] besten und geräumigsten Häuser mit den gesündesten Wohnungen",[19] wie es der Lampertheimer Bürgermeister anklagend formulierte. Es handelte sich in der Mehrzahl um moderne Ein- bis Zweifamilienhäuser, die über größere Gärten verfügten. Zwischen 1.400 und 1.500 einheimische BewohnerInnen hatten ihre Wohnungen binnen kürzester Zeit zu verlassen, unter Zurücklassen des gesamten Mobiliars, und mussten anderweitig untergebracht werden. Nach außen besaß das Lagerterritorium keine eindeutig erkennbaren Grenzen, eine territoriale Einfriedung existierte nicht. Zudem lagen innerhalb des Lagerterritoriums Bäckereien, kleine Handwerksbetriebe, Reparaturwerkstätten und Geschäfte. Der Lampertheimer Bürgermeister vertrat daher die Auffassung, „[d]urch die Abtrennung dieser wichtigsten Wohngebiete Lampertheims stellt die Gemeinde Lampertheim in ihrem Wirtschaftsleben nur noch einen Torso dar."[20]

Die neue Lagerleitung, durch ihre frühere Arbeit mit der Unterbringung der DPs in wenig komfortablen Sammelunterkünften vertraut, schilderte die räumliche Anordnung des DP-Lagers Lampertheim aus ihrer Perspektive – und damit unter anderen, weil positiven Vorzeichen:

> However, in December 1945 I was asked to open a camp with a very different physical set up from what was ever seen for a DP camp. We took over a section of a German town, small, private houses in the best part of town – gave the inhabitants of the camp living conditions as close to normal conditions as you can get them in a DP camp.[21]

---

18   17.1.1946, Unterbringung von aus dem Osten ausquartierten jüdischen Flüchtlingen in den Gemeinden Lampertheim und Bürstadt, Landrat des Landkreises Bergstraße, an Regierungspräsident Hessen, Stadtarchiv Lampertheim (StAL), Material (Kopien) aus Kreisarchiv Heppenheim, loser Ordner.

19   16.1.1946, Unterbringung von 1.000 Ostjuden in Lampertheim, Bürgermeister Lampertheim, an Militärregierung Heppenheim, an Landrat des Landkreises Bergstraße, an Regierungspräsident Darmstadt sowie an Regierung des Landes Groß-Hessen, StAL, Material (Kopien) aus Kreisarchiv Heppenheim, loser Ordner.

20   Ebd.

21   Juni 1947, Entwurf, Manuskript einer Rede, gehalten in Washington DC, Mathilde Oftedal. Hessisches Staatsarchiv Darmstadt (HStAD), 061 Kohlmannslehner, Nr. 3.

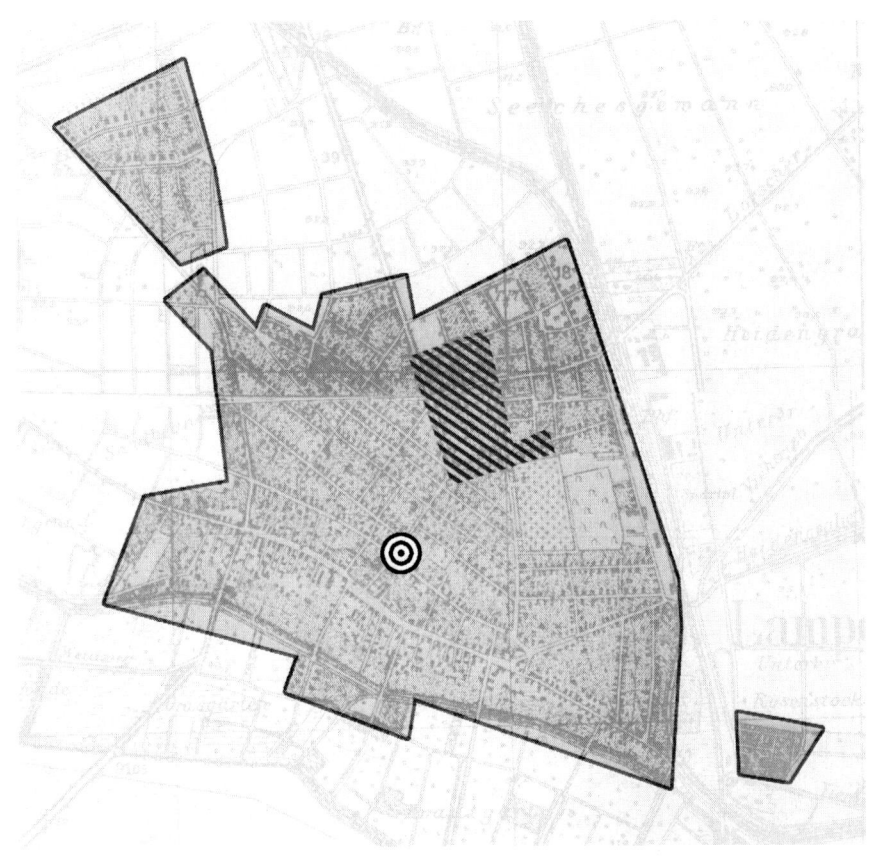

Abb. 8.3 Lage des DP-Lagers Lampertheim, eines Lagers im privaten Wohnraum inmitten des Ortes, 1946 (Foto: Kartensammlung der ULB Darmstadt, TK 25, Blatt 6316 Worms (oben); TK 25, Blatt 6416 Mannheim Nord (unten)

Berichte der Hilfsorganisationen lobten die Räumlichkeiten in Lampertheim, dass sie besonders den Bedürfnissen der untergebrachten Menschen entsprachen:

> The Camp has excellent housing conditions, living in requisitioned houses and preparing the food on family basis.[22]

---

22   22.5.1946, Field Report Team 521 Lampertheim, J. Westermann, UNNRA Field Supervisor, an District Director, UNRRA District Office No. 2, UNA, PAG-4/3.0.11.3.2 [S-436/46/5].

Im Gegensatz zu vielen anderen Lagern waren die Unterkünfte in Lampertheim nicht überfüllt und boten den Einquartierten eine Form der Privatsphäre, wie sie von Seiten der Hilfsorganisationen immer wieder eingefordert worden war.

Bei der einheimischen Bevölkerung formierte sich hingegen Widerstand gegen die Requirierung von privatem Wohnraum. Von „Willkommenskultur" konnte unter den geschilderten Umständen nicht die Rede sein. In den ersten Tagen nach der Beschlagnahme war den Ausquartierten vom Betreten ihrer Häuser und Gärten abgeraten worden. Eine ehemalige Bewohnerin eines der requirierten Häuser erhielt von einem dort untergebrachten DP noch die Erlaubnis, ihre Wohnung betreten zu dürfen, um Stoffreste abzuholen. Beim Verlassen des Grundstücks wurde sie von einem anderen Lagerbewohner gesehen und unter Androhung von Gewalt zur Rückgabe der mitgeführten Ware genötigt. Obwohl das Missverständnis aufgeklärt werden konnte, kam es zu Handgreiflichkeiten und es kam zu einem Aufruhr, in dessen Folge auch nicht beschlagnahmte Häuser in der Nachbarschaft – außerhalb des Lagerterritoriums – von DPs betreten wurden. Anschließende handgreifliche Auseinandersetzungen, in die neben zahlreichen DPs weitere Einheimische sowie deutsche und DP-Polizei verwickelt waren, konnten erst durch den massiven Einsatz amerikanischer Truppen beendet werden. Während beiderseitige Schuldzuweisungen den Auslöser für die Auseinandersetzungen jeweils auf der Gegenseite identifizierten, stimmten doch alle darin überein, dass die gereizte Stimmung auf die Belegung des privaten Wohnraums inmitten der Stadt zurückzuführen war. Nach dem Zwischenfall wurde der einheimischen Bevölkerung der Zutritt zu den beschlagnahmten Häusern bei Androhung drastischer Strafen untersagt.[23] Da etwa zentrale Straßen – innerhalb und außerhalb des Lagerterritoriums – von der einheimischen Bevölkerung wie von DPs gleichermaßen benutzt werden durften und mussten, waren Kontakte dennoch unvermeidbar. Die jeweiligen Personengruppen konnten sich aufgrund der räumlichen Anordnung des Lagerterritoriums nicht vollständig aus dem Wege gehen. In diesem Zusammenhang sind auch Auseinandersetzungen zwischen Jugendlichen am Rande des Lagerterritoriums belegt, bei denen nach Wortgefechten auch Steine flogen.[24] Zudem kam es zu Irritationen, wenn Deutsche angeblich nicht genau wussten, ob sie sich auf dem Lagerterritorium der DPs befanden. Vereinzelt wurden Fensterscheiben eingeworfen von Häusern, die

---

23   6.2.1946, Bekanntmachung an alle Einwohner von Lampertheim, Polizeidirektor Ganser, Polizeiamt Lampertheim, StAL, Material (Kopien) aus Kreisarchiv Heppenheim, loser Ordner.

24   Siehe hierzu und zum Folgenden mehrere Berichte über Zwischenfälle, NARA, 260/1426/497, Folder Incident Reports 1946-47.

auf dem schwer zu kontrollierenden Lagerterritorium lagen; Augenzeugenberichten zufolge von Deutschen, die nicht näher ermittelt werden konnten. Beobachter hielten eine organisierte Aktion als Protest gegen die Belegung privaten Wohnraums für gut möglich. Insgesamt sei es zunehmend zu Zwischenfällen auf dem Lagerterritorium gekommen, berichteten deutsche Polizei und amerikanische Militäradministration übereinstimmend – die United Nations Relief and Rehabilitation Administration (UNRRA) konstatierte hingegen ein allgemein gutes Verhältnis zwischen Einheimischen und DPs.

Als sich abzeichnete, dass Häuser und Gärten über einen längeren Zeitraum beschlagnahmt bleiben würden – anfangs war noch von einigen Wochen die Rede –, und dass sich einzelne Eingaben als erfolglos erwiesen, gründeten die Ausgewiesenen den „Verein der evakuierten Haus- und Wohnungsinhaber von Lampertheim".[25] Ein zuvor angedachtes Komitee, in dem auch Hilfsorganisationen und DPs vertreten gewesen wären, kam nicht zu Stande. Die Interessenvertretung wandte sich mit Petitionen, Protest- und Beschwerdeschreiben an die deutsche Verwaltung und zunehmend direkt an die amerikanische Militäradministration. Der Verein (in Person der Vorsitzenden) versuchte Demonstrationszüge zu organisieren, legte den wiederholt bis an höchste Stellen gerichteten Deklamationen Unterschriftenlisten der Ausquartierten bei und argumentierte mit Menschen- und Völkerrecht (Haager Landkriegsordnung), um die beschlagnahmten Häuser in Lampertheim wieder frei zu bekommen.[26] Seitens der Militärverwaltung wurde die Vorsitzende des Vereins der Aufwiegelung bezichtigt,[27] Teilnehmende an Versammlungen der Interessenvertretung wurden verhört und angefragte Demonstrationen prinzipiell untersagt. Insgesamt jedoch blieben die Bemühungen des Vereins nahezu erfolglos, so wie in vielen anderen Orten auch.

Wie schon in Zeilsheim zu beobachten, spielte auch in Lampertheim der Schwarzmarkt eine gewichtige Rolle. Der illegale Handel, an dem in der Hauptsache DPs beteiligt waren, fand in der Hauptsache rund um das

---

25 Die konstituierende Sitzung fand am 23.3.1948 statt, 16.4.1948, IR 115, L&SO Landkreis Bergstraße (Hessen), NARA, 260/1426/497, Folder Information Reports. Zuvor gab es schon einen „Ausschuss der evakuierten Deutschen".

26 Exemplarisch 20.12.1949, Verein der evakuierten Haus- und Wohnungsinhaber von Lampertheim, Lampertheim, an den Hohen Kommissar Mc. Cloy, Heidelberg, NARA, 549/A1 87/1036, Individual Requests for derequisition 602.1 T-Z.

27 „She is an agitator who has formed a group of three hundred displaced home owners who are continuously causing a row over the Lampertheim DP Camp." (o.D.) IR 136, 1948, L&SO Landkreis Bergstraße (Hessen); „This woman has done an excellent job of creating ill-feeling between the local German populace and the DPs through her organizing and speech-making efforts.", 13.7.1948, Housing of DPs at Lampertheim, IR 163, L&SO Landkreis Bergstraße (Hessen), beide NARA, 260/1426/497, Folder Information Reports.

Lagerterritorium und um den nahe gelegenen Bahnhof statt; wie überall waren auch Einheimische in den Tausch als LieferantInnen und AbnehmerInnen einbezogen. Für die Wahrnehmung der DPs vor Ort war der Schwarzmarkt neben der Belegung von privatem Wohnraum von besonderer Bedeutung. Einzelne Zwischenfälle dokumentieren zudem, wie stark antisemitische Stereotype hierbei wirkmächtig waren: Wiederholt kam es zu Zwischenfällen in einer – außerhalb des Lagerterritoriums gelegenen – örtlichen Badeanstalt, die von Einheimischen betrieben wurde und auch von DPs genutzt wurde. Die Betreiber des Bades beschimpften die jüdischen DPs mehrfach und drohten Ihnen unverhohlen Gewalt an: „Für Juden ist der Eintritt in mein Bad verboten", „Von euch sind noch viel zu viele übrig geblieben", „Ihr schmutziges Volk, was Hitler nicht zu Ende geführt hat, das werden wir noch zu Ende bringen".[28]

Demgegenüber stehen Kontakte in Form von Freundschaften zwischen jungen einheimischen Frauen, teils sogar aus Familien der Ausquartierten, und Männern aus dem Lager, die bis hin zu Hochzeiten führten. Wenngleich jene Beziehungen Ausnahmen darstellten, können sie als Beleg dafür angeführt werden, dass die einzelnen Gemeinschaften keineswegs vollständig voneinander getrennt in Lampertheim lebten – selbst wenn dies deren jeweiliges Bestreben war.

3   Das Kasernenlager in Babenhausen – Erneute Unterbringung im nicht-privaten Raum

Ganz anders als in Zeilsheim und in Lampertheim stellte sich die Lage in der südhessischen Kleinstadt Babenhausen dar. Das kurze Zeitfenster, in welchem im Herbst/Winter 1945/46 die Möglichkeit zur Belegung privaten Wohnraums in größerem Umfang bestand, war längst geschlossen, als im Sommer 1946 neue Unterkünfte für Zehntausende, vor allem für polnische Jüdinnen und Juden gesucht wurden, die im Laufe des Jahres 1946 – also deutlich nach Kriegsende – in der amerikanischen Besatzungszone Deutschlands strandeten (sogenannte *Infiltrees*). Grund für deren Flucht – mit dem eigentlichen Ziel Palästina – waren Pogrome in ihrer Heimat, in die sie aus der Sowjetunion

---

28   5.1.1949, Anklage gegen Herrn Steffan in Lampertheim wegen Antes. [sic] Hetze gegen Juden, Chil Finkelstein, DP Center Lampertheim, NARA, 260/1426/497, Folder Displaced Persons Reports. Adressaten der Beschimpfungen waren drei namentlich genannte männliche Lagerbewohner; 12.2.1949, Wiederholtes antesemitisches [sic] Heraustreten des Herrn Steffan in Lampertheim Krimhildenstraße, DP Police Lampertheim, IRO Area Team 1, NARA, 260/1426/497, Folder Displaced Persons Reports. Mit den Unterschriften der drei weiblichen Opfer, die ihre Aussagen bezeugten.

nach Ende des Krieges zurückgekehrt waren. Da viele DP-Lager bereits aufgelöst und Schulen sowie Krankenhäuser ihrer ursprünglichen Nutzung wieder zugeführt waren, stellte sich der amerikanischen Militärverwaltung die Frage, wo sie diese Flüchtlinge, die nur in der amerikanischen Zone den DP-Status erhielten, unterbringen sollte. In den Fokus gerieten sogenannte *sub-standard accommodations*, die zuvor als deutsche Kriegsgefangenenlager gedient hatten.

Im Sommer 1946 richtete die amerikanische Armee eines dieser Lager in der ehemaligen Artillerie-Kaserne in Babenhausen ein, einem Ort mit rund 3.000 Einwohnern, etwa 30 Kilometer südöstlich von Frankfurt am Main entfernt. Das Territorium wurde bis dahin als Kriegsgefangenenlager genutzt, welches sich in Auflösung befand. Mehrere Tausend DPs sollten im Herbst 1946 auf dem Gelände untergebracht werden. Tatsächlich gelangten bis Ende Oktober 1946 etwa 3.000 jüdische DPs vornehmlich aus bayerischen Auffanglagern in die Babenhäuser Kaserne. Allerdings gestaltete sich die Belegung schwierig, da die ankommenden Menschen den Bezug der Kaserne zunächst verweigerten: Stacheldraht und Wachtürme, die noch aus der Zeit des Kriegsgefangenenlagers existierten, weckten Erinnerungen an andere Lagererfahrungen. Zudem waren die angebotenen Räumlichkeiten für eine Unterbringung während des bevorstehenden Winters weitgehend ungeeignet, wie Berichte der Hilfsorganisationen bestätigten:

> The camp itself is composed of 49 iron quonset huts of one room, housing 35 people each. There are 30 wooden tropical huts and 15 large stone buildings formerly used as stables. None of these are partitioned. [...] Water mains are being laid, latrines are being dug and additional kitchen facilities put into operation, but women and children cannot exist throughout the winter in this installation.[29]

Laut Lagerstatistik befanden sich in der ersten Woche nach der Belegung des Lagers allein 500 Kinder unter 14 Jahren, davon fast die Hälfte unter 2 Jahren, sowie über 200 schwangere Frauen auf dem Kasernenterritorium. Erst als hochrangige Militärs den *Infiltrees* versicherten, dass zumindest Familien schnellstmöglich in bessere Unterkünfte überführt würden, ließen sich diese zur Belegung des Kasernenlagers umstimmen.

Das Babenhäuser DP-Lager befand sich von Beginn an ausschließlich auf dem Territorium der Artillerie-Kaserne, welche außerhalb der Stadt direkt an der Bahnverbindung zwischen Aschaffenburg und Darmstadt lag. Den Bahngleisen kam eine doppelte Funktion zu: Zum einen waren sie wichtig für den

---

29 Report Babenhausen for October 1946, Joseph Fink, AJDC Field Operations Officer, an Leo W. Schwarz, AJDC Zone Director, IfA, YIVO, LWSP, 488.17/170/800-802.

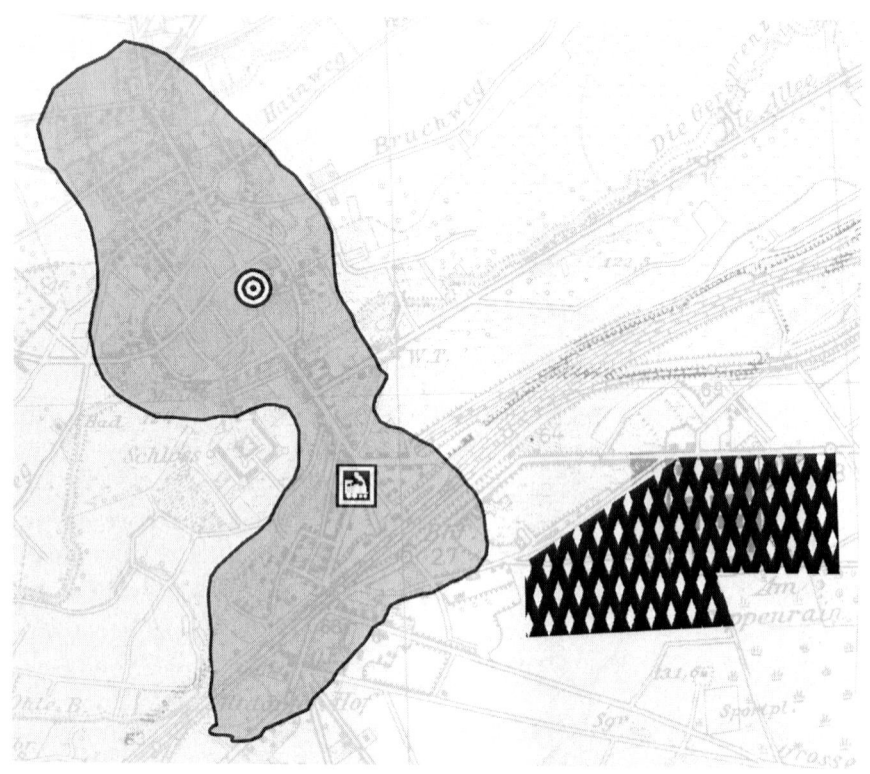

Abb. 8.4 Das Kasernenlager in Babenhausen, ein DP-Lager in nicht-privatem Raum außerhalb der Wohnbebauung, Oktober 1946 (Foto: Kartensammlung der ULB Darmstadt, TK 25, Blatt 6019 Babenhausen)

Transport der Lagerinsassen, zum anderen separierten sie das Territorium der Kaserne von der eigentlichen Stadt Babenhausen. Diese zweite Eigenschaft der Schienenstränge nutzte die amerikanische Armee bereits kurz nach Kriegsende, indem sie die Gleise bei der Einrichtung des deutschen Kriegsgefangenenlagers im Sommer 1945 als Demarkationslinie bestimmte und das gesamte Territorium südlich der Bahnlinie zwangsevakuierte. Alle Privatwohnungen mussten im Juni 1945 geräumt werden, wovon aber nur verhältnismäßig wenige BewohnerInnen betroffen waren; die Häuser blieben zu Zeiten des DP-Lagers für Militärangehörige und deren Familien beschlagnahmt. Um den Exerzierplatz wurde ein etwa zwei Meter hoher Drahtzaun errichtet, welcher zur Kontrolle der bis zu 30.000 deutschen Soldaten dienen sollte, die sich vor der Einrichtung des DP-Lagers auf dem schwer bewachten Kasernenterritorium befanden.

Aufgrund des schlechten Zustands der zur Verfügung stehenden Räumlichkeiten gab es auch in Babenhausen – zumindest von Seiten der Hilfsorganisationen – Überlegungen, privaten Wohnraum in großem Maß zu beschlagnahmen. Dazu zeigte sich die Militärverwaltung allerdings nicht bereit, anders als noch ein Jahr zuvor in Zeilsheim. Stattdessen wurden Familien tatsächlich in komfortablere Unterkünfte verwiesen – hierauf wird im folgenden Kapitel zum DP-Lager Dieburg eingegangen – sowie die Unterkünfte vor Ort auf die eigentlichen Kasernengebäude mit einer Kapazität von etwa 1.500 Personen beschränkt. Die Bereiche mit Nissenhütten (*quonset huts*) und anderen Baracken sollten nicht mehr für die Unterbringung genutzt werden.[30] Im März 1947 wurden die jüdischen DPs in andere Lager verlegt und ein DP-Lager für BaltInnen in den Räumen der Kaserne eingerichtet; später kamen Durchgangslager und ein Lager für sogenannte NationaltschechInnen hinzu, die erst ab 1948 in die amerikanische Besatzungszone gelangten. Für alle Lagerbelegungen galt als zentrales Kriterium die räumliche Anordnung des Territoriums als a) räumlich getrennt von der ortsansässigen Bevölkerung und b) Unterbringung in nicht-privatem Raum.

Über sechzig Jahre nach Auflösung der Lagerräumlichkeiten kam erneut die Unterbringung einer großen Gruppe von Menschen auf dem Babenhäuser Kasernengelände in separierten Räumen zum Tragen: Im Zuge der sogenannten Flüchtlingskrise seit Herbst 2015 stellten Gebäude auf dem Kasernenterritorium für rund einenhalb Jahre erneut Räumlichkeiten für eine „Erstaufnahmeeinrichtung" dar, die alle Kriterien eines klassischen Lagers der Exklusion aufwies. Wiederum wurden bis zu 1.500 Personen in der Sammelunterkunft untergebracht. Darüber hinaus erinnerten Begründungen der zuständigen Behörden hinsichtlich der Auswahl des Areals stark an diejenigen aus den 1940er Jahren.

In der Nachkriegszeit beschränkte sich der Kontakt zwischen einheimischer Bevölkerung und den DPs im Wesentlichen auf den illegalen Schwarzhandel; Konflikte sind kaum tradiert. Zu Zeiten der baltischen Belegung des DP-Lagers traten häufiger kleinere Konflikte in örtlichen Gasthäusern auf. Zwar waren wie in den anderen Städten auch in Babenhausen die DPs keinesfalls willkommen, doch konnten sich einheimische Bevölkerung und DPs hier – räumlich –weitgehend aus dem Weg gehen. Ähnlich wie in den anderen Städten bestand die größte Angst seitens der einheimischen Bevölkerung in der ersten Zeit darin, dass großflächig privater Wohnraum in der Stadt für die

---

30 Entsprechende Angaben in den Monatsberichten der Third US Army von November 1946 bis März 1947, NARA, 498/Records of Third Army; G-5 Operation Reports, 1945-47/30.

DPs beschlagnahmt würde. Wenn die DPs schon vor Ort sein mussten, dann erschien ihnen eine Unterbringung in der Kaserne, die außerhalb der Wohnbebauung der Stadt und damit außerhalb ihres Identitätsraums lag und von jeher mit Fremden belegt war, als vertretbare Lösung. Proteste gegen die Belegung der Kaserne sind entsprechend nicht überliefert. Stattdessen führten Gerüchte über die Auflösung des Lagers dazu, dass zumindest Teile der ortsansässigen Bevölkerung um den florierenden Schwarzmarkt bangten.

4   Sonderfall Dieburg – Privater Lagerraum im gesamten Stadtraum

Die Besonderheit des DP-Lagers Dieburg bestand in seinem, im gesamten Stadtraum verteilt angeordneten Lagerterritorium. Zwar verfügte das Lager mit dem außerhalb der Wohnbebauung gelegenen Bischöflichen Konvikt und dem im Stadtzentrum befindlichen Schloss Fechenbach über zwei Sammelunterkünfte. Die Mehrzahl der DPs war dennoch in Einzelhäusern untergebracht, die nur zu einem Teil in einer Kleinhaussiedlung am Ortsrand zusammenstanden. Die Unterbringung in privatem Wohnraum war – ähnlich wie in Zeilsheim – ein Resultat von Direktiven im Zuge des „Harrison-Reports": Private Häuser waren bereits im Herbst 1945 zugunsten von lettischen DPs requiriert worden, die zuvor in Räumlichkeiten eines nahe gelegenen Munitionslagers untergebracht waren.

Als im Oktober 1946 für die jüdischen DP-Familien aus dem Kasernenlager Babenhausen geeignete und wintertaugliche Unterkünfte gefunden werden mussten, entschlossen sich die amerikanischen Verantwortlichen dazu, das lettische DP-Lager im nahe gelegenen Dieburg aufzulösen und im Ort ein jüdisches DP-Lager einzurichten, woraufhin die räumliche Anordnung des Lagers sich nochmals signifikant änderte; die rund fünfzig zugunsten der DPs requirierten Häuser waren fortan über die gesamte Stadt verteilt. „Seventeen of these houses had belonged to Nazis and four had once been occupied by Dieburg's prewar Jewish population",[31] hieß es in einem zeitgenössischen Bericht. Territoriale Überlegungen spielten hingegen bei der neuerlichen Belegung privaten Wohnraums anlässlich der Umstrukturierung des DP-Lagers Dieburg offensichtlich keine Rolle. Vielmehr wurde die mit ordnungspolitischen Vorbehalten konkurrierende Anweisung befolgt, wonach vor allem Wohnraum ehemaliger „Parteigenossen" bei der Beschlagnahme in Betracht gezogen und ehemals in jüdischem Besitz befindliche Wohnungen und Häuser requiriert werden sollten. Hieraus resultierte die sehr untypisch verteilte Anordnung des requirierten Lagerterritoriums. Bezeichnenderweise war in Dieburg nicht das

---

31   9.5.1948, Troop Information Program, Troop I&E Bulletin, vol. 3, no. 19, S. 13.

Betreten des Lagers als solches grundsätzlich untersagt, sondern das Betreten einer Einrichtung des Lagers („to enter an installation of the camp").[32] Damit entstand in Dieburg ein Lager, das über kein annähernd geschlossenes Lagerterritorium verfügte – was sich auf die Wahrnehmung der einheimischen Bevölkerung und auf das Zusammenleben mit den DPs auswirkte.

Auch in Dieburg gab es illegalen Handel zwischen Einheimischen und DPs, der aufgrund der räumlichen Anordnung des Lagers nur schwer zu kontrollieren war. Widerstand gegen die Belegung privaten Wohnraums bildete sich nach vergleichbaren Mustern wie in Zeilsheim und Lampertheim. Auch wurden Scheiben von beschlagnahmten Häusern eingeworfen,[33] woraufhin der Dieburger Bürgermeister sich zu einer Bekanntmachung genötigt sah, die derartige Vorkommnisse scharf verurteilte und harte Strafen ankündigte.[34] Als Täter wurden Jugendliche und junge Männer aus der Nachbarschaft verdächtigt.[35] In der erzwungenen Nachbarschaft der beschlagnahmten Häuser kam es immer wieder zu Konflikten, die Beziehungen zwischen DPs und Einheimischen wurden als zunehmend angespannt bezeichnet.[36] Auch hier hob ein amerikanischer Lagebericht als Ursache für die sich häufenden Zwischenfälle die Wohnraumproblematik hervor:

> The average Dieburger resents being forced to live in an overcrowded home while the DP occupies some of his living space.[37]

Als charakteristisch für die ungewöhnliche Situation in Dieburg galt schon den zeitgenössischen Berichterstattern der im Folgenden beschriebene Streit zwischen der einheimischen Bewohnerin eines ordnungsgemäß beschlagnahmten Hauses und den darin lebenden DPs. Erst durch das Hinzuziehen deutscher sowie DP- und Militär-Polizei konnte der Konflikt geschlichtet

---

32   17.1.1947, Military Personnel entering Displaced Persons Camps, Trouchaud, Director UNRRA Area Team 1021, AC 560 Dieburg, an UNRRA Zone Hqs, Third US Army Hqs, UNA, PAG-4/3.0.11.0.3.2 [S-435/2/6].

33   6.1.1947, Schreiben des Jüdischen Lagerkomitees, an Trouchaud, Direktor DP Lager 560, HStAD, OMGUS 8/3-3/4 (4 von 4).

34   16.1.1947, Die in Dieburg untergebrachten Juden, Bekanntmachung, Nachlass Bürgermeister Steinmetz, abgedruckt in Thomas Lange (Hg.), „L'chajim". Die Geschichte der Juden im Landkreis Darmstadt-Dieburg, Reinheim 1997, S. 303.

35   4.1.1947, Die letzten Fälle der deutschen Jugend gegen die Jüdische Bevölkerung des DPC 560 in Dieburg, Polizeichef des DPC 560 Dieburg, an deutsche Polizei in Dieburg, HStAD, OMGUS 8/3-3/4 (4 von 4).

36   „The average German in Dieburg is becoming more resentful day by day of the presence of the 900 odd Jewish DPs among them", 5.3.1947, Periodic Report, Liaison & Security Office Landkreis Dieburg, an Director OMGH, NARA, 466/250/84/27/6, box 8, Folder Intelligence.

37   9.5.1948, Troop Information Program, Troop I&E Bulletin, vol. 3, no. 19, S. 14.

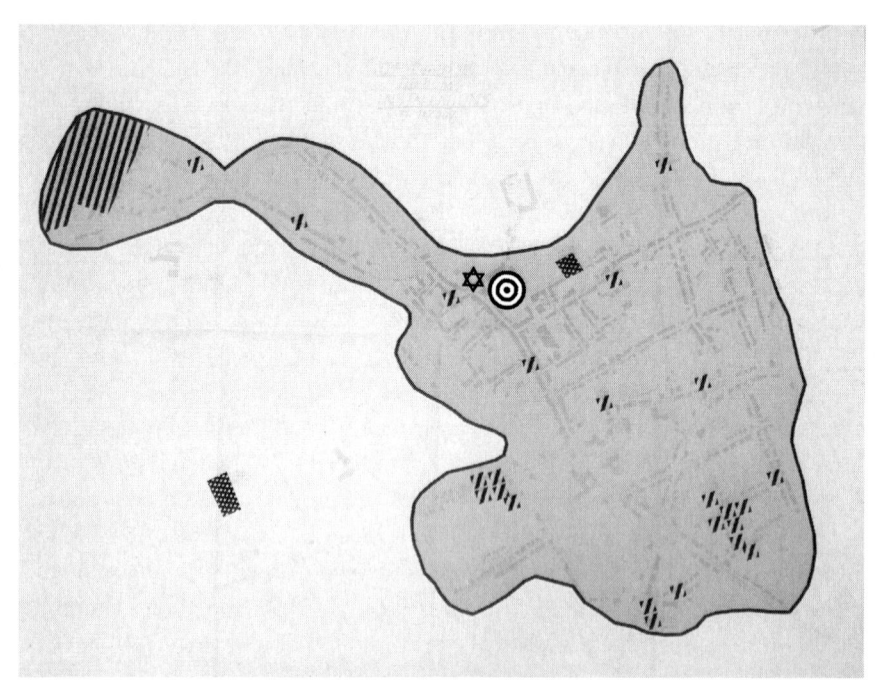

Abb. 8.5   Lage des DP-Lagers Dieburg, eines über den Ort verteilten Lagers ohne zusammenhängendes Territorium, Oktober 1946 (Foto: DP Center Dieburg 560 Installations (1:2.500), United Nations Archives, PAG-4/3.0.11.3.2 (S-436/4/2)

werden – was zugleich auf die umstrittene Zuständigkeit der Sicherheitsorgane verweist. Der Anlass der Auseinandersetzung war eine Glasflasche, die aus einem der Fenster des ersten Stocks gefallen war und in der Nähe eines auf dem Bürgersteig spielenden Kindes aufschlug, das wiederum einer im Hause einquartierten DP-Familie angehörte. Über den „Tathergang" und dessen Ursache existieren unterschiedliche Schilderungen.[38] Der Bericht der DP-Polizei, der auf Vernehmungen der im Hause untergebrachten DPs basierte, unterstellte der als „houseowner" bezeichneten Frau einen absichtlichen Flaschenwurf. Sie habe das Kind bereits des Öfteren beschimpft, einmal sogar geschlagen, da es angeblich ihr Haus zerstörte. Der Report der lokalen amerikanischen Militärregierung ging hingegen von einem Unfall aus: Dem Kind sei beim Spielen die Flasche versehentlich auf den Kopf gefallen, woraufhin der Vater eines der

---

38   9.5.1947, Periodic Report, M. S. Clark, L&SO, an Director OMGH, NARA, 260/1427/501, Folder Weekly Periodic Reports 1945-47; 14.5.1947, Incident between Jewish DPs and German Nationals, Chief of DP-Police, an UNRRA-Director Dieburg, NARA, 260/1427/502, Folder Incidents Reports 1945-47.

vor dem Haus spielenden jüdischen Kinder die Hausbesitzerin beschimpft und ihr gedroht habe. Übereinstimmend berichten beide Quellen allerdings, die einheimische Frau lebe gemeinsam mit den einquartierten DPs im selben Haus. Ohne diese räumliche Nähe wäre ein derartiger Zwischenfall vermutlich gar nicht möglich gewesen.

Eine andere Begebenheit belegt demgegenüber anschaulich, dass die einheimische Bevölkerung und die DPs durchaus versuchten, miteinander auszukommen: Bei einer Kontrolle der Küchen in von DPs belegten Häusern wurden überall frische Karotten und Zwiebeln vorgefunden, obwohl diese nicht Bestandteil der Lebensmittelrationen waren. Anschließende Befragungen der überraschten Kontrolleure brachten zum Vorschein, dass lediglich ein einziger DP-Haushalt den zum Haus gehörenden Garten selbst bewirtschaftete. Alle anderen DPs in Dieburg erlaubten hingegen den ehemaligen BewohnerInnen, ihre Gärten weiter nutzen zu können im Austausch gegen einen Teil ihrer Ernte.[39] Hier wurden folglich Absprachen getroffen, welche die allgemeinen Direktiven unterliefen. Möglich war dies vor allem, da das Lagerterritorium nicht kontrolliert werden konnte. Zudem gab es in Dieburg zahlreiche Frauen, die Handarbeiten für jüdische DPs erledigten oder jüdischen Familien im Haushalt unterstützten:

> Many of the Jewish DP's families living in the city of Dieburg, (54 houses are now occupied) are employing German servants to clean and help cook. A few RM weekly and a daily meal or two is the usual payment. (L&S [Liaison & Security Office] did not believe it when they first heard the rumor that many Jewish DP's families had their own „Putz Frau", but personal investigation proved the story to be true).[40]

Diese Beispiele sollen allerdings nicht darüber hinwegtäuschen, dass auch in Dieburg die dort gestrandeten DPs im Allgemeinen nicht sonderlich willkommen geheißen wurden. Insbesondere diejenigen, die in privatem Wohnraum einquartiert wurden, waren den Einheimischen ein Dorn im Auge. Verständnis für die prekäre Lage der DPs oder gar für deren Schicksal ist nicht überliefert.

---

39 18.6.1947, Weekly Periodic Report, Clark, L&SO, an Director OMGH, NARA, 260/1427/501, Folder Weekly Periodic Reports 1945-47.
40 11.4.1947, Periodic Report, Liaison & Security Office Landkreis Dieburg, an Director OMGH, NARA, 466/250/84/27/6, box 8, Folder Intelligence.

5 Fazit

Die hier beschriebene modellhafte Entwicklung des Lagerterritoriums in Zeilsheim wie auch die Gründung des Lagers Lampertheim und die räumliche Anordnung des Lagers Dieburg waren allesamt Ausnahmen. An vielen anderen Orten wurde – wenn überhaupt – privater Wohnraum nur in ergänzendem Umfang requiriert. Die große Mehrzahl der DPs wurde in zuvor nicht privat genutzten Sammelunterkünften untergebracht, vergleichbar der Kaserne in Babenhausen.

War aber privater Wohnraum über einen längeren Zeitraum zugunsten von DPs beschlagnahmt, formierte und institutionalisierte sich in aller Regel Widerstand seitens der einheimischen Bevölkerung – weitgehend unabhängig von der Herkunft der DPs. Interessengemeinschaften der Ausquartierten bildeten eine typische organisatorische Reaktion auf die Beschlagnahme privaten Wohnraums, wenngleich ihr Erfolg hinsichtlich der Rückgabe von Häusern, Gärten und Mobiliar sehr begrenzt blieb. Überall waren die DPs unwillkommene Fremde. Wenn ihnen Unterkünfte zur Verfügung gestellt werden sollten, dann außerhalb des Identitätsraums der einheimischen Bevölkerung und nicht in privatem Wohnraum. Wiederholt vorgeschlagen wurde etwa die Unterbringung in leerstehenden Fabrikhallen oder in anderen Sammelunterkünften.

Von einem allgemeinen Bewusstsein hinsichtlich der Verantwortung für „Zivilpersonen, die sich aus Kriegsgründen außerhalb ihres Staates" befanden, kann indessen nicht die Rede sein. War privater Wohnraum zugunsten der DPs beschlagnahmt, galt das Mitgefühl eher den Ausgewiesenen, deren Schicksal als Ungerechtigkeit empfunden wurde. Das Verständnis für den Ärger der Ausquartierten konnte sich im Falle jüdischer DPs mit latent antisemitischen Vorurteilen mischen, wie noch in der Rückschau des Autors des Lampertheimer Heimatbuchs aus dem Jahr 1957 zu lesen ist:

> Im schönsten Wohnviertel Lampertheims wurden von der Militärregierung 138 Häuser beschlagnahmt. [...] Die erhöhte Wohnungsnot machte es den Betroffenen äußerst schwer, Unterkunft zu finden. [...] Die gerechte Empörung der ausquartierten Einwohner machte sich am 6. Februar 1946 in einem Tumult Luft, bei dem mehrere Lampertheimer nicht unerheblich verletzt wurden. [...] Im Gegensatz zu den hungernden Deutschen erhielten die Displaced Persons eine ausgezeichnete Verpflegung, und bald begannen diese mit ihrem Überfluss zu schachern. Schöne Wohnungseinrichtungen wurden von den Juden demoliert und viele Einrichtungsgegenstände verschwanden spurlos. Die Juden fühlten sich als Herren der Häuser.[41]

---

41 Carl Lepper, Lampertheimer Heimatbuch, München 1957, S. 198. Aufgrund von Beschwerden seitens jüdischer (Ex-)Bewohner Lampertheims wurde der Band aus der Stadtbibliothek entfernt.

Abschließend soll nochmals auf die Quellenproblematik aufmerksam gemacht werden: Alltägliche, „positive" Kontakte werden weit weniger häufig dokumentiert – und damit tradiert – als Devianzen wie z.B. Auseinandersetzungen. Zudem: Die DP-Lager bildeten keine geschlossenen Räume, auch wenn das die jeweiligen Gemeinschaften gerne so gehabt hätten. Insbesondere, wenn die Unterbringung nicht in klassischen Lagern der Exklusion erfolgte, waren alltägliche Kontakte an der Tagesordnung, auch wenn sie in die Quellen keinen Eingang fanden.

Wenngleich es auf individueller Ebene und in manchen Bereichen zweifellos „bereichernde" Erfahrungen gegeben haben mag, für eine Form von „Willkommenskultur" liefern die dokumentierten und tradierten Quellen zum Verhältnis zwischen einheimischer Bevölkerung und DPs kaum Zeugnisse, was sicher nicht allein der Quellenproblematik geschuldet ist.

Aus dem entlegenen Massenlager eine Eigenheimsiedlung geschaffen: Integration durch Selbsthilfe der Vertriebenen

Bernhard Parisius

‚Flüchtlingslager' und ‚Integration' galten in der historischen Forschung über Jahrzehnte als sich ausschließende Gegensätze. In dem 1959 erschienenen dreibändigen Werk mit dem Titel „Die Vertriebenen in Westdeutschland",[1] einer Bilanz der ersten, bis 1960 reichenden Phase der Flüchtlingsforschung, stellte der Volkskundler Alfred Karasek-Langer fest, dass die Forschungsergebnisse sehr kritisch gegenüber der Unterbringung von Flüchtlingen in Lagern gehalten seien. Es seien Werke, die „wollten warnen und wachrütteln, weil das Leben in Lagern an sich abnorm, trostlos und widersinnig ist".[2] Die Beiträge, so Karasek-Langer, hätten zur Beseitigung dieses Elends beitragen sollen und deshalb auf die Gefährdung der in den Lagern heranwachsenden Jugend und auf die Vermassungserscheinungen hingewiesen und alle Schattenseiten solcher Menschenanhäufungen scharf hervorgehoben. Darüber sei aber die soziologische Feldforschung vor Ort zu kurz gekommen.[3]

Als die englische Historikerin Meryn McLaren fünfzig Jahre später eine Untersuchung über das Leben der Flüchtlinge in solchen Lagern aufnahm, musste sie feststellen, dass dazu bisher nur zwei Historiker gearbeitet hatten:[4]

---

1 Eugen Lemberg/Friedrich Edding (Hg.), Die Vertriebenen in Westdeutschland. Ihre Eingliederung und ihr Einfluss auf Gesellschaft, Wirtschaft, Politik und Geistesleben, Bd. 3, Kiel 1959.
2 Alfred Karasek-Langer, Volkstum im Umbruch, in: Die Vertriebenen in Westdeutschland, Bd. 1, Kiel 1959, S. 606-686, hier bes. S. 646.
3 Es waren allesamt Forscher aus dem Kreis der Vertriebenen selbst, in der Regel bürgerliche Akademiker. Die positiven Seiten, die das Leben im Lager gegenüber der Einquartierung bei Einheimischen aus Sicht der Vertriebenen hatte, nahmen sie nicht wahr. Vgl. dazu Volker Ackermann, Integration, Begriffe, Leitbilder, Probleme, in: Klaus J. Bade (Hg.), Neue Heimat im Westen: Vertriebene, Flüchtlinge, Aussiedler, Münster 1990, S. 14-36, hier S. 15-22. Er zeigt, wie massiv die damalige Bundesregierung auf die Flüchtlingsforschung Einfluss nahm.
4 Vgl. Meryn McLaren, ‚Out of the Huts Emerged a Settled People'. Community-Building in West German Refugee Camps, in: History 28 (2010) H. 1, S. 21-43, hier S. 22. Vgl. hierzu die Arbeiten von Mathias Beer, Lager als Lebensform in der deutschen Nachkriegsgesellschaft. Zur Neubewertung der Funktion der Flüchtlingswohnlager im Eingliederungsprozess, in: 50 Jahre Bundesrepublik – 50 Jahre Einwanderung: Nachkriegsgeschichte als Migrationsgeschichte, Frankfurt 1999, S. 56-75, und Bernhard Parisius, Viele suchten sich ihre neue Heimat selbst. Flüchtlinge und Vertriebene im westlichen Niedersachsen, 2. Aufl., Aurich 2005.

Mathias Beer hatte in seinem Aufsatz über das Lager Schlotwiese bei Stuttgart herausgearbeitet, dass hier aus einem zusammengewürfelten Haufen von Menschen nach und nach eine funktionierende Gemeinde entstanden sei mit einem selbst gewählten Lagerleiter und einem Lagerausschuss.[5] In einem späteren Aufsatz skizzierte er, welch wichtige sozial-psychologische Funktion das Lager Schlotwiese gehabt habe, indem es den BewohnerInnen ihr Zurechtfinden in der neuen Umgebung, ihr Hineinwachsen in neue gesellschaftliche Zusammenhänge erleichtert habe. Sie hätten hier „Nestwärme" und einen „Schutzraum" gefunden.[6] Bernhard Parisius erfuhr in lebensgeschichtlichen Interviews, dass die LagerbewohnerInnen allesamt glücklich darüber waren, dass sie gemeinsam in einem Lager untergekommen und nicht bei einer Bauernfamilie einquartiert worden waren, wenngleich viele von ihnen ebenso wie die meisten anderen Flüchtlinge in Ostfriesland sehr bald nach einem neuen Wohnort suchten, in der Hoffnung auf bessere Arbeitsplatzchancen. Auch Maren McLaren stellte in ihrem Aufsatz heraus, dass die LagerbewohnerInnen keineswegs apathisch wurden, sondern ihre Energie in den Aufbauprozess einer neuen Gemeinschaft steckten, der ein Gegenmittel gegen die materielle und psychische Not gewesen sei und die friedliche Integration der LagerbewohnerInnen in die westdeutsche Gesellschaft gefördert und so die von vielen befürchtete Radikalisierung verhindert habe.

Insgesamt ist aber immer noch nur sehr wenig über das Leben in Flüchtlingslagern und seine Wirkung auf die BewohnerInnen bekannt. Um diese Forschungslücke zu schließen, bietet sich eine Untersuchung des im Norden Ostfrieslands gelegenen Lagers Tidofeld an. Zum einen liegen hierzu mehrere lebensgeschichtliche Interviews vor, sowohl mit ehemaligen LagerbewohnerInnen als auch mit Einheimischen aus der näheren Umgebung. Zum anderen zählte Tidofeld mit seinen 1.200 EinwohnerInnen zu den größten Flüchtlingslagern Niedersachsens, in dem es den BewohnernInnen gegen viele Widerstände gelang, aus dem Lager in eine auf dem Barackengelände erbaute Siedlung zu ziehen. Deshalb ist seine Geschichte besonders geeignet, mehr über das Alltagsleben im Lager zu erfahren und besonders auch darüber, wie seine BewohnerInnen sich ihren eigenen Erfolg erklären und welche Ursachen ZeitzeugInnen aus der einheimischen Bevölkerung dafür als entscheidend ansehen.

---
5 Vgl. Mathias Beer, Die deutsche Nachkriegsgesellschaft als Lagergeschichte. Zur Funktion von Flüchtlingslagern im Prozesse der Eingliederung, in: Henrik Bispinck/Katharina Hochmuth (Hg.), Flüchtlingslager im Nachkriegsdeutschland. Migration, Politik, Erinnerung, Berlin 2014, S. 47-71, hier S. 70f. Die Beiträge des Sammelbandes gehen überwiegend auf die Tagung ‚Flüchtlingslager im Nachkriegsdeutschland' zurück, die im April 2013 anlässlich des 60-jährigen Jubiläums des Notaufnahmelagers Marienfelde stattfand.
6 Ebd., S. 70.

Abb. 9.1 Flüchtlingslager Tidofeld, o.D. (alle Fotos: Dokumentationsstätte zur Aufnahme von Flüchtlingen und Vertriebenen in Ostfriesland und Nordwestdeutschland in Tidofeld)

Eine Erfolgsgeschichte im kollektiven Gedächtnis eines Flüchtlingslagers – das verspricht mit alten Vorurteilen der bisherigen Forschung aufzuräumen.

Für den historischen Analyseteil dieses Beitrags konnte auf über hundert lebensgeschichtliche Interviews mit ZeitzeugInnen zurückgegriffen werden. Die allermeisten dieser Interviews wurden allerdings mit Vertriebenen geführt, nur ganz wenige mit Einheimischen. Die frühesten Interviews, über dreißig, sind im Rahmen des Habilitationsprojektes des Autors über die Aufnahme von Vertriebenen in Westniedersachsen zwischen 1993 und 2009 entstanden. Dabei handelt es sich um Audiointerviews, die auf Tonkassetten aufgezeichnet wurden. Sie werden vom Autor zusammen mit anderen Unterlagen zur Aufnahme der Vertriebenen demnächst dem Niedersächsischen Landesarchiv – Abteilung Aurich übergeben.[7] Die späteren Interviews, mittlerweile über siebzig, sind seit 2009 im Rahmen der Vorbereitung für die Dauerausstellung in der „Gnadenkirche Tidofeld. Dokumentationsstätte zur Aufnahme von Flüchtlingen und Vertriebenen in Niedersachsen und Nordwestdeutschland" geführt

---

7 Dort können die Interviews mit Zustimmung des Depositars benutzt werden.

worden. Auch nach Fertigstellung der Ausstellung werden dort weiterhin lebensgeschichtliche Interviews mit Vertriebenen geführt. Sie wurden und werden mit einer Videokamera aufgezeichnet und in der Gnadenkirche Tidofeld verwahrt. Die allermeisten können in der Ausstellung angesehen werden. Einen Überblick über weitere vorhandene Zeitzeugeninterviews mit Vertriebenen bietet ein vom Bundesinstitut für Kultur und Geschichte der Deutschen im östlichen Europa in Oldenburg erstelltes Verzeichnis. Darin finden sich neben Angaben zu den verwahrenden Institutionen auch Hinweise zu den Hauptthemen, zu Entstehungszusammenhängen und Bezugsregionen.[8] Um das Thema Integrationen aus dem Blickwinkel der ansässigen Bevölkerung zu betrachten, werden in diesem Beitrag drei Interviews mit in Lagernähe lebenden Einheimischen am Anfang dieses Beitrags stehen. Längere Zitate aus diesen und den weiteren Interviews wurden zugunsten der besseren Lesbarkeit der Schriftsprache angenähert.

1 „Darum waren die Arbeitskräfte, die sich anboten, immer gern gesehen" – Die Sicht von Einheimischen auf die bei ihnen oder in ihrer Nachbarschaft untergebrachten Vertriebenen

Das drei Kilometer von der Stadt Norden gelegene Lager Tidofeld entwickelte sich zum größten Flüchtlingslager Ostfrieslands. In der NS-Zeit war es als Durchgangslager für Marinetruppen errichtet worden.[9] Nach Kriegsende diente es zunächst als Entlassungslager der britischen Besatzungsmacht für 100.000 deutsche Soldaten, die bis Kriegsende nicht in Gefangenschaft geraten waren. Das waren vor allem Soldaten der sogenannten Hollandarmee, die die Niederlande besetzt hatten. Sie wurden nach Kriegsende in den nördlich des Ems-Jade Kanals gelegenen Teil Ostfrieslands überführt und dort interniert.[10]

---

8   Online unter: https://www.bkge.de/Projekte/Zeitzeugenberichte/Repertorium (12.12.2018).
9   Zur Vorgeschichte wie zur weiteren Geschichte Tidofelds vgl. Chronik der Schule Tidofeld, Niedersächsisches Landesarchiv – Abteilung Aurich (NLA AU), Rep. 170 Nr. 37; sowie Festausschuss 50 Jahre Tidofeld (Hg.), 50 Jahre Tidofeld 1946-1996, Norden 1996; Johann Haddinga, Bewegte Zeiten in Norden. Geschichte im Spiegel der Jahre 1914-1948, Norden 2010, S. 150-177.
10 Sie sollten als Ersatz für die freigelassenen Zwangsarbeiter auf den Bauernhöfen bei der Ernte und bei Deicharbeiten helfen. Die Soldaten konnten sich frei bewegen, unterstanden weiterhin ihren Wehrmachtsvorgesetzten und durften den Ems-Jade-Kanal nicht in Richtung Süden überschreiten. Im Laufe der Herbstmonate konnten die meisten Soldaten dann legal in ihre Heimat zurückkehren und im Dezember 1945 wurden auch die Übrigen

Das Lager grenzte an den fruchtbaren Marschengürtel Ostfrieslands, in welchem große Bauernhöfe die Landschaft prägten. Neben dem Lager bewirtschaftete die Familie Kleemann einen ca. 100 Hektar großen Betrieb, den sie vom Fürsten Knyphausen gepachtet hatte. Während zu den Marinesoldaten, für deren Unterbringung und Transporte das Lager gebaut worden war, nach den Erinnerungen des 1931 auf dem Hof geborenen Gerd Kleemann, nur wenige Kontakte bestanden hatten, habe sich das Verhältnis zu den Insassen nach Kriegsende geändert, als das Lager zum Entlassungslager wurde. Zu dieser Zeit hätten ca. dreißig Soldaten freiwillig auf dem Hof gegen Verpflegung und Unterkunft gearbeitet.

> Später kamen dann die Flüchtlingsströme aus dem Osten. Mittags wurde immer gemeinsam auf dem Hof gegessen. Normalerweise saßen wir immer mit zehn bis zwölf Personen am Tisch. Als die Soldaten und Flüchtlinge auf dem Hof halfen, waren es zeitweise dreißig Personen, die verpflegt wurden. [...] Im Krieg waren französische Kriegsgefangene, auch Russen, Polen, Ukrainer auf dem Hof. Damals wurde in der Landwirtschaft noch sehr viel Handarbeit verrichtet. Darum waren die Arbeitskräfte, die sich anboten, immer gern gesehen. Meine Familie stammt aus kleinen Verhältnissen und wir sind mit der Arbeit aufgewachsen. Darum kamen wir mit allen Hilfskräften, die auf dem Hof arbeiteten, immer gut aus und man hatte Verständnis für die Arbeitnehmer. Beim Heumachen haben wir noch mit Harken das Heu umgewendet, da hatten wir auch Hilfe von den Flüchtlingen, meist waren es immer dieselben.[11]

Der Erzählduktus ist deutlich: Die Familie Kleemann konnte – da sie selbst von kleinem Herkommen war – gut mit den Hilfskräften umgehen. Die Familienmitglieder verrichteten selbst körperlich anstrengende Arbeiten und kannten die Nöte der ‚kleinen Leute'. Da machte es – zumindest im Rückblick – keinen großen Unterschied, ob es sich um ZwangsarbeiterInnen, internierte deutsche Soldaten oder Flüchtlinge aus dem Osten handelte. Für den Hof war es immer von großem Vorteil, wenn fremde Arbeitskräfte zur Verfügung standen.

Wenn Gerd Kleemann davon sprach, dass seine Familie „aus kleinen Verhältnissen" stamme und selbst körperliche Arbeit verrichtet habe und somit Verständnis für die ArbeiterInnen hatte, so ist dies sicherlich auch vor dem Hintergrund des in der demokratischen bundesrepublikanischen Gesellschaft in Misskredit geratenen früheren Standesdünkels der Großbauern, der

---

entlassen. Über 10.000 von ihnen blieben als Flüchtlinge in Ostfriesland. Vgl. Karl-Heinz de Wall, Flüchtlingsjahre in Leerhafe-Hovel, in: Harlinger Heimatkalender 1997, S. 41f.
11 Videointerview von Pastor Anton Lambertus mit Gerd Kleemann am 14.2.2010. Das Interview wurde in ostfriesischem Plattdeutsch geführt und bei der Verschriftlichung übersetzt (Gnadenkirche Tidofeld).

sogenannten Polderfürsten, zu sehen.[12] Noch in seinem Fazit zum Verhältnis zu den Flüchtlingen schlug das tiefsitzende dichotomische Gesellschaftsbild durch:

> Persönlichen Kontakt über die Arbeit hinaus hatte man nicht. Kaufmann und Schlachter kannte man; die Leute nur, wenn man Arbeitskräfte brauchte.[13]

Mit dem plattdeutschen Begriff „de Lü" (die Leute) bezeichnete er die von den Bauern abhängigen landwirtschaftlichen Hilfskräfte.[14] Seine Schilderung des Schicksals der Vertriebenen im Norden Ostfrieslands fällt sehr positiv aus und blendet ihre Notlage weitgehend aus. Er erzählt von erfolgreichen Flüchtlingsbetrieben, von Gartenland, das die Flüchtlinge bearbeiteten, von Bauernstellen, die junge Flüchtlinge im neu eingedeichten Leybuchtpolder erhielten und von Arbeitsstellen, die sie nach der Schule in der Landwirtschaft fanden. Dabei färbt er in seiner Erinnerung die Lage der Vertriebenen schön. So gab es zwar eine ganze Reihe von Flüchtlingsbetrieben, doch die meisten waren Kleinstbetriebe. Und: Es wurde zwar die Leybucht eingedeicht und auf dem neu gewonnenen Land erhielten auch Flüchtlinge Bauernstellen, doch bei der Verteilung zwischen Flüchtlingen und Einheimischen setzte man sich über die bundesgesetzlich vorgeschriebene Quote von 75 Flüchtlingen zu 25 Einheimischen hinweg und erreichte zunächst sogar nur ein umgekehrtes Verhältnis. Auch bekam kein/e BewohnerIn aus dem Lager Tidofeld einen Hof.[15]

Dieselbe Selbstverständlichkeit mit der Gerd Kleemann den Umgang mit Zwangsarbeitern, internierten Soldaten und Flüchtlingen als willkommene Arbeitskräfte schilderte, zeigt sich auch in einem Interview mit dem 1938 geborenen Johann Müller, einem Großbauernsohn aus dem nahe gelegenen Hagermarsch:

---

12 Die Region war eine Hochburg der KPD und bundesweit einer der sichersten Wahlkreise der SPD.
13 Videointerview von Pastor Anton Lambertus mit Gerd Kleemann am 14.2.2010.
14 Ebd.
15 Gerade in der sogenannten Flüchtlingssiedlung Leybuchtpolder herrschten große Spannungen zwischen einheimischen und vertriebenen Siedlern. Zu den einheimischen Siedlern – das waren Deicharbeiter, die für ihre Mitarbeit an der Eindeichung der Leybucht auch das Recht erhielten, sich um eine der neu entstandenen Bauernstellen zu bewerben – habe es lange keinen Kontakt gegeben, berichtete eine Zeitzeugin. Vgl. Audiointerview von Helga Lamberti mit Käte Haasch in Leybuchtpolder am 1.8.1998 (Sammlung Parisius). Auch der ehemalige Dorfschullehrer, ein Ostfriese, warnte, als er Ratschläge für die Durchführung von Interviews in Leybuchtpolder gab: „Vorsicht beim Thema Lastenausgleich!" (aus einem nicht aufgezeichneten Gespräch von Bernhard Parisius mit Helmut Fischer am 14.6.1996).

> Die Arbeitskräfte waren alle eingezogen und somit arbeiteten bei uns Zwangsarbeiter auf dem Hof. Ein Pole, eine Ukrainerin, eine Russin und ein Franzose. Wir mussten mit den Arbeitskräften hochdeutsch reden, da sie kein plattdeutsch verstehen konnten. [...] Wir hatten ein gutes Verhältnis zu diesen Leuten. Für uns waren das keine Gefangenen. Die Franzosen hatten ihr Lager einen Kilometer von unserem Hof entfernt. Dort mussten sie sich abends wieder treffen, denn das Lager wurde beaufsichtigt. Die anderen Ausländer wohnten bei uns mit auf dem Hof und wurden hier auch verpflegt. Sie waren sozusagen Familienangehörige.[16]

Wie auf dem Hof Kleemann wurden auch bei der Familie Müller nach Kriegsende internierte Wehrmachtssoldaten untergebracht, die nun die Arbeiten der befreiten Zwangsarbeiter auf dem Hof verrichteten. Auf die Wehrmachtssoldaten folgten die Flüchtlinge:

> Dann kamen die Flüchtlinge und Vertriebene an. [...] Uns wurde eine Frau mit ihrem Sohn zugewiesen. Auf unserem Hof lebten Vater und Mutter und wir fünf Kinder. Als die Flüchtlingsfamilie dazukam, wurde einfach ein Zimmer an sie abgegeben. Wir waren verpflichtet dazu, Flüchtlinge aufzunehmen. Große Widerstände gab es da nicht. Die Flüchtlinge haben sich selber versorgt. [...] Für uns waren es keine Fremden, denn – wie meine Mutter immer sagte – haben wir im Krieg gelernt mit Fremden umzugehen. Sie gehörten einfach dazu.[17]

Mit der Bemerkung, „lernen mit Fremden umzugehen", verweist Johann Müller vor allem auf den Umstand, dass seine Familie sich daran gewöhnt hatte, im Umgang mit den ‚Fremden' das Hochdeutsche zu benutzen. Gute Erinnerungen hatte er auch an seine gemeinsame Schulzeit mit Flüchtlingskindern:

---

16 Interview von Pastor Lambertus mit Johann Müller in Hagermarsch am 3.3.2010 (Gnadenkirche Tidofeld). Das Fehlen von Mitleid und Schuldgefühlen gegenüber Zwangsarbeitern war nicht auf die Großbauern beschränkt. Ähnliches berichtet Katharina Hoffman über Interviews mit Zeitzeugen in der Stadt Oldenburg gegen Ende der 1990er Jahre: „Auffällig ist bei den Erzählungen aller interviewten Oldenburger Männer und Frauen, dass die Zwangsarbeit von ausländischen ZivilarbeiterInnen und Kriegsgefangenen in der Regel nicht als ein nationalsozialistisches Verbrechen begriffen, sondern unter die Geschichte von Krieg subsumiert wird." Katharina Hoffman, Ausländische ZwangsarbeiterInnen in Oldenburg während des Zweiten Weltkrieges. Eine Rekonstruktion der Lebensverhältnisse und Analyse von Erinnerungen deutscher und polnischer ZeitzeugInnen, Diss. Oldenburg 1999, S. 510. Sie weist auch darauf hin, dass in dem Anfang der 1980er Jahre durchgeführten Oral History Projekt „Lebensgeschichte und Sozialkultur im Ruhrgebiet 1930-60" die allermeisten Zeitzeugen behaupteten, dass im eigenen Betrieb nichts Böses passiert sei und sie den Ausländern immer mal wieder ein Butterbrot zugesteckt hätten und menschlich mit ihnen umgegangen seien.

17 Ebd.

> Unser Lehrer war sehr christlich und ließ die Flüchtlinge auch oft von ihrer Heimat und der Flucht erzählen. Diese Geschichten zu hören, die uns sehr bewegten, war auch für uns sehr hilfreich. Er wunderte sich auch immer darüber, dass die Flüchtlinge, die ein halbes Jahr nicht zur Schule gehen konnten, so schnell den Anschluss wiederbekamen. Sie waren alle sehr ehrgeizig und klug.[18]

Doch die Notlage der Flüchtlinge hat Johann Müller ebenso wie Gerd Kleemann kaum wahrgenommen. Davon zeugt die folgende Episode:

> Man konnte nur auf Lebensmittelkarten einkaufen. Wir waren ja Selbstversorger und brauchten nur einige Waren über Karten beziehen. Die Flüchtlinge mussten alles über Karten beziehen. Frau Perschke hatte keinen eigenen Ofen und so musste sie den Herd meiner Mutter mitbenutzen, wenn sie etwas kochen wollte. Meine Mutter hat einmal aus Gutmütigkeit etwas von unserem eingeweckten Fleisch in den Topf Graupensuppe der Frau Perschke gegeben. Nach dem Essen erzählte sie meiner Mutter, dass ihr Sohn sie gefragt hätte, was denn in der Suppe für Augen schwimmen, denn er hatte noch nie so eine fette und gute Suppe gegessen. Sie war sehr dankbar. Das konnten wir nicht verstehen, Essen war für uns, wenn auch knapp, aber doch selbstverständlich. [...] Ich habe nur gute Erinnerungen in Bezug auf die Flüchtlinge. [...] Alle, die bei uns gearbeitet haben, waren ja Berufsfremde. Sie haben aber alles dafür getan, etwas zu Essen zu bekommen.[19]

Der Sohn von Frau Perschke profitierte sogar davon, dass das Lager Tidofeld so nahelag, fand er doch hier zunächst eine Lehrstelle als Schmied und anschließend einen Arbeitsplatz in einer Schlosserei.

Die Haltung gegenüber den Flüchtlingen in beiden Interviews erinnert auch daran, wie viele Großbauern in der fruchtbaren Marsch mit heimischen LandarbeiterInnen umgingen: Auch sie waren von ihnen besonders abhängig, weil es außerhalb der Erntezeit ein Überangebot an landwirtschaftlichen Hilfskräften gab. Selbst ganzjährig bei einem Bauern beschäftigte, sogenannte feste Landarbeiter, mussten oft zusammen mit Knechten und Mägden von der Bauernfamilie separat essen und viele durften die Wohnräume der sogenannten Polderfürsten nicht einmal betreten. Während der Zeit der Weimarer Republik hatten sie sich gewerkschaftlich organisiert, gestreikt und Lebensmittel bei den Bauern eingefordert. Doch ihre Proteste wurden vom Militär niedergeschlagen.[20]

---

18   Ebd.
19   Ebd.
20   Vgl. Onno Poppinga/Hans Martin Barth/Hiltraut Roth, Ostfriesland. Biographien aus dem Widerstand, Frankfurt a.M. 1977, S. 59.

„Es war für uns eine gänzlich neue Welt!"[21]

Im Vergleich zu den Kindern aus großbäuerlichen Familien nahmen Mädchen und Jungen aus der ländlichen Unterschicht die Flüchtlinge gänzlich anders wahr. So erzählte Johannes Willms, der als Siebenjähriger 1946 die Ankunft der Flüchtlinge in dem Marschendorf Wirdum erlebte:

> In den Nachkriegsjahren 1945/46 haben wir die Flüchtlinge kennengelernt. Wir standen mit offenem Mund dabei, wenn sie ankamen. Das waren für uns Ausländer. Sie kamen aus Oberschlesien? Wo ist Oberschlesien? Das kannten wir ja nicht. Wir hatten aber eine Karte in der Schule. Dort haben wir nachgeguckt: Wo liegt Breslau? Zudem waren die auch noch katholisch. Es war für uns eine gänzlich neue Welt. Erstmal, dass überhaupt Flüchtlinge da waren; und die Flüchtlinge waren auch weltoffener, die waren einfach ganz anders als die Ostfriesen. Ein Beispiel: Hier bei uns im Dorf wurde nur Kuchen in Kastenform gebacken, und nach '45 stellten wir dann fest: Mensch, es gibt noch mehr Kuchen, die Flüchtlinge können den Kuchen ja anders backen. Sie haben vom Bäcker Platten geholt und haben Teekuchen gemacht und Mohnkuchen. Das kannten wir gar nicht. Wir wussten nicht einmal, was Mohn ist. Diese Platten brachten sie zum Bäcker zurück. Wir haben gestaunt und geguckt.[22]

Seine Ehefrau erlebte als Schülerin im Nachbardorf die Aufnahme der Flüchtlinge. Am meisten war sie davon beeindruckt, dass fast alle Berufe hatten, während es in ostfriesischen Marschdörfern nur Landarbeiter und allenfalls mal einen Maurer gegeben habe. Und auch Johannes Willms erkannte an:

> Die Flüchtlinge waren uns irgendwie überlegen. Die hatten einen Beruf und Weitblick. Das merkte man auch daran, dass viele Flüchtlinge Wert darauflegten, dass ihre Kinder entweder zur Handelsschule, zur Mittelschule oder zum Gymnasium gingen. [...] Es gingen mehr Flüchtlingskinder zu weiterführenden Schulen als Einheimische, von den Einheimischen auf dem Lande meist nur Bauernkinder, von den kleinen Arbeitern kam fast keiner in Frage.[23] Es fehlte bei den Ostfriesen die Einsicht, dass man dazulernen muss. Man fühlte sich dem Dorf verpflichtet.[24]

---

21 Audiointerview von Bernhard Parisius mit dem Ehepaar Willms am 18.6.1996 in Aurich (Sammlung Parisius).
22 Ebd.
23 Sein Eindruck wird von der Schulstatistik bestätigt: Bei einem Flüchtlingsanteil von 18% an der Bevölkerung stellten die Flüchtlingsschüler bei den Mittelschülern und Gymnasiasten jeweils 24%, bei den Volksschülern hingegen nur 15%, wobei die Unterschiede in der ersten Hälfte der 1950er Jahre noch stark anstiegen. Vgl. Statistische Monatshefte für Niedersachsen, Bd. 9 (1955) H. 2, S. 67.
24 Audiointerview von Bernhard Parisius mit dem Ehepaar Willms am 18.6.1996 in Aurich (Sammlung Parisius).

Wie die beiden Bauernsöhne zeigten auch die beiden jungen Ostfriesen aus der unterbäuerlichen Schicht im Marschengebiet Ostfrieslands Distanz zu den Flüchtlingen, allerdings aus ganz anderen Gründen: Sie nahmen das Gros der Flüchtlinge als bildungsmäßig überlegen, als flexibel im Nutzen von beruflichen Chancen und als aufstiegsorientiert wahr. Flüchtlinge, die sich mit dem Schicksal als Knecht oder Landarbeiter zufrieden gaben, wurden hingegen viel problemloser aufgenommen.[25]

„Ich habe mein Plattdeutsch weitergesprochen"[26] – Erinnerungen an die Einheirat ins Flüchtlingslager

Es gab aber auch Einheimische, die kaum oder keine Vorbehalte gegen Flüchtlinge hatten, was sich daran zeigte, dass sie ins Lager hineinheirateten. Dazu gehörte die 1934 in Norden geborene Helga Walter.[27] Ihr Vater war Angestellter bei der Stadt Norden und ihre Mutter Hausfrau. Sie hatte 1954 einen Vertriebenen aus Rengsersdorf in Niederschlesien geheiratet und war zu ihm in das Lager Tidofeld gezogen. Kennengelernt hatten sich beide bei einem Feuerwehrfest in Lütetsburg:

> Mein Mann, der war beim Bauern, der wollte Friseur werden, aber er konnte das dann nicht. Von Tidofeld wollten die damals niemand haben. Und dann war er beim Bauer und ich war auch da beim Bauer, aber bei einem andern. Und da war in Lütetsburg Feuerwehrfest. Und da bin ich da auch hingegangen, aber da mussten wir Eintritt bezahlen und damals hatte man noch nicht so viel Geld und da bin ich wieder weggegangen.

Auch ihrem späteren Mann war der Eintritt zu hoch. Beim Verlassen des Festplatzes haben sich die beiden dann kennengelernt. Für ihre Eltern und Verwandten sei es kein Problem gewesen, dass sie einen Vertriebenen heiraten wollte: „Nein überhaupt nicht, ne, ne, ne. War alles in Ordnung." Auf die Frage, ob es für sie selbst ein Problem gewesen sei, in ein Barackenlager zu ziehen, antwortete sie:

> Auch nicht. Nein. Ich konnte bloß erst meine Schwiegermutter nicht verstehen, weil die Schlesisch sprach. Aber der Schwiegervater, der sprach mehr hochdeutsch. Und wenn ich dann mal was nicht verstanden habe, und mein Mann abends nach Hause kam, dann habe ich ihn einfach gefragt.

---

25   Vgl. z.B. Audiointerview von Helga Lamberti mit Hugo Jäkel am 12.7.1996 in Leybuchtpolder.
26   Vgl. auch im Folgenden: Videointerview von Bernhard Parisius mit Helga Walter am 17.6.2013 in Tidofeld im Haus der Familie Hauptvogel (Sammlung Parisius).
27   Vgl. ebd.

Wie vielschichtig Integration verlaufen kann und welch große Rolle Sprache dabei spielt, zeigt sich auch im weiteren Verlauf des Interviews:

> H.W.: „Ich sprach Platt, mein Mann sprach seine Sprache, also schlesisch, aber wir haben uns so gut verstanden."
> B.P.: „Aber hinterher haben sie doch Hochdeutsch miteinander gesprochen – oder?"
> H.W.: „Nein! Ich habe mein Plattdeutsch weitergesprochen und er sein Schlesisch."
> B.P.: „Aha, haben sie nicht mal überlegt mit ihm Hochdeutsch zu sprechen?"
> H.W.: „Mit den Kindern ja, aber sonst – nee."
> B.P.: „Im Lager wäre es doch einfacher für sie gewesen mit Hochdeutsch?"
> H.W.: „Ja, die konnten ja kein Platt verstehen, wo sie erst hierherkamen. Aber so zu Hause habe ich nur Platt gesprochen, auch mit den Schwiegereltern. Die konnten mich gut verstehen, aber die sprachen dann eben ihr Schlesisch."
> B.P.: „Und die Kinder können dann auch beides?"
> H.W.: „Nein, die sprechen bloß Hochdeutsch."
> B.P.: „Weder Platt noch Schlesisch?"
> H.W.: „Ja, so zwischendurch. Oma sagte dann immer: ‚bring mit mal den Schneuzeltippel.' Das war so ein Becher und vorne ist ein Ausgießer dran. Da sagte man Schneuzeltippel, dass konnten die Kinder verstehen."

Vermutlich wollte sich Helga Walter mit ihrem Dialekt ein Stück ihrer Herkunft bewahren, um sich selbst nicht zwischen den Welten zu verlieren. Beim Kochen war es für sie dagegen kein Problem, sich anzupassen.

> H.W.: „Das habe ich übernommen, auch mit Backen und Klöße machen und so was."
> B.P.: „Warum haben sie das übernommen?"
> H.W.: „Ja, mein Mann mochte das gerne und die Kinder auch."
> B.P.: „Sie mochten das selbst auch?"
> H.W.: „Ja. Und wenn meine Eltern zu Besuch kamen, dann hat die Oma (die Schwiegermutter) gekocht, Klöße gemacht und so. Das mochte mein Vater gerne. Dann wollte er gar nicht wieder nach Hause."

Helga Walter wurde im Lager nach eigenen Angaben von allen Vertriebenen gut aufgenommen und arbeitete bis zur Geburt des zweiten Kindes wie die meisten anderen Vertriebenenfrauen in der nahe gelegenen Gemüsetrocknungsfabrik Sabath. Das erste Kind wuchs zunächst bei ihren Eltern auf.

2 Leben im Flüchtlingslager: „Eine freudige Nachricht"[28]

Über das Alltagsleben in den Flüchtlingslagern und über die Erlebnisse und Erfahrungen ihrer BewohnerInnen ist bislang wenig bekannt. Hierzu werden im Folgenden lebensgeschichtliche Interviews mit ehemaligen LagerbewohnerInnen ausgewertet.[29] Über ihr Leben in Tidofeld wurden im Jahr 1996 die beiden Ehepaare Paul und Helga Mickley in einem Paarinterview befragt und Harald und Elisabeth Hauptvogel in einem Gruppeninterview, an dem noch weitere Verwandte teilgenommen haben.[30] Fünfzehn Jahre später sind für die Dauerausstellung der „Gnadenkirche Tidofeld. Dokumentationsstätte zur Aufnahme von Flüchtlingen und Vertriebenen in Niedersachsen und Nordwestdeutschland" siebzig weitere lebensgeschichtliche Interviews geführt worden, mehrere davon auch mit ehemaligen BewohnerInnen aus Tidofeld. Auch auf diese Interviews wird gelegentlich zurückgegriffen.

Paul Mickley wurde 1927 in Stolp in Pommern geboren. Nach der Entlassung aus der Kriegsgefangenschaft kam er nach Norden-Tidofeld, wo seine Eltern und Geschwister nach der Vertreibung untergekommen waren. Sein Vater hatte sofort Arbeit in seinem erlernten Beruf als Dachdecker gefunden, während sich Horst als Ungelernter an mehreren Arbeitsplätzen durchschlagen musste. So hat er für eine Reklamefirma Bilder gerahmt, Leder auf Holzschuhe genagelt, elf Jahre lang Lesemappen ausgetragen und war dann als Versandleiter des mit Abstand größten Flüchtlingsbetriebes in Tidofeld, der Fleischerei Siwek, tätig. Nach deren Konkurs hat er zusammen mit seiner Frau zweieinhalb Jahre eine Gastwirtschaft geführt, die sehr gut lief, aber keine Wohnmöglichkeit für die Gastwirtsfamilie bot. Deshalb wechselte er zum 1964 gegründeten Emder VW-Werk, wo er einen Dauerarbeitsplatz erhielt. Sich und seine Familie durch die Zeit zu bringen, war eine lange Wegstrecke ständiger Mühen. Die Erleichterung, die es bei ihm auslöste, einen festen Arbeitsplatz gefunden zu

---

28   Helga Mickley im Audiointerview des Verfassers mit Helga und Paul Mickley am 14.11.1996 in Tidofeld (Sammlung Parisius).

29   Die besonderen Chancen aber auch Probleme dieser Quellen sind mittlerweile thematisiert und in einer immer noch wegweisenden Studie von Ulrike Jureit überzeugend zusammengefasst und durch eine interdisziplinäre Betrachtungsweise auf ein neues Niveau gebracht worden. Vgl. Ulrike Jureit, Erinnerungsmuster. Zur Methodik lebensgeschichtlicher Interviews mit Überlebenden der Konzentrations- und Vernichtungslager, Hamburg 1999. bes. S. 19-42. Vgl. auch Parisius, Viele suchten, S. 32f.

30   Audiointerview des Verfassers mit Elisabeth und Harald Hauptvogel, Marie Heisig, Irmgard Kobjolke, Elfriede und Paul Lowack am 5.8.1996 in Tidofeld (Sammlung Parisius).

Abb. 9.2   Trotz der Enge waren die Zimmer oft liebevoll gestaltet. Das Foto zeigt Horst Mickley, den Bruder des Interviewpartners Paul Mickley, um 1955

haben, war ihm noch im Interview anzumerken, als er resümierte: „und dann zu VW – und da war's gut!"[31]

Seine Ehefrau Helga Mickley, geb. Cimbollek, wurde 1929 in Reichenstein in Niederschlesien geboren. Ihre Familie kam im April 1946 mit einem Eisenbahntransport aus Frankenstein zusammen mit 1.500 Personen über das Lager Marientalnach Norden, wo sie vierzehn Tage in einem Notlager lebten, in dem Gasthof „Zur Börse".[32] Ihr Vater sei damals viel zu den Ämtern gelaufen, erinnerte sich Frau Mickley:

> Da kam er einmal an und sagte: ‚Ich hab' ne freudige Nachricht. Zwei Kilometer von hier entfernt, da ist ein Barackenlager und das ist jetzt freigegeben worden, die Vertriebenen können sich da eben bisschen praktisch häuslich einrichten. Da stehen auch ein paar Militärbetten zur Verfügung.'

Wenn ihr Vater die Möglichkeit, in ein Barackenlager einziehen zu können, als „freudige Nachricht" bezeichnete, dann brachte er den Gegensatz zwischen Außen- und Innenwahrnehmung der Flüchtlingslager auf den Punkt. Helga

---

31   Vgl. auch im Folgenden: Audiointerview des Verfassers mit Helga und Paul Mickley am 14.11.1996 in Tidofeld (Sammlung Parisius).
32   Transportliste vom 14.4.1946, NLA – Abteilung Wolfenbüttel, 126 Neu Fb 3 Nr. 267.

begleitete ihren Vater ins Lager, hat sich eine Baracke „ausgeguckt und alles schön saubergemacht". Sie half bei Bauern als Erntehelferin und bekam dafür Lebensmittel und ein wenig Geld. Nach der Geburt des ersten Kindes hat sie in Heimarbeit Kunstblumen hergestellt, anschließend in einer Druckerei Werbung in Illustrierte eingelegt und abends dort auch noch geputzt. Abschließend resümiert das Ehepaar Mickley gemeinsam:

> Die arbeiten wollten, die haben auch was gefunden. Man musste auch Arbeit machen, die nicht so schön ist. Aber wenn man vorankommen wollte.

Und ebenso unisono gaben sie ihrer Freude Ausdruck, dass sie in einem Lager untergekommen waren und nicht bei Bauern in der Umgegend wie viele andere:

> Die haben's natürlich schlechter getroffen. Denn die waren sehr gehässig, die Bauern hier den Flüchtlingen gegenüber, sind sehr schikaniert worden.

Diese Einschätzung, dass das Leben im Flüchtlingslager besser war als bei einem Bauern einquartiert zu sein, findet sich in allen Interviews mit ehemaligen BewohnerInnen des Lagers Tidofeld wie auch in den Interviews mit den beiden ostfriesischen Bauernsöhnen. Zunächst jedoch verlief die Verbesserung der Wohnsituation der Mickleys – ähnlich wie die Verbesserung ihrer Arbeitssituation – in mühseligen Etappen: Von einem Zimmer in einer Zweizimmer-Wohnung im Lager über eine Dreizimmer-Wohnung in einem Haus, das die Fleischerei Siwek gebaut hatte, schließlich in ein Haus der neu gebauten Siedlung. Als Paul Mickleys Vater arbeitslos wurde, sind seine Eltern im Rahmen des Bundesumsiedlungsprogramms nach Remscheid gezogen. Später sind sie aber wieder nach Tidofeld zurückgekehrt, als Paul Mickley seinem Vater am Ort eine Arbeitsstelle vermitteln konnte.[33] Wie die Eltern hatten auch Paul und Helga Mickley zunächst einen Umsiedlungsantrag gestellt, ihn aber wieder zurückgezogen.[34] Paul schien damals einen starken Abwanderungsdruck gespürt zu haben und hatte auch noch zum Zeitpunkt des Interviews das Gefühl, sich dafür rechtfertigen zu müssen, in Tidofeld geblieben zu sein:

> Die meisten haben nach kurzer Zeit wieder in den Sack gehauen. Sind aber alle wieder zurückgekommen. Die wenigsten haben sich woanders sesshaft gemacht. Ist doch praktisch so die zweite Heimat hier geworden.

---

33   Der Umsiedlungsantrag der Eltern wird im Antrag von Paul Mickley erwähnt.
34   NLA AU, Dep. 201 Nr. 2052: Umsiedlungsantrag von Paul Mickley.

Abb. 9.3 Paul Mickley übte viele Tätigkeiten aus, unter anderem trug er Lesemappen aus: auf dem Kasten für die Mappen sein kleiner Sohn, um 1955

Abb. 9.4 Blick in die Gaststube der Tanzgaststätte von Onkel Pitt: unter den Gästen mehrere Angehörige der Lagerfeuerwehr in Uniform, um 1955

INTEGRATION DURCH SELBSTHILFE DER VERTRIEBENEN 231

Abb. 9.5 Bei gutem Wetter fand alles draußen statt. Auch ältere Herren – hier beim Skatspiel – legten auf gepflegte Kleidung Wert, 1949

Genossen haben Paul Mickley und seine Frau im Lager vor allem die Gemeinschaft, die unter anderem ihren Ausdruck fand in gemeinsamen Veranstaltungen, wie z.B. der Schlesischen Landsmannschaft, oder in Tanzabenden in der Gaststätte „Onkel Pitt", an denen auch gern Norddeicher Fischer teilnahmen. Mit ihnen allerdings hatten die Tidofelder Männer oft Streit, weil sie sich von ihnen „ihre" Mädchen nicht wegnehmen lassen wollten. Auf der anderen Seite gingen auch sie nach Berum und Hage zu Bällen und tanzten dort mit jungen einheimischen Frauen.

Dass sich die Mickleys nach langem Hin und Her für das Bleiben entschieden hatten, lag auch daran, dass die Familie bei den Einheimischen nicht auf grundsätzliche Ablehnung stieß. So konnte Paul Mickley bei ihnen ohne Probleme Lesemappen verkaufen, im FC Norden mit ihnen zusammen Fußball spielen und sie als Stammgäste für seine Gaststätte gewinnen. Rückblickend fasst Helga Mickley ihre Erfahrungen zusammen:

> Wir können nicht klagen über Ostfriesen. Sie waren sogar sehr hilfsbereit, zum Teil auch ein bisschen neugierig, wie wir das denn so haben.

Damit bestätigten die Mickleys die Erzählungen vieler einheimischer InterviewpartnerInnen, die den Flüchtlingen nicht ablehnend gegenüberstanden, ja sie sogar für ihre Initiative bewunderten, jedenfalls so lange sie nicht befürchten mussten, dass die Aufnahme der Flüchtlinge ihrem eigenen wirtschaftlichen Fortkommen schaden könne.

„Ich war immer bemüht Arbeit zu bekommen, um zu Eigentum zu kommen"[35]

Auch in dem zweiten ZeitzeugInnengespräch mit dem Ehepaar Harald und Elisabeth Hauptvogel und weiteren Verwandten aus dem Jahr 1996 spielten Arbeitssuche, Wegziehen und Rückkehren eine große Rolle.

Harald Hauptvogel wurde 1930 in Rothaugest in Böhmen geboren. 1946 wurde die Familie vertrieben und kam nach Tidofeld, wohin Haralds Schwager zuvor als Soldat entlassen worden war.[36] Harald und sein Vater fanden als Maurer sofort Arbeit beim Stadtbauamt Norden. Er stammte aus einer Kleinbauernfamilie, in der Nebenerwerb als Handwerker üblich war. Nach der Währungsreform 1948 verlor Harald allerdings seinen Arbeitsplatz. Danach arbeitete er zunächst in Bentheim, später in Bonn beim Bau des Bundeshauses. Er hielt aber immer Kontakt zu seinen Eltern in Tidofeld, wo er sich auch in seine spätere Frau Elisabeth verliebte. Nach der Heirat 1955 zog sie zu ihm nach Bochum, wo sie einen Schrebergarten kauften und die dazugehörige Gartenhütte

---

35 Videointerview von Pastor Anton Lambertus mit Harald Hauptvogel am 5.9.2007 in Tidofeld.
36 Vgl. auch zu weiteren biografischen Angaben: Harald Hauptvogel, Familienchronik der Familien Hauptvogel und Sieber, Mskr. Tidofeld o.J. (Sammlung Parisius).

ausbauten.³⁷ Mit Stolz erinnert sich Harald Hauptvogel: „Wir haben nie zur Miete gewohnt."³⁸

Elisabeth Hauptvogel, geb. Reimann, wurde im Januar 1928 in Langenbrück in Oberschlesien geboren. Zusammen mit ihren Eltern und fünf Geschwistern kam sie im Juli 1946 nach Tidofeld. Bis zum Herbst lebten sie dort zusammen mit 30 weiteren Vertriebenen aus Langenbrück in einem großen Raum.³⁹ Sie konnte sich noch gut an die ersten Versuche ihrer damals 51-jährigen Mutter erinnern, Geld zu verdienen:

> Bei uns in der Heimat haben die Bauern Besen gemacht, Stallbesen mit Birkenruten, und oben kam dann so'n Stock rein. Da hat die Mutter mal zum Vater gesagt: ‚Weißt du was, wir machen auch a Mal.' Mutter mit zwei oder drei Besen los zum Bauern gegenüber. Da hat der glattweg gesagt, ‚eure schlesischen Besen brauchen wir nicht'. Meine Mutter, die kam angeweint, ‚der will unsere Besen nicht'. Die ist dann zu keinem andern mehr hingegangen, die hat gedacht, die wollen sie dann wahrscheinlich alle nicht.⁴⁰

Elisabeth Hauptvogel versuchte nicht wie ihre Mutter, ihr aus der Heimat vertraute Produkte selbst herzustellen und den benachbarten Bauern zu verkaufen, sondern orientierte sich an den anderen jungen Flüchtlingsfrauen und nahm wie diese jede sich bietende Arbeitsgelegenheit an: zunächst als Erntehelferin, später als Heimarbeiterin in der Kunstblumenfabrik in Tidofeld und anschließend als Arbeiterin in einer Gemüsetrocknungsfabrik im nahen Hage. Ihr Arbeitsleben verlief ähnlich wie das von Helga Mickley und sie schilderte es mit derselben Gelassenheit. Der Umzug zu ihrem Ehemann nach Bochum

---

37 Umsiedlungsantrag von Harald Hauptvogel vom 1.8.1953 für seine Frau Elisabeth. Eine ihm im Rahmen der Umsiedlungshilfe angebotene Zweizimmer-Neubaumietwohnung mit Küche in Bochum lehnte er ab, weil sie von seinem Gartenhaus, das er ausbauen wollte, zu weit entfernt lag. Zu Motiven und Umfang der Sekundärwanderungen vgl. Bernhard Parisius, Aufnahme und Sekundärwanderungen von Flüchtlingen und Vertriebenen in den alten und neuen Bundesländern, in: Uwe Rieske (Hg.), Migration und Konfession. Konfessionelle Identitäten in der Flüchtlingsbewegung nach 1945, Gütersloh 2010, S. 17-55.
38 Videointerview von Pastor Anton Lambertus mit Harald Hauptvogel am 5.9.2007 in Tidofeld.
39 Diese hohe Zahl wird bestätigt durch eine Liste des Flüchtlingstransports aus Neustadt (Oberschlesien) nach Aurich mit 1.819 Personen. Dem Transport gehörten über dreihundert Vertriebene aus Langenbrück an. Vgl. Flüchtlingstransport Nr. 340 vom Kreis Neustadt nach Aurich, in: NLA – Standort Wolfenbüttel, 128 Neu FB 3 Nr. 291.
40 Gruppeninterview von Bernhard Parisius mit Elisabeth und Harald Hauptvogel, Marie Heisig, Irmgard Kobjolke, Elfriede und Paul Lowak am 5.8.1996 in Tidofeld (Sammlung Parisius).

hingegen bereitete ihr neben gesundheitlichen Schwierigkeiten auch sonst große Mühe, vermutlich auch und gerade wegen der Trennung von ihren Verwandten und Bekannten in Tidofeld:

> Die Luft, da waren die Zechen noch alle. Wenn man dann mal 14 Tage hier oben war, dann hat einem das so auf der Brust gelegen. Hab sehr viel geweint, muß ich sagen.[41]

So war sie froh, als sie mit ihrem Mann nach Tidofeld zurückkehren konnte. Ihr Mann war jetzt dazu bereit, weil sie hier nun ein Eigenheim bauen konnten und er bei der Firma, die die Siedlung errichtete, einen Arbeitsplatz erhalten hatte. Er gab sich damit aber nicht zufrieden und besuchte gleichzeitig Schulungen der Gewerkschaft IG Bau. Von 1962 bis 1965 war er hauptberuflich in der IG-Bau Zentrale in Frankfurt tätig. Nach drei Jahren fand er dann wieder eine Stelle in Norden, diesmal bei der Allianz Versicherung, bei der er bald eine Generalvertretung übernehmen konnte. Auf die Frage, was die Jahre im Lager Tidofeld für sein Leben bedeuteten, antwortete er:

> Ich war immer bemüht Arbeit zu bekommen, um zu Eigentum zu kommen, wie wir das von zu Hause gewohnt waren. Und ohne Arbeit und Fleiß ist nun mal nichts zu machen. Und somit hat man sich ständig bemüht Arbeit zu haben, egal ob in Norden oder auswärts. Aber letzten Endes ist man ja wieder nach Norden zurückgekehrt, weil wir da ja die Wurzeln vom Beginn anhatten. Wir waren heimatverbunden in Ostfriesland, haben da ein Haus gebaut.[42]

Damit wollte er nicht sagen, dass er sich nun als Ostfriese fühlte, sondern eher seiner Doppelbindung an die alte und die neue Heimat Ausdruck geben und seine Entscheidung für die Rückkehr nach Tidofeld begründen. Seine Frau und er waren Mitglied im Bund der Vertriebenen und in der Landsmannschaft Schlesien und nahmen regelmäßig an deren Treffen teil. Harald war auch Mitglied in der Sudetendeutschen Landsmannschaft in München und fuhr mehr als 40-mal zusammen mit seiner Frau in die alte Heimat. Gleichzeitig spielte er in einer Tanzcombo zusammen mit Einheimischen und erzielte dadurch Nebeneinkünfte. Außerdem durfte er seit 1975 in der Niederdeutschen Heimatbühne in Norden mitspielen, obwohl sein Plattdeutsch dafür eigentlich nicht ausreichte. Diese Doppelbindung zeigte sich auch noch in der Stiftung des kinderlosen Ehepaars. Zweck ihrer Stiftung ist die Förderung gemeinnütziger Vereine der Kinder- und Jugendhilfe in Ostfriesland sowie die Unterstützung

---

41   Ebd.
42   Ebd.

der Sudetendeutschen Stiftung in München.⁴³ Zu ihren Freunden gehörten nach eigener Aussage 1996 genauso viele Einheimische wie Flüchtlinge. Bei Nachfragen zeigte sich jedoch, dass das Verhältnis zu den Einheimischen nicht so spannungsfrei war, wie Harald Hauptvogel zunächst geschildert hatte. So kommentierte er die Heirat einer Verwandten mit einem ostfriesischen Bauernsohn mit den Worten:

> Was glauben Sie wie der Schwiegervater geschimpft hat: ‚Was Du willst'n Flüchtling heiraten?' Da gab's Reibereien und da spricht man ja auch nicht gerne drüber. Das steht im Gespräch ja auch nicht im Vordergrund, weil man ja auf Versöhnung aus ist, auf uns bezogen hier jetzt.⁴⁴

Auch eine andere Demütigung hat Harald Hauptvogel nicht vergessen:

> Da sagten die Nachbarn, wenn wir gewusst hätten, dass hier alles Vertriebene sind, dann hätten wir den Bauplatz nicht gekauft. [...] Aber wir haben uns vertragen. Herr Rosenberg war ein feiner Mann.⁴⁵

Neben solchen Zurückweisungen gab es aber auch positive Erlebnisse mit Einheimischen. So erinnert sich Harald Hauptvogel daran, dass, als er gleich nach seiner Ankunft in Tidofeld Arbeit als Maurer fand, ein einheimischer Bauhelfer ihn schon in der ersten Mittagspause mit nach Hause nahm, damit er sich dort sein Essen warm machen konnte. Das blieb so, bis er ins Ruhrgebiet zog. Es hat sich daraus eine dauernde Freundschaft entwickelt.

Gemeinsamkeiten in beiden Lebensgeschichten

Die Ehepaare Hauptvogel und Mickley lebten in einer „Doppelbindung" an die alte wie die neue Heimat. Der von Angelika Hohenstein geprägte Begriff „Doppelbindung" verdeutlicht hierbei zum einen die Schwierigkeiten der Eingliederung,⁴⁶ wie aber auch den damit zusammenhängenden Prozess, den

---

43   Vgl. Anerkennung der Harald und Elisabeth Hauptvogel-Stiftung, in: Niedersächsisches Ministerialblatt Nr. 24 vom 18.7.2012, S. 510.
44   Gruppeninterview von Bernhard Parisius mit Elisabeth und Harald Hauptvogel, Marie Heisig, Irmgard Kobjolke, Elfriede und Paul Lowak am 5.8.1996 in Tidofeld (Sammlung Parisius).
45   Ebd.
46   Angelika Hohenstein, Aufnahme und Eingliederung von Flüchtlingen im Landkreis Dannenberg 1945-1948, in: Dieter Brosius/dies., Zur Lage der Flüchtlinge im Regierungsbezirk Lüneburg zwischen Kriegsende und Währungsreform, Hildesheim 1985, S. 87-181, hier S. 159f. Vgl. dazu auch Marita Krauss, die am Beispiel eines zunächst in London im Exil lebenden und von dort als englischer Dolmetscher nach Bayern gelangten ehemaligen sudetendeutschen Sozialdemokraten darauf hinweist, wie breit das Spektrum

jeder nach seiner Wahl gestalten könne. Das Wachhalten von Vergangenem und der Einsatz von Gegenwärtigem werde meist zu einer Motivationseinheit verbunden. Auch wenn der Einzelne in der persönlich-individuellen Bewältigung dieser Doppelbindung Schwierigkeiten zu überwinden gehabt habe, so hätten sich doch, wenn man die Aufnahme und Eingliederung der Flüchtlingsbevölkerung als Ganzes betrachte, keine nachteiligen Auswirkungen oder Hemmnisse für die Eingliederung in die Gesellschaft der Bundesrepublik Deutschland gezeigt. Im Flüchtlingslager war Wachhalten von Vergangenem sicherlich besonders stark ausgeprägt.

Die Berufs- und Wohnungskarrieren der beiden Paare zeigen eindringlich, dass das Leben im Flüchtlingslager nicht aus Abwarten bestand, sondern im Gegenteil: Hier lebten viele Menschen, die jede Chance wahrnahmen, die sich ihnen bot. Dazu zogen sie auch aus dem Lager in Industriegebiete in anderen Bundesländern, oder kehrten wieder zurück, wenn sich im Lager zufriedenstellende Arbeitsmöglichkeiten eröffneten und sie gleichzeitig den Wunsch realisieren konnten, in ihrer neuen Heimat in einem eigenen Haus mit ihren Schicksalsgenossen als Nachbarn zusammenleben zu können. So fungierte das Lager nicht nur als „Schutzraum" für die ersten Jahre, sondern eröffnete auch die Möglichkeit, anschließend gemeinsam mit ‚SchicksalsgenossInnen' in einem eigenen Siedlungshaus zu leben. Darüber hinaus bot es denen, die ein Leben außerhalb des Lagers wagten, ein Auffangnetz für den Fall, dass ihre Pläne scheiterten oder sich nicht so positiv entwickelten wie erhofft – oder wenn Heimweh nach der zweiten Heimat Tidofeld aufkam.

3   Eine neue Heimat selbst geschaffen

Neben dem Stolz auf die eigene Leistung und der Reflektion über die eigenen Entscheidungen, geblieben oder weggezogen zu sein, strahlen die Interviews auch eine starke emotionale Bindung an das Lager aus. Gleichzeitig geben sie Aufschluss über eine im kollektiven Gedächtnis der Tidofelder Flüchtlinge überlieferte erfolgreiche Integrationsgeschichte. Schon die ‚Entdeckung' des leer stehenden Lagers erfolgte in ihrer Wahrnehmung durch die Vertriebenen selbst, als in der Stadt Norden die Unterbringung in Privatquartieren stockte. Ebenso baute man in Selbsthilfe eine Notkirche, die von katholischen und

---

unterschiedlicher kultureller Prägungen und Traditionen sein konnte, das in einer Person virulent war. Sie verwendet dafür den Begriff hybrider Kulturen; Marita Krauss, Das „Wir" und das „Ihr". Ausgrenzung, Abgrenzung, Identitätsstiftung bei Einheimischen und Flüchtlingen nach 1945, in: Dierk Hoffmann/dies./Michael Schwartz (Hg.), Vertriebene in Deutschland. Interdisziplinäre Ergebnisse und Forschungsperspektiven, München 2000, S. 27-39, hier S. 38f.

evangelischen Christen gemeinsam genutzt wurde. Harald Hauptvogel erinnert sich:

> Zunächst waren ja alle Glaubensrichtungen zusammen; protestantische und katholische, die waren zusammen. Wir haben dann im Lager einen Kirchenraum erstellt, den habe ich selbst errichtet mit Kollegen, die eben Zimmerleute und Maurer usw. waren. Die Stadt Norden hat eine Baracke zur Verfügung gestellt [...] Die Ökumene existierte damals nicht, aber wir haben die Ökumene praktisch erfunden. Mit unserer Zusammenarbeit und auch mit dem Kirchenraum drin haben dann die Evangelischen und die Katholischen ihren Gottesdienst abgehalten; vormittags haben die Evangelischen ihren Gottesdienst gehabt und nachmittags die Katholischen.[47]

In den Erinnerungen der Vertriebenen waren wie bei der Unterbringung auch bei der Nahrungsbeschaffung und Arbeitssuche Eigeninitiative und Zusammenhalt Grundlage des Erfolgs. Mit Stolz wird erzählt, wie es einem ostfriesischen Bauern erging, der auf seinem Acker einen alten Flüchtling beim Ährenlesen angriff und ohrfeigte: Der Bauer bekam bald ‚Besuch' von einem Amateurboxer aus dem Lager, der ihn durchschüttelte und solche Drohungen ausstieß, dass der Bauer nie wieder einen Flüchtling geschlagen haben soll.[48] Name des Opfers und Täters sind im kollektiven Gedächtnis der Siedlung Tidofeld überliefert. Eine Ursache für den Konflikt war vermutlich, dass das Stoppeln auf den abgeernteten Feldern im Osten Deutschlands ein Gewohnheitsrecht der unterbäuerlichen Landbevölkerung war, in Norddeutschland aber nicht. Dementsprechend fühlte sich der ostfriesische Bauer im Recht. Ebenso drastisch und selbstverständlich bestraften benachbarte Bauern auch Kinder aus dem Lager, wenn sie in den Entwässerungsgräben Dämme bauten.[49] Dennoch führte dieses Verhalten nicht zu einer generellen Frontstellungen, auch deshalb nicht, weil es immer wieder Einheimische gab, die Flüchtlingen halfen. Erinnerungen daran finden sich in vielen Interviews, so z.B. von Frau Kobjolke:

> Die Tochter des Bäckers Iggena hat uns so manches Brot gegeben, die Gertrud, aber der Alte war auch'n Hasser.[50]

---

47 Videointerview von Pastor Anton Lambertus mit Harald Hauptvogel am 5.9.2007 in Tidofeld.
48 Vgl. Gruppeninterview von Bernhard Parisius mit Elisabeth und Harald Hauptvogel, Marie Heisig, Irmgard Kobjolke, Elfriede und Paul Lowak am 5.8.1996 in Tidofeld (Sammlung Parisius).
49 Vgl. Videointerview von Pastor Anton Lambertus mit Gerd Kleemann.
50 Gruppeninterview von Bernhard Parisius mit Elisabeth und Harald Hauptvogel, Marie Heisig, Irmgard Kobjolke, Elfriede und Paul Lowak am 5.8.1996 in Tidofeld (Sammlung Parisius).

Auch die Einrichtung und der Betrieb der Feuerwehr erfolgten in Selbsthilfe. Treibende Kraft war ein Brandmeister aus Reichenstein. Ihm gelang es schon 1946 in Tidofeld eine freiwillige Feuerwehr zu gründen, zu deren Erstausstattung eine tragbare Motorspritze gehörte.

Die ersten Arbeitsmöglichkeiten organisierte ebenfalls ein Vertriebener aus Reichenstein, der dafür sorgte, dass TidofelderInnen als Erntehelfer bei den Marschbauern arbeiten konnten.[51] Für viele Tidofelderinnen endete die Arbeit beim Bauern, als in Tidofeld ein Vertriebener eine Kunstblumenfabrik eröffnete und sie die Aufträge in Heimarbeit ausführen konnten. Die Gründung derartiger Flüchtlingsbetriebe ermöglichte es den TidofelderInnen, weitgehend unter sich zu bleiben.[52] Es herrschte hier ein besonders gutes Betriebsklima. Ebenso wuchs der Zusammenhalt in den Betrieben, in denen neben TidofelderInnen auch einige Einheimische beschäftigt wurden, wie z.B. in der Konserven- und Gemüsetrocknungsfabrik von Ulrich Sabath im nahen Hage, einem im Bombenkrieg Evakuierten.[53] Daran erinnert sich die 1925 im katholischen Oberschlesien als Kind einer Kleinbauernfamilie geborene Ottilie Helms:

> Die haben alle Flüchtlinge und Vertriebene und auch entlassene Soldaten aufgenommen. Es war richtig ein Aufnahmeplatz für alle, die keine Heimat mehr hatten. Einige waren den Flüchtlingen gegenüber auch misstrauisch. Eine Frau brachte sich zum Frühstück immer Milch mit und stellte sie auf die Heizung. Wenn sie sie trinken wollte, fehlte angeblich die Hälfte. Dann sagte sie: ‚Das können nur die Flüchtlinge gewesen sein. Die klauen und fressen uns alles weg.' Der Schlosser sagte ihr dann, dass die Milch verdampft, wenn sie auf der Heizung steht.[54]

Dieses Erlebnis war für Frau Helms Antrieb, sich heute bei der Aufnahme von Flüchtlingen zu engagieren.

> Heute, wenn man über die Ausländer so abfällig spricht, dann erinnere ich mich genau an die Zeit, wo man über uns Flüchtlinge so redete. Wir nahmen den Einheimischen die Arbeit weg, wir bauten hier Häuser, weil man alles vom

---

51   Vgl. ebd.
52   Das beobachtete z.B. auch Wolfgang Eckart in seiner Studie Neuanfang in Hessen. Die Gründung und Entwicklung von Flüchtlingsbetrieben im nordhessischen Raum 1945-1965, Wiesbaden 1993: „Während die herkömmlichen Interessengegensätze zwischen Unternehmer und Arbeitnehmer zurücktraten, spielte das Gefühl im Vertriebenenbetrieb einer Schicksalsgemeinschaft anzugehören, eine große Rolle" (S. 120). Insgesamt hat es in Tidofeld rund achtzig Betriebsgründungen gegeben; 50 Jahre Tidofeld, S. 21.
53   Vgl. Eberhard Rack, Besiedlung und Siedlung des Altkreises Norden, in: Spieker. Landeskundliche Beiträge und Berichte, Bd. 15, Münster 1967, S. 82.
54   Interview von Pastor Anton Lambertus mit Frau Ottilie Helms (verst. 30.10.2018) am 13.1.2010 in Tidofeld.

Staat bekam. Genau das wird heute über die Ausländer gesagt. Dann werde ich wütend. Es kommt manchmal sogar von Menschen, die auch aus dem Osten kommen.[55]

Die Bindung ans Lager zeigte sich ferner in einer Umfrage der Stadt Norden anlässlich eines Zeitungsartikels über die Not der Lagerbewohner im Jahre 1951, in dem behauptet wurde, dass die Situation der BewohnerInnen dort menschenunwürdig sei und die Menschen lieber heute als morgen ausziehen würden. Für die angebotenen Ersatzwohnungen meldete sich aber niemand aus Tidofeld. Stattdessen kämpften die LagerbewohnerInnen für ihr Zusammenbleiben, als es um die Frage ging, das Lager aufzulösen. Während die Pläne der Stadt Norden vorsahen, die BewohnerInnen des Lagers im engeren Stadtgebiet auf mehrere kleinere Baugebiete zu verteilen, konnten die TidofelderInnen durchsetzen, dass eine Siedlung für alle auf dem abgelegenen Barackengelände entstand.

Dennoch konnten letztlich nicht alle ehemaligen LagerbewohnerInnen in Tidofeld wohnen bleiben bzw. in die neue Siedlung umziehen. Wer z.B. in Emden auf der Werft arbeitete, hatte es schwer, in Tidofeld ein Haus zu bekommen. So erging es der Familie Frost, die in Tidofeld „ihre glücklichsten Jahre" verbrachte.[56] Die 1918 in Danzig geborene Sylvia Frost erhielt 1946 von ihrem Ehemann die Nachricht, dass sie zu ihm ins Entlassungslager Tidofeld kommen solle. Während ihre Verwandten alle in Danzig blieben, hatte sie sich allein mit ihrer kleinen Tochter dorthin durchgeschlagen. Sie erinnerte sich:

> Nachbarn, wie die Familie Heisig, die waren so lieb zu uns, weil wir ja niemanden hatten. Ich hatte nur meine Tochter und meinen Mann und die Frau Heisig hat die ganze Familie gehabt, das ganze Dorf ist mit dem Pfarrer mitgekommen. Da haben wir uns kennengelernt in der Baracke und da waren wir 13 Jahre gewesen. Dann hat mein Mann eine Arbeit in Emden gekriegt und dann sind wir hierhergezogen [nach Emden] und wie der Möbelwagen da war und die Schlafzimmer auspackte, da fing meine jüngste Tochter an zu weinen, sie wollte nach Hause. Und dann fing ich auch noch an zu weinen und mein Mann stand da so, der wusste nicht, was er sagen sollte und dann haben wir es so gelassen.[57]

Mit „so gelassen" meinte sie, dass die Familie in die Emder Wohnung eingezogen und nicht mit dem vollen Möbelwagen nach Tidofeld zurückgefahren ist. Ihre Tochter Sylvia Öltjen ergänzte:

---

55 Ebd.
56 Interview von Pastor Anton Lambertus mit Frau Sylvia Frost und mit Frau Sylvia Oeltjen, geb. Frost, am 13.1.2010 in Emden.
57 Ebd.

Abb. 9.6 111 Siedlungshäuser entstehen: Dank ihres Zusammenhalts und ihres in vielen Jahren gewachsenen Gemeinschaftsgefühls konnten die LagerbewohnerInnen durchsetzen, dass entgegen anderen Plänen der Norder Stadtverwaltung ihre Siedlung auf dem Lagergelände gebaut wurde, 1962/63

> Wir lebten da eigentlich so auf einer Insel, hatten nicht viel Berührung mit den Einheimischen. Wir hatten ja alle Geschäfte da, die Post war da, Friseur war auch da, Schlachter, Bäcker, Lebensmittel, Tuchwaren, also fehlte uns ja nichts. Bis auf Ärzte waren alle da.[58]

Deutlich wird in den Interviews, dass der innere Zusammenhalt der BewohnerInnen nicht mit der Auflösung des Lagers endete, wie auch die TidofelderInnen in ihren Erzählungen keine Trennlinie ziehen zwischen dem Lagerleben und dem späteren Leben in Eigenheimen. Dies verdeutlicht auch ein 16-tägiger – allerdings erfolgloser – Schulstreik aus dem Jahr 1965, als aus dem Lager schon eine Siedlung geworden war. Teile des Schulgebäudes wurden an eine Wäschefabrik verkauft und deshalb sollten die höheren Klassen auf Norder Schulen verteilt werden. Über 80 Prozent der Eltern weigerten sich, ihre Kinder auf eine Schule außerhalb Tidofelds zu schicken.[59] Die Eltern ließen sich weder vom Lehrer, vom Schulrat, vom Regierungspräsidenten noch vom Stadtdirektor einschüchtern, auch nicht von der Androhung von 500,- DM Bußgeld. Demgegenüber fragte die Lokalzeitung:

> Woher nehmen nun einige Eltern das Recht zur Einberufung einer außerordentlichen Elternversammlung, in der Misstrauensanträge gestellt werden, Ab- und

---

58   Ebd.
59   Vgl. Chronik der Schule Tidofeld, S. 38 (in NLA AU, Rep. 170 Nr. 37).

Neuwahlen erfolgen? Ohne Kenntnis der rechtmäßigen Dinge ist man hier weit über das Ziel hinaus geschossen. Trotzdem aber fühlt man sich berufen, zum Schulstreik aufzurufen. Und leider wird dieser von vielen befolgt. [...] Eine Schule für Tidofeld ist nicht mehr drin. In der Erkenntnis, auch im ländlichen Bereich alle nur verfügbaren Bildungsreserven zu mobilisieren, werden nur noch voll ausgebaute achtklassige Schulen gebaut, darum auch die vielen Mittelpunktschulen in unserem Kreis, obwohl manche Gemeinde eine verhältnismäßig gute, aber nur einklassige Schule zur Verfügung hat.[60]

Nach Ansicht des Reporters hielten die Eltern die angedrohte Schließung ihrer Schule in Tidofeld für eine speziell gegen die Vertriebenensiedlung gerichtete Maßnahme und sahen nicht, dass auch die Schulen in den kleinen Landgemeinden dasselbe Schicksal erlitten. Einerseits sah er die Tidofelder Eltern als überempfindlich gegen gesellschaftliche Veränderungen, andererseits als erfolgsverwöhnt, weil sie immer wieder ihre Wünsche hätten durchsetzen können. Immerhin verhinderten solche gemeinsamen Aktionen den Rückzug ins Private, der von der zeitgenössischen soziologischen Forschung als besonderes Charakteristikum der Flüchtlingsfamilien hervorgehoben wurde.[61] An solche gemeinschaftsstiftenden Erfahrungen und Strukturen erinnerte sich auch Sylvia Öltjen:

Was ich eigentlich auch schön fand, dass da alles so zusammen war: Hochzeit, Tod. Da kann ich mich auch erinnern als Kind, wenn da einer gestorben ist, der wurde dann da in der (Kirchen)Baracke aufgebahrt und dann kamen alle, die ihn kannten, kamen dahin, haben sozusagen praktisch Abschied genommen. Auch wir als Kinder. Und ich fand das überhaupt nicht schlimm. Ich fand das ganz normal als Kind, dass, wenn einer stirbt, man auf Wiedersehen sagen konnte und so. Für mich als Kind war das ok. Nicht so, wie heute dieses Abschotten von den Toten.[62]

Auch das Spielen der Kinder ohne jede Aufsicht von Erwachsenen war eine Besonderheit des Barackenlebens. Der 1939 geborene Wolfgang Gröger erinnerte sich:

Wir Kinder konnten frei spielen, also ohne Erwachsene uns frei bewegen. Auf dem Sportplatz austoben. Wir spielten Fußball. Wir nahmen an Stadtmeisterschaften teil gegen die Kinder vom Grenzweg und aus Süderneuland. Das organisierten die Kinder selber ohne Erwachsene. Wir spielten im Wald, am Moortief

---

60 Ostfriesischer Kurier vom 23.4.1965.
61 Vgl. Helmut Schelsky, Die Flüchtlingsfamilie, in: Kölner Zeitschrift für Soziologie und Sozialpsychologie 3 (1950/51), S. 159-178.
62 Interview von Pastor Anton Lambertus mit Frau Sylvia Frost und mit Frau Sylvia Oeltjen, geb. Frost, am 13.1.2010 in Emden.

oder am Galgentief, hier badeten wir auch. Am Galgentief gab es Rivalitäten zu den Kindern vom Grenzweg. Wenn Kinder aus der Kirchstraße in Norden auftauchten, hieß es früh genug Reißaus nehmen. [...] Fremde Kinder, die nach Tidofeld kamen, mussten aufpassen. Wenn sie Tidofelder Kinder kannten, durften sie rein und wurden nicht belästigt. [...] Und nach Jahren hat mir das dann mal ein Schulfreund erzählt: ‚Du ich bin früher irgendwie stolz gewesen, dass ich nach Tidofeld durfte, das war sowas. Da durfte ja nicht jeder ein. Und mir ist nie was passiert. Und da bin ich dir jetzt noch dankbar, dass du da gelebt hast.'[63]

Auf die Frage des Interviewers, was denn für den Schulfreund das Besondere an Tidofeld gewesen sei, antwortete Gröger:

Ja also auch dieses Freisein – und auch einfach nur dieses: ich darf nach Tidofeld.[64]

Ansätze zur Selbstverwaltung

Auch bei der Interessenvertretung gegenüber der Stadt Norden spielte die Eigeninitiative der Vertriebenen und Flüchtlinge eine große Rolle. Die Voraussetzung hierzu schuf das Norder Stadtparlament, das schon vor Ankunft der ersten Flüchtlinge im Lager einen eigenen Ausschuss für das Lager eingerichtet hatte. Ihm gehörten der Bürgermeister und die Mitglieder der Ausschüsse für Hoch- und Tiefbau sowie für Wohnungssachen an. Nachdem die ersten Flüchtlinge eingezogen waren, wurden auch sie zur nächsten Ausschussversammlung eingeladen und man diskutierte gemeinsam, „ob es zweckmäßig sei, das Lager nur mit Flüchtlingsfamilien zu besetzen und nur von Flüchtlingen verwalten zu lassen."[65] In beiden Fragen kam es zu Kompromissen: So wurden zunächst fast nur Flüchtlingsfamilien aufgenommen, wobei die Stadt sich vorbehielt, in Ausnahmefällen im Lager auch einheimische Familien unterzubringen. Zudem wurde keine Flüchtlingsselbstverwaltung eingeführt, sondern aus jeder Baracke eine Vertrauensperson gewählt. Die Gewählten sollten den Lagerausschuss bilden, der der Stadt gegenüber die Interessen der LagerbewohnerInnen vertreten sollte. Darüber hinaus meldeten die als Gäste eingeladenen Flüchtlinge in der Sitzung des Tidofeld-Ausschusses dringende Wünsche an, wie Wanzen- und Rattenvernichtung, Dachabdichtungen, Einrichtung und Verteilung der Wohnungen, Verpflegung und Krankenversorgung, die – so die Erinnerungen der TidofelderInnen – in der Regel schnell erfüllt wurden.

---

63 Videointerview von Pastor Anton Lambertus mit Wolfgang Gröger am 16.3.2009 in Tidofeld.
64 Ebd.
65 Niederschriften der Sitzungen des Ausschusses für das Flüchtlingslager Tidofeld, 1946, NLA AU, Dep. 60 Nr. 2027.

Schließlich wurde in dieser Sitzung auch über Anträge mehrerer Kaufleute beraten, in Tidofeld ein Lebensmittelgeschäft eröffnen zu dürfen. Den Zuschlag erhielt der 1902 in Stettin geborene Johannes Saeger. Diese Entscheidung hatte weitreichende Folgen, weil mit ihm die Wahl auf einen tatkräftigen pragmatischen Menschen gefallen war, der rasch zum Sprecher des Lagerausschusses und zum Flüchtlingsbetreuer für das Lager Tidofeld gewählt wurde und nach Gründung des Flüchtlingsrats für die Stadt Norden (und des Flüchtlingsvereins für den Kreis Norden im Jahre 1948) auch deren Vorsitzender wurde. Neben ihm gehörten dem Stadtflüchtlingsrat weitere sechs Flüchtlinge an, von denen – wie Saeger – drei Flüchtlinge aus Tidofeld kamen, wodurch Tidofeld im Stadtflüchtlingsrat leicht überrepräsentiert war.[66] Die Auswahl der Tidofelder Mitglieder des Stadtflüchtlingsrats lässt auf ein gewisses Bemühen um Repräsentativität schließen. Dazu gehörte, dass sie aus den Hauptherkunftsgebieten der Flüchtlinge – Schlesien, Pommern und Ostpreußen – kamen und das Altersspektrum von 35 bis 60 Jahre reichte. Unterrepräsentiert waren jedoch die Frauen mit nur einer Vertreterin, Martha Janus, die aus Breslau stammte, sowie die Landbevölkerung. Bis auf eine Ausnahme waren alle gewählten Mitglieder aus Tidofeld vormalige Großstädter.[67] Auch die parteipolitische Orientierung spielte bei der Rekrutierung und bei der Wahl eine Rolle. Johannes Saeger war Geschäftsführer der CDU des Kreisverbandes Norden und der in Breslau geborene Max Wycisk gehörte schon vor 1933 der SPD an. Er war in der NS-Zeit von seinem Arbeitgeber, der Reichsbahn, entlassen worden, weil er trotz seiner Stellung als Gaufachwart für Schwerathletik in Schlesien weiterhin mit Juden verkehrte.[68] Die Vertriebenenverbände hatten wegen der Dominanz von CDU und SPD in Tidofeld große Probleme, ihre KandidatInnen für den Stadtflüchtlingsrat durchzusetzen.

Auch ein Stück Heimat für Flüchtlinge außerhalb des Lagers

In bisherigen Darstellungen wurden Flüchtlingslager als abgekapselte Räume geschildert, in die Außenstehende freiwillig keinen Fuß setzten mochten. Doch die Erinnerungen von Flüchtlingen, die in der Nähe des Lagers lebten, zeigen ein ganz anderes Bild. So wurde z.B. die Barackenkirche auch von vielen in der Nähe des Lagers lebenden Vertriebenen besucht. Die bereits erwähnte

---

66 Vgl. Statistik von Niedersachsen, Bd. 62, Wohnbevölkerung-Privathaushalte-Vertriebene und Deutsche aus der SBZ am 6. Juni 1961 in Niedersachsen. Ergebnisse der Volks- und Berufszählung 1961, B. Tabellenteil, H. 1.

67 Niederschriften der Sitzungen des Flüchtlingsrates der Stadt Norden, 1946-1953, NLA AU, Dep. 60 Nr. 2028; sowie Flüchtlingsrat der Stadt Norden, 1948-1957, NLA AU, Dep. 60 Nr. 2051.

68 Angaben aus seiner Wiedergutmachungsakte, NLA AU, Rep. 252 Nr. 1578.

1925 in Langenbrück geborene Ottilie Helms, die mit ihren Eltern in Norden wohnte, ging z.B. nicht in die katholische Kirche in Norden, sondern in die Barackenkirche Tidofeld, und

> zwar fast jeden Sonntag, weil ich da ja meine Leute traf. Man kam da rein und links vorne war der Altar. Hinten stand das Harmonium, was auch manchmal von der Pastorin Schmädeke bedient wurde. Die war ja evangelische Pastorenfrau, die auch für uns das Harmonium spielte. Wir sangen die Lieder, die wir zuhause gesungen haben. Und wenn das Lied erklang ‚Wohin soll ich mich wenden', also dann blieb kein Auge trocken. Und da war der alte Küster, der auch schon in unserer alten Kirche, in der Heimat, Küster war und dann stand der mit dem Klingelbeutel vor mir und sagte: ‚Mädchen, das sage ich Deinem Vater, wenn Du da nichts rein tust.' Also das war Heimat, Heimat pur.[69]

Wie die Barackenkirche wurden auch das Lager und seine BewohnerInnen zu einem Treffpunkt und Kommunikationszentrum für in der Nähe wohnende Vertriebene. Daran erinnerte sich die 1956 in Hage als Kind einer Vertriebenen und eines Einheimischen geborene Ursula Wasjack, die mit ihrer Familie im Haus der einheimischen Großeltern fernab von Flüchtlingen lebte.

> Mein Bruder und ich gingen oft mit meinem Opa spazieren nach Tidofeld, zu den Flüchtlingen. Da fand ich das herrlich, durch die Baracken zu toben. Ich fand diese Baracken da toll. Ich hab das in Erinnerung: ganz lange Gänge – und rechts und links waren nur Menschen, die ich immer verstand. Im Gegensatz zu vielen Ostfriesen, die ich nicht verstand, weil die Plattdeutsch sprachen. Da gingen wir eigentlich lange Zeit jeden Sonntag hin und besuchten irgendwelche Leute. Das ist so eine allererste Erinnerung. Worauf Kinder, die bei uns wohnten, uns fragten, ‚was macht ihr immer in Tidofeld? Wir gehen da nie hin.' Und darauf konnte ich eigentlich keine Antwort geben. Ich verstand auch nicht, warum die da nie hingingen.[70]

Insbesondere für alleinstehende Frauen konnte das Lager in Notsituationen eine Zufluchtsmöglichkeit und Geborgenheit bieten. Davon profitierte indirekt auch Ingebourg Kurzewitz, die bei einem Flüchtlingstransport im Samland ihre Eltern verloren hatte und mit ihrer Pflegemutter und deren Mutter als Dreijährige nach Norden kam. Sie wohnten in der Großen Mühlenstraße

---

69 Videointerview von Pastor Anton Lambertus mit Frau Ottilie Helms am 13.1.2010 in Tidofeld. Zum kirchlichen Leben in Langenbrück vgl. Joseph Schweter, Geschichte der Pfarrei Langenbrück-Wiese gräflich, Kreis Neustadt Oberschlesien, Neustadt/Os. 1924, S. 195-199.
70 Audiointerview von Bernhard Parisius mit Ursula Wasjack am 23.6.1.1999 (Sammlung Parisius).

und lernten dort Frau Wind, eine über 60-jährige Flüchtlingswitwe aus Breslau kennen. Frau Kurzewitz erinnerte sich:

> Frau Wind war eine streng gläubige Katholikin und im selben Haus wohnte auch ein Herr, der bedrängte sie ständig. Er wollte, dass sie zu seinem Glauben übertritt. Diese Religionsgemeinschaft gibt es heute auch immer noch. Sie verhalten sich genauso wie früher, viele davon sind permanent aufdringlich. Frau Wind hatte vorher im Lager Tidofeld gelebt, bevor sie in die Große Mühlenstraße kam. Aber fluchtartig ergriff sie ihre paar Sachen, die sie hatte und ging wieder ins Lager Tidofeld zurück, weil sie nicht damit umgehen konnte, dass dieser Mann ständig kam und ihr seine Glaubensrichtung aufdrängen wollte. Ich war oft im Lager Tidofeld, um sie zu besuchen. Ich erinnere mich daran, es war immer – für mich war es sehr gemütlich [...] Sie hatte einen Ofen, es war immer knallewarm und die Gespräche liefen auch zwischen Alten und ganz jungen, kleinen Kindern. [...] Es war Heimat für mich, weil sie auch so eine innere Wärme ausstrahlte, obwohl sie auch sehr viel erlebt hatte und das tat einfach gut. Der Weg zu ihr war recht beschwerlich. Im Lager Tidofeld war ja nichts gepflastert und ich musste immer durch die Matsche laufen, um zu ihr zu kommen. Aber ich bin so gerne zu ihr gegangen und so machte das nichts und ihr machte das auch nichts. Ich fühlte mich einfach geborgen. Aber nicht nur bei ihr, sondern bei all diesen Flüchtlingswitwen, muss ich sagen, die haben mich alle akzeptiert, obwohl ich vielleicht nicht viel sagte und viel lächelte, aber sie haben mich so akzeptiert wie ich war, und dafür bin ich dankbar.[71]

In der Forschung herrscht mittlerweile Konsens, dass sich viele Vertriebene bei Sekundärwanderungen ihre neue Heimat nach unterschiedlichen Gesichtspunkten auswählten, und zwar nicht nur nach ökonomischen.[72] Die Erinnerungen der Flüchtlinge aus Tidofeld zeigen, dass sie sich nicht anders verhielten. Wer alt war und nicht mehr arbeiten konnte und keine Kinder hatte, die ihn oder sie an ihren neuen Wohnort holen konnten, dem bot das Lager „Schutzraum" und „Nestwärme", wie Mathias Beer es auch für das Lager Schlotwiese bei Stuttgart beschrieb.[73] Das galt auch für alleinstehende Mütter, deren Ehemänner im Krieg geblieben waren oder für Frauen, die für hilfsbedürftige Familienangehörige sorgen mussten. Die übrigen setzten Prioritäten wie möglichst viele Wünsche bei einem Umzug zu realisieren, so z.B. eine Region zu finden mit gleicher Konfession oder einer ihrer Heimat ähnlichen Landschaft. Jederzeit hatten sie darüber hinaus aber auch noch die Möglichkeit, wenn es ihnen am neuen Wohnort oder Arbeitsplatz nicht gefiel, nach Tidofeld zurückzukehren. Dass so viele ehemalige BewohnerInnen zurückkehrten, zeigt, dass

---

71 Videointerview von Lennart Bohne mit Ingebourg Kurzewitz am 8.10. 2018.
72 Vgl. z.B. Philipp Ther, Deutsche und polnische Vertriebene. Gesellschaft und Vertriebenenpolitik in der SBZ/DDR und in Polen 1945-1956, Göttingen 1998, S. 265.
73 Beer, Die deutsche Nachkriegszeit, S. 164.

sie mit dem Leben im Flüchtlingslager und später in der Flüchtlingssiedlung positive Erinnerungen verbanden. Ein wichtiger Grund dafür war sicherlich, dass es hier zwei Hauptgruppen von Vertriebenen gab, die von Anfang an das soziale Klima prägten und von denen viele bis zum Schluss im Lager blieben: jeweils über dreißig Vertriebene aus Langenbrück im oberschlesischen Kreis Neustadt und aus Reichenstein im niederschlesischen Kreis Frankenstein.[74] In beiden Orten lebten mehr katholische als evangelische Christen und in beiden Orten gab es ein friedliches Miteinander beider Konfessionen. Vermutlich herrschte innerhalb des Lagers eine konfessionelle Gleichberechtigung und Toleranz, weil bei der sozialen Herkunft eine gemeinsame, eher kleinstädtisch-ländliche Arbeiter- und Handwerkerschicht dominierte.[75]

Es gab in den 1950er Jahren wohl kaum einen Ort, in dem so oft und so intensiv über Sekundärwanderungen nachgedacht wurde, wie das ‚Lager'. Gleichzeitig, das zeigen die ZeitzeugInnenberichte aus Tidofeld, gab es auch genug Beispiele für ein entschiedenes Bleiben-Wollen. Dies hing sicherlich auch damit zusammen, dass sich viele aus der Heimat kannten, aus der ländlichen Handwerker- und Arbeiterschicht stammten und im Lagerleben einen Ersatz für das frühere dörfliche Miteinander fanden, das sie der Vereinzelung in städtischen Wohnungen vorzogen. Zwischen 1958 und 1962 entstanden auf dem Gelände des ehemaligen Lagers 111 Siedlungshäuser. Als im Jahre 1963 fast alle Baracken abgerissen und die ehemaligen LagerbewohnerInnen in ihre neuen Häuser gezogen waren, endete äußerlich gesehen die Geschichte des Lagers Tidofeld. Durch die gemeinsame Bewältigung großer Herausforderungen haben seine BewohnerInnen es geschafft, dass Tidofeld ein Stadtteil von Norden geworden ist, in dem ein besonderes Gemeinschaftsgefühl mit Geschichtsbewusstsein gewachsen ist. Zur Feier zum 50-jährigen Bestehen im Jahre 1996 organisierte ein Festkomitee eine große Feier mit einer Fotoausstellung und einer Festrede. Die für die Ausstellung zusammengetragenen

---

74 Die Vertriebenen aus Reichenstein kamen mit zwei Vertriebenentransporten aus Frankenstein im April, die Vertriebenen aus Langenbrück mit einem Transport aus Neustadt (Oberschlesien) im Juli 1946 nach Aurich. Jeder Transport brachte jeweils über 1.500 Menschen nach Aurich, die von hier aus in Ostfriesland untergebracht wurden, u.a. auch in Tidofeld. Vgl. Rolf Volkmann/Helga Volkmann, Das Flüchtlingslager Mariental (1945-1947) und die Vertriebenentransporte aus Schlesien (1946-1947). Ein Beitrag zur Nachkriegsgeschichte der Gemeinde Mariental und des Landkreises Helmstedt, 2. Aufl., Mariental 1998, S. 132f. und 152; vgl. auch Gruppeninterview von Parisius mit Familie Hauptvogel und Meldekartei des Lagers Tidofeld, NLA AU, Dep. 60.

75 Vgl. dazu Verzeichnisse der in Baracken und anderen Notunterkünften untergebrachten Vertriebenen und Sachgeschädigten, NLA AU, Rep. 17/3 Nr. 1772. Die Listen enthalten u.a. auch Angaben zum Beruf und Beschäftigungsort. Zum kirchlichen Leben vor der Vertreibung vgl. Schweter, Geschichte der Pfarrei Langenbrück.

Bilder und die für den Vortrag geführten lebensgeschichtlichen Interviews bildeten den Grundstock für die 2013 in der Gnadenkirche Tidofeld eröffnete Dokumentationsstätte zur Aufnahme von Flüchtlingen und Vertriebenen in Ostfriesland und Nordwestdeutschland. Auch in der Lokalzeitung wurde die Aufbauleistung gefeiert. Bereits in einem Zeitungsbericht aus dem Jahre 1961 hieß es:

> dass für 300 Familien menschenwürdige Wohnungen geschaffen wurden, dass rund 1.200 Menschen aus dem Barackenelend heraus in lichte, saubere, moderne und gemütliche Heime kamen, dass aus Baracken ein neuer Stadtteil emporwuchs – in dem es wie selten anderswo, glückliche und zufriedene Menschen gibt. Norden-Tidofeld darf ohne Übertreibung als ein gelungenes Vorbild im gesamten Barackenräumungs-Programm der Bundesrepublik gelten.[76]

So sei „aus der Depression, die viele der Baracken Bodenbewohner befallen hatte", neue Hoffnung erwachsen.[77] Der Erfolg wurde allerdings nicht den Flüchtlingen oder dem Zusammenwirken von Flüchtlingen und Einheimischen allein zugeschrieben, sondern vor allem besonders engagierten MitarbeiterInnen der Stadtverwaltung in Norden und der Auricher Verwaltung. So hieß es z.B. im *Ostfriesischen Kurier* über den Norder Stadtobersekretär Freerk Lammenga:

> Was er für seine Tidofelder tat und tut, mit welcher Geduld und Anteilnahme er auf die Schicksale eingegangen ist und heute noch jeden Wunsch zu berücksichtigen versucht, das wird spürbar und deutlich, wenn die Kinder ihn ‚Onkel Freerk' anrufen, nahezu jeder Tidofelder Einwohner ihn mit Namen grüßt und wenn man scherzhaft diesen Stadtteil ‚Freerks Hausen' nennt. [...] Sie alle und viele mehr dürfen mit Stolz auf Tidofeld schauen und behaupten, dass sie oft mehr als nur ihre Pflicht getan haben, um das Elendslager niederzureißen und eine schmucke Gartenstadt an seiner Stelle errichten zu lassen.[78]

---

76 Ostfriesischer Kurier vom 7.11.1962: „Baracken fielen – ein Stadtteil entstand. Norden-Tidofeld in einem Jahrzehnt vom größten Flüchtlingslager Niedersachsens zur schmucken Gartenstadt". Solche Zeitungsartikel, die den Anteil der Vertriebenen am Zustandekommen des Siedlungsbaus ignorierten, gab es viele. Darauf wies Everhard Holtmann schon 1988 hin: „Solche sozial konservativen Deutungsmuster, die gleichermaßen der ‚Vermassung' und einem maßlosen Anspruchsdenken steuern sollten, wurden der lokalen Öffentlichkeit durch die örtliche Presse (einschließlich der SPD-nahen) ausgiebig angedient"; Everhard Holtmann, Neues Heim in neuer Heimat. Flüchtlingswohnungsbau und westdeutsche Aufbaukultur der beginnenden 50er Jahre, in: Axel Schildt/Arnold Sywottek (Hg.), Massenwohnung und Eigenheim. Wohnungsbau und Wohnen in der Großstadt seit dem Ersten Weltkrieg, Frankfurt a.M./New York 1988, S. 360-381, hier S. 367.
77 Ebd.
78 Ebd.

Die geleistete Mitarbeit der Flüchtlinge am Siedlungsbau hingegen fand in diesem Artikel keine Erwähnung. Dieselbe Haltung zeigte sich übrigens auch in den Berichten anderer Lokalzeitungen zum Wiederaufbau ihrer Stadt. Das hat ganz entscheidend dazu beigetragen, dass die Leistungen der Vertriebenen am Wiederaufbau des zerstörten Restdeutschlands bis heute weder von der Forschung noch von der Öffentlichkeit angemessen wahrgenommen wurden.[79]

4 Voraussetzungen für die Realisierung des Eigenheimsiedlungsprojekts

In den ZeitzeugInnenberichten wird deutlich, wie froh und stolz die Tidofelder waren, dass sie es geschafft hatten, gemeinsam vom Lager in eine neue Siedlung umzuziehen. Dass die Vertriebenen aus den alten Lagern nicht heraus und nicht in verstreut liegenden Kleinsiedlungen untergebracht werden wollten, wird dabei oft überliefert.[80] Die Frage, wie oft es BewohnerInnen

---

[79] Vgl. Parisius, Flüchtlinge und Vertriebene in Osnabrück, S. 55.

[80] Hinweise auf erfolglose Versuche, sich gegen Auflösungen zu wehren, finden sich für Flüchtlingslager in Osnabrück (Osnabrücker Tageblatt vom 4.5.1962), Wiesbaden (Bernhard Parisius, Das lange Leben einer Barackensiedlung: Kostheim – Am Mainzer Weg, in: Gerhard Honekamp (Hg.), Wiesbaden. Hinterhof und Kurkonzert. Eine illustrierte Alltagsgeschichte von 1800 bis heute, Wiesbaden 1986, S. 231-243), Nürnberg (Ray M. Douglas, „Ordnungsgemäße Überführung". Die Vertreibung der Deutschen nach dem Zweiten Weltkrieg, München 2012, S. 483) und Flensburg (Stadt Flensburg, Fachbereich Jugend, Soziales, Gesundheit, Die Flüchtlinge und die Nachkriegszeit in Flensburg, http://www.flensburg.de/media/custom/2306_1091_1.PDF?1451894820«, S. 4-7, hier S. 6). Die Frage, ob und wie weit es eines der Hauptziele der Barackenräumungsprogramme war, diesen Zusammenhalt zu zerschlagen, ist von der Forschung bislang noch nicht beantwortet worden. Vgl. dazu auch Uwe Carstens, Leben im Flüchtlingslager. Ein Kapitel deutscher Nachkriegsgeschichte, Husum 1994, S. 84: „Es bedurfte eines außergewöhnlichen Maßes an Zähigkeit und Energie, gepaart mit menschlichem Verständnis und Taktgefühl, um die Lagerbewohner der zu räumenden Lager zum Umzug in die für sie erstellten Neubauwohnungen oder in die im Tauschwege freigemachten angemessenen Altwohnungen zu bewegen. Auch der in auskömmlichem Dauerverdienst stehende Lagerbewohner war keineswegs immer bereit, seine Barackenräume gegen eine Normalwohnung einzutauschen. Gewöhnung an die billige, nicht selten mit eigenen Mitteln verbesserte Lagerunterkunft, nachbarliche oder landsmannschaftliche Bindungen, der eigene Stall mit Ziege, Schwein oder Hühner und das eigene zuweilen sogar recht ansehnliche Stück Land waren nicht zu unterschätzende Ursachen für das von allen Behörden gefürchtete Beharrungsvermögen der Lagerbewohner." Insgesamt sieht Carstens die Unterbringung in Flüchtlingslagern allerdings als „desintegrierenden Faktor" oder zumindest als Verzögerung der Integration, obwohl er auch den Zusammenhalt und die gegenseitige Hilfe der Lagerbewohner wahrnimmt. Uwe Carstens, Die Flüchtlingslager der Stadt Kiel. Sammelunterkünfte als desintegrierender Faktor der Flüchtlingspolitik, Marburg 1992, S. 473.

von Massenlagern im Rahmen des Barackenräumungsprogramms der späten 1950er Jahre gelang, gemeinsam in eine neue Siedlung ziehen zu können, ist allerdings bislang in der Forschung nicht untersucht worden.[81] Vergleichbar ist am ehesten noch das Lager Trutzhain in Nordhessen. Dort fanden Vertriebene ihre Unterkunft in einem ehemaligen Kriegsgefangenenlager. Auch ihnen gelang es, zusammen zu bleiben. Der Unterschied gegenüber Tidofeld ist allerdings, dass Trutzhain ‚nur' als Barackenlager erhalten geblieben ist. Auch hier wurde ein Museum gegründet, dessen Hauptthema aber nicht die Vertriebenen, sondern die Kriegsgefangenen sind.[82]

Es war nicht zufällig, dass dieser Erfolg gerade in Niedersachsen gelang, neben Schleswig-Holstein einem der Hauptaufnahmeländer der alten Bundesrepublik, wo das Barackenräumungsprogramm seinen Schwerpunkt hatte und wo die Auflösung der Lager deshalb länger dauerte als in anderen Bundesländern.[83] Im Jahr 1955 lebten in den Ländern der alten Bundesrepublik noch über 150.000 Vertriebene in Lagern, davon allein ca. 75 Prozent in Niedersachsen und Schleswig-Holstein.[84] Gegen Ende der 1950er Jahre bestanden solche Lager in Niedersachsen dann meist nur noch dort, wo es wenige Arbeitsplätze und wenige Integrationsmöglichkeiten in die dörfliche Gemeinschaft gab. Das traf für die ostfriesischen Marschgebiete in besonderer Weise zu. Diese Befunde über die Abwanderung gelten tendenziell auch für Tidofeld. Weggezogen

---

81 Meryn McLaren spricht von „few of them were to become permanent" (S. 41). Wenn es dazu gekommen ist, dann oft im Zusammenhang mit Werkswohnungsbau, so z.B. wenn Flüchtlinge in Baracken eines großen Industriebetriebs untergebracht wurden, in denen zuvor Zwangsarbeiter lebten und das Werk nun Träger eines Siedlungsprojekts wurde. Viele Siedlungen wurden auch von kirchlichen oder landsmannschaftlichen Gruppen getragen. Diese konnten den Siedlungsbau meist früher starten. Zum Bau von Flüchtlingssiedlungen vgl. Andreas Kossert, Kalte Heimat. Die Geschichte der deutschen Vertriebenen nach 1945, 3. Aufl., München 2009. S. 110-121.

82 Vgl. dazu z.B. die Erinnerungen von Martin Grzimek (Trutzhain – ein Dorf, München 1984) an seine Kindheit im Flüchtlingslager Trutzhain in Nordhessen.

83 In Schleswig-Holstein dagegen – wo die Probleme ebenso groß waren – wurden die Mittel für Lagerräumungsprogramme nicht nur für neue Siedlungen verwandt, sondern zum Teil auch für die Erneuerung und Ausbesserung von Baracken, so dass sich hier die Möglichkeit, in eine neue Siedlung zu ziehen, seltener bot. Vgl. z.B. Stadt Flensburg, Die Flüchtlinge und die Nachkriegszeit, S. 6; https://www.flensburg.de/media/custom/2306_1091_1.PDF?1451894820 (12.12.2018).

84 Vgl. Georg Müller/Heinz Simon, Aufnahme und Unterbringung, in: Eugen Lemberg/Friedrich Edding (Hg.), Die Vertriebenen in Westdeutschland. Ihre Eingliederung und ihr Einfluss auf Gesellschaft, Wirtschaft, Politik und Geistesleben, Bd. 1, Kiel 1959, S. 300-446, hier S. 414. In diesen Lagern sei „ein Personenkreis zurück[geblieben], der durch Krieg und Kriegsfolgen schwer getroffen, oft der Erwerbskraft beraubt, auf öffentliche Unterstützung angewiesen und durch mehr als zehnjährigen Lageraufenthalt in der eigenen Willenskraft geschwächt, zu einer sozialen Nachhut geworden ist".

und nicht zurückgekehrt sind vor allem junge Menschen. Ende 1946 lebten 1.200 Menschen in Tidofeld; kurz nach der Währungsreform war mindestens jeder fünfte weggezogen. Von 1953 bis zum Baubeginn der Siedlung verlor das Lager dann noch einmal 300 Menschen.[85] Allerdings zeigt eine Auswertung der Liste der LagerbewohnerInnen aus dem Jahr 1951, dass dennoch der Anteil jüngerer Familien noch relativ hoch war.[86] Der Grund hierfür lag unter anderem darin, dass Tidofeld, bevor es Flüchtlingslager wurde, als Entlassungslager für Wehrmachtssoldaten diente. Viele dieser jungen Männer, hatten danach ihre Herkunftsfamilien, die geflohen waren oder vertrieben wurden, ins Lager geholt.

Darüber hinaus bot eine weitere Besonderheit die Grundlage für den Erfolg des Lagers Tidofeld: Niedersachsen förderte auf dem Lande stärker als andere Bundesländer den Bau von Eigenheimen und rühmte sich deswegen als das „Eigenheimland".[87] Oft handelte es sich dabei um landwirtschaftliche Nebenerwerbssiedlungen. Hinter diesem Konzept steckten auch die Erfahrungen der Hungerkrisen in den Großstädten während der Weimarer Republik sowie zivilisationsskeptische, antiurbane und antiindustrielle Werthaltungen.[88] Doch trotz starker Eigenheimförderung im niedersächsischen Flüchtlingswohnungsbau wurden die wenigsten BewohnerInnen großer Flüchtlingslager in Neubauten auf den ehemaligen Lagergeländen angesiedelt. Der Bau einer so großen Siedlung wie Tidofeld, fern von Arbeitsplätzen, passte eigentlich nicht in das Programm der niedersächsischen Landesregierung. Dieses Programm favorisierte eher kleine ländliche Nebenerwerbssiedlungen, deren BesitzerInnen den umliegenden großen Bauern als SaisonarbeiterInnen bei Bedarf helfen sollten, oder Siedlungsbauten in der Nähe von ausreichend handwerklichen oder industriellen Arbeitsplätzen. Dementsprechend plante die Stadt Norden zunächst, dass die TidofelderInnen in verschiedenen kleinen Neubausiedlungen im engeren Stadtgebiet Nordens oder, wenn die Männer auswärts arbeiteten, in der Nähe ihrer Arbeitsplätze, wie z.B. in Emden, untergebracht wurden und diejenigen unter ihnen, die in der Landwirtschaft arbeiten wollten, in landwirtschaftlichen Nebenerwerbssiedlungen angesiedelt werden sollten.

---

85 Festschrift Tidofeld, S. 19.
86 Vgl. Einwohnerliste, NLA AU, Rep. 17/3 Nr. 1172.
87 Holger Lüning, Das Eigenheim-Land. Der öffentlich geförderte Soziale Wohnungsbau in Niedersachsen während der 1950er Jahre, Hannover 2005.
88 Vgl. Michael Prinz, Vor der Konsumgesellschaft. Pessimistische Zukunftserwartungen. Gesellschaftliche Leitbilder und regionale Evidenz 1918-1960, in: Westfälische Forschungen 48 (1998), S. 511-555.

Ferner wirkte es sich für die weitere Entwicklung günstig aus, dass das Lagergelände ursprünglich dem Fürsten Knyphausen gehört hatte, der nach Kriegsende forderte, die in der NS-Zeit für militärische Zwecke erfolgte Enteignung zurückzunehmen. Die fürstliche Verwaltung brachte schon 1949 den Gedanken einer Aufsiedlung des ehemaligen Lagergeländes ins Spiel und bot an, den Flüchtlingen Baugrundstücke zu verkaufen, wie es dann auch zehn Jahre später realisiert wurde.[89] Zudem wirkte sich günstig für die weitere Entwicklung aus, dass sich das Lager von Anfang an in Trägerschaft der Stadt Norden befand, hatten doch die kommunalen Träger der Siedlungsvorhaben großen Einfluss auf die Gestaltung der Barackenräumungsprogramme.[90] Ursprünglich lag das Lager auf dem Gebiet der Gemeinde Lütetsburg, die aber der Unterbringung der Vertriebenen in den Baracken nicht zustimmte. Sie hatte der Stadt Norden vorgeworfen, das Lager mit Vertriebenen zu belegen, die sie auf ihrem eigenen Gebiet hätte unterbringen müssen, um sich so zum Nachteil Lütetsburgs dieser Verpflichtung zu entziehen. Erst als sich abzeichnete, dass bei den Kommunalwahlen 1952 die TidofelderInnen den Lütetsburger Gemeinderat stellen würden, griff das Land Niedersachsen ein und übertrug das Lagergelände zum Stadtgebiet Norden. Nun kam es den TidofelderInnen zugute, dass sie für den Stadtflüchtlingsrat und für den Stadtrat Vertreter der CDU und SPD gewählt hatten. So erhielten die Kandidaten der SPD (508) und der Wählergemeinschaft aus FDP, CDU und Deutscher Partei (422) hier bei der Kommunalwahl im Jahr 1952 jeweils mehr Stimmen als die Flüchtlingspartei „Block der Heimatvertriebenen und Entrechteten" (BHE).[91] Auch in den folgenden Jahren blieb der Anteil der Stimmen für den BHE bei den Kommunalwahlen gering, wobei die SPD in der Kernstadt Norden die unangefochtene Mehrheit besaß. Tidofeld zeichnete sich zudem dadurch aus, dass die Wahlbeteiligung hier deutlich höher lag als in den anderen Wahlbezirken der Stadt. Dies kann als ein Zeichen für das besondere Engagement der TidofelderInnen für ihr Einleben in eine demokratische Gesellschaft gedeutet werden und kam ihnen

---

89 Vgl. Eingaben von Flüchtlingen und Flüchtlingsorganisationen wegen Bereitstellung von Unterkünften und Siedlungsgelände 1949-50, NLA AU, Rep. 17/3 Nr. 1140.
90 Vgl. Richard Reschl, Kommunaler Handlungsspielraum und sozialer Wohnungsbau – ein Städtevergleich, Tübingen 1987, S. 248ff.: „Es gibt tatsächlich einen kommunalen Handlungsspielraum, der die Gemeinde als selbstständigen Politikproduzenten ausweist. Und: Dieser Handlungsspielraum wird tatsächlich unterschiedlichen Zielvorstellungen entsprechend genutzt"; vgl. dazu auch Martin Lenz, Auf dem Weg zur sozialen Stadt. Abbau benachteiligender Wohnbedingungen als Instrument der Armutsbekämpfung, Wiesbaden 2007, S. 85-126.
91 Vgl. Ostfriesischer Kurier vom 10.11.1952.

auch bei der Durchsetzung der Siedlungspläne insofern zugute, als sie in die politische Willensbildung im Norder Stadtrat eng eingebunden waren.[92]

Sicherlich hat zum Entschluss, in Tidofeld bleiben zu wollen, – der ja die Grundlage für den gemeinsamen Siedlungsbau war –, auch beigetragen, dass die meisten Einheimischen zwar Distanz zu den Vertriebenen hielten, sie aber nicht grundsätzlich ablehnten, sondern mit einer gewissen Neugier und Gelassenheit beobachteten – jedenfalls so lange nicht unmittelbar eigene wirtschaftliche Nachteile zu befürchten waren. So waren denn auch schwere, langwierige Konflikte mit der einheimischen Bevölkerung ausgeblieben und die individuellen Zurücksetzungen und Verletzungen wurden von den Vertriebenen nicht als Folge einer besonderen Flüchtlingsfeindschaft der einheimischen Nachbarn empfunden, sondern als ubiquitär, als leider „normal". Sie wurden durch einzelne positive Erlebnisse etwas gemildert.

Damit wirft die Geschichte Tidofelds ein neues Licht auf das Leben in Flüchtlingslagern. Das Lager wurde – den Erinnerungen nach – nicht als menschenunwürdige Notunterkunft erlebt, sondern im Gegenteil, als viel bessere Unterkunft empfunden als eine Einquartierung bei Bauern und das Lagerleben als Chance, sich über gegenseitige Hilfe unter SchicksalsgenossInnen und eine gemeinsame erfolgreiche Interessenvertretung gegenüber der einheimischen Bevölkerung und der Verwaltung eine sicherere Lebensgrundlage zu verschaffen. Auch die benachbarte einheimische Bevölkerung sah weniger die Enge und Armut im Lager als die vielen Geschäfte und Betriebe, die den Bewohnern gute Einkaufs- und Arbeitsmöglichkeiten boten.

Die Menschen, die in Tidofeld im Lager lebten, unterschieden sich in ihren Hoffnungen und Wünschen vermutlich wenig von Flüchtlingen an anderen Orten. Dennoch scheint es so, als hätten sie auch für viele Vertriebene, die in Privatquartieren in der Nähe untergebracht waren, ein kleines Stück Heimat geschaffen, in das sie bei Bedarf eintauchen konnten. Möglich wurde all dies auch dadurch – wie die Interviews mit in der Nähe lebenden Ostfriesen zeigen –, dass die einheimische Bevölkerung ihre Anstrengungen nicht behinderte, sondern tolerierte und oft sogar bewunderte.[93] Dennoch verließen viele aus der folgenden Generation dann doch noch für immer die Siedlung und

---

92 Vgl. ebd. und vom 29.10.1956 und 20.3.1961. In der Entscheidung für den Eigenheimsiedlungsbau für Flüchtlinge anstatt von Mietwohnungen waren sich CDU und SPD einig. Georg Wagner-Kyora weist darauf hin, dass diese Entscheidung in Niedersachsen von einer sozialdemokratisch geführten Landesregierung initiiert wurde; vgl. Georg Wagner-Kyora, Eigenheime bauen und Wohnungslose unterbringen. Die niedersächsische Wohnungspolitik in den fünfziger Jahren, in: Adelheid von Saldern (Hg.), Bauen und Wohnen in Niedersachsen während der fünfziger Jahre, Hannover 1999, S. 97-139, hier S. 136.
93 Vgl. dazu die Interviews mit Gerd Kleemann, Johann Müller und dem Ehepaar Willms.

setzten gewissermaßen die Sekundärwanderungen der 1950er Jahre fort. Nun zogen oft Einheimische in die frei werdenden Wohnungen, darunter viele, die dorthin vom Sozialamt der Stadt Norden eingewiesen wurden.[94] So war der erfolgreiche Kampf für die gemeinsame Siedlung für viele Vertriebenenfamilien nur eine Zwischenstation, die ihnen aber das Einleben in Westdeutschland in Vielem erleichtert hatte. Wohl auch deshalb erinnern sich die meisten der Interviewten gerne an Tidofeld, wie auch viele von ihnen hier noch regelmäßig ihren Urlaub verbringen oder zu jedem Klassentreffen erscheinen.

5 Grenzen der Integration im entlegenen Flüchtlingslager – Erinnerungen eines ‚Einzelgängers'

Auch wenn fast alle InterviewpartnerInnen in dem gemeinsamen Umzug vom Barackenlager in eine Eigenheimsiedlung eine Erfolgsgeschichte sahen, so gab es auch in Tidofeld Menschen, die sich im Lager nicht wohlfühlten. Dazu gehörte unter anderem der 1938 in Ostpreußen als Sohn eines Gutsverwalters geborene Erhard Jüche, der Tidofeld als pubertierender junger Mann erlebte. Seine Erinnerungen vermitteln ein gänzlich anderes Bild von Tidofeld als das, was mit dem Narrativ der Erfolgsgeschichte verbunden ist:

> Tidofeld war für mich bis zum 14. Lebensjahr ein Abenteuerland. Wir hatten Essen, Trinken, ein Dach über dem Kopf – existenzielle Bedrohungen gab es nicht, jeden Tag war was los [...] Als ich einigermaßen gut lesen und schreiben konnte, so mit 12, 13 Jahren, habe ich nachmittags in der Stadtbücherei in Norden gearbeitet und dort ab dem 14. Lebensjahr pro Jahr etwa 50 bis 60 Bücher gelesen – vom Klassiker wie Goethe bis zu den Büchern, die damals in den Vordergrund rückten – dann gab's die Gruppe 47 mit Böll – die Bachmann war drin – gerne gelesen habe ich Bücher von Wolfgang Borchert ‚Draußen vor der Tür' oder ‚Nachts schlafen die Ratten doch'.[95]

In dieser Zeit sei ihm bewusstgeworden, dass er in einem Ortsteil wohnte, „der so doch zum sozialen Brennpunkt wurde". Damit wollte er ausdrücken, dass zu Beginn der 1950er Jahre immer mehr junge Menschen, aber auch viele Familien das Lager verließen und ins Ruhrgebiet zogen und dass in manche leer werdenden Barackenräume Obdachlose aus Norden eingewiesen wurden und

---

94 Das wurde von vielen Vertriebenen missbilligt und als eine Gefahr für das Ansehen des Lagers gesehen. Alle InterviewpartnerInnen, die darüber sprachen, baten darum, ihre Äußerungen nicht unter ihrem Namen zu veröffentlichen.
95 Vgl. auch im Folgenden: Interview von Pastor Anton Lambertus mit Erhard Jüsche am 21.8.2010 in der Gnadenkirche Tidofeld.

so in der Außenwahrnehmung deshalb, aber auch, weil außerhalb des Lagers die Not der Nachkriegsjahre immer weniger sichtbar wurde, die verbliebenen LagerbewohnerInnen stigmatisiert wurden.

> Ich wurde immer mehr zum Einzelgänger – war mehr in den Wäldern und auf den Feldern, als hier in den Baracken. Tidofelder hatten Schwierigkeiten bei einheimischen Mädchen, weil die mit den Tidofeldern nicht gehen durften [...]. Mich hat auch belastet, dass in den Zeugnissen immer drin stand [...] Name, Baracke 3 – wenn sie sich irgendwo beworben haben – Baracke 3.

Nach Beendigung der Volksschule hatte er Angebote, als Bergmann ins Ruhrgebiet zu gehen oder in Iserlohn eine Tischlerlehre zu beginnen. Er entschied sich aber für den Besuch der Handelsschule in Norden und machte danach eine kaufmännische Lehre. Während der Handelsschulzeit begann er zu schreiben, unter anderem auch den Artikel „Wohlstand der Armen – das Lager Tidofeld", der ihm viel Ärger einbrachte. Er hatte über zehn Fernsehantennen auf den Barackendächern fotografiert, in einer Zeit, als ein Fernseher ca. 1.500,- DM kostete und ein Arbeiter höchstens 200 DM im Monat verdiente und in Tidofeld 80 Prozent der BewohnerInnen arbeitslos waren. Woher das Geld für den Fernseher stammte und ob es nicht sinnvoller hätte angelegt werden können, waren somit naheliegende Fragen. Als er am Tag des Erscheinens seines Artikels abends nach Hause kam, sei ihm seine Mutter aufgeregt entgegengekommen.

> Sie war [...] durchs Fenster geklettert, um mich zu warnen – vor der Baracke drei standen ein halbes Dutzend Männer, die auf mich warteten. Ich habe dann drei halbe Nächte, das war im Frühjahr 1957, im Tidofelder Wald auf dem Hochsitz verbracht, bis es dunkel war.

Auf Grund seiner Außenseiterrolle prägten sich Erhard Jüsche Vertriebene ein, die von den übrigen Interviewpartnern nicht erwähnt wurden, so z.B.

> zwei hagere Frauen, die etwas unweit des Lagers in einem Gehölz wohnten, in einem Holzverschlag, die einmal die Woche untergehakt nach Tidofeld kamen. Sie trugen in der Regel sehr lange Wollmäntel – sahen aus wie aus einem Salvatore-Dali-Gemälde – und wir Kinder, weil alles Auffällige reizt, haben versucht diese Frauen zu ärgern, zu erschrecken – heute würde ich sagen, man konnte sie nicht mehr erschrecken – wir haben alles Mögliche gemacht – sie reagierten nicht – sie liefen so vorbei. Ich erinnere mich auch an eine Frau, die mit uns in Baracke 10 wohnte, in den ersten drei Jahren wohnten wir in Baracke 10, die saß morgens bis abends am Fenster in einer sehr starren Haltung und guckte nach draußen – das ging über Jahre so – obwohl sie neben uns wohnte, habe ich sie nie sprechen gehört – ich hab auch nie erfahren, ob sie nicht sprechen konnte oder nicht sprechen wollte.

Dass Erhard Jüsche zum Einzelgänger im Lager wurde, hatte vermutlich mit seiner Herkunft zu tun. Er stammte aus der Oberschicht, die sich besonders schwer mit dem engen Zusammenleben im Lager tat. Sein Vater war in Ostpreußen Verwalter eines 500 ha großen Gutes gewesen. Er hatte als Kind die Eroberung Ostpreußens durch die Rote Armee erlebt, anschließend angstvolle Jahre allein mit seiner Mutter und zwei Brüdern unter russischer Besatzung und schließlich musste er zusammen mit seinen Brüdern mit ansehen, wie seine Mutter von russischen Soldaten gejagt wurde:

> Wir drei Jungs, die dann später wieder zusammen waren – meine Mutter ist 90 Jahre alt geworden – haben eigentlich nie gewagt, die Mutter zu fragen, was ihr passiert ist – wir haben nie drüber gesprochen.

Seine wachsende Abneigung gegen das Sicheinrichten im Lager und seine eigene zunehmende Isolation im Lager hatte zwar auch mit Zurückweisungen und Verletzungen durch die einheimische Bevölkerung zu tun, lag aber vor allem darin begründet, dass ihm die hier gebotenen beruflichen und gesellschaftlichen Entwicklungsmöglichkeiten nicht ausreichten und er sich damit nicht abfinden wollte. Nach zehn Jahren in Tidofeld ist die Familie nach Köln umgesiedelt. Erhard Jüsche hat in Köln über die Begabten-Sonderprüfung das Abitur nachgeholt, BWL studiert und war anschließend 25 Jahre Vorstand eines Unternehmens mit sechs Milliarden Umsatz und mehr als 12.000 Mitarbeitern. Im privaten Bereich fand er hier sogar das große Glück, eine Jugendliebe aus Norden, deren Eltern nichts gegen einen Flüchtling als Schwiegersohn hatten. Die beiden haben trotz seines Wegzugs Kontakt gehalten und geheiratet. Das Paar hat zwei Kinder und sechs Enkel, lebt in Köln und in einem Zweithaus unmittelbar an der Nordsee in der Nähe von Tidofeld.[96]

Die von Erhard Jüsche angesprochene Zuschreibung Tidofelds als „sozialer Brennpunkt", zeigte sich Jahre später auch in einem Artikel des *Osnabrücker Tageblatts* aus dem Jahr 1962 anlässlich der Auflösung des Flüchtlingslagers auf der Berningshöhe:

> Einer der berühmtberüchtigtsten Schandflecke, mit denen Osnabrück seit dem Kriege wie mit einer Geschwulst behaftet ist, wird in diesem Jahr endgültig verschwinden. [...] Bei der Auflösung der Baracken wird eine möglichst breite Streuung der Bewohner angestrebt. [...] Sie sollen also nicht in größeren Gruppen in neue Wohnblocks eingewiesen werden, sondern entsprechend den Bedürfnissen

---

96 Das Leben von Erhard Jüsche wurde im Jahre 2010 von dem Filmemacher Johann Ahrends verfilmt unter dem Titel: „Herr Jüsche und der Leuchtturm. Ein Leben von ganz unten nach ganz oben". Der Film und eine Filmskizze finden sich unter: http://www.johann-ahrends.de/produktionen/herr-juesche-und-der-leuchtturm (12.12.2019).

in Neubauten, aber auch – entsprechend den Einkommensverhältnissen der einzelnen Familien in Altbauten untergebracht werden. Bei der Mehrzahl der auf der Berningshöhe wohnenden Familien erhofft man sich [...] von dem Milieuwechsel auch eine im bürgerlichen Sinn verbesserte Lebensform.[97]

Der Artikel macht deutlich, welch große Vorbehalte und Vorurteile es gegen das gemeinsame Weiterleben von Flüchtlingen in Baracken oder neuen Siedlungen außerhalb der Lager zu der Zeit gab, als die TidofelderInnen gerade dabei waren, dies erfolgreich für sich umzusetzen.

6   Fazit

Ein wichtiger Grund dafür, dass es den BewohnerInnen des Lagers Tidofeld gelang, nach dem Abriss ihres Lagers gemeinsam in eine neue Siedlung ziehen zu können, lag nicht zuletzt in der wirtschaftlichen Struktur der Aufnahmeregion und der Haltung der Aufnahmegesellschaft ihnen gegenüber. Da es hier wenig Arbeitsplätze gab, waren sie bei der Arbeitssuche und bei der Schaffung von Arbeitsplätzen auf sich selbst gestellt. In den ostfriesischen Marschen dominierten große landwirtschaftliche Betriebe; Arbeitsplätze außerhalb der Landwirtschaft waren rar. Zwar gab es hier direkt nach Kriegsende – und insbesondere nach Abwanderung der ZwangsarbeiterInnen und vor der Rückkehr der noch in Kriegsgefangenschaft befindlichen Einheimischen – einen großen Bedarf an Arbeitskräften; der aber konnte recht schnell wieder gedeckt werden. Zudem wollten viele Flüchtlinge nicht Landarbeiter werden, weil die Bezahlung schlecht, die Arbeit schwer und die Abhängigkeit vom Bauern groß war, obgleich es zunächst Übergangsformen, in Form von ErntehelferInnen gab, die aber weiterhin im Lager wohnen blieben. Spätestens jedoch als sich dort Arbeitsmöglichkeiten in von Flüchtlingen eingerichteten Betrieben eröffneten, beendeten sie die Hilfsarbeit bei den Bauern. Aus Sicht der einheimischen bäuerlichen Arbeitgeber war das kein großes Problem, weil es noch genügend einheimische Hilfskräfte gab. Solange die Flüchtlinge keine Forderungen nach Land stellten oder die Interessen der Landwirte auf andere Weise berührten, betrachteten sie die Flüchtlinge zwar mit Interesse, aber oft ohne Empathie. Stattdessen nahmen sie vor allem wahr, wie Einzelnen von ihnen

---

97   Osnabrücker Tageblatt vom 4.5.1962. Während des Zweiten Weltkriegs waren im Lager Fernblick über tausend Zwangsarbeiter untergebracht; vgl. Michael Gander/Volker Issmer, Lagerwesen und Zwangsarbeit in Osnabrück, in: Thorsten Heese (Hg.), Topografien des Terrors. Nationalsozialismus in Osnabrück, Bramsche 2015, S. 324-352, hier S. 335.

ein wirtschaftlicher Aufstieg gelang und folgerten daraus, dass dies mit Abstrichen auch für die übrigen zutraf.

Demgegenüber konnte die Landarbeiterschaft in den Marschen die Not der Flüchtlinge besser nachvollziehen und ihnen gegenüber auch eher empathisch reagieren. Allgemein jedoch dominierte ein distanziertes Verhalten und Verhältnis gegenüber den Flüchtlingen, wobei vermutlich deren immer wieder genannter Aufstiegswille und die eigene Schwierigkeit, dem Landarbeiterschicksal zu entkommen, die entscheidenden Gründe waren. Hinzu kam ein Verständigungsproblem, da die allermeisten LandarbeiterInnen in den Marschdörfern nur Plattdeutsch sprachen. Versuchten die einen aus einem Unterlegenheitsgefühl den Kontakt mit Flüchtlingen zu minimieren, betrachteten andere – vor allem junge – Einheimische die Flüchtlinge mit viel Bewunderung, insbesondere jene, die sich mit ihrem deklassierenden sozialen Status nicht zufriedengaben und eine Lehrstelle in der Region fanden oder wegzogen. Zwischen jüngeren Flüchtlingen und Ostfriesen entstanden hier auch langfristige Freundschaften und es kam oft zu Heiraten.[98]

Wie wurde all das von den Flüchtlingen im Lager Tidofeld wahrgenommen? In den Interviews finden sich nur selten Beispiele von offener Ablehnung durch die einheimische Landbevölkerung, stattdessen spürten sie oft sogar eher eine gewisse Neugier. Schwierigkeiten erfuhren sie hingegen im Arbeitsleben, insbesondere dann, wenn sie aufsteigen wollten. Dabei konnten sie kaum mit Hilfe rechnen. Bereits der Kampf um eine Lehrstelle ging meist zugunsten der einheimischen BewerberInnen aus, so dass die Flüchtlingskinder nicht selten auf weniger begehrte Berufe ausweichen mussten, wenn sie nicht das Glück hatten, in einem Flüchtlingsbetrieb im Lager eine Lehrstelle zu finden. Dementsprechend begehrt waren die Arbeitsplätze der in Tidofeld angesiedelten Betriebe.

Ihre Integration war dadurch geprägt, dass sie als Lagergemeinschaft zusammengefunden und gemeinsam den Bau einer Eigenheimsiedlung durchgesetzt haben und damit einen anderen Weg gegangen sind, als Flüchtlingspolitik und -verwaltung es für sie vorgesehen hatten. Die gewünschte Assimilation durch ‚Vermischung' mit der Aufnahmegesellschaft, wozu unter anderem die Verteilung der LagerbewohnerInnen in viele verschiedene Wohngebiete außerhalb Tidofelds dienen sollte, wurde dadurch – auf den ersten Blick gesehen – gebremst. Wenn man aber die geringeren psychischen Verletzungen und die Persönlichkeitsentwicklung stärkenden Erfolgserlebnisse miteinbezieht, so

---

98 Vgl. Parisius, Viele suchten, S. 195.

war es unter dem Strich für die Vertriebenen wie für die Aufnahmegesellschaft der konfliktfreiere Weg.[99]

Der Begriff „Integration" hat sich in der Erforschung der Geschichte der Aufnahme der deutschen Vertriebenen erst in den 1980er Jahren durchgesetzt. Er wird seither als „Oberbegriff für Eingliederungsprozesse" verwandt.[100] Er löste den bis dahin dominierenden Begriff „Eingliederung" ab. Während der Begriff „Eingliederung" vom Bild einer statischen und homogenen einheimischen Gesellschaft ausging, in die die Vertriebenen durch staatliches Verwaltungshandeln einfügt werden sollten, hat der Integrationsbegriff den Vorteil, dass er die Vertriebenen nicht nur als Objekte staatlichen Handelns, sondern auch als diejenigen begreift, die an diesem Prozess mitwirkten und diesen mitprägten. Zugleich verweist der Begriff auf einen Prozess übergreifender Dauer. Daneben hat der Integrationsbegriff auch noch eine eigene inhaltliche Bedeutung: er wird als Gegenbegriff zu „Assimilation" verwendet, die auf ein rasches vollständiges Aufgehen in der Mehrheitsgesellschaft zielt.

Epilog: Flüchtlingslager heute

Am Ende einer Untersuchung über das Leben in einem Flüchtlingslager nach dem Zweiten Weltkrieg, stellt sich die Frage, ob sich aus den Erlebnissen und

---

99 Auf die positiven Folgen, die das Zusammenleben in abgelegenen Flüchtlingssiedlungen haben konnte, weist auch Andreas Kossert hin: „Bei aller Aus- und Abgrenzung war die Flüchtlingssiedlung am Dorfrand für die Vertriebenen die erste Zuflucht im schwierigen Prozess der Integration. Hier fand die Gratwanderung zwischen Bewahrung des heimatlichen Erbes und Anpassung an die fremde Umwelt statt. Hier begann der Weg zum Neubürger. Das eigene kleine Siedlungshaus bedeutete soziale Anerkennung in der vom Wirtschaftswunder geprägten Republik, die Erfüllung des Traums von einem kleinen Stück ‚Heimat'"; vgl. Kossert, Kalte Heimat, S. 119. Everhard Holtmann sieht in Eigenheimsiedlungen für Flüchtlinge, die mit großer Selbsthilfe gebaut wurden, „Konturen einer besonderen Sozialkultur". Seine Ergebnisse lassen sich auf die Siedlung Tidofeld übertragen. Die Siedler hätten – so argumentiert Holtmann weiter – von einer doppelten Verhaltenssicherheit profitiert: „Selbsthilfe förderte den Zusammenschluss nach innen und war Ausdruck tätiger Solidarität. In der stilisierten Gestalt des ‚Selbsthilfesiedlers' wurde die außeralltägliche Anstrengung zugleich Bestandteil einer Aufbaukultur, deren sozialmoralische Normen das Zeitklima der 50er Jahre wesentlich geprägt haben. So gesehen, entwickelten Flüchtlinge ein Sonderbewusstsein, das nicht ausgrenzte, sondern integrierte"; Everhard Holtmann, Flüchtlinge in den 50er Jahren: Aspekte ihrer gesellschaftlichen und politischen Integration, in: Axel Schildt/Arnold Sywottek (Hg.), Modernisierung im Wiederaufbau. Die westdeutsche Gesellschaft der 50er Jahre, Bonn 1993, S. 349-361, hier S. 357.
100 Vgl. Krauss, Das „Wir" und das „Ihr", S. 28.

Erfahrungen der LagerbewohnerInnen Einsichten für die gegenwärtige Unterbringung von Flüchtlingen gewinnen lassen. Jeder weiß, dass solche Transfers immer höchst problematisch sind. Deshalb soll die Frage auf einen Vergleich beschränkt werden, nämlich auf die Haltung der damaligen und der heutigen Flüchtlingsverwaltung und ihrer BeraterInnen zur Unterbringung in Lagern.

Von den fast 80 Millionen Menschen, die 2019 weltweit auf der Flucht waren, gehörten die meisten zu den Binnenflüchtlingen in Entwicklungsländern, die in dortigen Flüchtlingslagern untergebracht wurden oder noch sind.[101] Mit den Lagern überlebten und wuchsen auch die Vorbehalte gegen sie. Gleichzeitig überlebten auch die Vorbehalte gegenüber Lagern. Letzteres gilt weltweit – sie finden sich sowohl bei HistorikerInnen als auch bei den ForscherInnen, die gegenwärtig die Aufnahme und Unterbringung von Flüchtlingen begleiten.[102] Die Skepsis der WissenschaftlerInnen führte dazu, dass das Flüchtlingswerk der UNO 2014 beschloss, Flüchtlingslager künftig zu vermeiden und stattdessen die lokale Integration und die Stärkung von Mobilität zu fördern.[103]

Dennoch wurden und werden – nicht zuletzt aufgrund der im Zuge von spontan ausbrechenden (Bürger-)Kriegen und Naturkatastrophen teilweise recht hohen Zahl an Flüchtlingen – auch weiterhin neue und immer größere Flüchtlingslager gebaut. Mittlerweile gibt es in der Forschung nun auch für das Leben in großen Flüchtlingslagern Ansätze, nach Strategien zu suchen, wie sich die Flüchtlinge hier selbst organisieren, gegenseitig helfen und – falls eine Rückkehr in die Heimat sich nicht abzeichnet – sich in die Aufnahmegesellschaft integrieren können. Diesen Perspektivenwechsel brachte Ulrike Krause, Professorin für Flucht- und Flüchtlingsforschung am Institut für Migrationsforschung und Interkulturelle Studien (IMIS) und am Institut für

---

101   Zahlenangaben der UNO-Flüchtlingshilfe (https://www.uno-fluechtlingshilfe.de/informieren/fluechtlingszahlen).
102   In den 1990er hat sich die Kritik an den Flüchtlingslagern angesichts der katastrophalen Lebensbedingungen der in Kivu in der Demokratischen Republik Kongo untergebrachten Ruander noch verschärft. Heute werden Flüchtlingslager in der Fachliteratur nicht selten als Disziplinierungsanstalten beschrieben und mit Gefängnissen oder sogar mit Konzentrationslagern in Zusammenhang gebracht: Michel Agier, Gérer les Indésirables. Des Champs de Réfugiés au Gouvernement Humanitaire, Paris 2008.
103   Wissenschaftlicher Dienst des Deutschen Bundestags, Zur Einordnung einzelner aktueller Aktivitäten von UNHCR, WFP, OCHA und ICRC, 2018, https://www.bundestag.de/blob/577262/96d6c3c4e17d9c7eb3809f5393142405/wd-2-129-18--pdf-data.pdf (12.12.2018). Vgl. auch United Nations High Commissioner for Refugees, Policy on Alternatives to Camps (UNHCR/HCP/2014/9 Date of entry into force: 22 July 2014, http://www.unhcr.org/protection/statelessness/5422b8f09/unhcr-policy-alternativescamps.html (12.12.2018); Joel Glasmann, Flüchtlingslager A.D. Zum Beharrungsvermögen einer humanitären Technologie, https://fluechtlingsforschung.net/fluechtlingslager-d/ (12.12.2018).

Sozialwissenschaften der Universität Osnabrück, in einem Interview auf den Punkt. Auf die Frage, was humanitäre Organisationen zur Betreuung von Flüchtlingen in Lagern leisten könnten, antwortete sie:

> Besonders spannend finde ich, dass Sie mich fragen, was humanitäre Organisationen tun, damit Flüchtlinge ein besseres Leben haben, und nicht, was Flüchtlinge selbst machen, um ihr Leben zu verbessern. Das geht unmittelbar mit der Logik einher, Flüchtlinge seien Objekte des Systems, reine Hilfsempfänger und keine eigenständigen Akteure. Lassen Sie mich eine Gegenfrage stellen: Wenn bei uns Krieg wäre und Sie und ich fliehen müssten, würden wir dann einfach nur dasitzen und darauf warten, dass uns jemand etwas zu essen gibt? Nein, wir würden uns bemühen, die neue Lebenswelt zu verstehen, Stabilität in unser Leben zu bringen, zu arbeiten, Sicherheit für unsere Kinder oder Angehörigen zu schaffen.[104]

In ihren Forschungen habe sie festgestellt, dass Flüchtlinge sowohl allein als auch in Zusammenarbeit mit anderen Flüchtlingen viele unterschiedliche Möglichkeiten der Existenzsicherung entwickelten. Das gilt auch für Flüchtlinge in Lagern.[105] Zu dem – von Krause geforderten – notwendigen Perspektivenwechsel gehört vor allem, dass die HelferInnen nicht nur untereinander über Flüchtlinge als Betreuungsobjekte sprechen, sondern viel mehr mit den Flüchtlingen als Partner, und sie an Planungen und Entscheidungen beteiligen. Hierbei kann auch die Rückbesinnung auf erste Schritte zur Integration in Lagern wie Tidofeld eine wertvolle Hilfe sein und – wenn sich denn Lageraufenthalte nicht vermeiden lassen – Mut machen, pragmatisch nach jeweils bestmöglichen Lösungen zu suchen.

---

104 Vgl. http://www.bpb.de/gesellschaft/migration/kurzdossiers/243378/das-leben-im-fluechtlingslager-wird-zur-normalitaet (12.12.2018).

105 Sie verweist auch auf erste positive Ansätze des „Humanitarian Innovation Project" der Universität Oxford, das mit alten Mythen über Flüchtlinge aufräumt und deutlich macht, dass Flüchtlinge keineswegs hilflos und passiv sind. Dabei müsse allerdings klar bleiben, dass dies nicht zum Abwälzen von Verantwortung von staatlichen und humanitären Institutionen auf die Flüchtlinge führen dürfe, denn ohne Hilfe könnten sie die Sprachbarrieren, die andere Kultur und die Diskriminierung seitens der Aufnahmegesellschaft bei Zugängen zu Arbeitsplätzen und Wohnungen nicht überwinden, ganz zu schweigen von Einschränkungen durch posttraumatische Belastungssymptome. Natürlich sind auch unmittelbare Versorgungsleistungen bei der Ernährung und gesundheitlichen Betreuung unverzichtbar. Vgl. Ulrike Krause/Dana Schmalz, Nicht mächtig, aber zukunftsträchtig. Zum Potenzial des globalen Flüchtlingspakts, https://fluechtlingsforschung.net/nicht-machtig-aber-zukunftstrachtig-zum-potenzial-des-globalen-fluchtlingspakts (12.12.2018).

(Des-)Integrationsagenturen:
Religion – Kirchen – Konfessionalismus

Einheimische und Vertriebene in Augsburg – Die Kirche in der Nachkriegszeit zwischen Ablehnung und Bündnisschluss

Markus Stadtrecher

„Neue Freiheit ist gekommen"[1] – mit Erleichterung kommentiert der Augsburger Caritasdirektor Johannes Nar in einem Rundschreiben im Juni 1946 das Ende der nationalsozialistischen Herrschaft. Er schrieb dies wohl wissend, dass viele Menschen in höchster Not lebten und unter Obdachlosigkeit, Hunger und allgemeinem Mangel litten, was er zugleich als wichtige Aufgabe begriff. Für über 12 Millionen Menschen aus den Gebieten im Osten Deutschlands bedeutete die Kriegsniederlage den endgültigen Verlust ihrer Heimat. Sie mussten vor der heranrückenden Roten Armee fliehen oder wurden aktiv von den neuen Machthabern vertrieben. Die nachfolgende massive Bevölkerungsverschiebung bedeutete auch Herausforderungen und zahlreiche Veränderungen für die in den damaligen Besatzungszonen lebenden ‚einheimischen' Menschen. Zugleich war die ansässige Bevölkerung einer der wesentlichen Faktoren dafür, wie der Integrationsprozess der Neuankömmlinge vor Ort verlief und ob er letztlich gelang. Es war schließlich – wie bei allen Migrationsbewegungen – nicht nur eine einseitige Anpassungsleistung der Flüchtlinge und Vertriebenen, sondern auch eine der Aufnahmegesellschaft. Unter welchen Bedingungen und mit welchen Motiven diese gegenseitige Annäherung verlief, möchte der folgende Beitrag am Beispiel der Angehörigen der katholischen Konfession im Bistum Augsburg deutlich machen. Dort kam eine große Zahl katholischer Flüchtlinge und Vertriebene in einer traditionell ebenfalls katholisch geprägten Region an.

In Forschungen zu Religiosität und Kirchlichkeit in der Nachkriegszeit und jungen Bundesrepublik wird immer wieder darauf verwiesen, dass trotz der beginnenden Erosion der konfessionellen Milieus die Abgrenzung zwischen katholischen und protestantischen Christen noch wesentlich schärfer ausgeprägt war, als es heute der Fall ist. Deutlich zeigte sich dies etwa beim Kampf gegen die sogenannte ‚Mischehe' zwischen Eheleuten unterschiedlicher

---

1 Rundbrief Nr. 26 an die Mutterhäuser und Caritasanstalten des Bistums Augsburg vom 20.6.1945, Archiv des Bistums Augsburg (ABA), DiCV 730. Die Briefe des DiCV (Diözesancaritasverband) sind hier und im Folgenden noch nach der vorläufigen Nummerierung angegeben.

Konfession. Eine solche Verbindung stelle immer einen „Nervenschock [dar]", den zu überwinden es viele Stunden und Tage" benötige,[2] wie ein katholischer Geistlicher noch 1950 in einem Artikel im Bayerischen Klerusblatt schrieb. Wie aber gingen die einheimischen KatholikInnen mit ihren Zuflucht suchenden eigenen Glaubensschwestern und -brüdern aus dem ‚Osten' um? Zeigten sich angesichts gemeinsamer Konfession Formen besonderer Solidarität oder überschattete der durch die materielle Not verstärkte ‚Eigennutz' die Gemeinsamkeit? Zeigten sich Verhaltens- und Verstehensunterschiede zwischen den Laien und dem Klerus, die ein Miteinander erschwerten oder gar unmöglich machten?

Ausgehend von der speziellen Situation der Kirche(n) in der Nachkriegszeit, lassen sich Unterschiede im Verhalten zwischen den einfachen Gläubigen und der Führungsschicht der katholischen Kirche feststellen. Insbesondere die Gemeindepfarrer befanden sich dabei oft in einer unklaren Lage zwischen den beiden Gruppen: Während für die kirchliche Hierarchie die Flüchtlinge und Vertriebenen, so die Ausgangsthese dieses Beitrags, Mittel zum Zweck bzw. eine Art Verbündete im Rahmen ihrer Rechristianisierungsbestrebungen darstellten, lieferten unter einheimischen katholischen Laien die Flüchtlinge und Vertriebenen nicht selten Zündstoff in bereits lange schwelenden Konflikten oder wurden zum Auslöser für neue. Darüber hinaus waren es vor allem Vorurteile – auch sittlicher Art, die eng mit den Moralvorstellungen der Kirche verbunden waren – und Frömmigkeitsformen, durch die sich die Einheimischen von den neuen MitbürgerInnen abzugrenzen suchten.

In der Begegnung der beiden Gruppen lassen sich mindestens zwei Ebenen unterscheiden: erstens eine individuelle Ebene, etwa wenn durch Einquartierungen Einheimische mit Flüchtlingen und Vertriebenen zusammentrafen; zweitens ist eine Bestrebung erkennbar, die Flüchtlinge und Vertriebenen zu einer homogenen Gruppe werden lassen, die in toto im Mittelpunkt der Kritik stand. Darüber hinaus gilt es zu untersuchen, in welcher Weise insbesondere Ordensgemeinschaften zu Integrationsagenturen wurden und – unter anderem auch vor diesem Hintergrund – welche Rolle Frauen in diesem Prozess eingeräumt bzw. zugewiesen wurde.

Die alles bestimmende Frage, ob und inwieweit der gemeinsame katholische Glaube die Integration oder das Zusammenleben erleichtern konnte oder ob die Unterschiede z.B. in der Liturgie die alltägliche Gemeinschaft in den Gemeinden eher erschweren, muss auch vor der besonderen Situation gesehen werden, in der sich Deutschland und die beiden christlichen Kirchen nach der

---

2 Gedanensis, Größe und Grenzen der Diasporaseelsorge, in: Klerusblatt 8 (1950), S. 114f., hier S. 115.

Beendigung der totalitären Diktatur des Nationalsozialismus und des Zweiten Weltkrieges befanden. Der Krieg hatte nicht nur gewaltige Spuren in den Städten und Dörfern und eine Desorganisation in den administrativen Strukturen hinterlassen, sondern auch die Position der katholischen Kirche stark verändert. Für sie war das Ende des nationalsozialistischen Regimes mehrheitlich eine Befreiung, auf die sie in großen Teilen erfreut reagierte. Ein neues Zeitalter des Glaubens wurde erwartet, hatte der Atheismus nationalsozialistischer Ausprägung in ihren Augen doch so offensichtlich versagt. Die katholische Kirche besaß gute Voraussetzungen, sich dieser Aufgabe zu stellen, denn sie war als Organisation weitestgehend unbeschadet durch den Krieg gekommen. Dagegen herrschte in großen Teilen Deutschlands vielfach Zerstörung und Chaos, wobei die aus den deutschen Ostgebieten Geflüchteten und Vertriebenen nur eine von mehreren Gruppen ‚in Bewegung' waren; hinzu kamen heimkehrende Soldaten, befreite Gefangene aus Lagern, umherirrende Ausgebombte und Kinderlandverschickte.

Zudem genossen die Kirchen aufgrund der ihnen zugesprochenen Integrität das Vertrauen der Besatzungsmächte wie auch der entstehenden deutschen staatlichen Instanzen, zumal diese auf die vorhandenen Kapazitäten der Kirchen angewiesen waren: „Ich setze auf Sie, hochwürdige Herren, meine ganze Hoffnung",[3] so beendete der Staatskommissar für das Flüchtlingswesen, Wolfgang Jaenicke, seine Ausführungen bei einer Konferenz kirchlicher Vertreter im bayerischen Innenministerium. Zuvor hatte der Augsburger Caritasdirektor Johannes Nar im Amtsblatt der Diözese diese Herausforderung bereits als Chance für die Kirche wahrgenommen:

> Eine große Stunde der Caritas [ist] gekommen, eine strenge Prüfung für den Tag des Wortes: ‚Und Ihr habt mich beherbergt'.[4]

1   Die Flüchtlinge und Vertriebenen als Verbündete der kirchlichen Eliten

Aus Sicht führender Vertreter der katholischen Amtskirche stellten die neuen ZuwandererInnen zwar eine besondere Herausforderung dar, vor allem aber boten sie eine günstige Gelegenheit, um die Leistungsfähigkeit ihrer Institutionen zu beweisen. Darüber hinaus hatte die Verteilung der Flüchtlinge und

---

3   Notizen aus der Konferenz der kirchlichen Vertreter im Bayerischen Innenministerium am 22.11.1946, Staatsarchiv Augsburg (StAA), Regierungsflüchtlingsamt 197.
4   O.A., Das Bischöfliche Ordinariat Augsburg, 1. Hilfswerk für Flüchtlinge, in: Amtsblatt 3 (1946), S. 30.

Vertriebenen für eine Verschiebung der konfessionellen Grenzen bzw. für eine stärkere konfessionelle Mischung in Deutschland gesorgt.

Obwohl man zunächst versuchte, die ZuwandererInnen entsprechend ihrer Konfession anzusiedeln, gelang dies nicht und so verschwanden viele traditionell konfessionell einheitliche Landstriche in Deutschland, wodurch sich jahrhundertealte ‚mentale' und religiöse Strukturen langsam auflösten. Besonders deutlich wird die Dramatik dieser Veränderung mit Blick auf Bayern: Hier gab es 1939 noch 1.424 rein katholische Gemeinden, 1946 waren es nur noch neun, wenngleich die deutliche Mehrheit der KatholikInnen mit über 70 Prozent trotz der Veränderungen erhalten blieb.[5] In überwiegend evangelischen Gebieten bestand aufgrund der Einquartierung von KatholikInnen hingegen die Hoffnung auf eine ‚Rückeroberung' dieser Regionen durch eine Rekatholisierung. In diesem Sinne wurde etwa Kloster Maihingen als „kath[olische] Bastion im Riess" gepriesen.[6] Überhaupt war man stolz darauf, das katholische Glaubensleben durch die Ansiedlung von katholischen Flüchtlingen wiederbeleben zu können. Im Bayerischen Klerusblatt berichtete ein Vertriebenenseelsorger aus der Diaspora:

> Pfingsten sind wir Katholiken von R. in feierlicher Prozession, mit Kreuz und Fahnen, mit Rosenkranzgebet und Gesängen nach G. zur katholischen Kirche gewallfahrtet, wo uns Pfarrer F. eine Sakraments- und Maiandacht um 20 Uhr hielt. Zum ersten Mal seit der Reformation zog eine katholische Prozession wieder durch die evangelischen Straßen![7]

Dennoch überwog in den meisten Fällen die Befürchtung, dass sich die Gläubigen aufgrund eines vermeintlichen Drucks der Einheimischen der protestantischen Mehrheitskonfession anschließen könnten, statt ihre eigene Gemeinde zu erweitern.

Die Sorge um KatholikInnen in der Diaspora war stets präsent, weshalb die Kirchenführung versuchte, gerade diese zu stärken. Das geschah unter anderem durch Volksmissionen, die häufig als sogenannte ‚Kapellenwagenmissionen' durchgeführt wurden. Dabei waren Priester in Bussen oder Sattelschleppern unterwegs, in denen sich ein Altar befand, womit an den Haltepunkten die

---

5   Stephan Haering OSB, Konfessionsstruktur (19./20. Jahrhundert), in: Historisches Lexikon Bayerns, http://www.historisches-lexikon-bayerns.de/Lexikon/Konfessionsstruktur (12.12.2018).
6   Schreiben Philipp Härings an das Pfarramt Bachhagel vom 13.11.1948, ABA, DiCV 1191.
7   P. Johannes Maria Haw, Aus der Praxis für die Praxis. Aus der Vertriebenenseelsorge in der Diaspora, in: Klerusblatt 16 (1948), S. 142f., hier S. 143.

Messe gefeiert werden konnte.[8] Im Rahmen dieser Messen wurden auch Ehen ‚saniert', d.h. im katholischen Sinne für gültig erklärt, die zuvor etwa durch evangelische Pastoren geschlossen worden waren. Als besonders notwendig wurde diese Art der „Stabilisierung traditionell katholischen Gedankenguts" innerhalb der Gruppe der Vertriebenen angesehen,[9] da sie als „zum Großteil nicht diasporareif" eingestuft wurden und daher umso mehr Aufmerksamkeit von Seiten des Klerus bedurften.[10] Man befürchtete, dass sich diese Katholiken besonders leicht von der anderen Konfession beeinflussen ließen. So wurde von Versuchen berichtet, in denen Protestanten katholische Vertriebene zur Konversion zu bewegen suchten, angeblich mit dem Hinweis, es sei die Pflicht der Neuankömmlinge, sich in die Mehrheitsgesellschaft einzugliedern, oder aber mit dem Angebot, nach ihrer Konversion Sachspenden zu erhalten.[11] Unabhängig davon, ob diese Vorwürfe berechtigt waren oder nicht, verweisen sie nicht zuletzt auf das gespannte Verhältnis zwischen den Konfessionen und die Angst, Mitglieder an die jeweils andere Konfession zu verlieren.

Im Rahmen der Konkurrenzsituation um die Gläubigen agierten KatholikInnen und ProtestantInnen aber nicht unabhängig, sondern beobachtet und kontrolliert von den amerikanischen Besatzungstruppen. Dass dabei Befürchtungen der konfessionellen Parteinahme nicht völlig von der Hand zu weisen waren, zeigt ein Blick auf die württembergische evangelische Landeskirche, als sie im Zuge einer solchen Auseinandersetzung in Konflikt mit der Besatzungsmacht geriet: Aufgrund einer konkreten Beschwerde aus dem Heimkehrerlager Ulm wegen einer angeblich ungerechten und die eigene Konfession bevorzugenden Spendenpraxis, ordnete die Militärregierung Nachforschungen in mehreren Gemeinden des Landes an, die den Verdacht festigten. Als die amerikanische Militärregierung drohte, die CRALOG-Spenden künftig von anderer Seite verteilen zu lassen,[12] versuchte das alarmierte Hilfswerk

---

8 Weitere Informationen finden sich etwa auf der Internetseite von Kirche in Not, https://www.kirche-in-not.de/kirchengeschichte/2012/04-12-kirche-auf-raedern-60-jahre-kapellenwagen# (12.12.2018).
9 Reiner Bendel, Vertriebene – Katholische Kirche – Gesellschaft in Bayern 1945 bis 1975, München 2009, S. 169f.
10 Übersicht und Bericht über die Flüchtlingsseelsorge in der Diözese Augsburg in den Jahren 1948 und 1949, S. 15, ABA, DiCV 2265.
11 Schreiben von Norbert Hettwer an den Generalvikar vom 27.5.1947, ABA, GV 820.
12 CRALOG steht für „Council of Relief Agencies Licensed for Operation in Germany" und fasste diverse amerikanische Wohlfahrtsverbände zusammen. Vgl. dazu Hans-Georg Aschoff, Überlebenshilfe: Flüchtlinge, Vertriebene, Suchdienste, Kriegsgefangene und Internierte, in: Erwin Gatz (Hg.), Geschichte des kirchlichen Lebens in den deutschsprachigen Ländern seit dem Ende des 18. Jahrhunderts. Die Katholische Kirche, Bd. V: Caritas und soziale Dienste, Freiburg i.Br. 1997, S. 255-280, hier S. 262f.

der evangelischen Landeskirche in Württemberg diese Vorwürfe zu entkräften und durch eine Umfrage in ihren Hilfsstellen zu belegen, dass sehr wohl auch Angehörige anderer Konfessionen Hilfe erfuhren. Heutige Forschungen können nachweisen, dass es sehr wohl eine „Tendenz des württembergischen Hilfswerk zur konfessionsgebundenen Hilfe" gegeben hat.[13] Umgekehrt geriet auch manche Praxis katholischer Organisationen in die Kritik, so in Augsburg als einheimische Geistliche katholischen Jugendlichen die kirchliche Zustimmung zur Teilnahme an interkonfessionellen Gruppen verweigerten, wodurch sie, so der Vorwurf, zumindest indirekt der Pfadfinderbewegung schadeten:

> The Catholic Church even satisfactorily wrecked the Boy Scout Movement by refusing to participate in any confessional activity.[14]

Dennoch gab es immer wieder auch fruchtbare – mehr oder weniger freiwillige – konfessionsübergreifende Kontakte.[15] Eine spezielle Form der Zusammenarbeit zeigte sich z.B. bei der Umsiedlung von Familien innerhalb des Bistums nach konfessionellen Gesichtspunkten.[16]

In manchen Bereichen wiederum spielten Flüchtlinge und Vertriebene eher unbeabsichtigt den Interessen kirchlicher Eliten in die Hände. Das galt etwa bei der Rücknahme verschiedener gesellschaftlicher Modernisierungen, zu denen es im Kriegsverlauf und danach gekommen war, wie z.B. der zunehmenden Erwerbstätigkeit von Frauen. Aufgrund der kriegsbedingten Abwesenheit der Männer waren vermehrt Frauen während des Krieges nicht nur in der Industrie beschäftigt worden, sondern hatten auch Gelegenheit erhalten, im binnenkirchlichen Bereich Tätigkeiten auszufüllen, die ihnen zuvor verwehrt worden waren. Ein Beispiel hierfür ist die Unterstützung bei der Vorbereitung von Kindern auf die Erstkommunion, die während des Nationalsozialismus weitgehend außerhalb der Schule stattfinden musste, da Religionsunterricht

---

13   Dietmar Merz, „Nehmt euch Ihrer barmherzig an" – Die Flüchtlingshilfe des Hilfswerks der evangelischen Kirche in Württemberg, in: Rainer Bendel/Abraham Kustermann (Hg.), Die kirchliche Integration der Vertriebenen im Südwesten nach 1945. Beiträge zu Theologie, Kirche und Gesellschaft im 20. Jahrhundert, Bd. 19, Berlin 2010, S. 123-139, hier S. 131f.
14   Sonthofen, Annual Historical Report 1.7.46-30.6.47, Chapter 2, S. 2f., StAA, OMGB, 10 65-3 15.
15   Das bekannteste Beispiel ist dabei sicher die Mitbenutzung von Kirchen der anderen Konfession, die es auch in Augsburg gegeben hat. Siehe dazu: Markt Oberdorf, Quarterly Historical Report 1.10.-31.12.47, C. VII Religious Affairs, S. 11, StAA, OMGB.
16   Landkreis Donauwörth/Germany, Annual Historical Report 1946/47 vom 15.7.1947, S. 18, StAA, OMGB, Military Government Liaison and Security Office.

verboten war.[17] Die Rückkehr der männlichen Lehrkräfte nach dem Krieg wurde nun genutzt, um Frauen in hohem Maße wieder aus dieser Aufgabe zu verdrängen, nicht zuletzt um somit zu einem vorgeblichen ‚Normalzustand' der Familien zurückzukehren. Auch durch eine gezielte Fürsorge- und Sozialpolitik im Rahmen der Flüchtlings- und Vertriebenenpolitik der Kirchen erfolgte die Herstellung der tradierten Geschlechterordnung, indem geschlechterspezifizierende Rollenvorstellungen und Arbeitszusammenhänge – durch eine strikte Trennung von (weiblicher) Familienarbeit und außerhäuslicher Erwerbsarbeit (von Männern) – gezielt gefördert und gelenkt wurden. So dominierten auch bei der Unterstützung von Flüchtlingen und Vertriebenen klassische Geschlechtervorstellungen: In sozialen Fragen waren Frauen als Helferinnen aufgerufen, bei Unterstützungsleistungen wie dem Aufbau von Wohnraum wandte sich die Kirche ausschließlich an Männer.

Ähnlich erging es den vertriebenen und geflüchteten Ordensleuten im Bistum Augsburg. Hier waren es insbesondere Ordensschwestern in ihrer Eigenschaft als (nicht regulär erwerbstätige) Krankenschwestern oder Erzieherinnen, die mit offenen Armen aufgenommen wurden, nicht zuletzt, da sie – vielfach als eingespieltes Team – bestehende und dringend erforderliche karitative Einrichtungen der katholischen Kirche entweder neu aufbauen oder ‚erneuern' konnten. Allein im September 1945 gab es 100 Einrichtungen mit über 13.170 Betten, in denen 1.866 Ordensleute nur 527 weltlichen Hilfskräften gegenüberstanden; hinzu kamen 83 Kinderkrippen, -horte und -gärten sowie 161 Krankenpflegestationen.[18] Insgesamt konnten diese ‚integrierten' Ordensleute die durch den Mangel an Nachwuchs bedingte Ausdünnung des kirchengestützten sozialen Systems verlangsamen – gänzlich aufhalten konnten sie diese jedoch nicht mehr.

Ein anderes Bündnis zwischen Amtskirche und Vertriebenen ergab sich über die politischen Entwicklungen auf der weltpolitischen Bühne: Der traditionelle Antikommunismus der katholischen Kirche fand bei der Mehrheit der Vertriebenen eine Entsprechung in ihrer Ablehnung gegenüber den neuen

---

17 Ulrike Altherr, Kirchliche Vertriebenenarbeit und die Interessen von Frauen. Katholische Frauenorganisationen in der Diözese Rottenburg-Stuttgart nach 1945, in: Joachim Köhler/ Damian van Melis (Hg.), Siegerin in Trümmern. Die Rolle der katholischen Kirche in der deutschen Nachkriegsgesellschaft, Stuttgart u.a. 1998, S. 175-199, hier S. 187f.

18 Schreiben des Caritas-Verbandes Augsburg an den Deutschen Caritas-Verband München vom 25.9.45, ABA, GV 1734. Nicht nur in solchen kleineren Stationen waren die „Borromärinnen" tätig, sondern auch in großen Anstalten wie dem Lungenlazarett in Füssen und später in Sonthofen. Dort versorgten sie zusammen mit Schwestern des Stettiner Caroluskrankenhauses rund tausend PatientInnen. Vgl. dazu ABA, FKl 475, Schreiben des Klosters der Borromäerinnen Altstädten/Allg. an das Bischöfliche Ordinariat Augsburg vom 9.10.1945.

politischen Machthaber in ihrer früheren Heimat.[19] Eine Heimkehr war für viele nur nach einem Macht- bzw. einem Systemwechsel in diesen Ländern denkbar. Gemeinsam mit der Kirche hofften sie auch die übrige einheimische Bevölkerung als Unterstützer für ihre Anliegen zu gewinnen, indem sie – wie z.B. die Ackermann-Gemeinde – geradezu ‚missionarisch' wirkten. Dieser Zusammenschluss katholischer sudetendeutscher Vertriebener veranstaltete unter anderem Filmabende,[20] an denen er für Einheimische und Vertriebene den vom Ministerium für Gesamtdeutsche Fragen zur Verfügung gestellten Film „Blick hinter den eisernen Vorhang" vorführte.[21]

2 Gruppenspezifische Unterstützungsmaßnahmen

Insbesondere durch die große Zahl an Männern, die im Krieg gefallen waren oder sich in Kriegsgefangenschaft befanden, war zunächst die Mehrheit der Flüchtlinge und Vertriebenen ebenso wie bei den Einheimischen in den ersten Jahren nach dem Krieg weiblich.[22] Frauen waren dementsprechend stärker von der Enge des Zusammenlebens betroffen, da ihre Väter, Söhne oder Ehemänner oftmals erst nachträglich zu ihnen stießen und dann recht schnell durch ihre außerhäusliche Berufstätigkeit weit weniger mit Alltagsproblemen und -konflikten belastet wurden. Insofern ist es nicht überraschend, wenn die langjährige Vorsitzende des Katholischen Deutschen Frauenbundes (KDFB)

---

19 So schrieben beispielsweise die deutschen Bischöfe in ihrem Hirtenwort 1947 an die Kirchenmitglieder, dass die „soziale Neuordnung [...] nicht in einer Umwandlung des Privatkapitalismus in einen Staatskapitalismus bestehen darf", und forderten ein „Festhalten am Privateigentum". Vgl. dazu Kardinal Josef Frings u.a., Gemeinsames Hirtenwort der am Grabe des hl. Bonifatius versammelten Erzbischöfe und Bischöfe Deutschlands, in: Amtsblatt für die Diözese Augsburg 11 (1947), S. 121-130, hier S. 127.

20 Die Ackermann-Gemeinde war ein Zusammenschluss katholischer Vertriebener aus dem Sudetenland und von der Mitgliederzahl her die größte unter den Vertriebenenorganisationen im Untersuchungsraum.

21 AAGA, Archiv 0802, Bericht über die Aufführung des Dokumentarfilmes „Blick hinter den eisernen Vorhang" vom 7.5.1953.

22 Vgl. zum Verhältnis der Geschlechter innerhalb der deutschen Gesamtbevölkerung, beginnend 1950, die Tabelle: Bevölkerung nach Geschlecht (Deutschland), https://www.deutschlandinzahlen.de/tab/deutschland/demografie/bevoelkerung-nach-geschlecht-deutschland (12.12.2018). In diesem Sinne fordert Tönsmeyer mit Blick auf AkteurInnen in Besatzungsgesellschaften eine stärkere Berücksichtigung des Faktors Geschlecht. Vgl. dazu Tatjana Tönsmeyer, Besatzungsgesellschaften. Begriffliche und konzeptionelle Überlegungen zur Erfahrungsgeschichte des Alltags unter deutscher Besatzung im Zweiten Weltkrieg, Version: 1.0, in: Docupedia-Zeitgeschichte, 18.12.2015, http://docupedia.de/zg/toensmeyer_besatzungsgesellschaften_v1_de_2015 (27.9.2018).

in der Diözese Augsburg, Elisabeth Scherer, den Vertretern der Amtskirche deutlich machte: „Die Flüchtlingsfrage ist eine Frauenfrage" und vorschlug, dass vor allem Frauen in den Pfarreien die anstehenden Integrationsaufgaben koordinieren sollten. Dazu gehöre neben konkreten Hilfsangeboten besonders die Fähigkeit, ein Gefühl der Anteilnahme zu vermitteln.[23] Demgegenüber riefen die Bischöfe im Januar 1946 das Hilfswerk „Die katholische Frauenhilfe für Kriegsopfer" ins Leben, in dessen Mittelpunkt die Unterstützung von kriegsversehrten Soldaten stand. Immerhin war in diesem Hilfswerk nun auch eine Frau (die Vorsitzende des KDFB) neben einem Beauftragten des Bischofs und dem Caritasdirektor im Leitungsgremium vertreten.

Obwohl die unterstützende Haltung gegenüber den Vertriebenen überwog,[24] gab es hin und wieder auch deutliche Widerstände, wie ein Beispiel aus Friedberg veranschaulicht: Hier plante der zuständige Flüchtlingskommissar Karl Wollrab ein Altenheim für Flüchtlinge und Vertriebene in einer Gastwirtschaft unterzubringen, die dem Katholischen Fürsorgeverein für Mädchen, Frauen und Kinder gehörte. Wollrab versuchte von vornherein Rücksicht auf die Normen des Vereins zu nehmen, indem er ankündigte, dass nur katholische Frauen dort einquartiert werden sollten. Dennoch lehnte der Verein ab, wobei er Mängel bei der Ausstattung des Gebäudes anführte. Wollrab gab sein Anliegen jedoch nicht auf und wandte sich mit neuen Argumenten an die Verantwortlichen, erhielt aber wiederum eine – diesmal scharf formulierte – Absage. Daraufhin schaltete Wollrab den Augsburger Caritasdirektor Johannes Nar ein, der sich von der Richtigkeit der Idee überzeugen ließ und wenige Tage später den Verein bat, das Angebot des Flüchtlingskommissars anzunehmen. Dabei verwies er einerseits auf die zu erwartenden Mieteinnahmen, andererseits auf die sich aus dem christlichen Glauben ergebende Fürsorgepflicht gegenüber

---

23 Undatiertes Schreiben des Katholischen Frauenbundes Augsburg (Scherer) an den Pfarrer von Rieden a.d. Kötz, ABA, Pf 221.

24 Dass Simon Strobl in seinem Aufsatz zum Ergebnis kommt, dass es sich bei „mehr als der Hälfte aller positiven Zuschreibungen um den Kontext der Bewertung von Einzelfällen oder einzelnen Personen handelt", liegt vermutlich in seiner Quellenauswahl begründet, da sich seine Studie auf Seelsorgeberichte des Bistums München stützt und damit vor allem die Einstellung der Gemeindepfarrer zur Geltung kommt, auf deren oft ambivalente Haltung zwischen den Einheimischen und den Flüchtlingen und Vertriebenen hingewiesen wurde. Zugleich sind regionale Unterschiede und solche zwischen den regionalen kirchlichen Eliten nicht auszuschließen. Vgl. dazu Simon Strobl, Flüchtlingsnot als Prüfstein für eine katholische Seelsorge. Die seelsorgliche Integration der katholischen Vertriebenen im Erzbistum München und Freising. Eine Untersuchung mit Auswertung der Seelsorgeberichte der Münchener Westdekanate 1945-1953, in: Beiträge zur altbayerischen Kirchengeschichte, hrsg. vom Verein für Diözesangeschichte von München und Freising 57 (2017), S. 129-226, hier S. 194f.

den notleidenden Vertriebenen. Als auch dieser Appell und weitere Vermittlungsversuche unterschiedlicher Stellen ins Leere liefen, wurde das Gebäude durch die Behörden beschlagnahmt,[25] wobei sich explizit der Caritasdirektor gegen die Haltung des Katholischen Fürsorgevereins für Mädchen, Frauen und Kinder wandte und seine Unterstützung bei der Beschlagnahmung des Gebäudes hervorhob.[26] Dieses Beispiel verdeutlicht eine nicht selten zu beobachtende Konfliktlinie, die im Binnenraum des Katholizismus zwischen der Amtskirche bzw. ihr nahestehenden Großorganisationen der Kirche wie der Caritas auf der einen und Laien(verbänden) auf der anderen Seite verlief. Offensichtlich konnte sich der ‚von außen' in das Geschehen gerufene Caritasdirektor in diesem Fall aufgrund seiner vermeintlich örtlichen ‚Unbefangenheit' selbst gegen einen alt eingesessenen katholischen Verein wenden, wenn es um die Durchsetzung – im Sinne der Caritas – professioneller Fürsorgeinteressen ging. Dies war jedoch nicht selbstverständlich. In der Regel finden sich eher Zeugnisse, in denen davon berichtet wird, dass sich Geistliche auf die Seite ‚ihrer' Gemeindemitglieder und damit auf die der einheimischen Bevölkerung stellten oder es sich zumindest mit den einflussreichen Personen vor Ort nicht verscherzen wollten.[27]

So z.B. unterstützte der ortsansässige Pfarrer von Krumbach seine Gemeinde in ihrer Haltung, dass die Flüchtlinge und Vertriebenen nicht in den Ort gehörten und auch nicht bleiben könnten.[28] Offenbar sahen sich einheimische Pfarrer in etlichen Fällen vor die Entscheidung gestellt, entweder für die einheimischen oder die neuen Gläubigen Partei ergreifen zu müssen, schließlich waren sie als Autoritätspersonen von nicht zu unterschätzender Bedeutung für die Meinungsbildung. Es kam aber auch vor, dass Ortsgeistlichen die neuen Gläubigen als Herausforderung für die eigene Tätigkeit sahen und sich dieser Gruppe auf verschiedene Art und Weise zuwandten.

Fragt man nach den Motiven der Ablehnung der Einheimischen gegenüber den Flüchtlingen und Vertriebenen, so zeigt sich nicht selten, dass es weniger um ausgeprägte Ressentiments gegen die neu Hinzugezogenen ging, als um

---

25 Stadtrecher, Nicht unter Fremden?, S. 261-263.
26 Ebd., S. 262.
27 Das berichteten zumindest Flüchtlinge und Vertriebene an den Katholischen Flüchtlingsrat, der sich auch in dieser Sache per Rundschreiben an alle Seelsorger wandte. Zugleich wurden an die Seelsorger hohe Erwartungen gerichtet und sie wurden darum gebeten, die Vertriebenen nicht mit „den Maßstäben der bäuerlichen Menschen [I]hres Dorfes oder der besitzenden Einheimischen überhaupt" zu messen. Vgl. dazu: Rundschreiben des Katholischen Flüchtlingsrates an alle Seelsorger, in: Amtsblatt für die Diözese Augsburg 4 (1950), o.S.
28 StAA, OMGB 10 81-2 5, Annual Historical Report Krumbach vom 30.6.1947.

jahrzehntealte Querelen in der eigenen, meist engen (dörflichen) Gemeinschaft. So ist auch anzunehmen, dass frühere Erfahrungen einen mit harten Bandagen ausgetragenen Konflikt prägten, der um die Behandlung vertriebener Ordensschwestern kreiste und zwischen der Leitung des Klosters Altstädten und dem Ortsgeistlichen Helmle, der gleichzeitig als Beichtvater fungierte und damit eng mit dem Kloster verbunden war, ausgetragen wurde. Auslöser war die Frage nach dem Umgang mit einer offenbar psychisch erkrankten Schwester, die Aufnahme im Kloster finden sollte. Interessant ist zunächst, mit welcher offenen Ablehnung das Kloster, vertreten durch Schwester Laurentia Bader, in diesem Fall reagierte: „Wenn es nicht so schwierig wäre, sie über die Grenze zu bringen, so wäre es wohl das Gegebenste sie in das Provinzialhaus Olbersdorf zurückzuschicken, da ihre Mutter Tschechin gewesen ist und sie somit eigentlich dorthin gehört."[29] Zudem übte sie Kritik an Pfarrer Helmle, der die vertriebene Schwester unterstützte. Dieser wiederum attackierte in einem Brief an das Ordinariat die Ordensfrauen scharf und berichtete von Flüchtlingsschwestern, die lieber ohne Papiere in die russische Besatzungszone zurückgingen, als im Kloster in Altstädten zu bleiben. Von den Schwestern, die in den letzten Jahren Altstädten verließen, sei keine mehr zurückgekehrt. Ergebnis des Streites war der von ihm selbst vorgeschlagene Rückzug als Beichtvater des Klosters. Hier zeigt sich, dass vermeintliche Konflikte zwischen Einheimischen und Vertriebenen auch Folgen spezifischer Konfliktherde innerhalb der jeweils eigenen Gruppen sein konnten. Unter Umständen wirkten Flüchtlinge und Vertriebene auf diese Weise katalysatorisch auf bestehende Konflikte, indem sie diese unbeabsichtigt verschärften oder für einzelne Konfliktparteien einen (neuerlichen) Anlass für Eskalationen bildeten. Einmal mehr besaßen die ZuwandererInnen dann in gewisser Hinsicht einen instrumentellen Charakter für Einheimische.

3 Die neuen Mitbewohner und der Verlust tradierter Ordnung

Auch für die Einheimischen bedeuten die kriegsbedingten Veränderungen einen Verlust an ehemals stabilisierenden Faktoren, die unter anderem auch ihre Begegnung mit ihnen ‚fremden' Menschen beeinflussten. Vor allem der Zuzug einer großen Zahl von Menschen in ländliche Gebiete verschob in hohem Maße das Ordnungsgefüge insbesondere dörflicher Strukturen. Einen Konfliktherd stellte vor allem die behördlich angeordnete Einquartierung von

---

29 Vgl. auch im Folgenden: ABA, FKl 6, Schreiben von Schwester M. Laurentia Bader an den Bischof von Augsburg vom 21.12.1946.

Vertriebenen dar. Solche Maßnahmen bedeuteten für alle Betroffenen zunächst einen gravierenden Eingriff in die eigene Privatsphäre. Hinzu kamen Vorurteile und während der NS-Zeit geschürte Ressentiments insbesondere gegen OsteuropäerInnen auf Seiten der aufnehmenden Einheimischen, die nun auf Flüchtlinge und Vertriebene aus den deutschen Ostgebieten übertragen wurden und vermeintlich ‚moralisch' motivierte Vorbehalte machten die Runde:[30] So galten etwa junge weibliche Vertriebene generell als unzuverlässig. Ein Augsburger Pfarrer beklagte beispielsweise, dass seiner Ansicht nach weibliche Vertriebene weitaus häufiger unehelich schwanger würden als einheimische ledige Frauen.[31]

Beschworen wurde in all diesen Fällen die Wiederherstellung einer verloren geglaubten Idylle. Und tatsächlich lag für viele Einheimische eine Störung ihrer rudimentären Ordnung vor, wenn Menschen von außen in ihre Welt traten, mit denen sie sich – gewollt oder ungewollt – auseinandersetzen bzw. mit denen sie – in den extra dafür frei geräumten Zimmern – zusammenleben mussten. Die Reaktionen hierauf waren nicht selten Ablehnung oder gar Ausschluss der Neuankömmlinge aus gemeinschaftlichen und ‚gemeindlichen' Strukturen. Wenn ein Pfarrer z.B. darauf verwies, dass es vor der Ankunft der Vertriebenen noch nie eine Beschlagnahme von Teilen des Pfarrhauses gegeben habe, „auch nicht in der Nazizeit",[32] beschrieb er ein Sakrileg, das nicht mal die Nationalsozialisten fertig gebracht hatten. Auch wurde Kritik laut, wenn es um die Zuweisung von Sitzplätzen in Kirchen ging: Etliche Fälle belegen, dass Flüchtlinge und Vertriebene in Kirchengemeinden auf die hintersten Reihen verwiesen wurden, wie es etwa der Flüchtlingskommissar aus Neuburg beklagte.[33] Möglicherweise hing dies mit damals noch vorhandenen ‚Stuhlrechten' zusammen, die den Kirchgängern bestimmte Plätze reservierten und Neuankömmlingen nur die eher unbedeutenderen Plätze übrigließen. Wohl aus Rücksicht auf die einheimische Bevölkerung konnte sich die Bistumsleitung nicht zu einer Neuregelung durchringen, sondern mahnte zunächst lediglich an, dass bei einer

---

30 Vgl. Arnd Bauerkämper, Deutsche Flüchtlinge und Vertriebene aus Ost-, Ostmittel- und Südosteuropa in Deutschland und Österreich seit dem Ende des Zweiten Weltkriegs, in: Enzyklopädie Migration in Europa. Vom 17. Jahrhundert bis zur Gegenwart, Paderborn u.a. 2007, S. 477-485, hier S. 480f.

31 Vgl. ABA, Visitationsprotokolle (Dekanatsarchive), Dekanat Stiefenhofen, DA 4 K8, DA 4 St. 7-12 A, Protokoll vom 27.10.1953.

32 StAA, Regierungsflüchtlingsamt 194, Schreiben von Pfarrer Josef Kutzner (Dietershofen) an das Ordinariat Augsburg (Abschrift) vom 15.10.1946.

33 StAA, BA Neuburg 7314, Schreiben des Flüchtlingskommissars von Neuburg an die Regierung von Schwaben vom 30.6.1946, S. 9.

Neuvergabe die jüngsten Gemeindemitglieder zum Zuge kommen sollten.[34] Zusätzlich forderte sie in allgemeiner Form, dass die Flüchtlinge und Vertriebenen einen Platz bei den Gottesdiensten erhalten müssten.[35]

Hier zeigt sich, welch hohe Bedeutung Symbolen in diesen Aushandlungsprozessen um Ex- und Inklusion zukam. Die Beispiele von Einquartierungen oder Platzzuweisungen in Kirchen machen besonders deutlich, welchen tiefer liegenden Ressentiments die Vertriebenen ausgesetzt waren: Sie wurden dafür verantwortlich gemacht, dass selbst überlieferte – religiöse, mentale – Begrenzungen, die bisher umfassende Geltung besaßen, nun zur Disposition gestellt wurden. Zunächst war es der einzelne Flüchtling, der einem den Sitzplatz streitig machte, schon bald sah man darin ein Symbol für eine generelle ‚Eroberung' des eigenen (kirchlichen) Raums durch ‚die' Gruppe der Flüchtlinge und Vertriebenen.

4 Abgrenzung und Suche nach Identität

Gerade die moralischen Vorurteile boten Möglichkeiten, ungewollte gesellschaftliche Veränderungen von sich weg und auf eine ‚fremde' Gruppe zu projizieren, um letztendlich sich selbst dadurch zu entlasten. Paradoxerweise erhielten die Flüchtlinge und Vertriebenen dadurch eine identitätsstiftende, vergemeinschaftende Wirkung in Zeiten des Chaos für die Einheimischen selbst: Indem sie sich von den ‚Fremden' abgrenzen konnten, bezogen sie sich (wieder) auf sich als Gemeinschaft. Dies geschah auch im religiösen Bereich, was am Beispiel des sudetendeutschen Katholizismus besonders deutlich wird, der im Vergleich zu der eigenen bayrischen Tradition abgewertet wurde.[36] Gleichzeitig ging damit eine „Revitalisierung traditionaler Muster" einher, wofür nicht nur das Symbol der als typisch bayerisch geltenden Lederhose stand, deren Ausgabe an Flüchtlinge durch Einheimische zu verhindern versucht wurde.

---

34 So die überlieferte Aussage von Prälat Domkapitular Dr. Hörmann bei der Diözesankonferenz 1947, vgl. ABA, GV 257, Niederschrift über die Diözesankonferenz 1947 (7. und 8.10.1947 im St. Antoniushaus in Augsburg).

35 [Robert] Domm, Richtlinien der Diözesansynode 1947, in: Amtsblatt für die Diözese Augsburg 17 (1947), S. 198-200, hier S. 199.

36 StAA, OMGB 10 83-2 5, Quarterly Historical Report Friedberg 1.1.-31.3.47. Hier heißt es: „Priests consider the Catholicism as inferior to the kind of Catholicism they are accustomed to."

Im Binnenraum der Kirche kam es immer wieder zu Konflikten, wenn es um die Anerkennung von Frömmigkeitsformen ging.[37] Nicht selten standen dabei die Gemeinden den Bemühungen der Kirchenführung entgegen, konfessionellen Zusammenhalt und damit Schlagkraft gegenüber der anderen Konfession zu gewinnen. Entsprechend empfahl der Augsburger Bischof den Priestern der Diözese, möglichen religiösen Defiziten aktiv entgegenzutreten und sich um die neuen Gläubigen zu kümmern.[38] Dazu dienten auch die Integrationsbemühungen, die insbesondere in den 1950er Jahren unternommen wurden. So berichtete die Kirchenzeitung im Jahr 1954 über die Fronleichnamsprozession in Augsburg, dass Flüchtlinge und Vertriebene in ihren jeweiligen Trachten teilnahmen,[39] was als Sinnbild für Integration, als Zeichen der Verschmelzung zweier Teile bei Erhalt einer gewissen Eigenständigkeit, bewertet wurde.

Häufig resultierte aus der Ablehnung der Flüchtlinge und Vertriebenen die Forderung, dass die Menschen in ihre „alte Heimat" zurückkehren sollten. Untermauert wurde diese Forderung in der Regel mit Sachargumenten wie dem beschränkten Wohnraum oder die begrenzte Leistungsfähigkeit in Bezug auf die Lebensmittelversorgung vor Ort. Nicht selten wurden solche Verlautbarungen von einem großen Teil der EinwanderInnen unterstützt bzw. selbst vorgetragen, schließlich hoffte eine große Zahl der Vertriebenen noch lange auf eine Rückkehr in ‚ihre' Heimat. Die Einheimischen konnten sich bei solcher Art Forderung unbeschadet möglicher Anfeindungen, fremdenfeindlich zu sein, an die Seite der Vertriebenen stellen.[40]

5 Fazit

Insgesamt zeigt sich, dass die Ablehnung gegenüber Flüchtlingen und Vertriebenen eher auf der individuellen Ebene stattfand, etwa wenn Flüchtlinge und Vertriebene zu unfreiwilligen „Hausgästen" wurden oder ihretwegen der angestammte Platz in der Kirche verloren ging. Demgegenüber erfuhren sie als Gruppe insbesondere dort Unterstützung, wo man – wie im Falle der Verschiebung

---

37 Vgl. Krauss, Das „Wir" und das „Ihr", S. 33.
38 ABA, Pf 72 (Ettenbeuren), K 437, Schreiben des Bischofs an die Mitbrüder vom 15.10.1946.
39 O.A., Fronleichnam in Augsburg, in: Augsburger Katholische Kirchenzeitung 26 (1954), S. 12.
40 Ein Beispiel dafür ist etwa die vom einheimischen Prälaten Joseph Hörmann und vom sudetendeutschen Vertriebenenseelsorger Rudolf Hacker gezeichnete Resolution, die das Ergebnis einer Wallfahrt nach Ottobeuren war, an der über 25.000 Menschen teilnahmen. Vgl. dazu StAA, OMGB 10 66-3 45, Entschließung Ottobeuren, 31.7.1949.

konfessioneller Grenzen – die Vertriebenen als willkommene Mitglieder neuer Gemeinden begrüßen konnte. Daneben entfalteten die Flüchtlinge und Vertriebenen als Gruppe Wirkungen, die sicher zumindest teilweise unterbewusst blieben. Wurde die vorläufige Verdichtung des sozialen Netzes zumindest von der kirchlichen Führung sicherlich als positiv wahrgenommen, so ist unklar, ob die indirekte Wirkung der Zuwanderung, wie die Rücknahme bestimmter Modernisierungen auf dem Arbeitsmarkt, überhaupt zur Kenntnis genommen wurden. Unbeabsichtigt integrationsfördernd wirkten die ‚Fremden' dort, wo Vorurteile ihnen gegenüber und ihre bewusste Ausgrenzung zu einer neuerlichen Vergemeinschaftung der einheimischen Gruppierungen führte oder – im Gegensatz dazu – zusätzlich zu neuen Streitfragen.

Deutlich zeigt sich jedoch, dass Vorurteile gegenüber Flüchtlingen und Vertriebenen – auch in den Köpfen einheimischer KatholikInnen – noch längere Zeit bestehen blieben. Sie endeten auch in Bayern nicht durch den symbolischen Akt, bei dem die Sudetendeutschen zum fünften Stamm des Bayerischen Volkes erklärt wurden. Dies lässt sich eher wieder als ein – in diesem Fall politischer – Akt der Zwangsintegration lesen denn als ein gesellschaftlicher Prozess der Inklusion.

Willkommen in der Kirche? Die Aufnahme von evangelischen Vertriebenen im kirchlichen Raum: Differenzerfahrungen, Assimilationserwartungen und Integrationspraktiken

Felix Teuchert

Zwischen 1944 und 1948 wurden ca. 14 Millionen Deutsche aus den Gebieten östlich von Oder und Neiße vertrieben.[1] 8 Millionen gelangten nach Westdeutschland, 4 Millionen in die Sowjetische Besatzungszone. Die Integration von 8 Millionen Vertriebenen stellte die westdeutsche und später die bundesrepublikanische Nachkriegsgesellschaft, die nicht nur eine „Zusammenbruch-", sondern im hohen Maße auch eine „Konfliktgesellschaft" war,[2] vor enorme Herausforderungen sozialer, wirtschaftlicher, materieller und kultureller Art. Hans Günter Hockerts spricht in diesem Zusammenhang von einer „Gründerkrise der Bundesrepublik",[3] andere identifizieren die Vertriebenenfrage als „schwerwiegendstes Strukturproblem der Nachkriegszeit".[4] Den Zeitgenossen schien es alles andere als selbstverständlich, dass die vorgesehene Integration

---

1   Hier seien einige Überblickswerke sowie jüngere und herausragende Studien genannt: Manuel Borutta/Jan C. Jansen (Hg.), Vertriebene and Pieds-Noirs in Postwar Germany. Comparative Perspectives, Basingstoke 2016; Maren Roeger, Ereignis- und Erinnerungsgeschichte von Flucht und Vertreibung. Ein Literaturbericht, in: Zeitschrift für Historische Forschung 62 (2014), S. 49-64. Die gesamte bis 1989 erschienene Literatur findet sich in: Gertrud Krallert-Sattler, Kommentierte Bibliografie zum Flüchtlings- und Vertriebenenproblem in der Bundesrepublik Deutschland, in Österreich und in der Schweiz, München 1989. Einen guten Überblick über die Integration der Vertriebenen nach 1945 liefert Andreas Kossert, Kalte Heimat. Die Geschichte der deutschen Vertriebenen nach 1945, München 2008.
2   Der Begriff „Zusammenbruchgesellschaft" geht zurück auf: Christoph Kleßmann, Die doppelte Staatsgründung. Deutsche Geschichte 1945-1955, Bonn 1999, S. 37; vgl. auch Michael Schwartz, Vertriebene und „Umsiedlerpolitik". Integrationskonflikte in den deutschen Nachkriegs-Gesellschaften und die Assimilationsstrategien in der SBZ/DDR 1945-1961, München 2004, S. 21. Der Begriff der „Konfliktgesellschaft" hier nach: ebd., S. 8.
3   Hans-Günter Hockerts, Integration der Gesellschaft. Gründungskrise und Sozialpolitik in der frühen Bundesrepublik, in: Zeitschrift für Sozialreform 32 (1986), S. 23-41, hier S. 25.
4   Thomas Grosser, Von der freiwilligen Solidar- zur verordneten Konfliktgemeinschaft. Die Integration der Flüchtlinge und Vertriebenen in der deutschen Nachkriegsgesellschaft im Spiegel neuerer zeitgeschichtlicher Untersuchungen, in: Dierk Hoffmann/Marita Krauss/Michael Schwartz (Hg.), Vertriebene in Deutschland. Interdisziplinäre Ergebnisse und Forschungsperspektiven, München 2000, S. 65-86, hier S. 65.

erfolgreich verläuft. Zwar stand die staatsbürgerliche Integration und Gleichstellung der deutschen Vertriebenen nie zur Debatte, dennoch trug die Aufnahme der Vertriebenen die „Züge eines echten Einwanderungsprozesses innerhalb des gleichen Nationalverbandes" mit ungeahnten Schwierigkeiten und Herausforderungen.[5]

Auf solche Prozesse der Migration wird spätestens seit der Flüchtlingskrise im Jahr 2015 wieder vermehrt der Blick gelenkt, insbesondere wenn es darum geht, Integrationsprozesse historisch vergleichend und die Reaktionen auch der (deutschen) Aufnahmegesellschaft auf Flucht, Migration und Zuwanderung zu untersuchen.[6] In der spezifischen Situation des Jahres 2015 wurde für die zum Teil euphorische Stimmung während der Aufnahme der Flüchtlinge in Deutschland der Begriff ‚Willkommenskultur' geprägt. Am Beispiel der Integration der protestantischen Vertriebenen aus den deutschen Ostgebieten in die evangelischen Kirchen des Westens fragt dieser Beitrag danach, inwieweit sich der in einer spezifischen Einwanderungssituation geprägte Terminus verallgemeinern lässt und auf die Integrationssituationen von Vertriebenen der ehemaligen deutschen Ostgebiete in den Jahren 1945 bis weit in die 1960er Jahre hinein übertragen werden kann. Dies scheint aus drei Gründen vielversprechend: Erstens waren die evangelischen Kirchen selbst unmittelbar vom Vertreibungsgeschehen betroffen. Von den ca. 8 Millionen Vertriebenen, die nach 1945 in die westdeutsche Gesellschaft aufgenommen wurden, waren ca. zwei Drittel evangelische – überwiegend lutherische bzw. unierte – Christen, die in die zum Teil bekenntnisverschiedenen Landeskirchen und lokalen Kirchengemeinden integriert werden mussten. Zweitens stellt sich die Frage, inwieweit die Kirchengemeinden und ihre Vertreter das gesamtgesellschaftliche Integrationspotential, das sie vor allem den Kirchen zusprachen, selbst

---

5 Klaus J. Bade, Sozialhistorische Migrationsforschung und Flüchtlingsintegration, in: Rainer Schulze (Hg.), Flüchtlinge und Vertriebene in der westdeutschen Nachkriegsgeschichte. Bilanzierung der Forschung und Perspektiven für die künftige Forschungsarbeit, Hildesheim 1987, S. 126-162, hier S. 134. Dies erkannte auch schon die Flüchtlingssoziologie der 1940er und 1950er Jahre. Für den Flüchtlingssoziologen Eugen Lemberg trug die Vertriebenenproblematik die Züge eines Klassenkampfes und eines Nationalitätenkampfes. Vgl. Eugen Lemberg, Die Ausweisung als Schicksal und Aufgabe. Zur Soziologie und Ideologie der Ostvertriebenen, München 1949, S. 25. Mit den scharfen Gegensätzen, Xenophobien und Ausgrenzungsmechanismen befasst sich Michael Schwartz, Vertriebene und Umsiedlerpolitik. Integrationskonflikte in den deutschen Nachkriegs-Gesellschaften und die Assimilationsstrategien in der SBZ/DDR 1945-1961, München 2004, S. 19. Kossert spricht von einem „deutsche[n] Rassismus gegen deutsche Vertriebene"; vgl. Kossert, Kalte Heimat, S. 71.

6 Einen Überblick über die Migrationsgeschichte geben Jochen Oltmer, Migration im 19. und 20. Jahrhundert, München 2010; Klaus J. Bade, Historische Migrationsforschung, in: ders. (Hg.), Sozialhistorische Migrationsforschung, Göttingen 2004, S. 27-48.

praktizierten und ausfüllten. Und drittens soll geprüft werden, inwieweit sich eine religions- oder sogar konfessionsspezifische ‚Willkommenskultur' identifizieren lässt, sehen sich doch beide christlichen Kirchen dem anspruchsvollen sozialen Ethos der Nächstenliebe verpflichtet. Somit konzentriert sich dieser Beitrag in hohem Maße auf den innerkirchlichen Raum und nimmt die (evangelischen) Kirchen als einen der gesellschaftlichen Bereiche in den Blick,[7] die durch Selbst- und Fremdzuschreibung, so die Ausgangsthese, bereits zeitgenössisch als ‚die' relevanten gesellschaftlichen Integrationsagenturen betrachtet wurden.[8]

---

7 Paul Nolte spricht zumindest von einer Deckungsgleichheit von „christlicher Gemeinschaft und säkularer Gesellschaft"; vgl. Paul Nolte, Religion als zivilgesellschaftliche Ressource. Integration und Konflikt seit den 1950er Jahren, in: Edmund Arens/Martin Baumann/Antonius Liedhegener u.a. (Hg.), Integration durch Religion? Geschichtliche Befunde, gesellschaftliche Analyse, rechtliche Perspektiven, Zürich 2014, S. 133-154, hier S. 139.
8 Dies wurde erst in der jüngeren historischen Forschung zu Migration und Integration systematisch berücksichtigt. Vgl. eingehend Felix Teuchert, Die verlorene Gemeinschaft. Der Protestantismus und die Integration der Vertriebenen in die westdeutsche Gesellschaft, Göttingen 2018; ders., Identität im Konflikt. Die Integration der Ostvertriebenen im westdeutschen Protestantismus und die Bewältigung kultureller und konfessioneller Differenz, in: Zeitschrift für Kirchengeschichte 128 (2017), H. 3, S. 339-354. Neben den innerkirchlichen Integrationsdebatten werden dort auch die protestantischen Gesellschaftsvorstellungen sowie die sozialpolitische Mitwirkung und die Interaktionsverhältnisse zwischen Politik und Kirche analysiert; aber auch die Debatten im Vorfeld der Ost- und Vertriebenendenkschrift der EKD sowie die Denkschrift selbst kommen zur Sprache. Vor einiger Zeit nahm die sozialhistorische Migrationsforschung den Zusammenhang von Religion und Integration im Allgemeinen in den Blick; vgl. Hartmut Lehmann, Migration und Religion im Zeitalter der Globalisierung. Einführende Bemerkung, in: ders., Migration und Religion im Zeitalter der Globalisierung, Göttingen 2005, S. 7-12. An Studien zur Integration der Ostvertriebenen in die Kirchen mangelt es derzeit noch, von wenigen Pionierarbeiten abgesehen. Hier ist vor allem die umfassende, wegweisende Arbeit von Hartmut Rudolph aus den 1980er Jahren zu nennen; vgl. Hartmut Rudolph, Evangelische Kirche und Vertriebene 1945 bis 1972, Bd. 1: Kirchen ohne Land, Göttingen 1984; ders., Evangelische Kirche und Vertriebene 1945-1972, Bd. 2: Kirche in der Neuen Heimat, Göttingen 1985. Zur Integration der Vertriebenen in die ostdeutschen Landeskirchen am Beispiel der sächsischen Landeskirche vgl. Markus Wustmann, „Vertrieben, aber nicht aus der Kirche?". Vertreibung und kirchliche Vertriebenenintegration in SBZ und DDR am Beispiel der Evangelisch-Lutherischen Landeskirche Sachsens 1945 bis 1966, Leipzig 2013. In jüngster Zeit sind zudem einige Sammelbände und Aufsätze erschienen, die sich mit den Fragen beschäftigten, welche Veränderungen z.B. im kirchlichen Leben, in Liturgie, Gottesdienstordnung und Kirchenliedgut bewirkt wurden und in welcher Weise das ostdeutsche Traditionsgut Aufnahme in die Kirchenordnung fand; vgl. z.B. Uwe Rieske (Hg.), Migration und Konfession. Konfessionelle Identitäten in der Flüchtlingsbewegung nach 1945, München 2010. Stellvertretend für die große Zahl an (größtenteils zusammenfassenden) Aufsätzen seien hier genannt: Martin Greschat, „Mit den Vertriebenen kam Kirche"? Anmerkungen zu einem unerledigten Thema, in: Historisch-Politische Mitteilungen 13 (2006), S. 47-76; Dorothea Wendebourg, Die Evangelische Kirche in Deutschland und die vertriebenen Ostdeutschen, in: Zeitschrift für Theologie und Kirche 108 (2011), H. 1, S. 16-49.

Der Beitrag verfolgt diese Fragen in zwei Schritten: Zuerst werden die Integrationsdebatten und -konzepte vorgestellt, die zwischen dem Ostkirchenausschuss – dem Repräsentationsorgan der evangelischen Kirche gegenüber dem Rat der Evangelischen Kirchen Deutschlands (EKD) – und den westdeutschen Landeskirchen bzw. der EKD ausgehandelt wurden. Diese Ebene wird im zweiten Schritt anhand ausgewählter Beispiele um die Mikroperspektive der lokalen Kirchengemeinden vor Ort ergänzt. Fragen hierzu lauten: Wie vollzog sich die Integration der evangelischen Vertriebenen in die lokale Kirchengemeinde? Wie schlugen sich die Integrationsstrategien der Kirchenleitungen vor Ort nieder? Welche Integrationspraktiken lassen sich beobachten? Gab es so etwas wie eine praktizierte kirchliche ‚Willkommenskultur', die dem christlichen Liebes-Gebot entsprach? In diesem Zusammenhang wird der Blick vor allem auf religiös-kulturelle Praktiken gerichtet, die konstitutiv für das kirchliche Leben und die religiös-konfessionelle Identität sind, wie beispielsweise Liturgie, Abendmahl, Liedgut oder der Gebrauch von Musik im Gottesdienst.

Methodisch verortet sich der Beitrag im Spektrum der Kulturgeschichte und fokussiert die soziokulturell konstruierten und diskursiv erzeugten Problemzuschreibungen, mit denen die Vertriebenen belegt wurden und die sich schließlich in den konkreten Integrationskonflikten vor Ort niederschlugen. Karen Schönwälder bringt das methodische Selbstverständnis folgendermaßen auf den Punkt:

> Ausgangspunkt [...] ist die Überlegung, dass Migrationsprozesse sowie die Koexistenz von ethnisch verschiedenen Individuen oder Bevölkerungsgruppen nicht einfach per se klar bestimmte Probleme konstituieren, sondern dass sich in den politischen Eliten und in der breiteren gesellschaftlichen Diskussion ein Prozess vollzieht, in dem über die Wahrnehmung der Neuankömmlinge als willkommen oder lästig, als Arbeitsmarkt- oder Wohnungsproblem, als Frage der Außenpolitik oder Bedrohung nationaler Interessen etc. entschieden wird.[9]

1 Die Integrationsdebatten zwischen EKD bzw. westdeutschen Landeskirchen und Ostkirchenausschuss

Die evangelischen Kirchen ebenso wie die katholische Kirche verstanden sich nach dem Zusammenbruch des NS-Regimes (wieder) als relevante Faktoren gesamtgesellschaftlicher Integration. Nicht zuletzt das von den beiden

---

9 Karen Schönwälder, Einwanderung und ethnische Pluralität. Politische Entscheidungen und öffentliche Debatten in Großbritannien und der Bundesrepublik von den 1950er bis zu den 1970er Jahren, Berlin 2001, S. 31.

christlichen Großkirchen vertretene Rechristianisierungsprogramm brachte die Vision einer gesamtgesellschaftlichen Integration zum Ausdruck, deren Garant das Christentum mit seinen beiden in Deutschland dominanten Konfessionen und Kirchen sein sollte.[10] Dies galt in besonderer Weise mit Blick auf die Vertriebenen. Vor allem sollten gerade die Integration in die Institutionen der Kirchen und der christliche Glaube eine politisch-soziale Radikalisierung der Vertriebenen und ihr Abdriften in die ‚Asozialität' verhindern.[11] Hier kam eine im Protestantismus – nicht selten auch von vertriebenen Theologen – verbreitete Problemzuschreibung zum Ausdruck, wonach die Erfahrung der Vertreibung eine „Vermassung" der Gesellschaft und den „Klassenkampf" befördere und auf diese Weise die gesellschaftliche Ordnung in toto bedrohe.[12]

Allein zwei Drittel aller Vertriebenen waren evangelischer Konfession.[13] Nach ihrer Flucht trafen sie in Westdeutschland auf eine auch religiös zerklüftete Situation, schließlich hatte sich die bis dahin konfessionell relativ homogene Struktur Deutschlands grundlegend verschoben, da bei der Verteilung der Vertriebenen in die einzelnen Regionen von den Alliierten keine Rücksicht auf die konfessionelle oder landsmannschaftliche Zusammensetzung genommen wurde.[14] Den Protestantismus mit seinen drei Bekenntnissen traf dies in be-

---

10   Vgl. z.B. Axel Schildt, Zwischen Abendland und Amerika. Studien zur westdeutschen Ideenlandschaft der 1950er Jahre, München 1999, S. 138 und S. 215-219; auch Martin Greschat, Protestantismus im Kalten Krieg: Kirche, Politik und Gesellschaft im Geteilten Deutschland 1945-1963, Paderborn/München 2010, S. 351; Christian Hanke, Die Deutschlandpolitik der Evangelischen Kirche in Deutschland von 1945-1990. Eine politikwissenschaftliche Untersuchung unter besonderer Berücksichtigung des kirchlichen Demokratie-, Gesellschafts- und Staatsverständnisses, Berlin 1999, S. 457.

11   Letztlich wurde diese Vorstellung in den Debattenbeiträgen und Äußerungen protestantischer Akteure in unterschiedlicher Form immer wieder zum Ausdruck gebracht; vgl. vor allem Teuchert, Gemeinschaft, S. 58-76.

12   So sind diese Vorstellungen beispielsweise in den Vorträgen und Aufsätzen von Herbert Girgensohn, dem Vorsitzenden des Ostkirchenausschusses, zu finden; vgl. ebd., 58-76. Zu Girgensohn und anderen Akteuren der kirchlichen Vertriebenenarbeit vgl. ebd., S. 64-71.

13   Roman Herzog, Art. Ostgebiete, deutsche, in: Evangelisches Staatslexikon 1966, Stuttgart 1966, Sp. 1432; siehe auch Helmut Neubach, Die Rolle der beiden christlichen Kirchen bei der Eingliederung der Vertriebenen in die Bundesrepublik Deutschland, in: Manfred Wille (Hg.), 50 Jahre Flucht und Vertreibung, Magdeburg 1997, S. 202-213, hier S. 202.

14   Peter Maser, Die Aufnahme der Flüchtlinge und Vertriebenen, in: Gerhard Besier/Ekkehard Lessing (Hg.), Die Geschichte der Evangelischen Kirche der Union, Bd. 3, Leipzig 1999, S. 649-671, hier S. 652. Mathias Beer vergleicht die konfessionellen Verschiebungen mit denen infolge des Dreißigjährigen Krieges; siehe Mathias Beer, Flucht und Vertreibung der Deutschen. Voraussetzungen, Verlauf, Folgen, München 2011, S. 106. Die konfessionelle Durchmischung relativierend: Bernhard Parisius, Aufnahme und Sekundärwanderung von Flüchtlingen und Vertriebenen in den alten und neuen Bundesländern, in: Rieske, Migration, S. 17-55, hier S. 30f.

sonderer Weise, schließlich war nun auch die konfessionelle Homogenität der jeweiligen Landeskirchen infrage gestellt.[15] Die Differenz zwischen uniertem, reformiertem und lutherischem Bekenntnis warf das innerprotestantische Bekenntnisproblem auf, das auch die Konstituierung der EKD erschwerte.[16] Der Zuzug lutherisch geprägter Vertriebener aus der Altpreußischen Union und aus Schlesien stellte viele reformiert geprägte westdeutsche Gemeinden vor Herausforderungen. Das innerprotestantische Konfessionsproblem stellt ein Spezifikum des deutschen Protestantismus dar, für das es im Katholizismus, der ebenfalls zwei bis drei Millionen Vertriebene integrieren musste, in dieser Form kein Pendant gab.[17]

Rein kirchenrechtlich wurde die Aufnahme der evangelischen Vertriebenen in den protestantischen Kirchen Westdeutschlands nicht anders behandelt als die „Summe individueller Wohnortwechsel".[18] Damit kam der innerhalb der evangelischen Kirchen geltende Parochialzwang zum Zuge, d.h. dass bei einem Wohnortwechsel in eine bekenntnisverschiedene Landeskirche automatisch und ohne ausdrückliche Willenserklärung der Zuziehenden die protestantische Konfession gewechselt werden muss, was auch als ‚Möbelwagenkonversion' bezeichnet wird. Dieses Procedere orientierte sich an dem Territorialprinzip, der Einheit von Territorium und Bekenntnis, und damit an dem seit dem Westfälischen Frieden von 1648 geltenden Prinzip „cuius regio, eius religio".[19] Dieses bei individuellen Wohnortwechseln angewandte Prinzip wurde nun in toto auf die millionenfache Zwangsmigration der Vertriebenen übertragen, wonach die Vertriebenen die Konfession der aufnehmenden Landeskirchen anzunehmen hatten. Hingegen war die Bildung eigener Flüchtlingskirchen, wie sie in den zeitgenössischen Diskussionen immer wieder vorgeschlagen wurden,[20] kirchenrechtlich ausgeschlossen.[21] Bei der Konfessionszugehörigkeit verfolgten

---

15 Zwar hatten die Bekenntnisgegensätze eine lange Tradition, jedoch waren die Landeskirchen bis zur Vertreibung ab 1944/1945 konfessionell relativ homogene Territorien; vgl. Peter Maser, Ein schwieriger Neuanfang. Flucht und Vertreibung als Problem der evangelischen Kirchen, in: Deutsche Studien 150/2005, S. 35-56, hier S. 36. Mit der Vertreibung war die konfessionelle Struktur der westdeutschen Länder weitgehend erodiert; vgl. Parisius, Aufnahme, S. 17.
16 Rudolph, Kirche, Bd. 1, vor allem S. 182-212, 390-446 und 480-521.
17 Vgl. Greschat, Vertriebenen, S. 47-76, hier S. 49 und 71. Zur Integration der katholischen Vertriebenen vgl. auch den Beitrag von Markus Stadtrecher in diesem Band.
18 Rudolph, Kirche, Bd. 1, S. 192.
19 Zur Stellung der Ostkirchen: Rudolph, Kirche, Bd. 1, S. 192-212. Zum „cuius regio, eius religio" vgl. ebd., S. 206.
20 Vgl. Teuchert, Gemeinschaft, S. 71-77. Ausführlicher Rudolph, Kirche, Bd. 1, S. 192-212.
21 Ebd., S. 193.

die aufnehmenden Landeskirchen somit eine scheinbar bereits lang erprobte Assimilationsstrategie.

Wenngleich der innerkirchliche Integrationsprozess durch diese kirchenrechtliche Grundentscheidung bereits in bestimmte Bahnen gelenkt wurde, stellte sich dennoch die Frage, welchen Status die ehemaligen Ostkirchen erhalten sollten. Denn von der Vertreibung waren nicht nur Einzelpersonen oder einzelne Gemeinden betroffen, sondern vollständige evangelische Landeskirchen, deren Status, Gestalt und Funktion im neuen räumlichen Kontext geklärt werden musste. So blieb offen, ob diese Kirchen gänzlich erloschen waren oder als Kirchen ‚ohne Territorium' fortexistieren konnten. Um hier eine eigene Lobby zu schaffen, schlossen sich die Kirchenleitungen sowie die Pfarrer und Gemeindeglieder der vertriebenen ostdeutschen Landeskirchen ab 1946 in den sogenannten „Hilfskomitees" zusammen. Im Gegensatz zur politischen Sphäre, wo für die Vertriebenen in der unmittelbaren Nachkriegszeit partielle Koalitionsverbote galten, waren Selbstorganisationen der Vertriebenen im kirchlichen Raum erlaubt.[22] Jedes Hilfskomitee repräsentierte eine ehemalige heimatliche Landeskirche, beispielsweise gab es ein ostpreußisches Hilfskomitee, ein Hilfskomitee der evangelischen Christen aus Pommern oder die Gemeinschaft der evangelischen Schlesier.[23] Sie alle beanspruchten, die alten heimatkirchlichen Gemeinschaften zu bewahren und die einzelnen kirchlich und landsmannschaftlich bestimmten Vertriebenengruppen nach außen sichtbar zu machen.[24] Die Hilfskomitees schlossen sich wiederum im Ostkirchenausschuss zusammen, der sich als Repräsentationsorgan der evangelischen

---

22   Ebd., S. 66. Zum Koalitionsverbot auch Mathias Beer, Flüchtlinge – Ausgewiesene – Neubürger – Heimatvertriebene. Flüchtlingspolitik und Flüchtlingsintegration in Deutschland nach 1945, begriffsgeschichtlich betrachtet, in: ders./Martin Kintzinger/Martita Krauss (Hg.), Migration und Integration. Aufnahme und Eingliederung im historischen Wandel, Stuttgart 1997, S. 145-167, hier S. 162.

23   Die ehemaligen ostdeutschen Landeskirchen existierten in der Form sogenannter Hilfskomitees weiter. Für jede ostdeutsche Landeskirche wurde ein Hilfskomitee gebildet, in welchem in der Regel die ehemaligen Kirchenleitungen vertreten waren. Diese Hilfskomitees waren dem deutschen evangelischen Hilfswerk zugeordnet und für die karitative und seelsorgerliche Betreuung der Vertriebenen zuständig. Auf EKD-Ebene waren die Hilfskomitees im Ostkirchenausschuss zusammengefasst; vgl. Rudolph, Kirche, Bd. 1, S. 52-61 und 390-446.

24   Zwischen den Hilfskomitees und den weltlichen Landsmannschaften bestanden enge Verbindungen. Nicht zuletzt waren zahlreiche Landsmannschaften aus den kirchlichen Hilfskomitees hervorgegangen; zudem existierten personelle Verflechtungen. Die Bildung von landsmannschaftlichen Zusammenschlüssen war vor 1949 nur im kirchlichen Raum gestattet. Zur Gründungsgeschichte der Landsmannschaften und Vertriebenenorganisationen siehe: Kossert, Kalte Heimat, S. 139-164. Zum Zusammenhang von Hilfskomitees und weltlichen Landsmannschaften vgl. auch Rudolph, Kirche, Bd. 1, S. 66.

Vertriebenen verstand und als vollwertige Kirche anerkannt werden wollte. Diese Aufwertung jedoch verwehrten die westdeutschen Landeskirchen und der Rat der EKD dem Ostkirchenausschuss und wiesen ihm lediglich den Status eines „subordinierten Beratungsorgans" zu.[25] Durch die vom Rat der EKD gewählte Formulierung „ehemalige Ostkirchen" negierte er zudem vollständig deren Fortexistenz als vollwertige Kirche.[26]

In dieser Grundentscheidung der westdeutschen Landeskirchen kamen letztlich zwei handlungsleitende Motive zum Ausdruck: Erstens setzte der Rat der EKD in bekenntnispolitischer Hinsicht auf eine vollständige Assimilation der bekenntnisverschiedenen Vertriebenen, wodurch sie möglichst nicht mehr als eigenständige kirchliche Gruppen erkennbar sein sollten. Zweitens bezweifelte er, dass die vertriebenen Kirchen überhaupt als vollwertige Kirchen zu betrachten seien. Ihrem Repräsentationsorgan wurden daher jegliche kirchenregimentlichen Befugnisse verweigert. Somit strebten die Vertreter der Landeskirchen zwar eine Integration der Vertriebenen in die westdeutschen Landeskirchen und Gemeinden an, richteten dabei aber erhebliche Assimilationserwartungen an die Vertriebenen.

Insofern überrascht es nicht, dass diese Integrationsstrategie von den evangelischen Vertriebenen kritisiert wurde. So sprach sich Herbert Girgensohn, selbst vertriebener Theologe und Vorsitzender des Ostkirchenausschusses, in einem Memorandum zur „Eingliederung der Ostvertriebenen" gegen ein Denken aus, das sich seiner Meinung nach vornehmlich auf Rechtsstandpunkte zurückzog und die Integrationsfrage auf eine Machtfrage zwischen ohnmächtigen Vertriebenen und mächtigen Landeskirchen reduzierte,[27] was zu einem

---

25 Rudolph, Kirche, Bd. 1, S. 199.
26 Vgl. Schreiben von Herbert Girgensohn an die Kirchenkanzlei vom 30.9.1946, Evangelisches Zentralarchiv (EZA) Berlin, 17/296; Schreiben von Gerhard Gülzow an die Kirchenkanzlei vom 30.9.1946, Archiv des Diakonischen Werkes (ADW) Berlin, ZB 886; Vermerk über die Tagung des Ostkirchenausschusses am 18.1.1947 in Bielefeld, 22.1.1947, EZA Berlin, 17/559. Der Ostkirchenausschuss selbst bevorzugte die Bezeichnung „verdrängte Ostkirchen". Vgl. Friedrich Spiegel-Schmidt, Vortrag „Gedanken über die kirchliche Flüchtlingsarbeit in Vergangenheit und Zukunft", 10.2.1950, EZA Berlin, 607/121.
27 Herbert Girgensohn, Memorandum zur Frage der Eingliederung der Ostkirchen, ADW Berlin, ZB 886. Außerdem veröffentlicht in: Carl Brummack (Hg.), Die Unverlierbarkeit evangelischen Kirchentums aus dem Osten. Ertrag und Aufgaben des Dienstes an den vertriebenen evangelischen Ostkirchen, Ulm 1964, S. 42-57.

Zwiespalt [führe] [...] zwischen einer rein formalen Lösung, wonach die Flüchtlinge in den Gemeinden des Westens aufgehen, [...] und der sachlichen Wirklichkeit, wonach sie außerhalb der Gemeinden bleiben.[28]

Demgegenüber vertrat Girgensohn ein Kirchenverständnis, das vor allem den Dienstgedanken und die Idee der Brüderlichkeit betonte.[29] Für ihn stellte sich allerdings nicht so sehr die Frage nach dem Fortbestand der Ostkirchen, sondern er sah vielmehr die westdeutschen Landeskirchen durch die Kirchen der Vertriebenen, der „Kirche unter dem Kreuz", die sich als „echte Lebens- und Glaubensgemeinschaft" erwiesen habe, grundsätzlich infrage gestellt.[30] Danach hätte sich die „gesamte Kirche" vom Vertreibungsgeschehen angesprochen fühlen müssen, nicht zuletzt, da auch sie sich in einem Konstituierungs- und organisatorischen Neuordnungsprozess befand.[31] Für den Ostkirchenausschuss markierte die „Ortsgebundenheit lediglich ein kirchenrechtlich entscheidendes Kriterium der Kirche", während die Kirche als Bekenntnisgemeinschaft für sie auch ohne Land weiterexistierte.[32] Vor diesem Hintergrund forderte der Ostkirchenausschuss das Integrationskonzept einer „gliedhaften Einfügung", in der die Vertriebenen als „Glieder ihrer

---

28   Rudolph, Kirche, Bd. 1, S. 204. Zu einer Neubelebung der Diskussion um Ausrichtung und Stellung des Ostkirchenausschusses kam es in den Jahren 1949/1950, auch unter dem Eindruck der Entstehung säkularer Flüchtlingsorganisationen. Hierzu: ebd., S. 390-403. Nach Jürgen Seim wurden die Zuständigkeiten des Ostkirchenausschusses nie geklärt; siehe Jürgen Seim, Hans Joachim Iwand und die vertriebenen Ostpreußen, in: Kirchliche Zeitgeschichte 25 (2012), S. 24-34, hier S. 25.
29   Girgensohn, Memorandum.
30   Ebd. Die Formulierung „Lebensgemeinschaft" nach: Herbert Girgensohn, Flüchtlinge und Kirche, Stuttgart 1948, S. 31. Die Debatte darüber, wie religiös-exklusiv oder wie volkskirchlich-integrativ die Kirche sein solle, ist wohl ein klassisches, in Variationen immer wiederkehrendes Thema der Ekklesiologie, das hier angesichts der Vertriebenenproblematik aktualisiert wurde. Dabei mussten sich die Vertreter der Volkskirche die Kritik gefallen lassen, sich vom kirchlichen Auftrag einer „imitatio Christi" entfernt zu haben zugunsten eines verflachten, von Christus entfremdeten Traditionschristentums. In diesem Kontext nahmen die Vertreter der evangelischen Vertriebenen für sich in Anspruch, angesichts ihrer Leidenserfahrung und in der „Bewährung", der sie sich ausgesetzt sahen, ein authentischeres und intensiveres Christsein zu praktizieren.
31   Der Kirchenhistoriker Hartmut Rudolph verortet die Vertreibung ganzer Landeskirchen im Kontext des Verfassungsprozesses der EKD; vgl. Rudolph, Kirche, Bd. 1, hier vor allem S. 182-212, 390-446 und 480-521. Zur Entstehung der EKD insgesamt: Annemarie Smith-von-Osten, Von Treysa 1945 bis Eisenach 1948. Zur Geschichte der Grundordnung der Evangelischen Kirche in Deutschland, Göttingen 1980.
32   Protokoll der Tagung des Ostkirchenausschusses am 15.1.1947 in Bethel, ADW Berlin, ZB 886.

Heimatkirche" aufgenommen werden sollten.³³ Darüber hinaus vertrat er im Rekurs auf ein Gutachten des Kirchenrechtlers Ulrich Scheuner die Theorie der doppelten Mitgliedschaft: Die Vertriebenen sollten gleichzeitig Teil der aufnehmenden Gemeinden wie der alten heimatkirchlichen Gemeinschaften sein.³⁴

Dessen ungeachtet bestanden die aufnehmenden Landeskirchen jedoch weiterhin auf der Durchsetzung des Territorialprinzips und damit auf der „völligen Eingliederung" in die Landeskirchen und forderten dementsprechend die vollständige „Assimilierung der Vertriebenen", schließlich könne nur auf diesem Wege die „Aufrechterhaltung der Ordnung" gewährleistet sein.³⁵ Die westdeutschen Landeskirchen nahmen die Vertreibung ganzer Landeskirchen somit nicht als Anfrage an die eigene Existenz im Sinne Girgensohns wahr, sondern zogen aus dem Vertreibungsgeschehen keinerlei Konsequenzen für den gleichzeitig stattfindenden Verfassungsprozess der EKD.³⁶

Drei Jahre später unternahm der Ostkirchenausschuss einen erneuten Vorstoß und beauftragte die Theologieprofessoren Peter Brunner, Emil Weber und Ernst Wolf mit einem „Theologischen Gutachten zur Frage der kirchlichen Eingliederung".³⁷ Die Gutachter schlugen darin einen Kompromiss vor, der zwar einerseits die durch die EKD befestigte landeskirchliche Ordnung bekräftigte, andererseits zur brüderlichen Aufnahme wie zur Zubilligung von Freiheiten für die Ostkirchen mahnte. So sollten das heimatliche Liedgut berücksichtigt und von Zeit zu Zeit besondere Gottesdienste nach heimatlicher Liturgie abgehalten werden,³⁸ da nach Ansicht der Gutachter das mitgebrachte

---

33   Protokoll der Tagung von Vertretern der bedrängten Ostkirchen am 1.-2.5.1947 in Marburg, EZA Berlin, 17/57. Ein namentlich nicht genannter Redner plädierte für ein „gliedhaftes Einfügen" anstelle eines „Einfügen[s] des Einzelmenschen"; vgl. Herbert Girgensohn, „Diaspora als Lebensform der Kirche". Referat auf der Marburger Ostkirchentagung am 1.-2.5.1947, ADW Berlin, ZB 886. Ähnlich auch: Vermerk über die Tagung des Ostkirchenausschusses am 18.1.1947 in Bielefeld, 22.1.1947, EZA Berlin, 17/559.

34   Niederschrift der von der Kanzlei der EKD vom 19.-21.9. nach Königswinter einberufenen Konferenz über die Fragen der kirchlichen Flüchtlingsarbeit, ADW Berlin, CAW 682. Das Gutachten ist unter dem Titel „Rechtsstellung der Ostkirchen" überliefert, ADW Berlin, ZB 886.

35   Rudolph, Kirche, Bd. 1, S. 207; auch Greschat, Vertriebenen, S. 51.

36   Dieses Urteil findet sich nicht nur bei den Akteuren aus dem Ostkirchenausschuss, sondern wird auch in der kirchengeschichtlichen Literatur vertreten; siehe z.B. Rudolph, Kirche, Bd. 1, S. 207; Greschat, Vertriebenen, S. 51.

37   Peter Brunner/Emil Weber/Ernst Wolf, Theologisches Gutachten zur Frage der kirchlichen Eingliederung der Ostvertriebenen und Flüchtlinge, in: Dagmar Pöpping (Bearb.), Die Protokolle des Rates der evangelischen Kirche in Deutschland, Bd. 5: 1951, Göttingen 2005, S. 118-122.

38   Ebd., S. 119.

Erbe „Bestandteile [enthielt], auf die zu verzichten den Vertriebenen weder jetzt noch auf absehbare Zukunft zugemutet werden" konnte.[39] In gewissen Fällen sollte sogar die Bildung von eigenständigen Flüchtlingsgemeinden zugelassen werden, vor allem wenn Lutheraner in reformierte Landeskirchen aufgenommen wurden. Grundsätzlich sprachen sich die Theologen gegen kirchenregimentlichen Druck aus, empfahlen den „freien" Umgang mit den landeskirchlichen Ordnungen und betonten den „dienstbaren Charakter" der Kirchenordnungen:[40]

> Diese Erwägungen gingen von der Not der Vertriebene[n] als unsere Brüder aus. [...] Die Lösung des weiter greifenden Problems der Konfessionen in der EKiD sollte in keinem Fall auf dem Rücken der Vertriebenen ausgetragen werden. [...] Sie [die Erwägungen] wollen deren Bekenntnisstand und Ordnung nicht antasten, sind aber von der Überzeugung getragen, daß alle kirchliche Ordnung dienstbaren Charakter hat. Die landeskirchliche Ordnung kann daher ihrem Wesen nach nicht zu einem Hemmnis werden, durch das den Flüchtlingen und Ostvertriebenen der offene Zugang zu Wortverkündigung, Taufe und Abendmahl erschwert würde.[41]

Auch wenn der Rat der EKD und die westdeutschen Landeskirchen eine Assimilationsstrategie verfolgten, griffen in diesem Fall Kompromissmechanismen. So wurde das Gutachten von den Landeskirchen immerhin anerkannt, wenngleich es keine rechtliche Relevanz erlangte und von Landeskirche zu Landeskirche höchst unterschiedlich aufgenommen wurde.[42] Kompromisse wurden gesucht: Die evangelisch-lutherische Landeskirche Hannover sah die weitgehendsten Regelungen vor und beschloss die Aufnahme von sieben voll stimmberechtigten VertreterInnen der Vertriebenen in die Landessynode.[43] In Schleswig-Holstein erhielten die Vertriebenen hingegen nur einen Gaststatus ohne Stimmrecht.[44] Die bayerische Landeskirche wiederum wollte, so war jedenfalls in der Zeitschrift *Evangelische Welt* zu lesen, in ihren Richtlinien von 1949 den Eingliederungsvorgang nicht als „Gleichschaltung" verstanden wissen, genehmigte Heimattreffen, gewährte eine seelsorgerliche Betreuung der Vertriebenen durch „Ostpfarrer" und forderte eine bessere Repräsentanz der Vertriebenen in Kirchenvorständen.[45] Zugleich formulierte das Papier aber

---

39 Ebd., S. 118-122.
40 Ebd.
41 Ebd.
42 Rudolph, Kirche, Bd. 1, S. 228f.
43 Ebd., Bd. 2, S. 301f.
44 Ebd. Erst später wurde auf Antrag das volle Stimmrecht gewährt. Vgl. ebd.
45 Dienst an den Heimatvertriebenen, in: Evangelische Welt, 1.3.1949, S. 142f.

auch Einschränkungen: Heimatkirchliche Liturgien sollten nur „ausnahmsweise zur Anwendung kommen, sofern diese nicht als Hauptgottesdienst gehalten werden";[46] während des Abendmahls waren heimatliche Liturgien gänzlich untersagt.[47] Jeder einzelne Flüchtlingsgottesdienst konnte somit zum Politikum avancieren. Im Einzelfall fanden also permanent Aushandlungsprozesse statt zwischen dem Streben, die kirchliche Einheit und Ordnung zu erhalten, und den Anliegen der Vertriebenen, ihre religiösen und kulturellen Traditionen zu bewahren.

Auf der anderen Seite betrieben die Hilfskomitees eine eigene Traditionspflege, die die Erinnerung an die alte Heimat präsent halten sollte, wodurch allerdings die Identität der Vertriebenen als Ostkirche eher zementiert wurde, denn neue Wege der Integration geschaffen wurden. So kultivierten die Vertriebenengruppen in den lokalen Gemeinden ihre Erinnerung in Form von Heimatkalendern und Ostlandkreuzen. Besonders deutlich zeigte sich dies in der Lübecker Marienkirche. Dort wurde als sichtbarer Ausdruck der Heimatverbundenheit eine „Heimatgedenkkapelle" eingerichtet, die 1952 auf einem kirchentagsähnlichen „Tag der Heimat" im Beisein von Bundeskanzler Konrad Adenauer eröffnet wurde.[48] Die Einweihung der „Heimatgedenkkapelle" erfolgte im Kontext der 700-Jahr-Feier für die wiederaufgebaute Marienkirche, die im Krieg stark zerstört worden war. Nach der Renovierung war in den Fenstern der Kirche durch die dort abgebildeten Wappen der ostpreußischen Landkreise und Städte nun die alte Heimat der Vertriebenen repräsentiert.

Die in einer Bombennacht heruntergefallenen und zerbrochenen Glocken blieben als Mahnmal im Zentrum der Gedenkkapelle liegen. Eigentlich standen die zerstörten Glocken in keinem direkten, ursächlichen Zusammenhang zum Vertreibungsgeschehen. Indem die Glocken aber zum zentralen Element einer Kapelle avancierten, die an Heimatverlust und Vertreibung erinnern sollte, wurde nun faktisch ein Sinnzusammenhang zwischen Bombenkrieg und Vertreibungsgeschehen hergestellt.[49] So bestärkte die Gedenkkapelle nicht

---

46 Ebd.
47 Ebd.
48 Gerade in den späten 1950er Jahren wurde zudem eine Erbediskussion im Protestantismus geführt; hierzu Rudolph, Kirche, Bd. 2; Claudia Lepp, Der Protestantismus in den Debatten um gesellschaftliche Integration und nationale Identität, in: Christian Albrecht/Reiner Anselm (Hg.), Teilnehmende Zeitgenossenschaft. Studien zum Protestantismus in den ethischen Debatten der Bundesrepublik 1949-1989, Tübingen 2015, S. 65-80. Vgl. auch Brummack, Unverlierbarkeit. Anlässlich der Einweihung der Kapelle erschien eine kleine Schrift: 6 Jahre heimatvertrieben und doch Christ! Festschrift zum Tag der zerstreuten Heimatkirche in Lübeck 31. August bis 3. September 1951, Stuttgart 1951.
49 Ausführlicher zur Heimatkapelle in Lübeck: Philipp Stoltz/Felix Teuchert, Integration durch Architektur? Überlegungen und Beobachtungen zum Zusammenhang von

nur die spezifische Opfer- und Leiderfahrung der Vertriebenen, sondern konstruierte auf diese Weise eine gesamtdeutsche Opfererfahrung, mit der sich alle Deutschen identifizieren konnten – implizit sicherlich auch in Konkurrenz zur Auseinandersetzung mit der Schuld und Täterschaft der deutschen Gesellschaft.

Darüber hinaus lässt sich die Gedenkkapelle als Ausdruck einer spezifischen geschichtspolitischen, sinnstiftenden Deutung sowie eines integrativen Narrativs lesen. Die Vertreibung wurde gewissermaßen als ‚Heimkehr' gedeutet, nach der die Ostpreußen nach deren Auswanderung in den östlichen Ostseeraum im Rahmen der mittelalterlichen Ostkolonisation nun zurückgekehrt seien.[50] Einen symbolischen Ausdruck erhielt diese vorgestellte Re-Migration nun im Wiederaufbau der stark zerstörten Lübecker Marienkirche als – wie es in der Festschrift zur Einweihung zu lesen war – Ausgangs- und Orientierungspunkt der nun nach Gottes Willen endgültig gescheiterten deutschen Ostsiedlung. Auf diese Weise mutierte die Lübecker Marienkirche zur „Mutterkirche" der Ostkolonisation und der Ostpreußen, die nun nach Jahrhunderten zu ihrer „Mutterkirche" zurückkehrten.[51] Auch die äußere Gestalt der Marienkirche sollte diesen Charakter der „Mutterkirche" unterstreichen, schließlich sei sie als exponierte Vertreterin der norddeutschen Backsteinkirche auch Vorbild für die Danziger Marienkirche und die anderen großen gotischen Kirchen des Ostseeraums gewesen.[52]

In besonderer Weise lassen sich diese geschichtspolitischen, sinnstiftenden Narrative als Ausdruck einer ‚Willkommenskultur' begreifen, in der es nicht nur darum gehen sollte, einen Erinnerungs- und Identitätsort für die Ostvertriebenen zu schaffen, sondern die Vertreibung als Rück- und Wiederkehr der Vertriebenen zu inszenieren und durch den „Aufweis historischer Kontinuität" die Zusammengehörigkeit von Vertriebenen und Aufnehmenden symbolisch zum Ausdruck zu bringen.[53] Insofern verweist diese Erinnerungskultur auf die Existenz einer permanenten Vertriebenenidentität und eines Exilbewusstseins, das gleichzeitig auch religiös konnotiert war und im kirchlichen Raum praktiziert wurde, wenngleich solche Gedenkorte wie die Kapelle in Lübeck singulär blieben. Offenbar sollte die Erinnerung an die alte Heimat und das

---

Vertriebenenintegration und Kirchbau in der Nachkriegszeit, in: Mitteilungen zur kirchlichen Zeitgeschichte 9 (2015), S. 41-66.
50   Ebd., S. 55.
51   Hans Bayer, St. Marien über dem Meer, in: 6 Jahre heimatvertrieben und doch Christ! Festschrift zum Tag der zerstreuten Heimatkirche in Lübeck 31. August bis 3. September 1951, Stuttgart 1951, S. 13-26, hier S. 24.
52   Ebd., S. 24.
53   Vgl. Stoltz/Teuchert, Integration, S. 55.

Abb. 11.1   Bundeskanzler Adenauer besichtigt die Glocken der Marienkirche in Lübeck, 1951
(Foto: Archiv der Hansestadt Lübeck)

Sonderbewusstsein kanalisiert und nur an wenigen, exklusiven Orten kultiviert werden, nicht jedoch in den kirchlichen Alltag einfließen. Insofern ließe sich eher von einer ‚symbolischen Willkommenskultur' an ausgewählten, exklusiven Orten sprechen, die das Erinnerungsbedürfnis und die kulturelle Differenz repräsentieren sollten, während im kirchlichen Alltag die Integration möglichst geräuschlos, d.h. unter Aufgabe der heimischen Kultur und Kirchlichkeit zu erfolgen hatte.

2   Integrationskonflikte und Integrationspraktiken in der Gemeinde

Der Begriff ‚Integration' beschreibt nicht nur eine gesellschaftliche Makrodimension, sondern schließt vor allem die Ebene des alltäglichen Umgangs miteinander ein. Und gerade hier gewinnen Integrationskonflikte ihre Schärfe. Integration kann also ohne eine lokale Perspektive nur unzureichend verstanden werden. Das Beispiel des sogenannten Altarkerzenstreits in der Kirchengemeinde Rheydt, der zu Beginn der 1950er Jahre in der Rheinischen Landeskirche geführt wurde, macht anschaulich, wie sich die Integration der Vertriebenen vor Ort in den Kirchengemeinden gestaltete und welche Konflikte im kirchlichen Raum entstehen konnten.[54]

Zwischen 1947 und 1950 gelangten etwa 3.800 lutherische Vertriebene aus Schlesien in die reformierte Kirchengemeinde Rheydt, die gemäß ihrer Tradition den Wunsch hatten, Kerzen auf dem Altar aufzustellen. Die aufnehmende, reformierte Kirchengemeinde lehnte diesen Wunsch mit dem Argument ab, dass allein Gottes Wort gelte und jeglicher äußere Schmuck nur ablenke. Der reformierte Theologe Wilhelm Niesel erblickte in den von den Vertriebenen gewünschten Altarkerzen gar ein „Relikt aus Heiligenverehrung und Heidentum".[55] Solche Formulierungen illustrieren, wie (Bekenntnis-)fremdartig die evangelischen Glaubensbrüder aus dem Osten den aufnehmenden Theologen und Gemeinden erschienen. Neben dem Aufstellen von Altarkerzen,

---

54   Vgl. Rudolph, Kirche, Bd. 1, S. 502. Ähnliche Konflikte dürften sich dutzendhaft zugetragen haben; vgl. Wilhelm Hüffmeier, Wir sind richtig evangelisch – Migration und Konfession nach 1945 in der Perspektive der Evangelischen Kirche der Altpreußischen Union, in: Rieske, Migration, S. 90-108; Hans Otte, Sind wir nicht alle evangelisch? Konfession und Gemeindebildung in Nordwestdeutschland nach dem Zweiten Weltkrieg, in: ebd., S. 202-244; Marion Wetzel, Integration der Flüchtlinge in die schleswig-holsteinischen Kirchengemeinden, in: ebd., S. 109-125.

55   Stephan Bitter, Altarkerzen oder Wort Gottes? Eine theologische Ratlosigkeit bei der Integration von Flüchtlingen und Vertriebenen in der Nachkriegszeit, Bonn 2013, S. 37. Im Folgenden nach Bitter.

baten die Lutheraner darum, während der Liturgie stehen zu dürfen, verlangten zudem eine Unterweisung der vertriebenen Kinder in Luthers Katechismus sowie eine lutherische Abendmahlsfeier, was ebenfalls abgelehnt wurde. Daraufhin beschwerte sich eine vertriebene lutherische Familie in einem Brief bei den Vereinigten Evangelisch-Lutherischen Kirchen (VELKD):

> In unserer Heimat sind wir in einer evangelischen Kirche groß geworden, die ganz lutherisches Gepräge trug und Luthers Katechismus und die lutherische Gottesdienstordnung für unser kirchliches Leben maßgebend sein ließ. Jetzt sind wir hier in eine reformierte Gemeinde geraten, die rücksichtslos und schroff alle hierhergekommenen Evangelischen unter das Joch ihrer kalvinistischen Ordnungen und des Heidelberger Katechismus zwingen will. Das geht so weit, daß kürzlich bei der Trauerfeier für meinen Vater, die ein uns befreundeter lutherischer Geistlicher abhielt, das Anzünden von zwei Altarkerzen verboten und verhindert wurde in unserer Friedhofskapelle, die nüchtern und kahl nicht einmal ein Kreuz enthält. Auch das Spiel eines Harmoniums zur Begleitung der Choräle wurde verboten.[56]

Die Vertriebenen in der Kirchengemeinde Rheydt wehrten sich gegen dieses von ihnen als „Assimilation durch kirchliche Machtpolitik" und durch ein „inquisitorisches" Verhalten des Presbyteriums empfundenes Verhalten ihnen gegenüber und votierten schließlich dafür – nach mehrfachem, vergeblichen Protest –, sich in eine lutherische Bekenntnisgemeinschaft abzuspalten, die sich als eigenständige Kirche der VELKD anschließen wollte.[57] Evangelische Vertriebene fühlten sich in der aufnehmenden Kirche offenbar fremd und verteidigten ihre tradierten Praktiken gegen die assimilierenden Kirchenleitungen und Kirchengemeinden, auch wenn die einzelnen dogmatischen Unterschiede, die solchen unterschiedlichen Praktiken zugrunde lagen, den einzelnen Gemeindegliedern oftmals gar nicht bewusst waren. Letztlich kam, nachdem der Konflikt überregionale Wellen geschlagen und sich Bischof Hans Meiser, Landesbischof der bayerischen Landeskirche, zugunsten der Lutheraner eingeschaltet hatte,[58] ein mühsamer Kompromiss zustande: Die Lutheraner verzichteten auf eine Abspaltung, dafür wurde ihnen eine größere Eigenständigkeit und eine eigene Minderheitenbetreuung gewährt. Der Konflikt war damit auf pragmatische Weise gelöst worden. Mittelfristig etablierte sich auf diese Weise ein Modus Vivendi, der jedoch die tiefer sitzenden dogmatischen Unterschiede ausblendete,[59] was schließlich dazu führte, dass diese

---

56 Zit. nach Rudolph, Kirche, Bd. 1, S. 502. Vgl. insgesamt Bitter, Altarkerzen.
57 Ebd., S. 43f.
58 Ebd.
59 Ebd., S. 45-48.

Differenzerfahrungen und der pragmatische Umgang mit der eigenen Tradition in der langfristigen Perspektive zu einem Relevanzverlust dogmatischer Lehrinhalte beitrugen, die Verbindlichkeit kirchenleitenden Handelns beeinträchtigten und sich damit auch auf das religiöse Feld insgesamt auswirkten. So dürften im Angesicht der neuen Vielfalt an Frömmigkeitspraktiken die kirchlich tradierten, festgefügten und von kirchlichen Autoritäten normierten Formen des religiösen Lebens, wie sie sich beispielsweise in der Liturgie vermitteln, an Orientierungskraft und Verbindlichkeit eingebüßt und die Konfessionalität an Bedeutung verloren haben.[60]

Dass die Vertriebenen neben religiösen Praktiken allein durch ihre Präsenz Veränderungen in den Alltag des Gemeindelebens einbrachten, ließ sich, trotz der Bemühungen aufnehmender Kirchenleitungen und Gemeindeleitungen, gar nicht verhindern. Zu denken ist an den massiven Anstieg gemischtkonfessioneller Eheschließungen, die von den Kirchenleitungen mit großem Misstrauen – letztlich aber ohne Einfluss- und Sanktionsmöglichkeiten – beobachtet wurden.[61] Insofern zeigten sich auch bei den Einheimischen Anpassungsleistungen, die – zunächst sicherlich ungewollt – zu einem gemeinsamen Miteinander führten.

In manchen Gemeinden Schleswig-Holsteins, wo die Kirchlichkeit traditionell weniger stark ausgeprägt war, konnten die Vertriebenen die Ein-

---

60   Ein Zusammenhang zwischen Vertreibung, konfessioneller Durchmischung und Pluralisierung des religiösen Lebens ab der zweiten Hälfte der 1950er Jahre scheint grundsätzlich plausibel, allerdings besteht hier noch Forschungsbedarf. Einen solchen Zusammenhang andeutend: Greschat, Vertriebenen, S. 75f. Zum Relevanzverlust der Konfessionalität am Beispiel gemischtkonfessioneller Ehen vgl. Dimitrij Owetschkin, Auf dem Weg zur „Ökumene im Kleinen". Kirchen, bikonfessionelle Ehen und das evangelisch-katholische Verhältnis in der alten Bundesrepublik, in: Mitteilungen zur Kirchlichen Zeitgeschichte 7 (2013), S. 121-168. Zur religiösen Pluralisierung seit den späten 1950er Jahren insgesamt: Thomas Großbölting, Der verlorene Himmel. Glaube in Deutschland seit 1945, Göttingen 2013. Einen Zusammenhang von Vertreibung und Pluralisierung vorsichtig andeutend: Greschat, Vertriebenen, S. 75f.

61   Der Anstieg der gemischtkonfessionellen Eheschließungen wirkte sich ebenfalls auf die Frömmigkeitspraxis und das kirchliche Leben aus und unterminierte die kirchenleitenden Autoritäten. Aus diesem Grund beäugten Kirchenleitungen „Mischehen" ausgesprochen skeptisch. Vgl. Kristian Buchna, Ein klerikales Jahrzehnt? Kirche, Konfession und Politik in den 1950er Jahren, Baden-Baden 2014, S. 358. Zum Zusammenhang von gemischtkonfessionellen Eheschließungen und religiöser Sozialisation vgl. Owetschkin, Ökumene, S. 121-168. Im Kontext der Zuwanderung der Vertriebenen wurden zahlreiche Ehen zwischen Vertriebenen und Einheimischen geschlossen. Das geht hervor aus: Matthias Stickler, „Ostdeutsch heißt gesamtdeutsch". Organisation, Selbstverständnis und heimatpolitische Zielsetzung der deutschen Vertriebenenverbände 1949-1972, Düsseldorf 2004, S. 138. Da die Vertreibung auch die konfessionelle Durchmischung beförderte, dürfte dieser Umstand auch den Anstieg gemischtkonfessioneller Ehen begünstigt haben.

heimischen bei der Pfarrerwahl sogar durchaus aufgrund ihrer weitaus höheren Präsenz überstimmen und dementsprechend das kirchliche Leben dominieren. In Schleswig-Holstein sah sich die Kirchenleitung daher genötigt, auf die Veränderungsprozesse zu reagieren. Hier wurde 1954 eine Liturgiereform verabschiedet, die versuchte, jegliche Differenzen zu beseitigen. Heimatkirchliche Elemente der Vertriebenen wurden in die Agende übernommen, was allerdings wiederum den Protest von manchen einheimischen Gemeindegliedern hervorrief, die sich ihrerseits überfremdet fühlten.[62] Insgesamt entzog sich der Integrationsprozess also zumindest partiell der kirchenleitenden und kirchenadministrativen Steuerung und konnte so Veränderungs- und Anpassungsprozesse auf beiden Seiten nach sich ziehen.

3 Fazit

Wie das Aufeinandertreffen unterschiedlicher Kulturen und Traditionen im Alltag konnte auch die Konfrontation unterschiedlicher Kirchlichkeiten und religiöser Kulturen in der Aufnahmegesellschaft, in diesem Fall in den protestantischen Gemeinden Westdeutschlands, starke Abwehrreaktionen hervorrufen. Und wie unter den Vertriebenen wurden auch unter den Einheimischen zur gegenseitigen Abgrenzung die eigenen konfessionell-religiösen Traditionen und Praktiken verstärkt mobilisiert. Die Wahrnehmung der Fremdheit und Andersartigkeit war dabei auf beiden Seiten – bei Vertriebenen und Aufnehmenden – ganz erheblich, obwohl es sich um Angehörige derselben Konfession handelte. Etliche Dorf- und kirchliche Gemeinschaften waren bis dahin kaum in solcher, den (kulturellen) Alltag betreffenden Weise mit Andersartigkeit, Fremdheit und Differenz konfrontiert worden. Zur Wiederherstellung der ‚Ordnung' wurde deshalb von den Vertriebenen erwartet, dass ausschließlich sie sich den neuen Gegebenheiten anzupassen und ihre mitgebrachten, über Jahrhunderte eingeübten Frömmigkeitspraktiken und Gewohnheiten in der ‚neuen Heimat' abzulegen hatten. Für die Vertriebenen schloss sich somit an die ebenfalls erfahrene Differenz zu ihrem Gewohnten die Erwartung nach vollständiger Assimilation an.

Die Sorge der aufnehmenden Kirchenleitungen hingegen, welche die Deutungshoheit über das religiöse Leben ‚ihrer' Gemeinden beanspruchten, galt in diesem Prozess vor allem der Einheit der Kirche, konkret verwirklicht in der Durchsetzung der jeweils geltenden Kirchenordnung. Diese vertrug sich in der Vorstellung der verantwortlichen Zeitgenossen offenbar nicht mit

---

62 Wetzel, Integration, S. 118-120.

divergierenden evangelischen konfessionskulturellen Bräuchen und Traditionen. Nicht zuletzt war der Konflikt Ausdruck eines grundsätzlichen Dilemmas des Protestantismus in (West-)Deutschland, da die erst im Gründungsprozess befindliche EKD aufgrund der Vielheit der Konfessionen eine ständige Spannung aus Einheit und Vielheit auszuhalten hatte.[63]

Darüber hinaus gewann die ‚Integrationspraxis' im Zusammenleben am konkreten Gemeindeort eine eigene, konfliktreiche Dynamik, die essenziell für das Verständnis von Integrationsprozessen ist und u.U. Assimilationserwartungen unterminieren konnte. Zwar waren die Vertriebenen in einer Minderheitensituation und hatten zweifellos die größeren Anpassungsleistungen zu erbringen. Langfristig jedoch kam es im alltäglichen kirchlichen Zusammenleben zu einem Vermischungs- und gegenseitigen Anpassungsprozess, in dessen Folge beide Seiten Kompromisse eingehen mussten, die zu beidseitigen Veränderungen führten.

Wenngleich es im Katholizismus die Bekenntnisproblematik nicht gab, kam es dennoch zu vergleichbaren Konflikten in den Gemeinden, wenn unterschiedliche religiöse Praktiken ein gemeinsames Gemeindeleben unmöglich machten. Diese Vorgänge sprechen dafür, die Rolle der Bekenntnisfrage für konfliktbehaftete Dynamiken in den protestantischen Kirchen nicht über zu bewerten. Allerdings stellte in der protestantischen Kirche die Wahrung der einheitlichen konfessionellen Identität der jeweiligen Landeskirche oder Gemeinde für Kirchenvorstände und Kirchenleitungen zuweilen eine weitreichende handlungsrelevante Dimension dar, die sich zusätzlich konfliktverschärfend auswirken konnte.

Bislang wurde die kirchliche ‚Willkommenskultur' in der Forschung in der Regel über die zahlreichen karitativen Initiativen untersucht.[64] Hier zeigte sich zumeist eine klar vorgegebene Struktur, nach der auf der einen Seite die dominante Mehrheitsgesellschaft als ‚helfende Hand' zu finden war, auf der anderen Seite die Hilfe bedürftigen Neuankömmlinge, denen nach den Geboten der Agape, Caritas und Diakonie Unterstützung um den Preis der erwarteten Einordnung gewährt wurde. Mit Blick auf das konkrete Zusammenleben in den Gemeinden, müssen jedoch noch weitere Parameter angelegt werden. So prägte nicht selten innerhalb derselben Religion und sogar innerhalb derselben Konfession die Wahrnehmung von Fremdheit bis hin zur Xenophobie die integrationspolitischen Entscheidungen der Kirchenleitungen und den alltäglichen Umgang in den Gemeinden. Nicht selten erzeugten diese

---

63 Zum Verfassungsprozess der EKD vgl. Smith-von-Osten, Treysa.
64 Hierzu vor allem Johannes Michael Wischnath, Kirche in Aktion. Das Evangelische Hilfswerk 1945-1957 und sein Verhältnis zu Kirche und Innerer Mission, Göttingen 1986.

Haltungen und Erfahrungen auf beiden Seiten Assimilationserwartungen wie Abwehrreaktionen.

Legt man als Maßstab der Wahrnehmung die Erfahrungen der aufzunehmenden Vertriebenen an, dann lässt sich eine ‚Willkommenskultur' nur selten finden. Stattdessen überwiegen Zeugnisse von Unbrüderlichkeit und Lieblosigkeit der aufnehmenden Kirchenleitungen, auch wenn die konfessionellen Unterschiede mittelfristig an Bedeutung verloren und sich ein pragmatischer Modus Vivendi ausbildete. Die Verständnislosigkeit der aufnehmenden Landeskirchen für das mitgebrachte kulturelle und kirchliche Erbe, für die erlittenen Traumata und für die Eigenheiten und Traditionen vieler Vertriebenen, wurden von den Betroffenen als Herzlosigkeit empfunden, die nicht zuletzt bei vielen dauerhafte seelische Verletzungen zurückließ. Möglicherweise sind die erbitterten Reaktionen vieler Vertriebener auf die Ost- und Vertriebenendenkschrift der EKD von 1965, die neben ihren bahnbrechenden, diskursöffnenden und umstrittenen Thesen zur Neuausrichtung der Ostpolitik den Integrationsverlauf kritisch reflektierte und Integrationsdefizite – wie wenige Stellungnahmen – benannte, auch auf diese zum Teil anhaltenden Verletzungen zurückzuführen.[65]

---

[65] Zu diesem Komplex siehe Teuchert, Gemeinschaft, S. 325-373. Auch einige Kirchenhistorikerinnen und -historiker attestieren der Ost- und Vertriebenendenkschrift der EKD von 1965 Lieblosigkeit. Kritisch zur Denkschrift äußert sich z.B. Wendebourg, Kirche, S. 34f.

Introspektion und Außenwahrnehmung

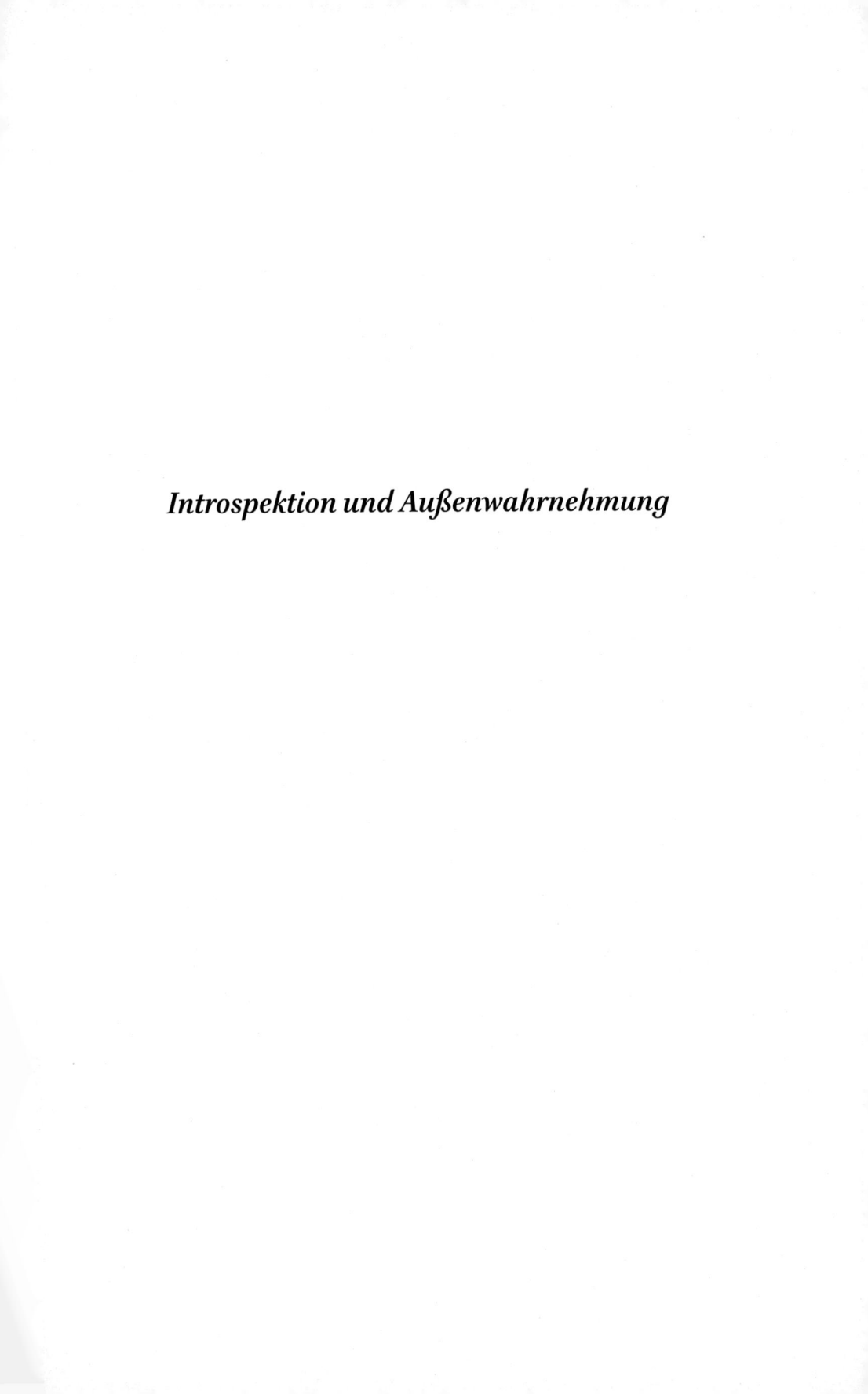

Die Haltung des Westfälischen Heimatbundes zu den Flüchtlingen aus den deutschen Ostgebieten 1945-1965

Karl Ditt

Bis zum Jahre 1955 waren in Nordrhein-Westfalen zwei von insgesamt neun Millionen Flüchtlingen in Westdeutschland bzw. der Bundesrepublik angekommen.[1] In Westfalen lag ihr Anteil an der Bevölkerung im Vergleich zum Landesteil Nordrhein besonders hoch. Vor allem im ländlichen Raum war ihre Quote im Jahre 1947 mit 15 bis 25 Prozent gegenüber der ansässigen Bevölkerung deutlich höher als die Durchschnittsziffer von 8 Prozent für Nordrhein-Westfalen bzw. für die einzelnen Regierungsbezirke in Westfalen (Arnsberg 8, Münster 11, Detmold 15 Prozent).[2] Hier trafen die Flüchtlinge nicht nur auf die ansässige Bevölkerung, sondern auch auf zahlreiche Evakuierte aus den Städten, die auf die Wiederherstellung ihrer Wohnungen warteten. Infolgedessen

---

1 Zur gesetzlichen Bestimmung und zum Wortfeld Flüchtlinge, Ausgewiesene, Vertriebene, Umsiedler usw. vgl. Hiddo M. Jolles, Zur Soziologie der Heimatvertriebenen und Flüchtlinge, Köln 1965, S. 72ff.; Karin Böke, Flüchtlinge und Vertriebene zwischen dem Recht auf die alte Heimat und der Eingliederung in die neue Heimat. Leitvokabeln der Flüchtlingspolitik, in: dies. u.a. (Hg.), Politische Leitvokabeln in der Adenauer-Ära, Berlin 1996, S. 133-210; Mathias Beer, Flüchtlinge – Ausgewiesene – Neubürger – Heimatvertriebene. Flüchtlingspolitik und Flüchtlingsintegration in Deutschland nach 1945, begriffsgeschichtlich betrachtet, in: ders. u.a. (Hg.), Migration und Integration. Aufnahme und Eingliederung im historischen Wandel, Stuttgart 1997, S. 145-167. Hier wird der Begriff Flüchtlinge als Sammelbegriff verwandt. Vgl. generell zur Thematik für Westfalen: Dagmar Kift, Flüchtlinge und Vertriebene in Westfalen – auch ein Sonderfall?, in: Westfälische Forschungen 59 (2009), S. 187-216; Paul Leidinger (Hg.), Deutsche Ostflüchtlinge und Ostvertriebene in Westfalen und Lippe nach 1945. Beiträge zu ihrer Geschichte und zur deutsch-polnischen Verständigung, Münster 2011.
2 Für Nordrhein-Westfalen in den Jahren 1947/48 vgl. Die Flüchtlinge in der Britischen Zone. Aufgrund amtlichen Materials zusammengestellt vom Zentralamt für Arbeit in der Britischen Zone, Lemgo 1948, S. 6; Sozialministerium der Landesregierung Nordrhein-Westfalen, Flüchtlingsbetreuung in Nordrhein-Westfalen, Düsseldorf 1947, S. 19; Günter Granicky, Die Flüchtlinge in Nordrhein-Westfalen. Ergebnisse der Flüchtlingszählung 1947. Sonderausgabe „Der Wegweiser" – Mitteilungsblatt für das Flüchtlingswesen, hg. vom Sozialminister des Landes Nordrhein-Westfalen, August 1949, S. 4ff. Für 1951 und 1955 vgl. Die Umsiedlung der Heimatvertriebenen und das Vertriebenenproblem in Nordrhein-Westfalen. Ein Rechenschaftsbericht der Landesregierung Nordrhein-Westfalen, Düsseldorf o.J. [1951], S. 57; Rudolf Sternberg, Zehn Jahre danach. Das soziale Aufbauwerk für Vertriebene und Flüchtlinge, Düsseldorf 1955, o.S.

war der ländliche Raum in hohem Maße überbesetzt. Das bedeutete Zusammenrücken, Teilen und Konkurrenz.[3]

In der Britischen Zone erhielten die deutschen Verwaltungen durch die Besatzungsmacht am 21. November 1945 den Auftrag, die Flüchtlingsbewegung zu handhaben.[4] Staat und Kommunen war klar, dass den Flüchtlingen vielfältige Hilfen zur Integration in die westdeutsche Gesellschaft gegeben werden mussten, um die Situation der Überbesetzung, der Abhängigkeit und Diskriminierung abzumildern sowie Unruhe zu verhindern – eine Erkenntnis, die sich mit der anhaltenden West-Ost-Konfrontation und der Einsicht in die Aussichtslosigkeit einer Rückkehr verfestigte. Von höchster Priorität war, dass sie wieder eine Arbeit und Verdienst fanden, um sich unabhängig von öffentlichen Sozialleistungen zu machen, Selbstbewusstsein zu gewinnen und sich soziale Zusammenhänge zu erschließen. Dazu sollte auch eine Kulturpolitik dienen, die es den Flüchtlingen erleichtern sollte, die Lebensweise und Kultur der ansässigen Bevölkerung zu verstehen und sich damit vertraut zu machen, und die die einheimische Bevölkerung dazu aufrief, Verständnis für die Herkunft, Kultur, Fluchterfahrungen und Situation der Flüchtlinge aufzubringen.[5]

In Westfalen gab zuerst das Oberpräsidium in Münster Ende 1946 einen Erlass heraus, in dem einheimische Bevölkerung, Presse, Rundfunk, Heimatvereine und sonstige kulturelle Vereinigungen aufgefordert wurden, das Schicksal und die Notlage der Flüchtlinge zu berücksichtigen und sie zu integrieren. Für das bessere wechselseitige Kennenlernen sollten Kulturausschüsse eingerichtet werden.[6] Das Land Nordrhein-Westfalen erließ im Jahr 1948 ein Flüchtlingsgesetz, wonach den Flüchtlingen Hilfen zu einer umfassenden Integration gegeben werden sollten.[7] Das im Sozialministerium angesiedelte Landesflüchtlingsamt gab am 20. November 1950 einen Erlass heraus, dass die Kulturarbeit

---

3 Vgl. Marion Frantzioch, Die Vertriebenen als Fremde. Eine soziologische Betrachtung der ersten Nachkriegsjahre, in: Jahrbuch für ostdeutsche Volkskunde 32 (1989), S. 171-184.
4 Vgl. Günter Granicky, Die Entwicklung des Vertriebenen- und Flüchtlingsrechtes in Nordrhein-Westfalen, in: Eberhard G. Schulz (Hg.), Leistung und Schicksal. Abhandlungen und Berichte über die Deutschen im Osten, Köln 1967, S. 385-391, hier S. 385; Hartmut Kupitz, 45 Jahre Flucht und Vertreibung. Die Aufnahme und Eingliederung der Vertriebenen im Regierungsbezirk Arnsberg, Arnsberg 1989, S. 42ff.
5 Vgl. generell zum Spektrum der kulturellen Integrationsmaßnahmen des Staates für die Flüchtlinge: Bundesminister des Innern (Hg.), betrifft: Eingliederung der Vertriebenen, Flüchtlinge und Kriegsgeschädigten in der Bundesrepublik Deutschland, Bonn 1982, S. 136ff.
6 Vgl. Kupitz, 45 Jahre, S. 158ff.
7 Vgl. Wilhelm Robert Zenke, Die Flüchtlingsgesetzgebung in Nordrhein-Westfalen mit Erläuterungen zum Flüchtlingsgesetz, den Durchführungsverordnungen, Nebengesetzen und Erlassen, Stuttgart 1949.

der Vertriebenen systematisch auszubauen sei.⁸ Ostdeutsche Künstler sollten ihre Werke der Öffentlichkeit vorstellen können, um Anschluss und Resonanz zu erlangen, westdeutsche Bibliotheken Bücher über Ostdeutschland beschaffen, Museen ostdeutsches Kulturgut präsentieren und generell kulturelle Veranstaltungen für Flüchtlinge zu reduzierten Eintrittspreise organisiert werden. Besondere Hoffnungen setzte das Sozialministerium auf die integrierende Kraft des Heimatgedankens:

> Das Schwergewicht der kulturellen Tätigkeit soll auf den Heimatabenden ruhen, bei denen Flüchtlinge und Einheimische zusammengeführt werden und ostdeutsches Volkstum zum Ausdruck kommt."⁹

Auf Bundesebene sah § 96 des Bundesvertriebenengesetzes vom 22. Mai 1953 vor, dass „Bund und Länder [...] das Kulturgut der Vertreibungsgebiete in dem Bewußtsein der Vertriebenen und Flüchtlinge und des gesamten deutschen Volkes zu erhalten sowie Archive und Bibliotheken zu sichern, zu ergänzen und auszuwerten" hätten.¹⁰ Der zwischen 1953 und 1961 amtierende Bundesminister für Vertriebene, Flüchtlinge und Kriegsgeschädigte, Theodor Oberländer, stellte sich für seine Klientel nur eine wirtschaftliche und soziale Eingliederung, nicht aber eine kulturelle Einschmelzung oder Assimilation vor. Ihm schwebte für die Bundesrepublik gleichsam ein „Stammes- oder Landsmannschaftsgarten" vor, in dem die einzelnen deutschen Volksgruppen ihre Kulturen friedlich mit einander pflegten.¹¹ Die Segmentierung nach Stämmen

---

8   Vgl. Rudolf M. Wlaschek, Vertriebenenbeiräte in der Verantwortung, Troisdorf 1983, S. 67ff.
9   Vgl. Sozialministerium der Landesregierung Nordrhein-Westfalen, Flüchtlingsbetreuung, S. 14f., 84f. In diesem Sinne organisierte das nordrhein-westfälische Sozial- und Arbeitsministerium zusammen mit den Bezirksregierungen seit Anfang der 1950er Jahre jährlich fünf Mal „Volkstumswochen", in denen die Flüchtlinge ihr Brauchtum pflegen konnten. Vgl. Wilhelm Menzel, Volkstumswochen im Lande Nordrhein-Westfalen, in: Jahrbuch für ostdeutsche Volkskunde 2 (1956), S. 191-195; 100 Volkstumswochen des Ostdeutschen Volkstumskreises Nordrhein-Westfalen e.V. 1951-1973. Ein Arbeitsbericht hg. vom Ostdeutschen Volkstumskreis NRW, o.O. 1973. Vgl. generell Otto Heike, Die Pflege des ostdeutschen Kulturgutes in Nordrhein-Westfalen, in: Eberhard G. Schulz (Hg.), Leistung und Schicksal. Abhandlungen und Berichte über die Deutschen im Osten, Köln 1967, S. 400-403.
10 Vgl. generell Volker Ackermann, Integration von Aussiedlern und Flüchtlingen in der Bundesrepublik Deutschland und der DDR in der Nachkriegszeit. Ein Überblick, in: Hans-Peter Baumeister (Hg.), Integration von Aussiedlern. Eine Herausforderung für die Weiterbildung, Weinheim 1991, S. 78-90, S. 84.
11 „Denn letztlich stellen wir uns auch Deutschland als einen Stammes- oder Landsmannschaftsgarten vor, der im europäischen Völkerpark die abendländische Vielgestaltigkeit bereichern hilft. Hier setzen wir uns auch deutlich von den Bestrebungen des Ostens

und die Wahrung ihres jeweiligen „Volkstums" werde auch die „Vermassung", das Schreckgespenst der 1950er Jahre, verhindern.

All diese Hinweise und Hilfen gehörten zur klassischen Kulturpolitik der Verwaltung. Sie zielten auf die Sammlung, den Schutz, die Erforschung und die Aufklärung über die Überlieferung und bedienten sich dazu der kulturellen Organisationen der Gesellschaft. In Westfalen kam der Mitwirkung der Heimatvereine und insbesondere ihrer Dachorganisation, des Westfälischen Heimatbundes (WHB), eine besondere Bedeutung zu, gehörten sie doch neben den Kirchen, den regionalen ostdeutschen Kulturwerken und den ‚Landsmannschaften', die von den Flüchtlingen selbst zur Pflege ihrer Erinnerung und Gemeinschaft sowie zur Wahrung von Ansprüchen an ihre alte Heimat gebildet worden waren, zu den größten gesellschaftlichen Organisationen, die die Flüchtlinge kulturell ansprechen konnten. Wie reagierte die westfälische Heimatbewegung auf die ihr vom Staat zugedachte Aufgabe, d.h. mit welcher Haltung trat sie den Flüchtlingen gegenüber, und welche Maßnahmen traf sie zu deren Integration?

1 Die Haltung des WHB zur Zuwanderung vor 1945

Der WHB hatte frühzeitig eine Position zur Zuwanderung entwickelt. Bereits im Jahre 1913 erklärte sein späterer Geschäftsführer, der Volksschullehrer und Mundartdichter Karl Wagenfeld aus Drensteinfurt, der die Zuwanderung von Ostdeutschen und Polen zum Bergbau im Kreis Recklinghausen erlebt hatte,[12] dass sich die Heimatbewegung nicht auf ihre ursprünglichen Aufgaben beschränken dürfe, das bauliche Kulturerbe und die Landschaftsbilder zu schützen, zu einer ästhetischen Baugesinnung zu erziehen sowie die geistige Überlieferung und die romantischen Gefühlswerte zu pflegen, sondern dass sie in die Westfalen gegenüber dem „Slaventum" und den „Fremdlinge[n] [...], die uns überrennen, unsere ganze völkische Art zugrunde richten [werden], [...] das Heimat- und Stammesgefühl" hineinhämmern müsse.[13]

---

  und Westens zur Schaffung einer sogenannten Einheitskultur oder Einheitszivilisation ab"; Theodor Oberländer, Die Landsmannschaft als Aufgabe, in: Albert Karl Simon (Hg.), Festschrift zum 75. Geburtstag des Sprechers der Sudetendeutschen Rudolf Lodgman von Auen, München 1953, S. 41-44, hier S. 43. Vgl. auch ders., Die Überwindung der deutschen Not, Darmstadt o.J. [1954], S. 22. Vgl. dazu Volker Ackermann, Integration: Begriff, Leitbilder, Probleme, in: Klaus J. Bade (Hg.), Neue Heimat im Westen. Vertriebene – Flüchtlinge – Aussiedler, Münster 1990, S. 14-36, hier S. 19; Böke, Flüchtlinge, S. 205.
12 Vgl. Bericht der Ortsgruppe Münster vom 10.3.1911, Archiv des WHB, Ordner KR 2.
13 Vgl. Universitätsbibliothek Münster, Nachlass Wagenfeld Kapsel 23, Nr. 70, 73, 83, 84; Kapsel 24, Nr. 6, 17, 77; Schreiben Wagenfelds an von Kerckerinck zur Borg vom 19.10.1913, LWL-Archivamt für Westfalen, Vereinigte Westfälische Adelsarchive, Nachlass von Kerckerinck

Abb. 12.1
Karl Wagenfeld, 1907/08 (Foto:
Universitäts- und Landesbibliothek
Münster, Nachlass Karl Wagenfeld,
Kapsel 32, Nr. 2, 2)

Wagenfeld, der sich im Ersten Weltkrieg und in der Weimarer Republik als aggressiver Nationalist erweisen sollte,[14] forderte also keine rigorose Abschottung Westfalens – das wäre angesichts des hohen Anteils von Ostdeutschen und des Arbeitskräftebedarfs der westfälischen Wirtschaft auch kaum möglich und durchsetzbar gewesen –, vielmehr forderte er eine Stärkung des „westfälischen Volkstums", d.h. der „westfälischen Stammesart" und des kollektiven Selbstbewusstseins, weil er die Fremden als eine kulturelle Gefahr empfand. Darüber hinaus sollte das westfälische „Volkstum" nicht nur breit erforscht, sondern auch über Schule und Heimatbewegung an Jung und Alt vermittelt werden. Das diffuse romantische Westfalengefühl sollte zu einem

---

zur Borg, Nr. 452; Wilhelm Schulte, Der Westfälische Heimatbund und seine Vorläufer, Bd. I, Münster 1973, S. 46f., 296ff. Zu Wagenfeld vgl. Karl Ditt, Karl Wagenfeld (1869-1939): Dichter, Heimatfunktionär, Nationalsozialist?, in: Matthias Frese (Hg.), Fragwürdige Ehrungen!? Straßennamen als Instrument von Geschichtspolitik und Erinnerungskultur, Münster 2012, S. 179-232.

14 Vgl. Peter Bürger, Plattdeutsche Kriegsdichtung aus Westfalen 1914-1918. Karl Prümer – Hermann Wette – Karl Wagenfeld – Augustin Wibbelt, Eslohe 2012, http://www.sauerland mundart.de/pdfs/daunlots%2050.pdf (12.12.2018); Karl Ditt, Der Erste Weltkrieg aus der Sicht des Heimatdichters Karl Wagenfeld, in: Niederdeutsches Wort. Beiträge zur niederdeutschen Philologie 55 (2015), S. 37-53.

empirisch-wissenschaftlich fundierten „Stammesbewusstsein", einem Westfalenbewusstsein, weiterentwickelt werden, auf dem ein substantieller Westfalenstolz aufbauen sollte. Auf diese Weise könnten die Westfalen ihr „Volkstum" gegen Fremdes und Fremde schützen. Heimatpflege erschien Wagenfeld also als eine Form der Selbstverteidigung der „westfälischen Stammesart" vor der Gefahr ihrer Auslöschung. Mit dieser Überzeugung und Zielsetzung prägte er die Programmatik und Politik des WHB bis in die 1930er Jahre hinein.

Auch der im Jahre 1930 zum Nachfolger Wagenfelds als Geschäftsführer des WHB berufene Gymnasiallehrer Wilhelm Schulte aus Ahlen, der im Dritten Reich lange Zeit unter dem nationalsozialistischen Vorsitzenden des WHB und Landeshauptmann des Provinzialverbandes Westfalen, Karl Friedrich Kolbow, amtierte, sah das deutsche Volk in „Stämme" gegliedert. Sie waren für ihn naturhaft-historisch geprägte Organismen, ursprüngliche, echte Gemeinschaften, die ihre Mitglieder in spezifischer Weise prägten.[15] Ebenso wie Wagenfeld sah Schulte in der Bewusstmachung der Geschichte und des Wesens des eigenen Stammes sowie in der Stärkung des Stammesbewusstseins die zentralen Erziehungsaufgaben der Heimatbewegung.[16] Einer Vermischung der Stämme und ihres „Volkstums" stand er skeptisch gegenüber. Insgesamt

---

15 Zur Entstehung und Kritik des Stammesbegriffs vgl. Herbert Grundmann, Stämme und Länder in der deutschen Geschichte, in: Geschichte in Wissenschaft und Unterricht 6 (1955), S. 591-607; Reinhard Wenskus, Stammesbildung und Verfassung. Das Werden der frühmittelalterlichen gentes, Köln 1961. Vgl. zum Volkstumsbegriff („Einungskraft", Charakter, Wesen, „Wiedererzeugungskraft"): Friedrich Ludwig Jahn, Deutsches Volksthum, Lübeck 1810. Vgl. ferner z.B. Hans Freyer, Die Romantiker, in: Fritz Karl Mann (Hg.), Gründer der Soziologie. Eine Vortragsreihe, Jena 1932, S. 79-95. Schulte bestimmte „Volkstum" als „seelische Urkraft"; „[d]as echte Volkstum ist nicht nur der Wurzelgrund alles Staatlichen, er ist der Quellgrund auch aller Kultur innerhalb des Staates"; Zitate aus: Wilhelm Schulte, Volkstum und Staat. Der Sinn der Heimatbewegung, gesehen vom Politischen her, in: Die Westfälische Heimat 14 (1932), S. 147-152, hier S. 147f. Vgl. ebenso ders., Zur grundsätzlichen Bedeutung der Volkskunde für die theoretische und praktische Pädagogik, in: Vierteljahresschrift für wissenschaftliche Pädagogik 8 (1932), S. 401-422, hier S. 417. Das Volkstum sei mütterlich, der Staat väterlich, sie würden einander ergänzen und brauchen; Schulte, Volkstum und Staat, S. 148. Vgl. zum Hintergrund Kolbows und Schultes: Karl Ditt, Raum und Volkstum. Die Kulturpolitik des Provinzialverbandes Westfalen 1923-1945, Münster 1988, S. 75f. Zu Schulte speziell ders., Volkstum und Heimat. Wilhelm Schulte in der westfälischen Heimatbewegung und Landesgeschichte, in: Westfälische Forschungen 66 (2016), S. 217-319.

16 Vgl. Wilhelm Schulte, Heimatgeschichte auf höheren Schulen. Vortrag von Studienrat Dr. W. Schulte, Ahlen i.W., in der hist. Sektion der 54. Versammlung deutscher Philologen zu Münster am 29. September 1923, Archiv des WHB, Ordner Schulte, Ludger und Wilhelm, auch in: Wilhelm Schulte, Heimatgeschichte auf höheren Schulen, in: Die Heimat, hg. vom Westfälischen Heimatbund 6 (1924), S. 255-257. Vgl. auch ähnlich in: Rundschreiben des WHB Nr. 20, 1.10.1932, LWL-Archivamt für Westfalen, Archiv LWL, Bestand 701, 85.

Abb. 12.2
Wilhelm Schulte (1. von links), Karl Friedrich Kolbow (Mitte), Maria Kahle (rechts), anlässlich des 50. Geburtstages von Maria Kahle am 12. Oktober 1941 (Foto: Archiv des Westfälischen Heimatbundes)

gesehen herrschte damit in der Führung des WHB während der 1920er und 1930er Jahre ein festgefügtes Weltbild, wonach das deutsche Volk in Stämme gegliedert sei, dessen Angehörige und Kultur gepflegt und möglichst „rein" erhalten werden sollten.

Der Volkskundler Wilhelm Brepohl, der in den 1920 und 1930er Jahren für die *Gelsenkirchener Zeitung* arbeitete und eng mit dem WHB kooperierte, ging noch einen Schritt weiter.[17] Er wollte für das Ruhrgebiet feststellen, ob bzw. welches neue Volk und „Volkstum" aus dem Zusammentreffen von rheinisch-westfälisch geprägter Bevölkerung mit den ZuwandererInnen aus Hessen und dem Saarland, aus den östlichen Provinzen und aus Polen entstehen würde. Als historisches Vorbild boten sich ihm die USA an, in der nach der zeitgenössischen Meinung aus dem Zusammentreffen der verschiedenen ZuwandererInnengruppen mit der ansässigen Bevölkerung gleichsam ein neues Volk aus dem Schmelztiegel entstanden sei. Brepohl stellte sich also die Frage, ob es

---

17 Vgl. Karl Ditt, Zum Verhältnis von Volks- und Sozialgeschichte. Die Interpretation des „Ruhrvolks" bei Wilhelm Brepohl 1920-1960, in: Westfälische Forschungen 60 (2010), S. 221-258; ders., Die Gesellschaft des Ruhrgebiets in der Historiographie des 20. Jahrhunderts, in: Werner Freitag/Wilfried Reininghaus (Hg.), Westfälische Geschichtsbaumeister. Landesgeschichtsforschung und Landesgeschichtsschreibung im 19. und 20. Jahrhundert. Beiträge der Tagung am 10. und 11. Oktober 2013 in Herne, Münster 2015, S. 275-310, hier S. 284ff.

zur Entstehung eines „Ruhrvolks", und eines „Ruhrvolkstums" kommen oder ob sich ein bestimmtes „Volkstum" durchsetzen würde.[18]

Brepohl konstatierte zunächst, dass die Zahl der ZuwandererInnen etwa derjenigen der rheinisch-westfälischen Ausgangsbevölkerung entspreche, ja sie an manchen Orten sogar übertreffe. In ihrem neuen Lebensraum, diesem „Klein-Amerika",[19] hätten sie noch keine neue Bindung und Kultur entwickelt.[20] Ursache dafür sei ihre Entwurzelung, Heimatlosigkeit und Atomisierung. Der Verlust der Bindung zum Boden und zur Heimat würde letztlich zum Verlust des „Volkstums" führen. Brepohl sah den Charakter, das Lebensgefühl sowie die Kultur der Stämme und Völker nicht nur durch deren „rassische" Anlagen, sondern auch durch deren Umwelt, vor allem durch die Topographie der Landschaft und das Klima, geprägt.[21] Ein Volk könne nur in dem Raum richtig gedeihen und in Harmonie leben, in dem es lange verwurzelt und aufgewachsen sei. Es entwickle in der Auseinandersetzung mit seinem Lebensraum

---

18   Vgl. Brepohl, Das Ruhrgebiet und Westfalen. Volkskunde des Ruhrgebiets, in: Die Heimat 10 (1928), S. 195-198, hier S. 198.

19   Wilhelm Brepohl, Heimatgefühl und Heimatkunde im Industriegebiet, in: Heimatblätter. Monatsschrift für das niederrhein.-westfäl. Land, besonders für das Industriegebiet 1 (1919), S. 103-108, hier S. 104; ders., Über das Volkstum im Ruhrgebiet, in: Die Heimat 8 (1926), S. 249-252, hier S. 249.

20   Die Mischung von Ansässigen und Zuwanderern habe bei den Nachkommen die ursprünglichen Anlagen, den „Kern der Stammesnatur", zerstört, da, so Brepohl, die Mischung unterschiedlicher Rassen, Völker und Stämme die Fähigkeiten der folgenden Generationen nicht steigern, sondern „voneinander subtrahieren, ihre sittlichen Kräfte [schwächen würde], während die schlechten Eigenschaften beider Eltern auf den Abkömmling übergehen [...]. Das Ergebnis dieser Mischungen des Blutes und der Ideen der verschiedenen Volksarten, der schlechten Wohnweise, das üble Arbeiten an den Maschinen und die Folgen fehlender innerer Bildung, auch der Schulbildung, ist dann das, was wir als letzten Stand bezeichnen, das sogen. Proletariat." Es sei weder Stand noch Klasse, sondern der „Bodensatz von allen möglichen Klassen"; Brepohl, Volkstum im Ruhrgebiet, S. 249, 252; ders., Über Kultur und Volkstum in Gelsenkirchen, in: Die Heimat. Monatsschrift für Land, Volk und Kunst in Westfalen und am Niederrhein 4 (1922), S. 170-173, hier S. 172. Vgl. auch „Proletariat entsteht nicht einfach als Folge industrieller Arbeit, sondern als Folge der Zerstörung eines Volkstums überhaupt"; ders., Das niederdeutsche Volkstum und die Ruhrindustrie, in: Die Heimat 14 (1932), S. 101-105, hier S. 104. Schließlich sei ein weiteres Hemmnis für die Entwicklung einer neuen Kultur die Zugehörigkeit eines Großteils der Zuwanderer zur slawischen Rasse. Sie beschränke die Auffassungsgabe und Bildungsfähigkeit, die seelische Empfindsamkeit und das vorurteilslose, freie Denken. Vgl. ders., Vom Lebensgefühl im Ruhrgebiet, in: Werner Lindner (Hg.), Das Land an der Ruhr, Berlin 1923, S. 75-80, hier S. 75f.

21   Vgl. Wilhelm Brepohl, Niedersachsen. Innere und äußere Kulturform in ihrem Zusammenhang mit dem Lebensraum, in: Niedersachsen. Monatsschrift für Heimat, Kunst und Leben 29 (1924), S. 331-335, hier S. 332ff.; Gelsenkirchener Zeitung vom 22.6.1929, LWL-Archivamt für Westfalen, Archiv LWL, Bestand 701, Nr. 84.

Abb. 12.3
Wilhelm Brepohl, 1970
(Foto: Stadtarchiv Dortmund)

eine eigene Religion und Kultur, spezifische Gefühle und Zielsetzungen sowie einen eigenen Lebensstil. Die Wahrnehmung und Erfahrung der Umwelt würden zu einer bestimmten Geistesart, einer „Rassen- und Kulturpsyche", führen.[22] Brepohls Vorschlag, wie die Integration der ZuwandererInnen in das Ruhrgebiet erleichtert werden könne, bestand darin, sie mit der Natur und Geschichte ihrer Umgebung, ihrer neuen Heimat, vertraut zu machen, um sie zur Bodenständigkeit zu erziehen. Hierin liege eine Aufgabe der Heimatbewegung. Später betonte Brepohl für die Grundlegung eines Heimatgefühls bei der Arbeiterschaft weniger das Vertrautmachen mit der Geschichte der Region als vielmehr den Erwerb eines Eigenheimes mit Garten und etwas Vieh, d.h.

---

22 Konsequenz dieser Anschauungen war, dass die Mitglieder einer „Rasse", eines Volkes oder Stammes innerhalb ihrer traditionellen natürlichen Grenzen und Heiratskreise verbleiben sollten, um keine Veränderungen, d.h. Verschlechterungen ihrer biologischen Substanz durch „Artfremde" zu erfahren. Denn ein Volk sei „ein lebendiges Gewächs wie eine Pflanze" (Brepohl, Über Kultur, S. 170), das „seinen" Boden bzw. seine Heimat brauche. Die „Verpflanzung" eines Volkes oder einzelner seiner Angehörigen beinhalte die Gefahr, dass sie verdürben bzw. „entarteten". Es sei deshalb besser, „ein Schlag bleibt für sich und lebt in sich, als daß er sich in größerem Maße mit Menschen anderen Schlages mischt"; Brepohl, Volkstum im Ruhrgebiet, S. 252.

die Existenzweise eines Arbeiterbauern. Denn aus der Sesshaftigkeit bzw. der Bindung an den Boden würden Heimatbewusstsein und -gefühl erwachsen.[23] Brepohl sah das Erscheinungsbild des „Ruhrvolks" stärker östlich geprägt als es dem Quantum der Zuwanderung entsprach:

> Der Grund dafür liegt in der stärkeren Vermehrung der Ostdeutschen. Hat der Westdeutsche ein bis zwei Kinder im Durchschnitt [... ,] so hat der Ostdeutsche im Durchschnitt drei und mehr [...] Umgekehrt ist das Bild, wenn wir die Auswahlvorgänge in der Schullaufbahn verfolgen; je ‚höher' eine Schule ist, desto deutlicher wird das westdeutsche Übergewicht.[24]

Zudem habe sich im Ruhrgebiet die deutsche, speziell die rheinisch-westfälische gegenüber der ausländischen Bevölkerung behauptet,

> und zwar in dem Sinne, daß rheinischer Unternehmergeist und westfälische Arbeitsamkeit dem großen Wirtschafts- und Volkskörper noch heute das Gesetz vorschreiben. Diesem Gesetz haben sich die Zugewanderten gebeugt, weil sie in eine nicht von ihrem Geist, ihrem Blut geschaffene Welt und Arbeit eintraten, um an ihr mitzuwirken.[25]

Im Ruhrgebiet sei es also weder zu einer Parallelexistenz unterschiedlicher Kulturen der westdeutschen und der ostdeutsch-slawischen Bevölkerungsgruppen noch zu einem gleichberechtigten Ausgleich der ZuwandererInnen- und Ansässigenkulturen gekommen: Dem stünden feste biologische Unterschiede entgegen. Vielmehr hätten die Zuwanderer aus dem Osten ihre gewohnten Erfahrungen, Vorstellungen und Bindungen, ihr „Volkstum", verloren und die überlegene westdeutsche Kultur weitgehend adaptiert. In der Auseinandersetzung mit ihrer neuen Umwelt würden sie ein neues „Volkstum", ein „Ruhrvolkstum", entwickeln.[26] Das „Ruhrvolk" befinde sich deshalb in Prozessen der

---

23 Vgl. Wilhelm Brepohl, Arbeiter und Heimatbewegung, in: Niedersachsen 34 (1929), S. 225-228; ders., Heimatgefühl; ders., Die alte und die neue Zeit in der Kultur der Industrie, in: Heimatblätter. Monatsschrift für das niederrhein.-westfäl. Land, besonders für das Industriegebiet 1 (1919), S. 155-158.

24 Wilhelm Brepohl, Volkswissenschaft und deutsche Industriebevölkerung. Bericht über die Arbeit der Forschungsstelle für das Volkstum im Ruhrgebiet (Gelsenkirchen), in: Archiv für Bevölkerungswissenschaft und Bevölkerungspolitik 7 (1938), S. 345-361, hier S. 356. Vgl. auch ders., Zur Volksgeschichte des Ruhrarbeiters. Neue Untersuchungen der Forschungsstelle für das Volkstum im Ruhrgebiet, in: Deutsche Zeitschrift für Wirtschaftskunde 4 (1939), S. 30-38, hier S. 36.

25 Wilhelm Brepohl, Das Ruhrvolk und die Volkstumsforschung, in: Rheinische Vierteljahrsblätter 7 (1937), S. 341-372, hier S. 347.

26 Ebd., S. 345, 364ff.

„biologischen Verostdeutschung", aber der „kulturellen Verwestdeutschung".²⁷ Zu den neuen Charakteristika der Bevölkerung des Raumes zwischen Hamm und Duisburg gehörten eine nüchterne Haltung zu Wirtschaft, Technik und Natur, ein eigenes Lebensgefühl, eine eigene Weltanschauung und ein soziales Eigen-, Wir- und Landschafts-Bewusstsein, das die alten Raumbegriffe Vest, Berg, Mark, Herzogtum Westfalen, Kurkölnisches Sauerland, aber auch den Begriff rheinisch-westfälisch ersetze.²⁸

In seinem ersten, im Jahre 1948 erschienenen Hauptwerk, „Der Aufbau des Ruhrvolkes im Zuge der Ost-West-Wanderung", dessen Anfänge auf das Jahr 1937 zurückgingen,²⁹ wiederholte Brepohl seine These aus den 1930er Jahren, dass

> durch Auslese und Ausmerze, Vermehrung, Vererbung und Mischung der Menschen das Ruhrvolk immer ostdeutscher, aber durch die Umwelteinwirkungen des Industrielebens [...] immer westdeutscher" [werde;] „mit der biologischen Verostdeutschung verbindet sich eine kulturelle Verwestdeutschung. [...] Es bildet sich ein neues Volkstum", es erfolge eine „Umstammung.³⁰

Die Betonung der „kulturellen Verwestdeutschung" ermöglichte Brepohl, die von ihm ursprünglich als gefährlich erachtete „biologische Verostdeutschung", auf der seine geistige, ethische und leistungsmäßige Abwertung des Gros der Ruhrgebietsbevölkerung beruhte, als kompensierbar zu betrachten: Die Überlegenheit des westdeutschen Geistes und seiner Lebensformen würde die negativen Einflüsse der ZuwandererInnen aus dem Osten mehr als aufwiegen und letztlich dem neuen „Ruhrvolk" einen wertvollen Charakter geben.³¹

---

27   Vgl. z.B. ders., Volksgeschichte, S. 37f.; ders., Zur Charakteristik der Großstädte, in: B. de Rudder/F. Linke (Hg.), Biologie der Großstadt, Dresden 1940, S. 31-41, hier S. 37.
28   Vgl. Wilhelm Brepohl, Das niederdeutsche Volkstum und die Ruhrindustrie, in: Die Heimat 14 (1932), S., 101-105; ders., Ruhrvolk, S. 364f.; ders., Volkswissenschaft, S. 348ff.
29   Vgl. ders., Der Aufbau des Ruhrvolks im Zuge der Ost-West-Wanderung. Beiträge zur Sozialgeschichte des 19. und 20. Jahrhunderts, Recklinghausen 1948, S. 7. Vgl. dazu auch Stefan Goch, Wege und Abwege der Sozialwissenschaft: Wilhelm Brepohls industrielle Volkskunde, in: Mitteilungsblatt des Instituts für Soziale Bewegungen 26 (2001), S. 139-176, hier S. 167ff.
30   Vgl. Brepohl, Aufbau, S. 170ff. Die Verwestdeutschung zeige sich in Mimik, Gestik und Temperament, in Namensadaptionen und Sprache sowie bestimmten Charaktereigenschaften, die die Zuwanderer von den ansässigen Rheinländern und Westfalen übernehmen würden. Vgl. ebd., S. 192ff.
31   Darüber hinaus konstatierte Brepohl, dass die „geistigen Eigenarten" der Ruhrgebietsbevölkerung, worunter er vor allem die industriebedingte Lebens- und Denkweise, die Haltung und das Lebensgefühl verstand, die Menschen in der Umgebung, d.h. in Rheinland und Westfalen, verbunden und zu „Westdeutschen" gemacht habe. Rheinländer und Westfalen seien durch „eine Beschleunigung des Tempos" und „eine größere Wachheit

Insgesamt gesehen herrschte also in führenden Kreisen der westfälischen Heimatbewegung am Ende des Dritten Reiches ein völkisches Denken vor, das die Individuen nach ihrer sozialen Herkunft, ihrem Beruf und sozialem Status, nach Konfession, Geschlecht und Alter, vor allem aber nach ihrer „stammlichen" und geographischen Herkunft und damit ihrem „Volkstum" kategorisierte. Im Vordergrund der Betrachtung der Zuwanderer aus dem Osten Deutschlands stand also nicht die gemeinsame Nationalität, sondern die unterschiedliche Regionalität. Diese war im Falle der Westfalen mit positiven, im Falle der Ostdeutschen eher mit kritisch konnotierten, im Falle der Polen überwiegend mit negativen Stereotypen besetzt. Dementsprechend wurde eine kulturelle, zum Teil auch biologische Vermischung der „Volkstümer" bzw. „Stämme" skeptisch gesehen. Idealbild war vermutlich die Vorstellung eines friedlichen Nebeneinanders von „Stammesorganismen", eines gleichberechtigten, regional bestimmten multikulturellen Miteinanders vor dem gemeinsamen Hintergrund einer deutschen Sprache und Kultur, wie es noch Mitte der 1950er Jahre in dem Bild des Vertriebenenministers Theodor Oberländer vom „Landsmannschaftsgarten" zum Ausdruck kam.

2 Die Haltung des WHB zur Zuwanderung nach 1945

Die aus dem Volkstumsdenken resultierende Skepsis gegenüber den kulturellen und biologischen Folgen einer Zuwanderung von Fremden war keineswegs auf Westfalen und den WHB beschränkt. So hieß es etwa im Oktober 1945 in einer Eingabe von Südschleswigern an den britischen Militärbefehlshaber in unverkennbarem Protest, dass der „Strom von Fremden aus den Ostgebieten [...] unseren angestammten nordischen Charakter auszulöschen" drohe.[32] Aber auch aus der Perspektive der Flüchtlinge aus dem Osten wurden nach 1945 bange Fragen gestellt, was angesichts des Verlustes der prägenden Kraft ihrer

---

der Sinne, der Gedanken- und Willensantriebe" sowie durch die nüchterne und rationale Art der „Maßgebenden" geprägt worden. Vgl. ebd., S. 148ff., 153. Vgl. die zeitgenössische Aufnahme und Differenzierung der These von der „biologischen Verostdeutschung" durch Hubert Walter, Die geographische Herkunft der untersuchten Bevölkerung, in: Ilse Schwidetzky/ders., Untersuchungen zur anthropologischen Gliederung Westfalens (Der Raum Westfalen, Bd. V: Mensch und Landschaft. Erster Teil), Münster 1967, S. 11-38, hier S. 38.

32 Manfred Jessen-Klingenberg, „In allem widerstrebt uns dieses Volk". Rassistische und fremdenfeindliche Urteile über die Heimatvertriebenen und Flüchtlinge in Schleswig-Holstein 1945-1946, in: Karl Heinrich Pohl (Hg.), Regionalgeschichte heute. Das Flüchtlingsproblem in Schleswig-Holstein nach 1945, Bielefeld 1997, S. 81-95, hier S. 85 (Zitat umgestellt).

Landschaften und ihrer materiellen Kultur sowie der Zerstreuung ihrer „Stammesangehörigen" aus ihrem „Volkstum" in der neuen Umgebung werde und wie der „Wurzelboden" für ihr künftiges „seelisch-geistiges Dasein" aussehe.[33] Inwieweit hielt die westfälische Heimatbewegung angesichts des drängenden Problems der massenhaften Zuwanderung von Flüchtlingen und angesichts der staatlichen Aufforderung zu deren Integration an ihrer skeptischen, auf der Volkstumsideologie beruhenden Einstellung gegenüber Fremden fest?

Der WHB wandte sich vergleichsweise früh dem Flüchtlingsproblem zu und suchte nach konstruktiven Lösungen. Anfang 1946 nahm er Kontakt zu der ersten in Westfalen gegründeten Organisation der Flüchtlinge, der „Gemeinschaft deutscher Ostflüchtlinge", auf, um das „gegenseitige Verständnis zwischen Einheimischen und Ostflüchtlingen zu fördern [... und] einen Beitrag zur Eingliederung der Flüchtlinge zu leisten".[34] Im Herbst 1946 stellte er sich der von dem Referenten Karl Gründer aus dem Landesflüchtlingsamt ausgesprochenen Aufforderung, sich für die kulturelle Integration der Flüchtlinge einzusetzen, und nahm Gründer in seinen Verwaltungsrat auf.[35]

---

33 Vgl. z.B. Alfons Perlick, Zur Begegnung des ostdeutschen mit dem westfälischen Volkstum. Ein Beitrag zur Volkskunde der Heimatvertriebenen, in: Rheinisch-Westfälische Zeitschrift für Volkskunde 1 (1954), S. 44-49, Zitate S. 45; ders., Mehr Volkstumsarbeit. Aufgabe und Weg, Lippstadt o.J.; Alfred Karasek-Langer, Volkstum im Umbruch, in: Eugen Lemberg/Friedrich Edding (Hg.), Die Vertriebenen in Westdeutschland. Ihre Eingliederung und ihr Einfluss auf Gesellschaft, Wirtschaft, Politik und Geistesleben, Bd. 1, Kiel 1959, S. 606-694; Karl Heinz Gehrmann, Kulturpflege und Kulturpolitik, in: ebd., Bd. 3, Kiel 1959, S. 159-203. Vgl. generell zur Problematik der kulturellen Integration: Jolles, Soziologie, S. 259ff.

34 Johannes-Dieter Steinert, Vertriebenenverbände in Nordrhein-Westfalen 1945-1954, Düsseldorf 1986, S. 15. Vgl. generell Wilhelm Brockpähler, Die Anfänge der Vertriebenenarbeit in Westfalen auf dem Gebiet der Volkstums- und Kulturpflege, in: Die Fachstelle für Ostdeutsches Volkstum im Westfälischen Heimatbund 1950-1965. Ein Bericht ihrer bisherigen Tätigkeit dem Westfälischen Heimatbund zu seinem 50. Gründungstag. Im Auftrag des Arbeits- und Sozialministeriums dargestellt von Alfons Perlick, Troisdorf 1965, S. 7-23, überarbeitet als: Wilhelm Brockpähler, Der Westfälische Heimatbund und die ostdeutsche Kulturpflege, in: 30 Jahre danach 1945 bis 1975. Vertriebenenarbeit im Regierungsbezirk Detmold, Troisdorf 1977, S. 115-122; Friedrich-Carl Schultze-Rhonhof, Der Westfälische Heimatbund, in: Gesellschaft für Ostdeutsche Kulturarbeit Münster e.V. (Hg.), Neuanfang in Münster. Eingliederung von Flüchtlingen und Vertriebenen in Münster von 1945 bis heute, Münster 1996, S. 261-264; Nikolaus Gussone, Die Pflege der Kultur der deutschen Ostflüchtlinge und Ostvertriebenen in Nordrhein-Westfalen, in: Paul Leidinger (Hg.), Deutsche Ostflüchtlinge und Ostvertriebene in Westfalen und Lippe nach 1945. Beiträge zu ihrer Geschichte und zur deutsch-polnischen Verständigung, Münster 2011, S. 361-390.

35 Vgl. Protokoll der Sitzung des Verwaltungsrates des WHB vom 19.11.1946, Archiv des WHB, Ordner O 1-O 2, Organisationslisten und Satzungen 1945-1966; Die Fachstelle für Ostdeutsches Volkstum im Westfälischen Heimatbund 1950-1965, S. 23ff. Zu Gründer vgl. Konrad

Aufgrund seiner bisherigen Haltung zu den Zuwanderern hatte der WHB drei Optionen für den Umgang mit den Flüchtlingen: Zum Ersten konnte er sich darauf konzentrieren, sie mit der Geschichte und Kultur ihrer Zuzugsgemeinde und -region vertraut zu machen, wenn er glaubte, dass sie nicht wieder in ihre alte Heimat zurückkehren wollten und könnten. Das bedeutete, auf die Durchsetzungskraft des westfälischen „Volkstums" und der westfälischen Kultur zu setzen und diesen Prozess dadurch zu fördern, dass er sie so weit wie möglich zu „Westfalen" erzog. Zum Zweiten konnte er sich bemühen, die Flüchtlinge zu unterstützen, ihre regionale Herkunftskultur aufrecht zu erhalten, wenn er glaubte, dass sie zu einem nicht allzu fernen Zeitpunkt wieder in ihre Heimat zurückkehren wollten und würden.[36] Zum Dritten konnte er die Zuwanderer darin bestärken, sowohl ihre Herkunftskultur zu pflegen als sie auch mit der Kultur ihrer neuen Gemeinde und Region vertraut machen. Dieser Kompromiss bedeutete, eine „stammliche" Multikulturalität bzw. regionale Doppelidentität zu fördern.

Der Kurs des WHB wurde im ersten Jahrzehnt nach dem Ende des Dritten Reiches in hohem Maße von dem Geschäftsführer Wilhelm Schulte bestimmt,[37] der, obwohl von den Nationalsozialisten kritisch betrachtet, während des Dritten Reiches faktisch die Geschicke des WHB weiter wesentlich

---

Grundmann, Dem Begründer des „Wegweiser". Karl Gründer zum Gedenken, in: Der Wegweiser Nr. 12, Dezember 1962, S. 264.

36 Wilhelm Schulte legte für den Einsatz des WHB zugunsten der Flüchtlinge besonderen Wert auf deren Bekenntnis zu Westfalen: „Ich lege [...] Wert darauf festzuhalten, dass bei aller Sorge, die wir den Vertriebenen widmen wollen, der WHB als *Bund der Westfalen* auch in Zukunft anzusehen ist, wobei ich unter ‚Westfalen' alle diejenigen verstehe, die entweder durch ihre Eltern und Grosseltern bodenständig sind, wie aber auch diejenigen, die in Westfalen durch Beruf und Familie sich beheimatet fühlen – und durch ihre aktive Mitarbeit auf irgendeinem Gebiet der Heimatpflege ihre Verbundenheit mit Westfalen auch bekunden. Wer sich aber wesentlich als Vertriebener fühlt, Westfalen also nur als vorübergehende Bleibe betrachtet und – was das Natürlichste ist – mit allem Sinnen und Trachten wieder in seine Heimat zurück möchte und diese nicht aufzugeben gewillt ist, der kann wohl und gerne während der Zeit seines Aufenthaltes in Westfalen bei uns Gast auch im *WHB* sein, jedoch nicht mit der Forderung, dass der WHB sich deshalb nur als ein Bund bloss von Einwohnern der Provinz betrachten müsste"; Schreiben Schultes an Oberkreisdirektor Weil in Tecklenburg vom 14.2.1947, Archiv des WHB, Ordner H 9 Heimatgebiet Münsterland 1947-März 1948.

37 Der neue Landeshauptmann des Provinzialverbandes Westfalen und zugleich Vorsitzende des WHB, Bernhard Salzmann, teilte das Stammesdenken und den Westfalenstolz Schultes und überließ ihm weitgehend die Führung des Kurses des WHB. Vgl. dazu den von Schulte vorformulierten Aufsatz von Bernhard Salzmann, Stammestum, Phrase oder Auftrag?, in: Rundschreiben des Westfälischen Heimatbundes 6-8, 1. August 1947, Bibliothek des LWL-Instituts für westfälische Regionalgeschichte, Ordner Rundschreiben des WHB 1946-1960.

mitbestimmte. Er hielt nach 1945 an dem „Stammes- und Volkstumsdenken" der 1920er und 1930er Jahre fest und stellte seine Überzeugungen von der Gültigkeit und dem Wert von „Heimat" sowie „Volks- und Stammesgemeinschaft", „Volkstum", „Westfalen" und „westfälisch" nicht in Frage.[38] Dementsprechend sah er zunächst die Gefahren, die durch die Zuwanderung der Flüchtlinge für das Volkstum der Westfalen entstünden, und forderte mit Verweis auf die Erfahrungen im Ruhrgebiet deren Anpassung.[39]

Bei dieser Haltung blieb der WHB jedoch nicht stehen. Zum Ersten war er seit Beginn der 1930er Jahre eine finanziell stark vom Provinzialverband Westfalen, einem der zwölf höheren Kommunalverbände Preußens, abhängige Organisation; dessen Landeshauptmann war zugleich Vorsitzender des WHB. Der Provinzialverband war wiederum eine Organisation, zu deren Hauptaufgaben die soziale Integration aller Bevölkerungsgruppen in der Provinz gehörte.[40] Hinzu kam die explizite Aufforderung des Landesflüchtlingsamtes an

---

38 Vgl. z.B. Schultes Ausführungen in einem Vortrag vor dem Heimatverein in Holtwick: „Das deutsche Volk besteht seit uralten Zeiten aus Stämmen, die voneinander verschieden sind und von denen jeder seine besonderen Gaben und Vorzüge dem Vaterland zur Verfügung stellt. [...] Das alles ist von Gott und der Natur so gegeben, es ist unser Volkstum und Stammestum, und daran müssen wir festhalten, weil hier die Wurzeln unserer Kraft und Lebenstüchtigkeit liegen. Wir wollen keine Vermassung und keine Nomaden, sondern Persönlichkeiten. Wir wollen echte Westfalen und echte Schlesier und echte Ostpreußen bleiben, dann sind wir gleichzeitig auch die besten Deutschen, denn je tiefer wir in unserem Volkstum wurzeln, desto näher sind wir dem wesenhaft Deutschen, das uns alle eint"; Vortrag Wilhelm Schulte „Aufgaben des Heimatvereins Holtwick", ca. 1946, Archiv des WHB, Nachlass Wilhelm Schulte, Sonderbestand: Geschichte des WHB. Zur gleichen Kontinuität des Stammes- und Volkstumsdenkens unter einem Teil der Soziologen in der frühen Bundesrepublik vgl. Ute Gerhardt, Bilanz der soziologischen Literatur zur Integration der Flüchtlinge und Vertriebenen nach 1945, in: Dierk Hoffmann/Marita Krauss/Michael Schwartz (Hg.), Vertriebene in Deutschland. Interdisziplinäre Ergebnisse und Forschungsperspektiven, München 2000, S. 41-63.

39 So hieß es im Jahre 1947 in der Grundsatzrede des WHB-Vorsitzenden Bernhard Salzmann: „[...] müssen wir jetzt unser neues Deutschland föderalistisch, d.h. als ein stammhaftes Gefüge aufbauen. [...] Dabei wollen wir aber die Gefahr nicht verkennen, die aus dem Zustrom der heimatlos gewordenen Vertriebenen entstanden ist [...] so dürfen wir doch nicht übersehen, daß durch diese Durcheinanderwürfelung des Volkes seine natürliche politische Leistungskraft gemindert, ja erstickt werden kann. Gewiß sind unsere deutschen Stämme zu keiner Zeit fest abgegrenzte, ein für allemal konstante Gebilde gewesen [...] Entscheidend dabei war jedoch immer, daß die Zuziehenden sich der Art des aufnehmenden Landes anpaßten, so wie es bei uns in der Entwicklung des Ruhrgebietes bis auf einzelne wenige Städte der Fall war"; Salzmann, Stammestum.

40 Im Nachruf auf Salzmann hieß es: „Er hat in jenem Sommer 1946 [,] als die Sache der Heimatvertriebenen an ihn herangetragen wurde (das war zu einer Zeit, als noch die Vertriebenenzüge in Westfalen eintrafen), nicht vieler Worte bedurft, ihn hierfür zu gewinnen"; K.G., Westfalen trauert. Landeshauptmann Dr. h.c. Bernhard Salzmann †, in: Der

den WHB, sich um die Integration der Flüchtlinge zu bemühen. Dazu stellten ihm das nordrhein-westfälische Arbeits- und Sozialministerium sowie die Regierungen Münster und Arnsberg jährlich 7.500 DM zur Verfügung.[41] Zum Zweiten erklärte es der WHB auf dem ersten Westfalentag nach dem Ende des Dritten Reiches, der im Jahre 1949 in Recklinghausen stattfand, ganz im Sinne seiner traditionellen Programmatik zu seiner generellen Aufgabe, daran mitzuwirken, dass die Bevölkerung nach dem Zusammenbruch wieder heimisch und dass der Gefahr der Entwurzelung des Landvolks begegnet werden solle. Es gelte, das christliche Abendland und den deutschen Volkskörper zu schützen. Auch den Vertriebenen, die ihrer Heimat im Osten beraubt worden wären, müsse die „Möglichkeit zu neuer Beheimatung" gegeben werden, da „zu befürchten ist, daß die Entwurzelten dämonischen Gewalten verfallen". Darunter wurde im zeitgenössischen Denken vor allem der Kommunismus verstanden. Dessen Bekämpfung war ein zweites Motiv dafür, dass sich der WHB den Flüchtlingen zuwandte.

Zum Dritten bedeutete die Aufgabe, die Flüchtlinge zu beheimaten, die Wahrnehmung einer allseits als nützlich angesehenen gesellschaftlichen Arbeit. Sie konnte dazu beitragen, Vorbehalte bei denjenigen abzubauen, die dem WHB vorwarfen, eine zu große Kooperation mit den Nationalsozialisten eingegangen zu sein, d.h. sie konnte als eine Form der „Wiedergutmachung" angesehen werden – auch wenn der WHB sich nach 1945 nicht als Partner, sondern als Opfer der Nationalsozialisten verstand. Zum Vierten schließlich fand der WHB eine Begründung und Rechtfertigung, sich den Flüchtlingen zuzuwenden, in der westfälischen Geschichte selbst. Denn er begann, sie in völkischem Geist neu zu interpretieren. So erklärte Schulte im Jahre 1949, dass eine „starke Verwandtschaft zwischen den Westfalen und Ostdeutschen in ihrer Vorliebe und Begabung für grüblerische Aussagen" herrsche; das gelte gerade für die Künstler.[42] Er wies dazu auf die Besiedlung des Ostens durch Westfalen im Mittelalter hin: Viele der Zuwanderer seien gleichsam Spätheimkehrer in ihr Mutterland. Die Stammesverwandtschaft würde ihr Wiedereinleben in

---

Wegweiser 3/4, 28. Februar 1959, S. 27. Vgl. auch Willi Oberkrome, Heimat in der Nachkriegszeit. Strukturen, institutionelle Vernetzung und kulturpolitische Funktionen des Westfälischen Heimatbundes in den 1940er und 1950er Jahren, in: Westfälische Forschungen 47 (1997), S. 153-200, hier S. 164, 192.

41 Vgl. generell zur Höhe der Ausgaben für die kulturelle Betreuung der Vertriebenen: Die Umsiedlung der Heimatvertriebenen, S. 40f.

42 Vgl. Wilhelm Schulte, „Lebensraum und Volkstum". Früchte des Westfalentags in Recklinghausen, in: Kulturarbeit. Monatsschrift für Kultur- und Heimatpflege 1 (1949), S. 65.

Westfalen erleichtern.⁴³ Mit dieser Auffassung der Wesensverwandtschaft, die auch in Bayern zur Überwindung der Vorbehalte gegenüber den Sudetendeutschen eingesetzt wurde, knüpfte Schulte an historische Forschungen aus den 1930er Jahren zur Ostsiedlung an, in denen etwa der westfälische Historiker Friedrich von Klocke die Bedeutung Westfalens für die hochmittelalterliche Ostsiedlung betont hatte. Auf diese Weise konnte er für sich und einen Teil der Heimatbewegten bisherige völkische Vorbehalte gegen die Zuwanderer abbauen.

Auf die „Kernfrage: Soll die Bindung an die alte Heimat gestärkt, oder sollen die Vertriebenen in Westfalen beheimatet werden?", schlug Schulte „die Bildung von Heimatvereinen der Vertriebenen im Anschluß an unsere Heimatvereine vor". Er plädierte also nicht für eine direkte kulturelle und damit auch soziale Integration der Zuwanderer, sondern eher für eine Separierung und für eine Unterstützung der Zuwanderer bei der Pflege ihrer Kultur, d.h. für ein Nebeneinander der Westfalen und der Zuwanderer. Schultes Mitarbeiter Wilhelm Brockpähler sprach sich demgegenüber für die Aufnahme der Flüchtlinge in die örtlichen Gemeinschaften aus, „damit sich das Gefühl des Ausgeschlossenseins verliert."⁴⁴ In der Tat wurden die Flüchtlinge häufig in den einheimischen Kulturvereinen, so etwa den Schützenvereinen, diskriminiert, d.h. nicht oder nicht mit den gleichen Chancen aufgenommen. Nur in den Sportvereinen, in

---

43 So bereits Eberhard Franke, der in seiner Dissertation, die in der Schriftenreihe der von Wilhelm Brepohl geleiteten „Forschungsstelle für das Volkstum im Ruhrgebiet" erschien, dessen Gedanken reproduzierte; Eberhard Franke, Die Ostpreußen an der Ruhr. Geschichte, Umfang und Bedeutung der Ostpreußeneinwanderung, Essen 1936, S. 12: „Die Grundlage des ostdeutschen Volkstums bildete von nun an unstreitig der niederdeutsch-fälische Stammescharakter, der die Urform für den späteren preußischen Staatscharakter darstellt." Es verwundere deshalb nicht, dass ein Großteil der Ostpreußen nach ihren rassischen Merkmalen, d.h. nach Aussehen und Charakter, den Westfalen weitgehend ähnlich sei; vgl. auch ebd., S. 59ff. In diesem Sinne sprach Schulte auch Dr. Gertrud Bäumer als Hauptrednerin für den Westfalentag des Jahres 1950 in Bielefeld an: „Das Vertriebenen-Problem hat [...] für uns eine besondere Bedeutung, in sofern ein grosser Teil der Flüchtlinge noch mehr oder weniger als Westfalen angesprochen werden können, in sofern bei manchen erst die Grosseltern zum Osten (besonders Schlesien) auswanderten. Die Beziehungen Westfalens zur Ostkolonisation müssen dem heutigen Geschlecht, sowohl den Westfalen als auch den Vertriebenen, einmal deutlich vor Augen gestellt werden"; Schreiben Schultes an Bäumer vom 1.2.1950, Archiv des WHB, Ordner Z 1, 21. Westfalentag, Bielefeld 1950. Vgl. zudem Friedrich von Klocke, Westfalen und der deutsche Osten vom 12. bis zum 20. Jahrhundert, Münster 1940; Ditt, Raum, S. 300ff.
44 Vgl. die Zitate in: Protokoll der Sitzung des Arbeitsausschusses vom 14.2.1950, LWL-Archivamt für Westfalen, Archiv LWL, Bestand 702, 213.

denen es primär auf körperliche Leistung ankam, fanden die ostdeutschen Jugendlichen leicht Zugang.⁴⁵

Im Vorfeld des Westfalentages des Jahres 1950, den der WHB Anfang September in Bielefeld abhielt, verständigten sich schließlich ehemalige HeimatpflegerInnen und VolkskundlerInnen aus Schlesien und die Geschäftsführung des WHB darauf, dass „eine Vermischung westfälischen und ostdeutschen Volkstums [...] abgelehnt [werde], da jede Art deutschen Volkstums ihren unersetzlichen Eigenwert hat." Jedoch sei die Begegnung von Einheimischen und Vertriebenen z.B. durch die wechselseitige Teilnahme an den jeweiligen Heimatabenden und die Aufnahme „wenigstens eines Vertriebenen in den Vorstand jeden Heimatvereins" zu fördern. Schließlich sollte im WHB eine besondere Fachstelle für Vertriebene eingerichtet werden. Darin wollten sich führende, in Westfalen lebende Mitglieder der ostdeutschen Heimatbünde zusammenschließen.⁴⁶ Auf diese Weise wurde für Westfalen im Sinne Schultes eine Separierung der Arbeit und des jeweiligen „Volkstums", jedoch zugleich auch eine wechselseitige Zusammenarbeit vereinbart.

Diese Position wurde auch von der „Arbeitsgemeinschaft der westdeutschen Heimatbünde" diskutiert, die sich auf Anregung des WHB anstelle des aufgelösten „Deutschen Heimatbundes" gegründet hatte und die sich vom 17. bis 20. September 1951 mit den ostdeutschen Landsmannschaften in Königswinter traf.⁴⁷ Zur Debatte stand, ob die Flüchtlinge und Vertriebenen in den jeweiligen westdeutschen Regionen sozialisiert und integriert oder ob sie in ihrem

---

45   Vgl. z.B. Andreas Lüttig, Fremde im Dorf. Flüchtlingsintegration im westfälischen Wewelsburg 1945-1958, Essen 1993; Everhard Holtmann, Flüchtlinge in den 50er Jahren: Aspekte ihrer gesellschaftlichen und politischen Integration, in: Axel Schildt/Arnold Sywottek (Hg.), Modernisierung im Wiederaufbau. Die westdeutsche Gesellschaft der 50er Jahre, Bonn 1993, S. 349-361, hier S. 357; Anke Hufschmidt, „... und dann blieben wir doch". Flüchtlinge und Vertriebene in Lippe 1945-1953, Detmold 1994, S. 139ff.; Peter Exner, Integration oder Assimilation? Vertriebeneneingliederung und ländliche Gesellschaft – eine sozialgeschichtliche Mikrostudie am Beispiel westfälischer Landgemeinden, in: Dierk Hoffmann/Michael Schwartz (Hg.), Spezifika und Vergleichbarkeiten der Vertriebenen-Eingliederung in der SBZ/DDR, München 1999, S. 57-88, hier S. 81f.; Dieter Pfau/Heinrich Ulrich Seidel (Hg.), Nachkriegszeit in Siegen 1945-1949. Flüchtlinge und Vertriebene zwischen Integration und Ablehnung. Ein Quellenbuch zur Regionalgeschichte, Siegen 2004, S. 253ff.

46   Rundschreiben 3/1950 des WHB vom 4.10.1950, Bibliothek des LWL-Instituts für westfälische Regionalgeschichte, Ordner WHB Rundschreiben des WHB 1945-1960. Eine Mitgliederliste für Dezember 1950 findet sich im Archiv des WHB, Ordner F 11, Ostdeutsches Volkstum 1950 bis Juni 1953.

47   Vgl. Archiv des WHB, Ordner D 1, Deutscher Heimatbund Juni 1951-1952; Oberkrome, Heimat, S. 192ff.

Gemeinschaftsgefühl als Angehörige anderer „deutscher Stämme" gestärkt werden sollten. Diese Alternative war für die westdeutschen Heimatbünde ein Problem, das über das Schicksal der ostdeutschen Zuwanderer hinausging. Denn viele sahen in diesen Zuwanderern nicht nur eine Konkurrenz auf dem Arbeitsmarkt, sondern verfolgten das Konnubium von Ost- und Westdeutschen mit Missbehagen, räsonierten über „Mischehen" sowie „Stammfestigkeit" und „Stammvermischung" und witterten darin eine „Gefahr" für die bestehenden regionalen Gesellschaften und ihre Kulturen.[48] In einem ersten Schritt wurden sich die Vertreter der Heimatbünde und der Landsmannschaften einig, dass

> unsere zukünftige gemeinsame Arbeit auf die starken seelischen Kräfte deutschen Volkstums und christlichen Glaubens zur Erhaltung der Kultur des Abendlandes [gegründet sein sollte]. [...] Nur durch diese ‚Gemeinschaftskräfte' [sei] eine Ordnung im Volk und Völkerleben [...] zu erreichen. [...] Auch Europa kann nur bestehen, wenn es seine Kraft aus den Quellen des Volkstums zieht. [...] Das Volkstum erhält seinen letzten Sinn und Maßstab aus der Religion.

Mit der Behauptung eines „deutschen" gegenüber einem „stammesmäßigen Volkstum" sowie mit dem Hinweis auf die Bedeutung eines „stammesübergreifenden" Christentums und einer „abendländischen Kultur" wurden vor allem die Gemeinsamkeiten von West- und Ostdeutschen hervorgehoben. Auch in der Vorstellung, dass die Arbeit und die Ziele der Heimatbewegung unpolitisch seien, herrschte Übereinstimmung. Nichtsdestoweniger verbanden sich damit durchaus territoriale Ansprüche:

> Die gemeinsame Arbeit zwischen den Heimatbünden und den Ostvertriebenen dient ausschließlich der Heimatpflege und den Menschen. Sie verfolgt keine politischen Ziele, wiewohl unbestritten ist, daß das Recht auf die Heimat für die Ostvertriebenen zugleich das Recht auf bestimmte Räume und Landschaften des deutschen Ostens in sich schließt [...] Das Recht der Ostvertriebenen auf ihre Heimat ist Menschenrecht. Es ist im abendländischen Bewusstsein und vor der Geschichte zugleich ein Recht auf die christliche Heimat.[49]

---

48 Zitate aus: Gottfried Roesler, Die Tradition der Heimatvertriebenen, in: Jahrbuch für Volkskunde der Heimatvertriebenen 3 (1957), S. 9-13, hier S. 12. Vgl. auch ders., Volkskunde, Genealogie und die Problemlage bei den Heimatvertriebenen, in: ebd. 2 (1956), S. 17-23.

49 Zitate (zum Teil umgestellt) aus: Arbeitsgemeinschaft der westdeutschen Heimatbünde, „Bericht Königswinter", Dez. 1951, Archiv des WHB, Ordner D 1, Deutscher Heimatbund Juni 1951-1952.

Die emotionale, kulturell-historische, nationale, ja religiöse Bedeutung einer heimatlichen Verwurzelung, der Wunsch auf Erhaltung des breiten Volkstumsspektrums als Charakteristikum der deutschen Kultur, vermutlich aber auch die Aussicht auf Entlastung und Vermeidung einer „stammlichen Vermischung" ließen die westdeutschen Heimatbünde das von den Vertriebenen und ihren Landsmannschaften geforderte Menschenrecht auf Heimat anerkennen.[50]

Schulte hielt auf der Tagung in Königswinter einen Vortrag über „Volkstumsarbeit – Dienst am Menschen". Darin wiederholte er seine Vorstellungen, dass Deutschland wegen des „Schwunds gemeinschaftsbildender Kräfte" – gemeint waren „Volkstum" und „Christentum"[51] – in Not sei und dass die Heimatbewegung „auf die Wiederbelebung echter Volksgemeinschaft" ziele. Er benannte jetzt auch zwei neue, konkrete Ursachen für den Verlust an Gemeinschaftsbindungen. Zum Ersten erklärte er:

> Im gleichen Maß, wie die moderne Arbeitsverflechtung die Menschen aneinanderfesselte, vergrößerte die übermäßige soziale Verdichtung die Reibungsflächen zwischen Mensch und Mensch; die dadurch erzeugten Abstoßkräfte verhindern, ja zerstören jede Volksgemeinschaft im staatlichen Raum. Eine Bindung der

---

50 Vgl. zur Argumentation der Vertriebenen- und Flüchtlingsvertreter: Kurt Rabl (Hg.), Das Recht auf die Heimat. Vorträge. Thesen. Kritik, München 1965.

51 „Neben dem Christentum bildet das Volkstum die unersetzliche Grundlage alles [!] öffentlichen Lebens, weil es (im Unterschied von Parteidoktrinen) eine naturgegebene Kraftwelt darstellt. Als urtümliche (organische) Lebensgemeinschaft gibt das Volkstum dem Staate das Bindemittel der sonst auseinanderfallenden Staatsbürger; es macht den Staat [...] zur wirklichen Lebensgemeinschaft. [...] In kultureller Hinsicht erwies es [das Volkstum] sich als eine seelische Urkraft [...] Es birgt [...] das Urwüchsige im Sinne Schillers ‚naive' Menschentum, jene ewig junge Fruchtbarkeit, in welcher der gesunde Menschenverstand, Intuition, das Schöpferische wurzeln. Als solches formt das Volkstum den Charakter der Stämme. Es ist nie ein Einerlei, sondern verschiedengeartet nach der Landschaft, mehr noch nach der Abstammung seiner Träger, allerdings nicht so sehr hinsichtlich des Blutes, sondern wesentlich nach dem seelischen Erbe. Die Vielfalt dieser Stammescharaktere macht das Wesen der deutschen Kultur aus"; Wilhelm Schulte, Volkstumsarbeit – Dienst am Menschen, Vortrag in Königswinter im September 1951, Archiv des WHB, Ordner T 1, Tagungen 1951, und Ordner D 1, Deutscher Heimatbund Juni 1951-1952. Letztlich scheint für Schulte das „Volkstum" durch die Frau bestimmt worden zu sein: „Die Frau darf nicht übersehen werden". Denn sie würde nach W.H. Riehl „das instinktive Leben, das Gemütsleben des Volkes [...] den eigentlichen Genius des Volkes, seine verborgensten, dunkelsten, aber eigensten Kräfte [bewahren], aus welchen in dem männlichen Staatsleben das politische Schaffen entspringt. Der politische Volkscharakter ruht in letzter Instanz bei dem Weibe, die politische Tat bei dem Mann"; ebd. Vgl. auch Willi Oberkrome, „Deutsche Heimat". Nationale Konzeption und regionale Praxis von Naturschutz, Landschaftsgestaltung und Kulturpolitik in Westfalen-Lippe und Thüringen (1900-1960), Paderborn 2004, S. 443f.

Menschen aneinander war nur so lange möglich, als innerhalb der wirtschaftlichen und politischen Gebilde noch wesenhafte Verantwortungskräfte aus der – der Betriebswelt geschichtlich vorgelagerten – nationalen und kirchlichen Welt lebendig waren.

Zum Zweiten glaubte Schulte, dass das „Volkstum der Einheimischen wie das der Vertriebenen [...] in Gefahr [seien]. Die Folgen der Vermischung der Stämme sind noch nicht zu übersehen".[52] Mit anderen Worten: Er machte jetzt neben dem Schwinden von Nationalgefühl und christlichem Glauben die zunehmende Konzentration und Zusammenarbeit der Menschen, wie sie etwa in Städten und Großbetrieben erfolge, sowie – verklausuliert – die Vermischung der Angehörigen unterschiedlicher „Stämme" für den Verlust des „Volkstums" verantwortlich. In diesen Begründungen kamen wieder wesentliche Elemente der Zivilisationskritik aus der Zeit der Jahrhundertwende – die Stadt- und Industrieskepsis sowie die elementare Befürchtung einer Nivellierung der „Stämme" und ihres „Volkstums" – zum Ausdruck. Aus dieser Position heraus erschien es als beste Lösung, dass die Westdeutschen die Flüchtlinge aus dem Osten in der Pflege ihres jeweiligen „Volkstums" unterstützen und diese sich gleichsam in einen kulturellen Wartestand bis zu ihrer Rückkehr begeben sollten.[53]

Das Ergebnis der Tagung in Königswinter bestand ganz im Sinne Schultes darin, dass das ostdeutsche „Volkstum" nicht aufgegeben, sondern eigenständig erhalten werden sollte.[54] Dazu sollten in den westdeutschen Ländern

---

52 Vgl. Schulte, Volkstumsarbeit, Archiv des WHB, Ordner T 1, Tagungen 1951 und Ordner D 1, Deutscher Heimatbund Juni 1951-1952. Die Skepsis, die hier gegenüber der Vermischung der „Stämme" zum Ausdruck kommt, war nicht untypisch für diejenigen, die an die Bedeutung des „Volkstums" für das Denken und Handeln der Menschen glaubten. Schon Friedrich Ludwig Jahn hatte davor gewarnt und als das Ergebnis der Vermischung ein „schmutziges Nichts" gesehen; vgl. Friedrich Ludwig Jahn, Deutsches Volkstum, Frankfurt a.M. o.J. [1928], S. 23. Vgl. auch für Wilhelm Brepohl: Ditt, Die Gesellschaft des Ruhrgebiets S. 285. Vgl. für die Heimatbewegung in Niedersachsen: Dietmar von Reeken, Konservative Kontinuität und beginnende Modernisierung: Die Heimatbewegung in Niedersachsen 1945-1960, in: Bernd Weisbrod (Hg.), Von der Währungsreform zum Wirtschaftswunder. Wiederaufbau in Niedersachsen, Hannover 1998, S. 57-74, hier S. 60f. Diese Skepsis gegenüber einer „Volkstumsvermischung" hatte ihre Parallele in dem von den Nationalsozialisten geteilten Glauben an die schädlichen Folgen einer „Rassenvermischung".

53 Vgl. ähnlich Ulrich Prehn, „Volk" und „Raum" in zwei Nachkriegszeiten. Kontinuitäten und Wandlungen in der Arbeit des Volkstumsforschers Max Hildebert Böhm, in: Habbo Knoch (Hg.), Das Erbe der Provinz. Heimatkultur und Geschichtspolitik nach 1945, Göttingen 2001, S. 50-72.

54 „Das deutsche Volkstum, in Stämmen, Landschaften und Volksschlägen gegliedert, stellt für West- wie Ostdeutsche auch heute noch einen unersetzlichen Wert dar. [...] Der Verlust des ostdeutschen Volkstums wäre ein gesamtdeutscher Verlust. Es ist Verrat am

unter anderem nach westfälischem Vorbild Fachstellen für ostdeutsches Volkstum eingerichtet und diese zu einer „Arbeitsgemeinschaft ostdeutscher Heimat- und Volkstumspfleger in den westdeutschen Heimatbünden" zusammengeschlossen, ein Schriftentausch organisiert, ostdeutsche Heimatkunde in Schulen und Hochschulen gelehrt sowie brauchtumszentrierte Jugend-, Erwachsenen- und Medienarbeit geleistet werden. Über besondere Hilfen zur wirtschaftlichen, sozialen und kulturellen Integration der Flüchtlinge wurde nichts gesagt, vielmehr der Verzicht auf die ostdeutsche Eigenart als Verrat am kulturellen Erbe bezeichnet.[55] Mit dieser Argumentation zogen die westdeutschen Heimatbünde zwar eine kulturelle Grenze gegenüber den Zugezogenen, waren dafür aber bereit, sie in der Aufrechterhaltung ihrer regionalen Kultur zu unterstützen.

Die Landesregierung Nordrhein-Westfalens, in der wichtige Verwaltungsstellen der Flüchtlingsfürsorge von Ostdeutschen besetzt waren (Karl Gründer, Ludwig Landsberg, Otto Heike), und die Bezirksregierungen stellten dem WHB zweckgebunden Gelder für seine Flüchtlingsarbeit zur Verfügung. Dadurch, dass dem WHB kaum eigene Kosten für seine Betreuungs- und Integrationsmaßnahmen entstanden, war ein weiterer Grund gegeben, die ursprüngliche, ideologisch begründete Zurückhaltung aufzugeben. Zu den ersten konkreten Maßnahmen, die der WHB nach der Aufforderung des Landesflüchtlingsamtes traf, gehörte, dass er nicht nur seinen etablierten westfälischen RednerInnenkreis mit Vorträgen über Westfalen beauftragte, sondern auch befähigte Vertriebene, zumeist ehemalige RepräsentantInnen der ostdeutschen Heimatorganisationen, heranzog. Er wirkte darauf hin, dass Heimatvereine und Vertriebenenverbände ihre Klientel ansprachen, damit sie sich auf lokaler Ebene bei „Ost-West-Abenden" zusammenfanden und dort sowohl westfälische als auch ostdeutsche RednerInnen anhörten, die z.B. westfälische und ostdeutsche Städte und Landschaften vorstellten, oder jeweiliges Brauchtum pflegten, indem sie Volkslieder sangen oder Volkstänze aufführten. Dafür übernahm der WHB gegebenenfalls das Honorar und die Reisekosten für eine/n RednerIn.[56]

---

ostdeutschen Erbe, wenn man verlangt, daß die Heimatvertriebenen sich unter Aufgabe ihrer Eigenart in Westdeutschland einfügen sollen"; Arbeitsgemeinschaft der westdeutschen Heimatbünde, „Bericht Königswinter", Dez. 1951, Archiv des WHB, Ordner D 1, Deutscher Heimatbund Juni 1951-1952; Ordner T 1, Tagungen 1951; Helmut Fischer, 90 Jahre für Umwelt und Naturschutz. Geschichte eines Programms, Bonn 1994, S. 45f.

55 Vgl. auch Helmut Fischer, Hundert Jahre für den Naturschutz. Heimat und regionale Identität. Die Geschichte eines Programms, Bonn 2004, S. 87ff.

56 Vgl. Protokoll der Sitzung des Verwaltungsrates des WHB vom 19.11.1946 und Mitteilungen der Fachstelle für ostdeutsches Volkstum im Westfälischen Heimatbund, Ausgabe Januar 1957 (Beilage zum Rundschreiben 1/1957 des WHB, 1.1.1957), Bibliothek des LWL-Instituts für westfälische Regionalgeschichte, Ordner Rundschreiben des WHB 1945-1960;

Manche der westfälischen RednerInnen konnten dabei auf Erfahrungen aus entsprechenden Auftritten während des Zweiten Weltkriegs zurückgreifen, hatten sie in dieser Zeit doch sowohl in Westfalen als auch im Osten Deutschlands historisch-kulturelle Vorträge im Sinne des „Stammesdenkens" gehalten.[57] Diese Ost-West-Abende wurden offenbar bis zur Mitte der 1950er Jahre gut besucht;[58] sie ergänzten das Angebot der Volkshochschulen und bildeten eine Alternative zu entsprechenden Vortragsveranstaltungen der Vertriebenenverbände,[59] bei denen der politische Akzent zum Teil schärfer ausgeprägt gewesen sein dürfte.

Manuskript: WHB, Ost-West-Veranstaltungen, März 1955, Archiv des WHB, Ordner F 11, Ostdeutsches Volkstum 1955-Mai 1956. Ein Beispiel für den Ablauf eines Ost-West-Abends bietet Bernhard Frye, „Haltet fest an Eurem Volksgut". Integration der Vertriebenen in die Heimatvereine: Beispiel Ostbevern, in: Münsterland. Jahrbuch des Kreises Warendorf 1996, S. 133-134.

57 Während des Zweiten Weltkriegs hatten Mitarbeiter des WHB Vorträge über „Westfalen und der Osten" gehalten, in denen sie die geschichtliche Leistung und Bedeutung sowie den „Blutsanteil" Westfalens für den Osten hervorgehoben hatten. Vgl. Karl Ditt, „Mit Westfalengruß und Heil Hitler". Die westfälische Heimatbewegung 1918-1945, in: Edeltraut Klueting (Hg.), Antimodernismus und Reform. Beiträge zur Geschichte der deutschen Heimatbewegung, Darmstadt 1991, S. 191-215, hier S. 211; Brockpähler, Anfänge, S. 10f. Zu den Rednern und Rednerinnen gehörten etwa Friedrich Castelle und Maria Kahle. Kahle, die im Zweiten Weltkrieg Vorträge im Baltikum und im Raum Posen gehalten hatte, ging immer auf die kolonisatorischen und kulturschöpferischen Leistungen der Westfalen im Osten ein und beklagte das Schicksal der Vertriebenen und Flüchtlinge: „Austreibung, Mord, Brand, Plünderung, grauenvolle Leiden auf wochenlangen Fluchtwegen bis zur Vernichtung. Und warum das alles? Welches Verbrechen machte man diesen Menschen zum Vorwurf? Nur das eine – sie waren Deutsche!" Sie hätten einen Rechtsanspruch „auf das deutsche Land im Osten: Wo in den vergangenen Jahrhunderten deutsche und westfälische Menschen gewohnt, gelebt und gearbeitet haben, ist deutsche Heimat! Dieses Land darf nie, nie und niemals vergessen werden! Schon allein der Gedanke an seine Aufgabe wäre ein Verbrechen! Und unser aller Aufgabe ist, die aus ihrer Heimat Vertriebenen in ihrem Heimatgefühl zu stärken, ihnen zu helfen, ihre geistig-seelische Heimat sich zu erhalten – bis einmal die Stunde schlägt!"; Mindener Tageblatt vom 12.11.1953, Archiv des WHB, Ordner F 11, Ostdeutsches Volkstum 1955-Mai 1956. Zu Kahle vgl. Schulte, Westfälische Heimatbund, Bd. 1, S. 66f.; Ditt, Raum, S. 235ff.; Peter Bürger (Red.), Maria Kahle (1891-1975). Propagandistin im Dienst der Nationalsozialisten, Eslohe 2014.

58 Vgl. Protokoll der Sitzung der Fachstelle Ostdeutsches Volkstum vom 3.12.1958, Archiv des WHB, Ordner F 11, Ostdeutsches Volkstum Juli 1958-Sept. 1959.

59 Vgl. Friedrich-Carl Schultze-Rhonhof, Die Volkshochschule Münster und ihre ostdeutsche Kulturarbeit, in: Gesellschaft für Ostdeutsche Kulturarbeit Münster e.V. (Hg.), Neuanfang in Münster. Eingliederung von Flüchtlingen und Vertriebenen in Münster von 1945 bis heute, Münster 1996, S. 269-271.

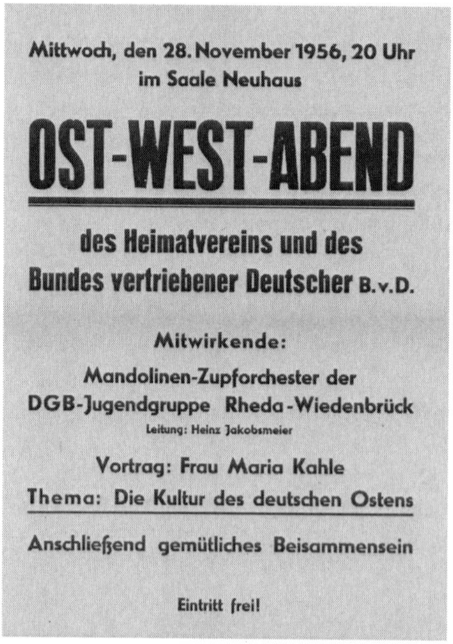

> **Mittwoch, den 28. November 1956, 20 Uhr im Saale Neuhaus**
>
> # OST-WEST-ABEND
>
> des Heimatvereins und des Bundes vertriebener Deutscher B.v.D.
>
> Mitwirkende:
>
> Mandolinen-Zupforchester der DGB-Jugendgruppe Rheda-Wiedenbrück
> Leitung: Heinz Jakobsmeier
>
> Vortrag: Frau Maria Kahle
> Thema: Die Kultur des deutschen Ostens
>
> Anschließend gemütliches Beisammensein
>
> Eintritt frei!

Abb. 12.4
Ankündigung eines Vortrages von Maria Kahle (Foto: Archiv des Westfälischen Heimatbundes, Ordner F 11, Ostdeutsches Volkstum Juni 1956-Juni 1958)

Ferner leitete der WHB die staatlichen Unterstützungsgelder an die Kreis-, Gemeinde- und Borromäusbüchereien weiter, damit sie Heimatliteratur aus den Ostprovinzen anschafften. Auf dem Westfalentag des Jahres 1949 in Recklinghausen hielt er eine Kunstausstellung mit Werken vertriebener ostdeutscher Künstler ab; der Provinzialverband Westfalen stellte für die Vergabe eines entsprechenden Kunstpreises 3.000 DM zur Verfügung.[60] Der WHB setzte sich zudem dafür ein, dass die westfälischen Heimatmuseen Sonderausstellungen zu Ostdeutschland organisierten und eigene Räume, sogenannte Heimatstuben, für ostdeutsches Ausstellungsgut einrichteten. Aufgrund der nichtwestfälischen Herkunft der Objekte und der Zufälligkeit der Überlieferung bildeten sie zwar einerseits häufig einen Fremdkörper innerhalb der lokalen Museen, andererseits aber auch einen gern genutzten Treffpunkt und eine Erinnerung für die Flüchtlinge.[61] Ein Anfang 1952 gemeinsam vom WHB,

---

[60] Vgl. Archiv des WHB, Ordner Z 1, 20. Westfalentag, 20 – Recklinghausen 1949.
[61] Vgl. dazu Archiv des WHB, Ordner F 11, Ostdeutsches Volkstum 1950-Juli 1953; Alfons Perlick, Die ostdeutschen Heimatstuben und Heimatsammlungen in Nordrhein-Westfalen. Geschichte. Aufgabe. Berichte, Troisdorf 1964; Manuela Schütze, Zur musealen Aneignung verlorener Heimat in ostdeutschen Heimatstuben, in: Kurt Dröge (Hg.), Alltagsstrukturen zwischen Erinnerung und Geschichte. Beiträge zur Volkskunde der Deutschen

dem Provinzialinstitut für westfälische Landes- und Volkskunde und der Statistischen Abteilung des Provinzialverbandes Westfalen geplantes und vom nordrhein-westfälischen Sozialministerium finanziertes Projekt, dass erst in Zusammenarbeit mit den Professoren Dr. Ludwig Neundörfer, dann Helmut Schelsky die Eingliederung und Verwurzelung der Ostvertriebenen in Teilgebieten Westfalens untersuchen sollte, scheiterte faktisch.[62]

Im Jahre 1951 gründete der WHB schließlich unter seiner generellen Zielsetzung der „Volkstumspflege" die „Fachstelle für Ostdeutsches Volkstum", die von Alfons Perlick geleitet wurde.[63] Perlick, geboren 1895, ursprünglich Volksschul-, dann Mittelschullehrer, hatte im Jahre 1928 ein oberschlesisches Volksliedarchiv aufgebaut und von 1930 bis Mitte 1945 an der Pädagogischen Hochschule für Lehrerbildung in Beuthen/Oberschlesien als Professor für Heimat- und Volkskunde gewirkt; zudem hatte er hier ein Landesamt für Volkskunde gegründet. Im März 1946 war er zwangsevakuiert worden. Im Westen fasste er an der Pädagogischen Hochschule Dortmund Fuß, sammelte einen heimatorientierten Kreis von MitarbeiterInnen um sich und entwickelte sich erneut zu einem führenden Repräsentanten der ostdeutschen Heimatbewegung. Er gründete im Jahre 1951 das „Ostdeutsche Volkskundearchiv in Nordrhein-Westfalen",[64]

---

im und aus dem östlichen Europa, München 1995, S. 95-112; Cornelia Eisler, Heimatstuben, in: Stephan Scholz u.a. (Hg.), Die Erinnerung an Flucht und Vertreibung. Ein Handbuch der Medien und Praktiken, Paderborn 2015, S. 192-203.

62   Vgl. dazu Archiv des WHB, Ordner F 11, Ostdeutsches Volkstum 1950-Juni 1953; LWL-Archivamt für Westfalen, Archiv LWL, Bestand 722, 28. Vgl. als ein Ergebnis: Hilde Seelheim, Eheschließungen zwischen Westfalen und Ostvertriebenen, in: Westfalenspiegel 2 (1953), H. 11, S. 26-28. Zudem hielt Wolfgang Kohte, Referent im Provinzialinstitut für westfälische Landes- und Volkskunde, auf dem Westfalentag des Jahres 1950 in Bielefeld einen statistisch orientierten Vortrag über die Bevölkerungsentwicklung Westfalens, in dem er auf die ostdeutsche Zuwanderung einging.

63   Vgl. Die Fachstelle für ostdeutsches Volkstum im Westfälischen Heimatbund 1950-1965, S. 59ff.; Beilage zum Rundschreiben des WHB 1/1957, 1.1.1957, Bibliothek des LWL-Instituts für westfälische Regionalgeschichte, Ordner Rundschreiben des WHB 1945-1960. Zu Perlick vgl. ders., 50 Jahre im Dienste der Heimat- und Volksforschung, in: Mitteilungen des Beuthener Geschichts- und Museumsvereins 31/33 (1969/71), S. 9-23; Hans Riepenhausen, Die Fachstelle für ostdeutsches Volkstum im Westfälischen Heimatbund, in: Heinz Schmidt-Ebhausen unter Mitarbeit von Eva-Maria Unsel (Hg.), Festschrift für Alfons Perlick zum 65. Geburtstag am 13. Juni 1960, Dortmund 1960, S. 190-197; Werner Vetter, Alfons Perlick zum Gedenken, in: Jahrbuch für ostdeutsche Volkskunde 22 (1979), S. 330-332. Die Anschauungen Perlicks über das „Volkstum" glichen sehr denen von Wilhelm Schulte. Vgl. Perlick, Mehr Volkstumsarbeit.

64   Vgl. Alfons Perlick, Ostdeutsches Volkskunde-Archiv im Lande Nordrhein-Westfalen, in: Jahrbuch für Volkskunde der Heimatvertriebenen 1 (1955), S. 212-215.

aus der ein Jahr später die „Ostdeutsche Forschungsstelle" hervorging,⁶⁵ wurde Vorsitzender der Landesgruppe Nordrhein-Westfalen der Ostdeutschen Heimatbünde, rückte in den Vorstand des Deutschen Heimatbundes auf und arbeitete in Westfalen mit den ostdeutschen Landsmannschaften zusammen.⁶⁶ Seit dem Jahre 1955 gab er das „Jahrbuch für ostdeutsche Volkskunde" heraus. Das nordrhein-westfälische Sozialministerium stellte seit Anfang der 1950er Jahre dem WHB für die Fachstelle und generell für die Betreuung der ostdeutschen Vertriebenen jährlich 5.000, die Regierungen Münster und Arnsberg zudem 1.500 bzw. 1.000 DM zur Verfügung.⁶⁷

Perlick wollte mit der Fachstelle, in der er etwa 30 zumeist schon in Ostdeutschland tätige Heimatpfleger vereinte, „ostdeutsches Volkstum" pflegen und unter den Ostdeutschen die Rückkehrwilligkeit aufrechterhalten, zugleich aber auch dazu beitragen, dass die Vertriebenen und Flüchtlinge in Westfalen eine neue Heimat fanden, und ihnen die Geschichte und Kultur Westfalens erschließen. Ihm schwebte also keineswegs eine kulturelle Ghettoisierung der Ostdeutschen vor. Das Ziel der Fachstelle sei, so bekräftigte der seit dem Jahre 1955 amtierende Nachfolger Schultes als Geschäftsführer des WHB, Hans Riepenhausen,⁶⁸ die Zielsetzung Perlicks, nicht „die Einschmelzung, sondern Begegnung und Zusammenarbeit".⁶⁹ Dazu sollte die Fachstelle keine Wissenschaft treiben, sondern der „Volkstumspraxis" dienen. Das bedeutete für Perlick, in jedem Heimatgebiet des WHB ostdeutsche Arbeitskreise zu gründen,

---

65 Vgl. Alfons Perlick, Zehn Jahre Ostdeutsche Forschungsstelle im Lande Nordrhein-Westfalen, Troisdorf 1972; Johannes Hoffmann, „Forschungsstelle Ostmitteleuropa" an der Universität Dortmund, in: Jahrbuch für Ostdeutsche Volkskunde 31 (1988), S. 334-337. Im Jahre 1973 wurde sie in „Forschungsstelle Ostmitteleuropa" umbenannt, im Jahre 2004 aufgelöst.

66 Vgl. Archiv des WHB, Ordner F 11, Ostdeutsches Volkstum 1950-Juni 1953; Schreiben Perlicks an die Provinzialverwaltung vom 8.7.1946, *LWL-Archivamt für Westfalen, Archiv LWL*, Bestand 702, 133.

67 Vgl. Schreiben Riepenhausens an Perlick vom 24.1.1956, Archiv des WHB, Ordner F 11, Ostdeutsches Volkstum 1955-Mai 1956. Zudem bezuschusste der Provinzialverband Westfalen auf Antrag der Stadt Herne seit dem Jahre 1951 die drei Jahre zuvor gegründete „Bücherei des deutschen Ostens", die der Heimat- und Volkstumspflege der Ostvertriebenen dienen wollte. Vgl. LWL-Archivamt für Westfalen, Archiv LWL, Bestand 702, 606, 607.

68 Riepenhausen war zugleich Mitglied des Steinbacher Kreises, einer vom nordrhein-westfälischen Sozialministerium subventionierten Vereinigung von einheimischen und vertriebenen Intellektuellen. Vgl. Albrecht Baehr, Auf dem Wege. Eine Zwischenbilanz des Vertriebenen- und Flüchtlingsproblems, Düsseldorf 1960, S. 13.

69 Riepenhausen, Fachstelle, S. 196.

Abb. 12.5
Alfons Perlick (Foto: Werner Vetter, aus: Alfons Perlick zum Gedenken (1895-1978), in: Jahrbuch für ostdeutsche Volkskunde 22 (1979), S. 330-332)

Pressearbeit, Kurse und Vortragsreihen über Ostdeutschland zu organisieren, sich in den Schulen für die Einführung eines monatlichen Heimattages zum Gedenken an die ostdeutschen Gebiete einzusetzen und Vorschläge für die Vergabe von ostdeutschen Straßen- und Platznamen zu machen. Ferner sorgte er für die Aufnahme von Schriften über Ostdeutschland in den Bibliotheken und für die Einrichtung von ostdeutschen Heimatstuben,[70] zudem auch für Formen der Brauchtumspflege.[71] Schließlich regte er Patenschaften zwischen

---

70 Alfons Perlick, Die ostdeutschen Heimatstuben und Heimatsammlungen in Nordrhein-Westfalen. Geschichte. Aufgaben. Berichte, Troisdorf 1964; Walter Engel/Hans-Jürgen Schuch (Hg.), Ostdeutsches Kulturerbe. Museen – Heimatstuben – Sammlungen in Nordrhein-Westfalen, Berlin 2001.

71 Vgl. die Protokolle der Fachstelle im Archiv des WHB, Ordner F 11, Ostdeutsches Volkstum Juli 1953-1954; Beilage zum Rundschreiben 1/1957 des WHB 1.1.1957, in: LWL-Institut, Ordner Rundschreiben des WHB 1945-1960. Es scheint, dass vor allem die Ausstattung der Bibliotheken mit Literatur über die ostdeutschen Regionen gute Resonanz bei vielen Flüchtlingen fand. Vgl. z.B. Ansgar Trautmann/Markus Trautmann, Die Vertriebenen in Vreden und Ammeloe. Vertreibung – Ankunft – Aufnahme – Eingliederung, Vreden 1988, S. 130f.

westfälischen und ostdeutschen Städten an.⁷² Damit unterschied sich seine Aufgabenstellung wenig von der Kulturarbeit der Landsmannschaften.⁷³

Im Einzelnen bildeten sich in der Fachstelle vier Arbeitskreise, die sich auch aus Mitgliedern außerhalb des WHB zusammensetzten.⁷⁴ Der Arbeitskreis „Westfalen und der deutsche Osten" organisierte auf seinen Treffen vor allem Vorträge zur west-ostdeutschen Beziehungsgeschichte („Westpreußen im Revier", „Hamann in Münster", „Ostdeutsche Hallenkirchen und ihre Beziehungen zur westdeutschen Architektur" etc.), und die Mitglieder stellten einander ihre jüngsten Veröffentlichungen vor. Zudem erhielt der Arbeitskreis Sektionen für Geschichte, Kunstgeschichte, Soziologie, Volkskunde, Genealogie und Kulturgeographie unter einer Doppelleitung von ost- und westdeutschen Experten.⁷⁵ Der Kreis „Frau und Familie" thematisierte vor allem deren Bedeutung für die Brauchtumspflege, richtete Nachbarschaftshilfen ein, versuchte BriefpartnerInnen in der alten Heimat zu gewinnen, sang und musizierte, führte Trachten vor und Laienspiele auf, bildete Tanzgruppen und hielt Lesungen ab.⁷⁶ Die Kreise „Erziehung und Unterricht" und „Deutsche Ostkunde an den Pädagogischen Akademien" versuchten auf die Schule und Pädagogischen Hochschulen Einfluss zu nehmen. Faktisch betrieb die Fachstelle eine weitgehend binnenorientierte Bildungsarbeit, die Informationen bereitstellte und Unterhaltung bot.

Das weitgehende Nebeneinanderher von Heimatarbeit für Westfalen und für die Flüchtlinge verschob sich erst Ende der 1950er Jahre. Riepenhausen, der zusammen mit Wilhelm Brockpähler der Zuwanderung weniger kritisch

---

72   Alfons Perlick, Das West-Ostdeutsche Patenschaftswerk in Nordrhein-Westfalen. Geschichte, Berichte und kulturelle Aufgaben. Mit einem Verzeichnis der west-ostdeutschen Patenschaften in der Bundesrepublik, Troisdorf 1961; Johannes Hoffmann, Von Patenschaften zu Partnerschaften. Ostdeutsche kommunale Patenschaften nach 1945 in Westfalen und ihre Wandlung zu deutsch-polnischen Städte- und Gemeindepartnerschaften in der Gegenwart, und Jochen Walter, Zwischen Identitätsbewahrung und Völkerverständigung. Patenschaften von Kommunen in Westfalen und Lippe über ehemals ostdeutsche [sic] und ihr Verhältnis zu Patenschaften mit osteuropäischen Kommunen, beide in: Paul Leidinger (Hg.), Deutsche Ostflüchtlinge und Ostvertriebene in Westfalen und Lippe nach 1945. Beiträge zu ihrer Geschichte und zur deutsch-polnischen Verständigung, Münster 2011, S. 315-328 bzw. 329-360.
73   Vgl. z.B. Tobias Weger, „Volkstumskampf" ohne Ende? Sudetendeutsche Organisationen, 1945-1955, Frankfurt a.M. 2008, S. 483f.
74   Vgl. den Arbeitsbericht von Alfons Perlick, Ostdeutsche Volkstumsarbeit in Westfalen, in: Der Wegweiser 11 (März 1958), H. 5/6, S. 59-61.
75   Vgl. Riepenhausen, Fachstelle, S. 196f.; Archiv des WHB, Ordner F 11, Ostdeutsches Volkstum 1955-Mai 1956.
76   Vgl. z.B. das Protokoll der Sitzung des Frauenarbeitskreises vom 12.12.1956, Archiv des WHB, Ordner F 11, Ostdeutsches Volkstum Juni 1956-Juni 1958.

als Schulte begegnete, akzentuierte jetzt stärker das Ziel, „Westfalen als Heimatlandschaft und Kulturraum den Heimatvertriebenen nahe [zu] bringen" und wollte stärker ihre Verwurzelung fördern. Heimat sei eine Wirklichkeit, die sich wandele. Die emotionale Bindung an die alte Heimat lasse nach. Die Vertreibung habe zu einer neuen Verwurzelung geführt; die Vertriebenen würden in zwei Heimaten leben. Hintergrund des Wandels in der Zielsetzung, die Flüchtlinge jetzt stärker mit Westfalen vertraut zu machen, war zum einen die irrealer werdende Perspektive ihrer Rückkehr angesichts der sich verfestigenden West-Ostgrenzen, andererseits eine gewisse Müdigkeit im WHB, der alten Heimat der Flüchtlinge zu gedenken.[77] Dafür sprach auch, dass der Vortragsdienst, den der WHB in den 1950er Jahren mit einem Stab von RednerInnen für die Heimatvertriebenen aufgebaut hatte, in den 1960er Jahren immer weniger nachgefragt wurde. Die Themen und die RednerInnen waren bekannt; sie konnten nur mehr wenig Neues bieten.[78] Bei Heimatfesten, die von den Landsmannschaften organisiert wurden, blieben die Ostdeutschen weitgehend unter sich, tauschten sich in ihren Dialekten aus und pflegten ihre Bräuche. Eine Erneuerung oder Weiterführung kam, so konstatierte Perlick im Jahre 1960, nicht mehr zustande, da sich die traditionellen sozialen Zusammenhänge aufgelöst hätten und die Verbindung zum Herkunftsraum verloren gegangen sei.[79] Die Förderung derartiger Erinnerungen beschränkte sich auf die Familien und wurde Sache der Landsmannschaften, nicht mehr des WHB.

Mit seiner Pensionierung im Jahre 1965 schied Perlick als Leiter der Fachstelle aus.[80] Ihm folgte der Direktor des Stadtarchivs Dortmund, Dr. Hans-Oskar Swientek,[81] dann nach dessen frühem Tod im Jahre 1966 der Oberstudiendirektor Dr. Hugo Novak aus Hüttental-Geisweid. Novak erinnerte an die Empfehlungen der Ständigen Konferenz der Kultusminister vom 13./14. Dezember 1956 zur Ostkunde: Es gelte das Bewusstsein der deutschen Einheit und den Willen zur Wiedervereinigung wachzuhalten. Dazu wollte er Kenntnisse und Aufklärung über Osteuropa vermitteln. In Nordrhein-Westfalen sei die „Ostkunde" im Unterricht gut vertreten; allerdings sei ein entsprechendes Handbuch für

---

77 Vgl. Riepenhausen auf der Sitzung der Fachstelle Ostdeutsches Volkstum vom 3.12.1958, Archiv des WHB, Ordner F 11, Ostdeutsches Volkstum Juli 1958-Sept. 1959.
78 Vgl. Heinrich Husmann, Ost-West-Veranstaltung, Manuskript ca. 1965, Archiv des WHB, Ordner F 11, Ostdeutsches Volkstum 1964-Okt. 1965.
79 Vgl. Mitteilungen der Fachstelle für ostdeutsches Volkstum 1/1960 vom 1.11.1960, Archiv des WHB, Ordner F 11, Ostdeutsches Volkstum 1959-61.
80 Vgl. Schreiben Perlicks an Riepenhausen vom 13.7.1965, Archiv des WHB, Ordner F 11, Ostdeutsches Volkstum 1964-Okt. 1965.
81 Vgl. Alfons Perlick, Stadtarchivdirektor Dr. phil Horst-Oskar Swientek (1908-1967), Dortmund 1970.

Abb. 12.6   Wilhelm Brockpähler (links) mit dem Tecklenburger
Oberstudiendirektor Dr. Gustav Korspeter, 1945
(Foto: Archiv des Westfälischen Heimatbundes)

Abb. 12.7
Hans Riepenhausen, um 1960 (Foto:
Archiv des Westfälischen Heimatbundes)

die Lehrer erforderlich. Das Arbeits- und das Sozialministerium würden die Arbeit der Fachstelle weiterhin fördern. Der WHB sollte stärker auf die Volkshochschulen, Pädagogischen Hochschulen und Universitäten einwirken.[82] Aus dem Wunsch, den Heimatinteressen der Flüchtlinge entgegenzukommen, war damit ein politischer Auftrag geworden, gerade in der Jugend die Erinnerung an Ostdeutschland und an die Möglichkeit der Wiedervereinigung wachzuhalten.[83]

3 Zusammenfassung

Die Flüchtlinge, die nach 1945 aus dem Osten nach Westfalen kamen, wurden in Westfalen in der Regel als Fremde wahrgenommen. Sie galten zwar als Angehörige der deutschen Nation, da sie sich mit den Einheimischen sprachlich verständigen sowie auf einer gemeinsamen kulturellen, geschichtlichen und politischen Überlieferung aufbauen konnten, jedoch blieb bei den Einheimischen die Bereitschaft zum Teilen und zur Integration der Fremden angesichts der generellen Notlage und Übersetzung gering. Staat und Kommunen ergriffen deshalb vielfache wirtschaftliche, soziale und kulturelle Maßnahmen, um die entwurzelten Flüchtlinge neu zu integrieren. Dazu gehörte auch die Dotierung des Westfälischen Heimatbundes, der als organisatorischer und ideologischer Kopf der zahlreichen, flächendeckenden Heimatvereine die soziale und kulturelle Integration der Flüchtlinge erleichtern sollte. Der WHB stand jedoch den „stammesfremden" Zuwanderern aufgrund der frühzeitig entwickelten völkischen Ideologie seiner führenden Repräsentanten mit Vorbehalten gegenüber. Er sah in ihnen eine Gefährdung der westfälischen Kultur und befürchtete von ihnen eine Verwässerung der eigenen „Stammesart". Dass es diese „Stammesart" gab und dass man der berufene Sprecher des „westfälischen Stammes" war, stand für den WHB nicht in Frage.[84]

---

82 Vgl. Protokoll der Fachstelle Ostdeutsches Volkstum vom 3.11.1967, Archiv des WHB, Ordner 50/9/01, Ostdeutsches Volkstum April 1967-Okt. 1985.

83 Zum Wandel der Fachstelle Ostdeutsches Volkstum in den 1970er Jahren vgl. Heinrich Husmann, Abseits wechselnder politischer Gezeiten. Die Ostdeutschen und der Westfälische Heimatbund, in: Der gemeinsame Weg 2/6 (1977), S. 17-20.

84 Marita Krauss weist darauf hin, dass möglicherweise gerade die Zuwanderung zu einer Kontinuität des „Stammes- und Volkstumsdenkens" führte, das sich vielleicht ohne diese Herausforderung schneller aufgelöst hätte. Vgl. Marita Krauss, Das „Wir" und das „Ihr". Ausgrenzung, Abgrenzung, Identitätsstiftung bei Einheimischen und Flüchtlingen nach 1945, in: Dierk Hoffmann/dies./Michael Schwartz (Hg.), Vertriebene in Deutschland. Interdisziplinäre Ergebnisse und Forschungsperspektiven, München 2000, S. 27-39, hier S. 30ff. Vgl. zu der anfangs ähnlich distanzierten Haltung, die die Ideologie des WHB

Der WHB, der in einem Konflikt zwischen Ablehnung und Reserve einerseits sowie der Anerkennung der Notlage der Zuwanderer und der Aufforderung zur Hilfe durch den Staat andererseits stand, verweigerte sich der ihm zugedachten Aufgabe nicht. Der völkische Gedanke, der solange zur Abgrenzung diente, wurde jetzt zu einer Brücke, indem die Flüchtlinge aus dem Osten als Rückkehrer in ihre Herkunftsregionen interpretiert wurden. Führende VertreterInnen der ostdeutschen Heimatbewegung gingen auf diese Jahrhunderte überspannende Metapher ein und sprachen von „einer Rücksiedlung", ja „tragischen Heimkehr" des „Jungvolks aus dem Osten" zum „Mutterstamm" bzw. „alten Muttervolke".[85] Konkret bot der WHB vor allem über die organisatorische und finanzielle Förderung der lokalen „Ost-West-Abende", die der wechselseitigen Informierung der Einheimischen und der Zugezogenen über ihre jeweiligen Regionen dienten, Bildungsangebote und Integrationshilfen an. Intensiver noch förderte er durch eine breite Palette traditioneller kulturpolitischer Maßnahmen die Erinnerung der Flüchtlinge an die Kultur und Geschichte ihrer Heimat mit dem Ziel, sie in ihrem „Volkstum" zu stärken und ihnen eine Parallelkultur zu ermöglichen.[86] Mit der Gründung der Fachstelle Ostdeutsches Volkstum delegierte der WHB zudem sowohl die Integrationsarbeit als auch die Bewahrung der Herkunftskultur an einen Kreis ostdeutscher Heimatfunktionäre und ermöglichte ihnen damit die Kontinuität gewohnter Arbeit in einem eigenverantwortlichen Betätigungsfeld. Sie riefen ihre Landsleute zu „Bekenntnis", Verpflichtung" und „Verantwortung" gegenüber dem eigenen Volkstum" auf[87] und nutzten den ihnen vom WHB gegebenen organisatorischen Rahmen für eine breite Palette von Aktivitäten sowohl zur Identitätsbewahrung als auch zur Integration der Flüchtlinge aus Ostdeutschland. Diese Formen der Arbeitsteilung und der Heimatarbeit zwischen den Vertretern der westfälischen und der ostdeutschen Heimatbewegung hielten sich bis Ende der 1950er Jahre – dann war der wirtschaftlich-gesellschaftliche Prozess der Integration soweit fortgeschritten, die Einsicht in den definitiven Verlust der alten Heimat so tief und die Palette der Informationen über die

---

gegenüber den Flüchtlingen zeigte, in der evangelischen Kirche: Jürgen Kampmann, Migration und konfessionelle Identität in Westfalen nach 1945, in: Jahrbuch für Westfälische Kirchengeschichte 106 (2010), S. 375-421.

85 Zitate aus: Alfons Perlick, Volkstum als Verantwortung. Festvortrag bei den Heimattagen in Münster, in: Der Schlesier im Westen 3 (1951), Nr. 1, o.S.

86 Vgl. dazu Dietmar Sauermann, Gefühle und Gedanken der Heimatvertriebenen bei ihrer Auseinandersetzung mit der gegenwärtigen Gesellschaft, in: Andreas Eynck (Hg.), „Alte Heimat – Neue Heimat". Flüchtlinge und Vertriebene im Raum Lingen nach 1945, Lingen 1997, S. 189-216.

87 Zitate in: Perlick, Volkstum, o.S. Vgl. auch ders., Westfalen, Heimat auch der Ostvertriebenen, in: Westfalenspiegel 1 (1951), H. 1, S. 10-12.

ostdeutschen Herkunftsregionen so weit ausgeschöpft, dass das Interesse bei den Flüchtlingen an den Maßnahmen des WHB und das Interesse des WHB an der kulturellen Eingliederung der Flüchtlinge deutlich nachließen.

Nichtsdestoweniger hielt die staatliche Förderung für die Zielsetzung, die Verbundenheit mit der alten Heimat zu stärken, weiter an, denn jetzt wurde die politische gegenüber der kulturellen und sozialen Zielsetzung stärker, in der deutschen Bevölkerung insgesamt die Erinnerung an ein ungeteiltes Deutschland wach zu halten.[88] Diese Zielsetzung entsprach jedoch nicht mehr primär den Interessen der Heimatbewegung, sondern denen der Vertriebenenverbände, so dass sich der WHB zunehmend zurückhielt und die Fachstelle Ostdeutsches Volkstum – nicht zuletzt auch aufgrund des altersbedingten Ausscheidens ihrer Mitglieder – ihre Aktivitäten zunehmend reduzierte.[89]

---

88 Vgl. Vermerk Dr. Goettert, Geschäftsführer des Rheinischen Heimatbundes, vom 30.4.1962: „Es zeigte sich, daß Ministerialdirigent Dr. Landsberg [,] der Initiator der Beiräte [für Vertriebenen- und Flüchtlingsfragen in Nordrhein-Westfalen, die im Jahre 1960 beschlossen worden waren und im Jahre 1962 eingerichtet wurden,] ist und daß er mehr als irgend ein anderer ihrer Arbeit Richtung gibt. [...] Das Schwergewicht der Arbeit soll künftig weniger auf den kulturellen Dingen im engeren Sinne (Brauchtum, Mundart, Tanz, Tracht, Geschichte) liegen, als im Politischen und Gesellschaftlichen, dem alles andere dienen soll. Als Hauptziel der Arbeit der Beiräte schält sich heraus: Ein noch näher zu definierendes Staatsbewußtsein soll durch Schulen, Verbände usw. ausgebreitet werden und das Bekenntnis zu Mittel- und Ostdeutschland mit enthalten"; Archiv des WHB, Ordner F 11, Ostdeutsches Volkstum 1962-1963.

89 Vgl. Brockpähler, Anfänge, S. 22f.; ders., Westfälische Heimatbund, S. 121.

Beelendende Berichte? Eine Mediengeschichte von ‚Flucht und Vertreibung' 1945-2015

Stephan Scholz

> Von den innerdeutschen Pressenotizen dieses Jahres hat mich keine so beelendet wie die Nachricht, dass sich ein Verein oder eine Partei der ‚Einheimischen' gegen die Flüchtlinge gebildet hat. Der Bundespräsident tritt aus der Neutralität heraus, die in dem Sinne seines Amtes liegt, wenn er sagt, daß er dies als eine Schande empfand.[1]

Diese eindringlichen Worte sprach der deutsche Bundespräsident nicht 2015, wie man zunächst meinen könnte, sondern bereits 1950. Mit ihnen wandte sich das erste bundesdeutsche Staatsoberhaupt Theodor Heuss in seiner Silvesteransprache an die deutschen Bürgerinnen und Bürger. Er bezog sich auf ein Ereignis, von dem auch er nur aus den Medien erfahren hatte. Nicht nur Regionalzeitungen, sondern auch überregionale Presseerzeugnisse, wie z.B. *Die Welt* oder *Der Spiegel*, hatten in den Wochen zuvor über die Bildung einer Vereinigung berichtet, die sich ‚Schleswig-Holsteinische Gemeinschaft' (SHG) nannte. Deren Gründung erschien in den bundesdeutschen Medien wie das Fanal eines sich im Gegenzug zu den ersten Wahlerfolgen des ‚Blocks der Heimatlosen und Entrechteten' (BHE) formierenden ‚Blocks der Einheimischen'.[2] Ungewöhnlich leidenschaftlich wandte sich der Bundespräsident gegen eine sich hier abzeichnende Spaltung der deutschen Gesellschaft.

Die Initiative zu der Gründung der SHG war vor allem von Haus- und Grundbesitzern sowie von Vertretern der schleswig-holsteinischen Heimatbewegung ausgegangen.[3] Materielle Interessen verbanden sich mit kulturell-identitären Bedrohungsszenarien. Wie *Die Welt* – damals noch das liberale Vorzeige-Blatt der britischen Besatzungszone – auf ihrer Titelseite berichtete, beklagte die SHG die „volklichen Verluste", die die „fortwährende Überfremdung" durch die

---

1 Theodor Heuss, Sylvesteransprache, in: Ders., Theodor Heuss. Politiker und Publizist: Aufsätze und Reden. Ausgew. und kommentiert von Martin Vogt, Tübingen 1984, S. 401-407, hier S. 401f. Ich danke Dr. Joachim Tautz für den Hinweis auf dieses Zitat.
2 „Block der Einheimischen", in: Die Welt, 20.11.1950, S. 1; „Hinter die Ohren zu hauen", in: Der Spiegel, 20.12.1950 (H. 51), S. 5-7.
3 Zur Entstehung und Geschichte der SHG vgl. Thomas Schäfer, Die Schleswig-Holsteinische Gemeinschaft 1950-1958, Kiel 1987.

Zuwanderer aus dem Osten zur Folge habe.[4] Dagegen erhob die SHG einen Führungsanspruch der Einheimischen und kritisierte die politischen Parteien für ihre angeblich allzu weitgehenden Zugeständnisse an die Flüchtlinge, was den Ausgangspunkt für eine weitergehende Kritik an einer vermeintlich „herrschenden Parteiendiktatur" sowie an der politischen Klasse insgesamt bildete: „[D]iese Elite ist fast völlig dem Volk entfremdet und kann keinen Anspruch darauf machen, als Volksdeutschtum gewertet zu werden", hieß es in der Zeitschrift der SHG, die den Titel „Unser Land" trug.[5]

Heuss nutzte für seine scharfe Verurteilung dieser Position nicht nur die Autorität seines Amtes als Bundespräsident, sondern auch die Gelegenheit der Silvesteransprache, die ihr eine weite Beachtung und mediale Verbreitung sicherte. Sie wurde von allen westdeutschen Radiosendern übertragen und in der Presse abgedruckt.[6] Indem Heuss sich der Medien als Kommunikationskanal bediente, um der deutschen Bevölkerung ins Gewissen zu reden, setzte er zugleich, wenngleich ungewollt, eine mediale Eigenlogik in Gang. Denn obwohl er die SHG nicht einmal namentlich genannt hatte, verschaffte Heuss dieser Gruppierung doch damit kurzzeitig eine erhöhte mediale Aufmerksamkeit und vergrößerte ihren Resonanzraum.[7] Diese ungewollte mediale Verstärkung wurde zumindest gelegentlich auch reflektiert. So gab die Wochenzeitung *Die Zeit* wenige Tage nach der Silvesteransprache von Heuss zu Bedenken, dass „[d]ank der aufsehenerregenden Äußerung des Bundespräsidenten" die SHG nunmehr die Gelegenheit bekomme, „unter gespannter Aufmerksamkeit der ganzen Bundesrepublik", ihr Programm öffentlichkeitswirksam zu entfalten.[8]

Das Beispiel der SHG zeigt, dass die Medien bereits auf der Ebene vermeintlich neutraler Berichterstattung durch die Auswahl dessen, was zur Nachricht wird, auch extreme Positionen stärken können. Gleichzeitig zeigt

---

4 „Block der Einheimischen", in: Die Welt, 20.11.1950, S. 1. Zum Charakter der *Welt* in den ersten Jahren vgl. Heinz-Dietrich Fischer, Reeducations- und Pressepolitik unter britischem Besatzungsstatus. Die Zonenzeitung ‚Die Welt' 1946-1950. Konzeption, Artikulation und Rezeption, Düsseldorf 1978.

5 Unser Land. Nachrichtenblatt der SHG, Febr. 1953, zit. nach Schäfer, Die Schleswig-Holsteinische Gemeinschaft, S. 114.

6 So z.B. in der wichtigsten überregionalen Tageszeitung der amerikanischen Besatzungszone: „Neujahrsansprache des Bundespräsidenten", in: Neue Zeitung, 2.1.1951, S. 9, hier auch der Hinweis auf die Radioübertragungen.

7 Bereits Adolf Hitler hatte für den Umgang mit den Medien als goldene Regel aufgestellt, die allen zukünftigen populistischen Bewegungen als Richtschnur dienen konnte: „Ganz gleich, ob sie über uns lachen oder schimpfen, ob sie uns als Hanswurste oder als Verbrecher hinstellen; die Hauptsache ist, dass sie uns erwähnen, dass sie sich immer wieder mit uns beschäftigen"; Adolf Hitler, Mein Kampf, Bd. 2, München 1933, S. 544.

8 P. Chr. B., Das gute und das schlechte Gewissen, in: Die Zeit, 11.1.1951 (H. 2), S. 1.

es aber auch, dass dies für die erfolgreiche Popularisierung solcher Positionen allein nicht ausreicht.[9] Da Medien nicht nur als neutrale Nachrichtenkanäle und indifferente Informationsforen agieren, tragen sie auch selbst erheblich zur öffentlichen Meinungsbildung bei. Daher kommt es nicht selten vor, dass gesellschaftliche und politische Gruppen versuchen, die Medien für ihre Interessen zu nutzen, was im Extremfall bis zur vollständigen politischen Vereinnahmung und propagandistischen Instrumentalisierung reichen kann, wobei in demokratischen Gesellschaften Medien in der Regel überwiegend eigenständige Akteure und Deutungsinstanzen sind, die zusammen einen in sich heterogenen Diskurs bilden und die Meinungsvielfalt ebenso widerspiegeln wie mitprägen.

Welche Bedeutung sowohl lokalen als auch überregionalen Medien in der öffentlichen Meinungsbildung zukommt, zeigt sich in besonderer Weise beim Thema Zuwanderung. Bislang hat die Rolle der Medien für den gesellschaftlichen und politischen Umgang damit noch zu wenig Beachtung gefunden. Auch in der historischen Forschung wird erst seit kurzem der Blick darauf gelenkt, wie in der Vergangenheit Medien mit Migrationsprozessen umgegangen sind. Der Blick richtet sich dabei meist zunächst auf die medialen Erzeugnisse: Presseberichte, Filme, Fernsehproduktionen, Hörfunksendungen. Gelegentlich geraten auch die ProduzentInnen und AutorInnen in den Fokus, kaum jedoch die medialen und institutionellen Mechanismen, Praktiken und Eigenlogiken und noch weniger die schwer zu bestimmenden Wirkungen auf die RezipientInnen.

Die Zwangsmigration der Deutschen aus dem Osten am Ende und in der Folge des Zweiten Weltkriegs ist seit 75 Jahren kontinuierlich ein Thema der Medien, mediengeschichtlich aber erst in Ansätzen untersucht. Im Folgenden kann daher nur ein erster Überblick über die Rolle der Medien – insbesondere Presse, Rundfunk, Film und Fernsehen – bei der öffentlichen Meinungsbildung zum Thema ‚Flucht und Vertreibung' in Deutschland seit 1945 gegeben werden.[10] Unter Berücksichtigung der politischen Systemwechsel von 1945

---

9   Mittelfristig konnte die SHG nur bedingt vom Medienecho profitieren. 1951 erhielt sie zwar bei den Kommunalwahlen dort, wo sie als „Schleswig-Holsteinische Wählervereinigung" angetreten war, meist über 10 Prozent, in einzelnen Landkreisen sogar über 30 Prozent der Stimmen (insbesondere dort, wo sie trotz ihrer Parteienkritik gemeinsame Listen mit der CDU und der FDP gebildet hatte). Bei den Landtagswahlen 1954 war ihr Stern aber schon wieder im Sinken begriffen. Sie kam auf nur noch knapp über 5 Prozent, bevor sie dann endgültig in der Bedeutungslosigkeit verschwand. Auf Bundesebene konnte sich keine vergleichbare politische Gruppierung von Einheimischen in Abgrenzung zu den Zuwanderern aus dem Osten bilden und ähnliche Erfolge erzielen. Vgl. Schäfer, Die Schleswig-Holsteinische Gemeinschaft, S. 141f., 181.

10 Vgl. generell die instruktiven Einführungstexte von Maren Röger, Bill Niven und Christoph Hilgert zu Presse, Fernsehen, Film und Hörfunk, in: Stephan Scholz/Maren Röger/Bill

und 1990 und der Existenz zweier deutscher Teilstaaten in der Zeit dazwischen lässt sich die Mediengeschichte der deutschen Zwangsmigration in vier Phasen gliedern:

1. 1944/45: die Phase der nationalsozialistischen Berichterstattung noch vor dem Kriegsende,
2. 1945-1965: die Phase der Formierung und Konsolidierung des medialen Umgangs nach dem Krieg im Dienst von Integration und Erinnerungspolitik,
3. 1965-1990: die Phase der Aufbrüche, Pluralisierungen und Zerklüftungen,
4. 1990-2015: die Phase vermeintlicher Entpolitisierung und des Erinnerungsbooms nach der Jahrtausendwende.

1   1944/45 – Nationalsozialistische Berichterstattung

Noch vor Kriegsende, also bereits während des Vorgangs der Flucht von Deutschen aus dem Osten bzw. ihrer ‚Evakuierung' durch die NS-Behörden, war der sukzessive Prozess von Ab- bzw. Zuwanderung ein Thema in den deutschen Medien. Unter den Bedingungen des ‚totalen Krieges' unterlagen diese Entwicklungen in der Endphase des ‚Dritten Reiches' allerdings vollständig der staatlichen Kontrolle. Obwohl oder gerade weil die Abwanderung von Deutschen zunächst aus den besetzten Ländern Osteuropas und dann aus den östlichen Provinzen des Reiches den jahrelang propagierten Sieges- und Expansionsversprechen deutlich widersprach, konnte die deutsche Propaganda diesen Komplex nicht ignorieren. Zudem war die Bevölkerung in den letzten Kriegsmonaten immer mehr mit den Flüchtlingen aus dem Osten konfrontiert. „In allen Stadtteilen wimmelt es von Flüchtlingen. Sie schimpfen laut oder leise auf die verfluchten Zeiten. Keiner nimmt ein Blatt vor den Mund", notierte die Berliner Journalistin Ruth Andreas-Friedrich am 31. Januar 1945 in ihr Tagebuch.[11] Reichspropagandaminister Joseph Goebbels sah sich angesichts dessen genötigt, mit „großzügigen Propagandamaßnahmen" den „[g]rauenhaften Gerüchte[n]", die sich durch die Erzählungen der „Treckteilnehmer" über die katastrophalen Zustände bei ihrer Evakuierung durch die

---

Niven (Hg.), Die Erinnerung an Flucht und Vertreibung. Ein Handbuch der Medien und Praktiken, Paderborn 2015, S. 126-139, 140-152, 212-224, 358-371, sowie ebd. weitere Beiträge zu Erinnerungsmedien jenseits der Massenmedien. Zur Entwicklung der Erinnerungskultur zur deutschen Zwangsmigration allgemein vgl. Eva Hahn/Hans Henning Hahn, Die Vertreibung im deutschen Erinnern. Legenden, Mythos, Geschichte, Paderborn u.a. 2010.

11   Ruth Andreas-Friedrich, Der Schattenmann. Tagebuchaufzeichnungen 1938-1945, Frankfurt a.M. 1947, S. 203f.

NS-Behörden verbreiteten, entgegenzuwirken, um „panikartige Erscheinungen zu vermeiden".¹² Die nationalsozialistische Propaganda kam also gar nicht umhin, diesen Vorgang in Presse, Ton und Bild zu thematisieren.

Die Berichterstattung über flüchtende und evakuierte Deutsche in den letzten Kriegsmonaten erfolgte dabei nicht voraussetzungslos, sondern knüpfte an propagandistische Nachrichtenstränge der Vorjahre an. Bereits seit Kriegsbeginn hatten die Umsiedlungen deutscher Minderheiten aus den Gebieten, die im Hitler-Stalin-Pakt als sowjetischer Einflussbereich definiert und dann von der Sowjetunion sukzessive besetzt worden waren, einen organisierten Medienhype ausgelöst und waren „emphatisch überdokumentiert" worden.¹³ In den Medien wurden die Umsiedlungen der ‚Volksdeutschen' als größte organisierte Bevölkerungsverschiebung und ‚Heimholung' ins Deutsche Reich gefeiert. Die Ansiedlung der so genannten ‚Volksdeutschen' fand vor allem in den besetzten Gebieten Polens statt und zwar nicht nur zur ‚Eindeutschung' dieser Gebiete, sondern auch als erster Schritt zu einem umfassenden kolonisatorischen Siedlungswerk im Osten, das erst nach erfolgreicher Beendigung des Krieges systematisch beginnen sollte.¹⁴

Zentrale Begriffe und Bilder des späteren Vertreibungsdiskurses haben hier ihren propagandistischen Ursprung, wie z.B. der zunächst sehr positiv besetzte Begriff des ‚Trecks': „Der große Treck aus dem Osten. Die deutsche Volkswanderung auf dem Höhepunkt", titelte etwa der *Völkische Beobachter* Anfang 1940 begeistert.¹⁵ Bilder scheinbar endlos sich durch winterliche Landschaften ziehender Wagenkolonnen sowie von dankbaren Frauen und Kindern, die von der Partei fürsorglich betreut wurden, dienten als Leistungsnachweis des NS-Regimes. Seit dem Winter 1939/40 wurden diese Bilder umfangreich inszeniert und immer wieder reproduziert – in der Bildpresse, den Wochenschauen sowie im Dokumentar- und Spielfilm.¹⁶ Noch im Sommer 1944, als die Rote Armee bereits an den Vorkriegsgrenzen des Deutschen Reiches stand,

---

12   Elke Fröhlich (Hg.), Die Tagebücher von Joseph Goebbels, Teil II: Diktate 1941-1945, Bd. 15: Januar-April 1945, München u.a. 1995, S. 242, 292.
13   Benjamin Pinkus/Ingeborg Fleischhauer, Die Deutschen in der Sowjetunion. Geschichte einer nationalen Minderheit im 20. Jahrhundert, Baden-Baden 1987, S. 233.
14   Vgl. einführend Isabel Heinemann, „Volksdeutsche" Umsiedler in Deutschland und in den von Deutschland besetzten Gebieten im Zweiten Weltkrieg, in: Klaus J. Bade/Pieter C. Emma/Leo Lucassen/Jochen Oltmer (Hg.), Enzyklopädie Migration in Europa. Vom 17. Jahrhundert bis zur Gegenwart, Paderborn u.a. 2007, S. 1081-1087.
15   Völkischer Beobachter, 23.1.1940, S. 4.
16   Vgl. Stepan Scholz, Ikonen der ‚Flucht und Vertreibung'. Bilderkarrieren und Kanonisierungsprozesse, in: Jürgen Danyel/Gerhard Paul/Annette Vowinckel (Hg.), Arbeit am Bild. Visual History als Praxis, Göttingen 2017, S. 137-157, hier S. 152-156; Wilhelm Fielitz, Das Stereotyp des wolhyniendeutschen Umsiedlers. Popularisierungen zwischen

Abb. 13.1 Ganzseitiger Bildbericht über deutsche Umsiedler aus der Sowjetunion (aus: *Kölnische Illustrierte Zeitung* vom 3. August 1944)

berichteten auch regionale Medien, wie z.B. die *Kölnische Illustrierte Zeitung*, euphorisch von der „Umsiedlung" von „350.000 Russlanddeutschen", die „dem Ruf der alten Heimat" gefolgt und „ins Reich zurück" gekehrt seien (siehe Abb. 13.1).[17] Heinrich Himmler, als ‚Reichskommissar zur Festigung des deutschen Volkstums' verantwortlich für die Umsiedlungen, ordnete noch zu dieser Zeit eine ausführliche „pressemäßige Auswertung [...] in längerer Folge" an, bei der durch die Schilderung von Einzelschicksalen besondere Teilnahme mit den Betroffenen hervorgerufen werden sollte.[18]

Tatsächlich war zu diesem Zeitpunkt die ‚Umsiedlung' von Angehörigen der deutschen Minderheit aus der Sowjetunion längst Teil der deutschen Räumungspolitik geworden, die mit dem Rückzug der deutschen Truppen bereits seit dem Winter 1942/43 eingesetzt hatte. Die Räumung, die nach dem Prinzip der ‚verbrannten Erde' den Gegner in seinem Vormarsch schwächen sollte, umfasste auch die Zwangsevakuierung der arbeitsfähigen Zivilbevölkerung, wobei die ‚Rettung deutschen Blutes' Priorität genoss.[19] Neben den privilegiert behandelten ‚Volksdeutschen', deren ‚Rückführung' noch als ‚Umsiedlung' deklariert wurde, wurde auch eine große Zahl von Nichtdeutschen, insbesondere Kollaborateure und Fachkräfte, dem Zugriff der Roten Armee entzogen.[20] Bereits im März 1943 berichteten die deutschen Medien über den „endlosen Zug der Flüchtlinge", die sich im „Zuge der planmäßigen Räumung von Gebieten an einzelnen Teilen der Ostfront" der deutschen Wehrmacht angeschlossen hätten.[21]

Seit Sommer 1944 häuften sich solche Räumungsberichte, in denen die betroffenen ‚Volksdeutschen' zunächst immer noch als Teil organisierter ‚Umsiedlungen' galten, während die von der Räumung erfassten Nichtdeutschen als ‚Flüchtlinge' vor dem Bolschewismus dargestellt wurden, die bei den Deutschen Schutz suchten und fanden (siehe Abb. 13.2). Dieses übernationale Flucht- und Rettungsnarrativ, das auf eine Stärkung des Widerstands gegen das Vordringen der Roten Armee abzielte, knüpfte an die Vorkriegspropaganda

---

Sprachinselforschung und nationalsozialistischer Propaganda, Marburg 2000, S. 101-140; Gerald Trimmel, Heimkehr. Strategien eines nationalsozialistischen Films, Wien 1998.

17   So in dem Bildbericht „Sie folgen dem Ruf der Heimat", in: Kölnische Illustrierte Zeitung, 3.8.1944, o.S. Zu dieser ‚Umsiedlung' selbst vgl. Pinkus/Fleischhauer, Die Deutschen in der Sowjetunion, S. 284-296.

18   Zit. nach Pinkus/Fleischhauer, Die Deutschen in der Sowjetunion, S. 284.

19   Vgl. Hahn/Hahn, Die Vertreibung im deutschen Erinnern, S. 225-238.

20   Vgl. Jan-Hinnerk Antons, Flucht ins „Dritte Reich". Wie Osteuropäer Schutz im NS-Staat suchten (1943-1945), in: Zeithistorische Forschungen/Studies in Contemporary History 14 (2017), H. 2, S. 231-257, http://www.zeithistorische-forschungen.de/2-2017/id=5486 (12.12.2018).

21   Wiener Illustrierte, 31.3.1943, S. 3.

von 1938/39 an. Damals war der Kriegsbeginn mit dem angeblichen ‚bolschewistischen Terror' gegen die ‚Volksdeutschen' und deren vermeintlich daraus resultierende Fluchtbewegungen aus der Tschechoslowakei und Polen vorbereitet und legitimiert worden.[22] Nachdem dieses Narrativ seit 1943 auch auf nichtdeutsche Nationalitäten ausgedehnt worden war, richtete es sich zum Kriegsende in dem Augenblick wieder auf die Deutschen selbst zurück, als die Rote Armee die Vorkriegsgrenzen des Deutschen Reiches überschritt.

Abb. 13.2
Bildbericht über die Flucht von Nichtdeutschen an der Ostfront vor der Roten Armee (aus: *Kölnische Illustrierte Zeitung* vom 26. Oktober 1944)

Als dies im Oktober 1944 zum ersten Mal und zunächst nur vorübergehend der Fall war, setzte Propagandaminister Goebbels umgehend eine systematische Gräuelpropaganda in Gang, die den „Höhepunkt der Angstpropaganda mit antibolschewistischer Rhetorik" bildete.[23] Im Zentrum standen gewaltsame Übergriffe sowjetischer Soldaten auf deutsche Zivilisten, für die das Dorf Nemmersdorf dauerhaft zum Synonym wurde.[24] Bilder von vermeintlich ermordeten und vergewaltigten Frauen und Kindern wurden in den Wochenschauen

---

22 Vgl. Jutta Sywottek, Mobilmachung für den totalen Krieg. Die propagandistische Vorbereitung der deutschen Bevölkerung auf den Zweiten Weltkrieg, Opladen 1976, S. 149-153, 224f.; Eva-Maria Unger, Illustrierte als Mittel zur Kriegsvorbereitung in Deutschland 1933 bis 1939, Köln 1984, S. 221-223, 256.

23 Olga Shtyrkina, Mediale Schlachtfelder. Die NS-Propaganda gegen die Sowjetunion (1939-1945), Frankfurt a.M./New York 2018, S. 468.

24 Zu den nur noch schwer rekonstruierbaren Ereignissen in Nemmersdorf und der damit verbundenen Legendenbildung vgl. Bernhard Fisch, Nemmersdorf, Oktober 1944. Was in Ostpreußen tatsächlich geschah, Berlin 1997.

und in der Presse präsentiert, um Berichte über den „systematische[n] Mord-Terror" und den „Blutrausch der bolschewistischen Untermenschen" zu illustrieren.[25] Tatsächlich stattgefundene Übergriffe wurden aufgebauscht und „propagandistisch massiv ausgeschlachtet".[26] Das vorrangige Ziel der Gräuelpropaganda war es, die Kampfbereitschaft der deutschen Soldaten zu erhöhen, was zumindest kurzzeitig offenbar auch gelang.[27]

Allerdings hatte das „propagandistische Trommelfeuer"[28] um Nemmersdorf zur Folge, dass die Bevölkerung ab Januar 1945, als die sowjetischen Truppen die Reichsgrenze dauerhaft überschritten hatten, den mit der Räumungspolitik verbundenen Evakuierungsmaßnahmen der NS-Behörden im Osten wesentlich bereitwilliger Folge leistete als im Westen.[29] Die antisowjetischen Berichte führten zu derart panischen Reaktionen und chaotischen Zuständen, dass Goebbels seine „Greuelkampagne" Ende Januar sogar kurzzeitig einstellen ließ, um die Trecks zunächst erst einmal „halbwegs in Sicherheit" zu bringen.[30] Im Februar setzte er sie jedoch – trotz Bedenken in der NS-Führung über ihre „Schockwirkung" in der Bevölkerung – wieder ein und eskalierte sie in den kommenden Wochen, um das Volk „zum letzten entschlossenen Einsatz zu fanatisieren", wie er in seinem Tagebuch schrieb.[31] Befriedigt verbuchte Goebbels bald darauf den Erfolg der „von mir eingeleitete[n] Greuelpropaganda":[32] Die Berichte würden „von allen Volksgenossen geglaubt".[33] Allerdings rief die Propaganda in der Bevölkerung im Osten weniger Hass als vor allem Angst hervor, was den Evakuierungsdruck erneut erhöhte, der von Partei und Staat,

---

25   Wiener Illustrierte, 9.11.1944, S. 3; Völkischer Beobachter, 2.11.1944, S. 1; Deutsche Wochenschau, Nr. 739, 2.11.1944.
26   Michael Schwartz, Ethnische „Säuberung" als Kriegsfolge: Ursachen und Verlauf der Vertreibung der deutschen Zivilbevölkerung aus Ostdeutschland und Osteuropa 1941 bis 1950, in: Rolf-Dieter Müller (Hg.), Der Zusammenbruch des Deutschen Reiches 1945, Bd. 2, München 2008, S. 509-656, hier S. 583.
27   Vgl. Goebbels, Tagebücher. Tl. 2, Bd. 14, S. 145, 159, 165, 192f.
28   Bernhard Fisch, Nemmersdorf im Oktober 1944, in: Elke Scherstjanoi (Hg.), Rotarmisten schreiben aus Deutschland. Briefe von der Front (1945) und historische Analysen, München 2004, S. 287-304, hier S. 302.
29   Goebbels bedauerte später, im Westen nicht eine vergleichbare Gräuelpropaganda gegen die Anglo-Amerikaner betrieben zu haben. Diese seien daher von den Deutschen humaner eingeschätzt worden, was sich auf die Bereitschaft nicht nur zum Widerstand, sondern auch zur Evakuierung so negativ ausgewirkt habe, dass diese hier, anders als im Osten, kaum durchführbar gewesen sei. Vgl. Goebbels, Tagebücher. Tl. 2, Bd. 15, S. 535, 609, 645-647, 684.
30   Ebd., S. 220.
31   Ebd., S. 220, 350.
32   Ebd., S. 481.
33   Ebd., S. 490.

wie Goebbels mehrfach in seinem Tagebuch eingestand, gar nicht zu bewältigen war.[34]

Gleichzeitig diente die Gräuelpropaganda aber auch zur Rechtfertigung der Evakuierungen, die zu erheblichen Opfern bei den Betroffenen führten.[35] Goebbels selbst zeigte sich in seinem Tagebuch immer wieder „erschüttert über das schwere Leid und die außerordentlichen Verluste, die durch die Evakuierungen selbst hervorgerufen werden".[36] Kurzzeitig war er sogar der Meinung, sie sollten besser ganz eingestellt werden, weil die Opfer durch den Vormarsch der Sowjets kaum größer sein könnten als die, welche durch die Trecks verursacht würden.[37] Öffentlich erklärte Goebbels über Presse und Rundfunk hingegen, die Evakuierten seien trotz des Elends und der Entbehrungen, „glücklich zu preisen denen gegenüber, die zu Hause bleiben mußten und in die Hände der Bolschewisten fielen".[38]

Gerüchte und mündliche Berichte über die massiven Verluste und Leiderfahrungen der Betroffenen während der Evakuierungen verbreiteten sich rasch in der Bevölkerung und drohten das Vertrauen in Partei und Staat massiv zu beschädigen. Sie konnten daher in den Medien nicht völlig unterschlagen oder geleugnet werden. Selbst der oberflächlichste Betrachter könne das Leid nicht übersehen, das sich in den Trecks abspiele, musste Goebbels in einem weit verbreiteten Leitartikel im Februar 1945 öffentlich eingestehen.[39] In der offiziös-gehobenen Wochenzeitung *Das Reich* wandte sich der Redakteur Herbert Hahn, der dafür zuständig war, „innenpolitische Schwierigkeiten durch

---

34 Vgl. ebd., S. 175, 241, 303, 363.
35 Hahn/Hahn, Die Vertreibung, S. 262, 296 bezeichnen diese erzwungene Migration der deutschen Bevölkerung aus dem Osten infolgedessen als „geplante humanitäre Katastrophe" und „das letzte Massenverbrechen des NS-Regimes". Zum Ablauf vgl. ebd., S. 260-296; Schwartz, Ethnische „Säuberung", S. 579-594.
36 Goebbels, Tagebücher. Tl. 2, Bd. 15, S. 231. Vgl. ähnlich S. 190 („unbeschreiblich [...] tragische Szenen"), 205 („herzzerbrechende Berichte [...] deprimierend"), 219 („unendliches Leid"), 228 („wahrhaft grauenerregend"), 242 („ganz desolate Verhältnisse"), 358 („entsetzliche Tragödie").
37 Bereits am 30. Januar 1945 notierte er: „Was unsere Kampfführung im Osten anlangt, so bin ich der Meinung, daß wir jetzt langsam mit dem Evakuieren Schluß machen müssen. Unsere Trecks kosten uns erhebliche Opfer, die unter Umständen viel größer sind, als die sein würden, die wir erleiden müßten, wenn die Bevölkerung dableibt, im Falle, daß die Sowjets vorrücken"; Goebbels, Tagebücher. Tl. 2, Bd. 15, S. 274.
38 Joseph Goebbels, Ein Volk in Verteidigungsstellung, in: Das Reich, 11.2.1945, S. 1.
39 Ebd. Die Leitartikel, die Goebbels für *Das Reich* schrieb, wurden auch im Radio verlesen und mussten seit Herbst 1944 in der gesamten „Gaupresse" nachgedruckt werden. Vgl. Carin Kessemeier, Der Leitartikler Goebbels in den NS-Organen „Der Angriff" und „Das Reich", Münster 1967, S. 200f.

offene Aussprache zu beseitigen",[40] in einem Bericht über „Räumungspläne und Flüchtlingsflut" offen gegen eine „Bagatellisierung des Jammers und der Not, die hier in unmenschlicher Ballung sich zusammenfanden".[41] Im *Völkischen Beobachter* war vom „Flüchtlingselend" dagegen nur am Rande die Rede.[42] Dies trat in den Medien insgesamt deutlich hinter die Masse der Berichte über vermeintliche bolschewistische Gräuel zurück, welche die Evakuierungen als Rettungsaktion legitimieren sollten, die damit verbundenen Härten als unvermeidbar erscheinen ließen und die Verantwortung von den NS-Behörden ablenkten.

Partei und Wehrmacht erschienen in den Medien demgegenüber als vorbildliche Rettungsagenturen, die angeblich im Rahmen des Machbaren und unter Einsatz aller verfügbaren Ressourcen eine kontrollierte und wohlgeordnete, wenn auch oft improvisierte humanitäre Hilfsaktion vornahmen.[43] In dieser Hinsicht knüpfte die Berichterstattung direkt an das Leistungsnarrativ an, das die Propaganda zur Umsiedlung der ‚Volksdeutschen' seit Kriegsbeginn verbreitet hatte. Ähnlich verhielt es sich mit der immer wieder betonten Fürsorge, die den deutschen Zuwanderern aus dem Osten entgegengebracht werde, und dem Versprechen einer harmonischen Aufnahme und neuen Beheimatung: „Überall wird Heimat sein, überall Arbeit. Überall werden sich die Herzen in Liebe zusammenschließen. Nirgends kommen sie in die Fremde," hieß es Mitte Februar 1945 in der Wochenzeitung *Das Reich* beschwörend über den „Zug, der ins Geborgensein, in die immer noch große, schöne Heimat führt, die für alle Deutschen bereit ist".[44] Mit dieser Vision verband sich der Appell an die (Volks-)Solidarität der Einheimischen, die all ihre „Hilfe und Güte jenen

---

40   Erika Martens, Zum Beispiel Das Reich. Zur Phänomenologie der Presse im totalitären Regime, Köln 1972, S. 125.
41   Herbert Hahn, Die Vertriebenen. Räumungspläne und Flüchtlingsflut, in: Das Reich, 4.2.1945, S. 3. *Das Reich* war zu dieser Zeit das führende politische Blatt, das sich zwar an eine gebildete Leserschaft wandte, aber mit einer Auflage von über 1,4 Millionen fast so eine große Reichweite hatte wie der *Völkische Beobachter*, der mit 1,7 Millionen die am weitesten verbreitete Tageszeitung war. Vgl. Hans-Dieter Kübler, Lenkung, Zensur und Propaganda. Die Presse unter dem NS-Regime, in: Werner Faulstich (Hg.), Die Kultur der 30er und 40er Jahre, München 2009, S. 149-172, hier S. 159, 161.
42   Völkischer Beobachter, 21.2.1945, S. 1.
43   Vgl. Gerhard Paul, Der Treck. Ursprung und Wandel einer Motivikone, in: ders., Bilder einer Diktatur. Zur Visual History des ‚Dritten Reiches', Göttingen 2020, S. 489-501, hier S. 494.
44   Curt Strohmeyer, Zwischen Elbe und Oder. Bilder vom Großen Treck, in: Das Reich, 18.2.1945, S. 4.

Millionen zuwenden [sollten], die als Vertriebene, nun aber Geborgene den Weg in die Rettung fanden".[45]

Nicht nur dieser Appell an das Mitgefühl und die Hilfsbereitschaft der Aufnahmegesellschaft sollte sich in den deutschen Medien nach Kriegsende bruchlos fortsetzen. Auch andere Elemente der nationalsozialistischen Medienberichterstattung wirkten zumindest für die Medien der Bundesrepublik traditionsbildend. Dazu gehörte das Leistungs- und Rettungsnarrativ, das sich – allerdings nicht mehr auf die Partei, sondern vor allem auf die Wehrmacht bezogen – bis in die jüngste Zeit aufrechterhielt.[46] Die Bezüge auf ‚Nemmersdorf' waren in den bundesdeutschen Medien nach Bernhard Fisch schier „uferlos" und wenig kritisch gegenüber den vorgegebenen Narrativen der NS-Propaganda.[47] Auch ein großer Teil des Bildervorrats, der im nationalsozialistischen Propagandazusammenhang zur ‚Evakuierung' der Deutschen aus dem Osten entstanden war, ging in die Bildarchive und -agenturen ein, von wo aus er in den folgenden Jahrzehnten seinen Weg immer wieder in die bundesdeutschen Medien fand.[48] Und schließlich war auch ein revisionistischer Strang im Hinblick auf die verlorenen Ostgebiete bereits in der NS-Propaganda angelegt: „Wir holen uns eines Tages alles zurück", hieß es bereits Ende Januar 1945 im *Völkischen Beobachter* beschwörend, „verlaßt euch drauf: Wir kommen wieder …".[49]

2   1945 bis 1965 – Formierung und Konsolidierung des medialen Umgangs im Dienst von Integration und Erinnerungspolitik

Auch in der Nachkriegszeit wurden die Medien in West- und Ostdeutschland in unterschiedlicher Weise von der Politik genutzt – vor allem, um an die Solidarität der Einheimischen mit den Zuwanderern aus dem Osten zu appellieren,

---

45   Vgl. Herbert Hahn, Die Vertriebenen. Räumungspläne und Flüchtlingsflut, in: Das Reich, 4.2.1945, S. 3.

46   Vgl. Heinrich Schwendemann, „Deutsche Menschen vor der Vernichtung durch den Bolschewismus zu retten": Das Programm der Regierung Dönitz und der Beginn einer Legendenbildung, in: Jörg Hillmann/John Zimmermann (Hg.), Kriegsende 1945 in Deutschland, München 2002, S. 9-34.

47   Bernhard Fisch, Nemmersdorf 1944 – nach wie vor ungeklärt, in: Gerd R. Ueberschär (Hg.), Orte des Grauens. Verbrechen im Zweiten Weltkrieg, Darmstadt 2003, S. 155-167, hier S. 164.

48   Vgl. Scholz, Ikonen, S. 146-156; Maren Röger, Flucht, Vertreibung und Umsiedlung. Mediale Erinnerungskulturen und Debatten in Deutschland und Polen seit 1989, Marburg 2011, S. 264f.

49   Völkischer Beobachter, 31.1.1945, S. 1.

aber auch, um die Deutung der erzwungenen Migration mit ihren Ursachen und Folgen zu beeinflussen. Eine kaum zu überschätzende Rolle spielte dabei in den ausgehenden 1940er und 1950er Jahren der Rundfunk. Verantwortliche aus Politik und Verwaltung nutzten das Radio, um sich direkt an die Bevölkerung zu wenden. So wurde zum Beispiel 1946 über Radio Bremen, das noch unter amerikanischer Besatzung stand, die Ansprache eines Landrates gesendet, in der die Gemeinden aufgefordert wurden, für die Unterbringung der Flüchtlinge und ihre Eingliederung in den Arbeitsprozess zu sorgen, und gleichzeitig die Notwendigkeit einer auf Dauer ausgerichteten Aufnahme der Flüchtlinge betont:

> Die Flüchtlinge bleiben hier. Sie werden unsere Mitglieder und -bürger. Sie dürfen nicht angesehen werden, als seien sie Bettler, die zu uns gekommen sind. Es ist unsere Pflicht, dafür zu sorgen, dass sie hier Heimatgefühl und Heimatberechtigung genießen. Sie müssen gehalten werden, als wären sie hier seit Jahren bei uns, weil wir wissen, dass sie voraussichtlich nie zurückkommen werden.[50]

So wie es der erste Bundespräsident 1950 in seiner oben zitierten Silvesteransprache auf Bundesebene tat, wurde hier bereits in der Besatzungszeit auch auf regionaler Ebene das Massenmedium Rundfunk als Kommunikationsmittel benutzt, um an die einheimische Bevölkerung zu appellieren, die neuen Mitbürger gut und dauerhaft in die örtlichen Gemeinschaften aufzunehmen – jetzt noch (anders als wenig später in der Bundesrepublik) mit der ausdrücklichen Versicherung der Endgültigkeit des Migrationsvorganges.

Auch im Rundfunk der sowjetischen Besatzungszone und der frühen DDR wurde für die Integration der hier pauschal als ‚Umsiedler' bezeichneten Deutschen aus dem Osten sowie um Verständnis für ihre spezifischen Probleme geworben. Ähnlich wie im Westen ging es auch hier in den ersten Jahren darum, die Einheimischen mit den Neubürgern bekannt zu machen, Vorbehalte aufzulösen und Verständnis füreinander zu wecken, um eine gemeinsame Integration in das Zukunftsprojekt einer neuen – hier sozialistischen – Gesellschaft zu ermöglichen. Und auch die ‚Umsiedler' selbst wurden über die Medien direkt angesprochen, nicht zuletzt, um sie von der Überlegenheit des sozialistischen Systems für den Aufbau ihrer Zukunft in einem Staat zu überzeugen, in dem sie ihren Flüchtlingsstatus rasch verlieren würden und ihre Herkunft aus den verlorenen Ostgebieten keine Rolle spielen sollte. Anders als im Westen wurde eine Thematisierung ihrer Herkunftsgebiete und

---

50 „Aufruf an die Bevölkerung. Ansprache von Landrat Biester [Osterholz]", Radio Bremen 1946, auf der CD: Alina Laura Tiews/Hans-Ulrich Wagner (Hg.), Flucht und Vertreibung im Rundfunk. Tondokumente aus den Jahren 1945 bis 1960, Hamburg 2017, Ton 1.

ihrer Leidens- und Verlusterfahrungen vermieden, die Verantwortung des NS-Regimes für ihr Schicksal dagegen deutlich benannt.[51]

In der DDR waren die Massenmedien sowohl auf lokaler als auch überregionaler Ebene Gegenstand staatlicher Lenkung und zentraler Kontrolle. Der öffentlich-rechtlich und föderalistisch organisierte westdeutsche Rundfunk wirkte jedoch auch über die Systemgrenzen hinweg.[52] Bundespräsident Joachim Gauck, der aus Rostock stammt, erinnerte sich 2015 in seiner Rede zum ersten Nationalen Gedenktag für die Opfer von Flucht und Vertreibung daran:

> [I]n den 1950er Jahren war ich, wie die meisten Ostdeutschen, durch die westdeutschen Medien informiert über die Schicksale von Vertriebenen. Und an den langen Sonnabendnachmittagen meiner Jugend hatte ich die vielen Rundfunkwunschkonzerte vom nordwestdeutschen Rundfunk gehört, hatte Dutzende Male das Ostpreußenlied vernommen und selbst die Sehnsucht nach dem ‚Land der dunklen Wälder und kristall'nen Seen' gespürt.[53]

Dieses Zitat deutet bereits an, dass in der sich ausdifferenzierenden Medienlandschaft der frühen Bundesrepublik die Situation der hier immer öfter als ‚Vertriebene' bezeichneten deutschen Zuwanderer und ihre Herkunftsgebiete beständig wiederkehrende Themen waren. Nicht nur im öffentlich-rechtlichen Rundfunk, sondern auch im privatwirtschaftlich organisierten Presse- und Filmwesen ging es zunächst darum, Verständnis für ihre Lage und ein solidarisches Gemeinschaftsgefühl mit ihnen herzustellen. Berichte und Reportagen in Presse und Rundfunk beschäftigten sich mit der Versorgungslage, mit Fragen der Unterbringung und beruflichen Eingliederung, aber auch mit persönlichen Schicksalen, die geeignet waren, Empathie herzustellen.[54]

Im Kino entwarfen in den 1950er Jahren insbesondere die äußerst beliebten Heimatfilme die Utopie einer idyllisierten, regional gebundenen

---

51 Vgl. ebd., die Tondokumente 3, 6, 10 und 19.
52 Vgl. Frank Bösch/Christoph Classen, Bridge over troubled Water? Deutsch-deutsche Massenmedien, in: Frank Bösch (Hg.), Geteilte Geschichte. Ost- und Westdeutschland 1970-2000, Göttingen 2015, S. 449-488, hier S. 449f.
53 Joachim Gauck, Rede anlässlich des ersten Gedenktages für die Opfer von Flucht und Vertreibung, 20. Juni 2015, Berlin, in: ders.: „Wir vergessen nicht". Reden zum Gedenken an die Opfer des Nationalsozialismus und des Zweiten Weltkrieges, Berlin 2015, S. 46-61, hier S. 51.
54 Vgl. Karl O. Kurth, Presse, Film und Rundfunk, in: Friedrich Edding/Eugen Lemberg (Hg.), Die Vertriebenen in Westdeutschland. Ihre Eingliederung und ihr Einfluß auf Gesellschaft, Wirtschaft, Politik und Geistesleben, Bd. 3, Kiel 1959, S. 402-434, hier S. 405, 424, 434.

Solidargemeinschaft, die sich auch auf die ‚Vertriebenen' aus dem Osten erstreckte.[55] Das erfolgreichste und bekannteste Beispiel war der Kinoschlager „Grün ist die Heide" aus dem Jahr 1951, der zum Vorläufer für zahlreiche ähnliche Produktionen wurde.[56] Auch im Unterhaltungsfilm der DDR, wie zum Beispiel im zweiteiligen Spielfilm „Schlösser und Katen" von 1956, wurden die Zuwanderer aus dem Osten in die Vision einer zusammenwachsenden Gesellschaft integriert, die hier allerdings als sozialistische Solidargemeinschaft erschien.[57]

Abb. 13.3
Cover zur DVD des DEFA-Heimatfilms „Schlösser und Katen", 1956

---

55 Darüber hinaus war das „Vertriebenenproblem" aber auch in allen anderen Sparten der bundesdeutschen Spielfilmproduktion präsent. Vgl. Kurth, Presse, Film und Rundfunk, S. 418.
56 Vgl. Alina Laura Tiews, Fluchtpunkt Film. Integrationen von Flüchtlingen und Vertriebenen durch den deutschen Nachkriegsfilm 1945-1990, Berlin 2017, S. 96-116; Verena Feistauer, Eine neue Heimat im Kino. Die Integration von Flüchtlingen und Vertriebenen im Heimatfilm der Nachkriegszeit, Essen 2017, S. 107-158.
57 Tiews, Fluchtpunkt Film, S. 126-145.

Wie Alina Tiews in ihrer Studie zur Filmgeschichte der deutschen Zwangsmigration nach 1945 festgestellt hat, waren im Kino beider deutscher Staaten zu dieser Zeit die „Leiterzählungen über Flucht und Vertreibung stets auf Integration und Harmonie ausgerichtet".[58] Auch in der Bundesrepublik geschah dies unter einem ideologischen Vorzeichen, das eine spezifische Deutung des historischen Vorgangs der Zwangsmigration vorgab. Der immer wiederkehrende Fokus in Presse und Rundfunk auf die Herkunftsgebiete der Vertriebenen und ihre besonderen kulturellen Eigenarten, die gleichermaßen als eigenständig und ‚deutsch' charakterisiert wurden, dienten zum einen der kulturellen Eingliederung der Vertriebenen sowie der Überzeugung der Einheimischen, dass die Vertriebenen ‚dazu' gehörten, Teil der nationalen Gemeinschaft waren und daher einen Anspruch auf solidarisches Verhalten besaßen. Zum anderen aber war, wie das obige Zitat von Joachim Gauck bereits andeutet, der beständige Bezug auf die weiterhin als deutsch markierten Herkunftsgebiete im Osten in speziellen Sendereihen oder Artikelserien auch dazu geeignet, diese als nationale Sehnsuchtsorte über die Gruppe der ‚Vertriebenen' hinaus zu vergemeinschaften und dadurch territoriale Ansprüche in der öffentlichen Meinung zu verankern. Nicht zuletzt der von den Medien in zahlreichen Formaten implizit und auch explizit transportierte Revisionsanspruch sollte in der Frühzeit der Bundesrepublik eine die Gesamtgesellschaft integrierende Wirkung entfalten.[59]

Dies galt auch für das nationale Kriegs- und Nachkriegsopfernarrativ, das durch das Verlust- und Unrechtsnarrativ der ‚Vertriebenen' entscheidend mitgespeist wurde.[60] Das begann bereits in der Besatzungszeit, als die Aussiedlung noch ein tagesaktuelles Thema war. Obwohl die Medien zu dieser Zeit noch der alliierten Kontrolle unterlagen, erschienen in der Lizenzpresse immer wieder Berichte, die über das mit den Aussiedlungen verbundene Elend berichteten und klagten.[61] Die Titelgeschichte einer der ersten Ausgaben des neu gegründeten Magazins *Der Spiegel* zum Beispiel berichtete im Januar 1947

---

58   Ebd., S. 322.
59   Vgl. für den Rundfunk: Inge Marszolek, Unforgotten Landscapes: Radio and the Reconstruction of Germany's European Mission in the East in the 1950s, in: German Politics and Society 32 (2014), H. 110, S. 60-73; Karin Pohl, Zwischen Integration und Isolation: zur kulturellen Dimension der Vertriebenenpolitik in Bayern (1945-1975), München 2009, S. 166f.
60   Vgl. Jürgen Wilke, Massenmedien und Vergangenheitsbewältigung, in: ders. (Hg.), Mediengeschichte der Bundesrepublik Deutschland, Bonn 1999, S. 649-671, hier S. 654f.
61   Allerdings gab es Unterschiede zwischen den verschiedenen Besatzungszonen; vgl. Kurth, Presse, Film und Rundfunk, S. 403-407.

über zahlreiche Todesfälle bei einem „Deportierten-Transport" von Deutschen aus Polen.[62] Die eben erst lizensierte Wochenzeitung *Die Zeit*, die in ihrer Anfangsphase noch nicht liberal, sondern „vehement nationalistisch" ausgerichtet war,[63] schrieb bereits in ihrer zweiten Ausgabe 1946 über die stattfindende Aussiedlung der Deutschen als „Meilenstein auf dem Leidensweg des deutschen Volkes", der „beispiellos in der Geschichte" sei.[64]

Mit dem Ende des Aussiedlungsvorgangs war die Zwangsmigration spätestens seit Beginn der 1950er Jahre der tagesaktuellen Aufmerksamkeit entzogen und wurde daher seltener thematisiert. Die mediale Berichterstattung konzentrierte sich nun stärker auf sozio-ökonomische und politische Fragen der ‚Eingliederung' sowie auf die Selbstorganisation der Vertriebenen in Verbänden und Landsmannschaften.[65] Das Schlesiertreffen 1952 in Hannover beispielsweise bot als „größtes Vertriebenentreffen der Nachkriegszeit" der damals weit verbreiteten Illustrierten *Revue* den Anlass, die „schönste Schlesierin" auf ihr Titelblatt zu heben.[66] Die aus Breslau stammende Margot Scholz, die im Vorjahr zur Miss Bavaria gewählt worden war, diente einerseits als Musterbeispiel einer gelingenden Integration einer Neubürgerin, personifizierte aber andererseits ein weiter bestehendes Eigenbewusstsein der Vertriebenen, die sich weiterhin an ihre alte Heimat gebunden fühlen sollten. „Schau

---

62 „Die 65. Tote", in: Der Spiegel, 25.1.1947 (H. 4), S. 5 und Cover.
63 Vgl. Mathias von der Heide/Christian Wagener, „Weiter rechts als die CDU". Das erste Jahrzehnt der „Zeit", in: Lutz Hachmeister/Friedemann Siering (Hg.), Die Herren Journalisten. Die Elite der deutschen Presse nach 1945, München 2002, S. 165-185, hier S. 165. Nicht nur optisch orientierte sich *Die Zeit* an dem nationalsozialistischen Renommierblatt *Das Reich*, für das der erste *Zeit*-Chefredakteur Ernst Samhaber als Auslandskorrespondent tätig gewesen war. Obgleich Samhaber bereits im August 1946 im Entnazifizierungsverfahren mit Berufsverbot belegt wurde, blieb die nationalistische Linie auch unter seinem Nachfolger zunächst erhalten.
64 „Heim ins Reich ...", in: Die Zeit, 28.2.1946 (H. 2), S. 1.
65 Vgl. Kurth, Presse, Film und Rundfunk, S. 411. ‚Eingliederung' ist ein zeitgenössischer Begriff der 1950er Jahre, der ein spezifisches Konzept bezeichnet, das im Unterschied z.B. zu ‚Integration' oder ‚Akkulturation' den Erhalt der Eigenständigkeit der Gruppe der Vertriebenen innerhalb der deutschen Gesellschaft gewährleisten sollte (damit diese später wieder als solche nach Osten überführt werden könne). Vgl. so z.B. Friedrich Edding/Eugen Lemberg, Eingliederung und Gesellschaftswandel, in: dies. (Hg.), Die Vertriebenen in Westdeutschland. Ihre Eingliederung und ihr Einfluß auf Gesellschaft, Wirtschaft, Politik und Geistesleben, Bd. 1, Kiel 1959, S. 156-173.
66 Revue, 21.6.1952 (H. 25), S. 1. Mit über 500.000 verkauften Exemplaren lag die *Revue* damals noch vor dem *Stern*, aber hinter dem Marktführer *Quick*. Vgl. Sabine Hilgenstock, Die Geschichte der ‚Bunten' (1948-1988). Die Entwicklung einer illustrierten Wochenzeitschrift mit einer Chronik dieser Zeitschriftengattung, Frankfurt a.M. 1993, S. 65.

Abb. 13.4 Cover der Illustrierten *Revue* vom 21. Juni 1952

heimwärts Vertriebener!" lautete die appellative Überschrift des Titels,[67] der den Auftakt für eine über vier Monate laufende Artikelserie gleichen Namens bildete, in der über die Gegenwartssituation in den verlorenen Ostgebieten und der in ihnen zurückgebliebenen Deutschen berichtet wurde.[68] Für die Reportage, die mit Unterstützung verschiedener Vertriebenenverbände entstanden war, waren Reporter angeblich verdeckt und mit „Geheimkameras" nach Polen geschickt worden, um anschließend in der Tradition der Zwischenkriegszeit in stark dramatisierter Form über desaströse Lebensbedingungen der deutschen Minderheit und den „zähen Kampf um ihr Deutschtum" zu schreiben.[69] Die wiederholten Schilderungen eines vermeintlich verödeten Landes suggerierten das quasi widernatürliche Unrecht der Aussiedlung, die gerade deswegen nicht als endgültig galt: „In Ostpreußen wartet Dein Apfelbaum ...", lautete die Überschrift des letzten Artikels der Reihe.[70]

Der Migrationsvorgang selbst wurde immer mehr zu einem Gegenstand retrospektiver Betrachtung, der vor allem zu Jahres- und Gedenktagen Anlass zur Berichterstattung gab. So erschienen in der überregionalen Wochenpresse immer wieder ganzseitige Berichte in der zweiten Januarhälfte, in Anknüpfung an die sowjetische Januaroffensive 1945, die den Auftakt für die NS-Evakuierungen aus den deutschen Ostgebieten gebildet hatte, die jetzt allerdings nur noch als ebenso spontane wie alternativlose ‚Flucht' der Zivilbevölkerung vor der Roten Armee erschienen.[71] Weitere Anlässe bot das Erscheinen von Büchern zum Thema, die nicht selten in langen Auszügen über mehrere Wochen in Zeitschriften vorabgedruckt wurden. Dies gilt z.B. für die Erinnerungen von Karl Dönitz, der 1958 in der damals auflagenstärksten bundesdeutschen Illustrierten *Quick* den NS-Mythos von der ‚Rettung' der Deutschen über die Ostsee weiter nährte,[72] oder für den Breslau-Roman

---

67　Das Titelfoto stammt von Benno Wundshammer, der bereits vor Kriegsende als NS-Propagandafotograf Bilder von deutschen Flüchtlingen gemacht hatte.

68　Stefan Eich, Schau heimwärts Vertriebener!, in: Revue, 21.6.-25.10.1952 (H. 25-42).

69　Revue, 23.8.1952 (H. 34), S. 20.

70　Revue, 25.10.1952 (H. 42), S. 40-45. Eine entfremdende Wirkung auf die Vertriebenen bezüglich ihrer alten Heimat, die Andrew Demshuk festzustellen meint, war mit dieser Artikelserie sicher nicht intendiert. Vgl. Andrew Th. Demshuk, The Lost German East. Forced Migration and the Politics of Memory, 1945-1970, New York 2012, S. 190.

71　Vgl. z.B. „Flucht über das Frische Haff. Bilder, die man nicht vergessen kann", in: Stern, 22.1.1950 (H. 4). S. 7; „Der große Treck nach Westen. Berichte über die Flucht der Ostdeutschen", in: Die Zeit, 22.1.1965 (H. 4), S. 26.

72　Karl Dönitz, Ich lege Rechnung, in: Quick, 10.-31.5.1958 (H. 19-22). Es handelte sich um den Vorabdruck des 22. Kapitels aus: Karl Dönitz, Zehn Jahre und zwanzig Tage, Bonn 1958. Zu der Legendenbildung und Selbststilisierung um die Evakuierung vgl. Dieter Hartwig, Großadmiral Karl Dönitz. Legende und Wirklichkeit, Paderborn 2010, S. 125-138. *Quick*

Abb. 13.5   Titel von *Christ und Welt* vom 24. März 1949

„Als die Uhren stehenblieben" von Werner Steinberg, der 1957 von der *Neuen Illustrierten* allerdings so stark verändert abgedruckt wurde, dass er nicht nur in das antisowjetische Vertreibungsnarrativ der Bundesrepublik passte, sondern der Zeitschrift auch eine juristische Klage des Autors einbrachte, der dies für einen drastischen „Fall literarischer Vergewaltigung" hielt.[73] Umgekehrt wurden mehrwöchige Artikelfolgen zu Büchern umgearbeitet, z.B. zu Jürgen Thorwalds zweiteiligem Bestseller „Es begann an der Weichsel" und „Das Ende an der Elbe", der erheblich zur „Konstitution der westdeutschen Nachkriegsgesellschaft als Opfergemeinschaft" beitrug.[74] Vorformen dieser Verkaufsschlager waren bereits 1948/49 unter dem Reihentitel „Ostdeutsches Schicksal" in der Zeitschrift *Christ und Welt* erschienen, deren Verkaufszahlen sich daraufhin in kurzer Zeit vervierfachten, was den Autor zu seiner erweiterten Buchveröffentlichung zusätzlich motiviert haben dürfte (siehe Abb. 13.5).[75]

Ein mediales Crossover fand nicht nur zwischen Presse und Buch, sondern auch zwischen Presse und Film statt. So lag dem 1959 produzierten Spielfilm „Nacht über Gotenhafen" von Frank Wisbar über die Flucht aus Ostpreußen und den Untergang der „Wilhelm Gustloff" ein zuvor im *Stern* über zehn Ausgaben fortgesetzter „Dokumentarbericht" zu Grunde (siehe Abb. 13.6).[76] Brachte Wisbar mit seinem Spielfilm die Flucht der Deutschen als audiovisuelles Ereignis breitenwirksam ins Kino, so vertonte 1954 das Hörspiel „Der Treck aus dem Osten" des Nordwestdeutschen Rundfunks die bereits auf die NS-Zeit zurückgehende visuelle Treck-Ikone als „radiofones Dokudrama" im Rundfunk.[77]

---

war zu dieser Zeit die einzige Illustrierte mit einer verkauften Auflage von über 1 Million Exemplaren. Vgl. Hilgenstock, Die Geschichte der ‚Bunten', S. 112.

73 Zit. nach Jan-Christoph Hauschild, Der Schriftsteller Werner Steinberg 1913-1992. Biographische Stationen eines Grenzgängers, Darmstadt 1993, S. 53; vgl. auch Bill Niven, Representations of Flight and Expulsion in GDR Prose, New York 2014, S. 89-91 sowie ausführlich Werner Steinberg, Der Prozess um Jutta Münch, Schicksal eines Romans, Berlin [Ost] 1960.

74 David Oels, „Dieses Buch ist kein Roman". Jürgen Thorwalds „Die große Flucht" zwischen Zeitgeschichte und Erinnerungspolitik, in: Zeithistorische Forschungen/Studies in Contemporary History, Online-Ausgabe, 6 (2009) H. 3, Abschnitt 12, http://www.zeithistorische-forschungen.de/3-2009/id=4622 (12.12.2018).

75 Ebd., Abschnitt 9.

76 Hans Wehrle, Ein Schiff, die Liebe und das nackte Leben, in: Stern, 14.2.-25.4.1959 (H. 7-17). Vgl. zum Film Karl Juhnke, Vom Volks- zum Leidensgenossen: Formen der Viktimisierung in *Nacht fiel über Gotenhafen*, in: Andrea Nolte (Hg.), Mediale Wirklichkeiten, Marburg 2003, S. 132-143, hier S. 132; Michael Ennis, Opfer und Täter in den Gustloff-Filmen von Frank Wisbar, in: Bill Niven (Hg.), Die Wilhelm Gustloff. Geschichte und Erinnerung eines Untergangs, Halle 2011, S. 205-233, hier S. 215.

77 Alina Laura Tiews, Zwischen Aufklärung und vertonter Ikone. Nordwestdeutsche Radioprogramme über Flucht und Vertreibung der Deutschen, in: Nele Maya Fahnenbruck/

Die Medien wirkten in den ersten beiden Nachkriegsjahrzehnten somit einerseits als Akteure bei der gesellschaftlichen Integration der Erlebnisgeneration mit – in Westdeutschland nicht zuletzt auch durch einen hohen Anteil von Vertriebenen unter den Redakteuren, der im Printbereich Mitte der 1950er Jahre bei über 23 Prozent lag und damit um einiges höher als der Anteil in der Gesamtbevölkerung (18 Prozent).[78] Andererseits fundierten und befestigten die Medien in der Bundesrepublik auch ein kollektives Erinnerungsnarrativ, das bis heute nachwirkt. Dieses Narrativ wurde nicht nur auf überregionaler, sondern auch auf lokaler Ebene in Text und Bild geformt. Gerade die bislang kaum untersuchte Lokalpresse konnte in den 1950er Jahren integrative Wirkungen entfalten, auch indem sie zum lokalgesellschaftlichen Träger eines Gedächtnisses an den ‚deutschen Osten' wurde und dabei nicht selten als „Advokat revisionistischer Positionen" in der öffentlichen Meinungsbildung fungierte.[79] Auf diese Weise wirkten sowohl überregionale als auch lokale Medien wesentlich im Prozess der politischen Meinungsbildung, der historischen Bewusstseinsbildung und der emotionalen Einstellung zu den konkreten Zuwanderern vor Ort mit.

3 1965 bis 1990 – Medien als Motor und Spiegel erinnerungspolitischer Aufbrüche, Pluralisierung und Zerklüftungen

Intermediale Kumulationen, aber auch Kontrastierungen von lokalen und überregionalen Massenmedien sind auch für die folgenden Jahrzehnte mit zu bedenken, in denen die sozial-integrierende Funktion der Medien zurückging, dagegen deren politische und historisierende Funktion zunahm. Mitte der 1960er Jahre war die vermeintlich gelungene Integration bereits selbst zu einem Erinnerungsort geworden und wurde als solcher in das mediale Gedächtnis integriert. Sie war Teil einer Meistererzählung des nationalen Erfolgs: im Westen im Rahmen des Mythos vom Wirtschaftswunder, im Osten von der

---

Johanna Meyer-Lenz (Hg.), Fluchtpunkt Hamburg. Zur Geschichte von Flucht und Migration in Hamburg von der Frühen Neuzeit bis zur Gegenwart, Bielefeld 2018, S. 25-40, hier S. 34.

78 Kurth, Presse, Film und Rundfunk, S. 408. Für die DDR liegen keine vergleichbaren Zahlen vor.

79 So in einer Fallstudie zur Stadt Oldenburg speziell über die dortige *Nordwest-Zeitung*: Claas Neumann, Medien, Praktiken und Akteure der öffentlichen Erinnerungskultur. Oldenburgs Gedenken an Flucht und Vertreibung im Zuge der 1950er Jahre, Oldenburg 2013, S. 98; vgl. auch ders., Lokalpresse, in: Scholz/Röger/Niven, Die Erinnerung, S. 263-274.

neuen sozialistischen Gesellschaft. Zusammengenommen bildete sie eine übergreifende, „trans-staatliche Leiterzählung".[80]

In der Bundesrepublik waren die Medien in den 1960er und 1970er Jahren aber auch Spiegel und Motor gesellschaftlicher Auf- und Umbrüche. Auch in ihnen hielt eine jüngere Generation Einzug, die vieles bis dahin Selbstverständliche in Frage stellte, Wert auf einen kritischen Journalismus legte und gesellschaftspolitische Diskurse nicht nur abbilden, sondern auch beeinflussen wollte.[81] Das galt auch für Vertriebenenthemen und insbesondere für die Vertriebenenverbände. Seit Mitte der 1960er Jahre wurde über deren Revisionsansprüche nun immer öfter kritisch berichtet. Der journalistische Blick in die Gegenwart der Herkunftsgebiete der Vertriebenen brachte dagegen stärker und vorbehaltloser das Leben der neuen polnischen oder tschechischen Bewohner zur Kenntnis. „Wie Oels zu Olesnica wurde", lautete bereits 1962 eine solche Titelgeschichte im *Stern*, die eine Rückkehr der Vertriebenen angesichts der Beheimatung von Polen in ihren Herkunftsgebieten unwahrscheinlich erscheinen ließ.[82]

Auch im neuen Leitmedium Fernsehen wurde immer öfter diese realpolitische Perspektive eingenommen, in der die deutsche Zwangsmigration zudem immer häufiger in den Kontext der nationalsozialistischen Kriegs- und Besatzungspolitik gestellt wurde. Hohe Wellen schlugen bereits 1963/64 die Fernsehreportagen „Polen in Breslau" von Jürgen Neven-du-Mont und „Deutschlands Osten – Polens Westen?" von Hansjakob Stehle (siehe Abb. 13.7). Sie führten zu einer regen medialen Anschlusskommunikation, zu der nicht zuletzt die stürmischen Proteste der Vertriebenenverbände beitrugen, die ihre Deutungshoheit durch solche Produktionen bedroht sahen.[83]

Die damals von konservativen Journalisten aufgestellte und später von Historikern wie Manfred Kittel und Andreas Kossert wieder erneuerte These, die Vertriebenen seien in dieser Zeit insbesondere aus dem bundesdeutschen Fernsehen und dadurch aus der öffentlichen Erinnerung insgesamt vertrieben

---

80 Tiews, Fluchtpunkt Film, S. 38.
81 Vgl. Christina von Hodenberg, Konsens und Krise. Eine Geschichte der westdeutschen Medienöffentlichkeit 1945-1973, Göttingen 2006, S. 397-439.
82 Vgl. Juliane Gräfin zu Schwerin, Henri Nannen, der Stern und die Ostpolitik der sozialliberalen Koalition, Hamburg 1999, S. 78-83.
83 Vgl. Anna Jakubowska, Der Bund der Vertriebenen in der Bundesrepublik Deutschland und Polen (1957-2004). Selbst- und Fremddarstellung eines Vertriebenenverbandes, Marburg 2012, S. 53-58 sowie der damaligen Position der Vertriebenenverbände weitgehend folgend: Manfred Kittel, Vertreibung der Vertriebenen? Der historische deutsche Osten in der Erinnerungskultur der Bundesrepublik (1961-1982), München 2007, S. 14-17, 42-45, 53.

Abb. 13.6   Auftakt-Doppelseite der mehrwöchigen Stern-Reihe vom 14. Februar 1959 über den Untergang der „Wilhelm Gustloff", die dem Spielfilm „Nacht fiel über Gotenhafen" zu Grunde lag

Abb. 13.7
Eingangsbilder der erstmals am 7. Mai 1963 ausgestrahlten NDR-Dokumentation „Polen in Breslau" (Foto aus: Krzysztof Ruchniewicz, Jürgen Neven-du Mont und Polen. Zur Rolle der Journalisten in der neuen Ostpolitik der Bundesrepublik Deutschland, in: Dialog. Deutsch-Polnisches Magazin 2018, H. 122, S. 92-94)

Abb. 13.8 Szenenfoto aus dem TV-Mehrteiler „Wege übers Land" von 1968: Der kommunistische Bürgermeister (Manfred Krug) im Gespräch mit der ‚Umsiedlerin' Gertrud Habersaat (Ursula Karusseit), deren Flucht vor der Roten Armee zu Beginn von Teil 3 in einer langen Sequenz gezeigt wird. (Foto: Bundesarchiv, Bild 183-G0926-0022-001)

Abb. 13.9 Doppelseite aus der Quick-Serie „Die Flucht" vom 9. Januar 1975. Die Werbeanzeige links verdeutlicht das kommerzielle Framing der Illustrierten

worden, trifft allerdings nicht zu.[84] Auch wenn in manchen Medien nun eine kritischere Haltung gegenüber überkommenen deutschlandpolitischen Doktrinen und etablierten historischen Sichtweisen Platz fand, so blieb doch die deutsche Zwangsmigration aus dem Osten mit ihren zahlreichen Implikationen für die deutsche Nachkriegsgeschichte auf der medialen Agenda.

Selbst der Neue Deutsche Film der 1970er Jahre nahm sich des Themas an, allerdings anders als bisher gewohnt.[85] Das Fernsehspiel „Die Ohrfeige" von Mischa Gallé aus dem Jahr 1971 zum Beispiel spürte mit Maria Schell in der Hauptrolle der atmosphärischen Spannung auf einem böhmischen Landgut bei den Vorbereitungen zur Flucht nach. In dem im selben Jahr produzierten Kinofilm „Das Unheil" von Peter Fleischmann mit Dialogen von Martin Walser, der 1974 auch im Fernsehen ausgestrahlt wurde, bildete ein schlesisches Heimattreffen den Hintergrund für einen apokalyptischen Anti-Heimatfilm der damaligen Gegenwart. In dieser deutsch-französischen Koproduktion mit dem französischen Titel „Les cloches de Silesie" erschienen die gesellschaftlichen Konflikte um die Anerkennung der Oder-Neiße-Grenze als Teil einer degenerierten Gegenwart, wobei auch die Rolle der Medien selbst als Akteur mit in den Fokus rückte. Im DDR-Fernsehen erreichten zur selben Zeit die Themen Flucht und Aufnahme ein Massenpublikum in populären Fernsehreihen wie „Wege übers Land" (1968, siehe Abb. 13.8) oder „Daniel Druskat" (1975).[86]

In gewisser Weise kam es in dieser Zeit zu einer Annäherung zwischen den Medien der Bundesrepublik und der DDR: Wurden die westdeutschen Medien zunehmend kritischer gegenüber revisionistischen Positionen der Vertriebenenverbände und betteten das Vertreibungsnarrativ stärker in den Kontext der deutschen Kriegs- und Vernichtungspolitik im Zweiten Weltkrieg ein, so öffneten sich die ostdeutschen Medien stärker den Leiderfahrungen der ‚Umsiedler' auf der Flucht, die nun teilweise auch explizit visualisiert wurden. Es kam in dieser Zeit also zu keiner Verdrängung oder gar Tabuisierung des Erinnerungsortes ‚Flucht und Vertreibung' durch die deutsch-deutschen Medien, sondern

---

84 Vgl. „Der Austreibung zweiter Akt", in: Welt am Sonntag, 28.11.1965 (speziell zur ARD-Sendung „Vertriebene – Schicksal oder Beruf") sowie Kittel, Vertreibung der Vertriebenen?, S. 181-183; Andreas Kossert, Kalte Heimat. Die Geschichte der deutschen Vertriebenen nach 1945, München 2008, S. 13, 323, 337.

85 Vgl. Tiews, Fluchtpunkt Film, S. 176f.

86 Dazu ausführlich Tiews, Fluchtpunkt Film, S. 184-230 sowie dies., „Wie lange fahren wir noch?" – „Bis wir zu Hause sind": Die Inszenierung von Flucht und Vertreibung als Heimkehr im DDR-Fernsehfilm „Wege übers Land", in: Lars Karl/Dietmar Müller/Katharina Seibert (Hg.), Der lange Weg nach Hause. Die Konstruktion von Heimat im europäischen Spielfilm, Berlin 2014, S. 60-86; Bill Niven, On a supposed Taboo: Flight and Refugees from the East in GDR Film and Television, in: German Life and Letters 65 (2012), H. 2, S. 216-236.

zu seiner erinnerungskulturellen Differenzierung und Pluralisierung. Eva und Hans Henning Hahn haben in diesem Zusammenhang von einer zunehmend „zerklüfteten Erinnerungslandschaft" gesprochen.[87] Denn gleichzeitig gab es in den Medien bei allen Aufbrüchen auch starke Beharrungskräfte, die alte Narrative nahezu unverändert fortsetzten.

Das galt in der Bundesrepublik insbesondere für den Rundfunk, der weiterhin zahlreiche Sendereihen zu Vertriebenenthemen unterhielt und von den Vertriebenenverbänden trotz seiner föderal bedingten Unterschiede insgesamt immer wieder ein positives Zeugnis ausgestellt bekam.[88] Dies galt aber auch für die politisch konservative Presse, wie etwa den *Rheinischen Merkur*, der 1970 zum Beispiel die sechsteilige Artikelserie „Vertriebene – Schicksal und Zukunft" brachte.[89] Auch auflagenstarke Illustrierte wie *Bunte*, *Quick* oder *Wochenend* behandelten die deutsche Zwangsmigration Mitte der 1970er Jahre, als sie nach Auffassung Kittels und Kosserts weitgehend tabuisiert war, in mehrteiligen Artikelreihen.[90]

Die in den 1970er Jahren als politisch konservativ geltende Wochenillustrierte *Quick* beispielsweise, die zu dieser Zeit eine Auflage von über einer Million verkaufter Exemplare besaß,[91] brachte 1974/75 über vier Monate die 17-teilige Artikelserie „Die Flucht", die kurze Zeit später auch als populäres Sachbuch erschien.[92] Dem Genre des Mediums entsprechend wurde die Geschichte auf reißerische Weise erzählt, mit Überschriften wie „Menschenfalle

---

87 Hans Henning Hahn/Eva Hahn, Flucht und Vertreibung, in: Etienne François/Hagen Schulze (Hg.), Deutsche Erinnerungsorte, Bd. 1, München 2001, S. 335-351, hier S. 350.
88 Vgl. Albrecht Baehr, Die Vermittlerrolle des Rundfunks, in: Hans Joachim von Merkatz (Hg.), Aus Trümmern wurden Fundamente. Vertriebene – Flüchtlinge – Aussiedler. Drei Jahrzehnte Integration, Düsseldorf 1979, S. 389-395; Hans Rudolf Fritsche, Ostdeutschland und das Bild der Vertriebenen in Hörfunk und Fernsehen – Eine kritische Bestandsaufnahme zum ostpolitischen Programmbereich der elektronischen Medien, Stuttgart 1979, S. 11-13; Hans Rudolf Fritsche, Die Vertriebenen im Spannungsfeld der publizistischen Medien, in: Marion Frantzioch/Odo Ratza/Günter Reichert (Hg.), 40 Jahre Arbeit für Deutschland – die Vertriebenen und Flüchtlinge. Ausstellungskatalog, hg. im Auftrag des Bundes der Vertriebenen, Frankfurt a.M. 1989, S. 248-251, hier S. 249f.
89 „Vertriebene – Schicksal und Zukunft", in: Rheinischer Merkur, 29.5.-26.6.1970 (H. 22-26).
90 Vgl. Deutscher Ostdienst, 10.10.1974 (H. 28), S. 7; 23.1.1975 (H. 2), S. 10; 3.4.1975 (H. 7), S. 8.
91 Vgl. Hilgenstock, Die Geschichte der ‚Bunten', S. 163.
92 Bert Franken, Die Flucht, in: Quick, 17.10.1974-6.2.1975 (H. 43-7). „Bert Franken" war ein Pseudonym von Will Berthold, einem der kommerziell erfolgreichsten Verfasser populärhistorischer Sachbücher in der Bundesrepublik, der bereits 1957 für die *Neue Illustrierte* Werner Steinbergs Roman „Als die Uhren stehenblieben" verfälschend überarbeitet hatte (s.o.). Vgl. auch die Buchausgaben: Bert Franken, Die große Flucht. Das Kriegsende in Ostdeutschland, Bayreuth 1975 (2. Aufl. 1978 unter dem Titel „Der große Treck"). Eine Taschenbuch-Ausgabe erschien 1977 schließlich unter dem richtigen Namen des Verfassers.

Ostpreußen – Millionen in Todesangst", „Geschändet, erschlagen, erfroren" oder „Am Rande lagen die Toten". Die Präsentation der historischen deutschen Zwangsmigration folgte hier zum einen inhaltlich der Tradition der 1950er Jahre, zum anderen den Genreregeln des illustrierten Boulevards, der einen alarmistischen und voyeuristischen Stil der Angst-Lust gegenüber Gewalt und ihren Opfern pflegt. Zudem kam hier als eine spezifische Eigenlogik des Mediums der Illustrierten das kommerzielle Framing zum Tragen, das durch Werbeanzeigen zum einen inhaltlich entschärfend, zum anderen aber auch unfreiwillig kommentierend wirkte. So wurde z.B. auf einer Doppelseite der rechtsseitige Flucht-Artikel mit der dramatischen Überschrift „Die Mörder der Roten Garden von Prag schonten auch Frauen und Kinder nicht" mit einer ganzseitigen Werbeanzeige auf der linken Seite kontrastiert, welche die Überschrift trug: „Mit einem bunten Frühlingsstrauß sieht die Welt gleich anders aus" (siehe Abb. 13.9).[93] Die Vertriebenenverbände, die im Vorfeld der Artikelfolge zwecks Materiallieferung vom Bauer-Verlag konsultiert worden waren, bewerteten gerade die Drastik der Darstellung außerordentlich positiv, insbesondere im Hinblick auf eine historische Aufklärung der Jugend,[94] offenbar unter Hintanstellung etwaiger Bedenken gegenüber der pädagogischen Eignung der damals stark von der so genannten ‚Sexwelle' erfassten *Quick*.[95]

Für die bundesdeutschen Medien galten die Vertriebenen zu dieser Zeit nach wie vor als wichtige RezipientInnengruppe und wirkten umgekehrt auch personell in den Medien mit. Einflussreich waren vor allem die Vertriebenenverbände, die als Vertreter einer gesellschaftlich relevanten Großgruppe betrachtet wurden und als solche auch ständige Sitze in den Rundfunkräten besaßen. Obwohl in den 1960er und 1970er Jahren in ARD und ZDF insbesondere zu runden Gedenkjahren immer wieder auch Fernsehdokumentationen zu ‚Flucht und Vertreibung' gesendet wurden,[96] waren insbesondere die

---

93   Quick, 9.1.1975 (H. 3), S. 34f.
94   Deutscher Ostdienst 10.10.1974 (H. 28), S. 7; 31.10.1974 (H. 30), S. 7f. BdV-Präsident Herbert Czaja bedankte sich persönlich in einem Leserbrief an die *Quick*; vgl. Deutscher Ostdienst, 23.1.1975, (H. 2), S. 10.
95   Bereits 1965 zeigte *Quick* in mehr als der Hälfte seiner Ausgaben mehr oder weniger nackte Frauen auf dem Titel (vgl. Schwerin, Henri Nannen, S. 56). In Fachzeitschriften wurde Mitte der 1970er Jahre diskutiert, ob Illustrierte wie die *Quick* nicht geradezu „sexwütig" geworden seien; vgl. Joachim H. Knoll, Zeitschriftenprofile. Sind die Illustrierten Stern, Quick, Bunte und Neue Revue sexwütig?, in: Medien- und Sexualpädagogik (1975), H. 2, S. 29-31. Zur bereits Mitte der 1960er Jahre einsetzenden ‚Sexwelle' vgl. Jörn Glasenapp, Titelschwund und Politisierung. Zur Illustriertenlandschaft der sechziger Jahre, in: Werner Faulstich (Hg.), Die Kultur der sechziger Jahre, München 2003, S. 129-143, hier S. 138-142.
96   Zum Beispiel „Flucht aus dem Osten – Der große Treck auf Deutschlands Straßen" (ARD/HR 1965), „Dreißig Jahre danach – Vertreibung und Vertriebene" (ZDF 1976).

Vertriebenenverbände gerade mit dem Medium des Fernsehens in dieser Zeit oft unzufrieden, weil sie ihre spezifische Perspektive auf die Ereignisse dort häufig nicht mehr vertreten sahen.

Nach dem Erfolg der amerikanischen TV-Serie „Holocaust", die 1979 im westdeutschen Fernsehen gelaufen war und die öffentliche Aufmerksamkeit wie nie zuvor auf die Judenvernichtung gerichtet hatte, forderte BdV-Vizepräsident Rudolf Wollner im ZDF-Fernsehrat den Intendanten im August 1980 schriftlich auf, „auch einmal einen Spielfilm zu senden, der das Schicksal der Vertreibung – ähnlich wie ‚Holocaust' – filmisch verarbeitet."[97] Tatsächlich erfolgte, wie Alina Tiews gezeigt hat, gerade im Fernsehfilm beider deutscher Staaten der 1980er Jahre nicht nur eine generelle Hinwendung zur NS-Zeit, sondern damit zusammenhängend auch zum Thema ‚Flucht und Vertreibung'.[98] Geschah dies in der DDR vor allem in Form von mehrteiligen „Fernsehromanen", etwa mit „Verflucht und geliebt" (1981) oder „Märkische Chronik" (1982/83), so kam es in der BRD insbesondere zu zahlreichen Verfilmungen von Buchvorlagen, z.B. von Leonie Ossowski, Christine Brückner, Gudrun Pausewang, Siegfried Lenz oder Arno Surminski.[99] Aufgrund ihrer zunehmenden narrativen Verbindung mit der NS-Zeit, die die Leiderfahrung der Vertriebenen auch in den Zusammenhang mit den vorangegangenen NS-Verbrechen rückte und einen weiter bestehenden Besitzanspruch auf die verlorenen Ostgebiete tendenziell in Frage stellte, standen diese nahezu jährlich neu erscheinenden Fernsehfilme ebenfalls nicht selten in der Kritik der Vertriebenenverbände.

Neben fiktionalen Erzählungen von Flucht, Vertreibung und Neuanfang wurde in Reaktion auf die „Holocaust"-Reihe vom Bayerischen Rundfunk auch die erste mehrteilige Fernsehdokumentation zur deutschen Zwangsmigration produziert und 1981 an drei Abenden unter dem Titel „Flucht und Vertreibung" in der ARD ausgestrahlt.[100] Für die anschauliche Schilderung des Leids der Betroffenen, die nach Tobias Ebbrecht erstmals „das filmische Vokabular der Erinnerung an den Holocaust" benutzte, wurde die Reihe 1982 mit der „Goldenen Kamera" der Fernsehzeitschrift *Hörzu* ausgezeichnet.[101] Diese und weitere

---

97 Zit. nach Tiews, Fluchtpunkt Film, S. 180.
98 Ebd., S. 270-273, 294-297.
99 Zum Beispiel „Weichselkirschen" (1980), „Kudenow" (1981), „Fremdes Land" (1982/83), „Flucht aus Pommern" (1982/1985), „Auf einem langen Weg" (1984), „Jokehnen" (1987), „Heimatmuseum" (1988).
100 Vgl. Fritsche, Ostdeutschland, S. 24.
101 Tobias Ebbrecht, Die große Zerstreuung: Heimat-TV im deutschen Geschichtsfernsehen. Einige kritische Anmerkungen zur Darstellung von „Flucht und Vertreibung" in deutschen und österreichischen Film- und Fernsehproduktionen, in: Renate Hennecke/

Abb. 13.10
Cover der DVD zur ARD-Dokumentation
„Flucht und Vertreibung", 1981

Fernsehdokumentationen der 1980er Jahre erschienen nun nachfolgend zusätzlich auch oft in Buchform.[102] Am Ende des Jahrzehnts zeigten sich die Vertriebenenverbände daher wieder zufriedener mit der Behandlung des Themas ‚Flucht und Vertreibung' im bundesdeutschen Fernsehen. Zwar organisierten die Schlesische Landsmannschaft und der Bund der Vertriebenen noch 1988 Unterschriftenaktionen für eine „verfassungskonforme Darstellung Deutschlands in den Grenzen von 1937" – in einem bereits seit Ende der 1950er Jahre immer wieder aufflackernden Konflikt um die im Fernsehen gezeigten Land- und Wetterkarten –, insgesamt konstatierte man hier aber einen „Sinneswandel des Fernsehens" und „Zeichen eines offensichtlich positiven Trends".[103]

Cornelia Fiedler (Hg.), Vom Münchener Diktat zur Nachkriegsordnung. Geschichte und ihre Instrumentalisierung in der aktuellen deutschen Politik, Hamburg 2004, S. 3-31, hier S. 14.

102 Vgl. neben Rudolf Mühlfenzl (Hg.), Geflohen und vertrieben. Augenzeugen berichten, Königstein 1981 zum Doku-Dreiteiler von 1981 z.B. auch Ekkehard Kuhn, Nicht Rache, nicht Vergeltung – die deutschen Vertriebenen, München 1987, das auf der Fernsehdokumentation „Das deutsche Nachkriegswunder – Leid und Leistung der Vertriebenen" (ZDF 1985) basierte.

103 So 1989 Hans Rudolf Fritsche, Die Vertriebenen im Spannungsfeld, S. 251.

4 1990 bis 2015: Vermeintliche Entpolitisierung und Erinnerungsboom nach der Jahrtausendwende

Insbesondere die Vertriebenenverbände waren seit den 1960er Jahren durch ihre unnachgiebige Verknüpfung des Vertreibungsthemas mit revisionspolitischen Forderungen verantwortlich dafür gewesen, dass die mediale Thematisierung der deutschen Zwangsmigration immer an die Grenzfrage gebunden und damit stark politisiert geblieben war. Das änderte sich grundsätzlich mit der deutschen Wiedervereinigung von 1990. Durch die endgültige vertragliche Anerkennung der deutschen Ostgrenze an Oder und Neiße erschien das Thema ‚Flucht und Vertreibung' vielen JournalistInnen nun politisch dekontaminiert – damit aber zumindest vorläufig auch weitgehend erledigt. Die vehementen Proteste der Vertriebenenverbände gegen die Grenzanerkennung – BdV-Präsident Czaja geißelte sie z.B. als eine „Orgie des Verzichts"[104] – erschienen bloß wie ein unbedeutendes Nachgefecht einer vergangenen Zeit und wurden medial kaum noch beachtet.

Das Thema ‚Flucht und Vertreibung' war nichtsdestoweniger medial präsent, vor allem im Gedenkjahr zum 50. Jahrestag des Kriegsendes 1995, als zahlreiche Presseberichte zum Thema erschienen. Diese folgten weitgehend noch den bereits lange etablierten und in Konkurrenz zueinander stehenden narrativen Mustern des nationalgeschichtlichen „Untergangsmythos" einerseits und der „Rachetragödie" als Resultat zuvor begangener Verbrechen andererseits.[105] Der mediale Umgang mit dem Thema befand sich Mitte der 1990er Jahre in einer „eigentümliche[n] Zwischenlage",[106] in der sich bereits eine neue Sichtweise ankündigte, die wenig später medial sehr raumgreifend wurde. Vielbeachtete Presseartikel von Götz Aly und Peter Glotz kontextualisierten bereits 1995 die deutsche Zwangsmigration in den größeren Zusammenhang

---

104 Herbert Czaja, Unterwegs zum kleinsten Deutschland? Mangel an Solidarität mit den Vertriebenen. Marginalien zu 50 Jahren Ostpolitik, Frankfurt a.M. 1996, S. 720. Vgl. Jakubowska, Der Bund der Vertriebenen, S. 165-170. Simon Lange, Der Erinnerungsdiskurs um Flucht und Vertreibung in Deutschland seit 1989/90. Vertriebenenverbände, Öffentlichkeit und die Suche nach einer ‚normalen' Identität für die ‚Berliner Republik', Phil. Diss. Heidelberg 2013, online-Publikation Heidelberg 2015, S. 44-53, http://archiv.ub.uni-heidelberg.de/volltextserver/19300/1/150831_Publikation_Dissertation_OUT.pdf (12.12.2018).
105 Klaus Naumann, Der Krieg als Text. Das Jahr 1945 im kulturellen Gedächtnis der Presse, Hamburg 1998, S. 86-90.
106 Naumann, Der Krieg als Text, S. 73.

eines ethnonationalistischen Zeitalters, in dem ‚ethnische Säuberungen' und Genozide gleichermaßen als Folgen eines „europäischen Irrwegs" erschienen.[107]

Aber erst der Kosovo-Konflikt 1999 bot den Anlass, die ‚Flucht und Vertreibung' der Deutschen durch Analogien zu aktuellen Opfern ‚ethnischer Säuberungen' neu auf die mediale Agenda zu setzen.[108] Leiteten konservative Medien aus aktuellen Diskussionen über die Rückführung von Flüchtlingen Folgerungen für ein vermeintliches Rückkehrrecht auch der deutschen Vertriebenen ab,[109] so näherten sich traditionell eher linke Presseerzeugnisse über den Umweg des Mitgefühls für die Flüchtlinge der Gegenwart den deutschen Vertriebenen und ihren Erfahrungsgeschichten neu an. Nicht nur in der Wochenzeitung *Die Zeit* hielt man es für naheliegend, „bei den ‚ethnischen Säuberungen' auf dem Balkan an die Vertreibung aus dem Osten zu denken".[110] Selbst die linksalternative Tageszeitung *taz* meinte nun, dass „den Linken" allzu lange verborgen geblieben sei, dass „in der Parole ‚Recht auf Heimat' auch legitime Gefühle mitschwangen".[111] Eine Schlüsselrolle spielte insbesondere das Nachrichtenmagazin *Der Spiegel*, das nicht nur auf sprachlicher, sondern auch auf visueller Ebene Analogien zwischen dem Leid der Flüchtlinge in Vergangenheit und Gegenwart zog, um sie gleichermaßen als Opfer ‚ethnischer Säuberungen' darzustellen (siehe Abb. 13.11).[112]

Das in den Medien bereitwillig aufgegriffene neue Narrativ der deutschen Zwangsmigration als Teil eines vermeintlichen Jahrhunderts der ‚ethnischen Säuberungen'[113] ging mit einer empathischen Hinwendung zu den deutschen Vertriebenen als Opfern einher, die durch das unmittelbar zuvor bereits medial

---

107 Götz Aly, Dafür wird die Welt büßen. „Ethnische Säuberungen" – Die Geschichte eines europäischen Irrwegs, in: Frankfurter Allgemeine Zeitung, 25.5.1995, Beilage, S. 1f.; Peter Glotz, Die Krankheit Nationalismus, in: Die Zeit, 17.3.1995 (H. 12), S. 62.
108 Vgl. Torsten Bewernitz, Konstruktionen für den Krieg? Die Darstellung von Nation und Geschlecht während des Kosovo-Konflikts 1999 in deutschen Printmedien, Münster 2010, S. 167-173.
109 So z.B. Gernot Facius, Das Heimatrecht, neu besehen, in: Die Welt, 25.5.1999, S. 10.
110 Jan Ross, Vergessene Vertriebene, in: Die Zeit, 22.4.1999 (H. 17), S. 1.
111 Christian Semler, Kalte Herzen, kalte Heimat, in: taz, 19./20.6.1999, Dossier, S. 1f.
112 Vgl. z.B. die Bildkombinationen in: „Die Zukunft soll vernichtet werden", in: Der Spiegel, 5.4.1999 (H. 14), S. 174. Zu der fälschlichen Verwendung eines Fotos aus den 1920er Jahren für die Darstellung deutscher Vertriebener 1945 aufgrund eines Fehlers der liefernden Bildagentur vgl. Stephan Scholz, „Ein neuer Blick auf das Drama im Osten"? Fotografien in der medialen Erinnerung an Flucht und Vertreibung, in: Zeithistorische Forschungen/ Studies in Contemporary History 2014, H. 1, S. 120-133, hier S. 121f. (Online-Ausgabe: http://www.zeithistorische-forschungen.de/1-2014/id=5014).
113 Vgl. z.B. Karl Schlögel, Kosovo war überall. Die ethnische Säuberung ist eine Ausgeburt des 20. Jahrhunderts. Eine Bilanz der Vertreibungen in Europa, in: Die Zeit, 29.4.1999 (H. 18), S. 15-19.

Muslimische Flüchtlinge aus Srebrenica (1995), deutsche Vertriebene aus Oberschlesien (1945): „Säuberungen arten zu Geneziden aus"

SPIEGEL-GESPRÄCH
„Die Zukunft soll vernichtet werden"

Abb. 13.11   Visuelle Analogisierung von bosnischen und deutschen Flüchtlingen im Nachrichtenmagazin *Der Spiegel* 14/1999

breit diskutierte Thema der deutschen ‚Bombenopfer' vorgeprägt war und ein neues deutsches Opfernarrativ wesentlich mitbegründete.[114] Dies ermöglichte den Medien auch eine neue Annäherung an die Vertriebenenverbände, die 1999 mit dem Projekt eines „Zentrums gegen Vertreibungen" (ZgV) an die Öffentlichkeit traten, das die medialen Debatten der Folgejahre nachhaltig bestimmen sollte.[115]

114   Vgl. Peter Haslinger, Opferkonkurrenzen und Opferkonjunkturen. Das Beispiel von „Flucht und Vertreibung" in Deutschland seit 1990, in: Geschichte in Wissenschaft und Unterricht 62 (2011), H. 3/4, S. 176-190; Karoline von Oppen/Stefan Wolff, From the Margins to the Centre? The Discourse on Expellees and Victimhood in Germany, in: Bill Niven (Hg.), Germans as Victims. Remembering the Past in Contemporary Germany, Basingstoke 2006, S. 194-209; Samuel Salzborn, The German Myth of a Victim Nation: (Re-)presenting Germans as Victims in the New Debate on their Flight and Expulsion from Eastern Europe, in: Helmut Schmitz (Hg.), A Nation of Victims? Representations of German Wartime Suffering from 1945 to the Present, Amsterdam/New York 2007, S. 87-104.
115   Vgl. K. Erik Franzen, Der Diskurs als Ziel? Anmerkungen zur deutschen Erinnerungspolitik am Beispiel der Debatte um ein „Zentrum gegen Vertreibungen" 1999-2005, in: ders./Peter Haslinger/Martin Schulze Wessel (Hg.), Diskurse über Zwangsmigrationen in Zentraleuropa. Geschichtspolitik, Fachdebatten, literarisches und lokales Erinnern seit 1989, München 2008, S. 1-29; Tim Völkering, Von der privaten Stiftung „Zentrum gegen Vertreibungen" zur Bundesstiftung „Flucht, Vertreibung, Versöhnung", in: Michal Luczewski/Jutta Wiedmann (Hg.), Erinnerungskultur des 20. Jahrhunderts. Analysen deutscher und polnischer Erinnerungsorte, Frankfurt a.M. 2011, S. 129-137; Manuel Becker, Geschichtspolitik in der „Berliner Republik". Konzeptionen und Kontroversen, Berlin 2013, S. 399-491.

Eine entscheidende Rolle spielte dabei die mediale Präsenz der neuen BdV-Präsidentin Erika Steinbach, die durch ihre im Vergleich mit ihren Amtsvorgängern junge und weibliche Erscheinung zumindest äußerlich als ein Gegenbild zum überalterten und verknöcherten Image der bis dahin männlich dominierten Vertriebenenverbände wahrgenommen wurde.[116] „Elegant im Auftritt, jovial im Umgang, interessenfixiert in der Sache" – so wurde sie von der *taz* nicht unzutreffend charakterisiert.[117] Mit einer menschenrechtlich-universalistisch ausgerichteten Argumentationsstrategie vermochte sie es, neue Verbindungen zu Persönlichkeiten des öffentlichen Lebens und auch der Medien zu knüpfen, die den Vertriebenenverbänden bis dahin eher ferngestanden hatten.[118]

Zu prominenten UnterstützerInnen, die aktiv für die Zentrumsidee und einen neuen Umgang mit dem Thema ‚Flucht und Vertreibung' warben, wurden z.B. Ralph Giordano und Helga Hirsch, die zuvor durch ihre journalistischen und publizistischen Arbeiten zur Aufarbeitung der NS-Geschichte und der deutsch-polnischen Annäherung bekannt geworden waren, sowie der SPD-Medienexperte und Kommunikationswissenschaftler Peter Glotz, der neben Erika Steinbach zum zweiten Stiftungsvorsitzenden des „Zentrums gegen Vertreibungen" avancierte. Der BdV gewann damit nicht nur medienerfahrene und -kompetente MitstreiterInnen für das Zentrums-Projekt, sondern mit jeder Personalie, die bislang dem Milieu der Vertriebenenverbände eher ferngestanden hatte, auch zusätzliche mediale Aufmerksamkeit.

Ein wichtiger Bundesgenosse, nicht nur als Mitglied des wissenschaftlichen Beirats des ZgV und als Festredner auf Veranstaltungen des BdV, sondern mehr noch für die breite Etablierung eines neuen medialen Interesses an der deutschen Zwangsmigration war Guido Knopp, der Leiter der ZDF-Redaktion „Zeitgeschichte". Der Begründer des „Histotainments" im deutschen Fernsehen trug insbesondere mit seiner fünfteiligen ZDF-Dokumentation „Die große Flucht" aus dem Jahr 2001 und entsprechenden Begleitpublikationen wesentlich zum medialen Erinnerungsboom bei, der nach der Jahrtausendwende einsetzte.[119] Dafür, dass er insbesondere mit dieser TV-Doku „Empathie für das

---

116 Vgl. Lionel Picard, Erika Steinbach: The Last Charismatic Representative of the Expellees?, in: Agnes Alexandre-Collier u.a. (Hg.), Leadership and Uncertainty Management in Politics. Leaders, Followers and Constraints in Western Democracies, Basingstoke 2015, S. 217-229.
117 Uta Andresen, Die Kosmetikerin, in: taz, 30.8.2002, S. 5.
118 Zu dem mit der Person von Erika Steinbach eng verbundenen Strategiewechsel des BdV vgl. Lange, Der Erinnerungsdiskurs, S. 141-155.
119 Grundlegend zum Erinnerungsboom nach der Jahrtausendwende speziell als Mediengeschichte: Maren Röger, Flucht, Vertreibung und Umsiedlung. Mediale Erinnerungskulturen

Schicksal der Vertriebenen in einem nie gekannten Ausmaß" geschaffen habe, verlieh Erika Steinbach dem ZDF-Haushistoriker mit Millionenpublikum später die Ehrenplakette des BdV.[120] Wie die BdV-Präsidentin in ihrer Laudatio hervorhob, hätten neben den Bildern, die jedem Zuschauer in Erinnerung geblieben seien, vor allem die „tragischen Berichte" und „traumatischen Erzählungen" der Zeitzeugen eine breite öffentliche Anteilnahme am Leid der Vertriebenen geweckt.[121]

Zeitzeugeninterviews waren zwar auch früher schon in der Presse, in Sachbüchern und in Dokumentarfilmen ein wichtiges Element gewesen.[122] Nach der Jahrtausendwende wurden sie aber zu einer zentralen Instanz, die für eine starke Emotionalisierung und eine affektive RezipientInnenbindung sorgte, nicht zuletzt, weil ZeitzeugInnen in Zeiten des Aussterbens der Erlebnisgeneration pauschal zu ‚Überlebenden' stilisiert werden konnten.[123] Dies galt auch für die im selben Jahr 2001 gesendete ARD-Dokumentation „Die Vertriebenen", die ebenfalls zur besten Sendezeit in drei Teilen ausgestrahlt wurde und zu der ebenfalls ein Begleitband erschien (siehe Abb. 13.12). Die mediale Eigenlogik der dualen Struktur des öffentlich-rechtlichen Fernsehens in Deutschland brachte es mit sich, dass aufgrund der konkurrierenden Grundkonstellation zwischen ARD und ZDF inhaltlich kumulierende Wirkungen erzielt wurden. Dies traf auch für das fiktionale Geschichtsfernsehen zu: Nachdem die ARD 2007 den zweiteiligen Fernsehfilm „Die Flucht" gesendet hatte, brachte

---

und Debatten in Deutschland und Polen seit 1989, Marburg 2011. Speziell zu den TV-Dokus des Jahres 2001: ebd., S. 82-86; Ebbrecht, Die große Zerstreuung, S. 19-24; Dagmar Krupinski, Flucht, Vertreibung, Heimatverlust – eine deutsche Leidenserfahrung und ein schwieriger Balanceakt, MA Thesis German Studies Univ. of New Mexico 2011, S. 63-109, https://digitalrepository.unm.edu/cgi/viewcontent.cgi?article=1050&context=fll_etds (12.12.2018); Robert Bard, Historical Memory and the expulsion of ethnic Germans in Europe, 1944-1947, PhD Univ. of Hertfordshire 2009, S. 93-122, https://uhra.herts.ac.uk/bitstream/handle/2299/4445/Thesis?sequence=1 (12.12.2018).

120 Bund der Vertriebenen: Ehrenplakette an Professor Dr. Guido Knopp. Pressemitteilung, 25.3.2014.

121 Erika Steinbach, Laudatio zur Verleihung der Ehrenplakette des BdV, in: Deutscher Ostdienst 56 (2014), H. 2, S. 8.

122 Zum Beispiel schon 1965 in der TV-Doku „Flucht aus dem Osten – Der große Treck auf Deutschlands Straßen" (ARD/HR 1965). Vgl. Fritsche, Ostdeutschland, S. 19.

123 Vgl. Maren Röger, Zeitzeugen von Flucht, Vertreibung und Heimatverlust im deutschen Geschichtsfernsehen. Funktionen und Funktionalisierungen, 1981-2010, in: Heinke Kalinke (Hg.), Zeitzeugenberichte zur Kultur und Geschichte der Deutschen im östlichen Europa im 20. Jahrhundert. Neue Forschungen. Oldenburg, Bundesinstitut für Kultur und Geschichte der Deutschen im östlichen Europa 2011/2012, S. 1-17, hier S. 4-8, https://www.bkge.de/Projekte/Zeitzeugenberichte/Forschungsbeitraege.php (12.12.2018).

Abb. 13.12 Begleitbücher zu den TV-Dokumentationen von ARD und ZDF, 2001

das ZDF 2008 ebenfalls in zwei abendfüllenden Teilen das Historiendrama „Die Gustloff".[124]

Hatten bereits die neuen Fernsehdokumentationen stark auf die emotionale Betroffenheit der Zeitzeugen abgehoben, so ging es in den fiktionalen Bearbeitungen vollends um eine Vermittlung von Gefühlswelten: „Wir erzählen, wie sich Flucht und Vertreibung anfühlen", erklärte „Flucht"-Produzent Nico Hofmann,[125] der nicht von ungefähr auch als „Guido Knopp der Unterhaltung"

---

124 Vgl. dazu Bettina Schlüter, „Politisch korrekt und auch sonst schwach" – Die mediale ‚Reaktualisierung' von Flucht und Vertreibung, in: Erik Fischer (Hg.), Deutsche Musikkultur im östlichen Europa. Konstellationen – Metamorphosen – Desiderata – Perspektiven, Stuttgart 2012, S. 390-408; Evelyn Finger, Alle waren Opfer. NS-Geschichte im Fernsehen, in: Psychosozial 31 (2008), H. 4, S. 117-122; Bill Niven, The Good Captain and the Bad Captain. Joseph Vilsmaier's *Die Gustloff* and the Erosion of Complexitiy, in: German Politics and Society 26 (2008), H. 4, S. 82-98; Axel Bangert, Zwischen Traumschiff und Titanic: Der Untergang der Wilhelm Gustloff im zeitgenössischen deutschen Fernsehen, in: Bill Niven (Hg.), Die Wilhelm Gustloff. Geschichte und Erinnerung eines Untergangs, Halle 2011, S. 305-327.

125 Stefan Ruzas, Die Flucht. Das verdrängte Trauma. Interview mit Maria Furtwängler und Nico Hoffmann, in: Focus, 26.2.2007, https://www.focus.de/2491499 (12.12.2018).

bezeichnet wurde.[126] Der Fokus lag hier, wie in den Medienberichten dieser Zeit insgesamt, speziell auf dem Erleben der Frauen und Kinder als zivile und vermeintlich *per se* unschuldige Opfer.[127] Im Fernsehen selbst bereits durch Talkshows und Dokumentationen flankiert, erzeugten die beiden Fernsehfilme erhebliche Anschlusskommunikationen in der gesamten deutschen Medienlandschaft. Dabei fielen die Beurteilungen der Filme durchaus kontrovers aus. Doch die von den Filmemachern wohl auch aus Gründen des Marketings geäußerte Überzeugung, dass das Thema bis dahin „totgeschwiegen" gewesen sei,[128] fand in den Medien von der *Bild* bis zum *Spiegel* weite Verbreitung.[129]

Bereits 2002 war die These vom medialen Tabu der Vertreibung ein „kollektiver Mediensprechakt".[130] Anlass dafür war die Debatte um den Bestseller „Im Krebsgang" von Günter Grass, der sich wie der ZDF-Fernsehfilm mit dem Untergang der „Wilhelm Gustloff" beschäftigte. Insbesondere der *Spiegel* förderte und intensivierte die Selbstdarstellung von Grass als Tabubrecher, die sich durch die leitmediale Funktion des Nachrichtenmagazins medial rasch verbreitete. Die jahrzehntelangen Kontinuitäten der medialen Bezugnahmen gerade auf den Gustloff-Stoff, zuletzt noch in den 1990er Jahren in mehreren Fernsehdokumentationen, wurden dabei vernachlässigt.[131] Ebenso unbeachtet blieb die sich dabei auswirkende personelle Kontinuität des Gustloff-Überlebenden Heinz Schön, der seit seiner ersten Veröffentlichung in der

---

126 Julia Schaaf, Die Formel seines Lebens, in: Frankfurter Allgemeine Sonntagszeitung, 1.10.2012.

127 Vgl. Stephan Scholz, Nur eine Stunde der Frauen? Geschlechterkonstruktionen in der Erinnerung an Flucht und Vertreibung, in: Edeltraud Aubele/Gabriele Pieri (Hg.), Femina Migrans. Frauen in Migrationsprozessen (18.-20. Jahrhundert), Sulzbach/Ts. 2011, S. 99-125; Alexandra Tacke/Geesa Tuch, Frauen auf der Flucht. „Nacht fiel über Gotenhafen" (1959), „Die Flucht" (2007) und „Die Gustloff" (2008) im Vergleich, in: Elena Agazzi/Erhard Schütz (Hg.), Heimkehr: Eine zentrale Kategorie der Nachkriegszeit. Geschichte, Literatur und Medien, Berlin 2010, S. 229-242; Röger, Flucht, Vertreibung, Umsiedlung, S. 274-280.

128 So der „Gustloff"-Produzent und UFA-Geschäftsführer Norbert Sauer, zit. nach Armin Fuhrer, „Wilhelm Gustloff". Das Ende der deutschen Titanic, in: Focus, 29.2.2008.

129 Hans-Jörg Vehlewald, Die Stunde der Frauen, in: Bild, 26.2.2007, https://www.bild.de/news/2007/frauen-flucht-1454624.bild.html (12.12.2018); Nikolaus von Festenberg, Adel verdichtet, in: Der Spiegel, 26.2.2007 (H. 9), S. 192f.

130 Röger, Flucht, Vertreibung, Umsiedlung, S. 93.

131 Vgl. Röger, Flucht, Vertreibung, Umsiedlung, S. 248-252; Kirsten Prinz, „Mochte doch keiner was davon hören" – Günter Grass' *Im Krebsgang* und das Feuilleton im Kontext aktueller Erinnerungsverhandlungen, in: Astrid Erll/Ansgar Nünning (Hg.), Medien des kollektiven Gedächtnisses. Konstruktivität, Historizität, Kulturspezifität, Berlin 2004, S. 179-194; Herman Beyersdorf, Günter Grass' „Im Krebsgang" und die Vertreibungsdebatte im Spiegel der Presse, in: Barbara Beßlich (Hg.), Wende des Erinnerns. Geschichtskonstruktionen in der deutschen Literatur nach 1989, Berlin 2006, S. 157-168.

Zeitschrift *Heim und Welt* 1949 immer wieder als Berater fungiert hatte – sei es für Wisbars Kinofilm 1959, für die Grass-Novelle 2002 oder für den Gustloff-Fernsehfilm 2008.[132] Schön prägte damit nachhaltig das mediale Gustloff-Narrativ mit und sorgte für seine innere Stabilität.

Über den Gustloff-Stoff hinaus betrieben nach der Jahrtausendwende zahlreiche Medienakteure eine aufmerksamkeits- und nicht zuletzt auch verkaufsfördernde Stilisierung der eigenen journalistischen Arbeit als Tabubruch. Speziell für den *Spiegel*, der über seine eigenen Verwertungsketten hinaus als wichtigstes Leitmedium der deutschen Medienlandschaft in dieser Zeit fungierte und entsprechenden Einfluss ausübte, hat dies Maren Röger überzeugend rekonstruiert.[133] Der 2002 über vier Wochen laufenden *Spiegel*-Serie über ‚Flucht und Vertreibung'[134] folgten zahlreiche ähnliche Veröffentlichungen in anderen Pressetiteln bis hin zur Lokalpresse, die vielerorts ihre Leser zur Einsendung von Erlebnisberichten aufforderte, die anschließend gedruckt und nicht selten auch noch einmal – dem Mehrfachverwertungs-Vorbild des *Spiegels* folgend[135] – in gesammelter Form zum Kauf angeboten wurden.[136] Insgesamt fand in den Jahren nach der Jahrtausendwende in den Medien ein Prozess des Collective-Memory-Settings statt, der nicht nur inhaltlich oder geschichtspolitisch begründet, sondern in seiner Dynamik wesentlich auch Ergebnis kommerzieller und selbstreferentieller Eigenlogiken war.[137]

Am Ende des ersten Jahrzehnts nach der Jahrtausendwende hatte das mediale Interesse für die deutsche Zwangsmigration nach einer Phase hitziger Beschäftigung und erregter Kontroversen einen gewissen Sättigungsgrad erreicht und nahm anschließend wieder deutlich ab. Der Kinofilm „Habermann" etwa, der 2010 die Vertreibung der Deutschen aus dem Sudetenland zum Thema hatte, wurde medial bei weitem nicht mehr so intensiv behandelt,

---

132 Vgl. Röger, Flucht, Vertreibung, Umsiedlung, S. 248f.; Meiko Haselhorst, Rückkehr auf die „Gustloff" war sein letzter Wunsch, in: Die Welt, 25.11.2013, https://www.welt.de/regionales/duesseldorf/article122238865/Rueckkehr-auf-die-Gustloff-war-sein-letzter-Wunsch.html (12.12.2018).

133 Röger, Flucht, Vertreibung, Umsiedlung, S. 86-89.

134 Der Spiegel, 25.3.-15.4.2002 (H. 13-16). Am 18. Juni erschienen die Artikel mit weiteren Beiträgen im *Spiegel-Special* „Die Flucht der Deutschen", im Oktober die erweiterte Buch-Fassung, die im Dezember 2003 auch als Lizenzausgabe von der Bundeszentrale für politische Bildung verlegt wurde: Stefan Aust/Stephan Burgdorff, Die Flucht. Über die Vertreibung der Deutschen aus dem Osten, Hamburg 2002 bzw. Bonn 2003.

135 Das *Spiegel-Special*-Heft 2/2002 (siehe Abb. 13.13) stellte eine erweiterte Zusammenführung der mehrteiligen *Spiegel*-Serie über ‚Flucht und Vertreibung' dar.

136 Auf die Anfang 2005 über fünf Monate laufende Reihe der *Nordwest-Zeitung* mit 70 Beiträgen in 34 Ausgaben verweist beispielhaft Neumann, Lokalpresse, S. 272.

137 Vgl. Röger, Flucht, Vertreibung, Umsiedlung, S. 89-93.

Abb. 13.13   Cover des *Spiegel-Special*, Heft 2/2002

wie die Fernsehfilme zur Flucht noch wenige Jahre zuvor. Die medialen Debatten um das 2005 von der Bundesregierung beschlossene „Sichtbare Zeichen" in Berlin, das 2008 in die Form der „Stiftung Flucht, Vertreibung, Versöhnung" gegossen wurde, konzentrierten sich zunehmend auf personelle Fragen, etwa die Beteiligung Erika Steinbachs am Stiftungsrat oder die Besetzung der Stiftungsleitung.

Gelegentlich begannen einzelne Medien nun auch einen selbstkritischen Blick auf ihre Rolle bei der öffentlichen Erinnerung an das Thema ‚Flucht und Vertreibung' zu werfen, zum Beispiel beim eher unbedachten Umgang mit falsch deklarierten Fotografien.[138] Eine kurzzeitige Belebung des medialen Diskurses über die deutsche Zwangsmigration brachten die Fluchtbewegungen im Jahr 2015. Wie bereits Ende der 1990er Jahre erinnerten nun nicht wenige Medienberichte angesichts der nach Deutschland kommenden Flüchtlinge an die deutsche Erfahrung von ‚Flucht und Vertreibung' am Ende und im Gefolge des Zweiten Weltkrieges. „Es sind Bilder, die unweigerlich historische Erinnerungen auslösen. Erinnerungen an den Zweiten Weltkrieg, an Flucht und Vertreibung aus dem Osten", schrieb etwa *Die Zeit* 2016 rückblickend zum Sommer 2015.[139] Bereits im Frühjahr 2015 hatte das *Zeit-Geschichte*-Heft zum 70. Jahrestag des Kriegsendes 1945 eine Begegnung von früheren deutschen und aktuellen afghanischen Flüchtlingen arrangiert, um die Gemeinsamkeiten und Unterschiede auf der Ebene der Familiengeschichten auszuloten (siehe Abb. 13.14).[140] Anders als Ende der 1990er Jahre bildete nun nicht mehr das Mitgefühl für die Flüchtlinge der Gegenwart den Ausgangspunkt für eine Neubelebung des Interesses an den deutschen Vertriebenen. Vielmehr bildete jetzt umgekehrt die relativ präsente empathische Erinnerung an die deutschen Vertriebenen als Opfer den Ausgangspunkt für ein neues Mitgefühl für Flüchtlinge der Gegenwart.[141]

---

138 Vgl. z.B. Klaus Wiegrefe, Falsche Opfer, in: Der Spiegel, 13.10.2014 (H. 42), S. 44f.

139 Gerd Blume/Marc Brost/Tina Hildebrandt u.a., „Was geschah an diesem Wochenende wirklich?", in: Die Zeit, 18.8.2016 (H. 35), S. 2-9, hier S. 3.

140 Anna Kemper/Judith Scholter, „Man ist dann sehr stark", in: Zeit-Geschichte 1/2015, S. 100-109.

141 Vgl. Stephan Scholz, Willkommenskultur durch ‚Schicksalsvergleich'. Die deutsche Vertreibungserinnerung in der Flüchtlingsdebatte, in: Aus Politik und Zeitgeschichte (2016), H. 26/27, S. 40-46. Eine ähnliche Übertragung hatte bereits Ende der 1970er Jahre im Hinblick auf die vietnamesischen Boat-People stattgefunden, die aber bislang nicht näher untersucht wurde. Einige Hinweise gibt Frank Bösch, Engagement für Flüchtlinge. Die Aufnahme vietnamesischer „Boat People" in der Bundesrepublik, in: Zeithistorische Forschungen/Studies in Contemporary History 14 (2017), H. 1, S. 13-40, hier S. 21, 24, 27.

Abb. 13.14 Auftakt-Doppelseite (aus: *Zeit-Geschichte*-Heft 1/2015 zum Thema „70 Jahre Kriegsende 1945" – Über deutsche Flüchtlinge damals und afghanische Flüchtlinge heute)

Der mediale Erinnerungsboom an die deutsche ‚Flucht und Vertreibung' nach der Jahrtausendwende hatte somit den Sommer der ‚Willkommenskultur' des Jahres 2015 mit vorbereitet. Parallelisierungen von deutschem und gegenwärtigem Flüchtlingsleid blieben allerdings nur eine kurzzeitige Erscheinung. Mit der zunehmenden Verhärtung gegenüber Flüchtlingen auch in den Medien nahmen auch die historischen Bezüge zu den deutschen Vertriebenen wieder ab. Gleichwohl war die historische Zwangsmigration der Deutschen stärker in den größeren Zusammenhang der Migrationsgeschichte gerückt.[142]

5   Resümee

Betrachtet man die Rolle der Medien für den Umgang mit der ‚Flucht und Vertreibung' der Deutschen über den gesamten Zeitraum von 1945 bis 2015, so besaßen sie im Wesentlichen zwei Funktionen, die im Hinblick auf ihre Relevanz zwar in einer zeitlichen Abfolge stehen, aber bereits von Beginn an auch eng miteinander verschränkt waren:

---

142 Vgl. Gregor Feindt, From ‚Flight and Expulsion' to Migration: Contextualising German Victims of Forced Migration, in: European Review of History/Revue européenne d'histoire 24 (2017), S. 552-577, hier S. 577.

Erstens: Die Medien waren vor allem in einer ersten Phase bis weit in die 1950er Jahre hinein nicht nur Instrumente, sondern auch Akteurinnen bei der Aufnahme und Integration der deutschen ZuwandererInnen aus dem Osten. Bereits seit der Endphase des Zweiten Weltkriegs, also schon unter den Bedingungen des Nationalsozialismus und relativ kontinuierlich über das Kriegsende hinaus, sollten sie die Aufnahmebereitschaft der einheimischen Bevölkerung den ZuwanderInnen gegenüber stärken, ihre Integration erleichtern und deren Notwendigkeit verdeutlichen. Diese Funktion erfüllten die Medien in beiden deutschen Teilstaaten gleichermaßen, wenn auch systembedingt in unterschiedlicher Weise. In beiden deutschen Staaten wurde auch bereits früh eine vermeintlich gelungene Integration selbst zu einem Topos und Teil eines medial vermittelten und konstruierten Erfolgsnarrativs, das sich lange Zeit selbst bestätigte und erst später kritisch hinterfragt wurde.

Zweitens: Ebenfalls von Beginn an übernahmen die Medien auch eine Deutungsfunktion im Hinblick auf den Zuwanderungsvorgang. Diese Deutung fiel in den verschiedenen politischen Systemen höchst unterschiedlich aus: Im ‚Dritten Reich' wurde er als organisierte, aber nur kurzzeitige ‚Evakuierung' vor den Gräueln der Bolschewisten dargestellt; in der DDR erschien er als aus den nationalsozialistischen Untaten unvermeidlich resultierende ‚Umsiedlung' zur Sicherung des Friedens; in der Bundesrepublik wurde er als Unrecht von ‚Flucht und Vertreibung' verhandelt, das im Laufe der Jahrzehnte jedoch unterschiedliche Interpretationen und Bewertungen erfuhr.

Die deutende Rolle der Medien als „zentrale Instanzen bei der rückwärtigen historischen Vermessung"[143] stand lange ebenfalls im Dienst der Integration einer aus Einheimischen und ZuwanderInnen bestehenden Bevölkerung und war in dieser Hinsicht eng mit Fragen nationaler Identitätsbildung verbunden. Auch wenn diese Integration von vertriebenen und nichtvertriebenen Deutschen nach 75 Jahren endgültig abgeschlossen sein dürfte, spielen die Medien doch bis heute immer wieder eine zentrale Rolle bei Prozessen der nationalen Selbstverständigung und deren historischer Rückversicherung. Dies gilt in enger Verknüpfung sowohl für solche Prozesse erzwungener Migration, von denen die Deutschen in der Vergangenheit selbst betroffen waren oder an denen sie mitgewirkt hatten, als auch für solche Migrationsvorgänge, mit denen sie gegenwärtig konfrontiert sind und mit denen sie sich zukünftig auseinandersetzen werden.

---

143 Frank Bösch, Medienumbrüche und politische Zäsuren im 20. Jahrhundert, in: Martin Sabrow/Peter Ulrich Weiß (Hg.), Das 20. Jahrhundert vermessen. Signaturen eines vergangenen Zeitalters, Göttingen 2017, S. 179-198, hier S. 181.

,Hat man in Ostpreußen deutsch gesprochen?'
Zur Integration von Deutschen in Deutschland

Dagmar Kift

,Hat man in Ostpreußen (Schlesien oder Pommern) deutsch gesprochen?'. Mit dieser Frage wurden viele Flüchtlinge und Vertriebene nach ihrer Ankunft im Westen konfrontiert, vor allem, wenn sie einen ostdeutschen Akzent hatten oder Dialekt sprachen. Das empfanden alle Betroffenen als verletzend. Nach oft wochenlangen Zugfahrten in Güterwaggons waren sie traumatisiert und erschöpft endlich im Westen angekommen und glaubten, wieder unter ihresgleichen zu sein und dort auf- und angenommen zu werden. Stattdessen wurden sie als nicht zugehörig abgestempelt und als ,Rucksackdeutsche' oder ,Polacken' beschimpft. Bei manchen wirkte diese Verletzung so stark, dass sie diese Erlebnisse in der Familiengeschichte deutlich intensiver tradierten als die traumatisierenden Erfahrungen der vorangegangenen Flucht oder Vertreibung: die Entrechtungen, Demütigungen, den Zwang, eine weiße Armbinde tragen zu müssen, die sie als Freiwild auswies, oder die Gruppenvergewaltigungen in der Zeitspanne zwischen Kriegsende und Vertreibung.

Die Frage ,Hat man in Ostpreußen deutsch gesprochen?' verweist auf eine nachhaltige, wenngleich nicht ausschließliche Erfahrung von ,Nicht-Willkommen-Sein'.[1] Ein ähnlich wirkmächtiger Schlüsselsatz ist auch für das Ankommen im weiteren Sinn tradiert: ,Was man im Kopf hat, kann der Russe [grundsätzlich im Kollektivsingular] einem nicht wieder nehmen'. Dieser Satz bringt zum einen eine wesentliche Erfahrung von Flucht oder Vertreibung auf den Punkt: dass man alles Materielle verlieren und nur das mitnehmen kann, was man gelernt hat. Zum anderen macht er eine auf dieser Erfahrung

---

1 Stellt man diese Frage in einem Vortrag vor Publikum mit einem entsprechenden Migrationshintergrund, dann erhitzt dies in der Regel die Gemüter. Dabei ist es häufig egal, ob noch Angehörige der Erlebnisgeneration im Raum sitzen, von denen es heute nicht mehr viele gibt, oder ob es sich um ihre Kinder handelt, die schon im Westen geboren wurden und die selbst nie mit dieser Frage konfrontiert waren, die sich aber daran erinnern, wie oft ihre Eltern, Tanten und Onkel darüber sprachen und wie empört sie auch nach Jahren noch waren. Dass die Flüchtlinge und Vertriebenen im Westen eher ausgegrenzt als willkommen geheißen wurden, ist die Hauptthese von Andreas Kossert, Kalte Heimat. Die Geschichte der deutschen Vertriebenen nach 1945, München 2008. Etwas differenzierter argumentiert Björn Zech, Ankunft. Ablehnung und Hilfsbereitschaft, in: Dagmar Kift (Hg.), Aufbau West. Neubeginn zwischen Vertreibung und Wirtschaftswunder, Ausstellungskatalog, Essen 2005, S. 44-81, hier S. 45f.

basierende Haltung deutlich, auf deren Grundlage sich Flüchtlinge und Vertriebene ein neues Leben aufbauten, nämlich: einen Schwerpunkt auf das zu legen, was einem ‚der Russe' (oder wer auch immer) nicht ein weiteres Mal würde wegnehmen können. Angedeutet wird damit zugleich, dass Integration nicht nur ‚integriert werden' meint, sondern auch ‚sich integrieren'. Jochen Oltmer definiert Integration als einen Prozess, den ZuwandererInnen und Einheimische aktiv gestalten: „das langwährende, durch Kooperationen und Konflikt geprägte Aushandeln von Chancen der ökonomischen, politischen, religiösen oder rechtlichen Teilhabe."[2]

Erfahrungen von ‚Willkommen-Sein', ‚Ankommen' und ‚(Sich)-Integrieren' werden im Folgenden anhand einer in Ego-Dokumenten festgehaltenen Familiengeschichte etwas näher beleuchtet. Die Ego-Dokumente stammen von der Familie Völkel aus Breslau, die in zwei Tagebüchern und einer Autobiografie Flucht, Vertreibung und Integration dokumentierte und detaillierte Einblicke in ihre konkreten Ankunfts- und Integrationserfahrungen ermöglicht. Dass diese Erfahrungen nicht repräsentativ sind, sondern zum einen ein „Einzelschicksal" darstellen, zum anderen „ihre Existenz der publizistischen Zufälligkeit" verdanken, darauf verwies Hans Völkel in der Einleitung zu seiner Autobiografie: man müsse daher „sein Einzelschicksal im Vergleich mit vielen ähnlichen Lebenswegen sehen".[3] Gleichwohl weist gerade das Nicht-Repräsentative die Ego-Dokumente der Familie Völkel als typisch aus, denn jede Familie machte ihre eigenen Erfahrungen und diese Erfahrungen können mittlerweile durchaus kontextualisiert werden. So möchte dieser Beitrag zum einen die Chance nutzen, die Ego-Dokumente bieten, nämlich in einen konkreten Mikrokosmos eintauchen zu können, der zudem Aspekte zum Vorschein bringt, die in anderen Quellen nicht sichtbar werden. Zum anderen soll versucht werden, die spezifischen Erfahrungen und Erinnerungen einer einzelnen Familie mit der allgemeinen Entwicklung in Beziehung zu setzen.

Die Familie Völkel ist bei ihrer Ankunft im Westen weder beschimpft noch ausgegrenzt worden. Ihre Geschichte widerlegt damit nicht die Erfahrung von Ablehnung und Ausgrenzung, die viele andere Flüchtlinge und Vertriebene nachweislich erfahren mussten und die sich ins kollektive Gedächtnis nicht nur einer Generation eingeschrieben hat. Sie verweist vielmehr auf die Komplexität des Ankunfts- und Aufnahmegeschehens.

---

2 Jochen Oltmer, Globale Migration. Geschichte und Gegenwart, 2. Aufl., München 2016, S. 25f.
3 Hans Völkel, Nach Untertage. Wie ein schlesischer Flüchtlingsjunge aus Niederbayern in den Ruhrbergbau kam, Essen 2013, S. 12.

1   Die ProtagonistInnen und ihre Ego-Dokumente

Die Tagebücher stammen von Selma Völkel, Hausfrau, und ihrem Mann Carl, einem gelernten Fräser.[4] Zwei Jahre nach ihrer Hochzeit hatten die beiden 1932 ein in Selbsthilfe erbautes Reihensiedlungshaus am Stadtrand von Breslau bezogen, wo sich Selma Völkel um Haus und Garten, Kinder und Kleinvieh kümmerte und das dazu gemietete Pachtland bewirtschaftete. Carl Völkel arbeitete sich derweil in den Breslauer Fahrzeug- und Motorenwerken (FAMO) vom Werkzeugmacher zum technischen Angestellten hoch. Der Kriegsdienst blieb ihm zum einen aus gesundheitlichen Gründen erspart, zum anderen weil er bei der FAMO als unabkömmlich eingestuft wurde. Als Breslau zur Jahreswende 1944/45 zunehmend von der Roten Armee eingeschlossen wurde, erging am 20. Januar der Befehl an die Zivilbevölkerung, die Stadt sofort zu verlassen. Obwohl die Evakuierung nicht vorbereitet worden war und auf den Bahnhöfen Chaos herrschte, gelang es Selma Völkel, mit ihren drei Kindern am 21. Januar in einem Zug unterzukommen. Carl Völkel musste bleiben, denn die FAMO-Werke sollten demontiert und an die Elbe verlagert werden. Demontiert wurden sie allerdings erst nach der Kapitulation, und dann wurden sie nicht an die Elbe, sondern in die Sowjetunion verlagert. Erneut kam Carl Völkel nicht aus Breslau und wurde nicht wie die meisten in der Stadt verbliebenen Deutschen vertrieben. Die Sowjets verpflichteten ihn als Mechaniker für ihre Werkstätten, was ihm trotz des Zwangscharakters dieser Arbeit nicht unlieb war. So konnte er in seinem zwar teilzerstörten, aber noch bewohnbaren Haus bleiben, das er für die Familie unbedingt halten wollte. Wie die meisten seiner Zeitgenossen nahm er an, dass die Geflüchteten und Vertriebenen wieder zurückkehren würden, wenn sich die Lage wieder beruhigt hatte, wie das bei kriegerischen Auseinandersetzungen in der Regel der Fall war. Dann aber zog die Rote Armee ab und die polnische Verwaltung wies ihn im September 1947 in die sowjetische Zone aus. Carl Völkel wollte jedoch zu Frau und Kindern, die mittlerweile in Niederbayern lebten, und flüchtete in die amerikanische Zone. Im Oktober 1947 war die Familie nach mehr als zweieinhalb Jahren wieder vereint.

Das 300-seitige Tagebuch von Selma Völkel beginnt am 21. Januar 1945 mit der Flucht aus Breslau und endet am 1. Mai 1946. Als Themen dominieren der alltägliche Kampf ums Überleben und die Sorge um den in Breslau verbliebenen Ehemann. Zu ihm brach der Kontakt im Februar 1945 ab, als die Rote Armee ihren Belagerungsring um Breslau geschlossen hatte und keine Briefe

---

4   Vgl. Hans Völkel (Hg.), Selma und Carl Völkel. Breslauer – Evakuierte in Bayern. Zwei Tagebücher aus der Kriegs- und Nachkriegszeit 1945-1946, Bochum 2005.

mehr zugestellt werden konnten. Das deutlich knapper gehaltene Tagebuch von Carl Völkel beschreibt das Überleben in der unter Dauerbeschuss stehenden Stadt und in wechselnden Kellern; es endet am 20. Mai 1945. 60 Jahre später fügte der 1936 geborene Sohn Hans Völkel beide Tagebücher zusammen, ergänzte sie an manchen Stellen mit eigenen Erinnerungen oder denen seines Bruders Heinz und führte die Familiengeschichte in einem abschließenden Kapitel bis 1952 weiter. Seine 2013 erschienene Autobiografie greift zu Beginn die Themen des Tagebuchs der Mutter noch einmal auf: die Abreise aus Breslau und die ersten Jahre in Niederbayern. Ihr Fokus liegt aber auf dem eigenen beruflichen Werdegang. Er beginnt mit der Abreise aus Niederbayern ins Ruhrgebiet, wo Hans Völkel 1951 eine Berglehre begann, beschreibt dann ausführlich Ausbildung und Betreuung der Berglehrlinge und seine Arbeit als Bergmann, den Berufswechsel erst zum Museumsgehilfen im Jahr 1956, danach zum Präparator in der Geologischen Abteilung der Westfälischen Berggewerkschaftskasse in Bochum. Dieser Wechsel kam in der Sache nicht ganz überraschend, denn Hans Völkel hatte sich schon seit der Kindheit für Steine und Fossilien interessiert und auch während seiner Zeit unter Tage entsprechende Stücke gesammelt. Die Eltern waren allerdings wenig begeistert, gab Hans Völkel damit doch eine gut bezahlte Stelle im Bergbau auf sowie die Aussicht, zum Steiger (also zum Bergbeamten bzw. technischen Angestellten) aufzusteigen. Aufgestiegen ist er trotzdem, denn er beendete sein Berufsleben als Gründer und Leiter der Zentralstelle für Präparationstechnik an der 1961 gegründeten Ruhr-Universität Bochum und Lehrer an der 1976 ebenfalls von ihm initiierten Höheren Berufsfachschule für präparationstechnische Assistenten.

Seit Beginn seiner Lehrzeit war Hans Völkel offiziell der Haupternährer der Familie, da er mit seinem Lohn als Lehrling das höchste Einkommen der Familie erzielte. Als Haupternährer konnte er 1953 in einem der Siedlungsprojekte der Zeche ein Reihenhaus mieten und Eltern und Schwester zu sich und seinem Bruder Heinz holen, der ihm 1952 in den Bergbau nachgefolgt war. Wenige Jahre später ermöglichte ihnen das Wohnungsbauförderprogramm der Zeche, ein (anderes) Reihenhaus zu erwerben. Mit dem Umzug der Eltern in eine ‚richtige', weil eigene Wohnung und zu den Söhnen, die allen Widrigkeiten zum Trotz einen ‚richtigen' Beruf erlernt hatten, war für Hans Völkel

> das Flüchtlingsschicksal der Familie Völkel endlich abgeschlossen und ein neuer Lebensabschnitt, diesmal als integrierte Bürger der jungen Bundesrepublik nahm seinen Anfang.[5]

---

5 Ebd., S. 214.

So ließ er die Tagebücher seiner Eltern enden. Der Weg zum integrierten Bürger der Bundesrepublik verlief für die einzelnen Familienmitglieder jedoch unterschiedlich, wie ihre Ego-Dokumente zeigen. Hans Völkels Autobiografie spiegelt die durchaus typischen Migrationen und Integrationswege jüngerer Flüchtlinge und Vertriebener: Zwangsmigration, gefolgt von Erwerbsmigration und in vielen Fällen auch beruflicher Mobilität. Die Geschichte seiner Eltern erzählt dagegen von den Schwierigkeiten der älteren Generation, im Westen wieder Fuß zu fassen. Die Lebensgeschichten der Völkels weisen damit über das konkrete Beispiel einer einzelnen Familie hinaus. Zum einen deuten sie an, welche Rolle Faktoren wie Alter und Geschlecht für die Integration und die Integrierbarkeit spielten. Zum anderen machen sie zwei unterschiedliche Phasen von Aufnahme und Integration deutlich. Die Phase des Integriertwerdens und sich Integrierens in den 1950er Jahren beschreibt die Autobiografie von Hans Völkel. Die Phase des Ankommens lässt sich anhand des Tagebuchs von Selma Völkel nachzeichnen; sie umfasst die Monate vom Frühjahr 1945 bis zum Frühjahr 1946.

2   Ankunft und Aufnahme in Niederbayern

Das erste, das Selma Völkels Tagebuch deutlich macht, ist die große Zeitspanne, die zwischen ‚aus der Heimat weggehen (müssen)' und ‚im Westen ankommen' liegen konnte und in vielen Fällen auch lag: Aus Breslau abgefahren ist Selma Völkel am 21. Januar 1945; ihre Evakuierung endete zunächst in Grünewald an der Grenze zu Sachsen, wo sich ein mehrwöchiger Aufenthalt anschloss – mit zunehmend schlechter werdender Versorgung. Dazu schrieb Selma Völkel am 17. Februar 1945 in ihr Tagebuch:

> Heut sieht und hört man nichts wie Elend! Erstens: Sagan ist gefallen. Zweitens: Flüchtlinge über Flüchtlinge kommen bei uns durch. Drittens: Schon volle 8 Tage ohne Butter […] Heut wurde Brot nur im Dunkelwerden hintenrum verkauft, weil die durchziehenden Flüchtlinge sonst alles lebensnotwendige hier aufkaufen. […] Was man fragt, alles ausverkauft! Mehl, Zigaretten, Salz, Brot, Marmelade usw. In Wiednitz steht ein Zug voll Breslauer aus Görlitz seit Dienstag, der gar nicht weiter kann, weil kein Zug über Dresden fahren kann. Sonst wären wir Flüchtlinge von hier auch schon fort.[6]

---

6   Ebd., S. 35. Durch Dresden konnte wegen der schweren Bombardierungen zwischen 13. und 15.2. kein Zug mehr fahren. Sagan befand sich nur wenige Kilometer entfernt von der Gemeinde Grünewald, wo Selma Völkel und die Kinder untergebracht waren.

Zwei Tage zuvor war das nahegelegene Hoyerswerda bombardiert worden; neun Tage später saß die Familie immer noch fest. Weiter ging es dann am 27. Februar, bis die Völkels am 2. März schließlich in Niederbayern ankamen: „todmüde [...], denn wir mußten 3 Tage und 2½ Nächte auf Fahrt sein, ohne jede Mahlzeit und dazu noch stehen!"[7]

Die Völkels wurden bei einer Bergbauernfamilie untergebracht und, wie Selma Völkel am 3. März notierte, „sehr liebevoll aufgenommen".[8] Die Bäuerin hatte eine an die Küche angrenzende Stube zurecht gemacht und mit zwei Betten, einem Tisch mit Stuhl und einem Schrank möbliert. Die Völkels aßen mit den Bauern und überließen der Bäuerin, die für alle kochte, ihre Lebensmittelmarken. Auch sonst half die Bauernfamilie gerne aus, nicht zuletzt mit Lebensmitteln, denn nicht alles war über die Marken zu bekommen und nicht alles, was man über Marken bekommen hätte, tatsächlich vorrätig. Selma Völkel half im Haushalt, um sich nützlich zu machen. Drei Monate später hielt sie in ihrem Tagebuch die ersten Spannungen fest:

> Brot ist alle! Wieder fragen, betteln? Mir fällt nichts so schwer als dies, die Frau weiß ja, daß ich gar nichts hab, denn wenn ich Vorrat hab, steht's bei ihr in der Speisekammer und da steht jetzt der leere Eiertopf (schon 14 Tage!) wo so viel Eier sind, daß sie mir gut jede Woche 10 Stück geben könnte; aber die Leute kennen keine Not![9]

Wenige Tage später notierte sie, dass die Bäuerin Lebensmittel eher verschimmeln ließe als sie ihr anzubieten und sie nun schon den dritten Tag ohne Abendessen ins Bett habe gehen müssen, damit wenigstens die Kinder einigermaßen satt wurden. Im Juni war auch das mitgebrachte Geld ausgegeben. Im Sommer wurde das Verhältnis wieder besser: Selma Völkel half bei der Feldarbeit und kochte während der Ernte für alle, und die Bauernfamilie wurde wieder etwas freigiebiger mit dem Essen. Was beide Seiten nach nun immerhin mehreren Monaten des unfreiwilligen Zusammenlebens bewegte, war die Frage, wann die Flüchtlinge wieder abreisen würden. Dass sie wieder nach Hause könnten, davon gingen bis September 1945 alle aus. Von den Vertreibungswellen, die mit Kriegsende einsetzten, bekam man in den abgelegenen Bergdörfern Niederbayerns offensichtlich wenig und im Wesentlichen nur Gerüchte mit. Was sich unter aller Augen abspielte, war das Gehen, Kommen und Umquartieren einzelner Flüchtlingsgruppen: So verschwanden im Juli die Flüchtlinge aus Kroatien, dafür kamen Vertriebene aus der Tschechoslowakei; die im Bombenkrieg

---
7 Ebd., S. 43.
8 Ebd., S. 47.
9 Ebd., S. 100.

evakuierten Kölner durften wieder nach Hause, die evakuierten Berliner erst im Februar 1946.[10] Was mit den Schlesiern sein würde, blieb offen. Am 21. September 1945 ließ der Bürgermeister verlautbaren, dass man ihnen im Oktober würde sagen können, wann sie nach Hause dürften; drei Tage später las Selma Völkel „im Amtsblatt, daß sich alle Flüchtlinge in Pfarrkirchen melden sollten zwecks Rückführung" – und machte sich Sorgen, wie sie den Winter dort ohne alles würden überleben können.[11] Bekanntermaßen gab es aber keine Rückführungen und die ersten Breslauer, die sich selbst auf den Weg gemacht hatten, wurden wieder zurückgeschickt. Erst im Februar 1946 sprach sich in Selma Völkels Umfeld herum, dass alle Deutschen aus Schlesien vertrieben wurden.[12]

Im Oktober 1945 ordnete der Bürgermeister einen Wohnungstausch an, weil er das Zimmer der Völkels für vier erwachsene Flüchtlinge benötigte. Auch die Schulen, bei Kriegsende kurzfristig zu Notunterkünften umfunktioniert, mussten wieder ihrer eigentlichen Bestimmung zugeführt und für die Flüchtlinge und Vertriebenen andere Unterkünfte gefunden werden. Bayern gehörte – nicht zuletzt wegen seiner Nähe zur Tschechoslowakei und weil noch weitgehend agrarisch strukturiert – zu den Ländern, die besonders viele Flüchtlinge und Vertriebene aufnahmen: Deren Anteil lag im Oktober 1946 laut Volkszählung bei 18,9 Prozent (bei einem Durchschnitt von 13,7 Prozent in den westlichen Besatzungszonen insgesamt). In den Flüchtlingsaufnahmeländern Niedersachsen und Schleswig-Holstein war dieser Anteil mit 24 Prozent und 32,9 Prozent noch höher. In Nordrhein-Westfalen (NRW) betrug er dagegen nur 6,1 Prozent.[13] Auf dem Land ließen sich die Flüchtlinge und Vertriebenen zwar besser unterbringen und versorgen als in den häufig kriegszerstörten Städten und Industrieregionen, aber ‚besser' war relativ: Auch auf dem Land gab es keinen zusätzlichen Platz mit entsprechender Ausstattung, so dass man die Menschen ständig umquartieren musste, wenn neue Transporte eintrafen.

Die Völkels erhielten im Oktober 1945 bei einem anderen Bauern eine kleine, nicht abschließbare Stube mit zwei (leeren) Bettstellen, Tisch und Bank und einem kleinen Ofen (für einen Topf), aber ohne Schrank und mit schlecht schließenden Fenstern. Wieder musste Selma Völkel um alles andere betteln. Schließlich erfolgte Ende November der nächste angeordnete Wohnungstausch: nun musste die Familie Völkel Platz machen für vier erwachsene Siebenbürger Sachsen und wurde beim örtlichen Schmied einquartiert. Die

---

10   Ebd., S. 187.
11   Ebd., S. 135.
12   Vgl. ebd., S. 184.
13   Vgl. dazu Gertrud Stahlberg, Die Vertriebenen in Nordrhein-Westfalen, Berlin 1957, S. 9f.

neue Wirtin, hielt Selma Völkel am 5. Dezember fest, „ist sehr freundlich".[14] Allerdings bot die Schmiede nur wenig Platz für die sechsköpfige Familie des Schmieds und die vierköpfige Familie Völkel. Die einzige Rückzugsmöglichkeit für die Völkels war die ihnen zugewiesene Stube und die war im Winter „so kalt, daß das Wasser im Eimer friert".[15] Die Küche, die sich die beiden Frauen teilen mussten, war sehr klein, was zwangsläufig zu Reibungen führte, die das gegenseitige Verhältnis zunächst aber nur vorübergehend trübten: „Möchte nicht gerne nochmal umziehen, weil ich es sonst gut habe hier", schrieb Selma Völkel am 19. Januar 1946 in ihr Tagebuch:

> Wenn nur andere Wohnverhältnisse wären. Ich weiß nicht, wo ich mich waschen soll; oben ist es zu kalt und abends ist der Schmied und Frau immer so lange in der Küche und am Tage kamen immer so viele fremde Bauern und die Kinder, da geht's auch nicht. Ich fühl mich ganz unglücklich.[16]

Einen Monat später hatten die Reibereien wieder derart zugenommen, dass Selma Völkel sich eine neue Bleibe zuweisen lassen und der Schmied ihre Kammer für einen Knecht haben wollte. Am 3. März 1946 zogen die Völkels in die Mühle des Dorfes um – und wieder wurden sie zunächst gut aufgenommen. Außerdem war die neue Behausung sauber, was Selma Völkel mit großer Freude vermerkte. Mitte März 1946 kamen zwei Briefe von Carl Völkel an, die dieser im Februar 1945 in Breslau geschrieben hatte und die nun aus Grünewald nachgeschickt worden waren. Dass Carl Völkel noch lebte, hatte bereits Ende Dezember 1945 eine gemeinsame Bekannte übermittelt. Wann und wie er kommen würde, blieb aber ungewiss. Am 1. Mai 1946 bricht Selma Völkels Tagebuch ab. In seinem Nachwort erklärt Hans Völkel das damit, dass ihr wohl zu Bewusstsein gekommen sei,

> dass sie bereits monatelang immer das Gleiche schrieb, sich das tägliche Leben nur noch um Essen, Trinken, Wäsche waschen und Stopfen bewegte; daneben aber die Querelen mit den Einheimischen immer mehr zunahmen.[17]

Küche und Wohnstube, in der die Völkels eine kleine Fläche von 4 bis 6 qm mit einem Tisch und Stühlen zugewiesen bekommen hatten,[18] waren auch in der

---

14   Völkel (Hg.), Selma und Carl Völkel, S. 164.
15   Ebd., S. 165.
16   Ebd., S. 179f.
17   Ebd., S. 202.
18   Für Hans Völkel war diese Ecke ein „von den Behörden festgesetzter und angemieteter Bestandteil unserer Flüchtlingswohnung, wofür neben der Miete auch noch Geld für das anteilige Brennholz abgeführt werden musste"; Völkel, Nach Untertage, S. 27.

Mühle zu klein für zwei Familien, was vor allem im Winter immer wieder zu Auseinandersetzungen führte.

Selma Völkel konnte sich die Stimmungsumschwünge ihrer jeweiligen Wirtsleute nie so richtig erklären: Sie hatte sich, ihrer eigenen Wahrnehmung nach, immer korrekt verhalten, Missverständnisse gleich zu klären versucht, notfalls um des lieben Frieden willens zurückgesteckt. Aus Sicht der Wirtsleute betrachtet sind auf der anderen Seite die nicht unbeträchtlichen Belastungen zu berücksichtigen, die die Einquartierung von vier Personen, darunter dreier lebhafter Kinder, mit sich brachten: die eingeschränkte Privatsphäre, die Enge in der Küche, wenn man sich den Herd teilen musste, der Mangel an vielen Lebensmitteln und dass man dafür erster Ansprechpartner war. Im Rückblick fasste Hans Völkel das als Zusammenkommen einer „Vielzahl widriger Umstände" zusammen, „die das anfangs harmonische Zusammenleben mit den Einheimischen zunehmend beeinträchtigten"[19] – zusätzlich zu den unterschiedlichen Lebensgewohnheiten von Großstadtmenschen und Bergbauern, den konfessionellen Differenzen zwischen evangelischen Schlesiern und katholischen Bayern, dem Zusammentreffen ihrer Kinder in überfüllten Schulen. Dazu kam die Ungewissheit, wie es weitergehen würde:

> Die Nervosität unter den Flüchtlingen wuchs in dem Maße, wie ihre Rückführung in die Heimat immer unwahrscheinlicher wurde. Sie drohte sich in eine ausweglose Verzweiflung zu steigern, von der vor allem die alleinerziehenden Mütter betroffen waren.[20]

Würde man dableiben müssen, wo es einen hin verschlagen hatte? Was sollte aus den Kindern werden? Gab es überhaupt eine Zukunft, die man mitgestalten konnte? Die Situation wurde auch für die Einheimischen belastend, als sich die als vorübergehend gedachten Notgemeinschaften in Zwangsgemeinschaften zu verwandeln drohten, deren Ende nicht abzusehen war – und die keiner der Beteiligten wollte und auf Dauer ertragen konnte. So fand, wie Hans Völkel in seiner Autobiografie festhielt,

> die sprichwörtliche Gastfreundschaft der einheimischen Bevölkerung recht bald ein Ende. Es waren zu viele, die eiligst und unvorbereitet in keinesfalls freie Ferienwohnungen einquartiert werden mussten. Vielmehr wurden sie in die meist bescheidenen Wohnverhältnisse der Einheimischen eingewiesen und zwangen somit alle zum Zusammenrücken. Das ging nicht immer friedlich vonstatten.[21]

---

19 Ebd., S. 17.
20 Ebd.
21 Ebd., S. 24.

Als Carl Völkel im Oktober 1947 dazu stieß, erhielten die Völkels in der Mühle eine zweite Kammer und machten sich mit einem eigenen kleinen Herd von der Küche ihrer Wirtsleute unabhängig. Wie sich das Verhältnis zur Müllerfamilie danach entwickelte, ist unklar. In seinem Nachwort zu den Tagebüchern der Eltern beschreibt Hans Völkel vor allem die Schwierigkeiten mit den Behörden, die sich mit Carl Völkels illegalem Grenzübertritt von der sowjetischen in die amerikanische Zone ergeben hatten, denn Carl Völkel war ohne Zuzugsgenehmigung gekommen. Sein – dann nachträglich gestellter – Antrag auf Einreise blieb zunächst vier Monate unbeantwortet und wurde dann abgelehnt:

> Keine Besatzungszone war bereit, Menschen aus einer anderen Zone aufzunehmen, weil jede für sich bereits überlastet war. Der Vater wurde daher von den Behörden als Flüchtling nicht nur nicht anerkannt, er wurde sogar aufgefordert, zusammen mit der Familie wieder zurück nach Thüringen zu gehen, von wo er gekommen war. Da dies für den Vater unannehmbar war, musste er sich eine Zukunft als illegal Eingereister aufbauen. Im landwirtschaftlich geprägten Niederbayern hätte er zwar von vornherein keine reelle Chance auf eine Wiedereingliederung in einen industrierelevanten Beruf gehabt. Aber als illegal Zugereistem war ihm selbst die Anerkennung als Arbeitssuchender verweigert worden, sodass er über ein Jahr lang auch keine Arbeitslosenunterstützung bekam.[22]

Woandershin umziehen und neu anfangen ging ohne behördliche Genehmigung jedoch ebenfalls nicht. So schlug sich Carl Völkel zunächst mit Gelegenheitsarbeiten und Reparaturen durch, bis die Familie 1948 ein Quartier bei einer eher begüterten Bauernfamilie bezog, die sie gerne aufnahm, auch genug Platz hatte und die Völkels in ihren Alltag einbezog. Carl Völkel kümmerte sich nun um die Ackergeräte, stellte Werkzeuge her, baute eine kleine Feldschmiede und Küchenherde für Flüchtlingsfamilien, reparierte Kochgeschirr und anderes, während Selma Völkel und die Kinder an anderer Stelle auf dem Hof mit anpackten. Der Weg zurück in die FAMO war Carl Völkel versperrt, obwohl zum gleichen Konzern auch Werke in der Nähe von Peine und Salzgitter gehörten. In seiner Personalakte war vermerkt,

> dass er die ganze Hitlerzeit hindurch sein SPD-Mitgliedsbuch nie abgegeben hatte, was wohl auch hier bei den zuständigen Personalchefs wieder störte.[23]

---

22   Ebd., S. 34f.
23   Ebd., S. 43.

Hans Völkel wuchs mittlerweile in die Rolle des Knechts hinein, bekam auch den ortsüblichen Lohn von 40 Mark monatlich, „die aber vollständig für die Verrechnung gegen Naturalien draufgingen".[24]

1950 stieß die Familie am schwarzen Brett der Gemeindeverwaltung auf einen Aushang über den Vortrag eines Beamten aus dem Ruhrgebiet, der Arbeitskräfte für den Bergbau suchte. Die Arbeitsämter und Zechengesellschaften des Ruhrgebiets hatten mittlerweile in den Flüchtlingsaufnahmeländern Patenbezirke eingerichtet und warben dort mit Vorträgen und Filmen in Kneipen, Gemeindesälen und Schulen um Arbeitskräfte für den Bergbau.[25] Carl Völkel, der sich langfristig nicht als Aushilfe auf dem Bauernhof sah und seine Söhne nicht als Knechte, war interessiert und nahm seinen Ältesten zum Vortrag mit. Die beiden bekamen bunte Schautafeln zu sehen, die zeigten, was man sich unter einer Zeche vorzustellen hatte,

> Menschen, die glücklich lächelnd vor ihren schmucken Zechenhäuschen standen [...], wie sich die Kumpels nach der Schicht in Gemeinschaftskauen duschen konnten, um danach mit weißen Hemden vor dem Zechentor zu erscheinen, wo ihnen noch eine Flasche frische Milch kostenlos gereicht wurde.[26]

Zu den Arbeitsbedingungen während der Schicht erzählte der Beamte wenig, dafür umso mehr über die hohen Löhne, die vielen Sozialleistungen, den bezahlten Urlaub und die Aufstiegsmöglichkeiten. Carl Völkel, der sich mit seinen 48 Jahren noch nicht zu alt fühlte, wollte sich nach der Präsentation bewerben. Der Vertreter aus dem Ruhrbergbau war aber nur an seinem Sohn Hans interessiert.

Zwar suchte der Ruhrbergbau auch nach erwachsenen Männern. Hauptzielgruppe seiner Anwerbeaktionen waren jedoch jugendliche Schulabgänger, mit denen wieder leistungsfähige Stammbelegschaften aufgebaut werden sollten. Gleichzeitig wollte man speziell jungen Männern eine Perspektive eröffnen, einer Gruppe, die durchaus auch als Bedrohung wahrgenommen wurde, weil sie durch Bombenkrieg oder Flucht und Vertreibung traumatisiert, früh in die Rolle des Ernährers und Beschützers gedrängt und darin geübt war, Dinge notfalls auch nicht legal zu beschaffen. Eine Ausbildung im Bergbau versprach Ordnung und Disziplin(ierung) sowie die Aussicht auf eine bessere bzw. überhaupt eine Zukunft.[27] Und so landete Hans Völkel 1951 auf der Zeche Friedrich

---

24 Ebd., S. 41.
25 Vgl. Olge Dommer/Dagmar Kift, Keine Herrenjahre. Jugend im Ruhrbergbau 1898-1961. Das Beispiel Zeche Zollern II/IV, Essen 1998, S. 85ff.
26 Völkel, Nach Untertage, S. 44.
27 Vgl. Dommer/Kift, Keine Herrenjahre, S. 80f.

Heinrich in Kamp-Lintfort, obwohl seine Eltern den 14-jährigen nur ungern alleine in die Fremde hatten ziehen lassen. Untergebracht wurde er im Berglehrlingsheim der Zeche.

3   Familiärer Wiederaufbau im Ruhrgebiet

Für die in der Regel minderjährigen Berglehrlinge, die sie angeworben hatten, trugen die Bergbauunternehmen eine besondere Verantwortung. Sie in Bergmannsheimen für Erwachsene unterzubringen, kam daher nicht in Frage. So bauten die Unternehmen Lehrlingsheime und Pestalozzidörfer, d.h. Siedlungen mit etwas größeren Doppelhäusern, wo jeweils ein Ehepaar sechs männliche Jugendliche aufnahm. In beiden Einrichtungen sollten die Jugendlichen nicht nur untergebracht und versorgt, sondern auch betreut werden. In den Heimen war dafür der Heimleiter zuständig, in den Pestalozzidörfern die jeweiligen Hauseltern, und in größeren Dörfern zusätzlich ein eigens angestellter Jugendleiter.[28]

So etwas wie ‚Betreuung' fand in Hans Völkels Lehrlingsheim allerdings zunächst nicht statt: Der Heimleiter, ein durchsetzungsstarker ehemaliger Bergmann, sah sich eher als Autoritätsperson denn als Pädagoge, der sich um die Jungen in ihrer Freizeit zu kümmern hatte. Schlimmer noch: Er ging um 16 Uhr nach Hause und überließ die 80 Heimbewohner im Alter von 14 bis 18 Jahren sich selbst. Um 20 Uhr kam zwar ein älterer Nachtwächter. Der aber war nicht gewillt, sich mit den Heranwachsenden anzulegen. So herrschte ab 16 Uhr das Recht des Stärkeren und Gewalt gegenüber den Schwächeren und Jüngeren war genauso an der Tagesordnung wie Diebstahl, Alkoholexzesse, sexuelle Übergriffe und abstoßende wie gefährliche Aufnahmerituale:

> Mit Rücksicht auf meine Jugend hatten sie wohl die ersten Wochen davon Abstand genommen. Nun aber waren sie in der Laune dazu und begannen, mich zu attackieren. Ich war wendig geschickt und wehrte mich mit anfänglichem Erfolg, doch das reizte die Meute nur umso mehr. Dabei rissen sie mir den Schlafanzug vom Leib, schleppten mich schließlich zum offenen Fenster und hielten mich kopfüber hinaus. Da hing ich nun in der Kälte wehrlos an der Hauswand, und weil ich mich immer noch zu wehren versuchte, schlugen sie auf mich ein, wobei auch ein nasses Handtuch mit einem Knoten vorne zum Einsatz kam. Sicherlich nicht in ihrer Absicht lag es, dass sie mich plötzlich nicht mehr halten konnten. Ich entglitt ihren Händen und stürzte aus dem ersten Stockwerk in das darunter liegende Gebüsch. Es war mein großes Glück, dass ich einigermaßen abgefedert in den Schnee fiel, denn in diesen Tagen hatte es noch einmal tüchtig

---

28   Vgl. ebd., S. 88f.

geschneit. Ich kam mit einigen Schrammen glimpflich davon und konnte mich bewegen. Nur war ich nackend und in der nächtlichen Kälte nun in größter Not. Die Haustür war um diese Zeit abgeschlossen, und nur der Nachtwächter hatte einen Schlüssel. Weil ich ihn nicht mit der Klingel alarmieren wollte, machte ich mich durch einen Kellereingang, der nur wenige Schritte entfernt war, direkt bei ihm bemerkbar. In Decken gehüllt und mit warmen Tee versorgt, kümmerte er sich fürsorglich um mich und bereitete mir für den Rest der Nacht ein notdürftiges Lager auf dem Kokshaufen. Er wusste wohl von den nächtlichen Eskapaden, hatte jedoch selbst zu viel Angst, um hinauf in die oberen Etagen zu gehen und für Ruhe und Ordnung zu sorgen. Noch Tage danach rätselte man über sonderbare Blutspuren dort oben an der Hauswand. Zum Glück hatte mir bei dieser Aktion nur ganz heftig Nase geblutet. Niemand verriet danach die nächtliche Attacke und auch ich musste mich in Schweigen hüllen, denn die Rache wäre wohl noch schlimmer für mich ausgefallen.[29]

Einem anderen Jungen setzten die Drangsalierungen allerdings derartig zu, dass er versuchte, sich aufzuhängen.

Ich bemerkte ihn zufällig vom Fenster aus, als er sich anschickte, über den Ast eines Ahornbaumes am Straßenrand ein Seil zu werfen, um sich daran aufzuhängen. Als ich schleunigst mit einigen anderen zu ihm hinausgerannt kam, hing er bereits. Wir konnten ihn gerade noch rechtzeitig retten. Als ihn am selben Tag sein Vater abholte, der eilig aus der Eifel angereist kam, machte der Arme ein fast schon wieder glückliches Gesicht.[30]

Damit gerieten die Verhältnisse im Heim in den Blick der Zechenleitung, die die Polizei einschaltete, mit ihrer Hilfe die Spreu vom Weizen trennte, die Hauptübeltäter nach Hause schickte und den Heimleiter in die Pflicht nahm. Der Heimleiter organisierte nun Sportveranstaltungen, die nicht zuletzt dem Abbau von Aggressionen dienen sollten, dazu Abendveranstaltungen mit Vorträgen, Musik- oder Filmvorführungen, gemeinsame Theaterbesuche oder Ausflüge – wie das in den Heimen der großen Bergbaugesellschaften längst üblich war.[31] Außerdem rief er eine ganze Reihe von Verschönerungsmaßnahmen ins Leben, die er von den Jungen umsetzen ließ: Sie reichten vom Bau mehrerer Taubenschläge über die Gestaltung des Vorplatzes bis hin zum Bau erst eines Fischteichs, dann eines Schwimmbeckens. Das Zusammenleben im Heim verbesserte sich damit deutlich.

---

29 Völkel, Nach Untertage, S. 72f.
30 Ebd., S. 76.
31 Vgl. zur Betreuung der Berglehrlinge der GBAG-Zeche Zollern II/IV in Dortmund: Dommer/Kift, Keine Herrenjahre, S. 130-143.

1952 zog Hans Völkel – inzwischen mit seinem Bruder – in ein anderes Lehrlingsheim um, für dessen Leitung ein tatsächlich ausgewiesener Heimleiter angestellt worden war. Seine Frau wurde als ausgebildete Kinderbetreuerin in die Heimleitung eingebunden.[32] Beide Eheleute wohnten auch im Heim und setzten neue Akzente in der Freizeitbetreuung der Lehrlinge: Sie engagierten einen Musiklehrer und boten Schach-, Bastel- und Malkurse an, an denen auch Hans Völkel teilnahm. Ein Faustballplatz wurde angelegt, Kajaks gebaut und zu Wasser gelassen, Fahrradtouren organisiert – die Jugendlichen wurden nun also nicht nur gut, sondern auch abwechslungsreich beschäftigt.

Spezielle Angebote für Flüchtlinge und Vertriebene gab es entweder nicht oder Hans Völkel hat sie nicht wahrgenommen respektive wahrnehmen wollen. Solche Angebote wurden beispielsweise auf der nicht weit entfernten Zeche Walsum (im gleichnamigen Ort nahe Duisburg) entwickelt. Bereits 1949 hatte die Zechenleitung den Arbeiterdichter Willy Bartock als Kulturbeauftragten eingestellt, der eine Fülle von Veranstaltungen organisierte. 1951 bilanzierte die Werkszeitschrift „Der Kumpel" 169 Veranstaltungen für 38.230 Besucher,[33] davon 62 in den Heimen für 6.620 Besucher, 65 in den Siedlungen mit 18.400 Besuchern, darunter Aufführungen von Bartocks Puppenspieltruppe, und 41 Veranstaltungen „außerhalb des Schachtbereichs" für 12.000 Besucher, die teilweise in Kooperation mit der Volkshochschule organisiert wurden.[34] Bartock wurde zwar für alle Beschäftigten tätig, richtete aber auftragsgemäß ein besonderes Augenmerk auf die Zuwanderer und ihre Integration. Für sie organisierte er unter anderem die Reihe „Unvergessene Heimat", Heimatabende oder andere Veranstaltungen für die einzelnen Zuwanderergruppen wie beispielsweise eine „Schlesische Kirmes"[35] oder spezielle Weihnachtsfeiern für „unsere Belegschaftsmitglieder aus den Ostgebieten".[36] Sie alle sollten dazu beitragen,

---

32 Bezahlt wurde sie allerdings vermutlich genauso wenig wie andere Heimleiterehefrauen mit pädagogischer Vor- oder Ausbildung, die man zwar gerne nahm, aber von denen man erwartete, dass sie die Rolle der „mithelfenden Familienangehörigen" ausfüllten und denen man allenfalls einen Putzfrauenlohn ausbezahlte. Auch die Pestalozzidorf-Mütter erhielten keinen Lohn, mit dem sie hätten Rentenansprüche aufbauen können, sondern lediglich eine Aufwandsentschädigung. Vgl. dazu Dommer/Kift, Keine Herrenjahre, S. 90 und 141.
33 Vgl. Der Kumpel 2 (1952), Nr. 4, S. 1.
34 Ebd., S. 2.
35 Ankündigung im Kumpel 2 (1952), Nr. 45, S. 2.
36 Der Kumpel 2 (1952), Nr. 50, S. 2.

den Menschen das Gefühl echter Betriebsgemeinschaft zu geben und dafür Sorge zu tragen, daß sich die zugewanderten Bergleute bei unserer Schachtanlage und in unseren Siedlungen schneller heimisch fühlen mögen.[37]

Bartock nahm deshalb auch die Barbarafeiern der Zuwanderer ins Veranstaltungsprogramm für alle auf.[38] Sie setzten gleichzeitig neue Akzente in der Bergbaukultur des Ruhrgebiets, wie die Werkszeitschrift im Dezember 1952 in ihrem Leitartikel „Bergmännisches Brauchtum lebt auf" festhielt:

> Wir feiern Sankt Barbara seit 4 Jahren in Voerde und Walsum in besinnlichen Feierstunden und in froher Gemeinschaft im großen Rahmen unserer Werksfamilie. [...] Den Anfang zu diesen großen Feiern der gesamten Werksfamilie machten unsere Männer, die aus den östlichen Kohlegebieten, aus der Slowakei, aus Schlesien und aus dem Sudetenland stammten. Ihr mitgebrachtes Brauchtum pflegten sie auch hier weiter, wo der Barbaragedanke in der junggewachsenen Bergbauindustrie noch nicht heimisch geworden war. Ähnlich wie in Walsum mag es auch in den Nachbargemeinden gekommen sein, denn aus dem ganzen Ruhrrevier wird von einem Aufleben des Barbaragedankens berichtet.[39]

Dieses „Aufleben" kam nicht von ungefähr, sondern wurde wie auf Walsum gezielt gefördert. Besonders nachhaltig betätigte sich hier die 1947 gegründete Vereinigung der Freunde von Kunst und Kultur im Bergbau e.V. Zu ihren Gründungsmitgliedern gehörten Dr.-Ing. Heinrich Winkelmann, Direktor des Bergbau-Museums in Bochum, Bergassessor a.D. Fritz Lange für die Unternehmerseite und August Schmidt, Vorsitzender des Industrieverbandes (ab 1948 Industriegewerkschaft) Bergbau; in ihrem Vorstand und Beirat versammelten sich weitere Vertreter der Tarifpartner, aber auch der Kommunen und der Bergbehörde.[40] Neben anderen Zielen wollte die Vereinigung insbesondere die Entwicklung und Etablierung einer bergmännischen Kultur und Tradition im Ruhrgebiet befördern, denn der noch vergleichsweise junge Steinkohlenbergbau hatte bislang noch wenig ‚Brauchtum' entwickeln können.

---

37 Der Kumpel 2 (1952), Sondernr., S. 3. Dass der Gemeinschaftsbegriff im Nationalsozialismus desavouiert worden war, war der einen oder anderen Bergbaugesellschaft durchaus bewusst. Darauf zu verzichten, fiel ihnen dennoch schwer, verstanden die bergbaulichen Führungsschichten den Bergbau doch einerseits als eine besondere Gemeinschaft, die auf eine lange Tradition zurückblicken konnte, deshalb das Adjektiv ‚echt'. Vgl. dazu u.a. Unsere Hibernia 1948, H. 21, S. 1-3. Andererseits knüpfte der Begriff „Betriebsgemeinschaft" an die als neue ‚corporate identity' konzipierte ‚Werksgemeinschaft' der 1920er Jahre an.
38 Vgl. Der Kumpel 1 (1951), Nr. 23, S. 1.
39 Der Kumpel 2 (1952), Nr. 49, S. 1.
40 Vgl. Evelyn Kroker, Die Gründungsgeschichte der VFKK. Ideen, Handelnde, Programm, in: Der Anschnitt 50 (1998), H. 5-6, S. 186-195, hier S. 188-190.

> [Wir] wollen es deshalb als unsere heilige Pflicht ansehen, all das zu fördern, was vom schlesischen Brauchtum ins Ruhrrevier gebracht worden ist, und hoffen, daß diese Tradition nicht nur im Rahmen schlesischer Feste gepflegt wird, sondern als schönes Brauchtum auch auf unsere Bergleute übergeht.[41]

Das kündigte Heinrich Winkelmann 1954 an, nachdem er die Barbarafeiern der Landsmannschaft der Oberschlesier kennengelernt und ihr traditionsbildendes Potential erkannt hatte. Nun sorgte die Vereinigung unter anderem mit Auftragswerken dafür, dass die katholische Heilige und Märtyrerin entkonfessionalisiert und säkularisiert wurde und als Schutzpatronin und Identifikationsangebot für alle Bergleute propagiert werden konnte. Diese Umfunktionierung schlug sich auch in der bildlichen Darstellung nieder, in der die Grubenlampe den Märtyrerkelch ersetzte.[42]

Von derartigen Integrationsbemühungen erfährt man in Hans Völkels Autobiografie nichts, auch nicht in den Passagen, in denen es um seine Zeit in Bochum geht. Das mag am Desinteresse des nicht aus einer Bergmannsfamilie stammenden Protestanten aus Niederschlesien an den Traditionen der katholischen Bergleute aus Oberschlesien gelegen haben. Den Besuch von Heimatabenden oder Vertriebenentreffen erwähnt Hans Völkel allerdings ebenfalls nicht. Getreu seiner Auffassung, dass „das Flüchtlingsschicksal der Familie Völkel endlich abgeschlossen" war, als Eltern und Schwester nach Kamp-Lintfort gezogen und sie alle nun „integrierte Bürger der jungen Bundesrepublik" waren, gehörten Schlesien, Flucht und die erste Zeit in Bayern für Hans Völkel seit 1953 folgerichtig der Vergangenheit an.[43] Dazu kam die Erfahrung, dass im Ruhrgebiet Flüchtlinge und Vertriebene nicht mehr die einzigen ‚Fremden' waren: Die aus anderen Bundesländern angeworbenen Einheimischen waren hier ebenfalls fremd. Bereits auf seiner Reise 1951 ins Ruhrgebiet hatte Hans Völkel festgestellt, „dass es von nun an unsere jungen Bayern waren, die sich ‚in Preußen' wie Ausländer vorkamen".[44]

---

41 Art. ‚Der Barbaratag soll Traditionsfest aller Bergleute sein', in: Der Anschnitt 6 (1954), H. 6, S. 24.
42 Vgl. zur Adaption, Modernisierung und Umfunktionierung der Heiligen Barbara: Dagmar Kift, „Die Bergmannsheilige schlechthin". Die Heilige Barbara im Ruhrgebiet der 1950er Jahre, in: Der Anschnitt 58 (2006), H. 6, S. 254-263.
43 Erst Jahrzehnte später befasste sich Hans Völkel wieder mit Breslau und veröffentlichte ein Buch über Breslauer Mineralogen und Geologen, d.h. er schlug einen vor allem professionellen Bogen zurück in seine Geburtsstadt: Hans Völkel, Mineralogen und Geologen in Breslau. Geschichte der Geowissenschaften an der Universität Breslau von 1811 bis 1945, Haltern 2002.
44 Völkel, Nach Untertage, S. 48.

Alexander von Plato vertrat 1985 die These, dass nach dem Krieg sowohl Einheimische als auch Flüchtlinge und Vertriebene mit einer neuen Zeit klarkommen mussten, in der Faktoren wie Urbanisierung, Mobilität und eine kommerzielle Kulturindustrie die alten Strukturen in Frage stellten und überlagerten. Angebote aus der anglo-amerikanischen Musik- und Filmindustrie führten dabei vor allem die Jüngeren zusammen – und trennten nun eher die Generationen.[45] Das deutsche Kino war dagegen Integrationsagentur auch für die Erwachsenen: Beispielhaft dafür steht „Grün ist die Heide" von 1951, der erfolgreichste Film der 1950er Jahre. „Grün ist die Heide" thematisierte den Verlust der Heimat, die Entwurzelung und den sozialen Abstieg, die Schwierigkeiten bei der Integration in die neue und nicht immer wohlwollende Umgebung und würdigte damit reale Erfahrungen der Flüchtlinge und Vertriebenen. Gleichzeitig warb der Film um gegenseitiges Verständnis und machte mit dem für das Genre typischen ‚happy end' deutlich, dass Einheimische und Zugewanderte sich gegenseitig annehmen und zusammenwachsen können und dass auch die neue Heimat schön ist und sich sehen lassen kann. „Der Heimatfilm erleichterte es den Bundesdeutschen, aus dem Provisorium Bundesrepublik eine wirkliche Heimat zu machen."[46]

Hans Völkel erwähnt in seiner Autobiografie zwar einen Tanzkurs, aber keine Kinobesuche. Ganz offensichtlich ist er nicht mit allen Integrationsagenturen der Bundesrepublik in Kontakt gekommen oder hat den Kontakt zu ihnen gesucht. Seine individuelle Lebensgeschichte ist eher ein gutes Fallbeispiel dafür, dass und wie die Hauptagenturen und -maßnahmen der bundesrepublikanischen Flüchtlingsintegration funktioniert haben: nämlich Arbeit, Wohnung und Chancengleichheit.[47]

---

45 Vgl. Alexander von Plato, Fremde Heimat. Zur Integration von Flüchtlingen und Einheimischen in die Neue Zeit, in: ders./Lutz Niethammer (Hg.), „Wir kriegen jetzt andere Zeiten". Auf der Suche nach der Erfahrung des Volkes in nachfaschistischen Ländern. Lebensgeschichte und Sozialkultur im Ruhrgebiet 1930 bis 1960, Bonn 1985, Bd. 3, S. 172-219, hier S. 213.

46 Claudius Seidl, Der deutsche Film der fünfziger Jahre, München 1987, S. 66f. Die gelungene Integration von Flüchtlingen und Vertriebenen spielte auch im „Förster vom Silberwald" und den „Mädels vom Immenhof" eine Rolle.

47 Die folgenden Ausführungen basieren auf dem anlässlich des 60. Jahrestages des Kriegsendes durchgeführten Forschungs- und Ausstellungsprojekt „Aufbau West. Neubeginn zwischen Vertreibung und Wirtschaftswunder" des wissenschaftlichen Dienstes des LWL-Industriemuseums. In diesem Projekt ging es um die Folgen des Krieges und die Nachkriegszeit aus industrie- und migrationsgeschichtlicher Sicht. Es spannte einen Bogen von Flucht und Vertreibung über die Ankunft im Westen bis zu den Spuren, die die Flüchtlinge und Vertriebenen im Westen hinterlassen und in ihre Herkunftsgebiete neu gelegt hatten. Im Mittelpunkt stand der gemeinsam mit den Einheimischen bewältigte Wiederaufbau, der anhand der Montanindustrie, der Textil- und Bekleidungsindustrie,

4   Integration und Industrie

Die Landesregierungen wussten seit Kriegsende, dass die Flüchtlinge und Vertriebenen dauerhaft bleiben würden, auch wenn die Politiker öffentlich noch bis in die 1960er Jahre verkündeten, dass man die Oder-Neiße-Grenze nicht anerkennen würde und insbesondere ‚Schlesien unser bliebe'. Die Alliierten hatten jedoch von Anfang an keinen Zweifel daran gelassen, dass sie diese Ansicht nicht teilten und daher „eine Politik der nicht nur zeitweiligen Aufnahme, sondern der vollständigen und endgültigen Integration" gefordert.[48] Der 1951 veröffentlichte Bericht der auf Ersuchen der Bundesregierung gebildeten deutsch-amerikanischen Technical Assistance Commission der European Cooperation Administration (ECA) schlug dazu vor, Arbeitsplätze dort zu schaffen, wo sich bereits Flüchtlinge und Vertriebene befanden, insbesondere auch für Frauen, oder Flüchtlinge und Vertriebene dorthin umzusiedeln, wo Arbeitskräfte benötigt wurden (d.h. in die westdeutschen Industrieregionen) und die dazu bereits angelaufenen Umsiedlungsprogramme weiterzuführen. Weitere Vorschläge waren, das Flüchtlings-Handwerk zu fördern, Siedlerstellen in der Landwirtschaft zu schaffen, den Wohnungsbau zu forcieren und das Ganze mit Wohlfahrtsmaßnahmen (Sozialhilfe, Jugendbetreuung) zu flankieren. Auch diese Kommission betonte noch einmal, dass mit einer Rückkehr der Flüchtlinge und Vertriebenen nicht zu rechnen sei und man sie deshalb so schnell wie möglich in das westdeutsche Sozial- und Wirtschaftsleben eingliedern müsse.[49]

Unter Integration verstand man in den 1950er Jahren eine „endgültige Eingliederung und Gleichstellung der Flüchtlinge mit den Einheimischen",[50] wobei ‚Gleichstellung' nicht wörtlich zu verstehen ist, sondern in erster Linie die Bereitstellung gleicher Chancen meinte. Die Kosten für die Integration

---

dem Maschinenbau, der Glasindustrie und der Bauindustrie beleuchtet wurde. Über vierzig Lebensgeschichten zeigten, wie Aufbau und Integration auf individueller Ebene vonstattengingen. Vgl. dazu Kift, Aufbau West, sowie dies., Zwischen „eingegliedert werden" und „sich angenommen fühlen". Zur Integration der Flüchtlinge und Vertriebenen in Nordrhein-Westfalen in vergleichender Perspektive, in: Marita Krauss (Hg.), Integrationen. Vertriebene in den deutschen Ländern nach 1945, Göttingen 2008, S. 120-147 und Dagmar Kift, Flüchtlinge und Vertriebene in Westfalen – auch ein Sonderfall?, in: Westfälische Forschungen 59 (2009), S. 187-216.

48   Falk Wiesemann/Uwe Kleinert, Flüchtlinge und wirtschaftlicher Wiederaufbau in der britischen Besatzungszone, in: Dietmar Petzina/Walter Euchner (Hg.), Wirtschaftspolitik im britischen Besatzungsgebiet 1945-1949, Düsseldorf 1984, S. 297-326, hier S. 300.

49   Vgl. Eingliederung 1951, S. 11.

50   Flüchtlingsbetreuung in Nordrhein-Westfalen, hg. vom Sozialministerium der Landesregierung Nordrhein-Westfalen, Düsseldorf 1947, S. 5.

sollten die Deutschen selbst tragen. Voraussetzung war eine möglichst rasche Wiederankurbelung der Wirtschaft, insbesondere in NRW, wo die wichtigen Grundstoff-, Investitions- und Produktionsgüterindustrien beheimatet waren.[51] Das wiederum machte große Umsiedlungsaktionen von den agrarisch geprägten Flüchtlingsaufnahmeländern in die Industrieregionen notwendig, die mit der Gründung der Bundesrepublik auch möglich wurden, da die westlichen Zonengrenzen nun wieder durchlässig waren. Und so holte sich die NRW-Landesregierung in Zusammenarbeit mit den Arbeitsämtern und der Industrie genau die Flüchtlinge, die sie als Arbeitskräfte für den Bergbau, die Textilindustrie und den Maschinenbau benötigte.[52] In diesen Industrien kamen bis 1953 knapp zwei Drittel der bis dahin nach NRW angeworbenen, umgesiedelten oder zugewanderten Flüchtlinge und Vertriebenen unter: in der Montanindustrie knapp dreißig Prozent (29,1), in der Textil- und Bekleidungsindustrie knapp zwanzig Prozent (19,8), im Anlagen- und Maschinenbau 13,7 Prozent.[53]

---

51 Vgl. Falk Wiesemann, Flüchtlingspolitik in Nordrhein-Westfalen, in: Wolfgang Benz (Hg.), Die Vertreibung der Deutschen aus dem Osten: Ursachen, Ereignisse, Folgen, Frankfurt a.M. 1999, S. 173-182, hier S. 175.

52 In diesen Industrien waren 1954 auch bundesweit die meisten Beschäftigten tätig: nämlich jeweils knapp 600.000 (597.100 in der Textilindustrie, 585.900 im Maschinenbau und 565.999 im Bergbau). Vgl. Ifo-Institut für Wirtschaftsforschung (Bearb.), Textil und Bekleidung. Rückblick – Stand – Ausblick für Industrie, Großhandel, Einzelhandel, München 1954, Q 41. Vgl. zur Textilindustrie auch: Peter Deppe, Die westdeutsche Textilwirtschaft im Wiederaufbau, in: Textilwirtschaft heute. Schriftenreihe der Forschungsstelle für allgemeine und textile Marktwirtschaft an der Universität Münster, Bd. 1, hg. von H. Jecht, Stuttgart 1955, S. 35-53, hier S. 35ff. NRW stellte mit der Fokussierung auf seine klassischen Industrien aber auch die Weichen für die Strukturkrisen der 1960er und 70er Jahre, als genau diese Industrie niedergingen und es keine Alternativen gab, weil man die in den 1950er Jahren nicht haben wollte, damit sie den klassischen Industrien keine Arbeitskräfte abspenstig machten.

53 Vgl. Uwe Kleinert, Die Flüchtlinge als Arbeitskräfte – Zur Eingliederung der Flüchtlinge in Nordrhein-Westfalen nach 1945, in: Klaus J. Bade (Hg.), Neue Heimat im Westen. Vertriebene, Flüchtlinge, Aussiedler, Münster 1990, S. 37-60, hier S. 47f. und ders./Uwe Kleinert, Flüchtlinge und Wirtschaft in Nordrhein-Westfalen 1945-1961. Arbeitsmarkt – Gewerbe – Staat, Düsseldorf 1988, S. 33. Im Bergbau und in den Bauberufen lag der Flüchtlingsanteil mit 16,9 bzw. 15,5% „weit über dem Durchschnitt aller Berufsgruppen von 10,6%": Stahlberg, Die Vertriebenen, S. 99. Bei den weiblichen Vertriebenen war dies in den hauswirtschaftlichen Berufen mit 21,8% der Fall. Sie boten zwar eine in der Regel schlecht bezahlte Arbeit, dafür aber Unterkunft und Verpflegung; vgl. ebd. Hier arbeiteten Ende der vierziger Jahre etwa achtzig Prozent der Frauen berufsfremd: vgl. Günther Granicky, Die Flüchtlinge in Nordrhein-Westfalen. Ergebnisse der Flüchtlingszählung 1947, Troisdorf 1949, S. 16; Stahlberg, Die Vertriebenen, S. 90.

Der Bergbau war hier besonders wichtig, stellte er doch die entscheidende Grundlage für den Wiederaufbau dar. Ohne Kohle kein Strom, kein Zugverkehr, keine Produktion in den Fabriken, keine Grundstoffe für Straßenbeläge, Farben, Kunststoffe, Arzneimittel, zahlreiche andere Produkte und vor allem: keine Devisen. Daher hatten die Wiederankurbelung und die Arbeitskräfterekrutierung eine besonders große Bedeutung und setzten bereits gegen Ende des Krieges ein – trotz der Zuzugssperre ins Ruhrgebiet, die allerdings für alle, die Bergmann waren oder behaupteten, Bergmann werden zu wollen, nicht galt. Bereits 1950, also kurz vor Hans Völkels Abreise ins Ruhrgebiet, lag der Anteil der Flüchtlinge und Vertriebenen unter den Belegschaften zwischen 16,9 und (inkl. der DDR-Flüchtlinge) 23,2 Prozent und war damit deutlich größer als bei allen anderen Berufsgruppen, wo er durchschnittlich 10,6 Prozent betrug.[54]

Die anderen Aufbauindustrien waren bis 1945 arbeitsteilig im ganzen Land verteilt gewesen: So hatte sich die Flachsverarbeitung in Schlesien und Ostwestfalen konzentriert, die Seidenindustrie in und um Krefeld, die Herstellung von Bändern und Posamentenborten im Erzgebirge und im Wuppertaler Raum, die Baumwollverarbeitung im Westmünsterland und im Rheinland, die Wollindustrie in der Niederlausitz, in Sachsen und im Rheinland. Strümpfe, Gardinen und Stickereien wurden vor allem in Sachsen und dem Sudetenland produziert und die Oberbekleidung der Ruhrgebietsbewohner kam aus Breslau und Stettin.[55] Der Maschinenbau befand sich zu 63 Prozent östlich der Elbe.[56] Die Glasveredelung und die Herstellung von Spezialglas hatten sich in Mittel- und Ostdeutschland sowie in Böhmen konzentriert, während die westdeutsche Glasindustrie vor allem Flachglas und Behälterglas produzierte.[57]

Der Verlust der Ostgebiete und die Teilung Deutschlands zerstörten diese gewachsenen und arbeitsteiligen Strukturen und kurbelten gleichzeitig die Nachfrage enorm an: Bereits während des Krieges hatte ein Mangel an Zivilkleidung geherrscht, da man nur noch für das Militär produzierte, Textilarbeiter eingezogen wurden und Textilarbeiterinnen in der Rüstungsindustrie arbeiten mussten. Danach gab es nicht nur großen Nachholbedarf, sondern zusätzlich

---

54 Vgl. ebd., S. 99; Kleinert, Flüchtlinge und Wirtschaft, S. 27.
55 Vgl. Arnold Lassotta, Textilindustrie. „... der nächst Nahrung und Wohnung wichtigste Verbrauchsgüterzweig", in: Kift, Aufbau West, S. 186-211, bes. S. 187f. sowie ders./Brigitte Schneider, Bekleidungsindustrie. Strukturwandel und Frauenarbeitsplätze, in: Kift, Aufbau West, S. 212-227, bes. S. 213.
56 Vgl. Arnold Lassotta, Maschinenbau. Investitionsgüter für den Export, in: Kift, Aufbau West, S. 228-245, hier S. 229.
57 Vgl. ders., Glasindustrie. Eine Bereicherung der westdeutschen Wirtschaft, in: Kift, Aufbau West, S. 156-186, hier S. 157.

12 Millionen Flüchtlinge und Vertriebene, die bei 25 kg erlaubtem Gepäck abzüglich mehrfacher Ausraubung unterwegs vielfach nur das noch besaßen, was sie am Leibe trugen. Flüchtlinge und Vertriebene als Arbeitskräfte waren daher auch in den Textilfabriken mehr als willkommen und in manchen, genau wie im Bergbau, überdurchschnittlich vertreten: So zählte der Leistungs- und Sozialbericht der Firma M. van Delden & Co. in Gronau/Westfalen beispielsweise für den 31. Dezember 1949 unter 1.771 Belegschaftsmitgliedern 324 oder 18,3 Prozent aus dem Osten vertriebene MitarbeiterInnen.[58] Auch das waren fast doppelt so viele wie im bundesrepublikanischen Durchschnitt.

Im Bergbau und in der Textilindustrie ersetzten Flüchtlinge und Vertriebene fehlende Arbeitskräfte und trugen dazu bei, bereits bestehende industrielle Strukturen wiederaufzubauen. Da dies vorrangig war und der Wiederaufbau der ganzen Republik maßgeblich von der Wiederbelebung der NRW-Wirtschaft abhing, lehnte das Land die Ansiedlung von Flüchtlingsindustrien ab: Man wollte keinen Konkurrenzkampf um Arbeitskräfte.[59] In manchen Kommunen sah man das allerdings anders und versuchte, mit Hilfe von Flüchtlingsindustrien die alten monoindustriellen Strukturen zu überwinden oder die Industrialisierung überhaupt voranzutreiben und gleichzeitig neue Arbeitsplätze zu schaffen. Prominentestes Beispiel ist Gelsenkirchen, wo der mit der Breslauer Bekleidungsindustrie vertraute städtische Sonderbeauftragte für den Wiederaufbau in Gelsenkirchen, Dr. Fritz Wendenburg, gezielt ostdeutsche Firmen in die Stadt holte, die die dominierenden Wirtschaftszweige Kohle, Stahl, Glas und Chemie um eine fünfte wirtschaftliche Säule ergänzten und gewerbliche Arbeitsplätze für Frauen schufen. Zusammen mit einigen westdeutschen Unternehmen entstanden in den fünfziger Jahren in über fünfzig Betrieben 6.000 bis 7.000 Arbeitsplätze.[60] Ähnliche Kooperationen zwischen Flüchtlingsindustrien und Kommunen entwickelten sich auch im Maschinenbau und in der Glasindustrie. Geflüchtete oder vertriebene Maschinenbauer siedelten sich in NRW dort an, wo Gemeinden oder alte Kunden die für die Produktion erforderlichen großen Hallen zur Verfügung stellten. Gefragt waren vor allem Maschinenbauer als Zulieferer für die Textilindustrie in NRW.[61] Glasveredler und Hersteller von Spezialglas waren im Westen völlig

---

58 Vgl. Wiedergeburt eines Werkes. 1945-1949. Leistungs- und Sozialbericht der Firma M. van Delden & Co., Wuppertal 1950, S. 14f.
59 Anders als Bayern; vgl. dazu u.a. Kift, Zwischen „eingegliedert werden", S. 127f.
60 Vgl. Lassotta/Schneider, Bekleidungsindustrie, S. 218. Vgl. zur Geschichte der Gelsenkirchener Bekleidungsindustrie auch: Birgit Beese/Brigitte Schneider, Arbeit an der Mode. Zur Geschichte der Bekleidungsindustrie im Ruhrgebiet, Essen 2001.
61 Vgl. Lassotta, Maschinenbau, S. 230f.

konkurrenzlos und trieben unter anderem in Borken und Rheinbach die Industrialisierung voran.[62]

In der Textil- und Bekleidungsindustrie, im Maschinenbau und in der Glasindustrie konnten viele Flüchtlinge und Vertriebene an ihre frühere Berufstätigkeit anknüpfen. Im Bergbau war das nicht der Fall: Nur wenige der aus Flüchtlingskreisen angeworbenen Neubergleute hatten einen Bergbauhintergrund, und viele von ihnen gingen wieder, wie der Sozialbericht der Krupp-Zechen 1956 exemplarisch festhielt:

> Während die Zahl der Beschäftigten im Ruhrbergbau seit Beendigung des Krieges bis 1953 von Jahr zu Jahr anstieg, war in den Jahren 1954 und 1955 ein Rückgang zu verzeichnen. Auf Grund der allgemeinen guten Beschäftigungslage wechselten wertvolle Arbeitskräfte zu anderen Industriezweigen über, weil zweifellos ein genügender Anreiz für den Bergbau fehlte.[63]

Als die Wirtschaft insgesamt wieder Schwung aufnahm, boten andere Industrien attraktivere (und weniger gefährliche) Arbeitsplätze an oder ermöglichten Berufskarrieren, die eher zum familiären Hintergrund oder den eigenen individuellen Neigungen passten, wie bei Hans Völkel. Er hatte sich zunächst für die einzige Option mit Zukunftsaussicht für sich und seine Familie entschieden. Sein Verantwortungsgefühl gegenüber der Familie trug ihn auch durch die erste schwere Zeit im Lehrlingsheim und half ihm, sich nicht auf einem „abschüssigen Wege" mitziehen zu lassen:

> Auch durfte ich das Ziel meiner Familie, die mich in den Bergbau ziehen ließ, um nicht nur für mich, sondern für uns alle eine bessere Zukunft zu suchen, nicht aus den Augen verlieren. [...] Sollte ich jetzt schon nach wenigen Monaten versagen, hätte auch meine Familie an den Folgen schwer zu tragen gehabt.[64]

Als die Familie jedoch wieder ‚richtig' Fuß gefasst hatte, konnte Hans Völkel 1956 beginnen, an sich zu denken, an seine Interessen und seine Karriere, die ihn bis an die Ruhr-Universität Bochum führte, wo er 1965 das Mineralogische Institut mit ins Leben rief.

---

62 Vgl. ders., Glasindustrie, S. 157.
63 Belegschafts- und Sozialberichte der Krupp-Zechen 1952-1959, hier: Bericht 1956, BBA 20/246. Vgl. zur Fluktuation im Ruhrbergbau der 1950er Jahre auch: Björn Zech, Bergarbeiterschaft im Wiederaufbau. Eine Analyse der Marken- und Lohnlisten der Zeche Zollern II/IV, Dortmund, Magisterarbeit Universität Duisburg-Essen 2005. Zech zufolge war die Fluktuation im Bergbau zwar höher als in anderen Industriezweigen, aber nicht so dramatisch hoch, wie sie im Bergbau selbst wahrgenommen wurde.
64 Völkel, Nach Untertage, S. 78.

Seine Arbeitsbiografie weist ihn als Typus des modernen Arbeitnehmers aus, der flexibel die sich bietenden Chancen ergreift und in jeder Beziehung mobil bleibt, großen Wert auf Ausbildung und lebenslanges Lernen legt sowie auf Kompetenz und Leistungsbereitschaft setzt – also auf all die Dinge, die einem ‚der Russe nicht wieder wegnehmen' konnte.[65] Die Flüchtlinge und Vertriebenen waren die ersten, die diesen Typus als Gruppe verkörperten, wenngleich zunächst nicht ganz freiwillig. Erfolgreich war damit allerdings vor allem die jüngere Generation, und auch hier bildete die Familie Völkel keine Ausnahme.

Carl Völkel vermochte im alten Beruf nicht mehr Fuß zu fassen. In Niederbayern hatte es nur Gelegenheitsarbeiten für ihn gegeben. Die Hoffnung, im Ruhrgebiet wieder in der Industrie unterzukommen, zerschlug sich rasch, obwohl er zunächst alles versuchte und vor Ort schon bald auch gut vernetzt war. Hans Völkel erklärte das später damit, dass sein Vater mittlerweile in seinem Beruf nicht mehr auf dem neuesten Stand und zudem über 50 Jahre alt war, also kein Bewerber, von dem ein Betrieb nach der Einarbeitung noch dauerhaft würde profitieren können.[66] Wieder nahm Carl Völkel zunächst alle möglichen Gelegenheitsarbeiten an und machte sich schließlich erst mit einem Kiosk, dann mit einem kleinen Lebensmittelgeschäft selbstständig. Anderen Männern seiner Generation und vielen Frauen gelang es dagegen nicht, sich wieder eine eigene Existenzgrundlage zu schaffen. Mitte der 1950er Jahre lebten in der Bundesrepublik und in Westberlin noch etwa 400.000 Menschen in über 3.000 Lagern. Ein Teil dieser Lager waren Grenzdurchgangslager (z.B. Friedland), nachgeordnete Durchgangslager (z.B. Unna-Massen) oder Notaufnahmelager (z.B. Berlin-Marienfelde für DDR-Flüchtlinge). Hier hielt man sich nur kurz auf. Daneben existierten aber noch zahlreiche Lager, die für diejenigen als Notunterkünfte dienten, denen man keine Wohnung oder keine Arbeit vermitteln konnte oder wollte.[67] Das waren neben den älteren Männern vor allem die alleinstehenden Frauen mit Kindern. Insbesondere für letztere gab es kaum Arbeitsplätze, obwohl gerade sie auf ein angemessenes Einkommen angewiesen waren. Die teilweise unbeholfenen Versuche der Behörden, beispielsweise durch die Ansiedlung von Heimindustrien Arbeitsplätze zu schaffen, schlugen

---

65 Vgl. dazu u.a. Helmut Schelsky, Wandlungen der deutschen Familie in der Gegenwart. Darstellung und Deutung einer empirisch-soziologischen Tatbestandsaufnahme, Dortmund 1953, S. 178ff. und 347f.; Alexander von Plato, Integration und „Modernisierung", in: Kift, Aufbau West, S. 26-33, hier S. 33.
66 Vgl. Völkel, Nach Untertage, S. 146.
67 Vgl. Statistisches Bundesamt, Die kriegsbedingten Lager und ihre Insassen im Jahre 1955, Stuttgart 1957, u.a. S. 6-8, zit. bei Sascha Schießl, Zwischen Aufnahme, Kontrolle und Gefährdung. „Mädchenhandel" und Sittlichkeitsdiskurse im Umfeld des Jugendauffanglagers Westertimke, http://www.bpb.de/geschichte/zeitgeschichte/deutschlandarchiv/159420/jugendauffanglager-westertimke (4.3.2019).

meist fehl bzw. scheiterten an den schlechten Wohnverhältnissen genauso wie am fehlenden Markt für Heimarbeitsprodukte.[68] Wie eine Untersuchung zur Eingliederung der Vertriebenen im Landkreis Borken 1950 aufzeigte, kamen verwitwete (und verheiratete) Frauen, wenn überhaupt, in der Landwirtschaft unter und junge Frauen in der Textilindustrie oder als Hausgehilfinnen; auf eine Berufsausbildung mussten sie in der Regel verzichten.[69]

5 Abschließende Bemerkungen

Die Familie Völkel erfuhr zwischen Ankunft und Integration im Westen unterschiedliche ‚Willkommenskulturen': Im dörflichen Niederbayern nahm man sie 1945 zunächst mit Hilfsbereitschaft auf, so wie man zuvor die Evakuierten aus den zerbombten Großstädten aufgenommen hatte. Da gab es auch keine Wahl und in beiden Fällen gingen alle Beteiligten davon aus, dass es sich um vorübergehende Zustände handeln würde. Unter diesen Umständen galt es, sich so gut wie möglich zu arrangieren. Erst als das Provisorium zum Dauerzustand zu werden drohte, wuchsen auf beiden Seiten Spannungen und Ablehnung. Ende der 1940er Jahre waren die Evakuierten dann wieder abgereist und einzelne Vertriebenengruppen umgesiedelt – und mussten sich die Einheimischen nun mit den verbliebenen Zuwanderern genauso arrangieren wie diese sich in die bestehenden Strukturen eingliedern, um gemeinsam wieder geordnete Verhältnisse zu schaffen. Im Ruhrgebiet, in dem die Völkels schließlich dauerhaft sesshaft wurden und wo bereits nach Kriegsende und bis weit in die 1950er Jahre Arbeitskräfte für den Bergbau gesucht wurden, erfolgte eine vor allem pragmatische Eingliederung der Flüchtlinge und Vertriebenen über den Arbeitsmarkt und die Bereitstellung von Wohnraum. Die zugereisten Schlesier waren und fühlten sich dort, wie Hans Völkel beobachtete, nicht weniger fremd als die mit ihnen zugereisten Bayern. Bezeichnenderweise ist ‚Integration' in seinen Lebenserinnerungen mit Beginn seiner Lehrzeit im Bergbau kein Thema mehr.

Ego-Dokumente sind nicht repräsentativ. Sie vermitteln jedoch konkrete Einblicke in unterschiedliche, genauso wie in sich wandelnde Willkommenskulturen und ergänzen damit die soziologischen und statistischen Erhebungen,

---

68 Vgl. Schreiben des Arbeitsministers NW (IId-5318) an Sozialminister NW (IC/4-4601-Ich) vom 11.4.1950 betr. Heimarbeit und Umschulung von heimatvertriebenen Frauen, Landesarchiv Nordrhein-Westfalen, Abt. Rheinland, Bestand NW 7, Akte Nr. 285. Vgl. dazu auch: Kift, Flüchtlinge und Vertriebene in Westfalen, S. 209.

69 Vgl. Das Sozialgefüge im Landkreis Borken in Westfalen. Struktur des Kreises und Entwicklungsaufgaben, bedingt durch die Eingliederung der Vertriebenen, bearbeitet durch das Soziographische Institut der Universität Frankfurt, Borken 1951.

mittels derer in den 1950er Jahren die Maßnahmen zur Eingliederung der Flüchtlinge und Vertriebenen überprüft wurden.[70] Sie verweisen darüber hinaus trotz ihrer Individualität auf allgemeinere Phänomene und Strukturen und insbesondere darauf, dass es unterschiedliche Phasen und Räume des Ankommens und nicht nur *eine* Aufnahmegesellschaft gab, sondern mehrere: So wenig homogen die Flüchtlinge und Vertriebenen waren, die erst durch die gemeinsame Erfahrung von Flucht oder Vertreibung zu einer Gruppe wurden, so wenig homogen war auch die Aufnahmegesellschaft und ihre Sicht auf die Zuwanderung. Und so stellte sich die Zuwanderung der Flüchtlinge und Vertriebenen jeweils unterschiedlich dar und wirkte sich nicht überall gleich aus.

Auf dem Land hatte sich der Krieg bis 1945 deutlich weniger bemerkbar gemacht als in den Städten und Industrieregionen. Überspitzt formuliert brach er dort erst mit den Flüchtlingen und Vertriebenen ein. Und als diese blieben, veränderten Neubausiedlungen und neue Industrien die Topografie und Wirtschaftsstrukturen von Dörfern und Landstädten und brachen andere Dialekte, Bräuche und Konfessionen die alten kulturellen Strukturen auf, was schon Hans Völkel beobachtet hatte. Die Heimaten der Einheimischen gingen im Krieg zwar nicht verloren wie die Heimaten der Flüchtlinge und Vertriebenen, aber sie waren nicht mehr die Heimaten, die sie vor dem Krieg hatten. Die Flüchtlinge und Vertriebenen beschleunigten hier einen Modernisierungsprozess, der allerdings auch ohne sie und auch in ihren alten Heimaten stattgefunden hätte.

Anders stellt sich die Situation für Zuwanderer und Einheimische im Ruhrgebiet dar. Das Ruhrgebiet war eine Stadtlandschaft, seit Beginn der Industrialisierung an rasche Veränderungen gewöhnt und nicht nur darin geübt, immer

---

70   Die Flüchtlinge und Vertriebenen standen gewissermaßen von Anfang an unter staatlicher Beobachtung. Zunächst versuchte man, das Flüchtlingsproblem mittels statistischer Erhebungen zu erfassen, um es verwaltungstechnisch in den Griff zu bekommen. Danach ging es vor allem darum, die getroffenen Eingliederungsmaßnahmen zu überprüfen. Diese häufig auf lokaler oder regionaler Basis durchgeführten soziologischen Erhebungen sind auch heute noch von Interesse, „weil sie über das Befinden der Flüchtlinge Auskunft geben, bevor […] [die] Anstrengungen zur regionalen Umverteilung wirksam wurden und bevor sich die Vertriebenenverbände mit ihren meinungsbildenden Zielsetzungen entfalteten"; Wiesemann, Flüchtlingspolitik, S. 173. Für NRW sind in diesem Zusammenhang vor allem die Untersuchungen von Granicky, Die Flüchtlinge; Stahlberg, Die Vertriebenen; und Gertrud Watrinet/Ludwig Landsberg, Die Eingliederung der Vertriebenen und Flüchtlinge unter bes. Berücksichtigung der Verhältnisse in Nordrhein-Westfalen, Stuttgart/Köln 1959 zu nennen. 1959 fasste die breit angelegte Dokumentation von Eugen Lemberg/Friedrich Edding (Hg.), Die Vertriebenen in Westdeutschland. Ihre Eingliederung und ihr Einfluß auf Gesellschaft, Wirtschaft, Politik und Geistesleben, 3 Bde., Kiel 1959 die bis dahin bundesweit erzielten Ergebnisse zusammen.

wieder neue Gruppen von Zuwanderern aufzunehmen: Sie hatte sich durch die Zuwanderung von Arbeitskräften als Industrieregion überhaupt erst konstituiert. Die Flüchtlinge und Vertriebenen veränderten hier keine Traditionen und Strukturen nur dort, wo sie neue Industriezweige ansiedelten. Im Ruhrgebiet fühlten sich nach dem Krieg zudem nicht nur Schlesier und Bayern zunächst fremd. Es war auch den vielen evakuierten Einheimischen fremd geworden, wie das in dem während der 1980er Jahre durchgeführten Oral-History-Projekt „Lebensgeschichte und Sozialkultur im Ruhrgebiet 1930 bis 1960" (LUSIR) herausgearbeitet wurde: Die während des Bombenkrieges aus dem Ruhrgebiet evakuierten Frauen und Kinder kamen zurück in eine Heimat, die der Bombenkrieg weitgehend zerstört hatte. Sie mussten ebenfalls tiefgreifende Entwurzelungserfahrungen machen und hätten, so eine These aus dem LUSIR-Projekt, in dieser Beziehung mit den Flüchtlingen und Vertriebenen mehr gemein gehabt als mit ihren Männern, Vätern und Söhnen, die sich bei Kriegsende in der Wehrmacht oder in Kriegsgefangenschaft befanden.[71] Sie mussten sich nun ebenfalls neu ‚beheimaten' und das dürfte in anderen Industrieregionen nicht anders gewesen sein. Hier hielt die von Alexander von Plato und vor ihm von Schelsky beschriebene ‚neue Zeit' auch schneller Einzug als auf dem Land.

Sich in der ‚neuen Zeit' zurechtzufinden, gelang dann vor allem der jüngeren Generation: Carl Völkel hat nie wieder in seinem Beruf arbeiten können oder einem, der seiner Qualifikation entsprach. Angehörige seiner Generation und insbesondere die verwitweten Frauen mit Kindern sind im Westen ebenfalls weniger gut *an*gekommen und blieben, weil sie die Sozialsysteme dauerhaft belasteten, vielfach auch *unwill*kommen. Junge Männer wie Hans und Heinz Völkel dagegen waren auf dem Arbeitsmarkt und für den Wiederaufbau gefragt. Wie viele andere ihrer Generation nutzten sie die Chance, die ihnen der Ruhrbergbau bot, um den durch Flucht und Vertreibung verursachten sozialen Absturz der Familie auszugleichen. Ihren einheimischen Altersgenossen aus anderen Bundesländern, insbesondere aus den überfüllten Flüchtlingsaufnahmeländern mit ihren überschaubaren Zukunftsperspektiven, eröffneten sich hier ebenfalls Chancen der Berufsausbildung und des sozialen Aufstiegs.

Für die Einheimischen und die Sozialsysteme eines weitgehend zerstörten Landes waren die Flüchtlinge und Vertriebenen zunächst zweifelsohne eine Belastung gewesen. Und 1945/46 kamen nicht eine Million Menschen, sondern zwölf Millionen. Wenige Jahre später bot der Wiederaufbau ihnen dann die Möglichkeit, wieder auf die Beine zu kommen, das kriegszerstörte Land gemeinsam mit den Einheimischen aufzubauen und dabei auch neue Akzente

---

71   Vgl. Plato, Fremde Heimat und ders., Integration.

zu setzen. Flüchtlinge und Vertriebene, so Philip Ther in seiner Längsschnittuntersuchung von „Flucht, Flüchtlinge und Integration im modernen Europa" seien fast immer „ein Motor wirtschaftlicher, gesellschaftlicher und kultureller Veränderungen" gewesen.[72] Auch die deutschen Flüchtlinge und Vertriebenen haben vieles angestoßen oder beschleunigt und sind bereits wenige Jahre nach ihrer Ankunft keine Belastung mehr gewesen, sondern eine Bereicherung: Als Arbeitnehmer ersetzten sie fehlende Arbeitskräfte und als Unternehmer siedelten sie neue Industriezweige an, erweiterten bestehende Produktpaletten und diversifizierten lokale wie regionale Wirtschaftsstrukturen. Ihre Integration war daher *keine* Anpassung an die Aufnahmegesellschaft, sondern veränderte Zuwanderer wie Einheimische und deren Heimaten. Bereits in den 1950er Jahren hatte Helmut Schelsky prognostiziert, dass das von den Vertriebenen zwangsläufig entwickelte Modell von geografischer Mobilität und beruflich-sozialer Flexibilität, Leistungsbereitschaft und Aufstiegsorientierung für die deutsche Gesellschaft insgesamt paradigmatisch werden würde.[73] Ein in den 1980er Jahren an der Universität Düsseldorf angesiedeltes Forschungsprojekt zur Flüchtlingspolitik und Integration in NRW in den 1950er Jahren kam zu dem Schluss,

> daß es weniger eine Integration von Flüchtlingen und Vertriebenen in die Bundesrepublik gegeben hat, sondern daß eher umgekehrt die Bundesrepublik im Grunde selber erst das Ergebnis dieses erfolgreichen Integrationsprozesses ist.[74]

Das war, wie wir heute wissen, nicht der – lange Zeit – propagierte schnelle Erfolg, aber am Ende doch eine Erfolgsgeschichte.

---

72 Philipp Ther, Die Außenseiter. Flucht, Flüchtlinge und Integration im modernen Europa, Frankfurt a.M. 2017, S. 32.
73 Vgl. Uta Gerhardt, Bilanz der soziologischen Literatur zur Integration der Vertriebenen und Flüchtlinge nach 1945, in: Dierk Hoffmann/Marita Krauss/Michael Schwartz (Hg.), Vertriebene in Deutschland. Interdisziplinäre Ergebnisse und Forschungsperspektiven, München 2000, S. 41-63, hier S. 49. Die Titel der 1952 erschienenen Schelsky-Publikationen lauten „Wandlungen der deutschen Familie in der Gegenwart" und „Die skeptische Generation".
74 Wiesemann, Flüchtlingspolitik, S. 44.

(Ein-)Blicke: zurück nach vorn

Beheimatet-Sein zwischen Vergangenheit und Zukunft. Zum Zusammenhang von Erinnerungskulturen, Integration und der Haltung zur Flüchtlingsfrage

Uta Rüchel

Deutschland ist ein Einwanderungsland. Daran besteht kein Zweifel. Doch um die Möglichkeiten und Grenzen von Integration wird heftig gestritten. Parteien und Bewegungen, die in Zuwanderung vor allem eine Bedrohung sehen, erhalten immer noch Zulauf. Nicht zuletzt werden dabei gravierende Unterschiede zwischen den östlichen und westlichen Bundesländern sichtbar. Gleichzeitig vermischt sich die öffentliche Debatte um die Integration von MigrantInnen mit der Debatte um die Integration der Ostdeutschen. Das wirft eine Reihe von Fragen auf.

2016 führte ich zwanzig lebensgeschichtliche Interviews in Mecklenburg-Vorpommern und Schleswig-Holstein mit aktiven BefürworterInnen, aber auch KritikerInnen der damaligen Flüchtlingspolitik.[1] Beide Bundesländer waren nach 1945 am stärksten vom Zuzug von Flüchtlingen, Vertriebenen und Zwangsumgesiedelten betroffen. Das Land mit der damals höchsten Aufnahmequote war Schleswig-Holstein. Dort lebten Ende 1946 eine Million bzw. 67 Prozent mehr Menschen als 1939. Die zweithöchste Aufnahmequote hatte Mecklenburg-Vorpommern zu verkraften. Dort wuchs die Bevölkerung im selben Zeitraum um 52 Prozent. Insgesamt lebten zum Zeitpunkt der Gründung der beiden deutschen Staaten mindestens vier Millionen Flüchtlinge und Vertriebene in der DDR, das waren etwa 24 Prozent der Bevölkerung, und in der Bundesrepublik etwa acht Millionen, was einem Gesamtanteil von 16 Prozent entsprach.

Vor diesem Hintergrund ging es mir bei meinen Recherchen um die Auswirkungen der verschiedenen Erinnerungskulturen in Ost- und Westdeutschland in Bezug auf Flucht und Vertreibung nach 1945, insbesondere um die Frage, ob und wie sie das familiäre Gedächtnis beeinflusst haben, welche transgenerationalen Übertragungen es diesbezüglich gab und ob all das für die Haltung gegenüber den aktuell Geflüchteten möglicherweise noch immer

---

1 Siehe auch Uta Rüchel, Verschwiegene Erbschaften. Wie Erinnerungskulturen den Umgang mit Geflüchteten prägen, Schwerin 2018.

eine Rolle spielt. Einfacher gefragt: Gibt es einen Zusammenhang zwischen erlebtem Heimatverlust, seiner Verarbeitung und der Offenheit gegenüber Zuwanderung?

Um mich einer Antwort auf diese Frage anzunähern, skizziere ich zunächst einmal die verschiedenen Erinnerungskulturen in Ost- und Westdeutschland und frage nach familiären und kollektiven Erfahrungshintergründen, die als verschwiegene Erbschaften immer noch wirkungsmächtig sind. Im Anschluss daran zeige ich an einigen Beispielen, welche Rolle das Ankommen, ich könnte auch von Beheimatet-Sein sprechen, für die Haltung gegenüber Zuwanderung spielt.

1   Kein Erinnern ohne Vergessen. Die langen Schatten der Erinnerungspolitik im Kalten Krieg

Die Vielfalt an Begriffen, mit denen die Deutschen, die in der Folge des Zweiten Weltkrieges ihre alte Heimat verlassen mussten, bezeichnet wurden, offenbart bereits wovon auf jeder Seite gesprochen und wovon geschwiegen werden sollte. Hinter jedem Begriff verbarg sich – mehr oder weniger deutlich – ein politisches oder gesellschaftliches Interesse. Die sowjetische Besatzungsmacht sprach anfangs noch von ‚Flüchtlingen', Monate später nur noch von ‚Umsiedlern':

> In dem Wort Flüchtling liegt der Begriff Flucht beschlossen und im Begriff Flucht wieder die Annahme von etwas Feindlichem, das zu dieser Flucht Veranlassung gab.[2]

In der Lesart der SED hatte das deutsche Volk durch seine Unterstützung des Nazi-Regimes Schuld auf sich geladen und damit den Anspruch auf die ehemals deutschen Ostgebiete verspielt. Die Funktionäre ahnten, dass diese Sichtweise bei vielen Betroffenen auf Gegenwehr stoßen würde. Nicht nur die Flüchtlinge und Vertriebenen hatten vielfach Übergriffe, Willkür und Gewalt durch die Rote Armee erfahren und sahen ‚die Russen' eher als Besatzer denn als Befreier an. Außerdem wirkte die jahrelange NS-Propaganda über die Soldaten als ‚slawische Untermenschen' nach, vielleicht auch ein Schamgefühl angesichts der im Krieg begangenen Verbrechen.

Doch nicht nur in einer ablehnenden Haltung gegenüber den osteuropäischen Verbündeten sah die SED eine Gefahr. Sie fürchtete auch die Apathie,

---

2   Schreiben des Landesumsiedleramtes an alle Oberbürgermeister und Landräte, 27.3.1946, zit. nach Mirjam Seils, Die fremde Hälfte. Aufnahme und Integration der Flüchtlinge und Vertriebenen in Mecklenburg nach 1945, Schwerin 2012, S. 55.

mentale Rückwärtsgewandtheit und mangelnde Bereitschaft der Flüchtlinge, sich am Aufbau der neuen Heimat zu beteiligen. So wurde nicht nur ‚Flüchtling', sondern auch ‚Heimat' in diesem Zusammenhang zu einem offiziell ungeliebten Begriff. Im Rundfunk durften keine Heimatlieder aus den ehemaligen deutschen Ostprovinzen mehr gespielt werden. Die Gründung von Vertriebenenverbänden war ohnehin verboten und wurde spätestens ab 1948 mit allen Mitteln unterbunden.[3] Im Februar 1949 verkündete die SED:

> Keine Diskussionen mehr über das ‚Umsiedlerproblem', sondern nur noch Diskussionen über unsere Arbeits- und Sozialpolitik. Der Begriff ‚Umsiedler' muss schnellstens verschwinden.[4]

Die Einbürgerung der Flüchtlinge und Vertriebenen galt fortan als erledigt. Damit leugnete die Politik die besondere Erfahrung des Heimatverlustes von vier Millionen Menschen und betrachtete ihn nunmehr höchstens als soziale Frage. Die SED setzte auf einen gemeinsamen Neuanfang von Alteingesessenen und Flüchtlingen unter sozialistischen Vorzeichen. Mit der nationalsozialistischen Vergangenheit und der bürgerlichen Gesellschaft sollte gebrochen werden. Der Kommunismus als Utopie war auf die Zukunft gerichtet. Wo allein das Neue und Werdende zählen sollte, wurden die Wurzeln gekappt.

Die britische und amerikanische Besatzungsmacht hatte zunächst auf scheinbar neutrale Begriffe wie ‚Einwanderer' oder ‚Neubürger' zurückgegriffen. Auch sie wollten einen Bezug zur alten Heimat und das Erlebnis der Flucht möglichst ausblenden. Dennoch setzte sich ab spätestens 1949 in der Bundesrepublik die Bezeichnung ‚Vertriebene' durch. Gut organisierte Interessenverbände betonten mit dieser Selbstbezeichnung das Unrecht der Vertreibung und ihren Opferstatus. Gemeinsam mit der Politik setzten die Vertriebenenverbände in den ersten beiden Nachkriegsjahrzehnten auf eine Doppelstrategie. Einerseits wurde eine schnelle Eingliederung der Flüchtlinge und Vertriebenen angestrebt. Andererseits wurde versucht, ihre ethnisch beziehungsweise völkisch definierte Identität als Schlesier, Ostpreußen oder Pommern und damit auch ihren Rückkehrwillen aufrechtzuerhalten. Dieser Umgang mit der Vergangenheit unterstützte nicht zuletzt das politische Ziel, die Grenzen von 1937 wiederherzustellen. Auch die Eingliederungspolitik wurde bis 1960 wesentlich von konservativen, zum Teil auch durch ehemalige Funktionäre der NSDAP bestimmt. Sie folgten ihren althergebrachten Vorstellungen eines „organischen Volkskörpers" und wollten Integration als

---

3 Vgl. ebd., S. 50-59.
4 Stiftung Archiv der Parteien und Massenorganisationen der DDR im Bundesarchiv, DY 30, IV2/5, Nr. 242, Bl. 101.

Eingliederung von ethnisch-kulturellen Kollektiven verstanden wissen, die sie als „ostdeutsche Stämme" oder „Landsmannschaften" bezeichneten.[5]

Das Alte zu bewahren, bringt zweifelsohne einen gewissen Halt mit sich. Aber der lange gepflegte und politisch unterstützte Wunsch nach Rückkehr hinderte viele Betroffene auch daran, in der neuen Heimat anzukommen und sich dort zu integrieren. 1965 wäre die Hälfte der Bundesbürger erstmals bereit gewesen, die Oder-Neiße-Grenze zu akzeptieren, wenn dies zur Wiedervereinigung beigetragen hätte. Die andere Hälfte hielt die Grenzen von 1937 weiterhin für nicht verhandelbar.[6] Angesichts der Tatsache, dass der Anteil der Flüchtlinge und Vertriebenen an der Bevölkerung etwa 16 Prozent betrug, ist dies eine bemerkenswert hohe Zahl. In der DDR bejahten zur selben Zeit 22 Prozent eine Wiederherstellung der alten Grenzen, was etwa dem Anteil der von Flucht und Vertreibung Betroffenen entsprach. Die Unterschiede sind augenfällig und deuten darauf hin, dass die Erinnerungspolitik und der Umgang mit der nationalsozialistischen Vergangenheit in Ost und West durchaus meinungsbildend wirkten.

Ab Mitte der 1960er Jahre zogen kirchliche Initiativen zur Versöhnung mit Polen, der Frankfurter Auschwitzprozess sowie die neue Ostpolitik der SPD einen Wandel der Erinnerungskultur nach sich. Die Oder-Neiße-Grenze wurde durch die neue Bundesregierung de facto anerkannt. Nicht zuletzt im Zuge der Studentenproteste geriet die Erinnerung an Flucht und Vertreibung ins gesellschaftliche Abseits und stand nun – ähnlich wie in der DDR – unter Revanchismusverdacht.

In der offiziellen Lesart der DDR galten Flucht und Vertreibung als Ergebnis der nationalsozialistischen Verbrechen. Über die Erfahrungen der Zivilbevölkerung mit der Roten Armee wurde geschwiegen. In der Bundesrepublik wurden Flucht und Vertreibung vor allem als Ergebnis des sowjetischen Expansionsdrangs thematisiert, nicht zuletzt vor dem Hintergrund der starken antikommunistischen Propaganda in den 1940er und 1950er Jahren. Über die nationalsozialistischen Verbrechen wurde lange geschwiegen, während die Erfahrungen der deutschen Zivilbevölkerung in aller Munde waren. Die von mir Interviewten nahmen zumeist nur indirekt, selten auch explizit und kritisch Bezug auf diese gesellschaftlichen Bezugsrahmen.

---

5 Michael Schwartz, Vertriebene im doppelten Deutschland. Integrations- und Erinnerungspolitik in der DDR und in der Bundesrepublik, in: Vierteljahreshefte für Zeitgeschichte 56 (2008), H. 1, S. 101-151, hier S. 101f.
6 Ebd., S. 114.

> Dann kam Adenauer, der uns wieder Angst vor den Russen machte, in den 50er Jahren. Also ich habe damals in den 50er und auch in den 60er Jahren oftmals noch geträumt die Bomben fallen, die Russen kommen usw. (Jg. 31/SH/m).[7]

Eine Frau aus Mecklenburg-Vorpommern thematisierte ihre Angst vor den Russen und Polen und parallel dazu die Verbrechen der Deutschen:

> Diese Angst vor den Russen. Die Polen waren schlimmer. Aber jetzt wissen wir, die wurden auch vertrieben, die konnten gar nichts dafür, dass die so schlimm waren. Bevor wir da verladen wurden, ging es noch durch eine Kontrolle. Meiner Schwester wollten sie noch die Ohrringe rausreißen. Das ist passiert. Ich hab's gesehen. Aber das waren die Polen, so was wollen wir aber nicht erwähnen. Das ist, das sind die Kriegs [...] Mein Onkel, ein Zwölfender, der als deutscher Soldat in Frankreich war und sonstwo, was der uns erzählt hat, wie die sich benommen haben, dann ist das auf beiden Seiten gleich (Jg. 39/MV/w).

Später wird darauf zurückzukommen sein, wie folgenreich es sein kann, wenn eigenes Leid im Angesicht von Schuld und Scham über die nationalsozialistischen Verbrechen nicht verarbeitet werden kann. Ebenso folgenreich ist es allerdings, wenn eben diese Verbrechen beschwiegen werden und das eigene Opfersein in das Zentrum der Aufarbeitung rückt.

In einer offenen Gesellschaft verändern sich die Bezugsrahmen für Erinnerungen bzw. sie differenzieren sich aus und kennzeichnen bestimmte soziale Milieus. Die Entspannungspolitik in der Bundesrepublik, aber auch der fortdauernde Kalte Krieg hinterließen in den Erinnerungen der Interviewten ihre Spuren. Dass die nationalsozialistische Vergangenheit erst ab den 1970er Jahren in der Schule thematisiert wurde, ist Ausdruck der erinnerungspolitischen Umbrüche dieser Zeit:

> Ich kann mich an kein Gespräch meiner Eltern erinnern, dass das [Aufarbeitung des NS] irgendwann mal ein Thema war. Also in der Volksschule sowieso nicht. Das wurde erst ein Thema beim Bundesgrenzschutz (Jg. 38/SH/m).

> Als erstes Bild habe ich den Diercke-Atlas mit der SBZ im Blick. Das fällt mir als Erstes ein. Das ist ganz tief eingeprägt. Also die sowjetisch besetzte Zone war nicht die DDR, sondern die sowjetisch besetzte Zone war das bei uns noch an der Schule [...] Wir haben über die DDR, über den Zweiten Weltkrieg viel in der Schule gesprochen, aber so richtig tief hängengeblieben ist mir das schulische Lernen dazu nicht (Jg. 59/SH/m).

---

7   Die Angaben zu den von mir Interviewten beziehen sich auf Alter/Bundesland/Geschlecht.

Die in der DDR aufgewachsenen Zeitzeugen thematisieren vor allem die ideologisierte Beschäftigung mit dem Nationalsozialismus. Der Besuch einer KZ-Gedenkstätte war in ihrer Schulzeit allgemein üblich, bestimmte antifaschistische Bücher gehörten zur Pflichtlektüre. Es ist bemerkenswert, dass die westlichen Medien hier wenig prägend gewesen zu sein scheinen, obwohl sie für die Mehrheit gut zu empfangen waren und auch genutzt wurden.

> Krieg und Nationalismus war ein Thema, war auch für mich immer ein recht interessantes Thema, ist es nach wie vor. Ist vielleicht ein bisschen geprägt durch meinen Vater, der selbst sehr stark interessiert war in dieser Hinsicht, also überhaupt Geschichte. [...] Sicherlich auch durch bestimmte Lehrerinhalte, wie sie in der DDR vermittelt wurden, natürlich anfänglich erstmal geprägt: Die guten Kommunisten haben die bösen Faschisten besiegt und nur die Kommunisten haben all das gemacht (Jg. 68/MV/m).

> Das darf nie wieder passieren. Das war immer der Grundtenor. Eigentlich ist diese Zeit nicht wirklich gewertet worden, sondern eigentlich immer nur verteufelt worden [...] Die Menschen waren eigentlich alle böse. Was ich mich im Nachhinein immer gefragt habe, warum hab ich eigentlich so wenig auch bei meinen Eltern nachgefragt... . Das war nie so, das muss in der Schule so gewesen sein, dass ich meine Eltern damit nicht in Verbindung gebracht habe (Jg. 55/MV/w).

Wie lange die unterschiedlichen Erinnerungspolitiken in Bezug auf den Umgang mit Nationalsozialismus, Flucht und Vertreibung nachwirken, zeigte sich unter anderem 2005 anhand der Gedenkfeiern zum Kriegsende in Berlin. Während die Ost-Berliner Bezirke den 8. Mai in gewohnter Weise als „Tag der Befreiung" feierten, bestimmte in den westlichen Bezirken eher das Thema „Flucht und Vertreibung der Deutschen" das Gedenken.

2   Jenseits aller Erinnerungspolitik

Trotz allem erinnerungspolitischen Tauziehen zwischen den Systemen während des Kalten Krieges, trotz zunehmender Öffnung hier und ängstlichem Beharren dort – die Geschichten, die in den Familien über die Zeit des Nationalsozialismus erzählt werden, sind Geschichten von Opfern, manchmal auch von Helden.[8] Von Tätern aus dem Kreis der Familie ist so gut wie nie die Rede. Insbesondere das aktive Beteiligtsein der Väter und Großväter an Krieg und

---

8   Vgl. Nina Leonhard, Politik und Geschichtsbewusstsein im Wandel. Die politische Bedeutung der nationalsozialistischen Vergangenheit im Verlauf von drei Generationen in Ost- und Westdeutschland, Münster 2002, S. 296.

Verbrechen verschwindet bis heute oft in undurchsichtigem Nebel. Da war in den von mir geführten Interviews kein Unterschied zwischen alten und neuen Bundesländern festzustellen. Über Flucht und Vertreibung werden kleine Geschichten erzählt. Über die Väter und Großväter in der Wehrmacht oder in der SS fallen höchstens einzelne Sätze. Sie zeugen von Unwissen, aber auch von einer gewissen Scheu, mehr zu erfahren. Sie versuchen zu rechtfertigen, was mit dem eigenen Bild von der Familie nicht zusammenpasst.

> Mein Vater war Nationalsozialist als Beamter, gar kein Thema. Er musste, das war ja damals Voraussetzung. Er hatte schon Familie bevor er in die Partei ging und hatte seinen Forstberuf erlernt und stand vor dem Zwang, nicht in die Partei zu gehen und dann nicht als Förster tätig sein zu können (Jg. 59/SH/m).

> Mein Vater hat über den Krieg ganz wenig erzählt. Ich weiß zwar, wo er ab und an mal war. [...] Er hat da nie drüber gesprochen [...] Er hat Tagebuch geführt und ich habe die ganzen Tagebücher von 1933 an, da hat er alles, was wichtig war, so als kurzes Ereignis oder wo Frontlinien langliefen, das hat er alles aufgeschrieben. Das geht aus diesen Tagebüchern hervor. Aber ich habe sie noch nicht gelesen. Vielleicht ergibt sich daraus was. Aber gesprochen hat er nie darüber (Jg. 55/MV/w).

> Ich weiß gar nichts. Bei unserer Familie war das kein Problem. Also mein Vater ist noch irgendwo im Krieg gewesen, aber ich habe keine Ahnung, was dahinter steckt. Es ist auch nie darüber gesprochen worden. Mein Schwiegervater, der hat mal so ein bisschen erzählt, aber dann auch wieder abgebrochen, konnte nicht weiter darüber sprechen. Der ist in Russland glaube ich noch irgendwo gewesen. Auf mein Drängen und Bitten hin hat er das mal zu Papier gebracht. Er lebt inzwischen schon neun Jahre nicht mehr, aber ich hab es bis heute nicht geschafft, mir das vorzunehmen und zu lesen"(Jg. 52/SH/w).

Zwei Frauen – die eine ostdeutscher, die andere westdeutscher Herkunft – erwähnten wie nebenbei, dass die Vergangenheit ihres Vaters bzw. Schwiegervaters sie interessiert und sie in ihren Tagebüchern alles nachlesen könnten. Dennoch haben sie bis heute keinen Blick hineingeworfen. Der zu vermutende Konflikt zwischen der schwer zu hintergehenden Loyalität den Eltern beziehungsweise Großeltern gegenüber und einer kritischen Bewertung ihrer Haltungen und Taten wurde in den meisten Interviews deutlich.

Hier zeigt sich die Grenze von Erinnerungspolitik. Ganz gleich in welch einer Gesellschaft jemand aufwächst, das familiäre Gedächtnis und die innerfamiliären Beziehungen wirken wie ein Filter für das in der Öffentlichkeit vermittelte Wissen. Im Unterschied zu Schulwissen und Informationen aus den Medien ist das familiär vermittelte Bild eher ein emotionales „nicht Wissen, sondern Gewissheit" – wie der Sozialpsychologe Harald Welzer feststellt.[9] Die Familie bildet die erste Erzähl- und Erinnerungsgemeinschaft. Sie transportiert mehr als Erinnerungen an einzelne Ereignisse. Normen und Werte werden gepflegt, ein Zusammenhalt erzeugt. Wer die Geschichten kritisch hinterfragt, stellt diesen Zusammenhalt in Frage. Darum ist das individuelle Gedächtnis mit dem familiären Bild der Vergangenheit sehr eng verknüpft.

Die Ambivalenz von Interesse bzw. Wissen und Nicht-wissen-Wollen ist nicht unbedingt nur eine Frage der Loyalität. Sie ist auch als ein Ausdruck von Scham zu lesen. Und nicht zuletzt ist zu vermuten, dass diejenigen, die über ihre Erlebnisse nicht sprechen konnten oder wollten, mit traumatischen Erfahrungen lebten, die sie nicht bewältigt hatten. Das gilt für Kriegsverbrechen, für die es nach 1945 keine moralische Rechtfertigung mehr gab, als auch für Erfahrungen von Gewalt, Demütigung und Ausgeliefertsein, die während des Krieges, in der Gefangenschaft oder eben im Zusammenhang mit Flucht und Vertreibung gemacht wurden. Traumatischen Erfahrungen ist eigen, dass sie die Grenze des Erzählbaren überschreiten. Besser gesagt: Sie zerstören die Möglichkeit, Ereignisse zusammenhängend und emotional zu erinnern und ihnen so erzählend einen Sinn zu geben.

Traumatische Erfahrungen erschüttern das Verhältnis zur Welt nachhaltig. Körper und Seele gehen in Alarmbereitschaft, reagieren mit Angst und Stress, um das Überleben zu sichern. Affekte und bestimmte mentale Funktionen werden blockiert. Das Erlebte ist nicht vergessen. Es wird verleugnet, verdrängt oder abgespalten, um das innere Gleichgewicht wiederherzustellen. All das wird ebenso von Generation zu Generation weitergegeben wie die erzählten Geschichten. Häufig hat das Nicht-Sagbare sogar eine größere Macht als das, was erinnert und besprochen werden kann.

Die Erinnerungskulturen in Ost und West konnten zur Verarbeitung traumatischer Erfahrungen nur wenig beitragen. Was von einer Generation auf die andere übertragen wurde, waren eben nicht die Erfahrungen als solche. Es waren die Folgen von erfahrener Gewalt, Willkür und Ohnmacht, von Hunger, Obdachlosigkeit und nicht zuletzt dem Tod vertrauter Bezugspersonen, von denen die Kinder Schutz erwarteten. Um an diesen Wunden nicht zu rühren, entwickeln Körper und Psyche Abwehrmechanismen, die weitergegeben werden.

Über 50 Jahre nach Kriegsende wurden in einer Hamburger Studie Kinder und Jugendliche untersucht, die Flucht und Vertreibung erlebt hatten. Bei etwa einem Drittel von ihnen wurde eine voll ausgeprägte bzw. eine partielle

---

9 Harald Welzer, Das kommunikative Gedächtnis. Eine Theorie der Erinnerung, München 2005, S. 171f.

Posttraumatische Belastungsstörung (PTBS) festgestellt. Mehr als die Hälfte von ihnen litt noch immer unter wiederkehrenden Bildern, Flashbacks oder Alpträumen. Anhand der Angaben der Befragten zu den Symptomen einer PTBS entstand der Eindruck, dass etwa 70 Prozent kaum oder nur geringfügig belastet waren und die traumatischen Erfahrungen gut bewältigt hatten. Doch auch sie kommunizierten wenig emotional und neigten stark dazu, Gefühle abzuwehren und zu leugnen.[10] Die Erzählungen der von mir Interviewten bestätigen diese Befunde.

> Man hat natürlich auch gesehen, dass viele gestorben sind unterwegs. Kinder und alte Leute, die wurden an den Straßenrand gelegt und der Treck ging weiter. Graben war nicht drin. Das war der härteste Winter überhaupt. Das hat man als Kind so, ich sag mal, da waren wahrscheinlich keine Gefühle bei. Vielleicht mein älterer Bruder. Der muss mehr gesehen haben, noch mehr. Auf jeden Fall haben wir es mitbekommen (Jg. 38/SH/m).

> Die Flucht selber. Ich hab das, wenn ich ganz ehrlich bin, gar nicht so genau genommen. [...] Da sind ja auch einige durchgedreht von den Soldaten. Wenn das Schiff dann stehenblieb, vor allem nachts. Die Motoren wurden ausgestellt [...] Da mussten wir stehen, aber wir hätten genauso gut jeden Augenblick in die Luft fliegen können. Und das stumpft irgendwie ab. Das hab ich so oft gedacht: Selbst die Soldaten, die gefallen sind und die Verletzten. Die waren auch abgestumpft. Und so war ich auch. Das hat sich später wieder aufgelöst, hab ich irgendwie einfach abgehakt, Stehaufmännchen (Jg. 25/SH/w).

Die als belastend erlebten Umstände haben sich regional durchaus unterschieden. Im Osten gab es verstärkte Flächenbombardements und länger anhaltende Armut, im Westen ist es – aufgrund der Kinderlandverschickungen in den ersten Kriegsjahren – häufiger die zeitweilige Trennung von den Eltern, die bis heute die Erinnerungen prägt.[11] Etwas verallgemeinert ist davon auszugehen, dass für alle sogenannten Kriegskinder gilt, was oben schon für die von Flucht und Vertreibung Betroffenen gesagt wurde: Ein Drittel leidet unter Langzeittraumatisierungen, ein Drittel hat die Kriegsereignisse unbeschadet überstanden und bei einem weiteren Drittel sind keine direkt traumatisierenden Wirkungen nachzuweisen, auch wenn sie weitaus weniger emotional kommunizieren als andere.[12]

---

10   Hartmut Radebold, Kriegsbeschädigte Kindheiten, in: ders. (Hg.), Kindheiten im Zweiten Weltkrieg und ihre Folgen, Gießen 2012, S. 17-30, hier S. 24f.
11   Corinna Frey/Martin Schmitt, Kindheitsbelastungen und psychische Störungen im Erwachsenenalter, in: Radebold, Kindheiten, S. 57-64, hier S. 61.
12   Michael J. Froese, Überlegungen zur psychohistorischen Situation Ostdeutschlands, in: Christoph Seidler/ders. (Hg.), Traumatisierungen in (Ost-)Deutschland, Gießen 2009, S. 67-88, hier S. 67.

Zweifellos ging die Flucht wie auch die Suche nach einem neuen Zuhause für viele mit Erfahrungen von Ungewissheit, Demütigung, Verlust, Trennung und Tod einher. Gerade wenn es kaum noch Möglichkeiten des Eingreifens und der aktiven Gestaltung einer Situation gibt, erfährt der Einzelne sich als ohnmächtig und damit als wertlos. Wesentliche Grundüberzeugungen zur eigenen Person wie auch zur Verlässlichkeit und Sicherheit der Welt werden so stark verletzt, dass sich von einer traumatischen Erfahrung sprechen lässt.

Es ist nicht verwunderlich, dass insbesondere Kinder und Jugendliche, die Krieg, Flucht und Vertreibung erlebt hatten, ihre Erfahrungen nicht gut verarbeiten konnten. Vieles, was für eine Bewältigung hilfreich gewesen wäre, wie ein stabiles Umfeld, fehlte ihnen. Sie lebten oft monate- manche auch jahrelang in seelisch wie ökonomisch unsicheren Verhältnissen. Ihre Mütter und Väter, sofern sie überhaupt bei der Familie waren, konnten ihnen nur bedingt beistehen, weil sie häufig selbst überfordert und hilflos waren. Wo kein Trost zu erwarten ist, kann nicht getrauert werden. Trauer und die Wahrnehmung des Traumas sind jedoch wichtige Voraussetzungen, um Situationen zu verarbeiten, die das Verhältnis zur Welt erschüttert haben. Noch knapp sechzig Jahre nach Kriegsende waren vor allem jene, die ihre Wohnung damals durch Bombenangriffe verloren hatten oder aber von Flucht und Vertreibung betroffen waren, weniger zufrieden mit ihrem Leben und körperlich wie seelisch in ihrem Wohlbefinden stärker beeinträchtigt als jene, die diese Erfahrungen nicht machen mussten.[13]

Gerade nicht erzählbare Geschichten werden oft von Generation zu Generation weitergegeben und sind weitaus wirkungsmächtiger als das, worüber gesprochen werden kann.[14] Die Wege, auf denen das Unsichtbare, häufig nicht einmal Benannte zu den Kindern und Enkeln gelangt, sind vielfältig. Durch eine je eigene Kombination aus genetischen, biochemischen, psychischen und sprachlich-kommunikativen Prozessen wird nicht das Trauma selbst übertragen, sondern die Symptomatik oder auch das spezifische Muster, auf Stresssituationen zu reagieren.[15] Diese Muster bilden sich als Reaktionen auf die als traumatisch erlebten Situationen heraus, werden aber auch durch notwendige Anpassungsleistungen geprägt.

---

13 Elmar Brähler/Oliver Decker/Hartmut Radebold, Ausgebombt, vertrieben, vaterlos, in: Radebold, Kriegsbeschädigte Kindheiten, S. 111-135.
14 Dan Bar-On, Die Last des Schweigens. Gespräche mit Kindern von Nazi-Tätern, Hamburg 1996, S. 21.
15 Meike Schulte, Leiden ist fast nicht besprechbar, in: Anne Drescher/Uta Rüchel/Jens Schöne (Hg.), Bis ins vierte Glied. Transgenerationale Traumaweitergabe, Schwerin 2015, S. 137-149, hier S. 142.

In den psychoanalytischen und schmerztherapeutischen Praxen finden sich derzeit überdurchschnittlich viele Menschen, die Flucht und Vertreibung als Kinder oder Jugendliche selbst erlebt haben bzw. deren Eltern davon betroffen waren. Mehr als die Hälfte der Patienten – ob in Ost- oder Westdeutschland geboren – hat einen solchen familiengeschichtlichen Hintergrund. Das ist angesichts der ursprünglich Betroffenen eine auffallend hohe Zahl. Vor allem die Nachfahren können oft gar nicht mehr so genau sagen, wer ihre Großeltern eigentlich waren, wo sie gelebt haben und was aus ihnen geworden ist.[16] Das fehlende Wissen um ihre Wurzeln ist offensichtlich.

Ein transgenerationales Trauma im klinischen Sinne zu diagnostizieren, ist schwierig. Die traumatisierten Personen können nur bestimmte Affektzustände beschreiben und Deckerinnerungen präsentieren. Als häufige Reaktion auf transgenerationale Verstrickungen werden Gefühle von Heimatlosigkeit, Existenzängste, Depressionen, Bindungsschwierigkeiten, Identitätsverwirrungen oder das Gefühl, bei den Eltern etwas gutmachen zu müssen, beschrieben. Wie schon den durch traumatische Erlebnisse Belasteten selbst, fällt es auch ihren Kindern häufig schwer, auf einer emotionalen Ebene zu kommunizieren. Vielmehr gibt es auch bei ihnen eine stark ausgeprägte Tendenz, Gefühle kaum wahrnehmen zu können und zu vermeiden.[17]

Bemerkenswert ist, dass Selbsthilfegruppen und Seminarangebote für Kriegskinder und -enkel vor allem im Westen Deutschlands regen Zulauf haben, im Osten dagegen vergleichsweise wenig.[18] Die oben erwähnten Gedenkfeiern zum 8. Mai zeigten ähnliche den alten Grenzen verhaftete Muster. Das fordert verschiedene Fragen bzw. Interpretationen heraus: Haben die, die in der DDR aufgewachsen sind, das Sprechen über einen Teil ihrer Biografie verlernt, weil es kein öffentliches Narrativ dafür gab? Ist ihnen die mit der Erinnerung an Krieg, Flucht und Vertreibung verbundene Selbstwahrnehmung als Opfer fremd, weil die DDR-Erinnerungspolitik dafür keinen Raum bot? Wirkt hier eine Kultur nach, in der es weitaus weniger um das eigene Ich als vielmehr um das Kollektiv ging? Oder haben viele Ostdeutsche schlicht andere

---

16   Christoph Seidler, Trauma, Schweigen, Erinnerung, in: ders./Froese, Traumatisierungen, S. 81.

17   Frauke Teegen/Verena Meister, Traumatische Erfahrungen deutscher Flüchtlinge am Ende des II. Weltkrieges und heutige Belastungsstörungen, in: Zeitschrift für Gerontopsychologie & -psychiatrie 13 (2000), S. 112-124, hier S. 115.

18   Statistische Angaben lassen sich dazu nicht finden, auch die Interessenvertretungen können keine genauen Angaben über die Ost-West-Verteilung ihrer Mitgliedsgruppen geben. Es fällt jedoch auf, dass die Mehrzahl der Tagungen, Forschungsprojekte, Selbsthilfegruppen etc. auf dem Gebiet der alten Bundesrepublik verortet ist bzw. von dort Aufgewachsenen veranstaltet wird. Dies deckt sich mit der Erfahrung von Sabine Bode; Sabine Bode, Kriegsspuren. Die deutsche Krankheit – German Angst, Stuttgart 2016, S. 21.

Bezugspunkte und sehen sich eher als Opfer des Systemumbruchs 1989, weil sie diesen als naheliegender und wirkungsmächtiger erfahren als die Spätfolgen des langen zurückliegenden Krieges?

Die durch ihre Bücher zu Kriegskindern und Kriegsenkeln bekannte Kölner Autorin Sabine Bode stellte fest, dass sie nur selten nach Ostdeutschland eingeladen wird und zu ihren Lesungen vor allem die Kinder der Flüchtlingskinder kommen. Viele von ihnen sagen, ihre Eltern würden wider besseres Wissen die DDR vergolden, seien unglaublich frustriert, rückwärtsgewandt und daher oft schwer erträglich. Dies interpretiert Sabine Bode als Nachwirkung des in der DDR verordneten Schweigens über Flucht und Vertreibung.[19]

Um die angesprochene Frustration der Elterngeneration zu verstehen, ist es nötig, einen Blick auf ihre Erfahrungen im Zusammenhang mit dem Systemumbruch 1989 zu werfen. Die von mir in Ostdeutschland geführten Interviews legen nahe, dass hier nicht nur das in der DDR verordnete Schweigen nachwirkt. Die Folgen, die der Systemumbruch von 1989 für jeden Einzelnen hatte, spielten in jeder der Lebensgeschichten eine wesentliche Rolle. Für einige bedeutete er letztlich eine Möglichkeit für mehr Selbstverwirklichung, bei anderen blieb vor allem das Gefühl der Verunsicherung und des Verlustes.

Viele der sogenannten Kriegskinder, insbesondere die von Flucht und Vertreibung betroffenen Familien, hatten in den 1990er Jahren zum zweiten Mal einen mühevollen Neuanfang zu bewältigen. Zentrale Werte, Überzeugungen, Lebensformen, Rituale und Identitäten veränderten sich quasi über Nacht. Die Generation derjenigen, die Flucht und Vertreibung als Erwachsene erlebt hatten, war 1989 schon im Rentenalter. Stärker als ihre Eltern waren die in Ostdeutschland aufgewachsenen sogenannten Kriegskinder betroffen. Sie waren 1989 etwa 44 bis 60 Jahre alt und mit einem gesellschaftlichen Umbruch konfrontiert, der für viele von ihnen zur Herausforderung ihres Lebens wurde. Die Notwendigkeit, trotz der einstmals gesicherten Existenz von vorn beginnen zu müssen oder zumindest eine hohe Anpassungsbereitschaft zu zeigen, erinnert zweifelsohne an die Situation der Flüchtling und Vertriebenen nach 1945.

Viele Ostdeutsche fühlten sich in den 1990er Jahre wie Einwanderer und nicht selten als „Deutsche zweiter Klasse", die durch ihre Vergangenheit stigmatisiert waren. Die institutionelle und kulturelle Welt des Westens war den meisten von ihnen fremd, der Anpassungsdruck hoch. Etwa 2,5 Millionen Menschen verloren 1990 und 1991 mit ihrer Arbeit die finanzielle Basis und häufig auch einen wichtigen Lebensinhalt. Die Erfahrungen von Arbeitsplatzverlust, Vorruhestand, anhaltender Unterbeschäftigung, erfolglosen Arbeitsbeschaffungsmaßnahmen und Umschulungen hinterließen ein Gefühl

---

19   Ebd., S. 15.

von Ohnmacht und Demütigung, das im kollektiven Gedächtnis Ostdeutschlands fortwirkt.[20]

In einer bestimmten Generation lässt sich ein verunsichertes Selbstgefühl beobachten, das nicht zuletzt zu eben jenem Schweigen und jener Frustration führte, von der Sabine Bode bei ihren Lesungen erfuhr.[21] Was neben diesem verunsicherten Selbstgefühl blieb, war ein Gefühl der Machtlosigkeit, dem noch immer reale Erfahrungen zugrundeliegen. Dort, wo es um Macht geht, in zentralen Positionen in Politik, Wirtschaft und Massenmedien, tauchen die Ostdeutschen kaum auf. Ihr Anteil in diesen führenden und meinungsbildenden Positionen hat sich seit den 1990er Jahren nur unwesentlich erhöht und bewegt sich noch heute zwischen etwa 5 bis max. 10 Prozent.[22]

Zudem war die Erinnerungskultur in Bezug auf die DDR von der Aufarbeitung des SED-Unrechts und einer latenten Abwertung aller ostdeutschen Erfahrungen bestimmt. Das Paradigma der Erinnerung war weitestgehend vorgegeben – wie ehemals in Bezug auf Krieg, Flucht und Vertreibung – und damit bestimmte Erfahrungen einer Verarbeitung kaum zugänglich. Teilweise erlebten die Ostdeutschen eine ähnliche Ablehnung und Skepsis, wie viele Flüchtlinge sie nach 1945 seitens der Alteingesessenen erfahren hatten – manche von ihnen zum zweiten Mal in ihrem Leben. Der Historiker Peter Bender beschreibt diese Erfahrung wie folgt:

> Das Bild, das die Stasi-Geschichten und die einseitige DDR-Betrachtung schufen, glich fatal dem Bild, das viele im Westen sich schon immer von ihren Landsleuten im Osten gemacht hatten. Konnte man vierzig Jahre unter Ulbricht und Honecker leben, ohne vergiftet zu werden? Was sind das für Leute, die wir in unsere wohlgeordnete Bundesrepublik bekommen? [...] Die Ostdeutschen fühlten sich mit dem Staat identifiziert, den sie sich gerade vom Hals geschafft hatten.[23]

Hier drängt sich eine Parallele auf zu dem misstrauischen Blick, den die Alteingesessenen nach 1945 auf die Deutschen aus den ehemaligen Ostgebieten hatten. Auch sie galten als kulturell rückständig, waren angeblich dem

---

20 Steffen Schmidt/Hartmut Rosa, Institutionelle Transformation – Habituelle Irritation – Sozialstrukturelle Petrifikation: Empirische Befunde und transformationstheoretische Schlüsse zur deutschen Vereinigung, in: Heinrich Best/Everhard Holtmann (Hg.), Aufbruch der entsicherten Gesellschaft, Frankfurt a.M. 2012, S. 417-441, hier S. 420f.

21 Tanja Bürgel, Ostdeutsche Generationen als Einwanderer in die Bundesrepublik und die Perspektiven der Wendekinder als Generation, in: ebd., S. 172-187, hier S. 179.

22 Schmidt/Rosa, Institutionelle Transformation, S. 436.

23 Peter Bender, Erinnern und Vergessen. Deutsche Geschichte 1945 und 1989, in: Sinn und Form 60 (2008), S. 581-592, zit. nach Christian Meier, Das Gebot zu vergessen und die Unabweisbarkeit des Erinnerns, München 2010, S. 93.

nationalsozialistischen Regime besonders verfallen gewesen. Auch sie waren auf staatliche Fürsorge angewiesen, konnten von ihrer eigenen Kultur kaum etwas einbringen in die Aufnahmegesellschaft. Viele von ihnen fühlten sich lange als Menschen zweiter Klasse, weil abschätzig auf sie herabgesehen wurde. Noch dazu hatten sie schlechtere Startbedingungen und stießen auf wenig Verständnis für ihre besondere Situation.

> Sicher ist, dass neben seelischen Verletzungen, die während der DDR-Zeit entstanden sind, signifikante Verluste zu betrauern sind, die durch ihr Verschwinden kamen. Je älter die Menschen heute sind, desto mehr haben sie unter Umständen mit dem Mauerfall und der deutschen Vereinigung trotz aller Befreiung, Demokratisierung und der Verbesserung des durchschnittlichen Lebensstandards an sicherem Alltag, liebgewordener Heimat und guten Objekten verloren. Diese Verluste stellen nicht selten eine Neuauflage der Verluste dar, die nach dem Kriegsende in ähnlicher Weise zu verkraften waren.[24]

Systemumbrüche und die damit verbundenen Verluste sind in jedem Fall eine Herausforderung, die verschiedene Menschen – in Abhängigkeit von ihrer inneren Stabilität und den äußeren Umständen – unterschiedlich gut bewältigen. Kommen Erfahrungen von Diskriminierung, Verunsicherung und Kontrollverlust hinzu, ist es schwer, ein Selbstbewusstsein zu entwickeln bzw. zu bewahren und in der neuen Gesellschaft anzukommen. Angesichts der Tatsache, dass in Ostdeutschland knapp 25 Prozent Flüchtlinge und Vertriebene lebten, die von Flächenbombardements und ähnlichem Betroffenen noch nicht mitgezählt, ist davon auszugehen, dass bei einem Teil von ihnen nach 1989 unverarbeitete Erfahrungen von tiefer Verunsicherung und Kontrollverlust reaktiviert und ein mehr oder weniger aufwändig erworbenes Zugehörigkeitsgefühl erneut erschüttert wurden. Für eine Verarbeitung solcher Erfahrungen war unter den Bedingungen der Nachwendezeit im Privaten wie auch im Gesellschaftlichen ebenso wenig Platz wie zuvor in der Kriegs- und Nachkriegszeit. Es ging zunächst einmal darum, sich neu zu orientieren und anzupassen. Die Chance, alle Energie in den Wiederaufbau einer zerstörten Heimat zu stecken, wie viele es nach 1945 taten, gab es für die meisten nicht.

---

24 Michael J. Froese/Christoph Seidler, Kriege, Traumatisierungen, Befreiungen, Neuanfänge und Verluste, in: dies., Traumatisierungen, S. 19-34, hier S. 31.

3   Das eigene Beheimatet-Sein und die Flüchtlingsfrage

Welche Bedeutung hat ein erlebter Heimatverlust, auch über mehrere Generationen hinweg, auf die Haltung zu Geflüchteten? Diese Frage kann hier nicht erschöpfend beantwortet werden. Doch so viel lässt sich vor dem Hintergrund meiner Recherchen sagen: Die persönliche Bewertung der aktuellen Flüchtlingspolitik scheint maßgeblich durch familiär geprägte Haltungen, eigene Erfahrungen von Integration und dem Gefühl, gut beheimatet zu sein, bestimmt. Beim Auswerten der zwanzig Lebensgeschichten wurde mir vor allem eines deutlich: wie wirkungsmächtig das individuelle Gefühl ist, nicht gut beheimatet zu sein. Das kann in der Vergangenheit wurzeln oder in der Gegenwart entstehen. Am Ende läuft es auf dasselbe hinaus: Wer nicht angekommen ist bzw. sich nicht (mehr) gut beheimatet fühlt, kann andere nicht willkommen heißen.

Bevor ich diese These näher ausführe, möchte ich verdeutlichen, wie ich die Begriffe ‚Heimat', ‚Beheimatung' bzw. ‚Beheimatet-Sein' benutze. Die Anthropologin Ina-Maria Greverus versteht ‚Heimat'

> als den aktiven Prozess des Sich-Beheimatens in einem Raum, der Sicherheit als materielle und emotionale Verhaltenssicherheit, Aktivitätsentfaltung, Stimulation und Identität gewährleistet. Heimat ist somit kein einmaliger und unveränderlicher Raum, der sich durch Elternhaus, Lindenbäume, Muttersprache und Vaterlandslieder auszeichnet, sondern eine Chance menschlichen Werdens.[25]

Heimat ist folglich kein statischer, sondern ein ständig neu zu schaffender Ort. Mit anderen Worten: Es geht nicht darum, Menschen mit Heimat zu versorgen. Es geht darum, ihnen Räume und Möglichkeiten zu eröffnen, sich an der Schaffung von Heimat zu beteiligen. Der Psychotherapeut Hans-Joachim Maaz weist darauf hin, dass Beheimatung auch ein innerseelischer Vorgang ist und von Vorteil, wenn es darum geht, den Verlust der äußeren Heimat – sei es durch Flucht oder nach Systemumbrüchen – zu bewältigen:

> Es geht also um die ganz individuelle Erfahrung, dass ich bestätigt bin in meinem Leben, dass ich geborgen bin, Schutz und Vertrautheit erfahre, sichere Bindung erlebe, also alles in allem die Erfahrung bejahter Daseinsberechtigung und liebevoller Begleitung, was zu einem stabilen inneren Selbstwert führt. Bleibt Heimat ein innerer Ort, dann wird der Verlust äußerer Heimat nicht so traumatisierend sein können. Bleibt die innere Beheimatung aber brüchig und unsicher, bleibt man an äußere Erfahrungen, an Gewohnheiten, Gebräuche, an Sprache,

---

25   Zit. nach Eduard Führ (Hg.), Worin noch niemand war: Heimat – eine Auseinandersetzung mit einem strapazierten Begriff, Wiesbaden/Berlin 1985, S. 51f.

> Klänge, Gerüche, Landschaften und Umgebung und an früh erworbene Fähigkeiten gebunden, verliert (man) mit der Heimat und Flucht oder Umsiedlung in eine fremde Umwelt einen Teil des Selbst.[26]

Nicht nur viele Flüchtlinge und Vertriebene haben ein solches Weltvertrauen nie kennengelernt – oder sie haben es verloren. Umso stärker suchen sie nach Stabilität, nach einer Heimat im Außen. Ihnen fällt es vermutlich schwerer, sich an einem neuen Ort zu beheimaten als jenen, die innerlich bzw. äußerlich ausreichend beheimatet sind. Der Schriftsteller und Holocaust-Überlebende Jean Améry hat den revoltierenden Achtundsechzigern, denen Heimat leicht als etwas Verächtliches, als Domäne der Rechten galt, entgegnet: „Man muss Heimat haben, um sie nicht nötig zu haben."[27] Den Wunsch nach Heimat gering zu schätzen, es als spießigen Dünkel abzutun, wenn Menschen sich irgendwo beheimatet wissen wollen, erschien ihm unangebracht und hochmütig. Auf die Frage, wie viel Heimat braucht der Mensch, antwortete er in seinem gleichnamigen Essay:

> Es lässt sich, was der Mensch an Heimat nötig hat, nicht quantifizieren. Und doch ist man gerade in diesen Tagen, da die Heimat an Reputation verliert, stark versucht, die bloß rhetorische Frage zu beantworten und zu sagen: Er braucht viel Heimat, mehr jedenfalls, als eine Welt von Beheimateten, deren ganzer Stolz ein kosmopolitischer Ferienspaß ist, sich träumen lässt. [...] Was bleibt, ist die nüchternste Feststellung: Es ist nicht gut, keine Heimat zu haben.[28]

Die Offenheit gegenüber den ankommenden Flüchtlingen unterscheidet sich nicht unbedingt nach Ost- oder West-Herkunft. Unabhängig vom Alter gibt etwa ein Drittel der Ehrenamtlichen in der Flüchtlingshilfe einen familiären Vertreibungshintergrund an. Das ist ein weitaus höherer Anteil als der in der ersten Generation betroffenen 20 Prozent der Bevölkerung. Wer Flucht und Vertreibung selbst erlebt hat, unterscheidet sich darin noch heute von Gleichaltrigen, die diese Erfahrung nicht haben.

> Dass die Haltung der Flüchtlinge generell eine andere ist als die der Hiesigen, das stelle ich immer wieder fest bei Diskussionen. Da bin ich einer in unserem Kreis. Wir sind 12 Personen, männlich, aus verschiedenen Berufsgruppen. Das fängt

---

26 Hans-Joachim Maaz, Leben im ewigen, kritischen Misstrauen. Die Integration des Verdrängten und Tabuisierten. Zum Umgang mit dem Thema Flucht und Vertreibung in der DDR. Vortrag am 12.12.2003, http://www.bpb.de/mediathek/446/leben-im-ewigen-kritischen-misstrauen, 22:40f (12.12.2018).
27 Jean Améry, Wieviel Heimat braucht der Mensch?, in: Jenseits von Schuld und Sühne, 4. Aufl., Stuttgart 2000, S. 81.
28 Ebd., S. 101.

beim Professor an und geht bis zum Handwerker [...] Da ist einerseits Verschwiegenheit, also wenig Diskussionsbereitschaft, andererseits aber wird durchaus auch darüber [über die Geflüchteten heute] diskutiert und natürlich hab ich schon den Eindruck, dass ich der Einzige unter denen bin, der Fluchterfahrung von den Kindheitstagen hat. [...] Da ist noch einer dabei, der ist schon im Westen geboren, aber seine Eltern kommen aus dem Sudetenland, also auch Flucht. Das wird sich sicherlich auch auf ihn übertragen haben, denn er denkt ähnlich wie ich. Das kann man schon gut so ausmachen, dass es da einen Unterschied gibt (Jg. 38/SH/m).

Durch Eheschließungen zwischen Flüchtlingen und Einheimischen in der Nachkriegszeit leben immer mehr Menschen mit Eltern oder Großeltern, die eine Fluchtgeschichte haben. Dennoch verweist auch in der dritten und vierten Generation nur ein Drittel der in der Flüchtlingshilfe Engagierten auf einen familiären Hintergrund. Offenbar speist sich die Motivation der Jüngeren erheblich weniger als die der Älteren aus einem Schicksalsvergleich und familiärer Betroffenheit, zumal die direkten Erfahrungen hier zwei oder drei Generationen zurückliegen.[29]

Bei denjenigen, die eine familiäre Fluchtgeschichte haben, verweisen die von mir geführten Interviews darauf, dass die individuellen Erfahrungen im Zusammenhang mit Flucht und Vertreibung bzw. mit Migration und deren Verarbeitung durchaus eine Rolle spielen. Wer mit seiner Familie gut aufgenommen wurde oder nach einigen Mühen in der neuen Heimat gut angekommen ist, hat den heutigen Flüchtlingen gegenüber zumeist eine aufgeschlossene Grundhaltung.

Herr K. wird als 13-Jähriger mit seiner Familie in Königsberg ausgebombt. Nachdem der Vater aus der sowjetischen Kriegsgefangenschaft zurück ist, flieht die Familie nach Schleswig-Holstein. Fast vier Jahre lebt die neunköpfige Familie in einer sogenannten Nissenhütte auf 16 qm, fühlt sich nicht willkommen. Herr K. arbeitet sich hoch, er lernt Holzkaufmann, steigt auf bis zum Geschäftsführer und Prokuristen.

> Rückblickend kann man sagen, man hat ein glückliches Leben gehabt. Das andere was war, ist vergessen. [...] Es wäre besser, wenn ihnen [den Geflüchteten] Zuhause geholfen würde. Das sehe ich ein. Ich wäre ja auch lieber in Ostpreußen geblieben. Aber wenn man die Heimat verliert, und die verlieren ja noch mehr. Ein ganz anderes Klima haben die hier, ganz andere Menschen, eine ganz andere Sprache. Die haben ja noch mehr verloren als wir im Grunde genommen. Und dann kann man sie nicht weiter ertrinken lassen (Jg. 31/SH/m).

---

29 http//www.bim.hu-berlin.de/media/Studie_EFA2_BIM_11082016_V%C3%96.pdf (12.12.2018).

Frau E. flieht als 6-Jährige mit ihrer Familie aus Pommern nach Rügen, die Oma stirbt auf der Flucht, der Vater kommt Ende 1945 aus der Kriegsgefangenschaft zurück und verstirbt sofort. Die Familie wird bei einem Bauern recht gut aufgenommen. 1950 zieht sie mit ihrer Mutter und ihren Geschwistern nach Potsdam, geht als Sprinterin zur Kinder- und Jugendsportschule und lernt später Physiotherapeutin. Seit 1967 lebt sie mit ihrem Mann, einem Tierarzt, in Vorpommern. Nach 1989 eröffnet sie eine eigene Praxis. Nachdem 2016 eine Erstaufnahmeeinrichtung für Geflüchtete in ihrer Nähe eröffnet wurde, engagiert sie sich dort.

Im Gegensatz zu Herrn K. und Frau E., die sich trotz aller Umbrüche offenbar neu beheimaten konnten, weisen andere Lebensgeschichten darauf hin, dass nicht verarbeitetes Leid, nicht betrauerte Verluste und nicht gelungene Integration im Einzelfall über Jahrzehnte hinweg wirken. Diejenigen, die auf eine Zeit zurückblicken, die bis heute nicht verheilte Wunden hinterlassen hat, sind nicht völlig verschlossen, aber häufig ängstlicher, misstrauischer oder sogar ablehnend. Manchmal steht ein Heimatverlust dahinter, der sich tief in die Familiengeschichte eingeschrieben hat, weil er nie ganz bewältigt wurde.

Frau B. wird 1958 geboren, ist nach ihren eigenen Worten „ein Kind der DDR", wird Berufsschullehrerin. Ihr Vater kam als Flüchtlingskind mit seiner Familie nach Vorpommern, hatte erlebt, wie das Eis auf der Oder brach, Menschen ertranken. Seine Erfahrung: „Wir waren überall, keiner wollte uns haben." Ein Spruch, den er oft zitiert: „Mang uns mang ist einer mang, der nicht mang uns mang gehört." – Unter uns ist einer, der nicht zu uns gehört. Schließlich bekam die Familie des Vaters in der DDR Bodenreformland, seine beiden Schwestern machten eine Ausbildung, er musste den elterlichen Hof bewirtschaften. Mit den Verhältnissen in der DDR ist er oft unzufrieden. Frau B. erlebt den Systemumbruch als Verlust des Vertrauten, des sozialen Zusammenhalts, sie erkrankt schwer. Der Zuzug der Flüchtlinge in ihr Dorf verunsichert sie. Sie hat Angst, aber auch Mitleid – vor allem mit den Jüngeren:

> Als ich die Flüchtlingsströme gesehen habe im Fernsehen, da hab ich gedacht: Wo wollen die alle hin? Das geht doch gar nicht mehr. Da sind doch schon so viele gekommen. [...] Und ich weiß gar nicht, was soll man da machen, um den Leuten klarzumachen, dass dieser Kampf der Religionen nicht gutgehen kann, dass der immer nur ins Verderben führt. [...] Und das macht mir bisschen Angst, wenn da einige durchdrehen. Man weiß ja gar nicht, was da für Terroristen mit reingekommen sind.

Über ihren Vater und seine Haltung zu den Geflüchteten sagt Frau B:

> So genau positioniert er sich nicht. Er sagt bloß immer: Uns hat auch keiner geholfen. Und wir waren Deutsche, die aus Deutschland vertrieben worden sind. Uns hat keiner geholfen. Da ist wohl ein bisschen Verbitterung bei, wenn er das so ausdrückt (Jg. 58/MV/w).

Auffällig ist, dass vor allem diejenigen eine skeptische bis ablehnende Haltung vertreten, die nach wie vor mit den Folgen von politischen, kulturellen oder sozialen Umbrüchen beschäftigt sind. Das betrifft ehemalige DDR-Bürger ebenso wie Migranten, aber auch Alt-Bundesbürger, die – nicht zuletzt durch Globalisierung, wachsende Komplexität und Heterogenität – in ihrer Identität verunsichert sind und die Ankunft von Geflüchteten in erster Linie als Bedrohung wahrnehmen. Man könnte auch vermuten, dass manch einer von ihnen einen Heimatverlust im übertragenen Sinne befürchtet.

Herr B., 1951 in Kiel geboren, lernt Melker, arbeitet später als Kraftfahrer. Mit Mitte 50 kündigt er, weil der Arbeitsdruck zu hoch ist. Eine neue Arbeit findet er nicht. Nach einer Eingliederungsmaßnahme geht er in den Vorruhestand. Fünf Jahre arbeitet er im Gemeindevorstand mit, den er schließlich verlässt, weil ihm die Diskussionen zu viel sind. Zu Beginn wie auch am Ende unseres Gesprächs regt er sich über soziale Ungerechtigkeiten und allerhand Missstände auf. Die Welt erscheint ihm unübersichtlich, voller kaum lösbarer Probleme. Er ist misstrauisch, dass er übervorteilt und belogen wird. Seine Haltung zu den Geflüchteten beschreibt er wie folgt:

> Denen soll geholfen werden, aber Fakt ist, die können nicht alle nach Deutschland. Da muss man gegensteuern, egal wie (Jg. 51/SH/m).

Das Interview mit dem Geschäftsführer einer Kindertagesstätte in Schleswig-Holstein verwies darauf, dass es auch unter den schon länger in Deutschland lebenden Migranten zum Teil ablehnende Haltungen gegenüber den neu hinzukommenden Geflüchteten gibt. Die Gründe dafür mögen vielschichtig sein. Dennoch steht die Frage im Raum, inwieweit diejenigen, die sich so radikal äußern, in der Gesellschaft in der sie leben, wirklich angekommen sind und sich beheimatet fühlen.

> Es gibt viele Rechtsextreme in Neumünster. Und es gibt viele Fremde in Neumünster. Das ist schon ein Schmelztiegel. Da leben auch viele türkischstämmige Menschen. Die habe ich übrigens hier, bei Anmeldungen, als ziemlich radikal erlebt, die Türken. Das hat mich richtig schockiert. Wenn hier türkische Familien kamen, die ihre Kinder anmeldeten und sagten: Aber hier die Flüchtlinge, die müsst ihr draußen lassen, das geht gar nicht (Jg. 59/SH/m).

Letztlich können Prozesse der Migration wie der Integration auf beiden Seiten zu Identitätserschütterungen führen, da starke Zuwanderung auch die aufnehmende Gesellschaft verändert. Es deutet allerdings einiges darauf hin, dass vor allem die Folgen der Globalisierung und die Vernachlässigung sozialer Fragen von einem Teil der Menschen als Bedrohung empfunden werden und weniger die konkreten Folgen der Zuwanderung. Dennoch, fühlen die so genannten Ein-Heimischen sich nicht mehr beheimatet, sondern eher fremd in der Gesellschaft, werden sie zu Verteidigern der Vergangenheit. Kommen tief verankerte Ressentiments oder ein verlorenes Selbstwertgefühl hinzu, reagieren sie mit starker Abwehr auf die neuen Zuwanderer.

Wie unverarbeitete Traumafolgen in Ost wie West nach wie vor wirken, zeigte sich in den Lebensgeschichten auf sehr verschiedene Weise. Zwei Frauen, die Flucht und Vertreibung als Kinder erlebt hatten und als Ehrenamtliche in einer Erstaufnahmeeinrichtung arbeiteten – eine in Boostedt (SH), eine in Stavenhagen (MV) – brachten die regelmäßigen Begegnungen mit den Geflüchteten an den Rand ihrer Kräfte. Eine von ihnen wurde krank, die andere wechselte den Einsatzort. Es liegt nahe, dass die beiden Frauen überfordert waren, weil sie innerlich keine Distanz zu den Schicksalen der Geflüchteten hatten. Dies wiederum ließe sich als Beweis dafür lesen, dass unverarbeitete Erfahrungen im Zusammenhang mit Flucht und Vertreibung nicht zwangsläufig zu Fremdenfeindlichkeit führen.

> Ich war erst oben bei der Ausgabe und Verteilung. Aber das hat mich überfordert. Nicht von der Arbeit her, sondern von der Psyche, von diesem Anblick her und von diesen Kindern. Das war nichts für mich. Damit kam ich nicht zurecht. [...] Und die Kinder dann. Einige wollten so viel haben. Ich meine, ich hätte ihnen alles gegeben, aber [...] Das macht mich irgendwie so krank. Wenn ich mir das so vorstelle: diese Frauen da mit den kleinen Kindern und wie die hier zurechtkommen wollen, wie die hier leben wollen und das ganze Schicksal, was sie durchgemacht haben (Jg. 38/SH/w).

Menschen, die mit unverarbeiteten traumatischen Erfahrungen leben, reagieren auf für sie unüberschaubare Veränderungen besonders stark. Sie sind schneller verunsichert und haben größere Angst vor einem Kontrollverlust, wie er mit Veränderungen zunächst einmal verbunden ist. Nach meinen Recherchen ist zu vermuten, dass eine ausgeprägte Kritik an der aktuellen Flüchtlingspolitik nicht unbedingt auf tiefsitzenden Ressentiments gründen muss, sondern unter Umständen auch durch die hier beschriebenen unverarbeiteten Erfahrungen bedingt sein kann. Besonders in Ostdeutschland befürchten viele nach dem jüngsten Systemumbruch einen neuerlichen kulturellen Wandel und haben wenig Vertrauen in die Zukunft. Es scheint eine anhaltende Verunsicherung zu geben, die frühe Wurzeln hat und in der Gegenwart genährt wird. Obendrein wirken die Erfahrungen der SED-Diktatur nach, in der es nicht leicht war, das eigenständige Sprechen zu lernen, in der es kaum Platz gab für öffentliche Auseinandersetzungen und direkte Kontakte mit Ausländern eher die Ausnahme waren.

Ein Geschäftsinhaber in Stavenhagen (MV), der eine deutlich ablehnende Haltung gegenüber dem Zuzug von Flüchtlingen hatte, zog seine anfängliche Bereitschaft zu einem Interview mit den Worten zurück:

> Am besten man sagt gar nichts. Wie damals in der DDR. Die Presse dreht einem das Wort im Munde um. Alle, die wie ich eine andere Meinung haben, werden gleich in eine Ecke gestellt und als Nazis und Faschisten bezeichnet.

Über seinen familiären Hintergrund erfuhr ich nur, dass sein Vater nach 1945 längere Zeit im Spezialgefängnis in Fünfeichen inhaftiert war.

Die Frage, warum es – vor allem in Mecklenburg-Vorpommern, aber auch in Schleswig-Holstein – weitaus schwieriger war, Menschen zu interviewen, die sich in der Flüchtlingshilfe engagieren als diejenigen, die ihr eher kritisch gegenüberstehen, verdient einen Moment der Aufmerksamkeit. Die Ablehnung eines Interviews ist im eigentlichen Wortsinn die Ablehnung einer Begegnung (entrevoir, franz.: einander sehen, sich begegnen). Insbesondere die Menschen in Ostdeutschland befürchten offensichtlich, dass gegen sie verwandt wird, was sie sagen. Wer in der DDR mit Repressionen nicht rechnen wollte, musste in der Öffentlichkeit über vieles besser schweigen. Das betraf auch Lebensgeschichten über Flucht und Vertreibung, Vergewaltigungen durch sowjetische Soldaten, Lagerhaft im Gulag, Fluchtversuche nach dem Mauerbau und so manch andere Erfahrungen. Politische Meinungen und Haltungen, die der SED nicht genehm waren, konnten nur im Privaten diskutiert werden. Die politischen Repressionen hinterließen ihre Spuren – nicht nur bei jenen, die sie am eigenen Leib erfahren und die Folgen zum Teil an ihre Kinder weitergegeben haben. Sie hinterließen auch bei all jenen ihre Spuren, die sie nur vom Hörensagen kannten. Doch es sind nicht nur diese Erfahrungen, die viele Ostdeutsche lange haben verstummen lassen.

4 Erinnerungskulturen und Beheimatet-Sein

Mit der Wiedervereinigung war vielen Ostdeutschen all das, was sie kannten und erkannten, was ihnen das Vertrauen gab zu sprechen und zu handeln, abhandengekommen. Auch die eigene Geschichte wurde nun von Anderen erzählt. Das westdeutsche Narrativ über die Ostdeutschen bestimmte den öffentlichen Diskurs und sorgte bei vielen für eine Verunsicherung der Identität. Angesichts des enormen Anpassungsdrucks lag es für viele näher, die eigene Herkunft zu verschweigen, als zu versuchen, die eigene Geschichte zu erzählen. Die Infragestellung des bisherigen Wertehorizonts, des eigenen Selbstbildes wie der individuellen Biografie führten zu einer jahrelang anhaltenden Sprachlosigkeit. Darunter litten die in dieser Zeit aufgewachsenen Kinder und Jugendlichen besonders. Sie lebten inmitten von Erwachsenen, die sich in der Welt, die sie umgab, nicht mehr auskannten. Der Mantel des Schweigens lag alsbald nicht nur über ihrer DDR-Vergangenheit, sondern auch über den als orientierungslos und teilweise beschämend oder demütigend erfahrenen 1990er Jahren.

Erinnerungskulturen bewegen sich immer in einem Spannungsfeld aus Erinnern und Vergessen, aus verschiedenen Interessen und Einflussmöglichkeiten. Die vielfältigen Formen des Vergessens sind nicht zuletzt in einem Überlebensmechanismus begründet. Der ist für den Einzelnen ebenso bedeutsam wie für eine Gesellschaft. Doch wo ist die Grenze zwischen Leben und Überleben? Ab wann hat der Mechanismus ausgedient und blockiert nur noch das Lebendige, das sich entwickeln will. Unbewältigte Vergangenheit hemmt den Menschen auf die eine oder andere Weise: Dadurch, dass etwas verschwiegen wird, was im Verborgenen fortwirkt, oder aber dadurch, dass alles was gegenwärtig geschieht nur durch die Brille vergangener Erfahrungen gesehen wird. So bleibt die Gegenwart in einer Fortsetzung der Vergangenheit mit anderen Mitteln gefangen.

In der DDR hat das öffentliche Schweigen über Flucht und Vertreibung dazu geführt, dass es zwar individuelle Erinnerungen gab, aber kaum eine mediale Vermittlung dieser Ereignisse und Erfahrungen. Die Flüchtlinge und Vertriebenen hatten keine eigene Stimme. Sie sollten sich in ihrer neuen Identität als DDR-Bürger einrichten und engagieren. Das Fehlen eines kollektiven Gedächtnisses in Bezug auf Flucht und Vertreibung beeinflusste zweifelsohne auch das kommunikative, individuelle Gedächtnis. Hier ist es allerdings schwer, die verschiedenen Einflüsse und Wirkungen klar voneinander zu unterscheiden.

Erinnerungskulturen sind ein Indikator für das Sagbare. Sie vermitteln einen sozial erwünschten Blick auf historische Ereignisse. Gerade die Auseinandersetzungen um die kollektive Erinnerung an Flucht und Vertreibung verhandelten in Ost wie West immer auch die Haltung zu deutschen Kriegsverbrechen, Nationalismus und Holocaust mit. Erinnern und Vergessen waren hier oftmals zwei Seiten ein und derselben Medaille. Die unzähligen Debatten, ihre politische Instrumentalisierung wie auch die wechselnden Erinnerungsschatten weisen darauf hin, wie schmal der Grat ist, auf dem jede Erinnerungskultur sich bewegt.

In einer globalisierten Welt lassen sich die Wanderungsbewegungen nicht aufhalten. Wenn es um Integration geht, geht es um weit mehr als um Anpassung, manchmal auch um weniger. Es braucht unter anderem eine Erinnerungskultur, die das Nebeneinander verschiedener Erzählungen zulässt und das dadurch entstehende Spannungsfeld aushält: Individuen, Gruppen und Kulturen haben das Recht auf eine eigene Perspektive, Erfahrung und Geschichte. Sie brauchen einen lebendigen Bezug zu ihrer Vergangenheit, um sich ihrer Herkunft zu vergewissern, ihr Selbstbewusstsein zu stärken und Orientierung zu gewinnen. Gleichzeitig brauchen sie Anregungen, Begegnungen und Freiräume, in denen eine gemeinsame Geschichte entstehen kann.

Eine offene Erinnerungskultur fordert von Migranten nicht nur Anpassungsbereitschaft, sondern ermöglicht ihnen ein Ankommen. Dazu gehört, dass sie ihre Geschichten erzählen können. Denn ihre Geschichten beinhalten weitaus mehr als nur Erinnerungen an vergangene Zeiten. Sie vermitteln mitgebrachte Erfahrungen und Werte, die anerkannt sein wollen, auch wenn sie von vielen nicht geteilt werden. Das wissen nicht nur Zugewanderte, sondern auch all jene, deren Leben von sozialen oder kulturellen Umbrüchen geprägt ist.

Wo verschiedene Menschen und ihre Geschichten aufeinandertreffen, stehen Gewissheiten in Frage. Werden sie gemeinsam neu verhandelt, ist das eine gute Voraussetzung, um nicht fremd zu bleiben, sondern ankommen zu können, sich neu zu beheimaten.

Autorinnen und Autoren

Harald Dierig
Pensionär und Erster Vorsitzender des Vereins „Denkmal Barackenlager Lette e.V.". Forschungsschwerpunkte: Geschichte der Flüchtlinge und Vertriebenen im Münsterland. Veröffentlichungen u.a.: (Hg.) Erinnerungsstätte Heidefriedhof in Coesfeld-Lette am historischen Barackenlager. Entwürfe – Realisierung – Einweihung, Coesfeld 2019; Der leidvolle Weg zu einem neuen Zuhause: Ostdeutsche Heimatvertriebene im Landkreis Münster nach 1945, Münster 2012.

Karl Ditt
PD Dr., bis 2015 Wissenschaftlicher Referent am Institut für westfälische Regionalgeschichte in Münster. Forschungsschwerpunkte: Westfälische Geschichte, Kulturpolitik, Arbeitergeschichte. Veröffentlichungen u.a.: Raum und Volkstum. Die Kulturpolitik des Provinzialverbandes Westfalen 1923-1945, Münster 1988; Zweite Industrialisierung und Konsum. Energieversorgung, Haushaltstechnik und Massenkultur in nordenglischen und westfälischen Städten 1880-1939, Paderborn 2011.

Matthias Frese
Dr., Wissenschaftlicher Referent am Institut für westfälische Regionalgeschichte in Münster. Forschungsschwerpunkte: Erinnerungskultur, Gesellschaftsgeschichte der Bundesrepublik, Arbeit und Arbeitsbeziehungen, Tourismusgeschichte. Veröffentlichungen u.a.: Verhandelte Erinnerungen. Der Umgang mit Ehrungen, Denkmälern und Gedenkorten nach 1945, Paderborn 2017 (hg. mit Marcus Weidner); Sonderteil Zeitzeugenschaft und mündliche Erinnerung. Chancen und Probleme der Sekundäranalyse von Interviews und Ego-Dokumenten zum Zweiten Weltkrieg und zur Nachkriegszeit, in: Westfälische Forschungen 65 (2015), S. 237-333 (hg. mit Julia Paulus).

Jürgen Gojny
Freiberuflicher Historiker, Dortmund. Forschungsschwerpunkte: Lokal- und Regionalgeschichte Westfalens. Veröffentlichungen u.a.: Geschichte des Kreises Warendorf. Die Zeit nach dem Zweiten Weltkrieg 1945-1975, Warendorf 2018; Geschichte des Kreises Warendorf, Vom Kaiserreich bis zum Ende der NS-Diktatur (1914-1945), 2 Bde., Warendorf 2012.

Jens Gründler
Dr., Wissenschaftlicher Referent am LWL-Institut für westfälische Regionalgeschichte in Münster. Forschungsschwerpunkte: Kultur- und Sozialgeschichte der Medizin, Migrationsgeschichte, u.a. zu Wohnverhältnissen von Migranten in ländlichen Regionen Deutschlands zwischen 1970 und 2010. Veröffentlichungen u.a.: Pathologisierungskonflikte. Britische Experten, Verwaltungspraktiker und Laien in der Auseinandersetzung um ‚mentally defective' und ihre Behandlung, in: WerkstattGeschichte 78 (2018), S. 39-56; Armut und Wahnsinn. ‚Arme Irre' und ihre Familien im Spannungsfeld von Psychiatrie und Armenfürsorge in Glasgow. 1875-1921, München 2013.

Ingeborg Höting
Freiberufliche Historikerin und VHS-Dozentin. Forschungsschwerpunkte: Lokal- und Regionalgeschichte des Westmünsterlandes. Veröffentlichungen u.a.: Der Novemberpogrom 1938 in Ahaus, Stadtlohn, Vreden – und ein Blick auf seine juristische „Aufarbeitung" nach 1945, in: Historische Landeskunde des Westmünsterlandes 2 (2018) S. 121-140; Das denkmalgeschützte Barackenlager Lette und seine wechselvolle Geschichte 1933 bis 1960, in: Geschichtsblätter des Kreises Coesfeld 38 (2013), S. 95-245.

Dagmar Kift †
Dr., verstorben 2020, bis Ende 2019 Leiterin des Referats Wissenschaft und Vermittlung und stellv. Direktorin des LWL-Industriemuseums in Dortmund. Forschungsschwerpunkte: Sozialgeschichte des Bergbaus, Migrationsgeschichte, Erinnerungsgeschichte, Geschichte der Arbeit und der Freizeit in Deutschland und Großbritannien. Veröffentlichungen u.a.: (Hg. mit Stefan Berger, Eckhard Schinkel und Hanneliese Palm) Bergbaukulturen in interdisziplinärer Perspektive. Diskurse und Imaginationen, Essen 2018; (Hg.) Aufbau West. Neubeginn zwischen Vertreibung und Wirtschaftswunder, Essen 2005.

Holger Köhn
Dr., selbständiger Historiker, Leiter des „Büros für Erinnerungskultur" in Babenhausen. Forschungsschwerpunkte: Erinnerungskultur, Meinungsfreiheit, Kulturgeschichte des Sports, Regionalgeschichte Rhein-Main. Veröffentlichungen u.a.: Die Lage der Lager. Displaced Persons-Lager in der amerikanischen Besatzungszone Deutschlands, Essen 2012; Darmstädter Ehrengräber. Biografien und Bewertungen, herausgegeben von der Wissenschaftsstadt Darmstadt, Darmstadt 2016.

Jeannette van Laak
PD Dr., Wissenschaftliche Mitarbeiterin am Institut für Geschichte der MLU Halle-Wittenberg. Forschungsschwerpunkte: Jüdisches Leben in der DDR, Lager im 20. Jahrhundert, Zeitgeschichte und ihre Vermittlung, Erfahrungs- und Alltagsgeschichte der Migration im 20. Jahrhundert, Public History. Veröffentlichungen u.a.: Einrichten im Übergang. Das Aufnahmelager Gießen (1946-1990), Frankfurt a.M. 2017; Sehnsuchtsort Gießen. Erinnerungen an die DDR-Ausreise und den Neubeginn in Hessen, Gießen 2016 (hg. mit Florentin Mück).

Bernhard Parisius
Prof. Dr., bis 2015 Leiter des Niedersächsischen Landesarchivs – Abteilung Aurich; Mitgründer und wissenschaftlicher Leiter der Dokumentationsstätte Gnadenkirche Tidofeld zur Integration der Flüchtlinge und Vertriebenen in Niedersachsen und Nordwestdeutschland. Forschungsschwerpunkte: Geschichte Ostfrieslands, Sozial- und Migrationsgeschichte (vor allem Niedersachsens, Hessens und Nordrhein-Westfalens), Geschichte der NS-Zeit. Veröffentlichungen u.a.: Viele suchten sich ihre neue Heimat selbst. Flüchtlinge und Vertriebene im westlichen Niedersachsen, Aurich 2004; Zeitzeugen im Interview. Flüchtlinge und Vertriebene im Raum Osnabrück nach 1945, Osnabrück 1997 (hg. mit Klaus J. Bade und Hans Bernd Meier).

Julia Paulus
Dr., Wissenschaftliche Referentin am LWL-Institut für westfälische Regionalgeschichte in Münster. Forschungsschwerpunkte: Geschlechtergeschichte (19./20. Jahrhundert), Gesellschaftsgeschichte der Bundesrepublik, Sozial- und Kulturgeschichte des 20. Jahrhunderts. Veröffentlichungen u.a.: ‚Heimatfronten' im 19. und 20. Jahrhundert. Themenband der Westfälischen Forschungen (68) 2018 (hg. mit Marcus Weidner); Sonderteil Zeitzeugenschaft und mündliche Erinnerung. Chancen und Probleme der Sekundäranalyse von Interviews und Ego-Dokumenten zum Zweiten Weltkrieg und zur Nachkriegszeit, in: Westfälische Forschungen 65 (2015), S. 237-333 (hg. mit Matthias Frese).

Uta Rüchel
Soziologin und selbständige Autorin und Filmemacherin, Leiterin der „Werkstatt Biografie" (http://www.werkstatt-biografie.de/). Forschungsschwerpunkte: Zeitgeschichte, Familiengeschichten und Lebensgeschichten. Veröffentlichungen u.a.: Im Schatten der Geschichte. Ein Essay über den Einfluss von Erinnerungskulturen und Beheimatetsein auf den Umgang mit

Geflüchteten, in: Deutschland-Archiv, hg. Bundeszentrale für politische Bildung, https://www.bpb.de/geschichte/zeitgeschichte/deutschlandarchiv/262699/zum-einfluss-von-erinnerungskulturen-auf-den-umgang-mit-gefluechteten; Verschwiegene Erbschaften. Wie Erinnerungskulturen den Umgang mit Geflüchteten prägen, Schwerin 2018.

Stephan Scholz

PD Dr., Institut für Geschichte der Carl von Ossietzky-Universität Oldenburg. Forschungsschwerpunkte: Flucht und Vertreibung, Erinnerungskultur, Visual History, deutsch-polnische Beziehungen. Veröffentlichungen u.a.: Vertriebenendenkmäler. Topographie einer deutschen Erinnerungslandschaft, Paderborn 2015; Die Erinnerung an Flucht und Vertreibung. Ein Handbuch der Medien und Praktiken, Paderborn 2015 (hg. mit Maren Röger und Bill Niven).

Andreas von Seggern

Dr., stellv. Leiter des Schlossmuseums in Jever. Forschungsschwerpunkte: Nachkriegsgeschichte, Geschichte des Kaiserreichs, Kulturgeschichte des Fußballs sowie Regionalgeschichte Oldenburgs und Lauenburgs. Veröffentlichungen u.a.: „Großstadt wider Willen". Zur Geschichte der Aufnahme und Integration von Flüchtlingen und Vertriebenen in der Stadt Oldenburg nach 1944, Münster 1997.

Markus Stadtrecher

Dr., Fachbereichsleiter Politik-Gesellschaft-Umwelt an der Ulmer Volkshochschule. Forschungsschwerpunkte: Historische Migrationsforschung, Erinnerungskultur. Veröffentlichungen: Nicht unter Fremden. Die katholische Kirche und die Integration von Vertriebenen im Bistum Augsburg, Baden-Baden 2016; Hilfe aus dem Netzwerk. Die Vertriebenenintegration im Bistum Augsburg, in: Erinnerungskultur und Lebensläufe: Vertriebene zwischen Bayern und Böhmen im 20. Jahrhundert – grenzüberschreitende Perspektiven, München 2013, S. 119-130.

Felix Teuchert

Dr., stellv. Referatsleiter am Landesarchiv Baden-Württemberg, Abteilung Hauptstaatsarchiv Stuttgart. Forschungsschwerpunkte: Historische Migrationsforschung, Religions-, Kirchen- und Theologiegeschichte, Religion und Politik, Zeitgeschichte nach 1945, Wissenschaftsgeschichte. Veröffentlichungen u.a.: Die verlorene Gemeinschaft. Der Protestantismus und die Integration der Vertriebenen in die westdeutsche Gesellschaft (1945-1972), Göttingen 2018;

Eine protestantische Kultur des Politischen? Die Integration der Ostvertriebenen als politisches Handlungsfeld protestantischer Akteure, in: Claudia Lepp (Hg.), Christliche Willkommenskultur? Die Integration von Migranten als Handlungsfeld christlicher Akteure nach 1945, Göttingen 2020.

FORSCHUNGEN ZUR REGIONALGESCHICHTE

Band 74: Jan Nikolas Dicke
Reform und Protest
Konflikte um die Neugliederung des Kreises Borken in den 1960er und 1970er Jahren
2013, 488 Seiten, ISBN 978-3-506-77859-8

Band 75: Bärbel Sunderbrink
Revolutionäre Neuordnung auf Zeit
Gelebte Verfassungskultur im Königreich Westphalen:
Das Beispiel Minden-Ravensberg 1807-1813
2015, 412 Seiten, ISBN 978-3-506-78150-5

Band 76: Julia Paulus/Marion Röwekamp (Hg.)
Eine Soldatenheimschwester an der Ostfront
Briefwechsel von Annette Schücking mit ihrer Familie (1941-1943)
2015, 654 Seiten, ISBN 978-3-506-78151-2

Band 77: Franz-Werner Kersting/Clemens Zimmermann (Hg.)
Stadt-Land-Beziehungen im 20. Jahrhundert
Geschichts- und kulturwissenschaftliche Perspektiven
2015, 330 Seiten, ISBN 978-3-506-78152-9

Band 78: Martin Dröge
Männlichkeit und ‚Volksgemeinschaft'
Der westfälische Landeshauptmann Karl Friedrich Kolbow (1899-1945):
Biographie eines NS-Täters
2015, 440 Seiten, ISBN 978-3-506-78289-2

Band 79: Michael Prinz (Hg.)
Die vielen Gesichter des Konsums
Westfalen, Deutschland und die USA 1850-2000
2016, 296 Seiten, ISBN 978-3-506-78415-5

FORSCHUNGEN ZUR REGIONALGESCHICHTE

Band 80: Lena Krull (Hg.)
Westfälische Erinnerungsorte
Beiträge zum kollektiven Gedächtnis einer Region
2017, 590 Seiten, ISBN 978-3-506-78607-4

Band 81: Cordula Obergassel
„Das ist doch keine Kunst!"
Kulturpolitik und kultureller Wandel in Dortmund und Münster
(1960-1985)
2017, 370 Seiten, ISBN 978-3-506-78689-0

Band 82: Matthias Frese/Marcus Weidner (Hg.)
Verhandelte Erinnerungen
Der Umgang mit Ehrungen, Denkmälern und Gedenkorten nach 1945
2018, 386 Seiten, ISBN 978-3-506-78798-9

Band 83: Julia Paulus (Hg.)
‚Bewegte Dörfer'
Neue soziale Bewegungen in der Provinz 1970-1990
2018, 242 Seiten, ISBN 978-3-506-78804-7

Band 84: Rebecca Quick
Josef Suwelack – Flugpionier, Konstrukteur und „ziviler Kriegsheld" (1888-1915)
Annäherungen an einen Fliegermythos
2018, 376 Seiten, ISBN 978-3-506-79298-3

Band 85: Sebastian Hösch
Heimattage
Methoden der Beheimatung in Hessen, Baden-Württemberg und Westfalen (1945-1985)
2019, 414 Seiten, ISBN 978-3-506-70269-2 (hardback)/
978-3-657-70269-5 (e-book)